KB105411

이제
지난
성공의
기억과
이별할
때

위기에 강한 조직을 만드는 거꾸로 리더십
# 이제 지난 성공의 기억과 이별할 때

지은이 | 조준호, 김경일

1판 1쇄 인쇄 | 2020년 7월 08일
1판 1쇄 발행 | 2020년 7월 15일

펴낸곳 | (주)지식노마드
펴낸이 | 김중현
기획·편집 | 김중현
표지 디자인 | 블루노머스디자인
본문 디자인 | 제이알컴
등록번호 | 제313-2007-000148호
등록일자 | 2007. 7. 10
(04032) 서울특별시 마포구 양화로 133, 1201호(서교동, 서교타워)
전화 | 02) 323-1410
팩스 | 02) 6499-1411
홈페이지 | knomad.co.kr
이메일 | knomad@knomad.co.kr

값 16,000원

ISBN 979-11-87481-82-9  13320

Copyright ⓒ 조준호, 김경일 2020
이 책은 저작권법에 따라 보호받는 저작물이므로 무단전재와 무단복사를 금지하며
이 책 내용의 전부 또는 일부를 이용하려면 반드시 저작권자와 (주)지식노마드의 서면 동의를 받아야 합니다.

*잘못 만들어진 책은 구입하신 서점에서 교환해 드립니다.

# 이제
## 지난
## 성공의
## 기억과

## 이별할
## 때

위기에 강한 조직을 만드는 거꾸로 리더십

조준호 김경일 지음

nomad
지식노마드

2019년말에 사업 현장에서 부딪치는 각종 문제에 대한 창의적 문제 해결을 주제로 한 책 『차이를 만드는 CEO의 생각도구(이하 CEO의 생각도구)』를 출간하였고, 비슷한 시기에 원고를 써 놓았지만 이런저런 사정으로 출간이 미뤄졌던 이 책 『이제 지난 성공의 기억과 이별할 때: 위기에 강한 조직을 만드는 거꾸로 리더십(이하 거꾸로 리더십)』을 출간하게 되었다.

지난 6개월간 코로나19 바이러스로 온 세상이 난리가 났다. 그러나 사실 우리는 그전부터, 어떤 위기일지는 몰라도, 위기의 가능성이 상수가 되어 버린 세상을 살고 있다. 이미 많은 지식인들이 글로벌화와 도시화, 환경파괴로 인해 다양한 형태의 세계적인 위기가 발생할 가능성을 경고해왔다. 이번 위기가 그 규모와 충격 면에서 과거보다 훨씬 큰 것은 사실이지만 코로나19 팬데믹 이전에도 크고 작은 세계적 위기가 자주 발생했다.

위기를 맞았을 때는 특히 리더의 역할이 결정적으로 중요하다. 『거꾸로 리더십』은 위기의 시대를 사는 최고경영자나 그에 준하는 리더들을 위한 책이다. 언제 어떤 형태로 닥칠지 모르는 위기에 대해 사전에 혹은 위기 와중에 제대로 된 전략적 판단을 내려서 조직의 방향을 정하고, 조직 구성원들이 자발성과 창의성을 최대한 그 방향으로 발휘하여 위기를 극복하도록 이끈다는 리더의 가장 근본적인 역할을 조명한다.

원래 사업 현장에서 필요한 현실적 리더십과 관련하여 세 권의 책을 구상했다. 첫번째 책인 『CEO의 생각도구』에서는 실제적인 문제 해결을 다루었고 세번째 책은 자기 분야 전문가로서의 리더십을 주제로 할 생각이다. 최근 코로나19 사태를 맞아 정은경 질병관리본부장과 같은 전문가들의 깊은 전문성에 바탕을 둔 방향 제시와 소통이 사회적으로 얼마나 중요한지 생생하게 보고 있다. 앞으로의 사회에서는 각 분야에서 직급의 고하에 상관없이 전문가로서의 깊이를 가진 리더의 역할이 더욱 중요해질 것이다.

이 책은 최고경영자가 조직과 사회에 중요한 전략적 방향을 설정하고, 각 분야의 전문가들이 어떻게 자기 현장에서 리더십을 발휘하여 크게 기여할 수 있는 조직을 만들고 운영할 수 있을지에 관한 이야기이다. 이론은 최소화하고 저자 개인의 현장 경험을 중심으로 후배 경영자들에게 도움이 될 얘기들을 정리하려고 노력하였다.

오랜 직장 생활을 하는 동안 어떤 업무에서는 별 다른 일을 한 것

같지도 않은데 과분한 성과와 칭찬을 받아 보기도 했고, 어떤 업무에서는 이것저것 온갖 궁리를 다해 노력했지만 처참한 결과를 받아 쥐기도 했다. 많은 경우 당대의 성과는 본인의 노력도 중요하지만 전대 경영자가 판단하여 (꼭 그렇게 되리라 해서 한 것은 아니지만, 가능성을 보고) 해 놓은 일이 현 상황과 맞아떨어진 덕분에 이루는 경우도 많다. 반대로 전대 경영자의 잘못된 판단 때문에 현 상황에서 속수무책인 경우도 많다. 그래서 책을 쓰면서 '어떠한 상황에서 왜 그런 판단을 하고 의사결정을 했는지' 그리고 '실행은 어땠는지', '결과가 좋았으면 왜 결과가 좋았다고 생각하는지', '나빴으면 왜 그랬는지'를 최대한 앞뒤 맥락을 보면서 판단하여 교훈을 얻을 수 있도록 했다.

이 책을 통해 심리학자 김경일 교수와의 협업이라는 특별한 경험을 할 수 있었다. 적절할 상황과 맥락에 맞춰 더해진 김경일 교수의 심리학적 통찰 덕분에 리더로서의 현장 경험과 개인적 생각을 좀더 객관화하고 보편화할 수 있었다. 그의 빛나는 통찰은 각 장마다 관련된 사례 소개 뒤에 배치한 '심리학자의 생각'에 잘 정리되어 있다.

개인적으로도 협업 과정에서 여러 번 만나 의견을 나누면서 많은 배움을 얻었고, 생각을 확장할 수 있도록 값진 자극을 경험한 점, 매우 감사하게 생각한다. 거친 원고를 다듬고 독자들이 이해하기 쉽도록 섬세하게 편집한 지식노마드 김중현 대표의 노고에도 진심으로 감사의 마음을 전하고 싶다.

내용 중에 많은 실제 사례가 있는 바 최대한 특정인과 관련된 사항이나 특정 사업과 관련된 사항이 노출되지 않게 익명화하고 탈색하려고 노력하였지만 본의 아니게 놓친 경우가 있다면 많은 양해를 부탁드린다.

마지막으로 그간 끊임없이 격려와 기도를 아끼지 않은 아내 김희신에게 감사의 마음을 전한다.

조준호

# 차례

## 1부

# 전혀 다른 종류의 위기가 온다, 무엇을 바꾸어야 하나

2부

# 케이스 스터디,
# 진실의 순간들

## 3부

# 나는 변화를 이끌
# 준비가 되어 있나

## 심리학자의 생각 차례

개인의 주도성과 창의성을 살리는
리더가 꼭 알아야 할 심리학의 빛나는 통찰

KB105399

# 동의 본초
# 한약 보감

## 東醫本草韓藥寶鑑

篇著 **최수찬**(한약학 박사/전 농촌진흥청 약초연구원)

寫眞 **김완규**(야생화사진가)

지식
서관

# 머리말

약초의 기원은 고대 중국에서 신농씨(神農氏) "백초(百草)를 찾아 다니며 하루에 70번이나 독이 있는 약초풀의 맛을 보고 다녔다."고 하는 데서 찾을 수 있다.

이와 같이 약초 외에도 동물·광물 등의 한약 재료를 활용하여 인체에 피해를 주지 않고 질병을 치료하는 연구가 오랜 옛날부터 진행되어 오면서 인간의 질병 치료는 인류 역사와 함께 시작되었다고 할 수 있다. 따라서 과학이 발달한 현대에 이르러서는 천연 약물에 대한 중요성이 매우 커졌다.

인간의 질병은 우리가 살고 있는 반경 3km 이내에 그 치료를 할 수 있는 한약 재료가 모두 있다고 하지만, 단지 우리가 그것을 찾지 못하여 질병 치료의 적기를 놓치고 있다고 한다.

이번에 본 저자는 우리 주변에서 손쉽게 접할 수 있는 식물(약초 435종)·동물(60종)·광물(28종) 등의 약재를 실제로 응용할 수 있는 《처방이 있는 동의 본초 한약 보감》을 발간하게 되었다.

본책에서는 병증에 대한 효능과 처방을 수록해 놓았을 뿐만 아니라 약재의 산지(産地)와 채취 방법, 법제 방법, 또한 과학적으로 밝혀진 성분과 약리 작용, 약성, 임상적 이용 등 실제로 약제를 생산하고 사용하는 데 필요한 지식을 알려 주고 있으므로 전문적으로 한의 약학을 공부하려 하는 사람 외에도 혼자 독학으로 취미 겸 한약 공부를 하는 사람에게도 꼭 필요할 것이다.

　책 내용은 기존 본초학의 구성에 따랐으며 《동의보감》의 기준을 많이 적용하였다.

　본책에서는 우리나라에서 생산되고 있는 약재를 위주로 418종의 한약을 약의 성분에 따라서 14개의 장으로 나누어 설명하고 있다. 그 밖에 앞에서 소개하지 못한 한약 105종을 부록에 '처방과 효능' 등을 간략하게 수록하였으므로 참고하기 바란다.

　현대적 질병은 과거와 달리, 국민 생활 수준 향상으로 정신적 스트레스와 육체적 운동 부족 등에서 기인하여 발생되었다고 연구결과 발표되었다.

　이러한 현대적 질병은 최첨단 과학적인 서양 의학적 방법으로서는 모든 치료의 한계를 실제로 나타냈다. 서양 의학계에서도 치료법에 대한 한계를 인식하고 있다.

　따라서 그 대안으로 천연물 약초를 활용하는 대체의약학적 방법이 발달하고 있고, 이에 대한 해결책으로 최근 대체의학이 도입되어 선풍적인 인기를 끌고 있으며, 이러한 대체의학의 원료로 '본초학' 을 활용하고 있다.

　저자는 자연적 치료법이 주류를 이루는 현대 시대 조류에 따라서 본 책을 활용하여 질병 치료와 생활 건강에 많은 도움이 되었으면 하는 바람이다.

한약학 박사 도일 **최 수 찬**

# 일러두기  이 책에는 우리나라에서 생산되고 있는 약재를 위주로 실제

## 기원 식물 및 동물과 광물

약재가 되는 동식물과 광물의 분류 및 기원을 밝히고 약재로 쓰이는 사용 부위를 적시하였으며 학명과 화학 기호(원소기호)를 수록하였다.

## 주치 효능별 분야

선정된 약재는 주치 효능에 따라 크게 14분야로 나누어 수록하였다. 그 밖에 자주 쓰이는 것은 아니지만 주요 병증의 처방에 필요한 기타 약재 105종을 추가 선정하고 부록에 기타 한약으로 별도 수록하였다.

보약 補藥

# 제2절 보양약(補陽藥)

## 녹용(鹿茸) 사슴뿔

소목 사슴과 동물
백두산사슴(누렁이, 말사슴) 수컷의 굳지 않은 새뿔을 잘라 말린 것
*Cervus nippon*

• 사슴(얼룩사슴)의 뿔도 약효가 같다.
[산 지] 백두산사슴은 백두산일대의 인가에서 멀리 떨어진 밀림 속에 서식하며, 얼룩사슴은 농장에서 사육하기도 한다.
[채 취] 초여름에 사슴의 뿔이 골조직으로 넘어가기 전에 말랑말랑한 뿔을 채취한다. 녹용을 잘라 곧 거꾸로 세워 피가 흐르지 않도록 하면서 90℃의 물에 데쳐 낸다. 이것을 건조실에 거꾸로 세워 60~70℃의 온도에서 말린다.
[형 태] • 사슴녹용 : 원기둥 모양인데 1

사슴

~3개의 가지가 있다. 길이 15~30㎝, 단면 지름 약 3~4㎝이다. 겉은 적갈색이고 윤이 나며 노란색 혹은 회백색의 부드러운 털이 있다. 단면은 원색이고 잔구멍들이 있다. 냄새는 약간 비리고 맛은 약간 짜다.
가지들이 통통하고 끝이 둥글며 부드러운 털이 있으며 가볍고 껍질이 적갈색이며 윤기가 있는 것이 좋은 것이다.
• 백두산사슴 녹용 : 사슴 녹용보다 굵고 크며 가지가 많다. 가지 수는 3~4개로 길이 15~30㎝이며 약 90㎝인 것도 있다. 겉은 쥐색이고 윤기가 나며 회색 잔털이 있다. 단면 가운데는 노란색을 띠고 잔구멍들이 있으며 껍질은 두껍고 쥐색을 띤다. 약간 비린 냄새가 나고 맛은 약간 짜다.
가지들이 통통하고 가벼우며 단면은 벌집모양의 조직이 치밀하고 약간 노란색을 띠는 것이 좋은 것이다.
[법 제] 불에 그슬려 털을 없애고 잘라서 가루내어 쓴다.
[성 분] 포화탄화수소, 지질, 스테로이드, 아미노산, 무기 성분 등이 들어 있다.
포화 탄화수소로서는 헥사코산(hexacosane酸)과 팔미틴산 및 스테린산

🥣 48

## 참고 사진

약재로 쓰이는 채취 부위나 가공된 약재의 사진을 표제어 옆에 수록하고, 기원이 되는 실물의 사진이나 그림을 추가 수록하였다.

임상에서 많이 쓰이는 한약재 418종을 엄선하여 수록하였다.(105종은 부록에. 총 523종)

## 표제어
현재 각종 서적에서 가장 보편적으로 쓰이는 한약명을 표제어로 정하고, 별명(다른 이름)과 지방명을 병기하였다.

**백편두**(白扁豆) 까치콩. 변두콩

콩과 편두속 여러해살이덩굴풀
까치콩의 익은 씨를 말린 것
*Dolichos lablab* Linne

**산 지** 동남아시아, 남미 원산. 남부 지방 농가의 밭에서 재배한다.
**채 취** 가을에 익은 열매를 따서 껍질을 벗겨내고 햇볕에 말린다.

까치콩에는 검은 것(흑편두)과 흰 것(백편두)이 있는데 약재는 흰 것을 쓴다.
**형 태** 납작한 타원형인데 길이는 1~1.2cm, 너비는 약 7mm, 두께는 4~5mm이다. 겉은 황백색이고 한쪽 끝에는 흰색의 튀어나온 줄(주병)이 있다. 질은 단단하다. 속에는 황백색의 자엽이 두 개 있다. 냄새는 없고 맛은 비리다.

알이 굵고 잘 익고 색이 흰 것이 좋다.
**법 제** 그대로 또는 노릇하게 닦아서 쓴다. 생강즙에 불려서 닦기도 한다.
**성 분** 단백질, 기름, 탄수화물, 식물혈구응집소, 비타민 B1 · C가 들어 있다.
**약 성** 맛은 달고 성질은 약간 따뜻하며 비경 · 위경에 작용한다.
**효 능** 비장을 보하고 서습을 없애며 해독작용을 한

다. 그리고 갈증을 멈춘다.
면역 기능을 높이는 작용이 밝혀졌다.
**적 용** 서습으로 인한 구토설사, 비허, 곽란으로 토하고 설사하며 배장근 경련이 일어나는 데, 쥐가 나는 데, 소갈병, 식중독, 급성위장염, 이슬 등에 쓴다.

**처방** · 백편두 · 후박 · 적복령 각각 6g, 향유 12g, 감초 2g을 섞은 향유산(香薷散)은 여름철에 서습에 상하고 또 한사에 상되어 오슬오슬 춥고 열이 나며, 머리가 아프고 땀은 나지 않으며, 가슴이 답답하고 배가 아프며, 토하고 설사하는 데 쓴다. 달여서 하루에 3번 나누어 복용한다.
· 백편두 · 연자 · 길경 · 사인 · 의이인 각각 5.6g, 산약 · 인삼 · 백복령 · 백출 · 감초 각각 11.3g을 섞은 삼령백출산(參苓白朮散)은 주로 비기허증에 쓴다. 한 번에 8g씩 하루 2~3번 복용한다.
· 백편두 · 향유 각각 12g 섞어 서서에 상하여 열이 나며 토하고 설사하는 데 쓴다. 달여서 하루에 3번 나누어 복용한다.
· 백편두 · 백출 · 복령 각각 10g을 섞어 비가 허하여 설사하는 데 쓴다. 달여서 하루에 3번 나누어 복용한다.
· 백편두 · 과루근 각각 12g을 섞어 소갈병에 쓴다. 달여서 하루에 3번 나누어 복용한다.
**용량** 하루 10~15g.
**금기** 춥다가 열이 나는 환자는 먹지 말아야 한다.

꽃

해열약 解熱藥

## 산지, 채취, 형태, 법제, 성분, 약성, 효능, 적용
약재에 대한 해설을 8가지로 세분하고 전문적인 설명을 수록하여 약재에 대한 이해와 병증에의 대응을 쉽게 하였다.

## 처방
실제 임상에 쓰이는 처방을 별도 수록하고, 하루 사용량(성인 기준)과 금기를 함께 설명하였다.
※이 처방은 병증과 환자 개인의 특성에 따라 부작용이 있을 수 있으므로 한의사 · 의사 등 전문가와 상담한 후 실제 병증의 치료에 적용해야 한다.

## 부록
한의학과 한약에 대한 이해를 돕기 위한 [한약총론], 주요 병증에 대한 빠른 대처를 위한 [기타 한약 · 적용증 대조표], [찾아보기]를 수록하였다.

# 차례 目次 / CONTENTS

7

## 제4장 해열약(解熱藥) ·············175

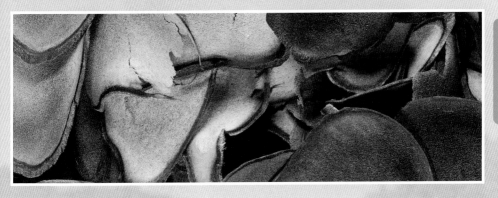

# 제1장 보약(補藥)

보약(補藥)은 신체의 전반적인 기능을 잘 조절하고 도와주며, 저항성을 높이고 몸을 건강하게 하는 약이다. 허약한 사람들에게 쓰면 몸을 튼튼하게 하고 병을 예방하는 데 긍정적인 작용을 한다.

보약은 한의학 임상에서 허증을 치료하는 약으로 쓴다. 한의학에서는 허증을 크게 기허증 · 양허증 · 혈허증 · 음허증으로 나눈다. 따라서 그것을 치료하는 보약도 보기약 · 보양약 · 보혈약 · 보음약으로 나눈다.

• 보기약(補氣藥)은 다른 말로 익기약(益氣藥)이라고도 하는데, 대개 맛이 달고 성질은 따뜻하며 주로 간경 · 신경에 작용한다. 보기약은 기를 보하므로 기허증에 쓰며 특히 비기가 허하여 온몸에 맥이 없고 입맛이 없으며 식후에 복부팽만, 설사(脾氣虛症), 폐기가 허하여 호흡이 미약하거나 숨이 가쁘고 기침이 나며 말하기 싫어할 때(肺氣虛症) 널리 쓴다.

• 보양약(補陽藥)은 조양약(助陽藥)이라고도 하며, 대개 맛이 달고 성질은 따뜻하며 주로 간경 · 신경에 작용한다. 보양약은 양기를 보호하는 효능이 있으므로 양허증, 주로 신양허증, 즉 신양(腎陽)이 허하여 생긴 요슬산통 · 수족냉증 · 빈뇨 · 유뇨증 · 유정 · 음위증 등에 쓴다.

• 보혈약은 혈액을 보호하는 약으로서 대개 맛은 달고 성질은 차거나 서늘하며, 주로 심경 · 간경 · 비경에 작용한다.

보혈약(補血藥)은 혈허증, 즉 얼굴에 윤기가 없고 창백하며 어지럽고 머리가 아프며 가슴이 두근거릴 때, 여자에게서 혈허로 월경 장애, 즉 월경의 양이 적거나 없어지는 경우 등에 쓴다.

• 보음약은 일명 자음약이라고도 하며 일반적으로 맛은 달고 성질은 차며, 주로 폐경(肺經) · 위경(胃經) · 신경(腎經)에 작용한다.

보음약(補陰藥)은 음을 보호하고 진액을 생겨나게 하므로 음허증, 즉 음이 허하여

장뇌삼(6년근)

몸이 여윌 때, 신음(腎陰;신장의 음, 즉 정액 및 수액)이 허하여 오후에 미열이 나고 잘 때 식은땀이 나며 가슴이 아프고 답답한 불안증과 잠을 잘 자지 못하며 꿈을 많이 꿀 때, 폐음허로 인한 마른기침, 각혈, 위음허로 인한 갈증 등에 쓴다.

임상에서 보약을 쓸 때에는 흔히 보기약과 보양약, 보혈약과 보음약을 섞어 쓴다. 그것은 한의학에서 기와 양, 혈과 음이 밀접히 연관되어 있다고 보며, 양이 충실해야 기도 충족해지고, 음이 충실해야 혈도 충족해진다고 보기 때문이다. 또한 기가 충실해야 혈이 생겨날 수 있다는 한의학 이론에 기초하여 혈허증에 보혈약과 보기약을 섞어 쓴다.

한의학에서는 허증은 보하고 실증은 사하는 원칙에서 한약을 쓴다. 그러므로 허증에는 처음부터 보약을 쓰나 병사(病邪)가 왕성한 실증을 치료할 때는 우선 사약을 써서 병사를 없앤 다음, 회복기에 보약을 써서 쇠약해진 정기를 회복시킨다. 그러나 병사가 아직 없어지지 않았는데 정기가 이미 허약해졌을 경우에는 보약을 써서 정기를 보충함으로써 병사에 대한 저항성을 높이면서 질병을 치료할 수 있다.

보약의 현대 의학적 약리작용을 보면 다음과 같다.

① 보약은 몸의 면역 기능을 높이고 저항성을 높인다.

② 보약은 몸에 필요한 여러 가지 영양 물질을 보충하여 주고, 여러 장기 조직 계통들을 자극하여 약해진 기능을 높여주며 결국 몸이 좋아지게 하고 튼튼하게 하는 작용을 한다.

③ 일련의 보약은 피로를 막고 물질대사를 왕성하게 하여 정신적 및 육체적 활동 능력을 높여주는 작용을 한다.

④ 일련의 보약은 몸에서 노화 과정을 늦추고 세포의 재생 과정을 촉진함으로써 건강해져서 오래 살게 한다.

⑤ 보약은 몸의 전반적 기능을 잘 조절하고 도와주어 여러 가지 병을 치료한다.

황기

# 제1절 보기약(補氣藥)

## 인삼(人蔘)

두릅나무과 인삼속 여러해살이풀
인삼의 뿌리를 말린 것
*Panax ginseng* Meyer.

인삼은 보약 중에서 가장 대표적인 약재다. 특히 고려인삼은 예로부터 다른 나라에서 나는 인삼보다 그 효능이 훨씬 뛰어나다고 인정되어 세계적으로도 이름 높다.

**산 지** 전국. 깊은 산 숲에서 키 60㎝ 정도 자라며 농가에서 약초로 재배한다.

**채 취** 가을(9~10월경)에 뿌리를 캐어 가공한다.

**형 태** 인삼은 가공 방법에 따라 수삼·백삼·홍삼·당삼 등으로 나눈다.

•수삼 – 원기둥 모양이거나 실북 모양이고 중간에서 2~6개 정도의 곁뿌리가 돋았으며 끝에는 많은 수염뿌리가 있다. 수염뿌리에는 좁쌀 모양의 알갱이(녹주)가 붙어 있다. 뿌리의 겉은 연황색이다. 뿌리의 윗부분에는 뇌두가 붙어 있고, 뇌두에는 줄기가 붙었던 자리가 있다.

•백삼 – 원기둥 모양이거나 실북 모양이고 중간에 2~6개의 곁뿌리가 붙어 있다. 길이는 10~20㎝, 지름은 1.5~3㎝이다. 뿌리꼭지는 굵고 짧은데 줄기가 붙었던 자리는 층을 이루고 있다. 겉은 연한 황백색이고 세로주름이 있으며 잔뿌리를 다듬은 자리가 있다. 맛은 처음에 약간 달고 다음에는 약간 쓰며 특이한 향기가 있다. 약재가 굵고 크며 뿌리꼭지가 길고 윤기가 난다. 빛깔은 연한 황백색이며, 속이 빽빽하고 단단하며 무겁고 고유한 맛과 냄새가 강한 것이 좋은 것이다.

•홍삼 – 형태는 원기둥 모양이거나 실북 모양으로 백삼과 비슷하다. 빛깔이 적갈색이고 녹말이 풀로 되어 각질 모양이다.

•당삼 – 형태는 원기둥 모양이거나 실북 모양으로 백삼과 비슷하다. 겉이 약간 노란색을 띤 흰색이고 단면은 희며 자루 모양이다. 맛은 매우 달고 약간 쓰다.

•산삼 – 실북 모양 또는 원기둥 모양인데 뿌리꼭지가 가늘고 특별히 길다. 뿌리꼭지에는 줄기가 붙었던 자리가 층을 이루고 있으며, 이 층이 해마다 한 개씩 생기므로 이것을 세어 보면 자란 햇수를 대략 알 수 있다. 뿌리는 길이 10~20㎝, 지름 0.5~2㎝이며 가지를 치고, 가늘고 긴 수염뿌리가 있으며 수염뿌리에는 좁쌀 모양의 알갱이가 붙어 있다. 겉은 황백색이다. 뿌리의 윗부분에 가로로 고리 모양의 주름이 많은 것이 특징이다.

**법 제** 뿌리꼭지를 잘라 버리고 쓴다.

한의학에서는 인삼 뿌리꼭지를 허약한 사람의 최토제(催吐劑)로 쓴다.

성분 배당체, 정유, 아미노산(amino酸), 비타민, 탄수화물, 콜린(choline), 지방, $\beta$-시토스테린(sitosterol), 스티그마스테롤(stigmasterol), 수지, 미량 원소 등이 들어 있다.

배당체 성분으로 여러 가지 인삼 지드와 다우코스테린(daucosterin)이 분리되었다. 정유(panacene)는 0.005~0.25%이며 베타 엘레멘($\beta$-elemene), 파나키놀(pana-xynol) 등이 있다. 아미노산으로 글루타민산(glutamine酸), 발린(valine), 프롤린(proline), 알라닌(alanine), 시스테인(cysteine), 티로신(tyrosine), 알파 아미노뷰티르산($\alpha$-aminobutyric酸), 아르기닌 등이 있으며, 비타민으로 비타민 $B_1 \cdot B_2 \cdot B_{12} \cdot C$, 니코틴산(nicotine酸), 판토텐산(pantothen酸) 등이 있다. 탄수화물로서는 포도당, 과당, 사탕, 맥아당, 녹말, 펙틴(pectin) 등이 들어 있고, 유기산으로 팔미틴산(palmitin酸), 스테린산(stearin酸), 올레산(oleic酸), 리놀레산(linolic酸) 등이 있다. 몇 가지 알칼로이드도 분리되었다. 인삼의 회분에는 P, Mg, Ca, K, Na, Sr, Ba, Fc, Al, Mn, Pt, Si, Ti, Cu, Pb, V, Ni, Zn, Co, B, F 등이 있다. 잎·줄기·꽃·열매에도 여러 가지 인삼 지드가 들어 있다.

약성 맛은 달고 약간 쓰며 성질은 따뜻하고 비경·폐경에 작용한다.

효능 주로 비기와 폐기를 보호하는데 비기와 폐기가 충족해지면 오장육부의 기도 충족해진다. 그리고 진액을 생겨나게 하여 갈증을 멈추고 정신을 안정시키며 눈을 밝게 한다.

옛날 한의서(韓醫書)에서는 기억력을 좋게 하고 장기간 복용하면 몸이 거뜬해지며 오래 살게 한다고 하였다.

인삼의 약리작용에 대한 실험적 연구가 많이 진행되었다. 실험적으로 밝혀진 인삼의 현대 의학적 약리작용을 종합하여 보면 다음과 같다.

인삼은 강장작용을 나타낸다. 인삼 탕약(湯藥, 달임약)과 알코올추출물 및 인삼에서 뽑은 인삼 지드는 동물 실험에서 강장작용을 나타낸다. 즉, 흰생쥐의 잡아당기는 힘을 강하게 하고 헤엄치는 시간을 길게 한다. 사람이 인삼을 먹으면 정신적 및 육체적 활동력이 강화되고 피로가 빨리 회복된다. 인삼의 잎·줄기·꽃·열매도 강장작용을 나타낸다.

인삼은 면역 기능을 높여 준다. 인삼은 면역글로블린의 양을 늘리고 림프구(임파세포)의 수를 늘리며, 림프구의 유약화를 촉진시키고, 망상 내피 계통의 기능을 강화한다. 인삼에서 뽑아낸 프로스티졸(단백합성 촉진 인자)도 면역 기능을 높여 준다.

산삼(80년근)

인삼은 생체에 나쁜 영향을 주는 물리적 및 화학적 요인에 대한 저항성을 높여 준다. 예를 들어 인삼을 먹인 동물에게 방사선을 쪼여도 오래 사는 것을 볼 수 있다.

중추신경 계통에 대해서는 적은 양에서 흥분적으로, 많은 양에서 억제적으로 작용한다. 특히 호흡 중추, 심장 혈관 운동 중추 및 성신경에 대한 작용이 예민하다. 인삼은 중추신경 계통에 대한 흥분작용이 있으나 수면을 방해하지 않는다.

심근에 대해서 적은 양에서는 흥분적으로, 많은 양에서는 억제적으로 작용하며, 혈압에 대해서도 적은 양에서 말초혈관을 수축시켜 혈압을 높이고, 많은 양에서는 도리어 혈압을 내리게 하는 경향을 볼 수 있다. 또 인삼의 알코올추출물은 혈압을 높이고 액체추출물은 혈압을 내리게 한다.

인삼은 콜레스테롤(cholesterol)로 인한 실험적 동맥경화증 발생을 억제한다.

인삼은 조혈 기능을 강화하여 적혈구·혈색소·백혈구의 양을 늘린다.

인삼은 물질대사에도 영향을 준다. 인삼은 단백질 특히 DNA, RNA의 생합성을 빠르게 한다. 그리고 혈당량을 낮추는데 이 작용은 혈당량이 높아졌을 때 더욱 뚜렷이 나타난다. 인삼은 지방산의 생합성을 빠르게 하는데 특히 지방 조직에서의 지방산 생합성을 훨씬 빠르게 하며 지방 조직의 총지질량이 훨씬 많아지게 한다.

인삼추출물을 먹으면 담즙이 잘 나오게 되고 담즙 속의 빌리루빈과 당즙산의 농도가 높아진다.

인삼은 입맛을 돋우고 음식물의 소화 및 흡수 기능을 강화한다.

인삼을 먹으면 눈의 빛감수성도 높아진다. 인삼 유동추출물은 토끼의 실험성 염증을 예방하며 상처를 빨리 아물게 한다.

**적 용** 몸이 허약하고 여위며 맥이 없어 자꾸 누워 있으려고 할 때, 그리고 비기허증(입맛이 없고 소화가 잘 안 되며 설사를 할 때), 만성위염, 심한 구토, 설사, 출혈 또는 땀을 몹시 흘려 생긴 허탈증, 폐기허증, 소갈증(당뇨병), 잘 놀라거나 가슴이 두근거릴 때, 건망증, 불면증 등에 쓴다. 기타 여러 가지 만성병으로 몸이 약해졌을 때 다른 치료약을 섞어 쓰는 경우가 많다. 신경쇠약, 심장기능 장애, 저혈압, 성기능 쇠약, 빈혈, 정신적 및 육체적 피로, 쇼크, 시력의 약화 등에도 쓰며 방사능증 예방 치료에도 효과가 있다.

인삼 열매

**처방** 인삼단물약, 인삼팅크, 인삼고, 인삼추출물 등도 인삼 주치증에 쓴다. 인삼 한 가지를 가루내어 한 번에 1~3g, 하루 2~3번 먹기도 한다.

• 기허증에 인삼을 쓸 때 황기나 백출을 섞으면 비기를 보하므로 협력작용을 하며 인삼에 복령을 섞으면 인삼의 보기작용, 특히 하초의 기를 보하는 작용이 강해진다.

• 인삼 · 백출 · 복령 각각 8g, 감초 2g을 섞은 사군자탕(四君子湯)은 기를 보하는 처방으로서 몸이 허약하고 기운이 없을 때, 만성 위장염, 위무력증 등에 쓴다. 물로 달여서 하루에 3번 나누어 복용한다.

• 인삼 · 백출 · 백복령 · 감초 · 숙지황 · 백작약 · 산궁궁 · 당귀 · 황기 · 육계를 각각 같은 양으로 만든 십전대보환(十全大補丸)은 기혈이 부족한 허약자의 보약으로 쓴다. 한 번에 2.5~5g씩 하루 3번 복용한다.

• 인삼 90g, 생지황 95g, 백복령 180g, 봉밀 60g을 섞어 만든 인삼지황엿(경옥고(瓊玉膏))은 몸이 허약한 사람에게 보약으로 쓰는데 특히 폐결핵 환자에게 쓰면 좋다. 한 번에 10~20g씩 하루 3번 복용한다.

• 인삼 한 가지로 된 독삼탕(獨蔘湯)은 원기가 몹시 허약한 허탈증에 쓴다. 18~37g을 달여 한 번 또는 2~3번에 복용한다.

**용량** 하루 2~10g.

**금기** 열증 및 고혈압 환자에게는 쓰지 않는다. 인삼은 여로 및 오령지와 배합금기이다.

**참고** 일부 환자에서는 인삼을 쓸 때 어지럼증 · 두통 · 출혈 · 발진 · 발열 등 부작용이 나타나는 경우가 있는데, 이 때에는 인삼 사용을 중지해야 한다.

# 만삼(蔓蔘)

초롱꽃과 더덕속 여러해살이풀
만삼(삼승더덕, 단더덕)의 뿌리를 말린 것

*Codonopsis pilosula* (Franch.) Nannf.

**산지** 중부 이북 지방. 깊은 산속의 그늘지고 습한 곳에서 길이 2m 정도 자란다.

**채취** 가을 또는 봄에 뿌리를 캐어 물에 잘 씻고 햇볕에 말린다.

**형태** 긴 원기둥 모양이거나 또는 긴 고깔 모양이며 보통 2~3개의 가지가 있다. 길이는 15~30㎝, 지름은 1~3㎝이다. 뿌리꼭지에는 혹 모양의 돌기가 많이 모여 마치 고수머리 모양이다. 뿌리 윗부분에는 옆으로 간 잔주름이 있고 밑에는 세로로 깊은 주름이 있다. 겉은 연노란색이고 작은 혹 모양의 돌기가 있다. 뿌리의 끝이나 잔뿌리를 없앤 자리 및 껍질이 상한 곳은 진이 나와 달라붙었으므로 황갈색 또는 암갈색을 띠고 있다.

약재가 굵고 길며 질이 단단하고 충실하며 섬유질이 적고 단맛이 있는 것이 좋은 것이다.

**성분** 사포닌(saponin), 비타민 $B_1$ · $B_2$, 녹말, 이눌린(inulin), 당, 점액질 수지,

극히 적은 양의 정유 등이 들어 있다.

**약 성** 맛은 달고 성질은 평하며 비경과 폐경에 작용한다.

**효 능** 비위 및 폐의 기를 보하고 진액을 생기게 한다.

만삼뿌리는 동물실험에서 강장작용을 나타낸다. 즉 만삼뿌리의 물우림액이나 알코올추출물은 생쥐의 헤엄치는 시간을 더 늘려 주고, 잡아당기는 힘이 강해지는 것이 실험적으로 밝혀졌다.

만삼은 망상내피 계통의 탐식 기능을 강화하고 유기체의 저항성을 높인다.

만삼은 또한 말초혈관을 확장하고 혈압을 내리게 한다. 적혈구와 혈색소의 양을 늘리는 작용과 억균작용도 나타낸다. 만삼은 화학요법이나 방사선 치료로 백혈구 수가 적어진 것을 높인다.

만삼에 들어 있는 사포닌 성분은 가래 삭임작용을 나타낸다.

**적 용** 몸이 허약하고 기운이 없을 때, 비기허증(입맛이 없고 소화가 잘 안 되며 복부팽만과 설사할 때), 만성위염, 폐기가 허하여 음성이 낮고 약하며 기침이 날 때, 빈혈·만성소대장염·기침 등에 쓴다.

**처방** 임상에서 인삼 대용으로 만삼을 쓰기도 한다.
• 만삼 130g, 옥죽 20g에 꿀을 섞어 만든 만삼환(蔓蔘丸)은 허약한 일반 사람에게 보약으로 쓴다. 한 번에 5~6g씩 하루에 3번 복용한다.
• 만삼 한 가지로 만든 만삼고(蔓蔘膏), 만삼환(蔓蔘丸) 등도 보약으로 쓴다.
**용 량** 하루 10~20g.

# 황기(黃芪) 단너삼

콩과 황기속 여러해살이풀
황기의 뿌리를 말린 것

*Astragalus membranaceus* Bunge

**산 지** 전국. 산지 높은 곳에서 키 1m 정도 자라며 농가에서 약재로 재배한다.

**채 취** 가을 또는 봄에 뿌리를 캐어 물에 씻고 겉껍질을 벗겨내고 햇볕에 말린다. 2~5년 생뿌리를 캐어 쓸 수 있다.

**형 태** 원기둥 모양 또는 긴 고깔 모양이다. 길이는 20~50cm, 지름은 1~3cm이고 윗부분의 줄기가 붙었던 자리는 오므러져 있으며 그 속은 암갈색을 띠고 있다. 뿌리의 겉은 황백색 또는 회백색이고 군데군데에 갈색의 겉껍질과 잔뿌리를 다듬은 자리가 있으며 길이로 간 주름이 있다. 단면은 섬유질이고 흰색이다. 맛은 약간 달고 냄새는 없다.

뿌리가 길고 굵으며 단면에 솜처럼 부드러운 섬유가 있고 겉이 흰 것이 좋다.

**법 제** 땀나는 것을 멈추거나 헌데를 치료할 때, 그리고 이뇨약으로는 말린 것을 그대로 쓴다. 보기약으로 쓰거나 만성 소화기 계통의 병을 치료할 때는 꿀물에 불려서 볶아서 쓴다. 황기를 꿀물에 불려서 볶으면 이 약의 기를 보하는 작용이 강해진다.

황기

**성 분** 배당체, 플라보노이드, 알칼로이드가 들어 있다. 그리고 당류(사탕, 포도당), 아미노산(트레오닌, 아스파라긴산, 류신, 발린, 티로신, 프롤린, 알라닌, 글리신, 세린, 아스파라긴, 글루타민, 아르기닌, 아미노부티르산), 콜린, 베타인(betaine), 점액질, 녹말, 녹말효소 등이 들어 있다.

**약 성** 맛은 달고 성질은 약간 따뜻하며 비경·폐경·삼초경·신경에 작용한다.

**효 능** 기를 보하는데, 특히 비기와 폐기를 보한다. 그리고 표(表)를 치밀하게 하여 땀을 멈추고 소변을 잘 나오게 하며 고름을 빼내고 새살이 돋아나게 한다.

약리실험을 통하여 다음과 같은 약리작용들이 과학적으로 밝혀졌다.

황기는 강장작용을 나타낸다. 즉 흰생쥐에게 황기 탕약을 3주일 동안 계속 먹이면 헤엄치는 시간이 길어지고 몸무게도 빨리 늘어난다.

강심작용을 나타낸다. 즉, 심장의 수축력을 강하게 하고 심장 수축의 율동을 느리게 하며 관상동맥을 확장한다. 강심작용은 정상 심장보다 쇠약한 심장에 대하여 더욱 뚜렷하게 나타난다.

피부의 혈관을 확장하여 혈액순환을 좋게 하고 혈류 속도를 빠르게 하며 말초혈관을 확장하여 혈압을 내리게 한다. 그리고 이뇨작용도 한다.

모세혈관의 저항력을 높이고 투과성을 낮추며 소염작용을 나타내고 토끼의 장 운동을 뚜렷이 억제한다.

황기는 면역 기능을 높인다. 즉 망상내피 계통의 탐식 기능을 강화하고 비특이적인 면역을 높인다. 황기에 영지와 만삼을 섞으면 위와 같은 작용이 더욱 뚜렷하게 나타난다. 황기는 또한 림프구의 유약화를 촉진시킨다.

황기는 정상보다 높아진 유기체의 면역 기능을 낮춘다. 또한 황기의 뿌리와 지상부는 동종 피부 이식 때 피부가 붙는 기간을 길게 한다.

적리막대균을 비롯한 일련의 병원성 미생물에 대하여 억균작용을 나타내고 조직의 재생을 빠르게 한다.

혈당량에는 영향이 없으며 독성은 거의 없다.

**적 용** 몸이 허약하고 기운이 없을 때, 폐기허증, 표가 허하여 저절로 땀이 날 때, 잘 때 식은땀 날 때, 비기허증·만성위염·위 및 십이지장궤양·위하수·자궁하수·탈항 등 중기하함으로 오는 병증(내장하수) 등에 쓴다. 그리고 폐옹(폐농양), 심장 기능 저하, 관상혈관의 혈액순환장애, 뇌빈혈, 소갈병(당뇨병), 부종, 피부화농성 질병(기혈이 부족한 경우), 만성 피부궤양,

모세혈관 출혈, 습진 등에 쓴다. 만성 신장염으로 소변에 단백이 나오고 몸이 부을 때도 쓴다. 당귀를 섞어 혈허증에 쓰기도 한다.

**처방** 황기 한 가지를 고제, 탕약 등으로 쓰며 다른 약을 섞어 쓰기도 한다. 기허증에는 흔히 인삼을, 소갈병에는 흔히 과루근·생지황·갈근 등을, 표허로 땀이 날 때는 백출·방풍 등을, 부기에는 복령·백출 등을, 혈허증에는 당귀를, 옹저(기혈이 부족한 경우)에는 인삼·육계 등을 섞어 쓴다. 중기하함(내장하수)에는 기를 보하는 인삼, 기를 끌어올리는 승마·시호를 섞는다.

• 황기 9g, 백출 18g, 방풍 9g을 섞은 옥병풍산(玉屛風散)은 땀이 저절로 날 때(자한) 쓴다. 달여서 하루 3번에 나누어서 복용한다.

• 황기 6g, 인삼·백출 각각 4g , 당귀 2g, 승마·시호 각각 1g, 진피(陳皮) 2g, 감초 4g을 섞은 보중익기탕(補中益氣湯)은 몸이 허약하고 기운이 없을 때, 중기가 부족하여 입맛이 없고 설사를 할 때, 자궁하수, 자궁탈수, 탈항, 만성 소모성 질병, 신경쇠약, 반신불수 등에 쓴다. 하루 2첩을 달여 3번에 나누어 복용한다.

• 황기 38g, 감초 4g, 백작약 18g, 계지 12g, 생강 5g, 대조 4g, 엿 40g을 섞은 황기건중탕(黃芪建中湯)은 위 및 십이지장궤양에 쓴다. 하루 2첩을 달여 3번에 나누어 복용한다.

• 황기 20g, 당귀 8g을 섞어 만든 당귀보혈탕(當歸補血湯)은 혈허증에 쓴다. 달여서 하루에 3번에 나누어 복용한다.

• 황기 한 가지로 만든 단녀삼고[황기고(黃芪膏)]도 위 및 십이지장궤양에 효과가 있다.

• 민간에서는 닭의 뱃속에 황기 30~50g을 넣고 닭곰을 하여(황기곰) 허약한 사람의 보약으로 쓴다. 하루에 복용한다.

**용 량** 6~15g.

**참 고** 황기에 별갑, 백선피을 섞어 쓰면 약효가 약해진다.(상오)

---

# 영지(靈芝) 만년버섯, 불로초, 영지초, 지초

**불로초과 한해살이버섯**
**영지의 자실체를 말린 것**
*Ganoderma lucidum* (Leyss. ex Fr.) Karst.

**산 지** 전국. 산지의 활엽수 뿌리 밑동이나 그루터기에서 키 5~20cm로 자란다.

**채 취** 충분히 자란 영지를 뜯어서 햇볕에 또는 건조실에서 말린다.

**형 태** 반원형의 버섯갓에 버섯대가 붙어 있다. 버섯대는 버섯갓의 중앙이 아니라 한쪽 옆에 붙어 있다.

버섯갓의 크기는 5×10~12×20cm이다. 버섯갓의 윗면은 갈색이고 햇살 모양의 주름이 약간 있으며 아랫면은 흰색이다. 버섯대의 길이는 5~10㎝이다.

영지는 오래 보관해도 버섯갓의 빛깔이 잘 변하지 않는다.

**성 분** 당, 단백질 및 아미노산 알칼로이드, 배당체, 페놀(phenol)류, 쿠마린 (coumarin), 정유, 지방 등이 있고 Ag, B, Ca, Fe, K, Na, Mg, Mn, Sn, Zn, Ba 등의 무기원소도 들어 있다.

**약 성** 맛은 달고 성질은 평하며 심경·비경·폐경·간경에 작용한다.

**효 능** 심기·폐기·비기 및 간기를 보하고 혈액과 정을 보하며 힘줄과 뼈도 튼튼하게 한다. 정신을 진정시키고 관절의 운동을 순조롭게 하는 작용도 있다.

옛 한의서에는 영지가 피부를 윤택하게 하고 늙지 않게 하며 몸을 거뜬하게 하고 기억력을 좋게 한다고 씌어 있다.

약리실험에 의하면 영지는 중추신경 계통에 대한 진정작용, 진통작용, 기관지 및 장 활평근을 이완시키는 작용, 뚜렷한 강심작용, 혈액 속의 콜레스테롤량을 낮추고 혈압을 낮추는 작용, 비특이적 면역 능력을 높이는 작용, 가래를 삭이고 기침을 멎게 하는 작용, 간염을 치료하는 작용 등을 나타낸다.

영지의 독성은 매우 약하다.

**적 용** 신체허약, 기허증, 혈허증, 신경쇠약 환자의 불면증, 간염, 백혈구감소증, 고혈압, 동맥경화증, 만성기관지염, 협심증 등에 쓴다. 그리고 재생불능성 빈혈, 용혈성 빈혈 등의 혈액 병에도 일정한 효과가 있다. 귀가 잘 들리지 않을 때, 뇌진탕 후유증, 혈관두통, 편두통, 류머티즘성 관절염, 신장염, 갑성선기능항진증, 규폐증 등에도 일정한 효과가 있다.

> **처방** 영지에 오미자를 비롯한 다른 보약을 섞어서 쓰기도 하지만 이 약 한 가지를 쓰는 경우가 많다.
> • 영지 3~10g을 달여 하루 3번에 나누어 복용하거나 영지 가루를 한 번에 2~3g씩 하루 3번 복용한다. 팅크, 약술, 환약, 시럽제(단물약) 등을 만들어 먹기도 한다.
> **용량** 하루 3~10g.

# 백출(白朮) 흰 삽주

국화과 삽주속 여러해살이풀
삽주의 햇뿌리(덩이줄기)를 말린 것
*Atractylodes ovata* (Thunb.) DC.e

**산 지** 전국. 산과 들의 건조한 양지 쪽에서 키 30~100㎝로 자란다.

**채 취** 봄 또는 가을에 덩이줄기를 캐어 줄기와 잔뿌리를 다듬고 물에 씻은 다음 겉껍질을 벗기고 햇볕에 말린다.

**형 태** 울퉁불퉁한 덩어리로서 길이 2~6㎝, 지름 1~3㎝이다. 표면은 연황백색이고 윗부분에는 줄기가 붙었던 자리가 있다. 질은 단단하나 잘 깨진다. 냄새는 향기롭고 맛은 처음에 달고 나중에 약간 쓰다.

창출(삽주)은 원기둥 모양이고 잘룩한 마디가 있으며, 단면이 황백색이고 섬유질이며 겉에 껍질이 있어 백출과 구별된다.

백출(흰삽주)은 통통하고 크며, 겉껍질과 뿌리가 없고 연황백색이며 향기가 나는 것이 좋은 것이다.

**법제** 쌀뜨물에 12시간 담갔다가 쓰기도 한다. 한의서에는 이 약을 쌀뜨물에 담그면 거칠고 딱딱한 성질이 약해진다고 씌어 있다. 이 약을 쌀뜨물에 담그면 정유의 일부가 제거되는 것을 볼 수 있다.

**성분** 정유가 2~3.2% 있으며 정유의 주성분은 아트락틸론(atractylon)이다.

그 밖에 디아스타아제(diastase), 이눌린(inulin)이 들어 있다.

**약성** 맛은 달고 쓰며 성질은 따뜻하고 비경·위경·소장경·심경에 작용한다.

**효능** 비와 기를 보하며 입맛을 돋우고 음식물의 소화를 돕는다. 그리고 습을 없애고 담을 삭이며 소변을 잘 나오게 하고 땀을 멈추며 태아를 안정시킨다.

백출(흰 삽주)은 비를 건

삽주

전하게 하는 작용이 더 강하고, 창출(삽주)은 습을 없애는 작용이 더 강하다. 백출은 땀이 나는 것을 멈추게 하고 창출은 땀을 나오게 한다.

동물실험에서 백출의 정유는 중추신경 계통에 대하여 적은 양에서는 진정작용을, 많은 양에서는 마비작용을 보였다. 정유는 위장 운동, 분비·흡수 기능을 높여 준다.

탕약은 지속적인 이뇨작용을 나타내며 전해질, 특히 나트륨의 배설을 촉진시킨다. 그리고 억균작용도 나타낸다.

**적용** 비기허증(입맛이 없고 소화가 잘 안되며 복부팽만과 설사하는 것)에 주로 쓰며, 만성위염·만성장염·식체·구토·부종·담음병·자한·태동불안(절박유산) 등에도 쓴다. 풍한습비증에도 쓸 수 있다.

**처방** 백출은 비기허증(만성위염) 치료에 쓰는데 이 약 한 가지를 쓸 수도 있으나, 흔히 인삼·백복령·진피(陳皮)를 비롯한 비위를 보하는 약과 섞어 쓴다. 그리고 임상에서 구토에는 반하, 부종에는 복령과 차전자, 담음병에는 계지와 생강, 혈허증에는 당귀와 백작약, 저절로 땀이 날 때에는 황기, 태동불안에는 황금, 소화장애로 뱃속이 더부룩할 때에는 지실을 섞어서 쓰는 경우가 많다.

• 백출은 비장을 보하는 중요한 약이므로 사군자탕(四君子湯), 십전대보환(十全大補丸), 팔물환(八物丸), 보중익기환(補中益氣丸), 삼령백출산(蔘苓白朮散), 귀비탕(歸脾湯) 등의 보약 처방에 들어 있다.

• 백출·인삼·곽향·백복령·토목향·감초 각각 4g, 갈근 8g을 섞어 만든 **백출산(白朮散)**은 어린이들에게서 비위가 허약하여 오는 만성적인 구토, 설사증에 쓴다. 1회 1~2g씩 하루 3번 복용한다.

• 백출 10g, 지실 5g을 섞어 만든 **지출환(枳朮丸)**은 소화불량으로 뱃속이 더부룩할 때 쓴다. 한 번에 5~7g씩 하루 3번 복용한다.

• 당귀·황금·백출·백작약 각각 12g, 산궁궁 8g을 섞어 만든 **당귀산(當歸散)**은 혈허로 오는 태동불안에 쓴다. 한 번에 6~8g씩 하루 3번 복용한다.

**금기** 진액이 부족하고 열이 있는 환자에게는 쓰지 않는다.

# 산약(山藥) 마, 서여

마과 마속 여러해살이덩굴풀
마의 뿌리를 말린 것
*Dioscorea batatas Decne.*

**산 지** 전국. 산지의 숲가장자리와 성
긴 숲의 밝은 곳에서 다른 식물을 감고 오
르며 자란다.

**채 취** 가을 또는 봄에 뿌리를 캐어 줄
기와 잔뿌리를 다듬고 물에 씻은 다음, 겉
껍질을 벗겨내고 그대로 또는 증기에 쪄서
햇볕에 말린다.

**형 태** 구부러지고 길쭉한 원기둥 모양
이고 길이는 약 10cm이며 지름은 2~4cm이
다. 쪼개어 말린 것은 반원주형이고 쪼갠
면으로 구부러진다. 표면은 우윳빛이고 단
면은 가루 모양이며 흰색이다. 쪄서 말린
것은 각질 모양이다. 냄새는 없고 맛은 담
백하다.

굵고 크며 겉껍질이 없고 회갈색이며 윤
기가 나는 것이 좋은 것이다.

**성 분** 마에서는 스테로이드(steroid)
사포닌, 뮤신(mucin), 아르기닌,
콜린, 비타민 C, 단백질 및 아
미노산 등이 분리되고 참마에
서는 알란토인(alantoin), 아
르기닌, 콜린, 디아스타아제,
점액질, 뮤신 및 스테로이드,
사포닌이 분리되었다.

당단백으로 된 뮤신을 가수
분해하면 마노스(mannose)
및 글라이신(glycine), 세린
(serine)을 비롯한 10여 가지

의 아미노산이 생긴다.

**약 성** 맛은 달고 성질은 평하며 비경·
위경·폐경·신경에 작용한다.

**효 능** 기운을 돕고 비와 위를 보하며
설사를 멈추고 진액을 생겨나게 한다. 그
리고 폐와 신도 보하고 귀와 눈이 밝아지
게 한다. 산약은 비기를 보하는 중요한 약
인데 비의 음을 보하는 작용도 한다.

실험에 의하면 산약은 내분비선을 자극
한다. 특히 신상선피질을 자극하고 생체의
저항력을 높인다.

산약에서 뽑아낸 디아스타아제는 약산
성 및 중성 용액에서 녹말을 분해한다.

산약에서 뽑아낸 사포닌 성분은 혈액 속
의 콜레스테롤 함량을 낮추고 실험적 동맥
경화증에 대한 치료작용을 나타낸다.

**적 용** 허약한 사람, 병후 조리 등에 일

마

반 보약으로 쓸 수 있고 주로 비기허증(입맛이 없고 소화가 잘 안 되며 설사하고 기운이 없는 증세)에 쓰며 만성위염, 신허로 오는 유정, 야뇨증, 요통, 빈뇨, 이명, 이슬, 만성 신장염, 식은땀이 날 때, 건망증, 신경쇠약, 폐허로 기침이 나고 숨이 가쁠 때, 소갈병 등에도 쓴다. 유옹에 외용약으로 쓴다.

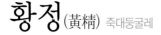

**처방** 비기를 보하는 약으로는 백출·인삼 등을, 신의 음을 보하는 약으로는 숙지황을, 폐기를 보하는 약으로는 인삼을, 소갈증을 치료하는 약으로는 황기를 섞어 쓰는 경우가 많다. 신의 음을 보하는 **육미환**(六味丸) 처방에 산약이 들어 있다.

• 산약 15, 숙지황 30, 산수유 15, 택사 11, 목단피 11, 복령 11을 섞어 만든 **육미환**[육미지황환(六味地黃丸)]은 신 음허증, 허약자, 만성 신장염, 폐결핵, 당뇨병, 신경쇠약 등에 쓴다. 한 번에 8~10g씩 하루 3번 복용한다.

• 산약·인삼·백복령·백출·감초 각각 11.3g, 연자·백편두·길경·사인·의이인 각각 5.6g을 섞은 **삼령백출산**(蔘苓白朮散)은 주로 비기허증에 쓴다. 한 번에 8g씩 하루 2~3번 복용한다.

• 산약·백출·백작약 각각 16g, 황기·애엽 각각 10g, 계내금·육계·진피(陳皮)·당귀 각각 8g, 건강 2g, 감초 4g을 섞은 **산백탕**(山白湯)은 만성위축성 위염에 효과가 좋다. 만성위축성 위염에 이 약을 쓰면 위액과 염산의 분비량이 많아지고 펩신 활성도가 높아진다. 달여서 하루에 3번 나누어 복용한다.

• 마 생풀을 짓찧어 유옹의 환부에 붙인다.

**용량** 하루 10~20g.

# 황정(黃精) 죽대둥굴레

백합과 둥굴레속 여러해살이풀
층층갈고리둥굴레의 뿌리줄기를 말린 것
*Polygonatum sibiricum* Delar.

• 층층둥굴레를 대용 약재로 쓴다.

**산지** 중부 이북 지방. 산기슭이나 강변 모래땅에서 키 90~120cm로 자란다.

**채취** 봄 또는 가을에 뿌리줄기를 캐어 줄기를 잘라 버리고 물에 씻은 다음 잔뿌리를 다듬고 증기에 쪄서 햇볕에 말린다.

**형태** 원기둥 모양이고 마디 부분이 도드라져 굵어지고 가지가 있는 것도 있다. 겉은 황백색이고 주름이 많으며 줄기가 붙었던 자리는 약간 오목하게 들어가고, 잔뿌리가 붙었던 자리는 약간 튀어나온 반점으로 나타난다. 단면은 매끈하고 연한 황백색이며 각질 모양이다. 냄새는 없고 맛은 달며 점액질이 많다.

굵고 크며 황백색이고 단면이 매끈하고 투명한 것이 좋은 것이다.

**성분** 콘발라마린(convallamarin), 비타민 A, 점액질, 녹말, 당 등이 들어 있다.

**약성** 맛은 달고 성질은 평하며 비경·폐경에 작용한다.

**효능** 비와 위를 보하고 기운을 나게 한다. 또한 폐를 보하고 기침을 멎게 하며 남성의 정력을 왕성하게 하고 소변이 잦은 것을 막아 준다.

실험에 의하면 물 또는 알코올 우림액은 혈압을 내리게 한다. 그리고 아드레날린으로 높아진 혈낭을 내리게 하고 동맥경화를 막으며 간의 지방 침착을 억제하고 억균작용도 한다.

**적용** 몸이 허약하고 기운이 없을 때, 병후조리에 쓴다. 그리고 비위가 허약할 때, 마른기침, 폐결핵, 소갈병에도 쓴다.

층층갈고리둥굴레

**처방**
• 황정, 만삼, 황기 등 보기약을 섞어 신체허약, 비위허약에 쓴다.
• 황정, 구기자 같은 양을 섞어 만든 황정환(黃精丸)은 정기를 보하는 보약이므로 허약한 사람, 병후조리에 쓴다. 한 번에 8g씩, 하루 3번 복용한다.
**용량** 하루 8~20g.

# 감초(甘草) 국로

콩과 가시감초속 여러해살이풀
감초의 뿌리와 줄기를 말린 것
*Glycyrrhiza uralensis* Fisch.

**산지** 중부 이북 지방. 산지에서 키 1m 정도 자라고 약재로 재배한다.

**채취** 가을 또는 봄에 뿌리를 캐어 줄기와 잔뿌리를 다듬고 물에 씻어 햇볕에 말린다. 껍질을 벗겨내고 말리기도 한다.

**형태** 원기둥 모양 또는 긴 고깔 모양이며 지름은 1~3㎝, 길이는 약 1m에 달한다. 겉껍질을 벗기지 않은 감초는 표면이 황갈색 또는 연황색이고 섬유 모양이다.

맛은 달고 특이한 냄새가 난다.

질이 단단하고 무거우며 섬유질이 적고 단맛이 강한 것이 좋은 것이다.

**법제** 그대로 또는 볶아서 쓴다. 한의학에서는 해열작용과 독을 해독하는 약으로는 그대로 쓰고, 비와 위를 덥히고 기를 보하는 약으로는 노랗게 볶아서 쓴다. 그것은 법제하지 않은 감초는 성질이 약간 서늘하고, 노랗게 볶은 감초는 성질이 따뜻하다고 보기 때문이다.

성분  트리테르페노이드(triterpenoid) 사포닌인 글리시리진(glycyrrhizin)이 5∼14% 들어 있다. 글리시리진은 글리시리진산의 칼륨 또는 칼슘염이며 사탕보다 40∼50배 더 강한 단맛을 가지고 있다.

알코올과 뜨거운 물에 잘 용해되며 에테르(ether)에는 용해되지 않는다. 이것을 가수분해하면 1분자의 글리시레틴산(glycyrrhetin酸)과 2분자의 글루쿠론산(glucurone酸)이 생긴다. 글리시리진은 하나의 사포닌이므로 그것의 물용액은 거품을 약간 일으키나 혈액을 녹이지 못한다. 그러나 가수분해 산물인 글리시레틴산은 혈액을 녹인다.

플라보노이드 배당체인 리퀴리틴(liquiritin)과 그 아글리콘(aglycon)인 리퀴리티게닌(liquiritigenin), 이소리퀴리틴(isoliquiritin), 람노이소리퀴리틴(rhamnoisoliquiritin), 네오이소리퀴리틴을 비롯한 여러 가지 플라보노이드가 고르

감초

게 들어 있다.

이 밖에 쿠마린 화합물인 헤르니아린(herniarin, 7 - 메 쿠마린), 엄벨리페론(umbelliferone, 7 - 하이드록시 쿠마린), 유기산, 아스파라긴을 비롯한 여러 가지 아미노산, 콜린, 베타인, 쓴맛물질, 디옥시스티그마스테린(deoxystigmasterin), 베타 시토스테린($\beta$ - sitosterin), 비타민 C, 과당, 포도당, 녹말, 고무질, 기름, 수지, 타닌(tannin)질, 만니톨(mannitol), 노란 색소, 디아스타아제 등이 들어 있다.

약성  맛은 달고 성질은 평하며(불에 구운 것은 약간 따뜻하다) 12신경에 다 작용한다.

효능  비와 위를 보하고 기를 도우며 폐를 보하고 기침을 멎게 한다. 그리고 해열작용과 해독작용을 하며 새살이 자라게 하고 완화작용을 한다.

한의학 처방에 감초를 섞는 경우가 많은데, 그것은 처방에 들어 있는 여러 가지 한약들의 효능을 소화시키기 위한 것이다.

감초추출물과 글리시리진은 동물실험에서 해독작용을 한다는 것이 밝혀졌다. 즉 감초추출물 및 글리시리진은 아트로핀, 모르핀, 코카인, 스티리크닌, 요힌빈, 루미날 등 독성 약물, 미생물의 독소, 보가지독, 뱀독, 버섯독 등에 대하여 해독작용을 나타낸다.

글리시리진의 해독작용은 글리시리진산의 가수분해 산물인 글루쿠론산이 간에서 독성물질과 결합하여 글로쿠로니드를 만들어 소변으로 나가는 것과 관련된다. 글리시리진의 해독작용은 또한 글리시리진이 신상선피질 호르몬과 비슷한 작용을 하는 것과도 관계된다.

감초는 아드레날린의 강심작용을 강화

하며 간에 대한 보호작용과 이담작용을 나타낸다.

감초와 시호를 섞은 제제는 간경변을 예방 치료하는 효과가 있는데 간의 지방 침착과 섬유화를 막는다.

동물실험에서 감초추출물의 항궤양작용이 밝혀졌다. 감초추출물은 실험동물의 소화성궤양을 억제하는 효과를 나타내며 위액의 양을 줄이고 유리산도와 총산도를 낮춘다. 감초의 메타놀추출물은 액체추출물보다 강한 궤양 억제작용과 위액 분비를 억제하는 작용이 뚜렷하다.

임상 연구에 의하면 감초추출물을 먹인 위궤양 환자에게서 자각 증상이 짧은 기간에 적어지고 닛쉐가 3주일 안으로 없어진 것까지 있었다. 그러나 환자의 20%가 부작용으로 몸이 붓고 혈압이 올랐다. 그러나 감초를 메타놀로 추출하여 부분적으로 정제한 것은 궤양과 위액 분비를 뚜렷이 억제하고 위와 같은 부작용을 나타내지 않았다. 항궤양작용은 주로 플라보노이드 성분에 의하여 나타난다.

감초추출물과 글리시리진 및 글리시레틴산은 항염증작용을 나타낸다. 감초추출물과 글리시리진의 항염증 효과는 그 분해산물인 글리시레틴산에 의한 것으로 본다. 글리시레틴산은 동물실험에서 코르티존과 히드로코르티존의 약 10배의 양에서 이것들과 거의 같은 정도의 소염작용을 나타내는 것이 확인되었다. 임상에서 아급성 및 만성 습진에 글리시레틴산 연고를 써서 효과를 본 경우도 있다.

감초추출물은 동물실험에서 위장 활평

개감초(감초와 비슷하나 약으로 쓰지 않는다.)

근에 대한 진경작용을 나타낸다. 감초의 진경작용은 플라보노이드 성분에 의한 것이다. 플라보노이드 성분 중에서 퀘리티게닌의 진경작용이 가장 강하다.

감초는 경련을 진정시켜 경련으로 오는 통증을 멎게 한다. 예로부터 감초를 백작약과 섞어(작약감초탕) 위경련을 비롯한 여러 가지 복통에 흔히 써 왔다. 약리실험에서 감초의 메타놀추출물과 백작약 뿌리의 배당체 성분인 페오니플로린은 진통작용과 진경작용에서 협력작용을 한다는 것이 밝혀졌다.

감초는 기침을 멎게 하는 작용(지해작용)도 나타낸다. 동물실험에서 18$\beta$-글리시레틴산과 그것의 에타놀아민염, 콜린염, 피페라진염, N-메틸구르카민염 등은 뚜렷한 지해작용을 나타냈다. 글리시레틴산은 거담작용도 나타낸다.

감초추출물과 글리시리진은 신상선피질호르몬인 디옥시코르티코스테론과 비슷한 작용을 나타낸다. 즉 감초추출물이나 글리시리진을 실험동물에게 쓰면 나트륨·염소 및 물의 배설량이 적어지고 칼륨의 배설량이 많아진다. 사람이 이것을 먹었을 때에도 같은 작용이 나타난다. 이 작용 기전은 글리시리진 또는 글리시레틴산이 디옥시코르티코스테론의 환원(불활성화)을 억제하는 데 있다는 것이 밝혀졌다. 양쪽 신상선을 뗀 경우나 중증의 신상선피질 기능 부전증(아디손병)으로 신상선피질 호르몬의 분비가 거의 없는 환자에게는 글리시리진을 써도 효과를 나타내지 못한다. 그러나 양쪽 신상선을 떼낸 경우에도 신상선피질 호르몬과 글리시리진을 함께 쓰면 효력이 나타난다.

글리시리진은 당질 코르티코이드의 작용에 대해서도 어떤 측면은 강하게 하고 어떤 측면은 억제한다는 것이 밝혀졌다.

감초는 이 밖에도 항알레르기작용, 억균작용, 완화작용, 콜레스테롤 배설을 빠르게 하고 혈액 속의 콜레스테롤 함량을 낮추는 작용, 항암작용, 상처를 빨리 아물게 하는 작용이 있다.

적용 비기가 허하여 설사할 때, 위궤양, 만성위염, 위장 경련으로 오는 복통 등에 널리 쓰인다.

심기를 보하므로 심기가 허하여 가슴이 두근거리고 결대맥(부정맥)이 올 때에도 쓴다.

그리고 폐기허로 인한 기침, 기관지염, 기관지천식, 간염, 만성 신상선피질기능부전증(아디손병), 인후두의 염증, 습진, 부스럼, 헌데, 약물중독, 식중독, 독버섯중독, 변비 등에 쓴다.

한의학 처방에 감초를 널리 섞어 쓰는 것은 감초 자체의 치료작용을 목적으로 하는 경우도 있으나 독성 약물의 독성을 약하게 하거나 작용이 너무 강한 약의 약성을 완화시키며 또는 여러 가지 한약의 약효를 조화시키기 위한 경우도 있다.

처방 비위가 허한 병증에는 감초(노랗게 볶은 것)에 백출, 인삼 등을 섞어 쓴다. 예를 들면 기허증, 비위허증에 쓰는 사군자탕(四君子湯)에 감초가 들어 있다.

• 감초 한 가지로 된 감초탕(甘草湯)은 위경련, 약물중독, 인후두의 급성 염증, 편도염, 기침 등에 쓰며, 감초 8g, 길경 12g을 섞은 감길탕(甘桔湯)은 인후두의 염증에 쓴다. 물에 달여 하루에 3번 나누어 복용한다.

• 약물 중독, 식중독, 독버섯 중독 등에 해독약으로 감초 20g을 달여 먹을 수 있으나 검은콩 20g을 섞어 달여 복용하는 것이 더 좋은 효과를 볼 수 있다. 1~2번 복용한다.

• 감초 10g, 우엉뿌리(서점근) 10g, 길경 10g, 아교 8g을 달여 폐열로 기침이 나고 혈담(血痰, 피가래)이 나올 때에는 하루에 3번 나누어 복용한다.

• 감초 한 가지를 달여 고제로 만든 국로고(國老膏)는 부스럼에 쓴다. 부스럼에 금은화, 연교 등 청열해독약을 섞어 쓰기도 한다.

• 사역탕(四逆湯)에 감초를 넣은 것은 부자·건강의 약성을, 조위승기탕(調胃承氣湯)에 감초를 넣은 것은 대황·망초의 약성을 완화하게 하기 위한 것이다.

용량 하루 2~9%. 중독, 만성 신상선피질 기능부전증, 심기허증 때에는 하루 20~30g을 쓸 수 있다.

금기 비위에 습이 있어 뱃속이 그득한 감이 있고 구역질이 날 때와 부종, 고혈압 환자에게는 쓰지 않는다.

• 감초는 대극, 감수, 원화, 모자반과 배합금기이다.

감초(말린 약재)

# 오미자(五味子)

목련과 오미자속 갈잎덩굴나무
오미자의 익은 열매를 말린 것
*Schizandra chinensis* (Turcz.) Baill.

**산 지** 전국. 산골짜기의 전석지에서 높이 6~9m 자라며 농가에서 재배한다.

**채 취** 가을에 익은 열매를 따서 햇볕 또는 건조실에서 말린다.

**형 태** 구형 또는 편구형이고 지름은 4~8㎜이다. 겉은 쭈글쭈글하고 암적색 또는 연한 적자색이다. 안에는 단단하고 황갈색인 신장 모양의 씨가 1~2개 들어 있다. 냄새는 약간 향기롭다. 여러 가지 맛을 가지고 있는데 열매껍질은 달고 열매살은 시며 씨는 쓰고 맵고 떫다.

개체가 크고 겉이 암적색 또는 연한 적자색인 것이 좋은 것이다.

**법 제** 그대로 또는 꿀물에 불려서 쪄서 쓴다. 꿀물에 불려서 쪄서 쓰면 폐를 보하는 작용과 지해작용이 강해진다.

**성 분** 리그난계 화합물인 스키산드린

오미자 꽃

(schisandrin)과 스키산헤놀(schisan-henol)이 들어 있다. 이 물질들은 주로 씨의 껍질에 들어 있다. 오미자의 보하는 작용은 주로 이 리그난계 화합물에 의한 것으로 본다. 또한 정유, 기름, 유기산, 비타민 C, 타닌, 수지, 적은 양의 당 등이 있다.

정유의 주성분은 베타 피넨($\beta$ - pinene), $\alpha$ - 보르네올(borneol)이고 유기산으로는 레몬산, 사과산, 포도주산 등이다.

기름의 조성에는 a - 리놀레산(linolic 酸), 올레인산(olein酸), 크로미친산, 스테린산 등이 있다.

이 밖에 Ti, Ag, Cu, Mn, Ni, Zn 등이 있다.

**약 성** 맛은 신맛이 강하고 성질은 따뜻하다. 독성은 없다.

**효 능** 주로 기와 폐를 보하여 기침을 멈추게 하며, 신장과 정도 보하여 눈을 밝게 한다. 그리고 진액을 생기게 하여 갈증을 멈추고 가슴이 답답한 증세를 치료하며 땀을 멈추고 삽정작용을 한다. 커진 동공을 축소시키는 작용도 한다.

실험에 의하면 오미자는 중추신경 계통에 대하여 흥분작용을 나타내고 육체적 및 정신적 피로의 회복을 빠르게 하고 힘살의 운동력을 강하게 한다. 이 작용은 주로 스키산드린에 의한 작용이라는 것이 밝혀졌다. 오미자는 중추신경 계통을 흥분시키지만 수면을 방해하지는 않는다.

임상 연구에 의하면 전신쇠약, 무력증, 신경쇠약, 정신분열증, 피로에 효과가 있다. 건강한 사람도 오미자를 먹으면 약 30분이 지나 정신적 및 육체적 활동력이 높아지고 피로를 덜 느끼게 되는데, 이 효과는 3~4시간 계속되며 그 뒤에 아무런 부작용도 없다.

심장혈관 계통의 기능을 강하게 하고 심장혈관 계통의 기능 장애에 좋은 치료 효과를 나타낸다. 그러나 기질적 변화가 온 경우에는 치료 효과가 없다. 혈압에 대해서는 심장 기능부전으로 오는 낮은 혈압은 높이고 높은 혈압은 내리게 하는 혈압 조절작용을 한다. 동맥경화를 억제하는 작용도 한다.

오미자는 호흡을 강하게 한다.

오미자는 위액 분비를 조절하고 담즙 분비를 빠르게 한다. 그리고 자궁에 대하여 흥분적으로 작용한다. 물질대사에도 영향을 주는데 혈당량을 낮추어 조직의 글리코겐 함량을 높이고 젖산 함량을 낮춘다.

용광로 등 고열 작업장에서 일하는 노동자들에게 오미자를 쓰면 물염류대사에 좋은 영향을 주고 높은 열로 인한 피로를 막는 작용을 한다는 것이 밝혀졌다. 즉, 오미자 물을 마시며 일할 때 액체 섭취량과 땀나는 양이 훨씬 줄었고 보충적인 염류를 주지 않아도 염류의 균형이 파탄되지 않았다.

오미자는 시력을 좋게 한다. 오미자 씨를 복용하면 시력이 좋아지는데 특히 야간 시력이 좋아진다.

오미자가 간염 치료에 좋은 영향을 준다는 임상 검토 자료에 기초하여 흰생쥐에게 사염화탄소를 주어 혈청 중 GPT를 높인 다음, 오미자 알코올추출물을 먹이는 실험 결과 혈청 중 GPT가 훨씬 낮아졌다고 한다. 혈청 중 GPT가 높은 간염 환자에게 오미자 가루를 쓰면 GPT가 정상으로 내려간다. 오미자를 쓴 간염 환자 중에서 용혈성 황달이 온 환자가 일부 있다는 것이 보고되었다.

오미자는 결핵균, 백일해균, 폐렴막대균, 황색포도상구균, 대장균, 고초균, 백색 칸디다 등에 대하여 억균작용을 나타낸다.

오미자 및 스키산드린의 독성은 매우 약하다.

<mark>적 용</mark> 일반 허약자, 무력증, 육체적 및 정신적 피로, 폐와 신이 허하여 기침이 나고 숨이 찰 때, 기관지염, 기관지천식, 백일해, 음이 허하고 진액이 부족하여 열이 나고 가슴이 답답하며 갈증이 날 때, 저절로 땀이 날 때, 잘 때 식은땀이 날 때, 유정, 유뇨증, 설사, 심근쇠약, 저혈압, 동맥경화증, 야맹증, 동공확장 등에 쓴다. 건망증, 불면증, 고혈압, 영양실조, 당뇨병, 간염, 결핵성 뇌막염, 복막염, 결핵성 림프선염,

오미자

습진, 피부염 등에도 쓴다.

오미자는 특히 폐와 신이 허하여 생긴 병증에 널리 쓰인다.

**처방** 오미자를 임상에 쓸 때 가래가 있고 기침을 할 때에는 반하를, 한사에 상하여 기침을 할 때에는 건강(말린 생강)을, 온몸이 나른할 때에는 인삼·황기를, 새벽 설사에는 오수유를 섞는다. 오미자 한 가지를 단물, 팅크, 가루약, 탕약, 유동추출물 등으로 쓰기도 한다.

• 오미자를 짓찧어 20% 알코올로 3번 우려내고 사탕을 넣어 오미자단물을 만든다(1:10의 단물). 한 번에 7~10㎖씩 하루 2~3번 복용한다.

• 오미자·산약·산수유 각각 15g, 숙지황 30g, 백복령·택사·목단피 각각 11g을 섞은 신기환(腎氣丸)은 폐와 신이 허하여 기침이 나고 숨이 찰 때 쓴다. 한 번에 3~10g씩 하루 3번 복용한다.

• 오미자 10g, 백작약 12g, 감국 8g을 섞은 오미자탕(五味子湯)은 고혈압에 효과가 있다. 달여서 하루에 3번 나누어 복용한다.

**용량** 하루 2~10g.

**금기** 정신적인 흥분 상태, 전간, 위 및 십이지장궤양, 뇌압이 높을 때, 동맥압이 매우 높거나 혈압이 급격히 변하는 고혈압에는 쓰지 않는다.

• 오미자는 옥죽과 배합금기이다. 이 두 가지 약을 섞으면 약효가 약해진다.

**참고** 남오미자의 열매도 오미자로 쓸 수 있으나 질이 좀 낮다.

# 대조(大棗) 대추

갈매나무과 대추나무속 갈잎큰키나무
대추나무의 열매를 말린 것
*Zizyphus jujuba* var. *inermis* (Bunge) Rehder

**산지** 전국. 과수로 재배하며 높이 5m 정도 자란다. 대추는 열매를 과일로 먹기도 하고 약으로도 쓴다.

**채취** 가을에 익은 열매를 따서 햇볕에 말린다.

**형태** 길이 약 2~3cm 되는 타원형이다. 겉은 암적색이고 윤기가 있으며 깊은 주름이 있다. 살은 노란색 또는 연한 갈색이다. 속에는 긴 타원형의 흰 씨가 들어 있다. 맛은 달다.

열매가 크고 살이 많으며 씨가 작고 맛이 달며 겉이 암적색인 것이 좋은 것이다.

**성분** 유효 성분은 알려지지 않았다. 당류, 점액질, 사과산 및 포도주산의 염, 카로틴(carotine), 비타민 $B_2$·C, 대추산(zizyphic酸), 기름, 정유 등이 들어 있다.

**약성** 맛은 달고 성질은 평온하며 비경·위경에 작용한다.

**효능** 비와 위를 보하고 기도 보하며 진액을 나게 하고 완화작용을 한다. 심과 폐도 보한다. 생강과 함께 쓰면 영위(營衛)의 기능을 정상화(조화)한다.

대조 탕약을 흰생쥐에게 3주 동안 먹인 결과 몸무게가 늘고 헤엄치는 시간이 뚜렷이 길어졌으며, 또 사염화탄소로 간을 손상시킨 집토끼에게 대조 탕약을 1주 동안 먹인 결과, 간에 대한 보호작용을 나타냈다고 한다.

**적용** 비허설사, 이질, 영위불화, 복통, 잘 놀라고 가슴이 두근거릴 때, 장조증(히스테리), 마른기침, 입안과 혀가 마를 때, 입맛의 이상 항진 등에 쓴다.

**처방** 비위가 허약한 병증에는 백출·인삼 등 보약에 보조약으로 대조를 섞고, 외감표증에는 나빠진 영위의 기능을 정상화하기 위해 해표약에 생강과 대조를 섞어 쓰기도 한다.

• 대조 7g, 부소맥(밀쭉정이) 150g, 구감초 33g을 섞은 감맥대조탕(甘麥大棗湯)은 장조증에 쓴다. 달여서 1/3씩 나누어 하루에 3번 복용한다.

• 대조 10g, 원화·감수·대극 각각 같은 양을 섞은 십조탕(十棗湯)은 삼출성 늑막염, 복수, 흉수에 쓴다. 대조를 빼고 나머지 약을 가루내어 1회 2~4g씩 대조 달인 물로 하루 1번 복용한다. 이 처방에서 대조는 대극, 감수, 원화의 독성을 완화하고 비위를 상하지 않도록 보호하는 역할을 한다.

**용량** 하루 6~12g.

**금기** 뱃속이 그득한 감이 있을 때, 담열이 있을 때, 감질 등에는 쓰지 않는다.

**참고** 대추나무의 잎은 혈압을 내리게 하는 효과가 있으므로 고혈압증에 쓴다.

대추나무

# 봉밀(蜂蜜) 꿀

꿀벌과 곤충
꿀벌(양봉 꿀벌)의 벌집에 있는 꿀을 모은 것
*Apis melifera* Linné

• 토종 꿀벌(한봉)의 꿀도 약효가 같다.

산지 꿀벌은 산기슭과 들에서 무리지어 서식하는 곤충이며, 민가에서 양봉으로 꿀을 생산한다.

성분 봉밀에는 포도당 약 35%, 과당 약 36%, 사탕 약 34%, 정유, 콜린, 기름, 단백질, 효소, 유기산, 비타민 $B_1 \cdot B_2 \cdot B_{12}$, 염산, 니코틴산, 판토텐산(panto-then酸), biotin, 비타민 $E \cdot C \cdot K$, 색소, 광물질 등이 들어 있다.

광물질 안에는 Zn, Cu, Ni, Mo 등 여러 가지 미량 원소가 있다.

약성 맛은 달고 성질은 평하며 폐경·비경·대장경에 작용한다.

효능 비와 위를 보하고 기운을 나게 하며 폐를 보하고 기침을 멎게 한다. 그리고 통증을 멈추고 해독작용을 하며 대변을 묽게 한다. 현대 의학적으로는 영양작용, 몸의 저항성을 높이는 작용, 상처를 빨리 아물게 하는 작용, 억균작용 등을 나타낸다.

적용 일반 허약자, 마른기침, 만성기관지염, 비위허증(만성위염), 위 및 십이지장궤양, 위통, 습관성변비, 허약자, 노인, 산모의 변비, 세균성 적리, 신경쇠약, 심장쇠약, 폐결핵,

고혈압, 구내염, 인후두의 염증, 동상, 화상, 피부염 등에 쓴다.

● 왕유(王乳 ; royal jelly)

왕유(로열 젤리)는 일벌의 인두선에서 분비되는 것으로서 일벌들이 젖꼭지 모양의 왕벌대 또는 인공 왕벌대에 저축한 것을 긁어모은 것이다. 벌통 한 개에 약 30개의 인공 왕벌대를 만들어 넣는데 왕벌대 하나에서 150~200mg의 왕유를 얻는다.

왕유는 빛깔이 하얗고 크림 모양이며 PH는 4.1~4.5이고 맛은 시며 특이한 냄새가 난다.

왕유는 햇빛을 피하여 갈색 그릇에 넣어 5℃ 이하에서 보관해야 한다. 따뜻한 곳에 두면 곧 변질된다.

꿀벌통의 꿀벌들

왕유에는 물이 50~70%, 단백질이 9~19%, 지방이 1.73~8.6%, 회분이 0.7~1.19% 들어 있다. 단백질에는 알부민(albumin) 50.17%, β-글로불린(globulin) 31.83%, r-글로불린 18%이며 단백질을 구성하고 있는 아미노산은 20여 종이다. 아데노신(adenosine)-3-인산, 비타민 $B_1$·$B_2$, 비오프테린(biopterin), Cu, Fe, Zn, Mg 등의 미량 원소들이 들어 있다.

왕유는 허약한 사람의 보약으로, 어린이 영양실조증, 급성 및 만성간염, 고혈압, 저혈압, 신경쇠약, 갱년기 장애, 성기능 장애, 류머티즘, 폐결핵, 당뇨병, 피부병 등의 치료약으로 쓴다.

**처방** 배가 몹시 아프고 손발이 차가울 때 쓰는 대오두전(大烏頭煎)에 봉밀이 들어가는 것은 오두의 강한 독을 해독하며 복통 증세를 멎게 하기 위한 것이다.

• 봉밀 한 가지를 쓰는 경우가 많다. 한 번에 5~10g씩 하루 3번 복용한다.
• 봉밀에 고백반 또는 대산을 섞어 위궤양에 쓴다.
• 봉밀에 생강즙을 섞어 초기의 세균성 적리에 쓴다.
• 허약자들에게 널리 쓰이는 인삼지황엿(경옥고(瓊玉膏))에 봉밀이 들어 있다. 인삼지황엿은 봉밀(졸인 것) 600g, 숙지황 95g, 인삼 90g, 복령 130g으로 만든 것으로서 한 번에 10~15g씩 하루 2~3번 복용한다.
• 왕유를 하루에 50~200㎎ 복용한다. 흔히 왕유 1g을 봉밀 100g에 섞어서 아침식사 전에 5g씩 먹는 방법으로 쓴다. 왕유는 혓바닥 밑에 넣고 흡수시키거나 근육주사를 놓기도 한다.

**용량** 하루 10~30g. 약한 설사약으로는 한 번에 40~80g 쓸 수도 있다.

**금기** 설사하는 환자에게는 쓰지 않는다.

---

# 연자(蓮子) 연꽃 열매, 연밥, 연실

수련과 연꽃속 여러해살이물풀
연꽃의 씨를 말린 것
*Nelumbo nucifera* Gaertner

**산지** 전국. 연못이나 강가의 물 속에서 자란다.

**채취** 가을에 익은 열매를 따서 햇볕에 말린다.

**형태** 타원형 또는 달걀 모양의 원형인데 양끝은 약간 뾰족하다. 길이는 1.5~2㎝이고 지름은 1.0~1.2㎝이다. 겉은 흑갈색 또는 쥐색이고 매끈하다. 질은 매우 굳어 잘 깨지지 않는다. 껍질을 벗기면 안에 타원형의 씨가 하나 들어 있고 그 안에는 길이 약 10㎜, 지름 약 1.5㎜ 되는 녹색의 눈이 들어 있다. 냄새는 없고 맛은 고소하다.

알이 크고 질이 단단하며 겉이 흑갈색 또는 쥐색인 것이 좋은 것이다.

**법제** 껍질과 눈을 없애고 그대로 또는 쪄서 쓴다.

연꽃

열매

성 분 녹말 · 라피노오스 (raffinose), 단백질 · 지방 · 탄수화물 등이, 연꽃 열매의 눈에는 넬로빈(nelobine) · 넬룸빈 (nelumbine) · 로투신(lotusin) 등의 알칼로이드가 들어 있다.

약 성 맛은 달고 성질은 평하며 심경 · 비경 · 신경에 작용한다.

효 능 비장을 보하고 설사를 멈추며 신장을 보하고 유정을 치료하며 심을 보하고 정신을 진정시킨다. 그리고 출혈을 멎게 한다. 연꽃 열매의 주되는 약효는 비기를 보하는 것이다. 연꽃 열매의 눈에 들어 있는 알칼로이드는 강심작용과 혈압 강하작용을 나타낸다.

적 용 주로 비기허로 오는 설사에 쓴다. 만성 위장염, 요통, 유정, 자궁 출혈, 이슬, 요탁(尿濁, 소변이 맑지 못한 것. 쌀 씻은 물처럼 뿌옇게 흐린 것은 백탁, 빛깔이 빨간 것은 적탁이라고 함), 요도염, 가슴이 두근거리고 잠을 자지 못할 때, 신경쇠약에도 쓴다.

처방 비위증에 쓰는 삼령백출산(蔘苓白朮散)에 연꽃 열매가 들어 있다.
• 연자 12g, 산조인 · 백자인 · 복신 · 원지 각각 10g을 달여서 가슴이 두근거리고 잠을 자지 못할 때 하루에 3번 나누어 복용한다.
• 연자 · 감인 각각 12g, 용골 · 모려 각각 20g을 달여서 유정에 쓴다. 하루에 3번 나누어 복용한다.
• 연자 16g, 복령 · 정향 각각 10g을 달여 산후구토에 쓴다. 하루에 3번 나누어 복용한다.

용 량 하루 8~16g.

금 기 소변이 잘 나오지 않는 환자에게는 쓰지 않는다.

참 고 옛 한의서에 석련자(石蓮子)라고 하는 한약이 씌어 있는데, 이것은 연자가 땅에 떨어져 땅속에 묻혀 여러 해 지난 다음 캐낸 것이다. 하엽은 서증약에서 취급한다.
• 연자심(蓮子心; 연꽃 씨의 배아)은 심열을 내리게 하므로 심열이 있어 가슴이 답답할 때에 하루 2~5g씩 쓴다.
• 연수(蓮鬚; 연꽃의 꽃술)는 고삽작용과 출혈을 멈추는 작용을 하므로 유정 · 출혈 등에 하루 2~8g씩 쓴다.
• 연방(蓮房; 연꽃의 꽃받침)은 출혈을 멈추게 하므로 여러 가지 출혈에 하루 6~12g씩 쓴다.
• 하경(荷梗; 연꽃의 잎자루와 꽃자루)은 기를 잘 돌아가게 하고 서사를 없애므로 가슴이 답답할 때, 서증 등에 하루 6~12g씩 쓴다.

# 감인(芡仁) 가시연꽃 씨, 검인, 검실, 계두실, 가시연밥

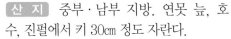

수련과 가시연꽃속 여러해살이물풀
가시연꽃의 씨를 말린 것
*Euryale ferox* Salisbury

**산 지** 중부·남부 지방. 연못 늪, 호수, 진펄에서 키 30㎝ 정도 자란다.

**채 취** 가을에 익은 열매를 따서 열매껍질을 두드리고 씨만 빼내어 말린다.

**형 태** 둥근 공 모양인데 지름은 5~7㎜이다. 한쪽 끝은 흰색이며(전체의 1/3 정도) 약간 오목하고 나머지 부분은 적갈색이다. 겉은 반들거리고 그물 모양의 무늬가 있다. 질은 단단하고 깨지기 쉽다. 단면은 거칠고 가루가 생기며 흰색이다. 냄새와 맛은 없다.

깨진 것이 없고 알이 잘 익고 큰 것이 좋은 것이다.

**성 분** 녹말·단백질·지방·탄수화물 등이 들어 있다. 감인에는 적은 양의 타닌도 들어 있다.

**약 성** 맛은 달고 성질은 평하며 비경·신경에 작용한다.

**효 능** 비장을 보하고 설사를 멈추며 신장을 보하고 유정을 치료한다. 기와 정도 보하고 귀와 눈도 밝게 한다.

주 약성은 비기를 보하는 것이다.

**적 용** 비기허로 인한 설사, 신허로 오는 유정, 요통, 슬통, 요탁(尿濁), 이슬, 요실금 등에 쓴다.

**처방** 감인에 백출, 산약, 복령 등 비장을 보하는 약을 섞어 비가 허하여 설사할 때에 쓴다.
• 감인·자질려 각각 12g, 연꽃술 4g, 용골, 모려 20g을 달여 유정에 쓴다. 하루 3번 나누어 복용한다.

**용 량** 하루 6~12g.

**금 기** 소변이 잘 나오지 않을 때에는 쓰지 않는다.

가시연꽃

# 이당(飴糖) 엿

벼과 벼속 한해살이풀
찰벼의 열매(찹쌀)를 발효시키고 당화하여 만든 것
*Oryza sativa var. glutinosa Matsum.*

• 《향약집성방》,《동의보감》 등 옛 한의서들에서는 오직 찹쌀로 만든 것을 약으로 쓴다고 하였다. 그러나 지금은 멥쌀·옥수수·보리·밀 등 녹말이 많이 들어 있는 곡식이나 식용 재료로 만든 엿을 쓴다.

**산 지** 전국. 논에서 곡식으로 재배하고 키 1m 정도 자란다.

**형 태** 점착성이 강한 걸쭉한 액체로서 빛깔은 황갈색 또는 갈색이다.

맑고 잡질이 없으며, 황갈색이고 맛이 달며 탄 냄새가 나지 않는 것이 좋다.

**성 분** 맥아당과 덱스트린(dextrin)이 들어 있다.

**약 성** 맛은 달고 성질은 따뜻하며 비경·폐경에 작용한다.

**효 능** 엿은 비와 폐를 보하고 기침을 멈추게 하며 통증을 가시게 한다.

**적 용** 비위가 허한하여 배가 아플 때, 폐가 허하여 기침을 할 때, 기관지염 또는 폐결핵으로 마른기침을 할 때 쓴다.

**처방** • 이당 20g, 계지 8g, 백작약 12g, 감초(구)·생강 4g, 대조 4g을 섞어 만든 소건중탕(小建中湯)은 비위가 허한하여 배가 아플 때 쓴다. 달여서 하루에 3번 나누어 복용한다.
• 소건중탕의 처방에 이당 30g, 패모·아교·백합 각각 10g을 첨가하고 달여서 마른기침을 할 때 쓴다. 하루에 3번으로 나누어 복용한다.

**용 량** 하루 35~70g.

**금 기** 습열이 있거나 식체로 인하여 뱃속이 더부룩하고 아플 때, 담습이 성하여 기침하고 숨이 가쁠 때에는 쓰지 않는다.

벼

● 엿 만드는 방법

찹쌀로 밥을 지어 엿기름으로 삭힌 뒤, 겻불로 밥이 물처럼 되도록 끓인다. 그 끓인 물을 퍼내어 천자루에 넣어 짜낸 다음 진득진득해질 때까지 고아 만든다.

# 율자(栗子) 밤, 건률

참나무과 밤나무속 갈잎큰키나무
밤나무의 씨를 말린 것
*Castanea crenata* Sieb. et Zucc.

【산 지】 전국. 산기슭이나 밭둑, 하천가에서 높이 10~15m 자란다.

【채 취】 가을에 다 익은 밤송이를 채취하여 가시가 많은 겉껍질을 제거하고 그대로 보관한다.

【법 제】 껍질을 벗기고 가루내거나 구워서 껍질을 벗겨내고 가루내어 쓴다. 탕약으로 쓸 때는 껍질을 벗겨내고 깨뜨린다. 껍질째로 깨뜨리기도 한다.

【성 분】 탄수화물 약 38%, 단백질 약 3%, 지방 약 0.6%, 그리고 비타민 C가 약 36mg%, 비타민 $B_1$이 약 0.15 mg%, 비타민 $B_2$가 약 0.1mg%, 비타민 PP가 약 3.74mg% 들어 있다. Mn, Cu, Ni 등 미량 원소도 들어 있다.

【약 성】 맛은 짜고 성질은 따뜻하며 비경·신경에 작용한다.

【효 능】 밤은 비위를 보하고 기운을 북돋우며 신을 보한다.

【적 용】 일반 허약자, 비기가 허하여 설사할 때, 신이 허하여 허리와 무릎이 연약해졌을 때 쓴다. 영양 상태가 좋지 못한 어린이들의 보약으로 쓰면 좋다.

> 【처방】 •율자가루와 쌀가루를 섞어 죽을 쑨 밤죽은 입맛이 없고 기운이 없으며 가슴이 쓰릴 때 쓴다. 반신불수에도 쓴다.
> 【용량】 하루 6~18g.
> 【금기】 비위에 습열이 있는 환자에게는 쓰지 않는다.

밤나무

열매

# 해송자(海松子) 잣, 송자인

소나무과 소나무속 늘푸른바늘잎큰키나무
잣나무의 씨를 말린 것
Pinus koraiensis Sieb. et Zucc

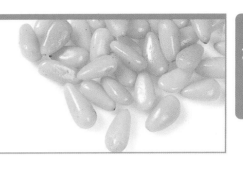

**산 지** 전국. 고산 지대에서 높이 20~30m 자란다.

**채 취** 가을에 익은 열매를 채취하여 열매껍질을 제거하고 씨를 빼내어 보관한다.

**법 제** 딱딱한 속껍질을 벗겨내고 씨를 생으로 쓴다.

**성 분** 잣에는 지방 약 62.2%, 단백질 약 16.4%, 탄수화물 약 11.7%가 들어 있다. 그리고 비타민 $B_1$이 약 1.02mg%, 비타민 $B_2$가 약 0.03mg%, 비타민 PP가 약 3.68mg% 들어 있다. Mn, Zn, Cu, Ni 등 미량 원소도 들어 있다.

**약 성** 맛은 달고 성질은 약간 따뜻하며 폐경·위경·대장경에 작용한다.

**효 능** 기를 보하고 폐와 심을 보하며 풍을 없앤다. 그리고 대변을 무르게 하고 소변을 잘 나오게 한다.

해송자는 좋은 영양작용을 니티내며 해송자에 들어 있는 지방은 동맥경화를 막는 작용을 한다.

**적 용** 몸이 허약하고 여윌 때, 마른기침을 할 때, 허약한 사람의 변비 등에 쓴다. 풍으로 여기저기 아플 때에도 쓴다.

---

**처방** • 해송자 10g, 호두살 10g, 봉밀 30g을 섞어 폐가 건조해 마른기침을 할 때 쓴다. 1회 10~15g씩 하루 3번 복용한다.

• 해송자·백부·행인 각각 10g을 달여 한에 상하여 기침을 할 때 쓴다. 하루에 3번 나누어 복용한다.

• 허약한 사람의 변비에는 해송자·백자인·마자인 같은 양을 섞어 환약을 만들어 한 번에 10g씩 하루 3번 복용한다.

**용량** 4~12g.

**금기** 설사하거나 담습이 있는 환자에게는 쓰지 말아야 한다.

열매

잣나무

잣나무 씨

**보약**
補藥

# 자오가(刺五加) 가시오갈피

두릅나무과 오갈피나무속 갈잎떨기나무
가시오갈피나무의 뿌리와 줄기 껍질을 말린 것
*Eleutherococcus senticosus* (Rupr. & Max.) Max.

**산 지** 전국. 깊은 산의 기슭, 골짜기 등에서 무리를 이루고 높이 2~3m 자란다.

**채 취** 봄 또는 이른 여름에 뿌리껍질 또는 줄기껍질을 벗겨 햇볕에 말린다. 줄기·뿌리·잎을 채취하여 쓰기도 한다.

**형 태** 관 모양 또는 반관 모양이다. 길이 10~15cm, 두께 2~4mm이며 굵은 줄기에서 벗긴 것은 판 모양이다. 표면은 회황색이거나 회녹색이고 군데군데 갈색의 껍질눈과 겉껍질이 남아 있다. 안쪽 면은 회백색이다. 갈색의 점과 세로로 가는 줄이 있다. 질은 단단하고 부스러지기 쉽다. 단면은 황백색이고 섬유 모양이거나 나무질 모양이다. 냄새는 약하지만 향기롭다.

**성 분** 가시오갈피나무 뿌리에는 엘레우테로사이드(eleutheroside) A·B·C·D·E·F·G 등의 배당체가 들어 있고 뿌

가시오갈피

리껍질에는 엘레우테로사이드 B·D·E가 들어 있다. 줄기와 줄기껍질에는 시린진(syringin)과 물에 녹는 다당류가 5~10% 들어 있다. 가시오갈피나무 잎에는 올레아놀산(oleanol酸)을 비당질로 하는 배당체인 엘레우테로사이드 I·K·L·M이 들어 있다. 가시오갈피나무의 모든 부분에 정유가 다 들어 있다.

**약 성** 맛은 맵고 쓰며 성질은 따뜻하고 간경·신경에 작용한다.

**효 능** 기를 보하고 정을 보하며 간과 신장을 보하고 힘줄과 뼈를 튼튼하게 한다. 그리고 풍습을 없앤다.

약리실험에서 다음과 같은 작용이 밝혀졌다. 실험에 의하면 중추신경 계통을 흥분시킨다. 뿌리껍질추출물은 대뇌피질의 활성을 높이고 신경 활동력을 높인다. 그러나 수면을 방해하지 않는다. 정신노동을 하는 사람에게 자오가를 복용하게 하면 정신노동 능력이 높아진다. 그리고 피로를 막고 시력을 좋게 한다.

자오가는 면역 기능을 강화한다. 자오가를 복용하면 백혈구 수가 늘어나고 백혈구의 탐식 기능이 강화된다. 몸에 나쁜 영향을 주는 물리적·화학적 요인에 대한 저항력도 높아진다. 즉 방

사선 보호작용을 나타내고 더위와 추위에 대한 저항력을 높인다.

자오가는 혈당량, 혈청단백, 콜레스테롤 대사를 조절한다. 당뇨병 환자에게 자오가를 쓰면 혈당량이 낮아진다.

자오가는 항암작용을 나타낸다. 뿌리 탕약은 종양세포의 증식을 억제하고 종양세포의 전이도 일정한 정도로 막는다. 화학요법과 방사선 치료로 백혈구가 적어진 종양 환자에게 자오가를 쓰면 백혈구가 늘어난다. 그리고 종양 환자에게 화학요법이나 방사선 치료를 할 때 자오가를 함께 쓰면 백혈구가 적어지지 않는다.

그 밖에 성 기능을 강화하는 작용, 항염증작용, 진해거담작용 등을 나타낸다.

자오가는 독성은 약하다. 흰생쥐에게 350g/kg을 먹여도 이상이 없다.

자오가의 총배당체를 흰생쥐의 피하에 주사할 때 $LD_{50}$은 4.75g/kg이다. 축적작용은 없다.

**적용** 몸이 약하고 기운이 없을 때, 병후조리, 육체적 및 정신적 피로, 당뇨병, 동맥경화증, 저혈압, 류머티즘성 심근염, 풍한습비, 관절염, 관절류머티즘, 신경통 등에 쓴다. 그리고 위암, 식도암 등 악성 종양에도 쓴다.

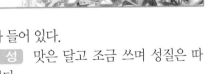

열매

**처방** • 다른 약을 섞어서 쓸 수도 있으나 가시오갈피 한 가지를 5~15kg 달여서 하루 3번에 나누어 복용해도 된다.
• 자오가를 물 또는 30~50% 알코올로 우려서 1:1의 추출물을 만들어 한 번에 30방울씩 하루 3번 먹는다.

**용량** 하루 5~15g.

**금기** 열이 날 때, 고혈압 등에는 쓰지 않는다.

# 자인삼(刺人蔘) 땃두릅나무 껍질, 인삼나무 껍질

두릅나무과 땃두릅나무속 갈잎떨기나무
땃두릅나무의 줄기껍질 또는 뿌리껍질을 말린 것
*Oplopanax elatus* Nakai

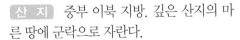

**산지** 중부 이북 지방. 깊은 산지의 마른 땅에 군락으로 자란다.

**채취** 봄에 뿌리의 껍질 또는 줄기의 껍질을 벗겨 햇볕에 말린다.

**성분** 땃두릅나무 껍질에는 정유·수지·다당류·타닌 등이 들어 있다. 뿌리껍질에는 정유, 사포닌, 플라보노이드, 쿠마린, 수지, 알칼로이드, 다당류, 강심 배당

체가 들어 있다.

**약성** 맛은 달고 조금 쓰며 성질은 따뜻하다.

**효능** 땃두릅나무 껍질은 기를 보하고 기침을 멎게 한다.

동물 실험에서 강장작용이 증명되었다. 즉, 흰쥐의 헤엄치는 시간을 길게 한다.

수용성은 혈당량을 낮춘다. 알코올 우림

약과 배당체 및 정유 성분은 중추신경 계통을 흥분시킨다. 인삼처럼 성선 자극작용도 있다. 알코올 우림액은 적은 양에서 혈압을 높이고 많은 양에서는 혈압을 조금 낮추고 호흡이 가빠진다. 배당체 성분은 혈압을 내리게 하고 호흡중추를 흥분시키며 심장 수축을 강하게 한다.

땃두릅나무 껍질은 많은 양에서 뚜렷한 이뇨작용이 있다. 이것은 정유 성분이 신장을 자극하기 때문이라고 보고 있다.

임상에서 여러 가지 원인으로 맥이 없을 때 쓰면 피로감이 적어지고 잠이 잘 오며 노동 능력이 회복된다.

**적용** 몸이 약하고 기운이 없을 때, 육체적 및 정신적 피로, 당뇨병, 신경쇠약, 정신분열증, 성기능 쇠약, 저혈압에 쓴다. 이 밖에 기침을 멎게 할 때에도 쓴다.

**처방** 자인삼에 다른 한약을 섞어서 쓸 수도 있다.
• 자인삼 한 가지를 6~9g 달여 하루 3번에 나누어 먹기도 한다.
• 자인삼을 70g 알코올로 우려내어 20% 팅크를 만들어 1회 30~40방울씩 하루에 2~3번 식전에 물을 타서 복용한다.
**용량** 하루 6~9g.

# 자노아(刺老鴉) 두릅나무 껍질, 총목피

두릅나무과 두릅나무속 갈잎떨기나무
두릅나무의 뿌리껍질과 줄기껍질을 말린 것
*Aralia elata* (Miq.) Seemann

**산지** 전국. 산록의 양지 쪽과 골짜기에서 높이 3~4m로 자란다.
**채취** 봄에 뿌리의 껍질 또는 줄기의 껍질을 벗겨 햇볕에 말린다.

**형태**
• 뿌리껍질 – 관 모양이고 불규칙하게 구부러졌다. 길이 15~30cm, 두께 1.5~3mm로 표면은 연회갈색이나 암회갈색이다. 표면은 겉껍질이 벗겨져 비늘 모양이고 겉껍질이 벗겨진 곳에는 세로주름이 있다. 안쪽 면은 암황갈색이나 황백색이다. 질은 취약하고 잘 꺾어진다. 단면은 거칠고 연황백색이며 자외선에서 연남색 형광을 낸다. 냄새는 거의 없다.
• 줄기껍질 – 관 모양이고 비교

두릅나무

적 곧으며 길이는 10~15cm, 두께는 1.5~ 2mm이다. 표면은 거칠고 틈이 있다. 안쪽 면은 뿌리껍질과 비슷하다. 질은 취약하고 잘 꺾어진다. 단면은 섬유성이고 자외선 밑에서 연한 남색 형광을 낸다.

**성 분** 강심 배당체, 사포닌, 정유, 미량의 알칼로이드가 들어 있다. 뿌리껍질에는 아랄로시드(araloside) A · B · C 등이 들어 있다.

**약 성** 맛은 맵고 성질은 평하며 약간 독이 있다.

**효 능** 기를 보하고 정신을 안정시키며 신장을 보하고 정을 보하며 풍을 없애고 혈액순환을 좋게 한다.

동물실험에서 강장작용,

중추신경 계통에 대한 흥분작용, 강심작용, 혈당량을 낮추는 작용, 방사능증을 예방 치료하는 작용 등을 나타낸다는 것이 밝혀졌다.

독성은 인삼이나 가시오갈피보다 약 10배 더 강하다.

두릅나무 뿌리껍질 우림액을 흰생쥐에게 먹일 때 $LD_{50}$은 28.2g/kg이다.

잎의 독성은 뿌리보다 2배 강하다.

**적 용** 기허증, 일반 허약자, 신경쇠약, 관절염, 당뇨병, 심장신경증, 정신분열증, 저혈압 등에 쓴다. 위암에도 쓴다.

**처방** 다른 약을 섞어서 쓸 수도 있으나 이 약 한 가지를 쓰는 경우가 많다.
• 자노아 6~12g을 달여 하루에 3번에 나누어 복용한다.
**용 량** 하루 6~12g.

꽃

# 상어간유(사어간유;鯊魚肝油)

상어목 뿔상어과 어류
곱상어(기름상어)의 간에서 뽑아낸 기름
*Squalus acanthias*

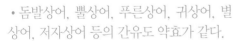

• 돔발상어, 뿔상어, 푸른상어, 귀상어, 별상어, 저자상어 등의 간유도 약효가 같다.

**산 지** 상어는 우리나라의 모든 바다에 퍼져 있으나 주로 남해(제주도 근해 포함)에 분포한다.

**채 취** 가을부터 다음해 봄 사이에 상어를 잡아 간을 꺼낸다. 이 간을 잘게 썰어서 가마에 넣고 끓이거나 증기를 보내 데운다. 그러면 기름이 위에 뜨는데 이 기름을

모으면 된다.

**성 분** 상어간유에는 불포화탄화수소인 스쿠알렌(squalene)이 10~82% 들어 있다. 그리고 인지질, 단백질, 밀, 탄수화물, 고급 알코올, 비타민 $B_1$ · $B_{12}$, 니코틴산, 판토텐산, 피리독신(pyridoxine), 비타민 C 등이 있다.

**약 성** 상어의 간은 성질이 평하고 오장을 보한다.

효능 상어간유나 스쿠알렌 성분은 강장작용을 나타낸다. 즉, 스쿠알렌은 몸 안에 산소 공급을 충분히 하게 함으로써 물질대사를 왕성하게 하며 세포를 되살아나게 한다. 그리고 입맛을 돋우고 피로를 풀어준다. 스쿠알렌은 암세포를 파괴하고 암의 발생을 막는 작용을 한다.

상어간유는 또한 간기능 보호작용, 담즙내기작용, 해독작용, 몸의 저항성을 높여주는 작용 등을 나타낸다.

적용 간암을 비롯한 여러 가지 악성종양에 쓴다. 만성간염에도 좋다. 이 밖에 고혈압, 폐결핵, 위 및 십이지장궤양, 당뇨병, 어린이 천식, 신경통 등에도 쓴다.

화상·창상·무좀 등에는 상어간유나 스쿠알렌으로 고약을 만들어 바른다.

● 스쿠알렌(squalene)을 뽑는 방법

① 상어간유를 진공도 3~8mmHg의 240~270℃ 조건에서 진공증류할 때 나오는 갈래묽을 받는다. 이것을 그릇에 넣어 밀폐하여 보관한다.

② 상어간유를 알코올에 녹인 다음 수산화칼륨 또는 수산화나트륨을 넣고 2~4시간 동안 데운다. 식은 다음 알코올에 증류한다.

이것을 약용탄으로 색빼기를 하고 물기 없는 황산나트륨으로 물빼기를 하여 스쿠알렌을 얻는다.

처방 •스쿠알렌을 한 번에 0.5~1㎖씩 하루에 3번 복용한다.
•스쿠알렌 주사약을 만들어 하루에 한 번(1㎖짜리 1대씩) 15~35일 동안 힘살에 주사한다. 스쿠알렌 주사약은 위에서 만든 스쿠알렌을 순도 95~100%로 정제한 다음 멸균한 주사약병에 1㎖씩 넣고 100℃에서 1시간 동안 멸균한 것이다.
•스쿠알렌 갖풀 환약을 만들어 쓴다. 즉 위에서 만든 스쿠알렌을 갖풀갑에 0.4㎖씩 넣는다. 한 번에 2~4알씩 하루 2~3번 끼니 사이에 복용한다.
•피부병, 화상, 창상에는 라놀린과 바셀린 1:1로 된 고약 기초제에 8% 되게 스쿠알렌을 넣고 고르게 갈아서 바른다.
용량 스쿠알렌은 하루에 1.5~3g. 상어간유는 하루에 3~10g.

상어

# 송화분(松花粉) 소나무 꽃가루, 송화 가루

소나무과 소나무속 늘푸른바늘잎큰키나무
소나무의 꽃가루를 말린 것
*Pinus densiflora* Sieb. et Zucc

**산 지** 전국. 산지에서 높이 35m 정도 자란다.

**채 취** 늦은 봄에 꽃이 필 때 완전히 피지 않은 꽃이삭을 따서 꽃가루를 모아 햇볕에 말린다.

**형 태** 연황색의 부드러운 가루이다. 손에 묻혀 비비면 매끈매끈한 느낌이 있다. 물에 가라앉지 않는다. 확대경으로 보면 대개 알갱이는 작은 원형이다. 질은 가볍고 잘 날린다. 냄새는 약간 향기롭고 맛을 보면 기름기가 있다. 빛깔이 노랗고 부드러우며 잡질이 없고 유동성이 크면 좋다.

**성 분** abscisic acid, 지방·색소 등이 들어 있다.

**약 성** 맛은 달고 성질은 따뜻하며 간경·비경에 삭용한다.

**효 능** 풍사와 습사를 없애고 기를 북돋워 보하며 출혈을 멈추게 한다.

**적 용** 비기허증, 어지럼증, 오랜 설사, 만성 대장염, 위통, 위 및 십이지장궤양, 습진, 창상출혈 등에 쓴다.

---

**처방** 송화에 다른 약을 섞어 쓸 수 있으나 이 약 한 가지를 쓰는 경우가 많다.
- 비기허증, 위 및 십이지장궤양에 송화를 한 번에 3g씩 하루 3번 물에 타서 복용한다.
- 갓난아이 습진에는 송화 3g, 노감석 가루 3g, 달걀노른자 3개에서 얻은 기름(달걀 3개를 삶아 노른자위만을 꺼내어 가마에 넣고 데우면 기름이 나오는데 이 기름을 모은 것)을 개어서 하루 1~3번 발라 준다(이미 곪은 데는 효과가 없음).

**용 량** 하루 3~9g.

**참 고** 체질에 따라 열병, 변비 등의 부작용이 생길 수 있다.

소나무

솔방울

# 제2절 보양약(補陽藥)

## 녹용(鹿茸) 사슴 뿔

소목 사슴과 동물
백두산사슴(누렁이, 말사슴) 수컷의
굳지 않은 새 뿔을 잘라 말린 것
*Cervus nippon*

• 사슴(얼룩사슴)의 뿔도 약효가 같다.

**산 지** 백두산사슴은 백두산 일대의 인가에서 멀리 떨어진 밀림 속에 서식하며, 얼룩사슴은 농장에서 사육하기도 한다.

**채 취** 초여름에 사슴의 뿔이 골조직으로 넘어가기 전에 말랑말랑한 뿔을 채취한다. 녹용을 잘라 곧 거꾸로 세워 피가 흐르지 않도록 하면서 90℃의 물에 데쳐 낸다. 이것을 건조실에 거꾸로 세워 60~70℃의 온도에서 말린다.

**형 태** • 사슴 녹용 – 원기둥 모양인데 1~3개의 가지가 있다. 길이 15~30㎝, 단

사슴

면 지름 약 3~4㎝이다. 겉은 적갈색이고 윤이 나며 노란색 혹은 회백색의 부드러운 털이 있다. 단면은 흰색이고 잔구멍들이 있다. 냄새는 약간 비리고 맛은 약간 짜다.

가지들이 통통하고 끝이 둥글고 부드러운 털이 있으며 가볍고 껍질이 적갈색이며 윤기가 있는 것이 좋은 것이다.

• 백두산사슴 녹용 – 사슴 녹용보다 굵고 크며 가지가 많다. 가지 수는 3~4개로 길이 15~30㎝이며 약 90㎝인 것도 있다. 겉은 쥐색이고 윤기가 나며 회색 잔털이 있다. 단면 가운데는 노란색을 띠고 잔구멍들이 있으며 껍질은 두껍고 쥐색을 띤다. 약간 비린 냄새가 나고 맛은 약간 짜다.

가지들이 통통하고 가벼우며, 단면은 벌집 모양의 조직이 치밀하고 약간 노란색을 띠는 것이 좋은 것이다.

**법 제** 불에 그슬려 털을 없애고 잘라서 가루내어 쓴다.

**성 분** 포화탄화수소, 지질, 스테로이드, 아미노산, 무기 성분 등이 들어 있다.

포화탄화수소로서는 헥사코산(hexacosane酸)과 팔미틴산 및 스테린산의 에스테르(ester)가 들어 있다.

지질로서는 레시틴, 리졸레시틴(lysole-cithin), 케팔린(kephalin), 스핑고미엘린(sphingomyelin), 세레브로시드(cere-broside) 등이 있다. 스테로이드 성분으로서는 콜레스테롤과 콜레스테롤의 팔미틴산 및 스테린산 에스테르가 들어 있다. 아미노산은 16가지가 확인되었고 특히 리신(lysine), 페닐(phenyl) 알라닌, 아르기닌, 히스티딘(histidine)이 많다. 무기성분으로 칼슘, 칼륨, 나트륨, 미그네슘이 들어 있으며 아연, 코발트, 철, 동, 납, 망간 등이 매우 적은 양이 들어 있다.

약 성 맛은 달고 짜며 성질은 따뜻하고 간경·신경에 작용한다.

효 능 주로 신양(腎陽)을 보한다. 정(精)과 수(髓) 및 혈(血)도 보하며 힘줄·뼈·치아를 튼튼하게 한다. 녹용은 신양을 보하는 작용이 부자·육계보다 강하다.

실험동물에게 녹용을 먹이면 몸무게가 비교적 빨리 늘고 빨리 자라게 하며 물질대사가 항진되고 저항성이 높아진다. 중추신경 계통에 대하여 흥분적으로 작용하며 피로를 없애고 입맛을 돋워 준다. 강심작용도 하는데 심장 수축의 진폭을 크게 하고 박동을 뜸하게 한다. 강심작용은 쇠약해진 심장에서 뚜렷하게 나타난다.

실험동물에게 녹용 가루를 먹이거나 녹용추출물을 주사하면, 일정한 기간이 지나 적혈구·혈색소 및 망상적혈구가 모두 많아진다.

상처 및 궤양을 빨리 치료하며 골절의 유합도 빠르게 한다. 녹용을 혈우병에 쓸 때 혈액의 응고성을 높이며 신장의 이뇨 기능도 강하게 한다. 성신을 자극하여 성기능을 강하게 하는 작용도 있다.

적 용 신체허약, 신양허로 인한 어지럼증, 이명, 청력약화, 허리와 다리가 시리고 맥이 없을 때, 빈뇨, 유뇨증, 음위증, 유정 등에 쓴다. 그리고 어린이의 발육이 나쁘고 늦도록 걷지 못하며 치아가 나지 않을 때, 월경과다, 자궁출혈, 이슬, 신경쇠약, 신장염, 심근쇠약, 피로, 저혈압, 근무력증, 뇌빈혈, 진구성궤양 등에 쓴다.

녹용은 주로 신양허증과 몸이 허약하고 여윌 때 쓰인다. 녹용주사, 판토쿨린 등도 녹용과 같은 목적으로 쓴다.

처방 녹용 한 가지만을 써도 좋다. 녹용 한 가지를 쓰는 경우에는 가루약, 탕약, 약술, 주사약, 판토쿨린 등으로 만들어 쓴다. 판토쿨린은 녹용을 50% 알코올로 추출하여 만든 녹용의 알코올추출물이다.

• 녹용 4g, 인삼 6g, 황기 4g, 오미자 6g, 당귀 4g, 숙지황 4g, 육종용 8g, 두충 8g, 백출 6g, 부자(법제한 것) 6g, 육계 6g, 백작약 6g, 석곡 6g, 반하 6g, 복령 4g, 감초 2g, 생강 6g, 대조 6g을 섞은 녹용대보탕(鹿茸大補湯)은 몸이 허약하고 기운이 없을 때 쓴다. 달여서 하루에 3번 나누어 복용한다.

• 녹용 43, 숙지황 55, 박하 기름 0.32, 알코올 265, 봉밀 268로 만든 녹용보약(鹿茸補藥)(녹용토니쿰)도 녹용 주치증에 보약으로 쓴다. 한 번에 5~10mℓ씩 하루 3번 복용한다.

용 량 하루 3~6g.

금 기 고혈압, 동맥경화, 협심증, 심장의 기질적 변화가 있을 때, 혈액 응고성이 높아진 경우, 중증의 신장염 등에는 쓰지 않는다. 또, 녹용을 먹을 때 강심작용이 곧 나타나는 것이 아니므로 급성 순환기 장애에는 쓰지 않는다.

참 고 사슴의 태(胎)와 태새끼[녹태(鹿胎)], 생식기[녹신(鹿腎)], 뼈[녹골(鹿骨)], 사슴의 힘살[녹근(鹿筋)], 꼬리[녹미(鹿尾)] 등도 보약으로 쓴다.

# 녹각(鹿角) 사슴 뿔

소목 사슴과 동물
백두산사슴(누렁이, 말사슴) 수컷의 굳어진
뿔을 자른 것
*Cervus nippon*

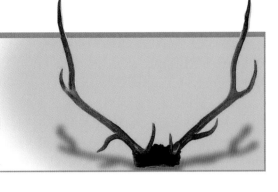

• 사슴(얼룩사슴)의 뿔도 약효가 같다.

**산 지** 백두산사슴은 백두산 일대의 인가에서 멀리 떨어진 밀림 속에 서식한다.

**채 취** 늦은 가을부터 겨울 사이에 굳어진 뿔을 톱으로 자른다.

**형 태** • 사슴녹각 – 얼룩사슴의 뿔을 자른 것으로서 3~4개의 가지가 있고 길이는 약 30~50cm이며 원가지의 지름은 약 3cm이다. 겉은 적갈색을 띠고 털은 없으며 혹모양의 돌기와 무늬가 있는데 광택이 있다. 질은 단단하다. 단면의 가운데 부분은 회색이고 잔구멍이 송송 뚫려 있으며 그 주위는 흰색이다. 냄새는 없고 맛은 약간 짜다.

• 백두산사슴녹각 – 누렁이의 뿔을 자른 것인데 형태는 사슴녹각과 비슷하나 그보다 크다. 가지는 3~6개고 길이는 약 50~60cm이며 지름은 3~6cm이다. 겉은 회갈색 혹은 회황색이고 작은 돌기가 있다. 단면의 가운데는 회색이고 구멍이 많으며 그 주위는 흰색이다. 냄새는 없고 맛은 약간 짜다.

**성 분** 글루텐(gluten), 콘드린(chondrin), 인산칼슘, 탄산칼슘 등이 들어 있는 것으로 알려졌다.

**약 성** 맛은 짜고 성질은 따뜻하며 신경·간경·심경·심포락경에 작용한다.

**효 능** 신양을 보하고 부은 것을 가라앉게 하며 어혈을 흩어지게 한다. 보하는 작용은 녹용과 비슷하지만 약효가 약하다.

**적 용** 신체허약, 요통, 한증에 속하는 창양에 쓴다.

● **녹각교**(鹿角膠 ; Colla corni cervi)

녹각을 끓여 만든 갖풀인 녹각교는 간과 신장을 보하고 혈액과 정을 보하며 출혈을 멈추고 태아를 안정시키는 효능이 있다.

● **녹각상**(鹿角霜)

녹각으로 녹각교를 만들고 남은 찌꺼기를 말린 것이 녹각상인데 양기를 보하고 설사와 출혈을 멎게 한다.

**처방**
• 녹각·녹용 각각 38g, 인삼 18g, 복령·복신 각각 28g, 당귀·산궁궁·보골지·상표초·용골·구채자 각각 19g, 백자인·감초 각각 4g을 성긴 가루로 하여 녹각산(鹿角散)을 만들고, 한 번에 20g을 달여 신체허약·유정·음위증·건망증·가슴두근거림·불면증 등에 복용한다.
• 일반 허약자, 여윌 때, 허리와 무릎에 맥이 없을 때, 토혈, 비출혈, 임산부의 자궁출혈 등에 녹각교를 하루 3~5g씩 쓴다.
• 비위허한증, 만성장염, 장결핵, 창양 등에 녹각상을 하루 5~10g씩 쓴다.

**용 량** 하루 5~10g.

# 음양곽 (淫羊藿) 삼지구엽초, 선령비, 팔파리

매자나무과 삼지구엽초속 여러해살이풀
삼지구엽초의 전초를 말린 것
*Epimedium koreanum Nakai*

**산 지** 중부 이북 지방. 높은 산 수림 밑 그늘에서 기 30㎝ 정도 자란다.

**채 취** 여름부터 이른 가을 사이에 전초를 베어 그늘에서 말린다.

**형 태** 대부분이 줄기·잎·잎자루로 되어 있고 꽃과 열매는 거의 없다. 잎자루는 연황갈색이며 속은 비었고 단면은 섬유성이다. 잎은 달걀 모양이고 가장자리에 가시 모양의 톱니가 있다. 전초의 빛깔은 회녹색~연두색이다. 질은 단단하고 부스러지기 쉽다. 맛은 쓰고 냄새는 없다.

**성 분** 플라보노이드 배당체인 이카리인(icariin)과 비타민 E 및 적은 양의 알칼로이드가 들어 있다.

**약 성** 맛은 맵고 달며 성질은 따뜻하고 신경·간경에 작용한다.

**효 능** 신양(腎陽)을 보하고 정기를 도

우며 힘줄과 뼈를 튼튼하게 하고 풍습을 없앤다.

이카리인 성분은 정액을 잘 나오게 하며 성 기관의 발육을 돕는다.

음양곽을 100℃에서 30분 끓인 탕약도 강정작용을 나타낸다. 정액을 잘 나오게 하는 작용은 잎과 뿌리가 제일 강하고 열매는 그 다음이며 줄기는 가장 약하다.

음양곽은 남성 호르몬 유사작용을 한다. 즉, 70% 알코올로 추출한 추출물은 거세한 닭의 볏을 자라게 한다.

노인에게 음양곽 10g을 달여 하루 3번에 나누어 45일간 복용하게 하면, 머리와 다리의 혈액순환이 좋아지고 정신적 및 육체적 활동능력이 높아지며 성 기능이 강해진다는 것이 밝혀졌다.

음양곽은 혈압을 내리게 하고 혈당량도 낮춘다. 음양곽을 많은 양(하루 10g 이상)으로 오래 쓰면 혈액 속의 콜레스테롤량이 많아진다. 그러나 하루 10g 이하로 쓰면 혈액 속의 콜레스테롤량이 많아지지 않는다.

음양곽은 척수회백질염 바이러스와 장내 바이러스에 대한 억제작용도 한다. 일련의 미생물에 대한 억균작용도 나타낸다.

**적 용** 음위증, 성 신경 쇠약, 성 호르몬 장애, 소변이 잘 나오지 않고 방

삼지구엽초

울방울 떨어질 때, 빈뇨, 이명, 건망증, 비증, 관절통, 팔다리가 오그라들거나 마비될 때, 월경 장애에 쓴다. 그리고 허약한 사람의 보약으로도 쓴다.

**처방** 음양곽 한 가지 또는 다른 보신약을 섞어 음위증에 쓴다.
• 음양곽 마른 추출물 100, 음양곽 가루 62.46, 부형약(賦型藥) 적당량을 섞어 한 알의 무게가 0.37g 되게 알약을 만든 음양곽추출물 사탕알약은 신체허약, 병후조리, 음위증에 쓰며 방사능증의 예방 치료에도 쓴다. 한 번에 3~4알씩 하루 3번 복용한다.
• 음양곽 10g을 달여 하루에 3번 나누어 복용한다.
**용량** 하루 4~10g.

# 산수유(山茱萸)

층층나무과 층층나무속 갈잎중키나무
산수유나무의 열매를 말린 것
*Cornus officinalis* Siebold & Zucc.

**산 지** 전국. 산지나 마을 부근(표고 100m 이하)에서 높이 7m 정도 자라고 과수로 재배한다.

**채 취** 가을에 익은 열매를 따서 씨를 뽑아 버리고 햇볕에 말린다.

**형 태** 긴 타원형인데 납작하고 쭈그러졌으며 씨를 빼낸 자리가 갈라져 있다. 길

산수유 나무

이는 약 1.5cm, 너비는 약 0.5cm이고 겉은 적자색인데 흔히 겉에 흰 가루가 생긴다. 냄새는 거의 없고 맛은 매우 시다.

열매살이 두껍고 겉은 적자색이며 광택이 나는 것이 좋은 것이다.

**성 분** 코르닌(cornin), 모로니사이드(morroniside), 로가닌(loganin), 사포닌 등의 배당체와 갈산(gallic酸, 몰식자산), 사과산, 포도주산 등의 유기산 및 타닌이 들어 있다.

**약 성** 맛은 시고 성질은 약간 따뜻하며 간경·신경에 작용한다.

**효 능** 간과 신장을 보하고 유정을 치료하며 땀나는 것을 멎게 한다.

약리실험에서 뚜렷한 이뇨작용을 나타내고 혈압을 잠시 내리게 하며 단백질의 소화를 빠르게 한다.

약리실험에서 혈당량을 낮추지는 못하지만 당뇨병 환자에게 산수유를

쓰면 일정한 효과가 있다.

산수유는 항암작용도 나타낸다. 그리고 탄저열균, 파상풍균, 장내세균 등에 대한 억균작용을 한다는 것이 밝혀졌다. 화학요법이나 방사선 치료로 백혈구 수가 적어졌을 때 산수유를 쓰면 백혈구 수가 많아진다. 혈액 및 간 기능에는 변화를 일으키지 않는다.

`적 용` 신허로 인한 요슬

산통, 유정, 빈뇨, 음위증, 어지럼증, 이명, 청각장애, 땀을 많이 흘릴 때, 월경과다 등에 쓴다.

`처방` 보약으로 쓰는 육미환(六味丸)의 조성에 산수유가 들어간다. 이 처방에서 산수유는 신장을 보하는 작용을 한다.

- 산수유 15, 산약 15, 숙지황 30, 택사 11, 목단피 11, 복령 11을 섞어 만든 육미환(六味丸) 또는 육미지황환(六味地黃丸)은 신음허증, 허약자, 만성 신장염, 폐결핵, 당뇨병, 신경쇠약 등에 쓴다. 한 번에 8~10g씩 하루 3번 복용한다.
- 산수유 · 오미자 · 복분자 · 익지인 · 상표초 각각 10g을 섞어 빈뇨에 쓴다. 달여서 하루에 3번 나누어 복용한다.

`용 량` 하루 6~12g.

꽃

# 복분자(覆盆子) 산딸기

장미과 산딸기속 갈잎떨기나무
복분자딸기의 열매를 말린 것
*Rubus coreanus* Miquel

• 나무딸기, 산딸기나무 등의 열매를 대용으로 쓸 수 있다.

`산 지` 중부 이남 지방. 산록의 양지 쪽에서 높이 3m 정도 자라며 농가에서 많이 재배한다.

`채 취` 이른 여름 익기 시작하는 열매를 따서 그대로 또는 증기에 쪄서 햇볕에 말린다.

`형 태` 작은 열매가 모여 고깔 모양, 구형 또는 편구형을 이루고 있으며 지름은 5~10㎜이다. 겉은 황갈색 또는 회녹색이다. 밑에는 회갈색의 꽃받침(악)이 붙어 있

는데 이것은 다섯 조각으로 갈라졌다. 열매의 밑은 비교적 미끈하나 가운데는 꼭지가 붙었던 자리가 오목하게 들어간다. 한 개의 작은 열매는 반달 모양이면서 한쪽 끝이 뾰족하다. 겉의 빛깔이 녹색이며 그물 모양의 주름이 있다.

맛은 약간 달고 약간 시며 냄새는 없다.

`법 제` 말린 복분자의 꼭지와 꽃받침을 떼어내 버리고 그대로 또는 술에 담갔다가 쪄서 쓴다.

`성 분` 주로 사과산, 레몬산(lemon酸), 살리실산(salicyl酸), 포도주산, 카프로산

보약
補藥

복분자딸기 꽃

롤(phytosterol), 적은 양의 타닌질, 펙틴 등이 있다.

**약 성** 맛은 달고 시며 성질은 따뜻하고 신경·간경에 작용한다.

**효 능** 간과 신을 보하며 또 정(精)을 보하고 눈을 밝게 하며 소변의 양을 줄어들게 한다.

복분자 탕약은 동물실험에서 해열작용, 강심작용, 이뇨작용을 한다는 것이 밝혀졌다.

**적 용** 유뇨증, 야뇨증, 빈뇨, 간장과 신장이 허하여 눈이 잘 보이지 않을 때, 유정 등에 쓴다.

(capro酸), 개미산 등의 유기산과 그 염이 있다. 그리고 비타민 C, 적은 양의 비타민 B군, 과당, 포도당, 사탕, 정유, 기름, 티아니딘클로라이드(thianidinchloride), 아세토인(acetoin), $\beta$-이오논(ionone), 벤즈알데히드(benzaldehyde), 피토스테

복분자딸기 열매

**처방** 빈뇨에는 복분자에 익지인을 섞어서 쓰는 것이 좋다.
• 복분자·보골지·상표초 각각 10g을 섞어 유뇨증 및 빈뇨에 쓴다. 달여서 하루에 3번 나누어 복용한다.
• 양위증에는 복분자에 보골지를 섞어 쓰는 것이 좋다.
**용 량** 하루 6~12g.

# 토사자(土絲子) 새삼 씨

메꽃과 새삼속 한해살이덩굴풀
새삼의 익은 씨를 말린 것
*Cuscuta japonica Chois*

• 실새삼의 씨도 대용으로 쓸 수 있다.

**산 지** 전국. 산과 들에서 길이 5m 정도 자란다. 주로 콩과와 국화과의 식물에 붙어 기생한다.

**채 취** 가을에 씨가 익은 후에 덩굴을 거두어 햇볕에 말린 다음 두드려 씨를 털고 잡질을 없앤다.

**형 태** 토사자는 심장 모양 또는 달걀 모양의 작은 입자인데 지름은 약 2mm이며 100알의 무게는 약 0.75g이다. 겉은 황갈색 또는 적갈색이고 오목하게 들어간 곳이 있다. 껍질은 단단하며 잘 깨지지 않는다. 입에 넣고 씹으면 기름기가 있는 것을 알 수 있다.

실새삼 씨는 토사자보다 작다. 지름은 약 1~1.5mm이다.

씨앗이 충실하며 크기가 고르고 잡질이 없는 것이 좋다.

**법 제** 그대로 쓰거나 술에 담가 불린 다음 쪄서 가루내어 쓰기도 한다.

**성 분** 수지상 배당체, 아밀라아제(amylase)가 들어 있다.

새삼 전초에는 많은 양의 아밀라아제가 들어 있다.

**약 성** 맛은 달고 매우며 성질은 평하고 간경·신경에 작용한다.

**효 능** 간과 신을 보하고 정(精)과 수(髓)도 보하여 허리가 아프고 무릎이 차운 것을 치료하며 눈을 밝게 한다.

입맛이 쓰고 입이 마르며 갈증이 날 때 쓴다.

토사자는 림프구의 유약화를 촉진한다.

**적 용** 소변이 방울방울 떨어질 때, 유정, 음위증, 요슬산통, 눈이 잘 보이지 않을 때, 새벽설사 등에 쓴다.

---

**처방**
• 토사자·숙지황·차전자 같은 양을 섞어 가루내어 시력약화에 쓴다. 한 번에 6~8g씩 하루 3번 복용한다.
• 토사자·택사·육계·부자·복령·산약·산수유·보골지 같은 양을 섞어 환약을 만들어 요슬산통에 쓴다. 한 번에 2~3g씩 하루 3번 복용한다.
**용 량** 하루 6~12g.

새삼

# 두충(杜冲) 목면피, 두중

두충과 두충속 갈잎큰키나무
두충나무의 줄기껍질을 말린 것
*Eucommia ulmoides* Oliver

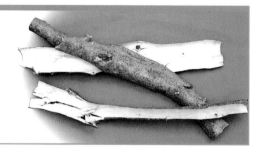

산 지   중부 이남 지방. 산지에서 자라
며 관상수로 재배한다.

채 취   봄부터 여름 사이 줄기껍질을 벗
겨내어 겉껍질을 긁어내고 햇볕에 말린다.

형 태   납작한 판자 모양이고 두께는 1
~6㎜이며 길이는 각각 다르다. 겉껍질은
연한 회갈색이고 큰 세로홈과 잔 가로틈이
있다. 두꺼운 껍질은 겉껍질을 이미 깎아
버렸기 때문에 겉이 연한 갈색을 띠고 비
교적 미끈하다. 안쪽 면은 암자색이고 미
끄럽다. 질은 부스러지기 쉬우며 꺾으면
탄력이 강한 많은 실(고무질)이 연결되는
데 이것은 두충의 중요 특징의 하나이다.
이런 특징이 있어서 목면피(木綿皮)라는
별명을 가지고 있다.

법 제   꿀물, 생강즙 또는 소금물에 불

두충나무

린 다음 꺾어도 실이 생기지 않을 때까지
볶아서 쓴다. 보조 재료를 쓰지 않고 볶기
도 한다.

성 분   혈압을 낮추는 배당체 성분인 피
노레시놀 디글리코시드(pinoresinol
diglycoside)가 들어 있다. 그리고 수지, 클
로로겐산(chlorogen酸), 굳은 고무인 구타
페르카(gutta-percha)가 들어 있다. 잎에
도 고무질과 클로로겐산이 들어 있다.

약 성   맛은 맵고 달며 성질은 따뜻하고
간경·신경에 작용한다.

효 능   간과 신장을 보하고 근골을 강하
게 하며 태아를 안정시킨다.

동물실험에서 두충나무 껍질과 잎의 탕
약 및 알코올추출물은 지구적이며 뚜렷한
혈압 강하작용을 한다. 두충을 볶은 것은
볶지 않은 것보다 혈압 강하작용이
2배 더 강하다. 이 약의 탕약이 팅
크보다 혈압 강하작용이 더 강하다
는 보고 있다. 중추신경 계통에 대
해서는 적은 양에서 흥분시키고 많
은 양에서 억제한다.

이 약은 이뇨작용도 한다. 토끼와
흰쥐의 떼낸 자궁에 대하여 수축을
억제하는 작용도 한다. 그러나 떼낸
고양이 자궁은 수축시킨다.

두충 탕약은 실험동물의 심장, 간
장 및 비장 조직에 대하여 아무런

병변도 일으키지 않으며 다만 신장 조직에 대하여 강한 수종 변성을 일으킨다. 독성은 약하다.

적 용 간신허로 인한 요통·슬통에 주로 쓰이며 허리와 무릎이 연약하고 맥이 없을 때, 신경통, 근무력증, 음위증, 유정, 빈뇨, 어지럼증, 고혈압(1~3기), 임산부의 자궁출혈, 절박유산, 습관성 유산, 음낭가려움증 등에 쓴다.

처방
• 두충팅크를 만들어 고혈압에 쓴다. 즉 30% 알코올로 20% 팅크를 만들어 1회 10~30방울씩 하루 3번 복용한다.
• 고혈압에 두충 한 가지를 달여 먹어도 좋다. 6~12g을 달여 하루에 3번 나누어 복용한다.
• 두충·조소 같은 양을 섞어 만든 두충환(杜丸)은 요통, 태동불안에 쓴다. 한 번에 5~6g씩 하루 3번 복용한다.
• 두충 15, 보골지 15, 호도 3을 섞어 만든 청아환(靑蛾丸)은 신허로 오는 요통, 임산부의 허리 또는 배가 아플 때 쓴다. 한 번에 8~10g씩 하루 3번 복용한다.
• 두충·조소·구기자·토사자 같은 양을 섞어 환약을 만들어 신허로 인한 요통, 다리에 맥이 없을 때 등에 쓴다. 한 번에 5~6씩 하루에 3번 나누어 복용한다.
용 량 하루 6~12g.
참 고 두충에 현삼을 섞으면 약효가 약해진다.
• 두충나무의 잎도 혈압강하약으로 쓴다.

# 조소(糙蘇) 속단

꿀풀과 속단속 여러해살이풀
속단의 뿌리를 말린 것
*Phlomis umbrosa Turcz.*

산 지 전국. 깊은 산지에서 자란다.
채 취 가을 또는 봄에 뿌리를 캐어 줄기와 잔뿌리를 다듬고 물에 씻어 햇볕에 말린다.
형 태 가늘고 긴 실북 모양이고 길이는 15~20cm, 굵은 부분의 지름은 1~1.5cm이다. 겉은 암황갈색이고 깊은 세로주름이 있다. 꺾으면 잘 부러지고 단면은 흰색이고 섬유성이다. 냄새는 없고 맛은 쓰다.
굵고 크며 겉이 암황갈색이고 잡질이 없는 것이 좋은 것이다.
성 분 알칼로이드, 아미노산(amino

酸), 스테로이드, 정유 및 타닌 등이 들어 있다.
약 성 맛은 쓰고 매우며 성질은 약간 따뜻하고 간경·신경에 작용한다.
효 능 주로 간과 신을 보한다. 그리고 골절을 치료한다. 혈액순환을 좋게 하고 출혈을 멈추게 하며 새살이 돋아나게 하고 통증을 멎게 한다. 그리고 임산부의 태아를 안정시킨다.
적 용 이 약은 신허로 인한 요통에 널리 쓰인다. 그리고 허리와 다리의 맥이 없을 때, 풍습으로 팔다리가 저리고 아플 때,

속단

자궁출혈, 특히 임산부의 자궁출혈, 태동 불안에 쓰며 월경과다, 이슬, 부스럼, 타박상, 골절, 상처 등에도 쓴다.

처방 조소를 신허로 인한 요통에 쓸 때 흔히 두충을 섞는다.

• 조소 · 숙지황 · 당귀 · 우슬 · 산수유 · 복령 · 두충 · 백작약 · 청피 · 오가피 각각 8g을 섞어 신허 또는 타박상으로 인한 요통에 쓴다. 달여서 하루에 3번 나누어 복용한다.

• 조소 · 당귀 · 황기 · 오미자 · 용골 · 적석지 · 숙지황 · 애엽 · 산궁궁 · 지유 각각 10g을 달여 월경과다에 쓴다. 하루에 3번 나누어 복용한다.

용 량 하루 4~12g.

주 의 조소에 뇌환을 섞으면 약성이 약해진다.(상오)

# 보골지 (補骨脂) 개암풀 열매, 파고지

콩과 보골지속 한해살이풀
개암풀(파고지, 보골지)의 익은 열매를 말린 것
*Psoralea corylifolia* L.

산 지 전국. 산과 들에서 키 40~90cm 정도 자라며 농가에서 약재로 재배한다.

채 취 가을에 익은 열매이삭을 잘라서 햇볕에 말린 다음 두드려 열매를 털고 잡질을 없앤다. 또는 대부분의 열매가 익은 다음, 전초를 베어 말리고 두드려 열매를 털고 잡질을 없앤다.

형 태 신장 모양이고 약간 납작하다. 길이는 3~5mm, 폭은 2~3mm, 두께는 약 1.5~2mm이다. 겉은 암갈색 또는 검은색이고 그물 모양의 무늬가 있다. 한쪽 가장자리는 약간 오므라졌다. 질은 단단하다. 쪼

개면 황백색의 자엽이 있고 기름기가 있다. 냄새는 향기롭고 맛은 맵고 쓰다.

씨앗이 잘 익고 충실하며 암갈색이고 꼭지와 껍질이 없는 것이 좋은 것이다.

법 제 그대로 또는 소금물에 불리고 볶아서 쓴다. 때로는 술에 불리고 쪄서 쓰기도 한다. 소금물에 불려서 볶으면 신장을 보하는 작용이 강해진다.

성 분 프로쿠마린(fruocoumarin) 화합물인 프소랄렌(psoralen), 이소프소랄렌(isopsoralen, 안젤리신(angelicin), 프소랄리딘(psoralidin), 플라바논(flavanone)

화합물인 바바치닌(bavachinine), 바바친(bavachin), 이소바바친(isobavachin), 칼콘(chalcon) 화합물인 이소바바찰콘(isobavachalcon) 등이 들어 있다. 프소랄렌은 물에 용해되지 않고 알코올(alcohol), 클로로포름(chloroform)에 용해된다.

개암풀 씨에는 프로쿠마린이 약 1~1.5% 들어 있다. 이 밖에 수지, 정유, 기름, 스티그마스테롤이 있다.

열매 껍질에도 프소랄리딘이 있고 뿌리에는 프소랄렌과 안젤리신이 있다.

**약 성** 맛은 맵고 쓰며 성질은 따뜻하고 신경 · 심포락경에 작용한다.

**효 능** 신양(腎陽)을 보한다. 그리고 비를 보하고 지사 작용도 한다.

프로쿠마린 화합물인 프소랄렌은 동물실험에서 멜라니딘보다 강한 광감수활성을 나타낸다. 프소랄렌은 임상 실험에서 멜라니딘보다 백반 치료 효과가 좋다는 것이 밝혀졌다. 보골지

알코올 우림액을 피부에 바르고 햇빛이나 자외선을 쬐면 피부에 색소가 생긴다.

보골지는 이 밖에 강심작용, 항암작용, 지혈작용, 억균작용도 한다.

**적 용** 신양허로 인한 요슬산통, 빈뇨, 음위증, 유정, 야뇨증 등에 쓴다. 그리고 비와 신이 허하여 음식 소화가 안 되고 새벽설사를 할 때 쓴다.

티눈과 사마귀를 없앨 때에도 쓴다. 보골지에서 프소랄렌을 뽑아 심상성 백반 치료에 쓴다.

**처방** 비와 신이 허하여 설사할 때는 보골지에 육두구를 섞어 쓰는 것이 좋다. 또 보골지에 호도, 흑지마를 섞으면 신장을 보하는 작용이 강해진다.

• 보골지 19, 토사자 19, 호도 8을 섞어 만든 **보골지환**(補骨脂丸)은 유정, 음위증에 쓴다. 한 번에 6~8g씩 하루 3번 복용한다.

• 보골지를 가루 낸 **보골지산**(補骨脂散)( 또는 **파고지산**(破故紙散)을 유뇨증 및 빈뇨에 쓴다. 한 번에 1~2g씩 하루 3번 복용한다.

• 심상성 백반에는 보골지 30g을 찧어서 75% 알코올 90㎖에 1주일 동안 담갔다가 하루에 한 번씩 바르고 햇빛을 쬔다.

**용 량** 하루 4~12g.

**금 기** 열이 나며 혈뇨를 누거나 대변이 막혔을 때는 쓰지 않는다. 보골지에 감초를 섞으면 이 약의 약효가 약해진다.

개암풀

# 호로파(胡蘆巴) 호로파 씨

콩과 한해살이풀
호로파의 익은 씨를 말린 것
*Trigonella foenum-graecum* Linné

산 지   전국. 주로 약재로 쓰기 위해 농가의 밭에서 재배한다.

채 취   늦여름에 씨가 완전히 익은 다음에 전초를 베어 씨를 털어서 잡질을 없애고 햇볕에 말린다.

형 태   둥그스름한 능형이고 길이는 3~5mm, 너비는 2~3mm이며 겉은 갈색 또는 황갈색이고 약간 윤기가 난다. 양옆에는 홈이 한 줄씩 있고 한쪽 끝에 배근이 뾰족하게 나왔으며 그 옆에 제점이 반점으로 나타난다. 질은 단단하고 맛은 쓰다.

씨앗이 충실하고 통통하며 황갈색이고 잡질이 없는 것이 좋은 것이다.

법 제   그대로 또는 술에 담갔다가 찌거나 살짝 볶아서 쓴다.

성 분   알칼로이드인 트리고넬린(trigonellin), 겐티아닌(gentianine), 카르파인(carpaine), 사포게닌(sapogenin)인 기토게닌(gitogenin), 디오스게닌(diosgenin), 점액질인 만노갈락탄(mannogalactan), 지방, 콜린, 단백질(글로불린, $\alpha$- 및 $\beta$- 알부민, 핵단백), 플라보노이드, 정유, 비타민 $B_1$이 들어 있다.

약 성   맛은 쓰고 성질은 따뜻하며 신경에 작용한다.

효 능   신양(腎陽)을 보하고 한사를 없애며 통증을 멎게 한다.

적 용   신양허로 인한 요슬산통, 한사로 인한 복통, 위경련, 산증, 각기병, 방광마비로 인한 배뇨장애에 쓴다.

> **처방**
> • 호로파 9g, 보골지 9g, 목과 8g을 달여 습각기에 하루에 3번 나누어 복용한다.
> • 호로파 · 회향 · 도인 각각 10g을 달여 아랫배 통증에 하루에 3번 나누어 복용한다.
>
> 용 량   하루 3~10g.

# 호도(胡挑) 호도인, 호두

가래나무과 가래나무속 갈잎큰키나무
호두나무의 익은 씨를 말린 것
*Juglans regia* Dode

**산지** 중부 이남 지방. 산과 들에서 높이 10~20m 자라며 민가에서도 재배한다.

**채취** 가을에 익은 호두를 따서 열매살을 벗겨 내고 햇볕에 말린다.

**형태** 둥근 달걀 모양이고 지름 2~3cm, 길이 3~4cm이다. 겉은 암갈색이고 주름이 깊다. 질은 매우 단단하다. 깨뜨려 보면 속에 주름이 많고 뇌처럼 생긴 씨알이 있다. 씨알은 갈색의 얇은 종피로 싸여 있고 이 껍질을 벗기면 흰색 혹은 선황색의 자엽이 있다. 씨알은 질이 유연하고 기름기가 많다.

씨알이 크고 살이 두꺼우며 자엽의 빛깔이 하얗고 기름기가 많은 것이 좋다.

**법제** 호두를 가루약이나 알약으로 쓸 때에는 내과피를 벗겨내고 씨알만 쓰지만

탕약으로 쓸 때에는 내과피째로 깨뜨려 써도 된다.

**성분** 호두에는 지방 40~70%, 단백질 약 18.4%, 타닌 0.8~4.5%, 펜토산(pentosan) 1~1.5%, 비타민 C · B군 · E 등이 들어 있다.

**약성** 맛은 달고 성질은 따뜻하며 폐경 · 신경에 작용한다.

**효능** 신장을 보하고 머리카락을 검게 하며 폐를 보하고 천식을 치료한다. 호두 기름은 동맥경화를 막는다.

**적용** 신허요통, 천식(폐신허증), 머리칼이 일찍 희어질 때, 연주창 등에 쓴다.

호두는 몸이 허약한 사람에게 일반 보약으로 쓰면 좋다. 동맥경화의 예방을 위해서도 쓸 수 있다.

호두나무 열매

**처방**
• 호도 · 보골지 · 두충 · 비해를 같은 양을 섞어 만든 호도환(胡挑丸)은 요통(신허증)에 쓴다. 1회 6~8g씩 하루 3번 복용한다.
• 호두살 28g, 인삼 6g, 생강 7g을 섞은 인삼호도탕(人蔘胡挑湯)은 천식(폐신허증)에 쓴다. 2첩을 달여 하루에 3번 나누어 복용한다.
• 호두살을 가마에 넣고 검게 볶은 다음 여기에 송진을 넣고 잘 갈아 연주창에 붙인다.

**용량** 하루 9~18g.

**금기** 끈적한 가래가 있고 기침이 나며 숨이 가쁠 때는 쓰지 않는다.

# 종유석(鍾乳石) 석종유, 유종석

석회동굴 속 천장에 매달린
탄산칼슘의 고드름을 채취한 것
Stalactite

• 종유석은 탄산칼슘을 함유하고 있는 지하수가 바위 틈으로 흐르는 과정에 물기가 날아가고 탄산칼슘이 앙금처럼 내려앉아 생긴 것이다.

**산 지** 석회암 지대의 동굴 속에 있으며 경북 울진의 성류굴, 충북 단양의 고수동굴, 강원도 영월의 고씨동굴 등이 있다.

**채 취** 동굴 속에 매달린 종유석을 채취하여 잘게 깨뜨린다.

**형 태** 고깔 모양이거나 원기둥 모양이고 크기가 각각 다르다. 겉은 흰색 또는 회백색이고 울퉁불퉁하다. 질은 단단하고 무겁다. 가로단면에는 흰색과 회백색이 겹치면서 생긴 많은 동심원 무늬가 있다. 깨진 단면은 광택이 있다. 종유석에 묽은 염산을 떨어뜨리면 거품이 많이 생긴다.

종유석 석순

빛깔이 하얗고 광택이 나며 잡돌이 없는 것이 좋은 것이다. 노란색·붉은색을 띤 것은 약재로 쓰지 않는다.

**법 제** 종유석을 잘게 깨뜨려서 물에 넣고 끓여 노란물을 뽑아 버리고 수비(水飛)하여 물기를 없애고 쓴다.

**성 분** 주로 탄산칼슘이 있다. 이 밖에 철, 마그네슘, 알루미늄 등이 들어 있다.

**약 성** 맛은 달고 성질은 따뜻하며 폐경·위경·신경에 작용한다.

**효 능** 폐를 보하고 양기를 도우며 젖이 잘 나오게 한다.

위산을 중화하는 작용도 한다.

**적 용** 폐가 허하여 기침이 나고 숨이 가쁠 때, 신양허로 인한 음위증과 허리와 무릎에 맥이 없을 때, 젖이 나오지 않을 때, 과산성 위염, 토혈 등에 쓴다.

**처방** • 종유석을 폐가 허하여 기침이 나고 숨이 가쁠 때와 토혈에 쓸 수 있다. 가루내어 한 번에 3~4g씩 하루 3번 복용한다.
• 종유석 8, 토사자 6, 석곡 3, 오수유 3을 섞어 환약을 만들어 음위증 및 허리와 무릎에 맥이 없을 때 쓴다. 한 번에 5~6g씩 하루 3번 복용한다.

**용 량** 하루 9~15g.

**금 기** 폐에 열이 있어 기침이 날 때는 쓰지 않는다.

# 녹태(鹿胎)

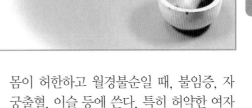

소목 사슴과 동물
사슴 암컷의 배 안의 새끼와 태반을 말린 것
*Cervus nippon*

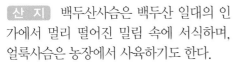

**산 지** 백두산사슴은 백두산 일대의 인가에서 멀리 떨어진 밀림 속에 서식하며, 얼룩사슴은 농장에서 사육하기도 한다.

**채 취** 새끼 밴 어미사슴의 배를 가르고 새끼와 태반을 꺼내어 말린다.

**형 태** 크기가 같지 않고 전체의 모양은 구부러졌다. 머리는 크고 주둥이는 뾰족하며 아래 입술이 비교적 길다. 다리 4개는 가늘고 길며 꼬리는 짧다. 빛깔은 적갈색인데 잔등의 털에는 작은 흰점이 있다. 질은 단단하고 잘 꺾어지지 않는다. 냄새는 약간 비리다.

녹태가 어리고 잔털이 없으며 잡냄새가 없는 것이 좋은 것이다.

**약 성** 맛은 달고 짜며 성질은 따뜻하다. 간경·신경·심경에 작용한다.

**효 능** 신양(腎陽)을 보하고 혈액을 보하며 정도 보한다. 그리고 여자의 월경을 고르게 한다.

**적 용** 신체허약, 병후조리, 혈허증, 결핵, 여자들의 몸이 허한하고 월경불순일 때, 불임증, 자궁출혈, 이슬 등에 쓴다. 특히 허약한 여자들의 보약으로 좋다.

---

**처방** ● 녹태고(鹿胎膏)

녹태 추출물·인삼·당귀·백작약·숙지황·두충·토사자 각각 50g, 산궁궁·조소·복령·아교 각각 25g, 황금·향부자 각각 12.5g을 각각 가루를 내어 녹태고를 만들어 쓴다.

먼저 녹태 추출물 가루에 이것의 2배 양의 꿀을 가열하면서 잘 섞는다. 그리고 나머지 약가루를 잘 섞어서 여기에 넣어 고르게 반죽한다. 전량이 1kg이 되도록 꿀을 더 넣어 반죽한다. 반죽한 덩어리를 100g씩 틀에 넣은 후 20개 조각으로 쪼갤 수 있게 눈금을 표시하고 포장한다. 녹태고는 서늘한 곳에 보관하여 써야 한다.

• 녹태고는 녹태 주치증에 다 쓸 수 있는데, 특히 허약한 부인들에게 보약으로 쓴다. 한 번에 한 조각(5g)씩 하루 3번, 술 또는 물에 풀어서 복용한다.

**용 량** 하루 6~15g.

새끼사슴

# 불로초(不老草) 열당, 오리나무더부살이

열당과 오리나무더부살이속 한해살이풀
오리나무더부살이의 전초를 말린 것
*Boschniakia rossica* (Cham. et Schlecht.) Fedtsch. et Flerov

• 우리 나라에서는 전초를 말린 것을 육종용이라 하여 강장약으로 사용하지만 중국산 육종용은 다른 종이다.

**산 지** 북부 지방. 해발 1,500m 이상의 산지에서 자라는 두메오리나무의 뿌리에 기생하며 키 15~30㎝로 자란다.

**채 취** 가을에 전초를 채취하여 햇볕에 말린다.

**성 분** 지상부에는 보슈니아신(boschniacine), 보슈니알락톤(boschnialactone) 등이 들어 있다. 뿌리줄기에는 만니톨(mannitol), 알칼로이드 등이 있다.

**약 성** 맛은 달고 성질은 따뜻하다.

**효 능** 강장작용으로 신양(腎陽)을 보하고 힘줄과 뼈를 튼튼하게 한다. 또, 이뇨작용을 하여 대변을 무르게 하고 출혈을 멎게 한다. 소종작용의 효능도 있다.

**적 용** 신양허(腎陽虛)로 인한 양위증, 유정, 조설, 불임증, 요슬산통 등에 쓴다. 노인의 변비, 방광염, 만성 신염, 방광출혈, 신장 출혈 등에도 쓴다.

**처방** • 불로초 8g, 숙지황 12g, 토사자 10g을 섞어 신양허로 인한 양위증, 유정, 조설 등에 쓴다. 달여서 하루 3번에 나누어 복용한다.
• 불로초 · 조소 · 보골지 각각 8g을 섞어 요슬산통, 다리가 불편할 때 쓴다. 달여서 하루에 3번 나누어 복용한다.
**용 량** 하루 3~9g.

백두산 지역에서 자라는 오리나무더부살이

# 해구신(海狗腎) 물개 신, 올눌제

물개과 동물
물개 수컷의 생식기를 말린 것
*Callorhinus ursinus* (Linnaeus)

보약
補藥

**산 지** 물개는 베링해와 오호츠크해에서 떼를 지어 서식하며, 우리나라 동해안을 따라 남하하여 독도 근방에서 우회 북상한다. 번식과 털갈이를 할 때는 육지에서 먹이를 먹고 떠돌 때는 물속에서 산다.

**채 취** 아무 때나 수컷을 잡아 생식기(고환·부고환·수정관·고환주머니·음경·겉가죽)를 떼어내 살코기와 기름을 다듬고 깨끗이 씻은 다음 그늘에서 말린다.

**형 태** 음경은 긴 막대기 모양이며 길이 18㎝, 지름 1.2㎝ 안팎이고 밑부분에는 둥글납작한 2개의 고환이 있다. 음경은 말라서 쪼그라들고 세로주름과 움푹한 홈이 있다. 겉껍질은 유황색이며 갈색의 얼룩진 덩어리가 있다. 끝은 비교적 가늘고 아래는 점차 굵어졌으며 밑에는 고환이 달려 있다. 고환은 표면이 황갈색이고 반들거린다. 질은 단단하고 질겨서 잘 끊어지지 않는다. 냄새는 약

간 비리다.

굵고 길며 기름기가 돌고 반투명하며 나쁜 냄새가 없는 것이 좋은 것이다.

**성 분** 단백질, 지방, 탄수화물과 남성 호르몬인 안드로겐(androgen) 등이 들어 있다.

**약 성** 맛은 달고 짜며 성질은 덥고 간경·신경에 작용한다.

**효 능** 신양(腎陽)을 북돋우고 정과 수(髓)를 보한다. 안드로겐 성분은 성 기능을 강화하고 단백질 합성을 빠르게 한다.

**적 용** 일반 허약자의 오로칠상(五勞七傷), 양위증, 성교불능증, 몽정, 건망증, 허리와 무릎이 시큰시큰하면서 힘이 없을 때 등에 쓴다.

**처방** 신양허증에 부자·양기석·종유석 등 다른 보양약을 섞어서 쓸 수도 있으나, 흔히 이 약 한 가지를 탕약·가루약·환약 등으로 만들어 쓴다.
**용 량** 하루 6~12g.

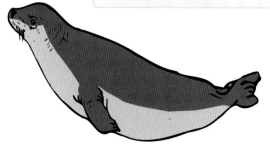

67

# 양기석(陽起石)

천연산 석면광석
칼슘, 마그네슘, 철을 함유한 규산염 광물
화학식 : $Ca_2(Mg, Fe)_5Si_8O_{22}(OH)_2$

**채 취** 원광석을 캐내어 흙·돌 등의 잡질을 깨끗이 다듬는다.

**형 태** 불규칙한 기둥 모양이다. 빛깔은 백록색·회녹색, 또는 서로 줄을 지어 실 무늬를 이루고 있으며 윤기가 난다. 질은 무거우나 쉽게 부스러진다. 부스러뜨리면 실 모양의 부스러기가 된다. 냄새는 없다.

결정 구조가 치밀한 것은 연옥이라고 하며, 장식에 많이 사용된다.

**법 제** 양기석을 불에 벌겋게 달구어 식초나 술에 담그어 식히기를 여러 번 거듭한 다음 수비(水飛)하여 가루 내어 쓴다.

**성 분** 양기석의 주성분은 함수규산칼슘과 마그네슘 $Ca_2(Mg, Fe++)_5 [Si_4O_{11}]_2$ $[OH]_2$인데 그중에서 FeO는 6~13%, CaO는 13.8%, MgO는 24.6%, SiO$_2$는 58.8%, H$_2$O는 2.8%다.

**약 성** 맛은 짜고 성질은 따뜻하며 신경에 작용한다.

**효 능** 신양(腎陽)을 보한다. 신장을 강화하고 또한 따뜻하게 한다.

**적 용** 하초가 허한하여 허리와 무릎이 차고 아플 때(요슬산통), 양위증, 유정, 자궁냉증, 손발이 차가울 때, 징가, 부정자궁출혈 등에 쓴다.

**처방** •양기석 가루(빨갛게 달군 것), 종유석 가루, 법제한 부자 가루를 같은 양을 섞어 환약을 만들어 유정과 손발이 차가울 때 쓴다. 한 번에 4~6g씩 하루 3번 복용한다.
•양위증에 법제한 양기석 가루를 1~2g씩 하루 3번 먹는다.
**용 량** 하루 3~6g.

# 상표초(桑螵蛸) 사마귀 알집

사마귀과 곤충
사마귀의 알집을 가공한 것
*Tenodera angustipennis* Saussure

• 큰사마귀, 넓적배사마귀, 유리날개사마귀의 알집도 약효가 같다.

**산 지** 사마귀알집은 각지의 산이나 들판의 나뭇가지 또는 풀줄기에 붙어 있다.

**채 취** 늦은 가을부터 이른 봄 사이에 알이 깨어나기 전에 나뭇가지나 풀줄기에서 사마귀알집을 떼내어, 약 30분 동안 증기로 찌거나 약한 불에 쪼여 사마귀 알을 죽인 다음 햇볕에 말린다.

**형 태** 구형 또는 원기둥 모양이고 길이는 2.5~4cm, 지름은 2~3cm이다. 한쪽 끝은 두드러지고 크며 다른 쪽 끝은 비교적 좁다. 표면은 갈색~황갈색이고 여러 겹의 얇은 판들이 층층으로 겹쳐져 있다. 한쪽 면에는 나뭇가지나 풀줄기에 붙었던 자리가 세로홈으로 깊이 패어 있고 다른 면은 반원형으로 도드라져 있다. 그 한복판에 한 줄의 튀어나온 세로줄이 있다. 가로단면을 보면 바깥쪽은 해면같이 되어 있고 가운데에 햇살 모양의 긴 틈새가 있는데, 그 속에 긴 타원형이고 윤기나는 황갈색의 알들이 13~14줄 줄지어 있다. 질은 가볍고 질기며 탄성이 있다. 냄새는 약간 비리고 맛은 없거나 약간 짜다.

잘 마르고 완전하며 유충이 나오지 않고 잡질이 없는 것이 좋은 것이다.

**성 분** 사마귀 알집에는 단백질 · 지방 등이 들어 있다.

**약 성** 맛은 달고 짜며 성질은 평하고 간경 · 신경에 작용한다.

**효 능** 신장을 보하고 양기를 북돋우며 고삽 작용을 한다.

**적 용** 신허유정 · 유뇨증 · 빈뇨 등에 쓴다. 이슬 · 음위증에 효과를 볼 수 있다.

사마귀

**처방** • 상표초 · 용골 같은 양을 가루내어 유정 · 유뇨증 · 이슬 등에 한 번에 5~6g씩 하루 3번 복용한다.
• 소아야뇨에는 상표초 8g을 태워서 쓴다. 태운 것을 1일 2회 설탕물에 타서 복용한다.
**용 량** 하루 4~12g.
**금 기** 실증에 쓰지 않는다.

# 익지(益智) 익지인

생강과 여러살이풀
익지의 익은 열매(씨)를 말린 것
*Alpinia oxyphylla* Miq.

**산 지** 중국 복건성에서 자라는 풀로 우리 나라에서는 약초로 재배한다.

**채 취** 여름부터 가을까지 열매가 익어 녹황색으로 변하면 채취한다.

**형 태** 열매는 타원형이고 양쪽 끝은 뾰족하며 길이는 1~1.5cm이다. 겉은 갈색이고 튀어나온 세로줄 무늬가 있다. 속은 세 칸이고 각 칸에 6~9개의 씨가 있다. 씨는 둥글고 납작하며 지름은 2~3mm인데 겉은 암갈색이고 그물 모양의 주름이 있다. 질은 단단하고 깨뜨려 보면 속은 흰색이다.

개체가 크고 충실하며 잘 익은 것이 좋은 것이다.

**법 제** 열매껍질을 벗겨내고 깨뜨려서 쓴다. 탕약으로 쓸 때는 껍질째로 찧어서 써도 된다.

**성 분** 정유가 0.7% 들어 있다. 정유의 주성분은 테르펜(terpene), 세스퀴테르펜(sesquiterpene) 등

이다.

**약 성** 맛은 맵고 성질은 따뜻하며 비경·신경에 작용한다.

**효 능** 신장과 비장을 따뜻하게 해주고 보하며, 소변을 줄여 준다.

**적 용** 하초가 허한하여 생기는 빈뇨, 소변이 맑지 못할 때, 유정, 유뇨증 등에 쓴다. 그리고 비위가 허한하여 배가 아프고 설사할 때, 구토, 소화불량증, 침을 많이 흘릴 때 쓴다. 만성장염, 장결핵, 건망증, 가슴두근거림에도 쓴다.

**처방**
• 익지인·오약 같은 양을 가루내어 마풀로 환약을 만든 축천환(縮泉丸)은 빈뇨·유뇨증·야뇨증 등에 쓴다. 한 번에 10g씩 하루 2~3번 복용한다.
• 익지인·산약·토사자(법제한 것)·복분자 각각 7.5g, 숙지황 15g, 감인15g, 산수유 1g을 1첩으로 달여 조루·유정·양기부족·소변불금·자한·대하에 쓴다. 2첩과 재탕까지 달여서 1일 3회 식전에 복용한다.

**용 량** 하루 3~6g.

# 육종용(肉蓰蓉)

열당과 여러해살이더부살이풀
육종용의 줄기를 말린 것
*Cistanche deserticola* Y. C. Ma

**[산 지]** 중부 지방(태백산). 높은 산지의 그늘에서 자란다.

**[채 취]** 봄에 줄기를 채취하여 햇볕에 말린다(담종용). 또는 가을에 줄기를 채취하여 소금물에 절인다(염종용).

**[형 태]** 원기둥 모양이고 눌린 것처럼 약간 납작하며 한쪽 끝은 약간 가늘다. 길이는 10~20cm, 지름은 3~6cm이다. 겉은 암갈색 또는 적갈색이며 두꺼운 비늘 조각이 기와를 덮어 놓은 모양으로 빽빽이 붙어 있다. 질은 매우 단단하며 잘 꺾어지지 않으며 단면은 연한 갈색이다. 어떤 것은 속에 구멍이 난 것도 있다. 맛은 약간 달다.

굵고 길며 적갈색인 것이 좋은 것이다.

**[법 제]** 염종용은 물에 담가 소금을 빼버리고 말려서 쓴다. 옛날 한의서에서는 비늘잎을 긁어 버리라고 하였으나 지금은 비늘잎을 긁어 버리지 않고 쓴다. (중국에서는 육종용의 전초를 5월 단옷날, 우리 나라에서는 6~7월에 채취하여 술 또는 우유에 하룻 동안 담근 후 건져내어 시루에 찐 다음, 이를 건조시켜 약재로 쓴다.)

**[성 분]** 정유와 적은 양의 알칼로이드(alkaloid)가 들어 있다.

**[약 성]** 맛은 달고 시고 짜며 성질은 따뜻하고 신경·대장경에 작용한다.

**[효 능]** 신양(腎陽)을 보하고 혈액과 정도 보한다. 그리고 대변을 잘 나오게 한다.

육종용의 물 또는 알코올 우림액은 동물 실험에서 혈압을 내리게 하고 흰색 쥐의 침 분비를 항진시킨다.

**[적 용]** 강장보정약(强壯補精藥)으로서 신양허로 인한 음위증·유정·불임증·골연화증·요슬산통·전위선염에 쓴다. 허약한 사람과 산모 및 노인의 변비에 쓴다. 자궁출혈·방광출혈·신장출혈 등에 지혈약으로도 쓴다.

 **처방** • 육종용·토사자·숙지황·오미자 같은 양으로 환약을 만들어 음위증에 쓴다. 한 번에 6~8g씩 하루 3번 복용한다.
**[용 량]** 하루 5~10g.
**[금 기]** 설사하는 환자에게는 쓰지 않는다.

# 파극천(巴戟天)

꼭두서니과 여러해살이덩굴풀
파극천 뿌리를 말린 것
*Morinda officinalis* How

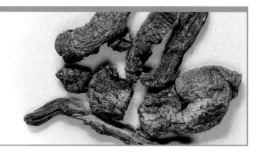

**산 지** 남부 지방. 중국 광동·광서·복건 등에서 생산된다.

**채 취** 가을에서 겨울까지 뿌리를 채취하여 햇볕에 말린다.

**형 태** 원기둥 모양이고 약간 납작하며 지름은 1~2cm이다. 겉은 회황색이고 세로 주름이 있다. 깊은 옆주름도 있다. 군데군데 껍질이 끊어지고 목질부가 드러나 1~3cm 간격으로 잘룩잘룩하게 되어 있다. 가로로 잘라 보면 껍질은 연한 보라색이고 목질부는 황갈색이다. 냄새는 없고 맛은 달고 약간 떫다.

뿌리가 굵고 길며 잘룩잘룩하며 살이 두텁고 보라색인 것이 좋은 것이다.

**법 제** 약재를 소금물에 넣고 삶아내어 두드린 다음, 목질부를 뽑아 버리고 3~5mm의 두께로 썰어 햇볕에 말린다.

**성 분** 파극천에는 비타민 C, 당, 수지 등이 들어 있다.

**약 성** 맛은 맵고 달며 성질은 약간 따뜻하고 신경에 작용한다.

**효 능** 신양(腎陽)을 보하고 뼈와 힘줄을 튼튼하게 하며 풍습을 없앤다.

신양(腎陽)을 보하고 풍습을 제거하는 공통점이 있다. 그러나 신양허로 인한 요슬산통에는 파극천을 쓰는 것이 좋고, 신양허로 인한 음위증에는 음양곽을 쓰는 것이 좋다.

파극천의 에틸알코올 우림액은 시험관 안에서 고초막대균에 대한 억균작용을 나타낸다는 것이 밝혀졌다.

**적 용** 신허로 인한 유정, 음위증, 야뇨증, 자궁이 냉하여 임신하지 못할 때, 요슬산통에 쓴다. 그리고 풍습으로 인한 비증과 습각기에도 쓴다.

**처방** • 파극천, 오미자, 인삼, 숙지황, 육종용, 용골, 토사자, 백출, 골쇄보, 회향, 모려, 복분자, 익지인 같은 양을 가루내어 졸인 꿀에 반죽하여 환약을 만든 **파극환(巴戟丸)**은 간과 신이 허하여 허리가 아프고 정액이 저절로 나올 때 쓴다. 한 번에 8~9g씩 하루 3번 복용한다.

**용 량** 하루 4~10g.

**참 고** 파극천의 대용으로 음양곽을 쓸 수 있다.

# 동충하초(冬蟲夏草) 동충초, 충초

맥각균과에 속하는 미생물인 동충하초균이 곤충의
몸에 침입하여 생긴 포자체와 곤충을 말린 것
*Cordyceps sinensis Sacc.*

벌동충하초

**채취**  겨울에 곤충이 땅속에 들어가 있을 때 동충하초균이 곤충에 기생하여 영양물질을 섭취하며 번식한다. 이후 곤충은 죽고 곤충의 몸속은 균사로 가득 차게 된다. 여름이 되면 곤충의 머리 부위에서 포자체가 나온다. 여름에 이 포자체와 함께 채취하여 햇볕에 말린다.

**형태**  곤충 모양인데 겉은 연한 황갈색 또는 암갈색이다. 포자체는 보통 1개이며 길이는 3~6cm이다. 포자체의 아랫부분은 지름이 1.5~4mm이고 윗부분은 굵어졌으며 흑갈색을 띤다. 확대해 보면 볼록볼록 나온 점들이 보이는데 이것은 자낭이다. 곤충의 몸 속에 흰색의 균사가 들어 있다.

**법제**  5mm 정도의 길이로 자르거나 깨뜨려서 쓴다.

**성분**  코르디셉스산(cordyceps酸)이 약 7% 들어 있다. 그리고 단백질, 지방, 비타민 $B_{12}$가 들어 있다.

**약성**  맛은 달고 성질은 따뜻하며 폐경·신경에 작용한다.

**효능**  폐와 신장을 보하고 정을 보하며 출혈을 멈추게 하고 담을 삭인다.

실험에서 동충하초 우림액은 동물의 기관지를 확장시키며 창자, 자궁, 심장에 억제작용을 하고, 흰생쥐에 대해 진정·최면작용을 나타내며 독성은 매우 약하다는 것이 밝혀졌다. 또 결핵균, 폐렴쌍구균 및 일련의 진균에 대한 억균작용이 인정되었다.

**적용**  폐결핵으로 기침하고 혈담이 나올 때, 자한, 도한, 음위증, 유정, 요슬산통, 빈혈 등에 쓴다.

노린재동충하초

**처방**  •동충하초의 주치증에 이 약 한 가지를 쓸 수도 있다. 가루내어 한 번에 2~3g씩 하루 3번 복용한다.
•동충하초·양유근·행인·맥문동·패모·아교 등 폐를 보하는 약과 기침약을 섞어, 폐결핵으로 기침하고 혈담이 나올 때 쓴다.

**용량**  4~12g.

# 제3절 보혈약(補血藥)

## 당귀(當歸)

산형과 바디나물속 여러해살이풀
참당귀의 뿌리를 말린 것
*Angelica gigas* Nakai

**산 지** 전국. 산골짜기 냇가 근처에서 자라고, 농가에서 재배한다.

**채 취** 가을에 줄기가 나오지 않은 당귀의 뿌리를 캐어 잎을 잘라 버리고 물에 깨끗이 씻은 다음 햇볕에 말린다. 줄기가 생긴 당귀의 뿌리는 목질화되어 약으로 쓰지 않는다.

**형 태** 짧고 굵은 원뿌리에서 많은 곁뿌리가 갈라지고 길이는 15~30㎝, 지름은 약 2㎝이다. 윗부분에는 잎집(엽초)의 나머지가 있고 겉은 암갈색 또는 적갈색이다. 원뿌리에는 가로주름이 있고 곁뿌리에는

참당귀

세로주름이 있다. 특이한 향기가 있으며 맛은 약간 맵고 달다.

뿌리가 굵고 길며 단면이 충실하고 우윳빛 또는 연한 황백색이며 냄새가 강한 것이 좋은 것이다.

**성 분** 당귀에는 정유가 0.1~0.6% 들어 있다. 그리고 데커신(decursin), 데커시놀(decursinol), 노다케네틴(nodake-netin), 엄벨리페론(umbelliferone), 노다케닌(nodakenin) 등의 쿠마린 성분과 수지가 있다.

일당귀의 뿌리에는 프로쿠마린 화합물인 베르갑텐(bergapten), 약 0.2%의 정유, 니코틴산, 비타민 $B_{12}$, $\beta$-시토스테롤이 들어 있다. 정유의 주성분은 n-부틸리덴프탈리드(butylidenephthalide), 리구스틸라이드(ligustilide, 일당귀의 특이한 향기를 내는 물질), 카르바크롤(carvacrol) 등이다.

**약 성** 맛은 달고 매우며 성질은 따뜻하고 심경·간경·비경에 작용한다.

**효 능** 혈액을 생겨나게 하고

혈액순환을 좋게 하며 월경을 고르게 한다. 그리고 통증을 멈추게 하고 대변을 잘 나오게 하며 출혈을 멈추게 한다.

옛날 한의서에서는 당귀를 머리(당귀두) · 몸(당귀신) · 꼬리(당귀미)로 나누고 그 약효를 다르게 제기하였다. 즉 당귀두(當歸頭)는 출혈을 멈추고, 당귀신(當歸身)은 보혈하며, 당귀미(當歸尾)는 혈액순환을 좋게 한다고 하였다. 지금은 당귀 전체를 쓰는데 위에서 말한 약성은 당귀 전체의 약성이다.

약리실험에 의하면 알코올추출물은 진정작용을 나타낸다. 당귀의 진정작용은 브롬나트륨 및 치라미돈과 협력하고 코페인과는 길항(拮抗)한다.

탕약은 진통작용, 혈압강하작용, 억균작용, 약한 이뇨작용, 약한 이담작용을 한다.

참당귀

적용  혈허증(얼굴이 창백하고 어지럽고 머리가 아프며 가슴이 두근거리는 것), 혈허 또는 어혈로 인한 월경불순, 무월경, 월경통, 산후복통 등에 널리 쓴다. 그리고 징가, 자궁출혈, 자궁발육부전, 신경 쇠약, 타박상, 부스럼, 복통, 허약한 사람 및 산모의 변비 등에도 쓴다. 풍습증약을 섞어서 풍한습비증에 쓴다.

처방  • 당귀 · 산궁궁 · 숙지황 · 백작약 각각 9g을 섞은 사물탕(四物湯)은 혈허증과 혈허 또는 어혈로 인한 월경불순에 쓴다. 달여서 하루에 3번 나누어 복용한다.
• 황기 16g, 생지황 · 숙지황 · 당귀 각각 8g, 선황련 · 황백 · 황금 각각 5g을 섞어 만든 당귀육황탕(當歸六黃湯)은 식은땀이 날 때 쓴다. 달여서 하루에 3번 나누어 복용한다.
• 당귀 8g, 황기 20g을 섞은 당귀보혈탕(當歸補血湯)은 혈허증에 쓴다. 달여서 하루에 3번 나누어 복용한다.
• 당귀 12g, 백작약 12g, 계지 · 감초 · 생강 · 대조 각각 8g을 섞은 당귀건중탕(當歸建中湯)은 혈이 허하여 배가 아플 때와 산후 복통에 쓴다. 달여서 하루에 3번 나누어 복용한다.
• 당귀 2.8, 산궁궁 5.6, 복령 2.8, 백출 2.8, 택사 5.6, 백작약 7.4를 섞어 만든 당귀작약산(當歸芍藥散)은 복통, 월경복통, 산후복통에 쓴다. 한 번에 6~8g씩 하루 2~3번 복용한다.
용량  하루 6~12g,
금기  설사할 때는 쓰지 않는다.

# 숙지황(熟地黃) 찐지황

현삼과 지황속 여러해살이풀
지황의 뿌리를 쪄서 말린 것
*Rehmannia glutinosa* (Gaertn.) Libosch. ex Steud.

**산지** 전국. 농가에서 약초로 재배하며 키 30cm 정도 자란다.

**채취** 건지황(마른지황)을 술에 불려서 쪄서 말리는 조작을 3~4번 반복한다. 또는 48시간 쪄서 말린다. 만든 제품은 빛깔이 검고 윤기가 있으며 맛이 달아야 한다.

**형태** 실북 모양 또는 원기둥 모양의 덩어리로서 겉은 검고 윤기가 나며 단면도 검고 점성이 강하다.

크고 흑갈색이며 윤기가 나고 눅눅한 것이 좋다.

**성분** 당류와 아미노산 등이 들어 있다. 유효 성분은 알려지지 않았다.

**약성** 맛은 달고 약간 쓰며 성질은 따뜻하고 신경·간경·심경·심포락경에 작용한다.

**효능** 주로 혈액과 신음(腎陰)을 보한다. 그리고 정과 수(髓)를 보하고 머리카락을 검어지게 한다. 간도 보한다.

숙지황은 동물실험에서 콜레스테롤에 의한 동맥경화를 억제한다.

임상 실험에서 숙지황이 주약으로 들어 있는 육미환(六味丸)으로 당뇨병 환자를 치료한 결과 소변 및 혈당량이 정상으로 회복되고 임상 증상들이 없어졌으며 체중이 늘었다.

**적용** 혈허증(얼굴이 창백하고 어지럽고 머리가 아프며 귀에서 소리가 나고 가슴이 두근거리는 것), 혈허월경불순, 신음허로 인한 골증, 잘 때 식은땀이 날 때, 소갈병, 유정, 요슬연약 등에 쓴다. 머리카락이 일찍 하얗게 세는 증상에도 쓴다.

---

**처방**
• 숙지황 30, 산약 15, 산수유 15, 택사·목단피·복령 각각 11을 섞어 만든 육미환(六味丸, 육미지황환)은 신음허증, 허약자, 만성 신장염, 폐결핵, 당뇨병, 신경쇠약 등에 쓴다. 한 번에 8~10g씩 하루 3번 복용한다.

• 육미환 재료에 부자 40, 육계 40을 섞어 만든 팔미환(八味丸) 또는 팔미지황환(八味地黃丸)은 신양허증, 일반 허약자, 당뇨병, 만성 신장염, 음위증, 동맥경화, 노인의 요통 등에 쓴다. 한 번에 8~10g씩 하루 3번 복용한다.

• 숙지황·백작약·당귀·산궁궁 각각 같은 양을 섞어 만든 사물환(四物丸)은 혈허, 월경불순, 신경쇠약 등에 한 번에 6~8g씩 하루 3번 복용한다.

• 숙지황·백수오·상심자 같은 양을 가루내어 머리카락이 일찍 하얗게 셀 때 쓴다. 한 번에 5~6g씩 하루 3번 복용한다.

**용량** 하루 4~15g.

**주의** 입맛이 없고 소화가 잘 안 되며 설사하는 환자에게는 숙지황을 쓰지 않는다. 꼭 써야 할 경우에는 진피(陳皮)·토목향과 같은 건위약을 섞어 써야 한다. 옛 한의서에서는 숙지황을 쓸 때 무·느릅나무 열매를 금기하라고 하였으며, 무를 먹으면 머리카락이 하얗게 센다고 하였다.

# 백수오(白首烏) 백하수오, 백하오, 새박풀

박주가리과 백미꽃속 여러해살이덩굴풀
큰조롱(새박풀, 은조롱)의 덩이뿌리를 말린 것
*Cynanchum wilfordii* (Max.) Hemsl.

보약補藥

**산 지** 전국. 산록의 풀밭 또는 바닷가 산지의 경사지에서 길이 1~3m로 자란다.

**채 취** 가을이나 봄에 덩이뿌리를 캐어 물에 씻고 겉껍질을 벗기고 햇볕에 말린다.

**형 태** 실북 모양의 덩어리로 길이 10~15cm, 지름 1~3cm 정도이다. 겉은 연황백색 또는 황갈색이며 주름이 있다. 질은 단단하고 단면은 미끈하지만 약간 과립 모양이고 빛깔은 하얗다.

굵고 크며 겉이 회백색이나 황갈색이고 무거운 것이 좋은 것이다.

**성 분** 시난콜(cynanchol), 배당체, 레시틴, 아미노산, 당, 녹말, 지방, 광물질 등이 들어 있다.

**약 성** 맛은 달고 쓰며 성질은 약간 따뜻하고 간경·신경에 작용한다.

**효 능** 간과 신장을 보하고 혈액과 정을 보하며 뼈와 힘줄을 튼튼하게 한다. 그리고 대변을 통하게 하고 헌데를 치료한다. 동물실험에서 강장작용, 조혈 기능을 강하게 하는 작용, 피로회복을 빠르게 하는 작용, 브롬화나트륨과 비슷한 진정작용을 나타낸다는 것이 밝혀졌다.

심장·혈관·혈압·호흡·창자들과 이뇨 기능에 대하여 부정적 영향을 주지 않고 다만 자궁을 일시적으로 수축시킨다.

**적 용** 허약한 사람, 병후조리, 혈허증, 간신허로 허리와 무릎에 맥이 없을 때, 가슴두근거림, 불면증, 신경쇠약, 탈모, 머리카락이 일찍 하얗게 세는 증상, 학질, 이슬 등에 쓴다. 그리고 변비·연주창·헌데·치질 등에 쓰며 결핵 환자의 보약으로도 쓴다.

큰조롱

**처방** 백수오 한 가지로 탕약, 가루약, 환약, 고제 등을 만들어 보약으로 쓰기도 한다.
• 백수오 한 가지를 한 번에 3~4g씩 달이거나 곱게 가루내어 하루 3번 복용한다.
• 백수오, 우슬, 두충 같은 양을 섞어 가루내어 허리와 무릎이 아프고 연약하여 걷지 못할 때 쓴다. 한 번에 4~6g씩 하루 3번 복용한다.
**용 량** 하루 9~20g.

# 하수오(何首烏) 붉은조롱, 적하수오

마디풀과 하수오속 여러해살이풀
하수오의 덩이뿌리를 말린 것
*Pleuropterus multiflorus Turcz.*

**산 지** 전국. 약초로 쓰기 위해 농가의 밭에서 재배한다.

**채 취** 가을 또는 봄에 덩이뿌리를 캐어 줄기와 잔뿌리를 다듬고 물에 씻어 그대로 또는 증기에 쪄서 햇볕에 말린다.

**형 태** 실북 모양 또는 불규칙한 덩어리이다. 크기는 일정하지 않고 대개 길이 6~15㎝, 지름 4~12㎝ 정도이다. 겉은 적갈색이고 울퉁불퉁하며 주름이 있다. 질은 단단하고 단면은 미끈하지 않으며 적갈색을 띠고 있다. 맛은 쓰고 떫다.

크고 무거우며 적갈색이고 단면에 알락 무늬가 있는 것이 좋은 것이다.

**법 제** 보약으로 쓸 때 검은콩 달인 물에 담가 불려 쪄서 말린다. 대변을 통하게 하거나 헌데를 치료할 때 그대로 쓴다.

**성 분** 안트라퀴논(anthraquinone) 배당체인 크리소파놀(chrysophanol), 에모딘(emodin), 라인(rhein), 메틸에스테르(methylester), 레시틴·녹말·지방 등이 들어 있다.

**약 성** 맛은 달고 쓰며 성질은 약간 따뜻하고 간·신경에 작용한다.

**효 능** 간과 신장을 보하고 혈액과 정을 보하며 힘줄과 뼈를 튼튼하게 한다. 머리카락을 검게 하며 또한 대변을 통하게 하고 헌데를 치료한다.

실험에 의하면 이 약의 탕약을 토끼에게 먹일 때 30~60분 안으로 혈당량이 올라갔다가 그 후 점차 내려가 6시간 후에는 혈당량이 정상보다 약 0.03% 낮아졌다.

레시틴은 피로한 심장에 대하여 더욱 뚜렷한 강심작용을 한다.

하수오는 대장의 꿈틀운동을 강하게 하며 대변을 잘 나오게 한다.

이 밖에 장에서 콜레스테롤 흡수를 억제하는 작용과 억균작용도 나타낸다.

**적 용** 일반 허약자, 혈허증, 신허요슬무력, 요통, 가슴두근거림, 불면증, 신경쇠약, 두발조백, 학질, 이슬, 당뇨병, 구루병, 과콜레스테롤혈증 등에 쓴다. 그리고 변비·연주창·헌데·치질 등에도 쓴다.

**처방** •하수오·백수오·백복령 각각 60, 적복령·우슬·당귀·구기자·토사자 각각 32, 보골지 15를 섞어 만든 칠보미염단(七寶美髥丹)은 신기를 보하고 머리칼을 검게 한다. 한 번에 6~8g씩 하루 3번 복용한다.
•하수오·우슬·두충 같은 양을 섞어 가루내어 간과 신이 허하여 허리와 무릎이 아프고 연약하여 걷지 못할 때 쓴다. 한 번에 4~6g씩 하루 3번 복용한다.

**용 량** 하루 9~20g.

**참 고** 하수오 줄기[야교등(夜交藤)]는 심을 보하고 진정작용을 하므로 불면증에 효과가 있다.

# 상심자(桑椹子) 상심, 상과, 오디

뽕나무과 뽕나무속 갈잎중키나무
뽕나무의 익은 열매를 말린 것
Morus alba L.

• 산뽕나무의 열매도 약효가 같다.

**산 지** 전국. 산과 들의 평지에서 높이 5m 정도 자라며 주로 누에를 치기 위해 농가에서 재배한다.

**채 취** 늦은 봄부터 이른 여름 사이에 익기 시작하는 열매를 따서 햇볕에 또는 건조실에서 말린다. 쪄서 말리기도 한다.

**형 태** 작은 열매가 30~60개 모여 긴 타원형을 이루었으며 길이는 1~1.5㎝, 지름은 0.5~1㎝ 정도이다. 한쪽 끝에는 열매꼭지가 붙어 있다. 작은 열매는 심장 모양이고 약간 납작하며 길이는 약 3㎜이고 흑자색이다. 질은 가볍고 잘 부스러진다.

크고 흑자색이며 맛이 달고 잡질이 없는 것이 좋은 것이다.

**성 분** 포도당, 과당, 비타민 $B_1 \cdot B_2 \cdot C$, 카로틴(carotene), 사과산, 플라보노이드, 색소, 타닌, 무기염 등이 들어 있다.

**약 성** 맛은 달고 성질은 차며 심경·간경·신경에 작용한다.

**효 능** 혈액과 음을 보하며, 진액을 생기게 하고 머리카락을 검게 한다. 소변을 잘 나오게 하고 대변을 무르게 하는 작용도 한다.

**적 용** 혈허증, 음이 허하고 진액이 부족하여 입안이 마르고 갈증이 날 때, 간양이 왕성하여 어지러운 불면증, 시력약화, 이명, 두발조백, 혈허증 환자의 변비, 연주창 등에 쓴다.

**처방** 생열매를 적은 양의 설탕과 함께 소주에 담근 약술은 자양강장의 효과가 있다.
• 상심자 30g을 물 500㎖에 넣고 달인 다음 2~5번에 나누어 복용한다.
• 상심자 10에 봉밀 30을 섞은 상심고(桑椹膏)는 혈허증·연주창 등에 쓴다. 한 번에 10~15g씩 하루 3번 복용한다.
**용 량** 하루 10~16g.
**금 기** 설사하는 환자에게는 쓰지 않는다.

뽕나무 열매

# 백작약(白芍藥) 산작약, 초작약, 개삼

미나리아재비과 목단속 여러해살이풀
백작약(집함박꽃)의 뿌리를 말린 것
*Paeonia japonica* (Makino) Miyabe & Takeda

【산 지】 전국. 깊은 산지의 풀밭에서
키 40~50㎝로 자란다.

【채 취】 가을에 뿌리를 캐어 줄기와 잔뿌
리를 다듬고 물로 씻어 햇볕에 말린다.

【형 태】 • 백작약 뿌리 — 원기둥 모양 또
는 고깔 모양이고 길이는 7~20㎝, 지름은
1~2㎝이다. 겉은 희끗하거나 연한 적갈색
이다. 단면은 회백색이고 가루 모양이며
치밀하다. 냄새는 특이하여, 맛은 약간 달
고 후에는 떫으면서 쓰다.

• 산함박꽃 뿌리 — 원기둥 모양 또는 덩어
리 모양의 뿌리줄기에 고깔 모양의 뿌리가
많이 붙어 있다. 뿌리줄기의 길이는 5~15
㎝, 지름은 1~2㎝이며 윗면은 대개 구새
먹어 절반쯤 비어 있다. 뿌리줄기와 뿌리
의 겉은 갈색 또는 적갈색이며 질은 단단
하다. 단면은 미끈하고 흰색인데 방사상의
갈색 줄무늬가 있다. 냄새는 특이하여, 맛
은 약간 달고 후에는 떫다.

굵고 크며 질은 단단하고 단면이 하얗고
가루가 많은 것이 좋은 것이다.

【법 제】 그대로 또는 노랗게 볶아서 쓴
다. 술에 불려서 볶거나 꿀물에 불려서 쪄
서 쓰기도 한다.

【성 분】 백작약에 정유, 배당체인 페오니
플로린(paeoniflorin), 알칼로이드인 페오
닌(paeonin), 타닌, 수지, 당, 녹말 등이 들
어 있다. 정유에는 페오놀(paeonol), 살리

실산(salicyl酸) 등이 있다.

산함박꽃 뿌리에는 안식향산, 포도당, 페
오놀, 페오놀아세테이트(paeonolacetate),
타닌, 정유 등이 들어 있다.

【약 성】 맛은 쓰고 시며 성질은 약간 차
고 간경·비경·폐경에 작용한다.

【효 능】 혈액을 보하고 땀나는 것을 멈추
며 간화를 내리게 하고 통증을 멎게 한다.
이뇨작용도 한다.

페오니플로린 성분은 동물실험에서 진
정작용, 진통작용, 진경작용, 해열작용을
나타내고, 약한 항염증작용과 궤양 예방작
용을 한다. 페오니플로린은 말초혈관과 관
상혈관을 확장시키고 위·자궁 등 활평근
장기의 운동을 억제하여 긴장성을 낮추며
혈압 강하작용도 한다.

예로부터 백작약과 감초를 섞어 위경련
을 비롯한 활평근의 경련에 의한 내장의
통증, 힘살의 경련으로 오는 통증·신경통
등에 널리 써왔으므로, 이 두 가지 약의 협
력작용을 검토하는 약리실험이 진행되었
다. 실험에서 백작약 뿌리에서 뽑은 페오
니플로린과 감초의 메타놀추출물을 섞어
쓰면 진정작용, 진통작용, 해열작용, 진경
작용, 위액분 억제작용 등에서 뚜렷한 협
력작용을 한다는 것이 밝혀졌다.

페오놀 성분도 진정작용, 해열작용, 진
통작용, 진경작용 등 중추 억제 효과가 있

고, 항염증작용, 지혈작용을 한다.

또 백작약은 억균작용도 한다.

적용 혈허증, 혈허복통, 위경련을 비롯한 활평근의 경련에 의한 내장통, 팔다리에 경련이 일어나 아플 때, 힘살의 경련성 통증, 신경통, 류머티즘, 흉통, 월경통, 월경불순, 간화로 머리가 아프고 어지러울 때, 신경쇠약, 자궁출혈, 월경과다, 이슬, 식은땀이 날 때, 저절로 땀이 날 때, 이질, 옹저 등에 쓴다.

처방 사물탕(四物湯), 팔물탕(八物湯), 십전대보환(十全大補丸)에 백작약이 보혈약으로 들어 있다. 백작약·계지를 섞으면 영위(營衛)를 조화시키므로 영위가 불화할 때 쓴다.

• 백작약을 1회 2~5g씩 달이거나 가루내어 복용한다. 하루 6~12g 쓴다.

• 복통에는 백작약 15g을 물 400㎖로 1/2이 되도록 달여서 하루 3번에 나누어 복용한다.

• 백작약·감초 각각 15g을 섞은 작약감초탕(芍藥甘草湯)을 활평근 및 근육 경련으로 인한 통증·신경통·신석증 또는 담석증으로 배가 아플 때 등에 쓴다. 하루 2첩을 달여 3번에 나누어 복용한다.

• 백작약 15g, 당귀·선황련·황금 각각 8g, 빈랑 4g, 감초 2g, 대황 5g, 육계 4g을 섞은 작약탕(芍藥湯)은 세균성 이질로 배가 아프고 뒤가 무직할 때 쓴다. 달여서 하루에 3번 나누어 복용한다.

용량 하루 6~12g.

금기 허한증에는 쓰지 않는다.

• 박새와 배합금기이다.

참고 백작약과 산함박꽃의 한의학적 효능과 응용은 같다. 그러나 백작약과 적작약의 한의학적 효능은 같지 않다. 백작약은 보약(補藥)이고 적작약은 사약(賜藥)이다.

백작약

아교주

보약
補
藥

# 아교(阿膠) 갖풀, 우피교

소과 포유류 동물
소의 가죽을 가공하여 말린 것
Asini Cornii Colla

[산 지] 전국. 도축용으로 농가에서 가축으로 기른다.

[채 취] 소가죽을 석회물에 불려서 탈모기로 털을 뽑고 다시 맑은 물에 담가 석회물을 우려낸 다음 잘게 썰어서 물에 넣고 끓인다. 끓인 물을 걸러내고 찌꺼기에 다시 물을 넣고 끓여 거르는 조작을 반복하여 얻은 액에 백반 용액을 조금 넣어 잡질을 없애고 다시 끓여 졸인다. 용액이 걸쭉해진 다음 틀에 부어 넣고 식힌다. 이것을 일정한 크기로 썰어서 건조실에서 말린다.

처음에 소가죽을 석회물에 담그는 것은 기름을 빼 버리기 위해서이다.

[형 태] 판 모양 또는 나뭇가지 모양의 덩어리인데 빛깔은 흰색이나 연노란색 또는 황갈색이고 투명하며 윤기가 난다. 찬

물에 담가두면 물을 흡수하여 불어나고 유연해지며 끓는 물에 넣으면 녹는데, 특이한 냄새가 난다.

빛깔이 없고 투명하고 윤기가 나며 용액이 중성인 것이 좋은 것이다.

[법 제] 그대로 쓰거나 또는 튀겨서(아교주) 쓴다. 아교를 튀기면 가루내기 쉽고 이것을 다른 약과 함께 달일 때 점도가 낮아져 다른 한약의 성분 추출을 방해하지 않는다.

[성 분] 콜라겐이 들어 있다. 콜라겐(collagen)에는 리신, 아르기닌, 글라이신, 알라닌, 프롤린, 히스티딘, 아스파라긴(asparagin), 시스틴(cystine), 발린, 류신(leucine) 등의 아미노산이 들어 있다.

[약 성] 맛은 달고 성질은 평하며 폐경·

소

신경·간경에 작용한다.

효 능 혈액을 보하고 출혈을 멎게 한다. 그리고 음을 보하고 폐를 부드럽게 하며 태아를 안정시킨다.

아교는 지혈작용을 한다. 아교의 지혈작용은 피브리노겐량을 늘리는 것과 아교에 들어 있는 칼슘에 의한 지혈작용 및 아교 자체가 혈액의 점도를 높이는 것 등과 관계된다고 본다.

소(송아지)

실험동물에게서 많은 양의 혈액을 빼내면 빈혈을 일으키는데, 아교를 주면 안 준 것에 비하여 적혈구와 혈색소가 증가하고 그 증가 속도도 빨라진다.

아교는 동물실험에서 근육 영양 장애를 예방 치료하는 작용도 한다.

적 용 혈허증(빈혈), 각종 출혈(토혈, 각혈, 빈혈, 혈뇨, 자궁출혈, 임산부의 자궁출혈 등), 출혈성 소인, 음혈이 부족하여 가슴이 답답하고 잠을 이루지 못할 때(불면증), 혈허로 인한 월경불순, 폐결핵으로 오후에 미열이 나고 마른기침을 하며 각혈할 때, 팔다리에 경련이 일어나 아플 때 등에 쓴다. 그리고 몸이 여월 때와 방사능증에 혈액의 응고성을 높이고 혈액을 멈출 목적으로도 쓴다.

처방 •아교 10g, 애엽 8g, 단삼 8g, 당귀·마황·인삼·생강 각각 6g, 감초 4g, 대조 4g을 섞어 태동불안에 쓴다. 달여서 하루 3번에 나누어 복용한다.

•아교·애엽·산궁궁·당귀 각각 8g, 감초 4g을 섞은 교애궁귀탕(膠艾芎歸湯)은 자궁출혈, 임산부의 자궁출혈, 유산 후 자궁출혈에 쓴다. 하루 2첩을 달여 3번에 나누어 복용한다. 이 처방에서 아교는 지혈작용을 한다.

•아교주·숙지황·당귀·산궁궁·백작약·황금·백출·사인·애엽·향부자 각각 4g을 석은 교애사물탕(膠艾四物湯)은 임산부에게서 자궁출혈이 있고 배가 아플 때 쓴다. 하루 2첩을 달여 3번에 나누어 복용한다.

•아교 15g, 우방자 9g, 마두령 9g, 행인 9g, 찹쌀 15g, 감초 3g을 섞은 보폐아교탕(補肺阿膠湯)은 폐음허로 기침할 때 쓴다. 혈담이 나오며 기침할 때 효과를 볼 수 있다. 달여서 하루에 3번에 나누어 복용한다.

•아교·저령·복령·택사·곱돌 각각 12g을 섞은 저령탕(猪苓湯)은 습열로 소변이 잘 나가지 않고 열이 나며 갈증이 날 때, 방광염, 요도염에 쓴다. 달여서 하루 3번에 나누어 복용한다.

용 량 하루 4~12g.

금 기 소화가 안 되고 설사할 때는 쓰지 않는다.

보약
補藥

# 장혈(獐血) 노루피

사슴과 동물
노루의 피
Capreolus capreolus bedfordi Thomas

• 백두산노루(큰노루)의 피도 노루와 약효가 같다.

【산지】 전국. 한라산 기슭 등 낮은 산지에 많이 서식한다.

【채취】 노루의 목을 벤조일로 한 번 씻고 요오드팅크나 기타 약으로 소독한다. 다음 고무관이 달린 지름 4~5mm 정도의 멸균한 채혈침을 목 정맥에 찔러서 멸균한 병에 혈액을 받는다. 병에는 미리 혈액 1에 대하여 5% 소금용액 40㎖ 또는 10% 레몬산나트륨 용액 30~50㎖를 넣어 둔다.

【성분】 물기가 78~80%, 혈청단백질이 3~4% 들어 있다.

단백질로는 r-글로불린, 알부민, 피브리노겐(fibrinogen), 프로트롬빈(prothrombin) 등이 있으며 비단백질성 질소 화합물로서 암모니아, 크레아틴(creatine), 크레아틴 인산, 요산이 있으며 아데노신-3-인산을 비롯한 뉴클레오티드(nucleotide)가 있다. 그리고 포도당, 과당, 젖당, 글리코겐(glycogen), 글루코사민(glucosamine), 젖산, 리보핵산(ribonucleic酸) 등이 있다.

또한 아연, 동, 니켈 등의 미량원소가 많이 들어 있는데 이 성분은 다른 동물의 혈액 속에 있는 것보다 많다.

이 밖에 칼륨, 마그네슘, 철, 코발트 등도 들어 있다.

【효능】 강장작용을 나타낸다. 실험동물에게 노루피를 먹이면 동물의 수영 시간이 길어진다.

보혈작용을 나타낸다. 실험동물에게 노루피를 먹이면 적혈구, 혈색소, 혈소판과 망상적혈구가 늘어난다.

노루피는 실험동물을 빨리 자라게 하고 몸무게를 늘려준다.

또한 심근염을 치료하는 작용을 한다. 류머티즘성 심근염 환자에게 노루피를 한 번에 25㎖씩 하루 2번, 20일 동안 복용하게 하면 심장 부위의 통증, 가슴답답증, 가슴 두근거림 등의 자각 증상이 일정하게 없어지며 심근대사와 주요하게 관련되는 ST파와 T파가 개선된다. 독성은 없다.

【적용】 허약자, 병후조리, 빈혈, 심장대상 기능부전증, 심근염, 홍역 등에 쓴다.

 처방
• 장혈을 한 번에 10~25㎖씩 하루 2번 복용한다.
• 류머티즘성 심근염일 때는 장혈을 한 번에 25㎖씩 하루 2번 20일 동안 계속 복용한다.
【용량】 하루 20~50㎖.

# 녹각교(鹿角膠) 사슴뿔갖풀

소목 사슴과 동물
백두산사슴의 골화된 굳은 뿔을 가공한 갖풀
*Cervus nippon*

채취한 녹각(굳은 뿔)

• 사슴(얼룩사슴)의 뿔도 약효가 같다.

**산 지** 백두산사슴은 백두산 일대의 인가에서 멀리 떨어진 밀림 속에 서식하며, 얼룩사슴은 농장에서 사육하기도 한다.

**채 취** 사슴뿔을 10㎜ 정도의 길이로 썰어 물에 불린 다음, 푹 삶아 우려낸 액체를 거른다. 2~3번 삶아 우려낸 액을 걸러서 함께 모아 놓았다가 약한 불에 졸인다. 졸인 액이 끈적끈적하게 되었을 때 틀에 부어넣고 식혀서 엉기게 한 다음 잘게 썰어 그늘에서 말린다.

**형 태** 보통 모가 난 조각이며 크기는 일정하지 않다. 표면은 흑갈색이고 윤기가 있으며 빛에 비추어 보면 반투명한 적갈색이다. 한쪽 면에는 식힐 때 거품이 굳어진 황백색의 다공성인 얇은 층이 있다. 질은 단단하나 부스러지기 쉽다.

부스러진 면은 유리 모양의 윤기가 있고 냄새는 거의 없으며 맛은 담백하다. 찬물에는 녹지 않으나 5~10배의 물을 빨아들여 불어난다. 뜨거운 물, 물과 글리세린의 혼액에 용해되며 알코올과 에테르에는 용해되지 않는다.

**약 성** 맛은 짜고 달며 성질은 따뜻하다. 간경·신경에 작용한다.

**효 능** 혈액을 보하고 정을 보하며 출혈을 멎게 한다. 신양(腎陽)을 보하는 작용도 있으나 그 작용이 약하다.

사슴

**적 용** 신체허약 · 병후조리 · 혈허증 · 자궁출혈 · 혈뇨 · 혈변, 그리고 양위증 · 유정 · 빈뇨 · 어지럼증 · 이명에도 쓴다.

● 녹각상(鹿角霜)

녹각으로 녹각교를 만들고 남은 찌꺼기를 말린 것을 녹각상이라고 한다. 녹각상의 약효는 녹각보다는 약하다. 그리고 수렴작용도 한다.

**처방** 혈허증에 녹각교가 들어간 사물탕(四物湯)을 섞어 써도 좋다.

• 다른 약을 섞어 쓸 수도 있고 녹각교를 따뜻한 물에 6~10g 풀어서 하루 3번에 나누어 복용해도 된다.

• 음양이 모두 허할 때에는 녹각교, 구판교 같은 양을 섞은 구록환(龜鹿丸)을 만들어 쓴다. 한 번에 3~4g씩 하루 2~3번 복용한다.

• 유정, 자궁출혈에 복용약으로 녹각상을 하루 15~30g 쓴다. 헌데, 창상출혈에는 외용한다.

**용 량** 하루 6~10g.

# 용안육(龍眼肉) 용안

무환자나무과 늘푸른큰키나무
용안의 익은 과육(가종피)을 말린 것
*Dimocarpus longan* Lour

**산 지** 인도 원산으로 동남아시아, 열대 아메리카에 분포한다.

**형 태** 용안육은 불규칙한 조각으로서 길이는 1.2~1.5cm이고 너비는 2.5~3cm이다. 겉은 황갈색이고 약간 투명하다. 한쪽 면은 주름이 많고 매끈하지 않으며 다른 한쪽 면은 윤기가 나고 가는 주름 무늬가 있다. 질은 눅진하고 유연하며 기름기가 있고 향기가 난다.

살이 많고 두꺼우며, 황갈색이고 기름기가 있으며 단맛이 강한 것이 좋은 것이다.

**성 분** 포도당, 사탕, 포도주산, 아데닌(adenine), 콜린, 단백질 등이 들어 있다.

**약 성** 맛은 달고 성질은 평하며 심경 · 비경에 작용한다.

**효 능** 심장과 비장을 보하고 혈액을 보하며 진정작용을 한다.

**적 용** 심혈이 허하여 잘 놀라거나 가슴이 두근거릴 때, 혈허증, 불면증, 건망증, 각종 출혈(토혈, 비출혈, 자궁출혈 등), 월경불순, 이슬 등에 쓴다.

**처방** • 용안육 · 당귀 · 산조인 · 원지 · 인삼 · 황기 · 백출 · 복신 각각 50g, 토목향 · 감초 · 건강 · 대조 각각 25g를 섞어 만든 귀비환(歸脾丸)은 심혈이 부족하여 잘 놀라거나 가슴이 두근거리며 잠을 자지 못할 때, 빈혈 및 출혈 등에 쓴다. 신경쇠약, 건망증에도 쓴다. 한 번에 5~7g씩 하루 3번 복용한다.

**용 량** 하루 4~10g.

**금 기** 복부팽만에는 쓰지 않는다.

# 제4절 보음약(補陰藥)

# 구기자(枸杞子)

가지과 구기자나무속 갈잎떨기나무
구기자나무의 익은 열매를 말린 것
*Lycium chinense* Miller

[산 지] 산지 전국. 마을 근처의 둑이나 냇가에서 높이 1~2m 자라며 농가에서 재배한다.

[채 취] 가을에 열매를 익은 차례로 따서 햇볕에 또는 건조실에서 말린다.

[형 태] 긴 타원형인데 길이 1~1.5㎝, 지름 0.5~0.7㎝이다. 겉은 보라색이나 암적색이고 윤기가 나며 주름이 잡혀 있다. 속에는 둥글고 납작한 씨가 있다. 씨는 노란색이고 지름은 2㎜ 정도이다. 맛은 달다.

열매가 크고 살이 두꺼우며 빛깔이 붉고 씨가 작은 것이 좋은 것이다.

[성 분] 알칼로이드인 베타인, 배당체인 다우코스테린(daucosterin), 카로티노이드(carotinoid)인 제아잔틴(zeaxanthin), 콜린, 카로틴(carotine), 비타민 $B_1 \cdot B_2 \cdot$ PP · C, 칼슘, 인, 철, 코발트 등이 들어 있다. 그리고 열매껍질에는 피살리엔(physalien)이 들어 있다.

[약 성] 맛은 달고 성질은 약간 차며 간경 · 신경에 작용한다.

[효 능] 음과 정, 수(髓)를 보하고 간과 신장을 보하며 힘줄과 뼈를 튼튼하게 하고 눈을 밝아지게 한다. 옛날 한의서에서는 늙지 않게 하여 오래 살게 한다고 하였다.

구기자 액체추출물은 동물실험에서 실험동물의 몸무게를 늘린다.

구기자 액체추출물과 베타인은 동물실험에서 항지간작용과 간기능 보호작용이 있다. 구기자 액체추출물은 실험동물의 총콜레스테롤 및 인지질이 늘어나는 것을 억제한다.

구기자의 물우림액은 혈압과 혈당량을 낮춘다.

구기자는 대장균 및 백색 칸디다에 대한 억제작용을 한다.

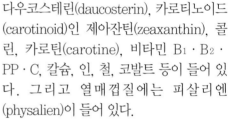

구기자나무

적용 몸이 허약한 사람의 보약으로 좋다. 간과 신이 허하여 어지럽고 눈이 잘 보이지 않을 때, 유정, 음위증, 요산통, 허리와 무릎에 맥이 없을 때 등에 주로 쓴다. 그리고 영양실조증, 폐결핵, 신경쇠약 등에 보약으로 쓰며 당뇨병 치료에도 효과가 있다. 때로는 폐음이 부족하여 마른기침을 할 때에도 쓴다.

처방 육미지황환(六味地黃丸) 처방(산약 15, 숙지황 30, 산수유 15, 택사·목단피·복령 각각 11)에 구기자를 넣으면 간과 신장을 보하고 눈을 밝게 한다.

• 육미지황환 처방에 구기자 15, 감국 11을 섞은 기국지황환(杞菊地黃丸)은 간과 신이 허하여 어지럽고 눈이 잘 보이지 않으며 바람을 쐬면 눈물이 나올 때, 오후에 열이 나고 잘 때 식은땀이 나며 다리에 맥이 없을 때 쓴다. 한 번에 6~8g씩 하루에 3번 복용한다.

• 구기자 150, 의이인 50, 숙지황 유동추출물 200, 산사 유동추출물 12, 사탕 480, 그리고 방부제 적당량을 넣어 만든 구기자고(枸杞子膏)는 신체허약, 병후조리, 동맥경화증, 빈혈, 만성 소모성 질병 등에 한 번에 10~20g씩 하루 3번 복용한다.

• 구기자 한 가지를 곱게 가루내어 한 번에 3~4g씩 하루 3번 복용한다.

용량 하루 6~12g.

# 양유근(洋乳根) 더덕, 사삼, 산해라

초롱꽃과 더덕속 여러해살이덩굴풀
더덕의 뿌리를 말린 것
*Codonopsis lanceolata* (S. et Z.) Trautv

산지 전국. 깊은 산지 숲속에서 길이 2m 정도 자라고 농가에서 재배한다.

더덕

채취 가을 또는 봄에 뿌리를 캐어 줄기와 잔뿌리를 다듬고 물에 씻어 햇볕에 말린다.

형태 실북 모양인데 길이는 10~20cm, 지름은 1~3cm이다. 맨 위에는 가는 뿌리꼭지가 있으며 뿌리 전체에 혹이 많아 마치 두꺼비 잔등처럼 더덕더덕하게 되어 있어서 더덕이라고 하였다. 뿌리의 윗부분에는 가로주름이 있다. 겉은 연노란색 또는 적갈색이다. 질은 단단하지만 꺾어 보면 속은 치밀하지 못하고 푸석

푸석하며 틈이 많다.

냄새는 특이하여, 맛은 처음에 달고 후에는 쓰다.

굵고 길며 질이 단단하고 벌레먹지 않은 것이 좋은 것이다.

성 분 사포닌, 이눌린, 녹말, 당류 등이 들어 있다.

약 성 맛은 달고 쓰며 성질은 약간 차고 폐경·위경에 작용한다.

효 능 음을 보하고 열을 내리게 하며 폐를 녹여 주어 기침을 멈추게 하며 위를 보하고 진액이 생겨 나게 한다.

동물실험에서 강장작용이 밝혀졌다. 즉, 양유근 탕약을 흰생쥐에게 먹이면 헤엄치는 시간이 길어진다. 양유근 탕약을 토끼에게 먹이거나 피하에 주사하면 적혈구와 혈색소를 많아지게 하

고 백혈구 수를 줄인다. 쓰는 양을 많게 하면 이 작용이 나타나지 않는다.

이 탕약은 가래를 삭이고 기침을 멈추며 혈액 속의 콜레스테롤 함량도 낮춘다.

양유근 탕약은 실험동물의 혈압을 낮추고 호흡을 흥분시키며 혈당량을 높인다.

적 용 폐음이 부족하여 열이 나고 기침할 때, 오랜기침, 급성 및 만성 기관지염, 열성병으로 진액이 상해 입이 마르고 갈증이 날 때 쓴다.

처방 •양유근 22g, 맥문동 12g, 옥죽 22g, 감초 12g, 상엽 12g, 백편두 12g, 과루근 12g을 섞은 사삼맥문동탕(沙參麥門冬湯)은 폐음이 부족하여 열이 나고 기침할 때 쓴다. 달여서 하루에 3번 나누어 복용한다.
•폐열로 기침할 때 양유근 한 가지를 10~12g씩 달여 하루 3번에 나누어 먹어도 좋다.
용 량 하루 6~12g.
금 기 폐가 허하여 기침할 때는 쓰지 않는다. 여로와 배합금기(상반)다. 이 약에 목방기를 섞으면 약효가 약해진다(상오).

# 백합(百合) 나리

백합과 백합속 여러해살이풀
참나리의 비늘줄기를 말린 것
*Lilium lancifolium* Thunberg.

산 지 전국. 산과 들의 햇볕이 잘 드는 곳에서 키 1.5m 정도 자란다.

채 취 가을 또는 봄에 줄기를 캐어 비늘잎을 뜯어 물에 씻은 다음 증기에 약간 쪄서 햇볕에 또는 건조실에 말린다.

형 태 납작한 타원형의 조각으로서 약간 구부러졌다. 길이는 1~1.5cm, 지름은

0.5~1cm이다. 우윳빛이나 연한 갈색을 띤 노란색이며 각질 모양이다. 냄새는 없다.

살집이 두껍고 무거우며 빛깔이 하얀 것이 좋은 것이다.

법 제 그대로 또는 꿀물에 불려 볶아서 쓴다. 이 약을 꿀물에 불려서 볶으면 폐를 눅여주고 지해작용이 강해진다.

참나리

**성 분** 비타민 C, 녹말, 단백질, 지방, 사탕, 적은 양의 알칼로이드 등이 들어 있다.

**약 성** 맛은 달고 성질은 평하며 심경·폐경에 작용한다.

**효 능** 음을 보하고 열을 내리게 하며 정신을 진정시키고 폐를 눅여주어 기침을 멎게 한다. 그리고 대소변을 잘 통하게 하고 부은 것을 가라앉게 한다.

**적 용** 열성 질병을 앓고 난 후 미열이 계속 나면서 정신이 얼떨떨하며, 특별히 아픈 곳은 없을 때(백합병), 마른기침, 대소변이 막혔을 때, 유옹, 부스럼 등에 쓴다.

**처방**
• 백합·패모·당귀·백작약·감초 각각 8g, 숙지황 22g, 생지황 15g, 맥문동 12g, 현삼 6g, 길경 6g을 섞어 만든 **백합고금탕(百合固金湯)**은 폐와 신장의 음이 허하여 인후가 마르고 아프며 기침이 나고 가래에 피가 섞여 나올 때 쓴다. 달여서 하루에 3번 나누어 복용한다.

• 백합·지모 각각 12g을 섞은 **백합지모탕(百合知母湯)**은 백합병에 쓴다. 달여서 하루에 3번 나누어 복용한다.

**용 량** 하루 6~12g.

**금 기** 가래가 있어 기침할 때와 설사할 때는 쓰지 않는다.

# 천문동(天門冬) 부지깽나물

백합과 비짜루속 여러해살이덩굴풀
천문동의 덩이뿌리를 말린 것
*Asparagus cochinchinensis* Merr.

**산 지** 중부 이남 지방. 바닷가나 산기슭에서 자란다.

**채 취** 가을 또는 봄에 뿌리를 캐어 잔뿌리를 다듬어 증기에 찐 다음 껍질을 벗겨내고 건조실에서 말린다.

**형 태** 긴 실북 모양인데 길이는 6~18㎝, 가운데 부분의 지름은 6~18㎜이다. 겉은 황백색 혹은 연한 황갈색이고 약간 투명하며 세로주름이 있다. 완전히 마른 것을 질이 단단하고 습기를 먹으면 질이 유

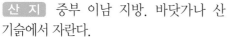

연해진다.

굵고 길며 황백색이고 반투명한 것이 좋은 것이다.

[성 분] 아스파라긴산, 스테로이드 사포닌, 녹말, 당, 점액질 등이 들어 있다. 아스파라긴은 물속에서 끓일 때 분해되어 아스파라긴산과 암모니아($NH_3$)를 만든다.

[약 성] 맛은 달고 쓰며 성질은 차고 폐경·신경에 작용한다.

[효 능] 음을 보하고 열을 내리게 한다. 폐와 신을 보하고 기침을 멈추게 한다.

약리실험에 의하면 폐렴쌍구균을 비롯한 일련의 그람양성균에 대하여 억균작용을 나타낸다. 아스파라긴은 기침을 멈추고 가래를 삭이는 작용과 항암작용 및 약한 이뇨작용을 한다.

[적 용] 음허로 미열이 나고 갈증이 날 때, 소갈병, 마른기침, 기관지염, 백일해, 토혈, 변비 등에 쓴다. 또한 일반 허약자의 보약으로도 쓴다.

[처방] •천문동·행인·패모·반하·백작약·건지황·감초·자원·맥문동·인삼·길경·아교주·진피(陳皮) 같은 양을 섞어 만든 천문동환(天門冬丸)은 폐음이 부족하며 미열이 있고 마른기침을 하며 목 안이 붓고 혈담이 나올 때, 폐결핵, 기관지염, 기관지 확장증 등에 쓴다. 한 번에 6~8g씩 하루 3번 복용한다.
•천문동·맥문동 두 가지를 같은 양으로 섞어 환약을 만들어 마른기침을 할 때 쓴다. 한 번에 5~6g씩 하루 3번 복용한다.
[용 량] 하루 6~12g.
[금 기] 설사할 때는 쓰지 않는다.

# 맥문동(麥門冬)

백합과 맥문동속 여러해살이풀
맥문동의 덩이뿌리를 말린 것
*Liriope platyphylla* F. T. Wang & T. Tang

• 좁은잎맥문동의 덩이뿌리도 약효는 같으므로 대용으로 쓸 수 있다.

[산 지] 중부 이남 지방. 산지의 나무 그늘과 음습한 곳에서 키 20~50cm로 자라며 농가에서 재배한다.

[채 취] 가을 또는 봄에 뿌리를 캐어 덩이뿌리만을 다듬어내어 물에 씻고 햇볕에 말린다.

[형 태] 실북 모양이고 양끝은 뾰족하다. 길이는 2~4cm이며 가운데 부분의 지름은 0.4~0.6cm이다. 겉은 연노란색이고 약간 투명하며 가는 세로무늬가 있다. 단면은 연한 황백색이고 점착성이 있으며 유연하다. 중앙에 가는 목질부가 있다. 냄새는 약하고 맛은 약간 달다.

크고 황백색이며 반투명하고 부스러지지 않고 완전하며 잡질이 섞이지 않은 것이 좋은 것이다.

[법 제] 옛날 한의서에서는 목질부를 뽑아 버리고 쓰라 하였다. 목질부를 뽑아 버

맥문동

균, 대장균, 티푸스균 등에 대하여 비교적 강한 억균작용을 나타낸다.

맥문동, 인삼, 오미자로 조성된 생맥산(生脈散)은 동물실험에서 급성 실혈성 심박정지 시간을 훨씬 길게 한다는 것이 밝혀졌다. 그것은 생맥산이 심근에서 산소 및 에너지의 소모를 적게 하고 혈액과 산소 부족에 대한 내성을 높이는 것과 관계되는 것으로 추측하고 있다.

생맥산은 아트리포스보다도 급성 실혈성(失血性) 심박정지 시간을 훨씬 더 길게 한다.

리지 않고 쓰면 가슴이 답답한 부작용이 생긴다고 하였다. 그러나 현대에서는 목질 부를 뽑아 버리지 않고 그대로 쓰는 경우가 많다.

**성 분** 배당체인 오피오포고닌(ophio-pogonin) A · B · C · D, 점액질, 포도당, 과당, 사탕, 적은 양의 $\beta$-시토스테롤이 들어 있다.

오피오포고닌 A · B · C · D의 아글리콘은 모두 루스코게닌(ruscogenin)이고 결합당의 종류가 다르다.

**약 성** 맛은 달고 약간 쓰며 성질은 차고 폐경 · 심경 · 위경에 작용한다.

**효 능** 혈액을 보하고 폐열을 내리게 하며 심열을 내리게 하고 진액을 생겨나게 한다. 그리고 소변을 잘 나오게 한다.

맥문동뿌리는 강심 이뇨 작용, 약한 거담 · 진해작용, 영양작용 등을 나타내며 흰색포도상구균, 고초

**적 용** 폐음 부족으로 마른기침을 할 때, 만성 기관지염, 열이 나고 가슴이 답답할 때, 입안이 마르고 갈증이 날 때 등에 주로 쓰인다. 그리고 각혈, 토혈, 비출혈, 변비, 얼굴과 팔다리가 부을 때, 소변이 잘 나기지 않고 방울방울 떨어질 때에도 쓴다. 일반 허약자의 보약으로도 쓴다.

**처방** • 맥문동 5g, 석고 9g, 상엽 11g, 행인 3g, 인삼 3g, 비파엽 15g, 감초 4g, 흑지마 4g, 아교 3g을 섞은 청조구폐탕(淸燥救肺湯)은 폐의 진액 부족으로 인후두가 아프고 마른기침을 할 때 쓴다. 달여서 하루 2~3번에 나누어 복용한다.

• 맥문동 15g, 인삼 8g, 오미자 8g을 섞어 만든 생맥산(生脈散)은 기와 음이 부족하여 기운이 없고 숨이 차며 입안이 마르고 맥이 약할 때, 폐음이 부족하여 마른기침을 할 때 쓴다. 달여서 하루에 3번 나누어 복용한다.

**용 량** 하루 6~10.

**금 기** 설사할 때는 쓰지 않는다.

맥문동 말린 약재

# 옥죽(玉竹) 둥굴레, 위유

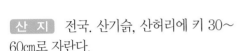

백합과 둥굴레속 여러해살이풀
둥굴레의 뿌리줄기를 말린 것
*Polygonatum odoratum var. pluriflorum* (Miq.) Ohwi

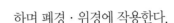

**산 지** 전국. 산기슭, 산허리에 키 30~60cm로 자란다.

**채 취** 봄 또는 가을에 뿌리줄기를 캐어 물에 씻고 줄기와 잔뿌리를 다듬어 증기에 쪄서 햇볕에 말린다.

**형 태** 원기둥 모양인데 불규칙하게 구부러졌고 길이는 5~15cm, 지름은 약 0.5~1cm이다. 마디 부근에는 줄기가 붙었던 자리가 오목하게 들어갔다. 겉은 연노란색이나 연한 갈색이고, 약간 투명하며 주름이 있고 잔뿌리를 다듬은 자리가 있다. 잘 마른 것은 질이 단단하나 습기를 먹으면 유연해진다. 단면은 각질 모양이다. 맛은 달고 점성이 있다.

굵고 길며 노란색이고 맛이 단 것이 좋은 것이다.

**성 분** 적은 양의 강심 배당체, 알칼로이드, 많은 양의 점액질 및 당분이 들어 있다.

강심 배당체로는 콘발라마린(convallamarin), 콘발라린(convallarin)이 들어 있다.

**약 성** 맛은 달고 성질은 평하며 폐경·위경에 작용한다.

**효 능** 음을 보하고 진액을 생겨나게 하며 기침을 멎게 한다.

약리실험에 의하면 강심작용과 혈당량을 내리게 하는 작용이 밝혀졌다. 그리고 영양작용도 나타낸다.

**적 용** 신체허약, 마른기침, 가슴이 답답하고 갈증이 날 때 등에 쓴다. 또한 당뇨병에도 쓴다.

**처방** • 옥죽·총백·길경·백미·두시·박하 각각 12g, 감초·대조 각각 4g을 섞은 **가미위유탕(加味葳蕤湯)**은 음허로 열이 나고 기침이 나며 인후두가 아프고 갈증이 날 때 쓴다. 달여서 하루에 3번 나누어 복용한다.

**용 량** 하루 6~12g.

**주 의** 기가 허할 때와 담습이 있을 때는 쓰지 않는다.

둥굴레

열매

# 흑지마(黑脂麻) 참깨, 호마, 호마인

참깨과 참깨속 한해살이풀
참깨(검은깨)의 익은 씨를 말린 것
*Sesamum indicum* L.

**산 지** 전국. 농가의 밭에서 작물로 재배하며 키 1m 정도 자란다.

**채 취** 가을에 씨가 여물 때 전초를 베어 말려 씨를 털고 잡질을 없앤다.

**형 태** 긴 달걀 모양이고 납작하다. 한쪽 끝은 둥글고 다른 끝은 뾰족하다. 겉은 윤기가 나고 빛깔이 검은 것과 흰 것이 있다. 기름을 많이 가지고 있다.

검은 것과 흰 것을 다 쓸 수 있으나 검은 것이 더 좋다.

**법 제** 약간 볶거나 술에 불린 다음 쪄서 햇볕에 말린다.

**성 분** 지방 54~60%, 단백질 약 21%, 레시틴(lecithin), 콜린 리그난(lignan) 화합물인 세사민(sesamin), 세사몰(sesamol), 세사몰린(sesamolin), 비타민

참깨 꽃

E·F·PP, 피토스테린(phytosterine) 등이 들어 있다.

지방은 올레산(oleic酸), 리놀레산(linolic酸), 팔미틴산, 스테린산, 아라킨산(arachic酸), 리그노체린산의 글리세리드(glyceride)다.

**약 성** 맛은 달고 성질은 평하며 간경·신경에 작용한다.

**효 능** 간과 신장을 보하고 정과 수(髓)도 보하며 힘줄과 뼈를 튼튼하게 한다.

실험에 의하면 참기름은 혈액 속의 혈소판을 많아지게 하므로 혈액을 빨리 응고시킨다. 이 밖에 약한 설사작용, 항염작용, 영양작용을 나타낸다.

**적 용** 몸이 허약하고 여윌 때, 눈이 잘 보이지 않을 때, 간신이 허하여 다리가 아플 때, 변비, 머리카락이 일찍 하얗게 세는 증상 등에 쓴다.

참기름은 혈소판 삼소성 자반병, 특발성 혈판 감소증, 출혈성 소인에 쓴다.

**처방** •흑지마·도인·행인·백자인·해송자 같은 양을 함께 섞어 가루내어 몸이 허약한 사람의 변비에 쓴다. 한 번에 8~10g씩 복용한다.
**용 량** 하루 10~30g.

# 구판(龜板) 귀판, 남생이 배딱지

거북목 늪거북과 파충류 동물
남생이의 배딱지(복갑)를 말린 것
*Chinemy reevesii*

**[산 지]** 전국. 물(담수)과 육지에서 서식하며 강원도 고성과 임진강 일대에 많다.

**[채 취]** 아무 때나 남생이를 잡아 배딱지를 떼어 살을 없애고 말린다.

**[형 태]** 타원형인데 길이는 7~13cm, 너비는 4~8cm이고 12개의 작은 인갑이 연결되었다. 바깥 면은 암갈색 또는 자갈색이고 윤기가 나며 안쪽 면은 회백색이거나 연황색이고 윤기가 없다.
질은 단단하고 냄새는 약간 비리다.
크고 완전하며 썩은 고기가 없고 깨끗한 것이 좋은 것이다.

**[법 제]** 식초에 담갔다가 구워서 쓴다. 또는 조개껍데기 가루와 함께 볶아 식초에 담갔다가 말려 쓴다.

**[성 분]** 교질·지방·칼슘염 등이 들어 있다.

**[약 성]** 맛은 짜고 달며 성질은 평하고 신경·심경·간경에 작용한다.

**[효 능]** 신음을 보하고 심도 보하며 뼈를 튼튼하게 한다. 그리고 굳은 것을 유연하게 하고 뭉친 것을 풀어주는 작용도 있다.

**[적 용]** 신허로 허리와 다리가 연약하고 맥이 없을 때, 갓난아이의 숫구멍이 막히지 않을 때, 골증열, 식은땀이 날 때, 인두나 후두가 아플 때, 어지럼증, 이명, 가슴두근거림, 유정, 자궁출혈, 징가, 학질, 치질 등에 쓴다. 허약자와 결핵 환자의 보약으로도 쓴다.

**[처방]**
• 구판 40, 황백 40, 지모 30, 숙지황 30, 육종용 20, 백작약 20, 호골 10, 당귀 20, 진피(陳皮) 10, 건강 5를 섞어 만든 호잠환(虎潛丸)은 신음이 허하여 허리와 다리가 약하고 맥이 없을 때와 골증열, 유정, 음위증 등에 쓴다. 한 번에 5~7g씩 하루 2~3번 복용한다.
• 구판 40, 숙지황 60, 황백 40, 지모 40을 섞어 만든 대보음환(大補陰丸)은 골증열이 있고 귀에서 소리가 나며 귀먹은 데 쓴다. 한 번에 6~8g씩 하루 3번 복용한다.

**[용 량]** 하루 10~25g.

남생이

● **구판교(龜板膠)**
남생이 배딱지로 만든 갖풀(구판교)은 음을 보하고 혈액을 보하며 출혈을 멈추게 하므로 주로 음허증·혈허증에 보약으로 쓴다.

# 별갑(鱉甲) 자라 등딱지

거북목 자라과 파충류 동물
자라의 등딱지(배갑)를 말린 것
*Trionyx sinensis*

**산 지** 전국. 하천·못·늪 등의 물속에서 서식한다.

**채 취** 필요할 때 자라를 잡아 등딱지를 떼내어 살을 떼어 버리고 햇볕에 말린다. 또는 자라의 목을 잘라 버리고 끓는 물속에 넣어 1~2시간 충분히 끓인 후 겉의 껍질이 잘 벗겨질 때 꺼내어 살을 긁어내고 햇볕에 말린다.

**형 태** 타원형이고 길이는 8~20㎝, 폭은 7~12㎝이며 바깥쪽은 두드러지고 안쪽 면은 오목하다. 등쪽 가운데에는 두드러진 줄이 있으며 안쪽 딱지에 붙어 있다. 등쪽 면의 빛깔은 노란색을 띤 회녹색이고 안쪽 면은 흰색이다.

**법 제** 약재를 식초에 담갔다가 불에 구워서 쓰거나 식초에 넣고 삶아서 쓴다. 또 조개 가루와 함께 볶아 식초에 담갔다가 말린다.

**성 분** 단백질의 콜라겐, 아이오딘(iodine), 비타민 D 등이 들어 있다.

**약 성** 맛은 짜고 성질은 평하며 간경에 작용한다.

**효 능** 음을 보하고 열을 내리게 하며 어혈을 흩어지게 한다. 간양을 내리게 하는 작용, 굳은 것을 유연하게 하고 뭉친 것을 풀어주는 작용도 있다.

**적 용** 음허로 오후에 열이 나고 잘 때 식은땀이 날 때, 소아경간, 무월경, 징가, 현벽, 간경변, 학질을 오래 앓아 비장이 커졌을 때, 몸이 여윌 때 등에 쓴다.

자라

**처방** • 별갑 12g, 산궁궁·당귀·적복령·적작약·반하·진피(陳皮)·청피 각각 4g, 생강 3g, 대조 2g, 오매 1g을 섞어 만든 **별갑궁귀산**(鱉甲芎歸散)은 몸이 허약하고 입맛이 없을 때 보약으로 쓴다. 하루 2첩을 달여 3번에 나누어 복용한다.

• 별갑, 시호, 지모, 당귀, 청호, 오매, 지골피 같은 양을 섞어 만든 **별갑산**(鱉甲散)은 오후에 미열이 날 때 쓴다. 한 번에 5~6g씩 하루 3번 복용한다.

**용 량** 하루 9~15g.

**금 기** 임산부에게 쓰지 않는다.

# 해삼(海蔘)

순수목 해삼과 극피동물
해삼(참해삼)을 말린 것
*Stichopus japonicus* Selenka

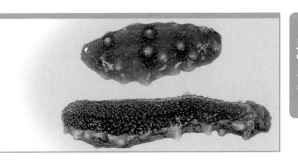

**산 지** 동·서·남해 바다 밑바닥에 널리 퍼져 서식한다.

**채 취** 해삼을 잡아 잡질을 제거하고 햇볕에 말린다.

**형 태** 벌레 모양 또는 실북 모양이고, 한쪽 끝에는 입이 있고 다른 쪽 끝에는 항문이 있다. 등에는 고깔 모양인 혹이 많다. 겉은 회색이고 맛은 짜다.

**성 분** 사포닌 성분인 홀로트린 A·B·C가 있다. 힘살 안에는 미오신(myosine) B가 있다. 이 밖에 해삼에는 단백질, 지방, 탄수화물, Ca, P, Fe, I 등이 들어 있다.

**약 성** 맛은 짜고 성질은 평(平)하며 정(精)과 수(髓)를 보하고 양기도 보한다.

**효 능** 해삼에 들어 있는 홀로트린 성분은 용혈작용, 항암작용, 억균작용을 나타낸다.

**적 용** 혈액을 많이 흘려 피가 부족한 데 쓴다. 그 효과는 당귀·백작약보다 빠른 것으로 보고 있다.

신음허증, 신체허약, 특히 몸이 약한 부인의 보약으로 좋다.

음위증, 변비, 궤양 등에도 쓴다.

**처방** 다른 보약을 섞어 쓸 수도 있으나 해삼 한 가지를 가루내어 혈액을 많이 흘려 피가 부족할 때 쓴다. 한 번에 7~10g씩 하루 3번 복용한다.

**용 량** 하루 20~30g.

**금 기** 설사, 이질 환자에게는 쓰지 않는다.

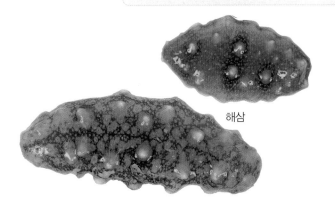

해삼

# 여정실(女貞實) 광나무 열매, 여정자

물푸레나무과 쥐똥나무속 갈잎떨기나무
광나무의 익은 열매를 말린 것
*Ligustrum japonicum* Thunb.

**산 지** 전남, 경남, 울릉도. 해안과 섬의 산록 낮은 곳에서 높이 3~5m 자란다.

**채 취** 가을에 익은 열매를 따서 햇볕에 말린다.

**형 태** 타원형이고 길이 5~10mm, 너비 3~4mm이며 주름이 있다. 열매껍질은 얇고 열매살은 약간 두꺼우면서 성글고 내과피(內果皮, 열매 속껍질)는 목질이다. 내과피 안쪽은 2개의 칸으로 갈라졌고 매 칸에 1개의 씨가 있다. 흔히 한쪽 칸의 씨는 발육되지 않았다. 냄새는 약하고 맛은 약간 시면서 떫다.

**성 분** 올레아놀산, 만니톨(mannitol), 포도당, 팔미틴산, 스테린산, 올레인산, 리놀렌산이 들어 있다.

열매껍질에는 올레아놀산, 아세틸(acetyl) 올레아놀산, 우르솔산(ursol酸)이

들어 있다.

씨에는 지방이 약 15% 들어 있다.

**약 성** 맛은 쓰고 달며 성질은 평하고 간경·신경에 작용한다.

**효 능** 간과 신의 음을 보하고 눈을 밝게 한다. 이 약의 물우림액은 항암작용을 나타내고 탕약은 억균작용을 나타낸다. 올레아놀산 성분은 간 보호작용, 강심 이뇨작용을 일정하게 나타내고 화학요법이나 방사선 치료를 한 후에 적어진 백혈구 수를 늘리는 작용을 나타낸다. 만니톨 성분은 약한 설사작용을 나타낸다.

**적 용** 간장, 신장의 음허로 인한 어지럼증, 시력저하, 허리와 무릎이 시큰거리고 약을 때, 이명, 머리카락이 일찍 하얗게 세는 증상에 쓴다. 신경쇠약, 시신경염, 중심성 망막염, 조기백내장 등에도 쓴다.

광나무 열매

**처방** • 여정실 15g, 한련초 20g, 상심자 12g을 섞고 가루내어 간신음허로 인한 어지럼증, 시력저하, 허리와 무릎이 시큰하고 약할 때, 이명, 머리카락이 일찍 하얗게 세는 증상 등에 쓴다. 한 번에 4~6g씩 하루 3번 복용한다.

**용 량** 하루 10~15g.

# 석곡(石斛)

난초과 석곡속 늘푸른여러해살이풀
석곡의 전초를 말린 것
*Dendrobium moniliforme* (L.) Sw.

• 다른 석곡속 식물의 전초도 대용으로 쓸 수 있다.

[산 지] 남부 지방. 산지의 바위나 고목에 붙어 자란다.

[채 취] 아무 때나 채취할 수 있으나 이른 봄과 이른 여름 및 가을철에 채취하는 것이 더 좋다. 석곡을 베어서 잎과 뿌리를 다듬어 찌거나 불에 쪼여서 연하게 한 다음 겉껍질을 벗겨 햇볕 또는 건조실에서 말린다.

[형 태] 식물에 따라 형태에서 차이가 좀 있으나 일반적으로 줄기는 원기둥 모양이며 길고 마디가 있으며 깊은 세로주름이 있다. 겉은 황금색 또는 연한 녹황색이고 윤기가 있다. 단면은 평탄하지 않고 황백색이다. 마디에는 막 모양의 잎집이 붙어 있다. 냄새는 없고 맛은 약간 쓰다.

줄기가 굵고 길며 질이 연하고 빛깔이 선명하며 뿌리와 잎집이 없는 것이 좋다.

[법 제] 말린 약재를 5~10mm의 길이로 잘라 그대로 쓰거나 술에 불려 증기에 쪄서 쓰기도 한다.

[성 분] 많은 양의 점액질과 알칼로이드인 덴드로빈(dendrobin)이 약 0.3% 들어 있다.

[약 성] 맛은 달고 성질은 평하며 위경·신경에 작용한다.

[효 능] 음을 보하고 열을 내리게 하며 진액을 생겨나게 한다. 주로 폐와 위의 음을 보한다.

약리실험에서 석곡 유동추출물은 장 활평근의 긴장성을 높이고 수축을 강하게 하나 그 농도가 너무 높으면 도리어 마비적으로 작용하며, 심장에 대해서는 억제적으로 작용하며, 대장균을 주사하여 열이 나는 토끼에게서 해열작용을 나타내지 못한다는 것이 밝혀졌다.

덴드로빈은 동물실험에서 혈당 과다증을 일으킨다는 것, 많은 양을 쓰면 심장과 호흡에 대하여 억제적으로 작용하고 혈압을 낮춘다는 것, 떼낸 자궁의 수축을 강하게 하고 미약한 해열작용과 진통작용을 한다는 것이 밝혀졌다.

[적 용] 열병 때 진액이 상하여 열이 나며 입안이 마르고 갈증이 날 때, 허열, 위열로 인하여 잇몸이 붓고 입안이 헐 때, 인후두통, 관절통, 입맛이 없을 때, 음위증 등에 쓴다.

[처방] • 석곡 10g, 원지 10g, 황기 1g, 맥문동 10g, 생지황 20g, 복령 10g, 현삼 8g, 감초 4g을 섞어 허열이 있고 가슴이 답답하며 갈증이 날 때 쓴다. 달여서 하루에 3번 나누어 복용한다.

[용 량] 하루 4~10g.

# 제2장 이기약(利氣藥)

# 이기

약(利氣藥)이란 기병(氣病)을 치료하는 약을 말한다.

한의서에서 말하는 기병에는 기허·기체·기울·기역 등 여러 가지가 있는데, 기허증을 치료하는 보기약은 이미 보약에서 취급하였다. 이 장에서는 취급하는 이기약은 주로 행기약(行氣藥)이다. 이기약 중에서 기를 잘 돌아가게 하는 효능을 나타내는 약을 행기약이라고 한다.

이기약은 대개 맛이 맵고 성질이 따뜻하며 주로 폐경·비경·위경·간경에 작용한다.

이기약은 일반적으로 기를 잘 돌아가게 한다. 비경·위경에 작용하는 이기약은 비위의 기를 잘 돌아가게 하고, 간경에 작용하는 이기약은 간의 기를 잘 돌아가게 하며, 폐경에 작용하는 이기약은 폐의 기를 잘 돌아가게 한다. 그리하여 이 장부경맥들의 기가 울체된 병증을 치료한다.

이기약은 기를 잘 돌아가게 하여 진통작용도 나타낸다. 일부 이기약은 지토작용, 숨찬 증세를 멈추는 작용, 입맛을 돋우는 작용, 건비작용 등을 나타내기도 한다.

이기약은 주로 다음과 같은 증세에 쓴다.
① 복부팽만, 입맛이 없고 소화가 잘 안 되며 메스껍거나 토할 때(비위기체).
② 옆구리가 결리고 아플 때, 산증, 월경불순(간기울결).
③ 기침이 나고 숨이 가쁠 때(폐기옹체).

이기약에는 대개 정유 성분이 들어 있고, 약리작용으로는 주로 방향성 건위작용, 진통작용을 나타낸다.

행기약은 사약(瀉藥)이므로 기허증에 쓰지 않는다. 청피·지실과 같이 작용이 강한 행기약(파기약)은 임산부에게 쓰지 않는다.

## 향부자(香附子) 사초근

사초과 방동사니속 여러해살이풀
약방동사니의 뿌리줄기를 말린 것
*Cyperus rotundus* L.

**산지** 전국. 바닷가 모래땅, 개울가, 들판에서 키 70㎝ 정도 자란다.

**채취** 가을에 뿌리줄기를 캐어 지상부를 잘라 버리고 햇볕에 여러 날 말린 다음 잔뿌리와 털을 불태워 버리고 계속 말린다. 다 마른 다음 나머지 털을 없앤다.

**형태** 실북 모양 또는 긴 달걀 모양인데 길이는 2~2.5㎝, 지름은 0.7~1㎝이다. 겉은 암갈색이고 마디가 있으며 자갈색의 털이 일부 남아 있는 것도 있다. 질은 단단하고 단면은 흰색이나 연한 갈색이다. 향기로운 냄새가 나고 맛은 약간 쓰다.

뿌리줄기가 크고 적갈색이며, 단단하고 깨진 면이 연한 갈색이나 황갈색이고 냄새가 강한 것이 좋은 것이다. 가볍고 단면이 흰 것은 좋지 않다.

**법제** 털을 없애고 깨뜨려서 그대로 쓰거나 다시 가공하여 쓴다. 다시 가공하는 방법은 약간 볶는 것, 검게 볶는 것, 소금물에 불려서 볶는 것, 식초에 불려서 볶는 것, 생강즙에 불려서 볶는 것, 술에 넣어 삶는 것, 생강즙에 넣어 삶는 것, 소금물에 넣어 삶는 것 등 여러 가지다.

이 약을 몸의 윗부분과 피부에 작용하게 하려면 그대로 쓰고, 기병에는 약간 볶아서 쓰며, 지혈약으로는 검게 볶고, 혈분이 마른 것을 눅이게 하거나 하초에는 소금물에 불려서 볶거나 소금물에 삶아서 쓴다.

그리고 어혈병을 치료할 때에는 술에 불려서 볶거나 술에 넣고 삶아서 쓰며, 담병을 치료할 때는 생강즙에 불려서 볶거나 생강즙에 넣고 삶아서 쓴다.

적취를 치료하려면 식초에 불리고 볶아서 쓴다.

[성 분] 정유가 0.3~1% 들어 있다. 정유의 주성분은 사이페린(cyperene), 사이페롤(cyperole), 이소사이페롤(isocyperole), 사이페로툰돈(cyperotundon) 등이다. 그리고 수게놀(sugeonol), 수게트리올(sugetriol), 사이페롤론(cyperolone), 코부손(kobuson), 이

방동사니

소코부손(isokobuson)이 있다. 이 밖에 타닌질, 쿠마린, 플라보노이드, 강심 배당체, 지방, 당, 녹말 등이 들어 있다.

[약 성] 맛은 달고 성질은 약간 차다. 주로 간경·삼초경에 작용하고 12경맥과 기경 8맥에 다 통한다.

[효 능] 기를 잘 돌아가게 하는데 특히 간기를 잘 통하게 하며 통증을 멈추고 월경을 고르게 한다. 건위작용도 한다.

향부자 유동추출물은 자궁 근육의 수축을 억제하며 자궁의 긴장도를 늦추어준다는 것과 진통작용을 나타낸다는 것이 실험적으로 밝혀졌다. 향부자 탕약은 창자의 긴장성을 늦추어준다.

[적 용] 간기울결로 옆구리가 결리고 아프며 복부팽만, 월경불순, 월경통 등에 널리 쓰인다. 그리고 이슬, 만성 자궁내막염, 비염증성 복통, 식욕부진과 소화불량, 식체, 위염, 부스럼 등에 쓴다.

[처방] 옛 한의서에 의하면 향부자에 인삼이나 백출을 섞으면 기를 보하며, 토목향을 섞으면 기체를 치료하는 비위의 기능을 정상으로 회복시키고, 또 자소나 총백을 섞으면 땀을 나게 하고, 삼릉이나 봉출을 섞으면 적(積)을 없애며, 애엽을 섞으면 기혈을 잘 돌아가게 하고 자궁을 덥게 하며, 복신을 섞으면 진정작용을 한다고 한다.

• 향부자·배초향·토목향·진피(陳皮)·육계·약용 효모 각각 100, 감초 170, 대황 50, 산사 550, 창출 225, 멘톨 4.7, 캄파 1, 사탕 적당량, 꿀 적당량, 술 적당량으로 만든 영신환(靈神丸)은 건위소화약으로 소화장애·식체 등에 널리 쓴다. 한 번에 3~5g(3~5알)씩 하루 3번 복용한다.

• 향부자 8g, 진피(陳皮) 8g, 창출 16g, 지실·배초향·후박·사인·생강 각각 6g, 토목향 4g, 감초 4g을 섞은 향사평위산(香砂平胃散)은 급성위염(식체)에 쓴다. 달여서 하루에 3번 나누어 복용한다.

[용 량] 하루 4~10g.

[금 기] 기혈이 부족할 때는 쓰지 않는다.

# 토목향(土木香) 청목향

국화과 여러해살이풀
토목향의 뿌리를 말린 것
*Inula helenium* L.

이
기
약
利
氣
藥

**산 지** 전국. 농가에서 약초로 재배하며 키 1~2m 자란다.

**채 취** 가을에 뿌리를 캐어 물에 씻고 줄기와 잔뿌리를 다듬어 굵은 것은 쪼개어 햇볕에 말린다.

**형 태** 원기둥 모양 또는 긴 고깔 모양이며 구부러졌고 길이는 10~20㎝, 지름은 1~3㎝이다. 겉은 회갈색이고 세로주름과 잔뿌리를 다듬은 자리가 있다. 질은 단단하며 단면은 미끈하지 않고 우윳빛이나 연한 황갈색을 띠고 있다. 냄새는 향기롭고 맛은 약간 쓰며 맵다.

굵고 크며 질이 단단하고 충실하며 향기가 강한 것이 좋은 것이다.

**법 제** 그대로 또는 젖은 종이에 싸서 구워서 쓴다. 행기약으로 쓸 때는 불로 처리하지 않으며 설사 · 이질에 쓸 때는 젖은 종이에 싸서 구워서 쓰는 것이 좋다.

**성 분** 정유가 0.4~0.8% 들어 있다. 정유에는 알란토락톤(alantolactone, 헬레닌)이 들어 있다. 이 밖에 사포닌, 이눌린, 매우 적은 양의 알칼로이드가 들어 있다.

**약 성** 맛은 맵고 쓰며 성질은 따뜻하고 위경 · 간경 · 폐경에 작용한다.

**효 능** 기를 잘 돌아가게 하고 통증을 멈추며, 비를 건전하게 하고 위의 기능을 정상으로 회복시키며, 간기(肝氣)를 잘 돌아가게 한다.

토목향과 향부자는 모두 기를 잘 돌아가게 하고 통증을 멎게 하는 작용을 하는데, 토목향은 주로 위기를 잘 통하게 작용하고, 향부자는 주로 간기를 잘 통하게 작용한다.

토목향의 성분인 알란토락톤(디옥시산토닌)은 산토닌과 구조가 비슷하며 산토닌과 비슷한 구충 작용을 나타낸다.

토목향에서 뽑은 알란토락톤은 결핵균을 비롯한 여러 병원성 미생물에 대하여 억균작용을 나타낸다.

토목향 우림약은 위장 운동을 억제하고 위장관의 분비도 억제하지만 위산의 분비는 늘린다.

**처방** 《의방류취》에서는 중추와 하초의 기체를 치료할 때 토목향에 빈랑을 섞으라고 하였다. 임상에서 뒤가 무지근한 증세를 치료할 때 토목향에 빈랑을 섞는다.

• 토목향, 선황련 같은 양으로 만든 향련환(香連丸)은 세균 적리(습열리)에 쓴다. 한 번에 5~6g씩 하루 3번 복용한다.

• 토목향 15g, 반하(법제한 것) 11g, 감초 · 초두구 각각 8g, 진피(陳皮) · 건강 · 시호 각각 5g, 당귀 · 지실 각각 3g, 홍화 0.8g, 생강 15g을 섞은 토목향화체탕(土木香化滯湯)은 입맛이 없고 소화가 잘 안 되며 가슴과 옆구리가 그득하고 명치 밑이 더부룩하고 아플 때 쓴다.

**용 량** 하루에 2~10g.

토목향은 담즙의 생성을 원활하게 하여 담즙 분비를 빠르게 하며 항염작용도 나타낸다.

토목향의 탕약은 거담작용도 나타낸다.

알란토락톤의 흰생쥐에 대한 최소 치사량은 7mg/10kg(피하 주사)이다.

**적 용** 간기가 울체되어 옆구리가 걸리고 복부팽만으로 아플 때, 비위기체로 입맛이 없고 소화가 안 되며 설사할 때, 이질로 뒤가 무지근할 때, 장결핵 등에 쓰며, 기관지염, 경련성 기침 등에도 쓴다. 피부 가려움증, 옴, 습진에 쓰기도 한다.

# 진피(陳皮) 굴껍질, 굴피

운향과 굴나무속 늘푸른중키나무
굴나무의 익은 열매의 껍질을 말린 것
*Citrus unshiu* Marcov.

**산 지** 제주도. 농가에서 과수로 재배하며 높이 3~5m 자란다.

**채 취** 익은 열매를 따서 껍질을 벗겨 햇볕에 말린다.

**형 태** 불규칙한 타원형이고 납작하며 두께는 2~4mm이다. 겉은 황갈색 또는 황갈색이고 오목오목 들어간 점이 많다. 안쪽 면은 흰색이나 황백색이고 해면 모양의 연한 조직으로 된 내과피가 말라붙어 있

다. 냄새는 향기롭고 맛은 처음에는 약간 달며 후에는 쓰고 맵다.

조각이 크고 빛깔이 선명하며 향기가 강한 것이 좋은 것이다.

**성 분** 정유, 0.3~0.4%, 비타민 C·P 등이 들어 있다. 정유의 주성분은 d-리모넨(limonene)이다.

**약 성** 맛은 쓰고 매우며 성질은 따뜻하다. 폐경·비경에 작용한다.

**효 능** 기를 잘 돌아가게 하는데, 주로 폐기와 비기를 잘 통하게 하고 가슴이 답답한 증세를 치료하며 습을 없애고 담을 삭인다.

옛날에는 굴껍질에서 안쪽 면의 흰 부분만을 긁어내어 그것을 굴백이라 하였고, 굴백을 제거한 나머지 부분을 굴홍이라 하여 따로 갈라쓰기도 하였는데, 굴백

굴나무 열매

105

은 주로 비위를 보하고 귤홍은 주로 담을 삭인다. 그리고 귤껍질을 오래 보관하면 조한 성질이 약해진다고 하였다. 현대에서는 귤백과 귤홍을 따로 쓰지 않으며 귤껍질을 오래 묵혀두지 않는다.

실험에 의하면 귤피의 탕약 및 알코올 추출액은 개구리 심장에 대하여 흥분작용을 나타내고 비교적 많은 양에서는 억제작용을 나타낸다. 개 및 토끼의 정맥에 주사하거나 위에 넣을 때 혈압이 빨리 올라간다. 그리고 위, 창자 및 자궁의 운동을 억제한다. 귤피는 위액 분비를 항진시켜 소화를 돕는다. 또한 개의 신장 혈관을 수축하여 소변량을 줄인다.

헤스페리딘은 모세혈관의 투과성을 낮추며 저항력을 높인다. 적용 비위의 기가 울체되어 입맛이 없고 소화가 안 되며 복부팽만으로 아프며 토하거나 설사할 때, 습담이 있어 가슴이 답답하고 기침이 나며 숨이 가쁠 때, 어지럼증, 가슴이 두근거릴 때 등에 쓴다.

임신오조에도 쓴다.

방향성 건위약으로 위염, 소화 불량 등에 쓰며 기침 가래약으로도 쓴다.

● 귤핵(橘核)
귤씨(귤핵)는 기를 잘 통하게 하고 통증을 멈추게 하는 효능이 있다.

귤나무 꽃

● 귤엽(橘葉)
귤나무잎(귤엽)은 기를 잘 통하게 하고 가래를 삭이며 부은 것을 가라앉히는 효능이 있다.

처방 이진탕(二陳湯)에 들어가는 진피(陳皮)는 담을 삭이는 작용을 하며 평위산(平胃散)에 들어가는 진피(陳皮)는 조습작용을 한다. 또 사군자탕(四君子湯)에 진피(陳皮)를 더 넣은 오미이공산(五味異功散)에서 진피(陳皮)는 비위의 기를 잘 통하게 하는 작용을 한다.

• 진피(陳皮) 8g, 반하 15g, 적복령 8g, 감초 4g, 생강 6g을 섞은 이진탕(二陳湯)은 담병을 치료하는 기본 처방으로서 가래가 있어 기침이 나고 가슴이 답답하며 메스껍거나 토하고 어지러우며 가슴이 두근거릴 때 쓴다. 달여서 하루에 3번 나누어 복용한다.

• 진피(陳皮) 5.3, 창출 7.5, 후박 3.8, 감초 2.3, 생강 3, 대조 2를 섞어 만든 평위산(平胃散)은 입맛이 없고 소화가 안 되며 복부팽만으로 메스껍고 토하며 또는 트림이 나고 신물이 올라오며 설사할 때, 급성 위염을 앓고 나서 입맛이 없을 때, 만성 위염 등에 쓴다. 한 번에 4~6g씩 하루 3번 식사 후에 복용한다.

• 산증, 급성 유선염에 귤핵을 하루 3~9g 쓴다.

• 해수, 화농성 유선염, 요통 등에 귤엽을 하루 6~15g 쓴다.

용량 하루 3~10g.

금기 진액이 부족할 때는 쓰지 않는다.

# 청피(靑皮) 선귤 껍질

운향과 귤나무속 늘푸른중키나무
귤나무의 덜 익은 열매의 껍질을 말린 것
*Citrus unshiu* Marcov.

**산 지** 제주도. 농가에서 과수로 재배하며 높이 3~5m 자란다.

**채 취** 선귤(덜 익은 귤열매)을 따서 청피를 벗겨 햇볕에 말린다. 선귤의 지름이 2~2.5cm 되는 것은 껍질을 벗기지 않고 선열매를 가로로 잘라 말리기도 한다.

**형 태** 네 개의 조각으로 깊이 갈라졌고 갈라진 조각은 안으로 말려 있으며 두께는 2mm 정도이다. 바깥 면은 흑녹색 혹은 청록색이며 오목하게 들어간 작은 점이 많다. 꼭지가 붙었던 자리가 오목하게 나타난다. 안쪽 면은 황백색이다. 냄새는 향기롭고 맛은 쓰고 맵다. 작은 열매는 가로로 잘라 말리는데, 가로로 잘라 말린 것은 지름이 약 2~2.5cm 되는 반구형이며, 바깥 면은 회색 혹은 흑녹색을 띠고 작은 혹 모양의 돌기가 있다. 단면을 보면 껍질의 두께는 1.5~2mm이며 그 안에는 속이 가득 차 있다.

껍질이 두껍고 단단하며 냄새가 강한 것이 좋은 것이다.

**법 제** 2~3mm의 너비로 썰거나 깨뜨려서 쓴다. 또는 밀기울과 함께 볶거나 식초에 불려 볶아서 쓴다.

**성 분** 정유가 들어 있다. 정유의 주성분은 리모넨이다.

**약 성** 맛은 맵고 쓰며 성질은 따뜻하고 간경·담경·삼초경에 작용한다.

**효 능** 간기를 잘 통하게 하고 뭉친 기를 흩어지게 하며 통증을 멈추게 하고 음식의 소화를 도우며 담을 삭인다.

청피는 진피(陳皮)보다 기를 돌아가게 하는 작용이 더 강하다. 그리고 진피(陳皮)는 주로 상초·중초에 작용하여 폐와 비의 기를 잘 통하게 하며, 청피는 중초·하초에 작용하여 주로 간기를 잘 통하게 하고 비위의 기도 잘 통하게 한다.

**적 용** 간기울결로 옆구리가 결리고 아플 때, 유옹, 식체(급성 위염), 산증, 적취, 학질 등에 쓴다. 간부종, 간경변, 비장의 부종 등에도 쓴다.

---

**처방** 청피와 진피(陳皮)를 섞어쓰는 경우가 많은데 이 두 가지 약을 섞으면 기를 돌아가게 하는 작용이 강해진다.

• 청피·진피(陳皮)·삼릉·봉출·길경·곽향·익지인·향부자·육계·감초 각각 8g, 생강 6g, 대조 4g을 섞은 **대칠기탕**(大七氣湯)은 복부팽만으로 아플 때, 적취에 쓴다. 달여서 하루에 3번 나누어 복용한다.

• 청피, 산사, 신곡, 맥아(麥芽, 보리길금)를 같은 양을 섞어 가루내어 소화불량, 복부팽만, 식체에 쓴다. 한 번에 4~5g씩 하루 3번 복용한다.

**용량** 하루에 3~10g.

**금 기** 임산부에게는 이 약을 쓰지 않는다.

# 지실(枳實) 선탱자

운향과 탱자나무속 갈잎떨기나무
탱자나무의 덜 익은 열매를 말린 것
*Poncirus trifoliata Raf.*

【산지】 중부 이남 지방. 민가에서 울타리용으로 재배하며 키 3m 정도 자란다.

【채취】 선열매(덜 익은 녹색 열매)를 따서 가로로 잘라 햇볕에 말린다.

【형태】 반구형으로서 지름은 1~2cm이다. 겉은 회녹색 또는 연두색이며 작은 돌기들이 많고 꼭지가 붙었던 자리가 있다. 단면은 황백색 또는 황갈색이고 흑자색을 띤 속이 있다. 껍질의 두께는 3~6mm이다. 냄새는 향기롭고 맛은 쓰고 약간 시다.

【법제】 그대로 또는 밀기울과 같이 볶아서 쓴다. 꿀물에 불려서 볶기도 한다.

【성분】 선탱자에는 정유가 0.2~0.4% 들어 있다. 그리고 플라보노이드 배당체가 들어 있다.

【약성】 맛은 쓰고 시며 성질은 차고 비경·위경에 작용한다.

【효능】 기가 뭉친 것을 흩어지게 하고 음식을 소화시키며, 속이 더부룩한 증세를 치료하고 가래를 삭이게 한다.

실험에 의하면 선탱자 및 탱자의 탕약은 실험동물의 자궁에 대하여 수축력을 강하게 하고 긴장성을 높이며 심지어 강직성 경련을 일으킨다.

탕약은 또한 위장의 꿈틀운동을 강하게 한다. 그리고 동물의 혈압을 높이고 강심, 이뇨작용을 나타낸다.

선탱자와 탱자는 탈과립 반응을 억제하여 항알레르기 작용도 나타낸다.

【적용】 주로 음식물에 체하여 속이 더부룩하고 아플 때 널리 쓰인다. 그리고 위염, 소화장애, 위확장증, 옆구리가 그득하고 아플 때, 복부팽만, 변비, 이질로 뒤가 무지근할 때 등에 쓰며 자궁하수, 위하수, 탈항 등에도 쓴다. 주사약을 만들어 쇼크에도 쓴다.

【처방】
• 지실 20g, 백출 40g을 섞어 만든 지출환(枳朮丸)은 음식이 소화되지 않고 명치가 더부룩하고 그득한 감이 있을 때 쓴다. 한 번에 5~7g씩 하루 3번 달여 복용한다.
• 지실 4g, 산궁궁 4g, 감초 2g를 섞어 만든 지궁산(枳芎散)은 간기가 뭉쳐 옆구리가 찌르는 듯이 아플 때 쓴다. 한 번에 8g씩 하루 3번 복용한다.

【용량】 하루 4~8g. 자궁하수 위하수, 탈항에는 하루 12~30g을 달여 복용한다.

【금기】 비위가 허할 때는 쓰지 않는다. 임산부 금기약이다.

탱자나무(덜 익은 열매)

# 지각(枳殼) 탱자

운향과 탱자나무속 갈잎떨기나무
탱자나무의 익은 열매의 껍질을 말린 것
*Poncirus trifoliata Raf.*

이
기
약
利
氣
藥

**산 지** 중부 이남 지방. 민가에서 울타리용으로 재배하며 키 3m 정도 자란다.

**채 취** 가을에 익기 시작하는 열매를 따서 가로로 잘라 햇볕에 말린다.

**형 태** 반구형인데 지름은 2~3.5㎝이고 겉은 노란색이며 작은 돌기가 있다. 질은 단단하다. 단면은 약간 도드라졌으며 열매껍질은 황백색이고 두께 2~3㎜이며 속은 6~8칸으로 갈라져 있다. 매 칸에 황백색의 긴 타원형 씨가 몇 개씩 들어 있다. 냄새는 향기롭고 맛은 쓰고 약간 시다.

열매가 크고 살이 두꺼우며 냄새가 강한 것이 좋은 것이다.

**법 제** 물에 불려서 속을 없애고 3~5㎜의 두께로 썰어 말려 밀기울과 함께 볶는다.

**성 분** 정유가 0.5% 들어 있다. 그리고 플라보노이드 배당체도 들어 있다.

**약 성** 맛은 쓰고 성질은 차며 폐경·비경·위경에 작용한다.

**효 능** 기를 잘 돌아가게 하고 가슴이 답답한 증세를 치료하며 담을 삭이고 음식의 소화를 돕는다. 수사를 내보내는 작용도 있다. 선탱자의 행기작용이 더 강하다. 선탱자는 주로 비위의 기를 잘 통하게 하고 탱자는 주로 폐기를 잘 통하게 한다.

**적 용** 담이 있어 가슴이 그득한 감이 있고 답답하며 기침이 날 때, 음식이 소화되지 않고 명치가 더부룩할 때, 옆구리가 결리고 아플 때 쓴다. 그 밖에 바람으로 피부가 가렵거나 마비되었을 때, 장출혈, 치질 등에도 쓴다.

탱자나무(익은 열매)

**처방**
• 지각 10g, 진피(陳皮) 12g, 생강 10g을 섞어 기체로 가슴이 그득하고 아플 때 쓴다. 달여서 하루에 3번 나누어 복용한다.

• 지각·길경·적복령·진피(陳皮)·상백피·대복피·반하곡(신곡)·소자·소엽 각각 8g, 초과·감초 각각 4g, 생강 6g, 대조 4g을 섞은 분기음(分氣飮)은 몸이 불어나고 숨이 기쁠 때 쓴다. 달여서 하루에 3번 나누어 복용한다.

**용 량** 하루 4~10g.

# 시체(柿蒂) 감 꼭지

감나무과 감나무속 갈잎큰키나무
감나무의 열매(감)에 붙어 있는 꽃받침을 말린 것
*Diospyros kaki* Thunb.

이
기
약
利
氣
藥

산 지  중부 이남 지방. 농가에서 과수로 재배하며 높이 15m 정도 자란다.

채 취  가을에 익은 감을 따서 꽃받침을 뜯어 햇볕에 말린다.

형 태  약간 네모난 원형이고 납작하며 지름은 1.5~2.5cm이다. 열매가 붙었던 곳은 불룩 나오고 연한 갈색이며 그 주위는 황갈색이고 잔털이 있다. 그 뒷면은 자갈색이고 가운데는 꼭지가 붙었던 자리가 오목하게 들어갔다. 냄새는 없고 맛은 떫다.

크고 황갈색이며 꼭지는 없고 부스러지지 않은 것이 좋은 것이다.

법 제  열매자루 끝이 남은 꼭지가 있으면 뜯어 버린다.

성 분  플라보노이드, 타닌, 유기산, 트리테르페노이드, 스테로이드, 당 등이 들어 있다.

약 성  맛은 쓰고 성질은 따뜻하며 위경에 작용한다.

효 능  기를 내리게 하고 딸꾹질을 멎게 한다. 시체도 강한 진정작용이 있어 딸꾹질을 멎게 한다. 그리고 지사작용도 있다.

적 용  딸꾹질할 때 쓴다.

● 시엽(柿葉)

감나무잎(시엽)에는 많은 양의 비타민 C와 비타민 B_1 · B_2 · P · k가 들어 있다.

5~8월경에 잎을 따서 85℃ 이상의 물에 15초 동안 담갔다가 식혀서 그늘에 말려 쓴다. 매일 감나무 잎 10~20매를 뜨거운 물에 우려 차를 만들어 먹으면 동맥경화증의 예방 치료에 좋으며 혈압도 내려 준다.

처방  • 시체 · 정향 · 인삼 · 백복령 · 진피(陳皮) · 고량강 · 반하 각각 19g, 감초 9g, 건강 4g을 섞어 만든 정향시체산(丁香柿蒂散)은 딸꾹질할 때 쓴다. 1회 6~8g씩 하루 3번 복용한다.

• 딸꾹질에 시체 4~10g을 달여 하루에 3번 나누어 복용한다.

• 고혈압, 동맥경화증에 감나무 잎 가루를 한 번에 3~4g씩 하루 3번 먹어도 좋다.

용 량  하루 4~10g.

감나무 열매

# 매괴화(玫瑰花) 해당화 꽃

장미과 장미속 갈잎떨기나무
해당화의 꽃을 말린 것
*Rosa rugosa* Thunberg

**[산 지]** 전국. 바닷가 모래땅과 산기슭에서 높이 1.5m 정도 자란다.

**[채 취]** 봄부터 이른 여름 사이에 꽃이 피기 직전의 꽃봉오리를 따서 그늘 또는 건조실에서 말린다.

**[형 태]** 반구형 또는 불규칙한 덩어리이고 지름은 약 1.5~2.4cm이다. 꽃받침은 5개인데 버들잎 모양이고 검푸른 녹색이며 꽃잎은 적자색인데 쭈그러졌다. 꽃잎을 젖혀 보면 그 속에 노란색을 띤 수술이 여러 개 있다. 아랫부분에는 둥근 꽃턱(화탁)이 있다.

질은 가볍고 잘 부스러진다. 냄새는 향기롭고 맛은 약간 쓰다.

꽃잎은 깨끗한 적자색이고 향기가 강한 것이 좋다.

**[성 분]** 정유가 들어 있다. 정유의 주성분은 오이게놀(eugenol), 게라니올(geraniol) 등이다. 이 밖에 케르세틴(quercetin), 고미질, 타닌질, 지방유, 유기산, 티아닌(thianin, 붉은 색소), 노란 색소, 밀 등이 들어 있다.

**[약 성]** 맛은 달고 약간 쓰며 성질은 따뜻하고 간경·비경에 작용한다.

**[효 능]** 간기를 잘 통하게 하고 기가 뭉친 것을 풀며 혈액순환을 좋게 한다.

해당화 꽃에는 타닌질이 들어 있으므로 수렴작용도 한다.

정유는 이담작용을 나타낸다.

**[적 용]** 요산통, 월경불순, 유옹, 타박상, 관절산통 등에 쓴다.

수렴약으로 급성 및 만성 적리, 눈안 점막 궤양 등에도 쓴다. 정유는 향료로 쓴다.

---

**처방**
• 매괴화 한 가지를 2~5g씩 달여서 간기가 뭉쳐 옆구리가 그득하고 아플 때와 유옹에 쓴다. 하루에 3번 나누어 복용한다.
• 매괴화 5g, 당귀 10g을 섞어 풍비에 쓴다. 달여서 하루에 3번 나누어 복용한다.
**[용 량]** 하루 2~5g.

해당화

# 후박(厚朴)

녹나무과 후박나무속 늘푸른큰키나무
후박나무의 줄기 또는 뿌리의 껍질을 말린 것
*Machilus thunbergii* S. et Z.

 **이기약 利氣藥**

**산 지** 남부 지방·울릉도. 바닷가 및 산기슭에서 높이 20m 정도 자란다.

**채 취** 봄에 20년 이상 자란 나무의 껍질을 벗겨 바람이 잘 통하는 그늘에서 말린다. 또는 벗긴 껍질을 끓는 물에 잠시 담갔다가 건져내어 햇볕에 말린 다음 이것을 증기에 쪄서 연하게 하여 원통형으로 말아서 햇볕에 말린다.

**형 태** 원통 모양으로 말렸으며 길이 30~45cm, 두께 3~9mm이다. 겉은 거칠고 회갈색이며 어떤 것은 겉껍질을 완전히 깎아 버렸기 때문에 군데군데 적갈색의 무늬가 있다. 안쪽 면은 적갈색이고 세로줄이 있다. 질은 단단하다. 단면은 섬유 모양이고 갈색이다. 냄새는 향기롭다.

껍질이 두껍고 치밀하며 기름기가 많고 냄새와 맛이 강하다. 절단 면에 반짝이는 작은 점이 많고, 씹을 때 찌꺼기가 적은 것이 좋은 것이다.

**법 제** 2~3mm의 두께로 썰어 생강즙에 삶아서 쓴다. 또한 생강즙에 담갔다가 볶아서 쓴다. 《동의보감》에 의하면 후박을 생강즙으로 법제하는 것은 후박의 자극성을 약하게 하기 위한 것이다.

**성 분** 마그놀롤(magnolol), 테트라히드로마그놀롤(tetrahydromagnolol), 이소마그놀롤(isomagnolol), 알칼로이드인 마그노쿠라린(magno-curarine)이 있다.

**약 성** 맛은 맵고 쓰며 성질은 따뜻하고 비경·위경에 작용한다.

**효 능** 기를 잘 통하게 하여 복부팽만을 치료할 뿐만 아니라 비와 위를 따뜻하게

후박나무

하며 습을 없애고 담을 삭여준다.

적리균, 대장균을 비롯한 일련의 미생물에 대해 억균작용을 나타내며 비교적 약한 이뇨작용도 나타낸다.

동물실험에서 떼낸 동물의 장을 적은 용량에서는 흥분시키고 많은 용량에서는 억제한다.

**적 용** 비위에 한습이 있어 기가 막혀 복부팽만, 음식이 잘 소화되지 않을 때, 구토설사, 위장염, 복통, 위경련, 기침이 나고 숨이 가쁠

때, 기관지염, 기관지천식 등에 쓴다.

후박은 주로 기체로 일어나는 복부팽만에 쓴다.

**처방** 후박에 선황련을 섞으면 이슬을 치료하고, 행인를 섞으면 기침이 나고 숨이 가쁜 증세를 치료하며, 백복령을 섞으면 소변이 흐린 증세를 치료해 준다.

• 후박 3.8, 창출 7.5, 진피(陳皮) 5.3, 감초 2.3, 생강 3, 대조 2를 섞어 만든 평위산(平胃散)은 입맛이 없고 소화가 안 되며 복부팽만과 메스껍고 토하며 또는 트림이 나고 신물이 올라오며 설사할 때, 급성위염을 앓고 나서 입맛이 없을 때, 만성 위염 등에 쓴다. 한 번에 6~8g씩 하루 3번 복용한다. 이 처방에서 후박은 비위를 따뜻하게 해주고 기를 잘 통하게 하며 습을 없애준다.

• 후박 12g, 건강 15g, 진피(陳皮) 12g, 적복령 6g, 초두구 6g, 생강 6g, 토목향 4g, 감초 4g, 대조 4g을 섞어 만든 후박온중탕(厚朴溫中湯)은 위가 차서 명치가 더부룩하고 아플 때 쓴다. 달여서 하루에 3번 나누어 복용한다. 후박에 건강을 섞으면 효능이 강해진다고 한다.

• 후박 6g, 대황 15g, 지각 6g으로 만든 소승기탕(小承氣湯)은 양명부종으로 뱃속이 더부룩하고 그득한 감이 있으며 배가 아프고 대변이 막혔을 때 쓴다. 하루 2첩을 달여 3번에 복용한다.

**용 량** 하루 4~10g.

**금 기** 임산부에게는 주의해서 써야 한다. 택사·초석·한수석과 배합금기이다(상오).

# 오약(烏藥)

녹나무과 늘푸른떨기나무
오약나무(천태오약)의 뿌리를 말린 것
*Lindera strychnifolia* (S. et Z.) F. Vill.

**산 지** 중국 남부 지방에서 자란다.

**채 취** 봄에 뿌리를 캐어 잔뿌리를 다듬고 물에 씻어 햇볕에 말린다.

**형 태** 대개 실북 모양인데 양끝은 약간 뾰족하고 가운데 부분은 굵다. 동물의 창자처럼 잘룩잘룩하게 생긴 것도 있다. 길이는 10~15cm, 겉은 황갈색이나 갈색이고 잔뿌리를 다듬은 자리가 도드라져 있고 잔세로주름과 가로틈이 있다. 질은 단단하다. 가로단면은 연한 갈색이고 방사상 무

니가 있다.

구슬을 이어 꿴 모양이고 질이 여리며 가루가 많고 단면이 연한 갈색인 것이 좋은 것이다.

이기약
利氣藥

성 분   린데란(linderan), 린데렌(linderene), 린데롤(linderol), 린데르산(linder酸) 등이 들어 있다.

약 성   맛은 맵고 성질은 따뜻하며, 위경·신경에 작용한다.

효 능   기를 잘 돌아가게 하고 위를 따뜻하게 해주며 한사를 없애고 통증을 멈춘다. 오약 탕약은 떼낸 토끼 창자의 긴장성을 늦추어 준

다는 것이 동물실험에서 밝혀졌다.

적 용   기체로 명치와 배가 불어나며 아플 때, 방광이 허하여 생기는 빈뇨, 산증, 비위가 허하여 음식이 소화되지 않아서 생기는 복부팽만, 구토설사, 월경복통 등에 쓴다.

현대의학에서는 방향성 건위약 및 진통약으로 위장 경련에 쓴다.

처 방   • 오약·마황·진피(陳皮) 각각 12g, 산궁궁·백지·백강잠·지각·길경 각각 8g, 생강 6g, 감초 2g, 건강 4g, 대조 4g으로 만든 **오약순기산**(烏藥順氣散)은 중풍(뇌출혈)후유증, 신경쇠약, 관절염 등에 쓴다. 달여서 하루에 3번 나누어 복용한다.
• 오약 10g, 익지인 10g, 산약을 조금 섞어 만든 **축천환**(縮泉丸)은 방광이 허하여 생기는 빈뇨에 쓴다. 한 번에 6~8g씩 하루 3번 복용한다.

용 량   하루 6~10g.

# 사인(砂仁) 축사인, 공사인

생강과 여러해살이풀
양춘사의 익은 씨를 말린 것
*Amomum villosum* Lour.

산 지   동남아시아에서 자란다.

채 취   익은 열매를 따서 햇볕 또는 건조실에서 말린다.

형 태   열매는 타원형 또는 달걀 모양인데 세 개의 모가 났으며 길이는 1.5~2cm이고 지름은 1.2~1.4cm이다. 겉은 갈색이고 가시 모양의 돌기가 많다. 한쪽 끝에는 꼭지가 붙었던 자리가 있고 다른 쪽 끝에는 작은 돌기가 있다. 열매껍질은 질이 단단하다. 열매껍질을 벗기면 그 안에 씨가 뭉

쳐 덩어리를 이루고 있다.

씨의 덩어리는 구형 또는 타원형이고 세 개의 모가 났으며 세 칸으로 나누어져 있다. 매 칸에는 6~15개의 씨가 있다. 씨는 불규칙한 다면체이고 지름은 약 2mm 정도다. 겉은 암갈색이고 가는 주름이 있다. 깨뜨려 보면 속은 회백색이고 가름기가 있다. 냄새는 향기롭고 맛은 맵고 약간 쓰다.

개체가 크고 충실하며 단단하고 냄새와 맛이 강한 것이 좋은 것이다.

법제 그대로 깨뜨려서 쓰거나 살짝 볶아서 쓴다.

성분 정유가 0.9~1.2% 들어 있다. 정유의 주성분은 테르펜(terpene), d-캄퍼(camphor), 보르네올, 보르닐(bornyl) 초산에스테르, 리날롤(linalol), 네롤리돌(nerolidol) 등이다.

약성 맛은 맵고 성질은 따뜻하며, 비경·위경·폐경·대장경·소장경·신경·방광경에 작용한다.

효능 기를 잘 돌게 하고 통증을 멈추며 비와 위를 따뜻하게 해주고 보한다. 음식의 소화를 돕고 태아를 안정시킨다.

실험에서 사인 탕약은 떼낸 토끼 창자의 긴장성을 늦춰준다는 것이 밝혀졌다.

적용 기체 또는 식체로 명치와 배가 불어나며 아플 때, 구토, 설사, 이질, 태동불안 등에 쓴다. 특히 입맛이 없거나 소화불량에 널리 쓰인다.

처방 사인을 토목향의 보조약으로 섞어 쓰는 경우가 많다.
• 사인·진피(陳皮)·반하·백복령·지실·산사·신곡·향부자·삼릉·봉출·건강 각각 4g을 섞은 내소산(內消散)은 음식에 체하여 뱃속이 더부룩하고 복부팽만이 있을 때 쓴다.
• 사인·창출·후박·진피(陳皮)·백복령·백두구 각각 6g, 백출 8g, 인삼·토목향·감초 각각 4g, 생강 6g, 대조 4g으로 만든 향사양위탕(香砂養胃湯)은 위가 허한하여 입맛이 없고 위가 더부룩하며 답답할 때 쓴다. 달여서 하루에 3번 나누어 복용한다.
• 사인 6g, 생강 12g을 섞어 위가 허한하고 기가 상역(上逆)하여 생기는 임산부의 구토, 태동불안 등에 쓴다. 달여서 하루에 3번 나누어 복용한다.

용량 하루 2~6g.

금기 음이 허하고 열이 날 때는 쓰지 않는다.

# 백두구(白豆蔲) 백구인

생강과 여러해살이풀
백두구의 익은 열매를 말린 것
*Amomum cadamomum* Linné

산지 동남아시아 원산. 주로 중국에서 수입한다.

채취 가을에 노란색으로 익은 열매를 따서 햇볕에 말린다.

형태 구형이고 둔한 세 개의 모가 났으며 지름은 1~1.5cm이다. 겉은 연한 황백색이나 연한 흑황색이고 세로무늬가 있다. 껍질은 벗기면 20~30개의 씨가 뭉쳐 있는데 흰색의 막에 의하여 세 개의 칸으로 나뉘어 있고 매 칸에는 7~10개의 씨가 있다. 씨는 모가 나고 지름은 3~4mm이다. 씨의 겉은 암갈색 또는 회갈색이고 질은 단단하며 단면은 하얗고 가루 모양이다. 냄새는 향기롭고 맛을 보면 약간 쓰고 매우며 시원하다.

열매가 굵고 충실하며 냄새와 맛이 강한

것이 좋은 것이다.

**법제** 열매의 껍질을 벗겨내고 갈아서 쓴다.

**성분** 씨에 정유가 약 2.4% 들어 있다. 정유의 주성분은 d-보르네올과 d-캠퍼이다.

**약성** 맛은 맵고 성질은 따뜻하며 폐경·비경·위경·소장경에 작용한다.

**효능** 기를 잘 통하게 하고 비와 위를 따뜻하게 하며, 구토를 멈추고 음식의 소화작용을 돕는다. 또 술독을 해독하고 예막을 없앤다.

백두구는 방향성 건위약으로서 위액 분비를 항진시키고 장의 꿈틀운동을 강하게 하며 장내 이상 발효를 억제하고 가스 배설을 촉진시킨다.

**적용** 기체로 헛배가 부르며 아플 때, 비위가 허한하여 소화가 잘 안 되고 배가 아프며 트림이 나고 메스껍거나 토할 때 등에 널리 쓴다. 딸꾹질·예막·술독 등에도 쓴다.

**처방** • 백두구·곽향·반하·진피(陳皮)·생강 각각 8g을 섞어 만든 **백두구탕(白荳蔲湯)**은 구토에 쓴다. 달여서 하루에 3번 나누어 복용한다.
**용량** 하루 2~4g.
**금기** 위에 열이 있어 토할 때는 쓰지 않는다.

# 침향(沈香)

팥꽃나무과 늘푸른큰키나무
침향의 수지가 스며든 나무 조각
*Aquilaria agallocha*

• 백목향의 수지는 약효가 비슷하여 대용 약재로 쓸 수 있다.

**산지** 남부 지방. 약재로 농가의 밭에서 재배한다.

**채취** 줄기 또는 뿌리를 채취하여 수지가 스며들지 않은 부분은 깎아서 제거하고 수지가 스며든 부분만 남겨 바람이 잘 통하는 그늘에서 말린다.

**형태** 불규칙한 덩어리 또는 막대기 모양 혹은 판자 모양이고 크기는 일정하지 않다. 겉은 갈색 또는 흑갈색이다. 질은 단단하고 무거우며 물에 넣으면 가라앉는다고 하여 침향이라 하였다. 질이 나쁜 것은 물에 가라앉지 않는다. 단면은 회갈색이다. 특이한 향기가 있고 불에 태우면 향기로운 냄새가 더욱 강하게 난다.

빛깔이 검고 질이 무겁고 단단하며 물에 넣으면 가라앉고 향기가 강하고 정유가 많은 것이 좋은 것이다.

**법제** 잘게 쪼개어 3~5mm의 두께로 썰거나 가루를 낸다.

**성분** 정유가 약 1.3% 들어 있다. 정유의 주성분은 벤질아세톤(benzylacetone), p-메톡시벤질아세톤(methoxyben-zylacetone)이다. 이 밖에도 고급 테르펜 알코올(terpene alcohol)과 계피산이 들어 있다.

약 성 맛은 맵고 쓰며 성질은 따뜻하고 비경·위경·신경에 작용한다.

효 능 기를 내리게 하고 위를 따뜻하게 하며 통증을 멎게 하고 양기를 보한다.

적 용 기체로 헛배가 부르고 아플 때 (한증), 신허로 숨이 가쁠 때, 기관지천식,

비위가 허한하여 토하거나 딸꾹질할 때, 신양이 허하여 허리와 무릎이 시릴 때 등에 쓴다.

처방 •침향 3g, 자소 10g, 백두구 4g, 시체 10g을 섞어 오랫동안 딸꾹질할 때 쓴다. 달여서 하루에 3번 나누어 복용한다.
용 량 하루 1~3g.

# 여지핵(荔枝核) 예지핵

무환자나무과 늘푸른큰키나무
여지나무의 익은 씨를 말린 것
*Litchi chinensis*

산 지 중국 남부 지방 원산, 과수로 재배한다.

채 취 6~7월에 익은 열매를 채취하여 가종피를 벗겨내고 씨를 빼내어 햇볕에 말린다.

형 태 긴 달걀 모양 또는 둥근 달걀 모양이고 약간 납작하다. 길이는 1.5~2.2㎝, 너비는 1~1.5㎝이다. 표면은 적갈색이나 자갈색이고 매끈하며 윤기가 나고 주름진 무늬가 있다. 한쪽 끝에는 황갈색의 둥근 배꼽이 있는데 그 지름은 약 7㎜이다. 질은 단단하다. 씨껍질을 벗기면 속에는 적갈색이 도는 노란색의 싹잎이 두 쪽 있다. 냄새는 거의 없고 맛은 떫다.
크고 통통한 것이 좋은 것이다.

성 분 사포닌, 타닌, 글라이신 등이 밝혀졌다.

약 성 맛은 달고 떫으며 성질은 따뜻하고 간경·신경에 작용한다.

효 능 기를 잘 돌아가게 하고 진액을 생기게 하며, 비위를 돕고 한사를 없애며 통증을 멈추어 준다. 갈증을 멎게 하고 안색을 좋게 한다.

적 용 산증, 부인에게서 기혈이 막혀 아랫배가 찌르는 듯한 통증, 위완통 등에 쓴다. 임파선염, 혹, 부스럼이 발적한 증상, 소아의 두창(頭瘡)을 치료할 때 쓴다.

처방 •여지핵 15g, 향부자 3g을 가루내어 기혈이 막혀 아랫배가 아플 때 쓴다. 한 번에 4~6g씩 하루 3번 복용한다.
용 량 하루 6~12g.

# 제3장 이혈약(利血藥)

이혈약
利血藥

# 이혈

약(利血藥)이란 여러 가지 혈증을 치료하는 한약을 말한다.

이혈약은 행혈약(行血藥), 지혈약(止血藥), 보혈약(補血藥), 양혈약(凉血藥) 등으로 나눈다. 보혈약은 이미 제1장 보약에서 취급하였고, 양혈약은 제4장 청열약에서 취급하므로 이 장에서는 행혈약과 지혈약만 설명한다.

# 제1절 행혈약(行血藥)

# 혈액

순환을 좋게 하고 어혈을 없애는 한약을 행혈약 또는 활혈약(活血藥)이라고 한다.

행혈약은 대개 맛이 맵고 성질이 따뜻하며 간경·비경·심경에 작용하여 혈액순환을 좋게 하고 어혈을 없애므로 어혈과 관련된 월경불순, 무월경, 월경통, 징가, 부스럼, 타박상, 비증 등에 쓴다.

행혈약을 임상에 쓸 때는 흔히 행기약을 섞는다. 그것은 기가 잘 돌아야 혈액도 잘 돌아간다고 보기 때문이다.

행혈약은 일반적으로 월경과다 및 혈허증에 쓰지 않는다. 그리고 임산부에게도 쓰지 않는 것을 원칙으로 한다. 특히 행혈작용이 강한 파혈약(破血藥)은 유산을 일으킬 수 있기 때문에 임산부에게는 절대로 쓰지 말아야 한다.

실험에서 적지 않은 행혈약들은 관상혈관을 확장시키고 관상혈관의 혈액순환을 좋게 하는 작용, 말초혈관의 혈액순환을 좋게 하는 작용, 혈전 형성을 막고 이미 생긴 혈전 용해작용, 소염작용 등을 한다.

# 산궁궁 (山芎窮) 천궁

산형과 바디나물속 여러해살이풀
궁궁이의 뿌리줄기를 말린 것
*Angelica polymorpha* Max.

**산 지** 전국. 농가에서 약재로 재배하며 키 1~1.5m 자란다.

**채 취** 가을에 뿌리줄기를 캐어 물에 씻고 줄기와 잔뿌리를 다듬은 다음 햇볕에 말린다. 또는 증기에 찌거나 끓는 물에 담갔다가 건져 내어 말린다.

**형 태** 울퉁불퉁한 덩어리이고 길이는 3~10cm, 지름은 2~5cm이다. 겉은 암황갈색이고 불규칙한 혹과 주름이 있으며 뿌리를 다듬은 자리가 있다. 단면은 우윳빛이고 각질 모양이며 질은 단단하다. 특이한 향기가 있으며 맛은 처음에 약간 달고 후에는 쓰다. 크고 질이 단단하고 무거우며 겉이 어두운 황갈색인 것이 좋다.

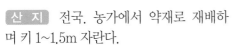

궁궁이

대뇌에 대하여 억제작용을 나타낸다. 많은 양을 먹으면 대뇌와 뇌간에 대한 마비작용이 강하게 나타나며 혈관운동 중추, 호흡 중추, 척수 반사 중추 등에 대해서도 마비작용을 나타낸다. 또한 혈압이 낮아지고 열이 내려가며 숨가쁨, 운동마비 등이 오고 허탈 상태에 빠지게 되며 심장에 대해서도 마비작용을 나타낸다.

산궁궁의 액체추출물과 정유 성분은 억균작용을 나타낸다.

**적 용** 풍한두통, 무월경, 월경불순, 월경통, 산후복통, 간기가 뭉친 요산통, 힘줄이 켕길 때, 부스럼 등에 쓴다.

그 밖에 진정·진경약으로 위통, 어지럼증, 경련, 고혈압 등에도 쓴다.

**법 제** 쌀뜨물에 담가 정유를 일부 빼버리고 쓴다. 이렇게 하지 않고 쓰면 두통, 어지럼증 등의 부작용이 나타날 수 있다.

**성 분** 정유가 0.5~0.8% 들어 있다. 정유의 주성분은 크니디움락톤(cnidi-umlacton)인데 이 약의 특이한 향기의 원인이다. 쿠마린 성분도 들어 있다.

**약 성** 맛은 맵고 성질은 따뜻하며 심포락·간·담·삼초경에 작용한다.

**효 능** 혈액순환을 좋게 하고 월경을 고르게 하며 풍을 없애고 통증을 멎게 한다.

산궁궁 탕약은 동물실험에서 진정작용, 혈압 강하작용, 자궁수축작용을 나타낸다.

이 약의 정유를 국소에 바르면 자극작용을 나타내고 적은 양을 먹으면 연수에 있는 혈관운동 중추, 호흡 중추, 척수 반사 중추에 대하여 흥분작용을 나타내며

**처방** 산궁궁을 두통에 널리 쓰는데 머리와 앞부분이 아프면 백지를, 윗부분과 뒷부분이 아프면 강활을, 옆부분이 아프면 시호를 섞어 쓴다.

• 산궁궁·세신·천남성·진피(陳皮)·적복령 각각 8g, 반하 16g, 지각 4g, 감초 4g, 생강 14g을 섞은 궁신도담탕(芎辛導痰湯)은 담궐두통에 쓴다. 달여서 하루에 3번 나누어 복용한다.

• 산궁궁 18g, 당귀 18g을 섞어 만든 궁귀탕(芎歸湯)은 산전·산후의 어혈병과 어지럼증에 쓴다. 달여서 하루 3번 나누어 복용한다.

• 산궁궁, 오약 같은 양을 섞어 만든 궁오산(芎烏散)은 산후 두통에 쓴다. 한 번에 8g씩 하루 2~3번 복용한다.

• 산궁궁·숙지황·백작약·당귀 각각 10g을 섞은 사물탕(四物湯; 부인 보약)은 혈허증, 월경불순, 월경통 등에 쓴다. 달여서 하루에 3번 나누어 복용한다.

• 산궁궁 19, 박하 75, 형개수 38, 강활·백지·감초 각각 19, 방풍 9, 세신 9를 섞은 천궁다조산(川芎茶調散)은 풍한감기로 머리가 아플 때 쓴다. 한 번에 7~8g씩 하루 3번 복용한다.

**용 량** 하루 4~10g.

**금 기** 임산부에게는 쓰지 않는다.

# 홍화(紅花) 홍람화

국화과 잇꽃속 두해살이풀
잇꽃의 꽃을 말린 것
*Carthamus tinctorius* L.

**산 지** 전국. 농가에서 약재로 재배하며 키 1m 정도 자란다.

**채 취** 이른 여름 노란 꽃이 피어 빨간색으로 변할 때 꽃을 뜯어 바람이 잘 통하는 그늘에서 또는 건조실에서 말린다.

**형 태** 붉은색이나 적갈색의 가늘고 긴 관 모양의 꽃으로 길이는 약 1.5cm이며 끝은 다섯 조각으로 갈라졌고 갈라진 조각은 버들잎 모양이며 길이는 5~7mm이다. 수술은 5개인데 합해져서 관 모양을 이루고 있으며 가운데에 암술이 있고 주두는 밖으로 드러났다. 냄새는 향기롭고 맛은 약간 쓰다. 씹으면 침이 노랗게 물든다.

꽃색이 선명한 붉은색이나 황적색이고 혼입물이 없으며 향기가 있는 것이 좋은 것이다.

잇꽃

**성 분** 사플라워겔부(safflowergelbu; 노란 색소), 카르타민(carthamin; 붉은 색소), 이소카르타민(isocarthamin) 등이 들어 있는데 이것들은 모두 포도당과 결합하여 배당체를 이루고 있다. 이 밖에 밀, 수지, 지방 등이 있다.

**약 성** 맛은 맵고 성질은 따뜻하며 간경·심경에 작용한다.

**효 능** 혈액순환을 좋게 하고 어혈을 없애며 월경을 통하게 하고 태를 떨어뜨린다. 적은 양을 쓰면 혈액을 보한다.

약리실험에 의하면 홍화 탕약은 동물의 자궁을 흥분시키는데, 적은 양에서는 긴장성을 높이고 율동적인 수축을 일으키며, 많은 양에서는 역시 긴장성과 흥분성을 높이면서 심지어 경련을 일으키는 정도에까지 이른다. 새끼 밴 자궁에 대하여 수축작용이 더욱 예민하다. 그리고 심장에 대하여 적은 양에서는 약간 흥분시키고 많은 양에서는 억제한다.

또한 혈압을 내리게 하고 창자에 대해서는 흥분적으로 작용한다.

홍화의 물우림액은 관상혈관을 넓혀준다.

**적 용** 월경불순, 무월경, 월경통, 산후복통, 징가, 난산, 산후 현기증, 타박상, 부스럼 등에 쓴다.

● 홍화자(紅花子)

홍화자(잇꽃 씨) 한 가지를 탕약(홍화자탕)으로 두진에 썼다.

그리고 홍화자에 지방이 20~30% 들어 있고 총 지방산의 75% 정도는 리놀산(linol酸)이므로 동맥경화 치료약(콜레스테린 저하약)을 만드는 원료로 홍화자를 쓴다.

홍화자

처방 홍화는 한의학 임상에서 어혈병을 치료할 때 널리 쓰이는데, 도인을 섞어 쓰면 어혈을 없애는 효능이 강해진다.
• 홍화 12g, 행인 12g, 현호색 8g을 섞어 만든 홍화탕(紅花湯)은 무월경일 때, 복통에 쓴다.
• 홍화 3~6g, 산궁궁 10g, 당귀 10g을 섞어 달여 어혈복통에 쓴다. 하루에 3번 나누어 복용한다.
• 어혈복통에는 홍화 3~6g을 술에 달여 쓴다. 하루에 3번 나누어 복용한다.
용 량 하루 3~6g.
금 기 자궁 수축작용이 있으므로 임산부에게는 쓰지 말아야 한다.

# 익모초(益母草) 충위, 곤초

꿀풀과 익모초속 두해살이풀
익모초의 전초를 말린 것
*Leonurus japonicus* Houtt.

산 지 전국. 산과 들에서 키 1m 정도 자란다.

채 취 초여름에 꽃이 피기 전에 지상부의 윗부분을 베어 바람이 잘 통하는 그늘에서 말린다.

형 태 줄기는 네모났다. 잎은 깃 모양으로 깊이 갈라지고 쭈그러졌으며 잎자루가 길다. 빛깔은 녹색을 띤 노란색이다. 잎에는 털이 많다. 특이한 냄새가 약간 난다.

줄기가 가늘고 여리며, 잎이 많고 연두색이며 잘 마른 것이 좋은 것이다.

성 분 알칼로이드인 스타키드린(stachydrine, 0.17%), 레오누린(leonurine, 0.059%), 레오누리닌(leonurinine) 등이 들어 있다. 이 밖에 타닌(2.16%), 루틴(rutin, 0.17%), 사포닌, 당, 정유 등이 들어 있다. 알칼로이드는 꽃이 피기 전에 더 많이 들어 있다.

약 성 맛은 맵고 쓰며 성질은 약간 차고 간경·심포락경에 작용한다.

효 능 혈액순환을 좋게 하고 어혈을 없애며, 월경을 고르게 하고 소변을 잘 나오게 하며 해독작용을 한다.

실험에 의하면 익모초의 물 및 알코올추출물은 중추신경 계통에 대해 진정작용을 나타내며, 심장 박동을 느리게 하고 심장 수축을 강하게 하며 혈압을 내리게 한다.

익모초의 탕약, 알코올추출액은 자궁의

익모초

긴장도를 높이고 수축을 강하게 한다. 익
모초 잎의 자궁 수축작용이 가장 강
하다.

익모초에서 뽑은 레오누린은 자궁
의 긴장도를 높이고 수축을 강하게
하며, 중추신경 계통을 흥분시키는
데, 특히 호흡중추를 흥분시키는 작
용이 강하다. 또, 장 활평근을 이완

시키고 꿈틀운동을 억제한다. 혈압을 내리
게 하며 강심작용과 이뇨작용도 나타낸다.
용혈작용이 있으나 치료량을 먹었을 때는
용혈 증세가 나타나지 않는다.

스타키드린도 자궁 수축작용이 있는데
레오누린보다 그 작용이 더 강하다.

익모초의 에테르 추출액은 자궁에 대하
여 억제적으로 작용하고 혈압을 높인다.

적 용 월경불순, 산후복통, 월경과다,
자궁출혈, 이슬, 자궁내막염, 정창, 유옹,
부종, 혈압병, 동맥경화, 심근염, 심장신경
증 등에 쓴다. 임부가 해산할 때 진통을 빠
르게 할 목적으로도 쓴다.

익모초는 특히 부인과 질병에 널리 쓴다.

처방 • 익모초 300g, 당귀 38g, 백작약 75g, 토목향
75g을 섞어 만든 익모환(益母丸)은 월경불순, 징
가 등에 쓴다. 한 번에 6g씩 하루에 2~3번 복용한다.
• 익모초 한 가지를 월경불순, 월경통, 산후복통 등에
쓸 수 있다. 고제, 탕약 등으로 만들어 쓴다. 탕약으로는
하루 6~18g을 달여 3번에 나누어 복용한다.
용량 하루 6~18g.
금기 임산부에게는 쓰지 말아야 한다.

# 충위자(茺蔚子) 익모초 씨

꿀풀과 익모초속 두해살이풀
익모초의 씨를 말린 것
*Leonurus japonicus* Houtt.

산지 전국. 산과 들에서 키 1m 정도
자란다.
채취 가을에 씨가 완전히 익은 다음
전초를 베어 씨를 털고 잡질을 없애고 햇

볕에 말린다.
형태 3개의 모가 나고 길이는 2~3㎜,
지름은 약 1㎜이다. 한쪽 끝은 폭이 좀 넓
고 밑은 미끈하며 다른 끝은 약간 뾰족하

다. 겉은 회갈색이고 진한 갈색 반점이 있다. 가로 단면은 둔한 삼각형이고 안은 흰색이다. 맛은 쓰고 냄새는 없다.

**법제** 깨뜨려서 그대로 쓰거나 살짝 볶아서 쓴다. 또는 증기에 찌고 햇볕에 말린 후 깨뜨려서 쓴다.

**성분** 레오누린, 적은 양의 스타키드린(stachydrine), 콜린, 지방 등이 들어 있다.

**약성** 맛은 맵고 달고 약간 차며 간경·심포락경에 작용한다.

**효능** 혈액순환을 좋게 하고 월경을 고르게 하며 눈을 밝게 하고 정을 보한다.

익모초와 익모초 씨(충위자)는 모두 혈액순환을 좋게 하고 월경을 고르게 한다. 이 두 가지의 약의 약효에서의 차이점

을 보면, 익모초는 소변을 잘 나오게 하고 해독작용을 하며, 충위자는 정을 보하고 눈을 밝게 한다.

탕약은 자궁 수축작용을 나타낸다.

레오누린은 진정·혈압 강하·강심·이뇨·자궁 수축작용을 나타낸다.

**적용** 월경불순, 산후어혈복통, 혈체로 오는 눈병, 간열로 눈이 충혈되고 아플 때, 예막 등에 쓰며, 고혈압에도 쓴다.

> **처방** • 충위자·택사·구기자·청상자·석결명(전복)·차전자 각각 9, 지각·생지황·맥문동·선황련 각각 8, 세신 2를 섞어 가루내어 눈이 보이지 않을 때, 예막 등에 쓴다. 한 번에 6~8g씩 하루 3번 복용한다.
> • 충위자를 5~10g씩 달여 하루 3번에 나누어 먹기도 한다.
> **용량** 하루 3~10g.
> **금기** 간혈이 부족하여 동공이 커졌을 때에는 쓰지 않는다.

# 현호색(玄胡索) 연호색, 연호, 원호

양귀비과 갯괴불주머니속 여러해살이풀 현호색의 덩이줄기를 말린 것

*Corydalis remota* Fisch. ex Maxim.

• 들현호색, 점현호색 등 현호색류의 덩이줄기를 대용약재로 쓸 수 있다.

**산지** 전국. 산지 숲속의 그늘진 습지에서 키 20~30cm로 자란다.

**채취** 봄에 덩이줄기를 캐어 줄기와 잔뿌리를 다듬고 물에 씻어 햇볕에 말린다. 증기에 찌거나 끓는 물에 넣어 익혀서 말리기도 한다.

**형태** 구형 또는 다각형인데 지름은 0.5~1.5cm이다. 겉은 황갈색이나 노란색

이고 매끈하며, 줄기가 붙었던 자리는 오목하게 들어가 있다. 질은 단단하다. 깨진 면은 가루 모양이고 연황색이며, 쪄서 말린 것은 각질 모양이다.

개체가 크고 겉이 노란색이나 황갈색이며 잡질이 없는 것이 좋은 것이다.

**법제** 그대로 또는 식초에 넣고 끓여서 쓴다. 식초에 넣고 끓이면 알칼로이드의 용해도가 높아져 진통작용이 강해진다.

**성분** 코리달린(corydaline), 프로토핀

(protopine), 카나딘(canadin) 등을 비롯한 각종 알칼로이드가 들어 있다.

**약 성** 맛은 맵고 성질은 따뜻하며 간·심포락·폐·비경에 작용한다.

**효 능** 혈액순환을 좋게 하고 어혈을 없애며, 기를 잘 돌아가게 하고 통증을 멈추게 하며 월경을 고르게 한다.

현호색

이 약의 약리작용은 진정 작용, 진통작용, 진경작용이다. 진통작용은 알코올추출물, 가루약, 식초산 유동추출물이 제일 강하다.

현호색의 진통작용의 세기는 모르핀보다 약하지만 이 작용이 지속적으로 나타나는 것이 특징이다.

현호색은 위장 활평근에 대한 진경작용, 중추성 지토작용을 나타낸다.

코리달린은 말초혈관을 확장하여 혈압을 내리게 하고 심장 활동을 억제한다.

**적 용** 월경불순, 산후어지럼증. 월경통, 기혈이 막혀 명치가 아플 때, 복통, 관절통, 신경통, 기타 통증, 타박상으로 어혈이 생겼을 때 등에 쓴다.

> **처방** 현호색 한 가지 또는 다른 약을 섞은 현호색산(玄胡素散)은 명치와 복통에 쓴다.
> • 명치와 복통에 현호색 한 가지를 가루내어 쓰는 경우에는 한 번에 2~3g씩 복용한다.
> • 현호색·삼릉·봉출·후박 각각 8g, 당귀 10g, 백작약 10g, 토목향 6g을 섞어서 무월경이나 복통에 하루 3번에 나누어 복용한다.
> **용 량** 하루3~9g.

들현호색

갈퀴현호색

점현호색

# 도인(桃仁) 복숭아 씨

장미과 벚나무속 갈잎중키나무
복숭아나무의 씨알을 말린 것
*Prunus persica* (L.) Batsch

**산 지** 전국. 과수로 재배하며 높이 3~6m 자란다.

**채 취** 익은 복숭아의 씨를 모아 햇볕에 말린다.

**형 태** 납작한 달걀 모양인데 길이는 1~1.5cm, 너비는 6~10mm, 두께는 3mm 정도이다. 겉은 적갈색이고 세로주름이 있으며, 끝은 뾰족하고 가장자리는 모가 났다. 껍질을 벗기면 속은 하얗고 기름기가 있다. 냄새는 특이하고 맛은 약간 쓰다.

깨지거나 벌레먹은 것이 없고 충실하며 기름에 찌든 냄새가 나지 않고 단면이 흰색이나 우윳빛인 것이 좋은 것이다.

**법 제** 약재의 10배 양에 해당하는 끓는 물에 5분 정도 담갔다가 건져 내어 껍질을 벗겨내고 쓴다.

**성 분** 니트릴(nitrile) 배당체인 아미그달린(amygdalin)과 이것의 분해효소인 에멀신(emulsin), 지방, 정유가 들어 있다.

아미그달린은 에멀신의 작용에 의하여 벤즈알데히드(benzaldehyde), 두 분자의 포도당, 청산으로 분해된다.

**약 성** 맛은 쓰고 달며 성질은 평하고 간경·심포락경에 작용한다.

**효 능** 혈액순환을 좋게 하고 어혈을 흩어지게 한다. 또, 약한 설사를 일으킨다.

도인의 알코올 추출액은 혈액응고를 억제하며 약한 용혈작용을 나타낸다.

그리고 도인을 복용하면 소화기 안에서 아미그달린이 분해되어 HCN(시안화수소

복숭아나무 열매

화합물)을 만든다. HCN은 기침중추를 진정시켜 기침을 멈추게 한다.

약 성 무월경, 축혈증, 산후복통, 변비에 쓴다. 그 밖에 타박상, 부스럼, 장옹 등에도 쓴다.

아미그달린이 들어 있으므로 기침에도 쓸 수 있다.

처방 • 도인 20개, 대황 22g, 망초 15g, 계피 15g, 감초 8g을 섞은 도인승기탕(桃仁承氣湯)은 하초에 축혈이 있어 아랫배가 그득하고 대변이 검으며 헛소리를 하고 가슴이 답답하며 갈증이 날 때 쓴다. 달여서 하루에 3번 나누어 복용한다.

• 도인 · 계지 · 적작약 · 건지황 각각 10g, 감초 · 생강 · 대조 각각 5g을 섞어 월경이 없어지고 배꼽 주위가 차고 아프며 맥이 약할 때(한입혈실) 쓴다. 달여서 하루 3번에 나누어 복용한다.

• 도인 · 행인 · 백자인 · 해송자 · 진피(陳皮) 각각 9g, 욱리인 8g을 섞어 만든 오인환(五仁丸)은 노인들과 산후 및 허약한 사람들의 변비에 쓴다. 한 번에 10g씩 하루에 1~3번에 복용한다.

용 량 하루 6~10g.

금 기 임산부에게는 쓰지 않는다.

# 패장(敗醬) 마타리

마타리과 마타리속 여러해살이풀
마타리의 뿌리와 뿌리줄기를 말린 것
*Patrinia scabiosaefolia* Fisch. ex Trevir.

산 지 전국. 낮은 산지의 양지 쪽에서 키 60~150cm로 자란다.

채 취 가을에 뿌리줄기와 뿌리를 캐어 줄기를 잘라 버리고 물에 깨끗이 씻어 햇볕에 말린다.

형 태 지름 약 0.5cm, 길이 약 10cm 정도 되는 원기둥 모양의 뿌리줄기에서 지름 2~3mm, 길이 약 5cm 되는 뿌리가 여러 개 뻗어 있다. 겉은 회갈색이나 흑갈색이고 매끈하지 않다. 질은 단단하고 잘 꺾어진다. 단면은 섬유 모양이고 연한 회갈색이다. 냄새는 뜬 메주 냄새와 비슷하며 맛을 보면 쓴맛이 나고 시원하다.

회갈색이고 냄새와 맛이 강한 것이 좋은 것이다.

성 분 정유와 사포닌인

마타리

파트리닌(patrinene), 파트리네노시드 (patrinenoside) C·D·C₁·D₁, 스카비오시드(scabioside) A·B·C·D·E·F·G가 있다. 그리고 올레아놀산, 헤데라게닌(hederagenin), 타닌 및 적은 양의 알칼로이드가 들어 있다.

**[약 성]** 맛은 쓰고 짜며 성질은 약간 차고, 신경·심포락경에 작용한다.

**[효 능]** 혈액순환을 좋게 하고 어혈을 없애주며, 고름을 빼내고 열을 내리게 하며 해독작용을 한다.

패장은 쥐오줌풀과 비슷한 진정작용을 나타낸다는 것이 밝혀졌다.

패장의 진정 효과는 쥐오줌풀(바구니나물)보다 더 좋다. 패장은 억균작용, 소염작용도 나타낸다.

패장의 사포닌 성분인 파트리닌은 국소 자극작용 및 용혈작용을 나타낸다.

**[적 용]** 장옹, 헌데, 단독, 옴, 버짐, 눈의 충혈, 산후어혈복통에 쓴다. 진정작용이 있으므로 진정약으로도 쓸 수 있다.

> **[처방]** • 패장 12g, 의이인 18g, 부자 4g으로 만든 패장산(敗醬散)은 장옹에 쓴다. 달여서 하루에 3번 나누어 복용한다.
> **[용 량]** 하루 4~10g.
> **[금 기]** 임산부에게는 쓰지 않는다.

# 울금 (鬱金)

생강과 여러해살이풀
울금의 덩이뿌리를 말린 것
*Curcuma longa* Linné

**[산 지]** 전국. 관상용과 약초로 농가에서 재배한다.

**[채 취]** 가을에 덩이뿌리를 캐어 잔뿌리를 다듬고 물에 씻어 삶거나 증기에 쪄서 햇볕 또는 건조실에서 말린다.

**[형 태]** 실북 모양인데 길이 3~6cm, 지름 1~2cm이다. 겉은 회황색 또는 회갈색인데 그물 모양의 잔주름이 있다. 질은 단단하다. 가로 단면은 회색이고 각질이며 윤기가 있고 선황색의 고리 무늬가 있다. 특이한 향기가 있으며 맛은 맵고 쓰다. 크고 주름이 작으며 질이 굳은 것이 좋다.

**[성 분]** 쿠르쿠민(curcumin, 황색 색소), 투르메론(turmeron), 정유가 들어 있다. 그 밖에 녹말, 옥살산(oxalic酸)칼슘, 지방 등이 들어 있다.

**[약 성]** 맛은 맵고 쓰며 성질은 차고 심경·폐경·간경에 작용한다.

**[효 능]** 혈액을 잘 통하게 하고 어혈을 없앤다. 또한 기를 잘 돌아가게 하고 심열을 내리게 하며 혈액의 열을 없애고 출혈을 멈춘다. 그리고 새살이 돋아나게 한다.

실험에서 이담작용, 담낭 수축작용을 나타내며 간장의 해독 기능을 강하게 하고 나빠진 간장 기능의 회복을 빠르게 하며 소변 속의 우로빌린량을 적어지게 한다. 또, 중

울금

또한 강한 억균작용과 담석을 녹이는 작용도 있다.

**적용** 기혈이 막혀 가슴과 복통, 옆구리 통증, 월경불순, 월경통, 혈뇨, 혈림, 비출혈, 황달, 아급성 및 만성 간염, 급성 및 만성 담석증, 만성 담낭염, 담도염 등에 쓴다. 소화장애, 위통 등에 건위진통약으로 쓴다.

추신경 계통에 흥분적으로 작용한다. 위액 분비를 빠르게 하고 약한 진통작용도 나타낸다.

물우림약은 일련의 피부사상균에 대하여 억균작용을 나타낸다. 쿠르쿠민 성분은 이담작용과 강한 억균작용을 나타낸다.

정유에 들어 있는 P−토릴메릴카르비놀과 투르메론은 실험에서 담즙의 분비를 빠르게 하고 간장에서 담즙산 합성을 돕는다는 것이 밝혀졌다. 정유는

**처방** • 울금 · 시호 · 당귀 · 백작약 · 향부자 · 목단피 · 치자 · 황금 · 백개자 각각 10g을 달여 무월경과 복통에 쓴다. 하루 3번에 나누어 복용한다.
• 울금 · 인진호 · 치자 각각 10g을 섞어 달여 황달에 쓴다. 하루 3번에 나누어 복용한다.
• 울금 5g, 반하 8g, 인진호 4g, 백모근 4g, 적전근 3g, 생강 2g을 섞은 울금탕(鬱金湯)은 간염에 쓴다. 달여서 하루 3번에 나누어 복용한다.
• 울금을 가루내어 간염에 쓴다. 1회 1∼2g씩 하루 3번 먹는다.
**용량** 하루 4∼10g.
**금기** 임산부에게 쓰지 않는다. 정향과 섞어 쓰면 안 된다(상반).

# 강황(薑黃)

생강과 여러해살이풀
강황의 뿌리줄기를 말린 것
*Curcumae longae* Rhizoma

**산지** 중부 지방. 농가의 밭에서 약재로 재배한다.
**채취** 가을에 뿌리줄기를 캐어 줄기와 잔뿌리를 다듬고 물에 씻은 다음 삶거나 증기로 쪄서 말린다.
**형태** 원기둥 모양, 달걀 모양 또는 실북 모양인데 약간 납작하고 구부러졌으며 두 끝은 약간 뾰족하다. 마치 생강과 비슷

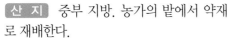

하지만 가지가 적다. 길이
는 2.5~6cm, 지름은 1~2
cm이다. 겉은 노란색이지만
황갈색이고 주름이 있으며
고리 모양의 마디와 잔뿌리
를 다듬은 자리가 있다. 질
은 무겁고 단단하다.

단면은 노란색이지만 황갈
색이고 각질 모양이며 윤기
가 있다. 가로 단면에는 갈
색의 고리 무늬가 있다. 냄새가 약간 향기

채취한 강황 뿌리줄기

롭고 맛은 쓰고 매우며 입에 넣고 씹으면
침이 노랗게 물든다.

개체가 크고 질이 단단하고 충실하며 단
면이 황갈색인 것이 좋은 것이다.

※울금의 뿌리를 캘 때 약 5mm의 두께를
썰어 말렸으므로 판 모양이고 껍질은 회황
색이며 쭈그러졌고 마디가 있다. 단면은
황백색 혹은 회황색이고 고리 무늬가 있
다. 냄새는 향기롭고 맛은 쓰고 시원하다.

【성 분】 쿠르쿠민(curcumin), 정유 등이
들어 있다. 정유의 주성분은 투르메론
(turmeron), 진저베렌(zingiberene) 등이
있다.

이 밖에 녹말, 소량의 지방
이 들어 있다.

【약 성】 맛은 맵고 쓰며 성
질은 따뜻하고 비경·간경에
작용한다.

【효 능】 혈액순환을 좋게 하
고 어혈을 없앤다. 또한 기를
잘 돌아가게 하고 통증을 멈
추며 월경을 통하게 한다. 실
험에 의하면 강황 탕약과 우
림약은 이담작용을 나타냈다.
이담작용은 비교적 약한 편이

지만 지속적으로 나타나는 것이 특징이다.
그리고 간의 해독 기능을 강하게 하고 자
궁을 수축시킨다.

강황의 탕약은 진통작용도 나타낸다.

쿠르쿠민 성분은 담낭을 수축시켜 배담
작용을 하며 투르메론은 담즙 분비를 빠르
게 하고 간에서 담즙산의 합성을 돕는다.

이 약과 이 약에서 뽑은 쿠르쿠민의 나트
륨염은 억균작용을 나타낸다.

【적 용】 무월경, 기혈이 막혀 가슴과 배
가 불어나며 아플 때, 징가, 팔이 쑤실 때,
부스럼, 타박상 등에 쓴다. 또한 간염, 담
석증, 위통 등에도 쓴다.

【처방】 • 강황 한 가지를 가루내어 한 번에 1~2g씩 하루 3번
먹기도 한다.
• 강황 15g, 당귀·해동피·백출·적작약 각각 8g, 강황 4g, 감
초 4g, 생강 6g을 섞어 만든 서경탕(舒經湯)은 팔이 쑤시고 팔
을 잘 들지 못할 때 쓴다. 달여서 하루에 3번 나누어 복용한다.
• 강황·당귀·백작약·황기·방풍·강활 각각 6g, 생강·대
조·감초 각각 2g을 섞은 견비탕(蠲痺湯)은 온몸의 근육통, 팔
다리의 관절통, 관절류머티즘, 신경통 등에 쓴다. 달여서 하루에
3번 나누어 복용한다.
【용 량】 하루 4~10g.
【금 기】 임산부에게는 쓰지 않는다.

# 삼릉(三稜) 형삼릉

흑삼릉과 흑삼릉속 여러해살이풀
흑삼릉의 덩이줄기를 말린 것
*Sparganium stoloniferum* Hamilton.

• 애기흑삼릉, 매자기의 덩이줄기를 대용 약재로 쓸 수 있다.

[산 지] 중부 이남 지방. 연못가나 개천 도랑에서 키 70~100cm 자란다.

[채 취] 흑삼릉의 덩이줄기는 가을에 캐어 줄기와 수염뿌리를 다듬고 물에 깨끗이 씻은 다음 칼로 껍질을 깎아 버리고 햇볕에 말린다.

매자기의 덩이줄기는 가을 또는 봄에 캐어 줄기와 잔뿌리를 다듬고 물에 씻어 햇볕에 말린다.

[형 태] • 흑삼릉의 덩이줄기(형삼릉) – 고깔 모양 또는 계란형이며 윗부분은 둥글고 아랫부분은 뾰족하다. 길이는 1.5~5cm, 지름은 1.5~3cm이다. 겉은 회백색 또는 황백색이고 칼로 껍질을 깎아버린 자리와 수

염뿌리가 붙었던 자리가 있다.

질이 단단하고 무거우며 겉은 회백색이나 황백색인 것이 좋은 것이다.

• 매자기의 덩이줄기(흑삼릉) – 둥글거나 고깔 모양이고 길이는 2~5cm, 지름은 1~2cm이다. 겉에는 흑갈색의 껍질이 있고 잔뿌리가 붙었던 자리는 오목하게 들어갔다. 윗부분에는 줄기가 붙었던 자리가 있다. 질은 단단하고 가벼우며 잘 부스러지지 않는다. 단면은 회백색이고 냄새는 없으며 맛은 약간 달다.

굵고 크며 질이 단단하고 가벼우며 상하지 않은 것이 좋은 것이다.

[법 제] 그대로 또는 식초에 넣어 삶아서 쓰기도 한다. 식초로 법제하면 적취(積聚)를 없애고 진통작용이 강해진다.

[성 분] 트리테르펜(triterpene), 정유, 전분이 들어 있다.

[약 성] 맛은 맵고 쓰며 성질은 평하고 간경에 작용한다.

[효 능] 혈액순환을 좋게 하고 어혈을 없애며 기를 돌아가게 하고 적취(積聚)를 없애며 통증을 멈추고 월경을 통하게 한다. 태를 떨어뜨리는 작용도 한다.

흑삼릉(꽃)

이혈약
利血藥

이 약은 혈액을 돌아가게 하는 작용이 매우 강하고(파혈작용) 기도 돌아가게 하는 특징을 가지고 있다.

적용 무월경, 산후 어지럼증, 산후 복통, 징가, 적취, 간종, 비종, 타박상, 젖이 나오지 않을 때 등에 쓴다.

처방 삼릉을 봉출과 섞어 쓰는 경우가 많다.
• 삼릉 12g, 청피·반하·맥아·봉출 각각 8g을 섞어 만든 삼릉전(三稜煎)은 부인의 식체 및 징가에 쓴다. 달여서 하루에 3번 나누어 복용한다.
용량 하루 4~10g.
금기 임산부에게와 월경의 양이 너무 많을 때에는 쓰지 않는다.

# 택란(澤蘭)

꿀풀과 쉽싸리속 여러해살이풀
쉽싸리의 전초를 말린 것
*Lycopus lucidus* Turcz.

이혈약 利血藥

산지 전국. 산과 들의 습한 곳과 연못이나 물가 근처에서 키 1m 정도 자란다.

채취 여름철 꽃이 피는 시기에 전초를 베어 햇볕에 말린다.

형태 길이는 30~40cm이다. 줄기는 네모나고 지름은 2~5mm이며 겉은 회갈색이고 마디가 있으며 마디 사이의 길이는 2~6cm이다. 줄기는 잘 부스러지며 단면은 황백색이고 섬유성이다.

잎은 마주붙고 잎꼭지는 짧으며 긴 버들잎 모양인데 쭈그러져 있고 가장자리는 톱날 모양이다. 빛깔은 연두색이고 잘 부스러진다. 잎겨드랑이에 작은 꽃이 붙어 있다.

성분 타닌, 정유, 배당체, 사포닌, 당, 유기산 및 수지가 들어 있다.

약성 맛은 쓰고 달고 매우며 성

쉽싸리

질은 약간 따뜻하고 삼초경·비경·간경에 작용한다.

효능 혈액순환을 좋게 하고 어혈을 없애며 월경을 통하게 하고 소변을 잘 나오게 한다. 강심작용, 진통작용, 지혈작용도 나타낸다.

적용 어혈로 인한 산후복통, 무월경, 월경불순, 부종, 산후부종, 상처, 타박상,

부스럼 등에 쓴다. 특히 산후부종과 산후복통에 좋다. 간염과 간경변에도 쓴다.

처방
• 택란 15g, 당귀·적작약·감초 각각 8g을 섞은 택란탕(澤蘭湯)은 무월경에 쓴다. 달여서 하루에 3번 나누어 복용한다.
• 택란 10g, 목방기 10g을 섞어 산후부종에 쓴다. 달여서 하루에 3번 나누어 복용한다.

용량 하루 4~10g.

# 우슬(牛膝)

비름과 쇠무릎속 여러해살이풀
쇠무릎의 뿌리를 말린 것
*Achyranthes japonica* (Miq.) Nakai

산지 전국. 산지의 숲속이나 들에서 키 50~100㎝로 자란다.

채취 가을에 뿌리를 캐어 줄기를 자르고 흙을 깨끗이 씻은 다음 햇볕에 말린다.

형태 뿌리 윗부분에 줄기가 붙었던 자리가 있고 뿌리는 많이 갈라져서 말 꼬리 모양이며 길이 20~40㎝, 지름 0.3~0.5

쇠무릎

㎝ 정도이다. 겉은 황백색이지만 회황색이다. 단면은 각질 모양이고 회백색이나 황갈색이다. 질은 단단하나 잘 부러진다.

냄새는 미약하고 맛은 약간 달며 점액성이다.

굵고 길며 겉이 황백색인 것이 좋다.

법제 뿌리꼭지를 잘라 버리고 그대로 쓰거나 또는 술에 불려서 쪄서 쓴다.

성분 트리테르페노이드 사포닌, 아키란틴(achyrantine, 알칼로이드), 많은 양의 점액질, 피토스테린, 베타인, 과당, 포도당, 칼륨염 등이 들어 있다.

약성 맛은 쓰고 시며 성질은 평하고 간경·신경에 작용한다.

효능 혈액순환을 좋게 하고 어혈을 없애며 월경을 통하게 하

쇠무릎

고 관절의 운동을 순조롭게 하며 태를 떨
군다. 이뇨작용도 한다. 찐 것은 간과 신을
보한다.

약리실험에 의하여 다음과 같은 약리작
용이 밝혀졌다.

우슬의 물 또는 알코올추출액은 자궁 수
축작용을 나타낸다.

알코올추출물은 토끼 및 고양이 자궁에
대하여 긴장성을 높이고 율동성 수축을 강
하게 하는데 그 작용은 30분~1시간 지속
된다. 특히 임신 말기 자궁 및 산욕기 자궁
에 강한 작용을 나타내며 그 작용은 임신
하지 않은 자궁에 대해서보다 4~5배 더
강하다. 많은 양을 써도 경련성 수축을 일
으키지 않는다.

이뇨작용을 나타낸다. 그것은 신장사구
체의 여과 기능을 높여주고 세뇨관에서의
재흡수 기능을 억제하는 것과 관련된다.

심장혈관 계통, 위장관, 호흡기 계통에
대해 특별한 부정적 영향을 주지 않는다.

다만 중추신경 계통에 대한 진정적 영향
이 약간 있을 뿐이다. 독성은 매우 약하다.

액체추출물의 경우에도 알코올추
출물과 같은 작용을 나타낸다. 그
런데 실험 성적에서 동요가 많고
독성이 2배 더 강하다.

우슬은 항알레르기작용과 황색
포도상구균, 대장균, 폐렴막대균,
백색 칸디다에 대한 억균작용도
나타낸다.

적용 무월경, 해산곤란, 산후
복통, 산후자궁무력증, 자궁 출혈,
부종, 임증, 타박상, 부스럼 등에
쓴다.

찐 것은 다리를 쓰지 못할 때, 슬통, 요
통, 팔다리가 오그라들 때 등에 쓴다.

이
혈약
利血藥

처방 한의학 임상에서는 무릎의 병을 치료할
때 흔히 우슬을 섞는다.
• 우슬 75, 창출 225, 황백 150을 섞어 만든 삼
묘환(三妙丸)은 습열로 다리를 쓰지 못할 때 쓴
다. 1회 3~4g씩 하루에 3번 복용한다.
용량 하루 4~10g.
금기 임산부에게는 쓰지 않는다.

# 단삼(丹蔘)

꿀풀과 살비아속 여러해살이풀
단삼의 뿌리를 말린 것
*Salvia miltiorrhiza* Bunge

**산 지** 전국. 중국 원산으로 농가에서 약초로 재배하며 키 40~80cm로 자란다.

**채 취** 가을에 뿌리를 캐어 줄기와 잔뿌리를 다듬고 물에 씻어 햇볕에 말린다.

**형 태** 긴 원기둥 모양인데 길이 10~20cm, 지름은 1~1.5cm이다. 겉은 적갈색이고 세로주름이 있다. 질은 단단하고 잘 부러진다. 맛은 약간 쓰며 씹으면 붉게 물든다.
뿌리가 굵고 크며 질이 단단하고 겉이 적갈색인 것이 좋은 것이다.

**성 분** 탄시논(tanshinone) Ⅰ · ⅡA, ⅡB, 크립토탄시논(cryptotanshinone), 탄시놀(tanshinol) Ⅰ, Ⅱ, 비타민 E 등이 들어 있다.

**약 성** 맛은 쓰고 성질은 약간 차며 심경 · 심포락경에 작용한다.

**효 능** 혈액을 잘 돌아가게 하고 어혈을 없애며 월경을 고르게 한다. 고름을 빼내고 새살이 돋아나게 하며 통증을 멈추게 하고 진정작용을 한다.

실험 결과에 의하면 단삼은 관상혈관을 넓히며 말초혈관의 혈액순환도 좋게 하고 혈액의 엉김을 억제한다. 조직재생을 촉진하고 진정작용을 나타내며 혈압을 낮춘다.
항암작용, 항비타민 E 결핍작용을 나타내며, 콜레라균을 비롯한 일련의 미생물에 대하여 억균작용을 나타낸다.

**적 용** 월경불순, 무월경, 월경통, 산후복통, 징가, 수족마비, 관절통, 자궁출혈, 이슬, 부스럼, 단독 등에 쓴다. 또한 신경쇠약으로 오는 불면증, 협심증, 간경화, 간부종, 만성간염, 비장부종 등에도 효과를 볼 수 있다. 심열로 인한 가슴답답증, 가슴두근거림에도 쓴다.

단삼

**처방** • 월경불순, 월경통, 이슬에 단삼가루를 1회 3~4g씩 복용하거나 당귀 · 향부자 · 홍화 · 산궁궁 각각 10g을 섞어 탕약으로 쓴다.
• 단삼 · 연교 · 금은화 · 지모 · 과루실 각각 10g을 섞어 유옹 초기에 쓴다. 달여서 하루 3번에 나누어 복용한다.
**용 량** 하루 6~12g.
**금 기** 여로와 배합금기이다.

# 적작약(赤芍藥) 메함박꽃, 적작

미나리아재비과 목단속 여러해살이풀
작약(적작약)의 뿌리를 말린 것
*Paeonia lactiflora Pall.*

**산 지** 전국. 산지의 수림 밑에서 키 50~80㎝로 자라며 정원에서 원예화초로도 재배된다.

**채 취** 가을 또는 봄에 뿌리를 캐어 줄기와 잔뿌리를 다듬고 물에 씻어 햇볕에 말린다.

**형 태** 원기둥 모양 또는 긴 실북 모양이고 길이는 10~30㎝, 지름은 0.6~1.7㎝이다. 겉은 갈색이고 길이로 주름이 있다. 단면은 연한 갈색이다.

특이한 냄새가 나고 맛은 약간 쓰고 떫다.

**성 분** 배당체인 페오니플로린(paeoniflorin)이 들어 있고, 알칼로이드인 페오닌(paeonin), 쿠마린, 정유, 타닌질, 수지, 당, 녹말 등이 들어 있다.

적작약에 들어 있는 정유의 주성분은 페오놀이다.

**약 성** 맛은 시고 쓰며 성질은 약간 차고 간경·비경에 작용한다.

**효 능** 혈액순환을 원활하게 하고 어혈을 없애며 월경을 통하게 하고 통증을 멈추게 한다.

적작약은 지혈작용도 있다.

적작약에 들어 있는 배당체 성분인 페오니플로린은 진정작용, 진통작용, 진경작용, 항염증작용, 지혈작용 등을 나타낸다.

**적 용** 무월경, 월경통, 어혈복통, 수족마비, 간열로 옆구리가 아프고 눈이 충혈될 때, 비출혈, 장출혈, 반진, 징가, 부스럼 등에 쓴다.

**처방**
- 적작약, 목단피, 백복령, 백지, 시호 같은 양을 섞어 가루 내어 기혈이 막혀 무월경·열이 날 때 쓴다. 한 번에 5~6g씩 하루 3번 복용한다.
- 적작약·당귀·목단피·도인 각각 10g, 홍화 4g, 청피 8g을 섞어 무월경·복통에 쓴다. 달여서 하루 3번에 나누어 복용한다.

**용 량** 하루 6~12g.

**금 기** 배가 차고 아프며 설사할 때는 쓰지 않는다.

적작약

# 자질려 (刺蒺藜) 남가새 열매, 백질려, 질려자

남가새과 한해살이풀
남가새의 열매를 말린 것
*Tribulus terrestris* L.

이
혈
약
利
血
藥

**산 지** 전국. 바닷가 모래땅에 자라며 약초로 재배한다.

**채 취** 가을에 열매가 익을 때 덩굴을 걷어 햇볕에 말린 다음 두드려 열매를 털고 잡질을 없앤다.

**형 태** 다섯 개의 작고 단단한 열매가 햇살 모양으로 배열되어 별 모양을 이루고 있으며 지름은 0.5~1㎝이다. 겉은 녹백색 또는 회백색이고 그물 모양의 주름이 있으며 뾰족한 가시가 있다. 질은 단단하다. 단면에는 흰색 또는 회황색의 기름기가 있는 씨앗이 있다.

냄새는 없고 맛은 약간 쓰고 맵다.

씨앗이 크고 질이 단단하며 가시를 없앤 것이 좋은 것이다.

**법 제** 열매에 붙어 있는 가시가 모두 없어질 때까지 볶아서 쓴다.

또는 절구에 넣고 문지르고 바람에 부스러진 가시를 날려보낸 다음 술에 불려 쪄서 쓴다.

**성 분** 지방, 사포닌, 정유, 수지, 타닌 성분과 적은 양의 알칼로이드 등이 들어 있다.

**약 성** 맛은 쓰고 매우며 성질은 따뜻하고 간경에 작용한다.

**효 능** 혈액을 잘 돌아가게 하고 풍을 없애며 간기를 잘 통하게 하고 눈을 밝게 한다. 이뇨작용도 한다.

남가새 열매의 물 우림약과 에틸알코올 우림약은 마취한 동물의 혈압을 내리게 한다는 것이 실험적으로 밝혀졌다.

**적 용** 풍사로 가려울 때, 두통, 간기가 뭉쳐 옆구리가 아플 때, 젖이 나오지 않을 때, 눈이 충혈되고 눈물이 나올 때, 징가, 적취, 신경쇠약 등에 쓴다. 복수와 부종에도 쓸 수 있다.

● **동질려**(潼蒺藜)

옛날 한의서에 사원질려, 사원자 또는 동질려라는 한약이 실려 있는데 이것은 자질려와는 달리 콩과에 속하는 편경황기 또는 자주개황기의 익은 씨를 말린 것이다. 이것은 간과 신장을 보하고 눈을 밝게 한다.

**처방** • 자질려 · 감국 · 만형자 · 연교 각각 8, 결명자 6, 감초 4를 섞어 가루내어 눈이 충혈되고 눈물이 많이 날 때 쓴다. 한 번에 3~4g씩 하루 3번 복용한다.
• 요통, 어지럽고 눈앞이 아물거릴 때, 빈뇨 · 유뇨증 · 유정 · 이슬 등에 동질려를 하루 10~12g 쓴다.

**용 량** 하루 6~10g.

**금 기** 임산부에게는 쓰지 않는다.

# 왕불류행 (王不留行)

석죽과 장구채속 두해살이풀
장구채의 전초를 말린 것
*Silene firma* Siebold & Zucc.

**산 지** 전국. 산과 들에서 키 30~80㎝로 자란다.

**채 취** 7~8월경 씨가 여물기 전에 전초를 베어 햇볕에 말린다.

**형 태** 길이는 50~60㎝인데 줄기는 네모나고 마디 부분이 부풀어 있다. 빛깔은 황갈색이다. 줄기를 꺾어 보면 속은 비어 있고 단면은 연황색이다. 마디에 연두색의 버들잎 모양의 잎이 마주났는데 잎은 대부분 부스러지거나 떨어졌다. 줄기와 가지의 끝에는 열매가 붙어 있다. 맛은 처음에 약간 달고 후에 쓰다.

열매가 많고 열매가 터지지 않은 것이 좋은 것이다.

**성 분** 사포닌, 알칼로이드 등이 들어 있다.

**약 성** 맛은 쓰고 달고 성질은 평하며 위경에 작용한다.

**효 능** 혈액을 잘 돌아가게 하고 월경을 고르게 하며 젖이 잘 나오게 한다. 또한 풍을 없애고 부은 것을 가라앉게 하며 출혈을 멎게 하고 임증을 치료한다. 면역 기능을 높이기도 한다.

**적 용** 무월경, 젖이 나오지 않을 때, 유옹 등에 널리 쓴다. 부스럼, 악창, 상처의 출혈, 비출혈, 관절통, 임증 등에도 쓴다.

---

**처방**
• 왕불류행 8g, 돼지족발 2개, 목통 4g, 천산갑 4g을 섞은 가미통유탕(加味通乳湯)은 젖이 잘 나오지 않을 때 쓴다. 달여서 하루 3번에 나누어 복용한다.
• 왕불류행 10g, 포공영 10g, 과루근 8g, 하고초 8g을 섞어 유옹에 쓴다. 달여서 하루 3번에 나누어 복용한다.
• 왕불류행, 포공영, 천산갑 각각 10g을 섞어 젖이 잘 나오지 않을 때 쓴다. 달여서 하루에 3번 나누어 복용한다.

**용 량** 하루 4~12g.

**금 기** 임산부에게는 쓰지 않는다.

장구채

# 산골(産骨) 천연 구리

산화철을 주성분으로 하는 유화철광
천연적으로 단체(單體)의 상태로 산출되는 동(銅)
Pyrite/화학식 : FeS₂

이혈약 利血藥

**산 지** 전국. 구리광산 주변에서 흔하게 발견되고 있다.

**채 취** 필요할 때 수시로 캐내어 잡질을 없앤다.

**형 태** 6면체이거나 12면체의 덩어리로 되어 있다. 겉은 황갈색이며 질은 단단하고 단면은 강한 금속 광택을 낸다.

덩어리가 고르고 황갈색이며 윤기나는 것이 좋은 것이다.

**법 제** 빨갛게 달구어 식초에 담그는 조작을 반복하여(단면의 금속 광택이 없어질 때까지 10번 정도) 깨뜨려서 수비하여 물기를 없애고 쓴다.

**성 분** 이류화철(FeS₂) 또는 산화철이 들어 있다. 이 외에 동, 안티몬(antimon), 금, 은 등이 약간 섞여 있을 수 있다.

**약 성** 맛은 맵고 성질은 평하며 간경에 작용한다.

**효 능** 뼈가 부러진 것을 붙게 하고 어혈을 없애주며 통증을 멈추게 한다.

임상 연구에 의하면 산골이 주약으로 들어 있는 접골산은 골절 환자의 뼈가 붙는 기간을 앞당기고 접골 강도를 높인다.

**적 용** 골절, 타박상, 잘 놀라고 가슴이 두근거릴 때 쓴다.

> **처방**
> • 산골 한 가지를 골절에 쓴다. 1회 1~1.5g씩 달여서 하루 3번 복용한다. 또, 산골을 곱게 가루내어 1회 0.1~0.3g씩 복용한다.
> • 산골 20, 유향 10, 몰약 10, 활석 40, 용골 6, 적석지 6, 사향 1로 만든 접골산(接骨散)을 골절에 쓴다. 한 번에 4g씩 하루 3번 복용한다.
> • 외용약으로 쓸 때는 산골 가루를 참기름 등 기초제에 개어서 환부에 바른다.
> **용 량** 하루 4~10g.

산골

# 호장근(虎杖根) 범싱아, 호장

마디풀과 호장근속 여러해살이풀
호장근(구렁싱아)의 뿌리를 말린 것
*Reynoutria japonica* Houttyn

**산 지** 전국. 산과 들에서 키 100~150cm로 자란다.

**채 취** 가을 또는 봄에 뿌리를 캐어 줄기와 잔뿌리를 다듬고 물로 깨끗이 씻어 그대로 또는 10~25cm의 길이로 잘라 햇볕에 말린다.

**형 태** 원기둥 모양이고 구부러졌으며 지름은 1~2cm, 길이는 10~25cm이다. 겉은 암갈색이고 세로주름이 있다. 질은 단단하고 잘 부러지지 않는다. 단면은 연한 노란색이고 섬유성이며 속은 비어 있다.

굵고 단면이 연한 노란색이며 줄기와 잔뿌리가 없는 것이 좋다. 냄새는 없다.

**성 분** 안트라퀴논 유도체인 에모딘과 그 배당체인 폴리고닌(polygonine), 에틸-에모딘, 크리소파놀 등이 있다. 이 밖에 타닌, 당류도 있다.

**약 성** 맛은 쓰고 성질은 약간 따뜻하다.

**효 능** 혈액을 잘 돌아가게 하고 어혈을 없애며 월경을 고르게 하고 소변을 잘 나오게 한다.

실험에서 이뇨작용이 밝혀졌다. 대장의 꿈틀운동을 강하게 하여 설사를 일으킨다.

탕약은 역균작용, 항바이러스작용, 소염작용을 나타낸다.

**적 용** 주로 월경불순과 무월경에 쓴다. 임증에도 쓰는데 특히 석림에 좋다. 그리고 관절통, 황달, 타박상, 부스럼에 쓴다. 또한 늑막염에도 쓴다.

이혈약 利血藥

호장근

**처방** • 호장근 한 가지만을 쓰거나 또는 다른 행혈조경약을 섞어 무월경에 쓴다. 호장근 6~10g을 달여서 하루 3번에 나누어 복용한다.

• 변비에는 호장근 9~15g을 물 400㎖로 1/2이 되도록 달여서 쓴다. 찌꺼기를 건져내고 달임물을 2~3번 나누어 공복에 복용한다.

**용 량** 하루 6~10g.

**금 기** 임산부에게는 쓰지 않는다.

# 사향(麝香)

소목 사향노루과 포유류
사향노루 수컷의 사향주머니 속에 들어 있는
분비물을 말린 것
*Moschus moschiferus* parvipes

이
혈
약 利血藥

**산 지** 전국. 산지의 험준한 경사지나 절벽에서 서식한다.

**채 취** 가을부터 봄 사이에 잡은 사향노루의 사향주머니를 떼어내 주변에 붙어 있는 살을 없애고 그늘에서 말린다. 그리고 털을 짧게 깎아 버린다.

사향주머니에서 사향을 채취하기 위해서는 털이 없는 면을 칼로 자르고 내용물을 꺼낸 다음 섞인 털을 골라서 버린다.

**형 태** 구형, 반구형 또는 약간 납작한 원형이고 지름 4~6cm, 두께 2~3cm이다. 1개의 무게는 10~30g이다. 한쪽 면에는 흰색 또는 회갈색의 털이 있다. 가운데에 작은 구멍이 있다. 털을 젖히고 보면 갈색의 가죽이 보인다. 다른 면은 암갈색의 얇은 막으로 되어 있다. 주머니 안에는 4~10g의 사향이 들어 있다. 사향은 가루와 과립(당문자)으로 되어 있다. 가루는 황갈색, 적갈색이고 질이 연하고 기름기가 있다. 과립은 적자색이고 기름기가 돌고 윤기가 있다.

사향은 특이한 향기가 있고 맛은 약간 쓰며 약간 맵다. 사향을 물에 넣으면 잘 녹지 않는다. 사향은 1:1,000억의 농도에서도 향기를 낸다.

사향은 향이 강하고 과립이 많으며 황갈색이고 연하고 기름기가 도는 것이 좋은 것이다.

**성 분** 주성분은 향기를 내는 끈적끈적한 무색의 액체인 무스콘(muscone, $C_{16}H_{30}O$)이다. 이 밖에 지방, 정유, 수지, 단백질, 콜레스테린(cholesterin), 무기염류 등이 들어 있다.

**약 성** 맛은 맵고 성질은 따뜻하며 주로 심경·비경·12경맥에 다 작용한다.

**효 능** 정신을 맑게 하고 혈액을 잘 돌아가게 하며 살충작용과 해독작용을 하며 태를 떨어뜨린다

약리실험에 의하면 사향의 작용은 캄파의 작용과 비슷하며 중추신경 계통을 흥분시키고 강심작용을 나타낸다. 특히 호흡 중추 및 혈관 운동 중추에 대한 작용이 강하다. 그리고 항염증작용과 억균작용도 나타낸다.

물에 녹는 성분은 토끼의 혈압을 높이고 떼낸 자궁을 흥분시키며 떼낸 소장의 운동

**처방**
• 사향 한 가지를 한 번에 0.04~0.1g씩 가루약 또는 알약으로 만들어 복용하는 경우가 많다.
• 사향 3.8, 우담남성 37.5, 천축황 18.8, 석웅황 9.4, 주사 9.4로 0.3g(1개) 되게 환약을 만든 포룡환(抱龍丸)은 급경풍에 쓴다. 백일 전의 신생아는 1회 1개, 1~3살 아이는 1회 1~2개씩 하루 3~5회 감초 달인 물에 녹여서 복용한다.

**용 량** 1회 0.04~0.1g.

**금 기** 허증이 있는 환자 및 임산부에게는 쓰지 말아야 한다.

142

을 억제한다.

독성 실험에서 독성은 인정되지 않았다.

적용 중풍 등으로 의식을 잃었거나 정신이 없을 때의 구급약으로 쓴다. 그리고 복통, 무월경, 해산곤란, 징가, 학질, 예막, 부스럼, 쇼크, 허탈, 류머티즘, 신경통 등에도 쓴다. 뇌출혈에도 널리 쓴다.

채취한 사향

# 수질(水蛭)

거머리강에 속하는 동물
거머리, 말거머리를 말린 것
Hirudinea

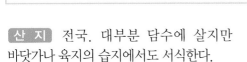

이혈약 利血藥

산지 전국. 대부분 담수에 살지만 바닷가나 육지의 습지에서도 서식한다.

채취 봄부터 가을 사이에 거머리를 잡아 햇볕에 말리거나 불에 쬐어 말린다.

형태 납작한 실북 모양인데 마디가 많다. 길이 2~5㎝, 너비 0.3~0.5㎝이며 겉은 흑갈색이다. 질은 단단하나 부스러지기 쉽다. 흙냄새가 약간 나며 맛은 약간 짜다. 부스러지지 않고 형태가 온전하며 흑갈색이고 나쁜 냄새가 없는 것이 좋은 것이다.

법제 그대로 쓰거나 또는 약간 볶아서 쓴다.

성분 거머리의 침샘(타액선)에 히루딘(hirudin)이 들어 있다. 히루딘은 산성 물질로서 물에 잘 녹는다.

약성 맛은 짜고 쓰며 성질은 평하고 독이 있다. 간경·방광경에 작용한다.

효능 혈액순환을 좋게 하고 어혈을 없애는 작용이 매우 강하다. 월경을 통하게 하며 소변을 잘 나오게 하고 태를 떨어뜨린다.

히루딘은 혈액의 응고를 막는 작용을 한다. 그것은 트롬빈의 작용을 억제하기 때문에 피브리노겐이 피브린으로 되는 과정을 막게 되는 것과 관련된다.

적용 무월경, 축혈증, 징가, 적취, 타박상으로 어혈이 생기고 아플 때 쓴다. 유럽에서는 뇌출혈, 혈전성 정맥염, 축혈증 등에 거머리 요법을 쓴다. 즉, 산 거머리를 써서 혈액을 빨아먹게 한다.

처방 •수질 3g, 도인 4g, 대황 4g, 등에 3g을 섞은 저당탕(抵當湯)은 축혈증으로 아랫배가 그득하고 아프며 소변은 잘 나가지만 대변 빛깔이 검을 때 쓴다. 무월경, 간경화, 자궁근종에도 쓴다. 달여서 하루 3번에 나누어 복용한다.

용량 하루 2~3g

금기 허증이 있는 환자나 임산부에게는 쓰지 말아야 한다.

# 유기노(劉寄奴)

현삼과 절국대속 한해살이반더부살이풀
절국대의 전초를 말린 것
*Siphonostegia chinensis* Benth.

이혈약 利血藥

산 지 전국. 산지 양지 쪽에서 키 30~60cm로 자란다.

채 취 늦여름에 꽃이 필 때 전초를 채취하여 햇볕에 말린다.

형 태 줄기의 표면은 자갈색이고 짧으며 부드러운 황백색 털이 있는데 밑부분에는 털이 비교적 적거나 없다. 줄기는 질이 단단하다. 줄기를 꺾은 단면은 황백색이고 가운데에 수가 있다. 잎은 마주 붙었는데 쭈그러지고 부스러졌으며 빛깔은 흑갈색이다. 꽃은 가지 끝에 붙어 있는데 꽃잎은 대개 떨어졌고 황갈색의 꽃받침이 있다.

성 분 강심 배당체와 정유가 들어 있다.

약 성 맛은 쓰고 성질은 서늘하다.

효 능 해열작용과 습을 없애며 혈액을 잘 돌아가게 하고 어혈을 없앤다.

적 용 습열로 인한 황달, 소변이 잘 나오지 않을 때, 부종, 월경불순, 징가, 적취, 산후복통, 타박상에 쓴다.

이 밖에 혈리, 혈림, 자궁하수, 종기, 외상출혈 등에도 쓴다.

처 방 다른 약을 섞거나 이 약 한 가지만을 쓰기도 한다.
• 황달, 소변이 잘 나오지 않을 때 유기노 30g을 쓴다. 달여서 하루 3번에 나누어 복용한다.
• 타박상에는 유기노를 곱게 가루내어 한 번에 3~6g을 술에 타서 하루 한 번씩 3~4일 동안 복용한다.

용 량 하루 9~15g, 신선한 것은 하루 30~60g.

---

# 귀전우(鬼箭羽) 위모, 화살나무 껍질

노박덩굴과 화살나무속 갈잎떨기나무
화살나무(홑잎나무)의 가지에 붙은 코르크를 말린 것
*Euonymus alatus* (Thunb.) Sieb.

산 지 전국. 낮은 산기슭과 산 중턱 암석지에서 높이 3m 정도 자란다.

채 취 필요 시 어린 가지에 붙은 날개 모양의 코르크만을 따서 햇볕에 말린다.

형 태 납작한 판 모양이며 너비는 4~10mm, 두께는 1~2mm. 표면은 회갈색이고

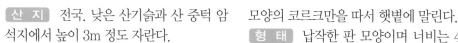

화살나무

들어 있다.

[약 성] 맛은 쓰고 성질은 차며 간경에 작용한다.

[효 능] 혈액을 잘 돌아가게 하고 어혈을 없애며 월경을 통하게 하고 살충 효과가 있다.

화살나무 껍질 탕액에서 빼낸 싱아초산 나트륨은 혈당량을 낮추는 작용을 나타낸다는 것이 밝혀졌다.

곧은 가로줄 무늬가 있다. 질은 가볍고 잘 부스러진다. 단면은 갈색 또는 암갈색이고 매끈하다. 냄새는 없고 맛은 약간 떫다.

[성 분] 줄기에는 트리테르페노이드 (triterpenoid)인 에피프리델라놀 (epifriedelanol), 프리델린(friedelin)이

[적 용] 무월경, 징가, 산후어혈복통, 충적복통 등에 쓴다.

[처방] • 귀전우 · 홍화 · 당귀 각각 9g을 달여 산후어혈복통에 쓴다. 하루 3번에 나누어 복용한다.
[용 량] 하루 6~9g.

이혈약 利血藥

# 급성자(急性子) 봉숭아 씨, 송선자

봉선화과 물봉선속 한해살이풀
봉숭아의 익은 씨를 말린 것
*Impatiens balsamina* L.

[산 지] 전국. 민가의 화단에서 원예식물로 재배하며 키 60cm 정도 자란다.

[채 취] 여름부터 가을 사이에 익은 씨를 받아 햇볕에 말린다.

[형 태] 둥글납작한 모양, 또는 둥근 달걀 모양이며 지름은 1.5~4mm이다. 표면은 적갈색 또는 회갈색이며 확대경으로 보면 불규칙하게 튀어나온 점이 빽빽하다. 손톱으로 겉껍질을 긁으면 윤기가 난다. 배꼽은 좁은 끝에 약간 도드라져 있다. 질은 단단하고 단면은 희끄무레한 빛깔이다.

싹잎은 2개이고 손으로 문지를 때 기름기가 있다.

질이 단단하고 통통한 것이 좋다.

[성 분] 발사미나스테롤(balsaminasterol), 파리나린산(parinarin酸), 사포닌, 지방, 다당류, 단백질, 아미노산, 정유, 플라보노이드 등이 들어 있다.

봉숭아

**약 성** 맛은 쓰고 매우며 성질은 따뜻하고 독이 있다. 간경 · 신경 · 폐경에 작용한다.

**효 능** 혈액을 잘 돌아가게 하고 어혈을 없애는 작용이 강하다. 그리고 적을 없애고 굳은 것을 유연하게 한다.

동물실험에서 봉숭아 씨의 팅크제, 탕약, 우림약은 모두 자궁수축작용을 나타냈다. 흰생쥐 암컷에게 봉숭아 씨 탕약을 10일 동안 먹이자 뚜렷한 피임작용이 나타났고 동시에 발정기가 억제되었으며 난소와 자궁의 무게가 가벼워졌다.

**적 용** 무월경, 산후복통, 적취, 소아비적, 열격, 물고기 뼈가 목에 걸렸을 때, 외양견종 등에 쓴다

**처방** • 급성자를 가루내어 무월경에 쓴다. 한 번에 2g씩 하루 3번 당귀 10g을 달인 물로 복용한다.
**용 량** 하루 3~6g.

# 산자고(山慈枯) 까치무릇, 광자고

백합과 산자고속 여러해살이풀
산자고의 비늘줄기를 말린 것
*Tulipa edulis* (Miq.) Baker

**산 지** 중부 이남 지방. 들의 양지바른 풀밭에서 키 30㎝ 정도 자란다.

**채 취** 초여름(6~7월)에 비늘줄기를 캐어 물에 씻고 표면의 갈색 껍질 부분과 수염뿌리를 다듬고 약간 찌거나 또는 그대로 햇볕에 말린다.

**형 태** 거의 둥근 달걀 모양이고 위쪽 끝이 뾰족하다. 길이는 10~15mm, 지름은 5~10mm이다. 표면은 희끄무레한 연황갈색이고 매끈하다. 쪄서 말린 것은 약간 각질 모양이다. 질은 단단하다. 단면은 가루질(그대로 말린 것)이다.

냄새는 약하게 나고 맛은 약간 달고 점액성이다.

**성 분** 비늘줄기에 콜히친(colchicine) 등 여러 가지 알칼로이드와 녹말이 들어 있다.

**약 성** 맛은 달고 성질은 차며 독성이 있다.

**효 능** 혈액을 잘 돌아가게 하고 어혈을

없애며 맺힌 것을 흩어지게 한다.

항종양작용을 나타낸다는 것이 실험적으로 밝혀졌다.

**적용** 인후가 붓고 아플 때, 연주창, 부스럼(창종), 헌데, 산후어혈 등에 쓴다.

**처방** 다른 약을 섞어 쓸 수도 있으나 이 약 한 가지만으로도 쓸 수 있다.
• 인후가 붓고 아플 때 산자고 10g을 쓴다. 달여서 하루 3번에 나누어 복용한다.
• 부스럼, 헌데는 산자고를 짓찧어 환부에 붙인다.
**용량** 하루 3~6g.

# 건칠(乾漆) 옻

옻나무과 옻나무속 갈잎큰키나무
옻나무의 진(수지)을 말린 것
*Rhus verniciflua* Stokes

이혈약 利血藥

**산지** 중부 이북 지방. 산과 들에서 높이 20m 정도 자란다.

**채취** 4~6월에 4m 이상 자란 나무의 줄기에 칼로 홈을 낸 다음 흘러내린 진을 긁어모아 말린다.

**형태** 불규칙한 덩어리다. 표면은 흑갈색이거나 암적갈색이고 거칠며 크기가 같지 않은 벌집 모양의 작은 구멍과 알갱이가 있고 윤기 난다. 질은 단단하고 부스러지기 쉬우며 단면은 매끈하지 않다. 냄새는 약하고 불에 태우면 검은 그을음을 내면서 타며 특이한 냄새가 강하게 난다.

**법제** 밀폐된 가마 안에서 가열하여 탄화시키거나 검게 볶아서 쓴다.

**성분** 우르시올(urushiol), 하이드로우르시올, 락카제(laccase) 등이 들어 있다.

**약성** 맛은 맵고 성질은 따뜻하고 독이 있으며 간경·비경에 작용한다

**효능** 혈액을 돌아가게 하고 어혈을 없애며 적취(積聚) 없애고 살충 성분이 있다.

**적용** 무월경, 징가, 어혈, 회충증 등에 쓴다.

개옻나무

**처방** • 건칠 100g에 생지황 즙(생지황 3kg에서 짠 즙)을 넣고 환약으로 만들 수 있을 때까지 끓여서 한 알의 무게가 0.3g 되게 환약으로 만들어 무월경, 징가에 쓴다. 한 번에 3알씩 하루 3번 복용한다.
**용량** 하루 3~6g.

# 마편초(馬鞭草) 말초리풀

마편초과 마편초속 여러해살이풀
마편초의 전초를 말린 것
*Verbena officinalis* Linné

**산 지** 남부 지방. 바닷가나 섬의 들, 길가, 산기슭, 골짜기 등에서 키 30~60cm로 자란다.

**채 취** 여름철 꽃이 필 때 지상부를 베어 바람이 잘 통하는 그늘에서 말린다.

**형 태** 줄기에 잎·꽃·열매가 모두 붙어 있다. 줄기는 네모나고 지름은 2~5mm이다. 표면은 황록색 또는 회녹색이고 털이 있으며 거칠다. 단면은 섬유 모양이고 가운데는 흔히 비어 있다. 잎은 마주 붙고 잎자루는 없거나 짧다. 잎몸은 깃 모양으로 깊게 갈라진 달걀 모양 또는 타원형이다. 표면은 회녹색 또는 연두색이고 털이 있다. 갈라진 조각의 끝부분은 뾰족하고 가장자리는 톱날 모양이며 밑부분은 쐐기 모양이다.

열매는 꽃받침 속에 4개씩 있으며 길이는 약 2mm이다. 냄새는 약하고 맛은 약간 쓰다.

빛깔이 푸르고 꽃이삭이 있으며 뿌리와 잡질이 없는 것이 좋은 것이다.

**성 분** 전초에 베르베날린(berbenalin, cornin), 베르베린(berberine, 배당체), 타닌, 정유 등이 있다.

잎에는 아데노신(adenosine), 베타카로틴(β-carotene) 등이 있다.

**약 성** 맛은 쓰고 성질은 서늘하며 간경·비경에 작용한다.

**효 능** 해열작용과 해독작용을 하며 혈액을 잘 돌아가게 하고 어혈을 없애며, 소변을 잘 나오게 하고 부은 것을 가라앉게 한다.

약리실험에 의하면 말초리풀의 액체추출물 또는 알코올추출물은 소염작용과 진통작용을 나타낸다.

탕약은 억균작용을 나타낸다.

**적 용** 감기, 유행성 감기, 발열, 습열로 인한 황달, 유행성 간염, 무월경, 징가, 부종, 임증 등에 쓴다. 그리고 이질, 학질, 후비, 부스럼 등에도 쓴다.

**처방**
• 마편초 30g, 강활 15g, 청호 15g을 달여 감기, 유행성 감기에 쓴다. 하루 2~3번에 나누어 복용한다. 2~3일 동안 계속 쓴다. 인두가 아프면 길경 15g을 더 넣는다.
• 유행성 간염 예방을 위해 마편초 15g, 감초 9g을 쓴다. 달여서 하루 3번에 나누어 복용한다. 4일 동안 계속 복용한다.
• 월경불순 등 부인병에는 마편초를 한 번에 6~10g을 달여서 복용한다.
• 피부병, 종양 등에는 마편초 생잎을 짓찧어 즙을 내거나 마편초 달임물을 환부에 바른다.
**용 량** 하루 15~30g.

# 봉출(蓬朮) 봉아출

생강과 여러해살이풀
아출의 뿌리줄기를 말린 것
*Curcuma zedoaria* (Berg.) Rosc.

산 지 ┃ 인도, 히말라야 원산, 우리나라는 대부분 수입해서 쓰고 있다.

채 취 ┃ 가을에 뿌리줄기를 캐어 줄기와 뿌리를 다듬고 물에 씻어 증기에 쪄서 햇볕에 말리고 다시 수염뿌리를 없앤다.

형 태 ┃ 달걀 모양 또는 실북 모양인데 양쪽 끝은 뾰족하며 길이는 2~4㎝, 지름은 1.5~3㎝이다. 겉은 회황색이고 약간 주름이 졌으며 고리 모양의 마디가 있고 마디에는 잔뿌리를 다듬은 흔적이 있다. 질은 단단하고 무겁다. 가로 단면은 회갈색인데 황백색을 띤 고리가 있으며 각질 모양이고 윤기가 있다.

냄새는 다소 향기가 나며 맛은 약간 쓰고 맵다. 성질은 따뜻하다.

개체가 크고 질이 단단하며 단면이 회갈색인 것이 좋은 것이다.

법 제 ┃ 식초에 넣어 삶거나 식초에 불려 볶아서 쓴다. 식초로 법제하면 적취(積聚)를 없애고 진통작용이 강해진다.

성 분 ┃ 정유가 들어 있다. 정유의 주성분은 세스퀴테르펜(sesquiterpene)이다. 이 밖에 녹말, 점액질, 수지 등이 들어 있다.

약 성 ┃ 맛은 쓰고 매우며 성질은 따뜻하고 간경에 작용한다.

효 능 ┃ 피가 잘 흐르게 하고 어혈을 없애며 기를 잘 돌게 하고, 적취(積聚)를 없애며 통증을 멈추고 월경을 통하게 한다.

삼릉과 봉출은 모두 혈액순환이 잘 되게 하고 기도 잘 통하게 한다. 이 두 가지 약을 섞어 쓰면 그 작용이 더 강해진다.

봉출은 항암작용, 억균작용을 나타낸다는 것이 실험적으로 증명되었다.

적 용 ┃ 기혈이 막혀 명치와 배가 아플 때, 무월경, 월경통, 현벽, 징가, 적취, 소화장애, 자궁경부암, 피부암, 탈모증, 타박상 등에 쓴다.

처방 ┃ 부인의 식체에 쓰는 삼릉전(三稜煎)에 봉출이 들어 있다. 봉출을 쓸 때에는 삼릉을 섞어 쓰는 경우가 많다.

• 봉출 · 청피 · 반하 · 맥아 각각 8g, 삼릉 12g을 섞어 만든 삼릉전(三稜煎)은 부인의 식체 및 배 안에 딴딴한 덩어리가 있고 통증이 있을 때(징가) 쓴다. 달여서 하루에 3번 나누어 복용한다.

• 신물이 올라오거나 신물을 토할 때에는 봉출 37.5g, 천황련(오수유 19g을 같이 달이고 오수유는 버린 것) 19g을 달여 복용한다.

• 봉출을 가루 또는 담금약으로 만들어 방향성 건위약으로 한 번에 1g씩 하루 3번 복용한다. 가정상비약으로 이용할 수 있다.

용 량 ┃ 하루 4~10g

금 기 ┃ 임산부에게는 쓰지 않는다.

# 유향(乳香)

감람과 늘푸른떨기나무
유향나무의 진(수지)을 말린 것
*Boswellia carteii*

**이혈약** 利血藥

산 지  소말리아, 아라비아 남부 원산.
채 취  나무껍질에 상처를 내고 흘러내려 말라붙은 진을 모으고 잡질을 없앤다.
형 태  불규칙한 덩어리인데, 겉은 거칠고 연노란색이며 윤기는 없다. 질은 단단하나 잘 깨지며 단면은 윤기가 있다. 입에 넣고 씹으면 처음에는 모래처럼 부서지지만 계속 씹으면 송진처럼 된다. 불에 쬐면 연해지고 불을 붙이면 연기를 내면서 탄다. 냄새는 송진 냄새와 비슷하다.
　흙·모래 등 잡질이 없고 연노란색이며 잘 부스러지고 향기가 강한 것이 좋다.
법 제  그대로 또는 약간 볶아서 쓴다.
성 분  수지·고무질·정유 등이 들어 있다.

약 성  맛은 맵고 쓰며 성질은 따뜻하고 심경에 작용한다.
효 능  혈액과 기를 잘 돌아가게 한다. 또 통증을 멈추고 경련을 풀어주며 부기를 가라앉게 하고 새살이 돋아나게 한다.
적 용  부스럼, 타박상, 명치와 배의 통증, 월경통, 입을 벌리지 못하고 팔다리가 오그라들 때, 무월경, 산후복통 등에, 또한 다른 약을 섞어서 자궁경부미란에 쓴다.

처방  •유향, 몰약 같은 양을 섞어 가루약으로 하여 부스럼이 터져서 오랫동안 아물지 않을 때 쓴다. 한 번에 2g씩 하루 3번 복용하면서 이 약가루를 뿌려준다.
용 량  하루 3~9g.

# 몰약(沒藥)

감람과 늘푸른떨기나무
몰약나무의 진을 말린 것
*Commiphora myrrha*

산 지  아프리카·아라비아 원산. 우리나라는 수입하여 쓰고 있다.
형 태  구형 또는 불규칙한 덩어리인데,

크기는 일정하지 않다. 겉은 거칠고 암갈색이다. 질은 단단하지만 잘 깨진다. 단면은 과립 모양이고 윤기가 있으며 보통 흰

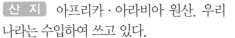

반점 혹은 무늬가 있다. 얇은 조각은 약간 투명하며 물을 넣고 갈면 황갈색 유제가 된다. 냄새는 향기로우며 맛은 쓰고 씹으면 혀에 붙는다.

모래, 흙, 나무껍질 등 잡질이 없고 향기가 강한 것이 좋은 것이다.

**[법 제]** 말린 약재를 가루내거나 살짝 볶아서 쓴다.

**[성 분]** 수지 · 정유 · 고무질 등이 들어 있다.

**[약 성]** 맛은 쓰고 성질은 평하며 간경에 작용한다.

**[효 능]** 혈액을 잘 돌아가게 하고 어혈을 흩어지게 하며 부은 것을 가라앉게 하고 통증을 멈추며 새살이 돋아나게 한다.

몰약은 기관지와 자궁의 과도한 분비를 억제하며, 또 억균작용을 한다.

**[적 용]** 어혈복통, 월경통, 징가, 타박상, 악창, 치루, 상처, 부스럼 등에 쓴다. 또한 점막의 염증에도 쓴다.

> **처방** 부스럼에 쓰는 해부산(海浮散)에 몰약 수지가 들어 있다.
>
> **[용 량]** 하루 4~10g.
>
> **[금 기]** 임산부에게는 쓰지 않는다.

이혈약 利血藥

# 천산갑(穿山甲)

천산갑과 포유류
천산갑(말레이천산갑)의 비늘
*Manis javanica*

**[산 지]** 사바나 · 열대우림의 초원과 삼림에 서식한다.

**[채 취]** 필요할 때 천산갑을 잡아 죽인 다음 비늘이 붙은 채로 껍질을 벗기고 이것을 끓는 물에 잠시 담갔다가 건져내어 하나하나의 비늘을 뜯어서 물에 씻어 햇볕에 말린다.

**[형 태]** 부채 모양 또는 삼각형이고 납작하며 크기는 일정하지 않다. 가장자리는 칼날처럼 날이 서고 가운데는 약간 두껍다. 겉은 흑청색 또는 회갈색이고 세로줄이 있으며 밑부분에는 가로줄이 있다. 안쪽 면은 빛깔이 좀 연하고 가운데 부분에 가로로 활 모양으로 튀어나온 줄이 있다.

질은 단단하고 각질이며 탄성이 있고 약간 투명하다. 냄새는 약간 비리고 맛은 다소 짜다.

크고 빛깔이 흑청색 또는 쥐색이며 윤기가 있고 잡질이 없으며 깨끗한 것이 좋은 것이다.

**[법 제]** 천산갑을 조가비 가루와 함께 볶아서 튀긴다. 천산갑이 부풀어 일어나고 노랗게 되면 꺼내어 조가비 가루를 체로 쳐 버린다.

**[약 성]** 맛은 짜고 성질은 약간 차며 간경 · 위경에 작용한다.

**[효 능]** 혈액순환이 잘 되게 하며 어혈을 없애고 부은 것을 가라앉게 하며 고름을

빼내고 젖이 잘 나오게 한다. 또, 백혈구의 수를 늘려준다.

[적 용] 부스럼 초기 또는 부스럼이 이미 곪았으나 터지지 않을 때, 무월경, 유옹, 젖이 잘 나오지 않을 때 등에 쓴다.

풍습증약을 섞어 비증(痺證)에도 쓴다.

[처방] • 천산갑 · 금은화 · 진피(陳皮) · 황기 · 과루근 · 방풍 · 당귀 · 산궁궁 · 길경 · 후박 · 조각자 각각 8g, 백지 4g을 섞은 탁리소독음가감방(托裏消毒飮加減方)은 부스럼에 쓰는데 곪지 않은 것은 삭게 하고 이미 곪은 것은 터지게 한다.
• 천산갑 60g, 돼지족발 4개, 목통 30g, 산궁궁 20g을 섞은 통유탕(通乳湯)은 젖이 나오지 않을 때 쓴다. 달여서 하루 3번에 나누어 복용한다.

[용 량] 하루 5~10g.

이
혈
약
利
血
藥

# 소목(蘇木) 소방목

콩과 늘푸른큰키나무
소목의 속줄기를 말린 것
*Caesalpinia sappan L.*

[산 지] 열대, 아열대 지방에서 자란다.

[형 태] 긴 원기둥 모양 또는 반기둥 모양이다. 길이는 일정하지 않으나 보통 길이가 30~100cm이고 지름은 3~12cm이다. 표면은 적황색이지만 갈색을 띠는 진한 붉은색이며 칼로 깎은 자리가 있다. 질은 단단하다. 가로 단면은 적황색이며 가운데는 진한 갈색의 속심이 있다.

맛은 약간 떫다.

[성 분] 부라실린이 들어 있다. 이것이 공기 중에서 산화되어 부라실레인이 된다. 이 밖에 사파닌(sappanine), 정유, 타닌 등이 들어 있다.

[약 성] 맛은 달고 짜며 성질은 평하고 심경 · 간경에 작용한다.

[효 능] 혈액을 잘 돌아가게

하고 어혈을 없애며 부은 것을 가라앉게 하고 통증을 멈춘다.

약리실험에서 소목은 혈관을 수축시키고 최면작용과 억균작용을 나타낸다. 많은 양을 쓰면 중추신경 계통을 마비시킨다.

[적 용] 무월경, 산후어혈복통, 이질, 파상풍, 타박상, 부스럼 등에 쓴다.

[처방] • 소목 · 당귀 · 적작약 · 산궁궁 · 우슬 · 도인 · 향부자 각각 10g, 생지황 20g, 홍화 6g을 달여 산후어혈복통, 무월경 등에 쓴다.
• 소목 · 적작약 · 오약 · 향부자 각각 4g, 당귀 6g, 홍화 3.2g, 도인 2.8g, 계피 2.4g, 감초 2g을 섞어 만든 당귀수산(當歸鬚散)을 타박으로 기혈이 몰려 가슴이 걸리고 배가 아플 때 쓴다. 뇌진탕 후유증 때도 쓸 수 있다. 위의 약을 1첩으로 하여 술과 물을 절반씩 섞은 것에 달여 먹는다. 허리와 무릎의 통증에는 청피와 목향을, 옆구리의 통증에는 시호와 천궁을 더 넣어 쓴다.

[용 량] 하루 3~10g.

[금 기] 임산부에게는 쓰지 않는다.

# 제2절 지혈약(止血藥)

**혈액**의 응고를 빠르게 하거나 혈관 벽을 치밀하게 하여 그 투과성을 낮추어 출혈을 멎게 하는 약을 지혈약(止血藥)이라 한다.

지혈약은 토혈, 비출혈, 각혈, 혈담, 혈뇨, 혈변, 자궁출혈, 외상출혈 등 여러 가지 출혈 증세에 쓴다.

임상에서 지혈약을 쓸 때에는 피가 나는 원인에 따라 적합한 지혈약을 골라 써야 하며 적당한 한약을 섞어 써야 한다.

예를 들어 혈분에 열이 있어 피가 나면 성질이 찬 양혈 지혈약을 써야 하고, 기가 허하여 피가 나면 지혈약에 보기약을 섞어 써야 하며, 다쳐서 피가 날 때는 수렴성 지혈약을 써야 한다. 어혈이 있으면서 피가 나면 지혈약에 행혈약을 섞어 쓴다.

한의학에서는 지혈약을 검게 볶아서 쓰면 지혈작용이 더 강해진다고 본다.

## 포황(浦黃) 부들 꽃가루

부들과 부들속 여러해살이풀
부들의 꽃가루를 말린 것
*Typha orientalis* C. Presl

• 애기부들의 꽃가루도 약효가 같다.

【산 지】 전국. 연못, 냇가 및 강가의 습한 곳에서 키 1~2m 자란다.

【채 취】 여름철 꽃이 필 때 꽃을 잘라 햇볕에 말리고 수꽃의 꽃가루를 털어서 체로 친다.

【형 태】 선황색을 띤 작은 입자로서 질은 가볍다. 손으로 만질 때 미끄러운 감이 있다. 현미경으로 보면 구형 또는 타원형이며 드물게 삼각형인 것도 있다. 물에 넣으면 물 위에 뜨고 불에 태우면 검은 숯 모양의 가루가 된다. 냄새는 약간 향기롭고 맛은 담백하다.

질은 가볍고 선황색이며 가루가 부드러운 것이 좋은 것이다.

【법 제】 그대로 또는 볶아서 쓴다.

부들

옛 한의서에는 그대로 쓰면 어혈을 없애고 소변을 잘 나오게 하며, 볶아서 쓰면 혈액을 보하고 출혈을 멈춘다고 하였다. 그러나 실험에 의하면 생것이나 볶은 것이나 모두 혈액의 응고를 빠르게 하고 혈액을 멈추는 작용이 있다.

성 분　플라본(flavone) 배당체, 지방, 시토스테린 등이 들어 있다. 배당체는 분해되며 이소람네틴(isorhamnetin)을 만든다.

약 성　맛은 달고 성질은 평하며 간경 · 심포락경에 작용한다.

효 능　어혈을 없애고 소변을 잘 나오게 하며 출혈을 멎게 한다. 실험에 의하면 혈액 응고를 빠르게 하여 지혈작용을 나타내며 이뇨작용도 나타낸다. 또한 자궁 수축작용도 한다.

적 용　산후하복통(아침통), 무월경, 배뇨장애, 이슬, 혈리 등에 쓴다. 그리고 지혈약으로 각혈, 혈담, 비출혈, 자궁출혈을 비롯한 여러 가지 출혈에 쓴다.

처방　• 포황 · 목단피 · 현호색 · 백지 · 계심 · 오령지 · 몰약 각각 6g, 당귀 15g, 백작약 15g, 산궁궁 12g으로 만든 기침산(起枕散)은 산후복통에 쓴다. 달여서 하루 3번에 나누어 복용한다.
• 포황 한 가지를 볶아서 토혈, 장출혈 등에 쓰기도 한다. 4~10g을 달여서 하루 3번에 나누어 복용한다.

용 량　하루 4~10g.

---

# 괴화(槐花) 홰나무 꽃, 회화나무 꽃

콩과 도둑놈의지팡이속 갈잎큰키나무
회화나무의 꽃을 말린 것
*Sophora japonica* L.

산 지　전국. 민가에서 관상수로 식재하며 높이 10~30m로 자란다.

채 취　여름에 꽃이 필 때 피기 시작하는 꽃을 따서 빨리 햇볕에 말린다.

형 태　꽃잎은 5개이고 황백색이며 매우 얇다. 꽃잎의 아래에는 녹색을 띤 종 모양의 꽃받침이 있다. 수술은 황갈색을 띠고 있다. 질은 가볍고 잘 부서진다. 냄새는 없고 맛은 약간 쓰다.

부서지지 않고 빛깔이 황백색이며 잡질이 없는 것이 좋은 것이다.

법 제　노랗게 볶아서 쓴다. 이 때 루틴(rutin)을 분해하는 효소가 파괴된다.

또는 검게 볶아서 쓴다. 이렇게 하면 타닌의 함량이 많아진다.

성 분　루틴, 트리테르페노이드(triterpenoid) 사포닌, 타닌이 들어 있다.

약 성　맛은 쓰고 성질은 평하며 간경 · 대장경에 작용한다.

효 능　해열작용과 혈분의 열을 없애주며 출혈을 멈춘다.

루틴은 모세혈관 벽의 투과성을 낮추고

이혈약
利血藥

소염작용을 나타낸다.

이 약의 탕약은 마취한 개의 혈압을 뚜렷이 내리게 한다. 또 혈액 속의 콜레스테롤량을 줄이고 동맥경화증을 예방 치료한다.

물 우림약은 여러 가지 사상균에 대하여 억균작용을 나타낸다.

**적 용** 장출혈, 치루, 자궁출혈, 토혈, 비출혈, 혈리, 눈의 충혈(간열), 모세혈관 장애로 인한 각종 출혈, 고혈압 등에 쓴다.

루틴은 고혈압이나 자반병 환자의 모세혈관 출혈을 막기 위해서도 쓴다.

● **괴미**(槐米)

회화나무의 꽃봉오리(괴미)도 회화나무 꽃과 같은 약효를 나타낸다. 회화나무 꽃봉오리의 루틴 함량은 약 14%로서 다 핀 꽃보다 높다. 그러므로 회화나무 꽃봉오리를 채취하여 쓰는 것이 더 좋다.

**처방** • 괴화 · 측백엽 · 형개수 · 지실을 같은 양으로 가루약을 만든 **괴화산**(槐花散)은 장출혈, 자궁출혈에 쓴다. 한 번에 6g씩 하루 3번 복용한다.

**용 량** 하루 6~10g.

# 괴실(槐實) 괴각, 홰나무 열매, 회화나무 열매

콩과 도둑놈의지팡이속 갈잎큰키나무
회화나무의 익은 열매를 말린 것
*Sophora japonica* L.

**산 지** 전국. 민가에서 관상수로 식재하며 높이 10~30m로 자란다.

**채 취** 가을에 익은 열매를 따서 햇볕에 말린다.

**형 태** 꼬투리열매로 길이 3~6㎝, 지름 0.6~1㎝이다. 씨가 들어 있는 부분은 부풀어 있다. 겉은 연두색 또는 황갈색이고 주름이 있다. 한 개의 열매에 1~6개의 씨가 들어 있다. 씨는 약간 납작한 타원형이고 흑갈색이며 질이 단단하다. 씹으면 콩처럼 비리다.

**법 제** 5~10㎜의 길이로 썰어 그대로 쓰거나 또는 약간 볶아서 쓴다.

**성 분** 루틴, 케르세틴(quercetin), 소포리코시드(sophoricoside), 소포라비오시드 (sophorabioside) 등이 들어 있다.

**약 성** 맛은 쓰고 시고 짜며 성질은 차고 간경 · 대장경에 작용한다.

**효 능** 해열작용과 혈분의 열을 없애주며 출혈을 멎게 하고 태를 떨어뜨린다. 루틴은 모세혈관의 투과성을 낮춘다.

**적 용** 치질출혈, 장출혈, 비출혈, 혈리, 화상, 음부습창, 간열에 의한 눈의 충혈 등에 쓴다.

**처방** • 괴실 15, 지유 · 당귀 · 방풍 · 황금 · 지각 각각 7.5를 섞어 만든 **괴각환**(槐角丸)은 주로 장출혈과 치질에 쓴다. 한 번에 7~8g씩 하루 3번 복용한다.

**용 량** 하루 6~18g.

# 소계(小薊)

국화과 조뱅이속 여러(두)해살이풀
조뱅이의 지상부를 말린 것
*Breea segeta* f. *segeta* (Willd.) Kitam.

이혈약 利血藥

**산 지** 전국. 산과 들에서 키 25~50㎝로 자란다.

**채 취** 여름에 꽃이 피는 시기에 전초를 베어 햇볕에 말린다.

**형 태** 줄기는 원기둥 모양이며 겉은 흑청록색 또는 자갈색이며 털이 있고 세로주름이 있다. 잎은 어긋나고 쭈그러졌으며 녹갈색이다. 잎의 양면에 흰 털이 있다. 줄기 끝에는 보라색의 두상화가 있다. 냄새는 없고 맛은 약간 쓰다. 녹색이고 잎이 많으며 잡질이 없는 것이 좋은 것이다.

**법 제** 그대로 쓰거나 또는 검게 볶아서 쓴다.

**성 분** 알칼로이드, 플라보노이드 배당체, 타닌질, 아미노산 등이 들어 있다.

**약 성** 맛은 달고 성질은 서늘하며 간경·비경에 작용한다.

조뱅이

**효 능** 어혈을 없애고 혈분의 열을 없애며 출혈을 멈춘다. 그리고 거미, 뱀, 전갈 등의 독을 해독한다.

실험에서 다음과 같은 약리작용이 밝혀졌다.

조뱅이 생즙과 탕약은 혈소판 수를 늘리고 혈액응고 시간을 짧게 하며 혈관의 투과성을 억제한다. 그리고 백혈구 탐식 기능을 높인다. 탕약은 동물실험에서 항암작용을 나타내고 억균작용도 한다.

동물의 자궁 수축작용과 혈압 강하작용, 이담작용, 소염작용도 확인되었다.

**적 용** 각종 출혈(토혈, 고출혈, 자궁출혈, 각혈, 혈담, 혈뇨, 뇌출혈 등)에 쓴다. 어혈, 뱀에 물린 상처, 간염, 부스럼에도 쓴다.

**처방** 토혈, 각혈 등의 치료에 쓰는 십회산(十灰散)에 소계가 들어 있다.

• 소계, 대계, 측백엽, 하엽, 백모근, 천초근, 대황, 치자, 목단피, 종려피 같은 양을 검게 볶아 가루내어 섞은 십회산(十灰散)은 토혈, 혈담, 각혈, 비출혈 등에 쓴다. 한 번에 20g씩 하루 2~3번 복용한다.

• 소계 한 가지를 해열, 지혈, 거어혈약으로 쓴다. 1일 6~12g(생풀은 30~60g)씩 달여서 하루 3번에 나누어 복용한다.

**용 량** 하루 6~12g.

# 대계(大薊)

국화과 엉겅퀴속 여러해살이풀
엉겅퀴의 전초를 말린 것
*Cirsium japonicum var. maackii* (Max.) Matsum.

• 큰엉겅퀴, 지느러미엉겅퀴의 전초를 대용 약재로 쓴다.

[산 지] 전국. 산과 길가 초원, 들녁의 밭둑 등에서 키 50~150㎝로 자란다.

[채 취] 여름에 꽃이 피는 시기에 전초를 베어 햇볕에 말린다.

[형 태] 줄기는 원기둥 모양이고 세로주름이 있으며 연두색이나 회녹색이다. 잎은 어긋나고 깃처럼 갈라졌고 가장자리에 가시가 있으며 몹시 쭈그러져 있고 녹갈색 또는 회갈색이다. 줄기와 가지 끝에는 적자색의 두상화가 있다.

빛깔이 푸르고 잡질이 없는 것이 좋은 것이다.

[법 제] 그대로 쓰거나 또는 검게 볶아서 쓴다.

[성 분] 알칼로이드, 트리테르페노이드 사포닌, 플라보노이드, 정유, 수지 등이 들어 있다

[약 성] 맛은 쓰고 성질은 서늘하며 간경에 작용한다.

[효 능] 혈분의 열을 없애고 출혈을 멈추게 하며 어혈을 없애고 부스럼을 치료한다.

실험에서 이 약의 탕약은 혈액의 응고 시간을 짧게 하며 혈압을 내리게 한다는 것이 밝혀졌다.

엉겅퀴는 이담(利膽)작용과 강정(强精)작용도 나타낸다.

[적 용] 토혈, 비출혈, 자궁출혈, 상처출혈 등 여러 가지 출혈, 이슬, 부스럼, 어혈 등에 쓴다.

[처방] • 대계를 각종 출혈에 지혈약으로 쓴다. 6~10g을 물 300㎖로 1/2이 되도록 달여서 하루 3번에 나누어 복용한다.
• 대계 · 소계 · 측백엽 · 하엽 · 백모근 · 치자 · 대황 · 목단피 · 천초근 · 종려피를 각각 검게 볶아 가루내어 같은 양을 섞어 만든 십회산(十灰散)은 토혈 및 각혈에 지혈약으로 쓴다. 한 번에 20g씩 하루 2~3번 복용한다.
[용 량] 하루 6~12g.
[참 고] 엉겅퀴의 뿌리도 지혈약으로 쓴다.

엉겅퀴

# 삼칠근(三七根) 토삼칠

국화과 여러해살이풀
삼칠초의 덩이줄기를 말린 것
*Gynura japonica*

**산 지** 전국. 농가에서 약재로 재배하며 키 1m 정도 자란다.

**채 취** 가을에 땅속에서 덩이줄기를 캐내어 줄기와 뿌리를 다듬고 깨끗이 씻어 햇볕에 말린다.

**형 태** 불규칙한 덩어리로서 지름은 4～7cm이다. 겉은 회갈색 또는 회황색이고 흙 모양의 돌기가 많으며 잔뿌리를 다듬은 자리가 있다. 질은 단단하고 잘 깨지지 않는다. 단면은 매끈하지 않고 회백색이다. 냄새는 없고 맛은 약간 떫다.

크고 단단하며 단면의 빛깔이 회백색인 것이 좋은 것이다.

**성 분** 알칼로이드인 세니시오닌(senecionine), 타닌질, 많은 양의 이눌린이 들어 있다.

**약 성** 맛은 달고 성질은 평하며 간경·위경에 작용한다.

**효 능** 출혈을 멎게 하고 어혈을 없애준다. 약리실험에서 이 약의 액체추출물, 알코올추출물 및 알칼로이드 성분이 지혈작용을 한다는 것이 밝혀졌다. 액체추출물은 모세혈관의 투과성을 낮추는 작용도 한다.

**적 용** 산후출혈이나 유산후출혈 등의 지혈제로 쓴다. 독충에 물렸을 때 피부에 바르고, 금붕어의 병을 치료할 때에도 사용한다.

**처방** 여러 가지 출혈에 다른 지혈약을 섞어 쓸 수도 있으나 이 약 한 가지를 가루내어 써도 지혈 효과가 좋다.
비출혈에는 삼칠근을 1회 15g씩 물 300mℓ로 1/2이 되도록 달여서 복용한다.
• 산후나 유산할 때의 지혈에 삼칠근을 가루내어 한 번에 1g씩 하루 3번 복용한다.
• 외상출혈과 독충에 물렸을 때는 삼칠초 생잎을 찧어 즙을 내어 이 즙을 환부에 바른다.

**용 량** 하루 3～6g.

**주 의** 삼칠근을 쓸 때 부작용으로 구토 증세가 있을 수 있는데, 법제한 반하를 섞어 쓰면 이 부작용을 막을 수 있다.

**참 고** 삼칠초 잎의 즙액은 청열작용이 있어 독충에 물렸을 때 환부에 바르고, 금붕어의 병을 치료할 때에도 사용한다.

# 백모근(白茅根) 띠 뿌리, 모근

벼과 띠속 여러해살이풀
띠(삘기)의 뿌리줄기를 말린 것
*Imperata cylindrica* var. *koenigii* (Retz.) Pilg.

**산 지** 전국. 강가나 산기슭의 양지쪽 풀밭에서 키 30~120cm로 자란다.

**채 취** 봄 또는 가을에 뿌리줄기를 캐어 줄기와 수염뿌리 및 비늘잎을 뜯어버리고 물에 씻어 햇볕에 말린다.

**형 태** 가늘고 긴 원기둥 모양인데 지름은 2~4mm이다. 겉은 회백색 또는 우윳빛이고 세로주름이 있으며 마디가 있다. 질은 가볍고 잘 끊어지지 않는다. 줄기의 속은 비어 있다. 냄새는 없고 맛이 단 것이 좋은 것이다.

**성 분** 만니톨, 사탕, 포도당, 적은 양의 과당, 자일로스(xylose), 레몬산, 옥살산, 사과산, 코익솔(coixol), 아룬도인(arundoin), 실린드린(cylindrine), 칼륨염 등이 들어 있다.

**약 성** 맛은 달고 성질은 차며 심경·비경·위경에 작용한다

**효 능** 해열작용과 혈액의 열을 없애주며 출혈을 멈추게 하고 소변을 잘 나오게 한다. 그리고 어혈을 없애주고 갈증을 멎게 한다.

약리실험에서 혈액의 응고 시간과 출혈 시간을 줄이며 혈관의 투과성을 낮추는 작용과 이뇨작용이 밝혀졌다. 띠 뿌리의 이뇨작용은 으름덩굴 줄기, 저령, 복령보다 강하다.

또 항균작용도 있다.

**적 용** 여러 가지 출혈(토혈, 비출혈, 혈뇨, 자궁출혈 등), 타박상, 무월경, 소갈, 황달, 부종, 임증 등에 쓴다. 신장염, 신장성 고혈압, 간염에도 쓴다.

**처방**
• 백모근·백합·소엽·황기·생지황·아교 각각 8g, 맥문동·길경·포황·상백피·감초·패모 각각 4g, 생강 6g을 섞은 계소산(鷄蘇散)은 비출혈에 쓴다. 달여서 하루 3번에 나누어 복용한다.
• 신선한 띠뿌리 150g을 급성 신장염으로 몸이 부을 때 쓴다. 물에 달여서 하루 2~3번에 나누어 먹는다.

**용 량** 하루 6~12g. 신선한 것은 하루 20~30g.

띠

# 측백엽 (側柏葉) 측백 잎

측백나무과 측백나무속 늘푸른바늘잎큰키나무
측백나무의 가지와 잎을 말린 것
*Thuja orientalis* L.

이혈약 利血藥

**산 지** 전국. 민가에서 울타리용으로 심으며 높이 10m 정도 자란다.

**채 취** 봄과 가을에 잎이 붙은 어린 가지를 잘라 그늘에서 말린다.

실험에 의하면 지혈작용은 꽃이 피기 직전 혹은 꽃이 피는 시기(4월경)에 채취한 것이 가장 강하다.

**형 태** 묵은 가지는 적갈색이나 회갈색이고 어린 가지는 연두색이나 회녹색이며

측백나무

많이 갈라졌는데 부채 모양으로 납작하게 되었다. 비늘 모양의 잎은 삼각형이고 길이는 1.5~4㎜이며 녹색이고 가지를 둘러싸고 있다. 질은 가볍고 잘 부스러지며 특이한 향기가 있다. 맛은 약간 쓰며 떫다.

묵은 가지보다 새 가지가 더 좋다. 잡질이 적고 어린 가지가 많으며, 향기가 진하고 맛이 쓴 것이 좋은 것이다.

**법 제** 말린 것을 그대로 쓰거나 또는 검게 볶아서 쓴다. 증기에 찌거나 술에 불려서 쪄서 쓰기도 한다.

**성 분** 정유와 투옌(thujene), 투욘(thujone), 펜촌(fenchone), 피넨, 캐리오필렌(caryophyllene) 등이 들어 있다. 그리고 신선한 측백엽에는 밀, 타닌, 수지, 비타민 C 등이 들어 있다.

**약 성** 맛은 쓰고 떫으며

**처방** 여러 가지 출혈에 쓰는 십회산(十灰散)에 측백엽이 들어 있다.

• 측백엽 · 대계 · 소계 · 하엽 · 백모근 · 치자 · 대황 · 목단피 · 천초근 · 종려피를 각각 검게 볶아 가루내어 같은 양을 섞어 만든 십회산(十灰散)은 토혈 및 각혈에 지혈약으로 쓴다. 한 번에 20g씩 하루 2~3번 먹는다.

• 여러 가지 출혈(토혈, 비출혈, 위장출혈, 혈뇨, 자궁출혈, 산후출혈, 혈리 등)에는 측백엽 한 가지를 검게 볶아서 하루 6~12g을 탕제 · 산제 · 환제 형태로 만들어 하루 3번에 나누어 먹는다.

• 탈모에는 측백 잎을 가루 내어 삼 씨의 기름에 개어서 바른다.

**용 량** 하루 6~12g.

성질은 약간 차고 폐경·간경·대장경에 작용한다.

효능 혈분의 열을 없애고 출혈을 멈추게 한다.

약리실험에서 지혈작용이 밝혀졌다. 탕약의 지혈작용이 다른 제형에 비하여 훨씬 강하다. 측백 잎은 혈관을 좁히고 혈액응고를 빠르게 하여 지혈작용을 나타낸다.

이 밖에 지해작용, 가래 삭임작용, 소염·억균·항바이러스작용도 밝혀졌다.

적용 여러 가지 출혈(토혈, 비출혈, 위장출혈, 혈뇨, 자궁출혈, 산후출혈, 혈리 등)에 쓴다. 또 장풍, 붕루, 풍습비통, 세균성 이질, 고혈압, 해수, 단청, 이하선염, 탕상의 치료에도 쓸 수 있다.

탈모와 일찍 머리카락이 희어질 때에도 쓴다. 탈모에는 가루를 내어 삼 씨의 기름에 개어서 바른다.

# 천초근 (茜草根) 천근, 천초

꼭두서니과 꼭두서니속 여러해살이덩굴풀
꼭두서니의 뿌리를 말린 것
*Rubia akane* Nakai

산지 전국. 산과 들의 숲에서 길이 1m 정도 자란다.

채취 가을 또는 봄에 뿌리를 캐어 줄기와 잔뿌리를 다듬고 물에 재빨리 씻어 햇볕에 말린다.

형태 짧은 뿌리줄기에서 원기둥 모양의 뿌리가 갈라졌다. 뿌리는 대개 구부러졌다. 겉은 약간 붉고 노란색인데 오래 묵은 것은 적갈색이며 세로주름이 있다. 질은 가볍고 잘 부러진다. 단면은 매끈하고 적갈색이다. 냄새는 없고 맛은 약간 쓰다.

길고 굵으며 겉은 적황색이고 단면은 적갈색이며 잡질이 없는 것이 좋다.

법제 말린 것을 그대로 쓰거나 또는 볶아서 쓴다.

성분 옥시안트라퀴논(oxyanthra- quinone)과 그 유도체, 즉 루베리트르산 (ruberythric酸), 갈리오진, 푸르푸린 (purpurin, 보라색 색소) 등이 들어 있다. 이 밖에 유기산, 당, 펙틴 등이 들어 있다.

약성 맛은 쓰고 성질은 차며 간경·심포락경에 작용한다.

꼭두서니

**효 능** 혈분의 열을 없애고 출혈을 멈추며, 혈액순환을 좋게 하고 월경을 통하게 한다.

실험에서 이 약의 온침액은 혈액의 응고시간을 짧게 한다. 그리고 강심 이뇨작용, 자궁 수축작용, 장 꿈틀운동 강화작용, 황금색포도상구균의 억균작용을 나타낸다.

꼭두서니 뿌리 제제는 신장과 방광의 결석을 천천히 녹여서 없앤다. 이 작용은 루베리트린산이 소변을 산성화하여 옥살산염을

이혈약
利血藥

녹게 하는 것과 관련된다고 본다.

**적 용** 토혈, 비출혈, 자궁출혈, 무월경, 부스럼, 타박상, 신석증과 방광결석, 자궁내막염에 쓴다. 이 약을 먹을 때 소변이 붉게 물든다. 그러나 약쓰기를 끊으면 소변 빛깔이 정상으로 돌아간다.

**처방** • 천초근 · 아교 · 황금 · 측백엽 · 건지황 각각 38, 석위 · 목통 · 활석 각각 75를 섞어 만든 가미천근산(加味茜根散)은 비출혈, 혈뇨, 위장출혈에 쓴다. 한 번에 12g을 달여 2~3번 나누어 복용한다.
• 천초근 한 가지를 쓰는 천초전(茜草煎)은 토혈, 비출혈, 혈변, 자궁출혈 등에 쓴다. 6~10g을 달여 하루에 3번 나누어 복용한다.

**용 량** 6~10g.

# 우(藕) 연근, 연꽃 뿌리

수련과 연꽃속 여러해살이물풀
연꽃의 뿌리줄기를 말린 것
*Nelumbo nucifera Gaertner*

**산 지** 전국. 연못이나 저수지 및 강가에서 자란다.

**채 취** 가을에 뿌리줄기를 캐어 물에 씻고 수염뿌리를 다듬어 햇볕에 말린다. 신선한 것을 그대로 쓰기도 한다.

**형 태** 원기둥 모양이고 겉은 황갈색이나 회갈색이며 마디 부분은 잘룩하고 마디 사이의 가운데는 약간 굵으며 세로주름 무늬가 있다. 때로는 마디 부분에 흑갈색 비늘잎의 나머지가 있다. 가로로 잘라 보면 가운데 작은 구멍이 있고, 그 주변에 약 7개의 큰 구멍이 있다.

냄새는 없고 맛은 달고 떫다.

**성 분** 아스파라긴(약 2%), 아르기닌, 트리고넬린(trigonellin), 티로신, 레시틴, 아스코르브산(ascorbic酸), 알칼로이드, 타닌, 녹말포도당 등이 있다. 알칼로이드로서는 누파리딘(nupharidin), 누파라민(nuphalamine), 누파린(nupharin) 등이 들어 있다.

**약 성** 맛은 달고 성질은 평하며 간경 · 폐경 · 위경에 작용한다.

**효 능** 여러 종류의 출혈을 멈추게 하고 어혈을 없앤다.

날것은 해열작용과 혈분의 열을 없앤다. 또 해독작용, 산어작용을 나타낸다.

삶아 익힌 것은 건비·개
위·익혈·생기 작용을 하
고 설사를 멈추게 한다.

적용 여러 가지 출혈
(토혈, 비출혈, 각혈, 혈뇨,
위장출혈, 자궁출혈 등), 혈
림, 혈리 등에 쓴다.

처방 • 여러 가지 출혈에 다른 지혈약을 섞어 쓸 수도 있으나 이
약 한 가지를 9~15g을 달여 하루 3번에 나누어 복용한다.
• 여러 가지 출혈에 신선한 연꽃 뿌리가 있으면 즙을 내어 쓰는 것
이 좋다. 생연꽃 뿌리 30~60g으로 즙을 내어 하루 3번에 나누어
복용한다.
용량 하루 9~15g, 신선한 것은 하루 30~60g.

# 오적골(烏賊骨) 오징어 뼈, 해표초

참오징어과 연체동물
참오징어의 뼈를 말린 것
*Sepia esculenta*

산지 동해, 서해, 남해에서 서식한다.
채취 오징어를 잡아서 뼈를 모아 물에
씻어 햇볕에 말린다.
형태 긴 타원형인데 길이 10~20㎝,
너비 3~7㎝이다. 등쪽은 석회질층이고 흰
색 돌기가 있다. 아랫 면은 오목하고 세로
홈이 있으며 흰색이고 노란색 투명한 얇은
막이 덮이기도 한다. 질은 가볍고 잘 부서
진다. 냄새는 비리고 맛은 약간 짜고 떫다.
법제 등의 석회질층을 없애
고 가루내어 쓴다. 또는 물에 삶아
서 물기를 없애고 쓴다.
성분 탄산칼슘 80~85%, 소
량의 인산칼슘, 염화나트륨, 마그
네슘염, 콘키올린(conchiolin), 점
액질이 들어 있다.
약성 맛은 짜고 성질은 약간
따뜻하며 간경·신경에 작용한다.
효능 출혈을 멎게 하고 혈액

을 잘 돌아가게 하며 유정을 치료하고 헌
데를 아물게 한다. 위산을 중화하는 작용
도 한다.
적용 장출혈, 자궁출혈을 비롯한 여러
가지 출혈에 쓴다.
이슬, 유정, 위가 아프고 신물이 올라올
때(위산과다증), 무월경, 징가, 피부궤양,
위 및 십이지장궤양에도 쓴다.
외상 출혈에는 외용한다.

처방 • 오적골 10, 감초 10, 대황 5를 섞어 만든 오감산
(烏甘散)은 과산성 만성위염, 위 및 십이지장궤양에
쓴다. 한 번에 4g씩 하루 3번 복용한다.
• 오적골 10, 패모 5(또는 오적골 10, 감초 5)를 섞어 위궤
양으로 배가 아프고 신물이 올라올 때 쓴다. 1회 4g씩 하루
3번 복용한다.
• 오적골 4g, 달걀 껍질 7g , 감초 4g, 고백반 1g, 빙편
0.1g을 가루내어 섞은 위장산(胃腸散)을 위 및 십이지장궤
양에 쓴다. 1회 4g씩 하루 3번 식사 2시간 후에 복용한다.
용량 하루 6~12g.

# 낭아초(狼牙草) 용아초, 선학초

장미과 짚신나물속 여러해살이풀
짚신나물의 전초를 말린 것
*Agrimonia pilosa* Ledeb.

이혈약
利血藥

**산지** 전국. 들이나 길가에서 키 30～
100cm로 자란다.

**채취** 여름철에 전초를 베어 잡질을 없
애고 그늘 또는 햇볕에 말린다.

**형태** 줄기는 길이 30～70cm, 지름 4
～6mm이고 짙은 갈색이다. 줄기 윗부분의
빛깔은 연한 갈색이다. 잎은 어긋나고 깃
꼴겹잎이며 연녹색이다. 갈래잎은 타원형
이고 톱니가 있으며 표면에 흰 털이 있다.
줄기 끝 노란색 꽃이 총상화서를 이룬다.

**성분** 전초에 아그리모닌(agrimo-
nine), 아그리모놀리드(agrimonolide), 타
닌, 스테롤, 유기산, 아그리모폴 A · B ·
C · D · E, 플라보노이드, 사포닌, 비타민

짚신나물

K 등이 있다.

**약성** 맛은 쓰고 떫으며 성질은 평하고
폐경 · 간경 · 비경에 작용한다.

**효능** 출혈과 설사를 멎게 하며 해독작
용을 하고 헌데를 치료하며 살충 효과가
있다. 혈액응고를 빠르게 하고 혈소판 수
를 많아지게 하여 출혈을 멎게 한다.

또 황금색포도상구균, 대장균, 녹농막대
균에 대해 억균작용과 암세포를 파괴하는
작용도 나타낸다.

짚신나물 알코올추출물은 강심작용을
나타내고 호흡을 흥분시키며 내장혈관을
수축시켜 혈압을 높인다. 액체추출물과 알
코올추출물은 소염작용을 나타낸다.

짚신나물의 타닌 성분은 지사작용, 아그
리모폴 성분은 조충을 구제하며 트리코모
나스를 죽인다.

**적용** 비출혈, 각혈, 토혈, 혈뇨, 자궁
출혈, 설사, 이질, 학질, 위암, 식도암, 대장
암, 간암, 자궁암, 방광암, 트리코모나스성
질염, 부스럼 등에 쓴다.

**처방** • 각종 출혈에 낭아초 10～15g을 쓴다.
달여서 하루 3번에 나누어 복용하거나
다른 지혈약을 섞어서 쓴다.
• 설사, 이질에 낭아초 · 괴화 · 지유 각각 12g,
형개수 8g을 달여 하루 3번에 나누어 복용한다.

**용량** 하루 10～15g, 생풀은 하루 15～30g.

# 연방(蓮房) 연꽃 화탁

수련과 연꽃속 여러해살이물풀
연꽃의 꽃턱(화탁)을 말린 것
*Nelumbo nucifera* Gaertner

**산지** 전국. 연못과 강가에서 자란다.

**채취** 가을에 열매가 익은 다음 꽃턱이 달린 이삭을 따서 열매와 꽃대를 다듬고 화탁만을 골라서 햇볕에 말린다.

**형태** 고깔 모양이거나 깔때기 모양이며 높이는 3~8cm, 지름은 6~10cm이다. 윗면은 둥글고 평탄하며 꽃대가 붙었던 쪽은 뾰족하다. 표면은 자갈색이나 갈색이고 주름져 있다. 밑부분에는 꽃대가 붙었던 자리가 있고 윗면은 둥근 구멍이 많아 벌집 모양이다. 질은 가볍다. 냄새는 없고 맛은 떫다.

**법제** 검게 볶아서 쓰기도 한다.

**성분** 단백질, 지방, 탄수화물, 카로틴, 티아민(thiamine), 리보플라빈(riboflavine), 니코틴이 들어 있다.

**약성** 맛은 쓰고 떫으며 성질은 따뜻하고 간경에 작용한다.

**효능** 출혈을 멎게 하고 혈액을 잘 돌아가게 하여 어혈을 없애며 습을 없앤다.

**적용** 자궁출혈, 월경과다, 어혈복통, 혈리, 혈림, 치질, 탈항, 습창 등에 쓴다.

이혈약 利血藥

**처방**
- 연방(검게 볶은 것), 형개(검게 볶은 것) 같은 양을 가루내어 자궁출혈에 쓴다. 한 번에 8g씩 하루 3번 복용한다.
- 연방 5개, 향부자 7.5g을 태워 잿가루로 만들어 산후하혈에 쓴다. 한 번에 7.5g씩 매일 3회 식전마다 밥물로 복용한다.

**용량** 하루 6~12g.

연꽃

# 계관화(鷄冠花) 맨드라미 꽃

비름과 맨드라미속 한해살이풀
맨드라미의 꽃이삭을 말린 것
*Celosia cristata* L.

**[산 지]** 전국. 화단에서 원예용으로 재배하며 키 90㎝ 정도 자란다.

**[채 취]** 꽃이 필 때 꽃이삭을 따서 햇볕에 말린다.

**[형 태]** 납작한 삼각형 또는 부채 모양이며 길이 5~10㎝, 너비 3~6㎝이다. 위쪽 가장자리는 닭의 볏처럼 물결 모양이고, 가지색·붉은색·분홍색·흰색의 비늘조각이 많이 붙어 있다. 수술은 5개이고 암술은 1개이다. 꽃이삭의 아랫부분에는 많은 열매가 있다. 익은 열매는 터져 밑부분만 남아 있고 흑회색의 씨가 여러 개 들어 있다. 냄새는 없다.

**[성 분]** 지방, 베타시아닌(betacyanin), 켐페리트린(kaempferitrin), 아마란딘(amaranthin), 피니톨(pinitol)이 들어 있다.

**[약 성]** 맛은 달고 떫으며 성질은 서늘하다. 간경·대장경에 작용한다.

**[효 능]** 출혈과 설사를 멈추게 한다.

맨드라미꽃 탕약은 질트리코모나스를 죽이는데 시험관 안에서 10% 탕액은 60분에, 20% 탕액은 15분에 질트리코모나스를 죽인다.

**[적 용]** 장출혈(장풍), 자궁출혈(붕루), 토혈 등 출혈에 쓴다. 그리고 혈리, 설사, 혈림, 이슬, 치질 등의 치료에도 쓴다.

> **처방**
> • 출혈에 다른 지혈약을 섞어 쓸 수도 있고 계관화 한 가지를 가루내어 한 번에 2~3g씩 하루 3번 복용해도 좋다.
> • 하리에는 계관화를 1일 4~8g씩 물에 달여서 공복에 복용한다.
> • 동상에는 계관화 10~15g을 잘게 부수어 물 400㎖에 삶은 즙액으로 환부를 씻어준다.
> • 자궁출혈에는 맨드라미 씨(계관자)를 볶아서 식후에 그대로 복용한다.
> **[용 량]** 하루 6~12g.

맨드라미

# 한련초 <small>(旱蓮草)</small> 한련풀

국화과 한련초속 한해살이풀
한련초의 전초를 말린 것
*Eclipta prostrata* Linné

**산 지** 경기도 이남 지방. 길가나 밭둑의 습지에서 키 10~60cm로 자란다.

**채 취** 가을에 꽃이 핀 전초를 베어 그늘에서 말린다.

**형 태** 줄기는 원기둥 모양이고 세로 줄이 있다. 길이 20~30cm, 지름 2~4mm이다. 겉은 녹갈색이고 흰 털이 있다. 마디에는 잎이 마주 붙어 있다. 잎은 버들잎 모양이고 녹색 또는 암녹색이며 흰 털이 있다. 가지 끝에 지름 2~6mm의 두상화서가 있다. 냄새는 약하고 맛은 약간 맹맹하다.

**성 분** 전초에는 정유, 사포닌, 타닌, 에클립틴(ecliptine), 쿠마린 화합물인 고미질, 웨델롤락톤(wedelolactone), 비타민 A 등이 있다.

**약 성** 맛은 달고 시며 성질은 차고 간 · 신 경에 작용한다.

**효 능** 간과 신장을 보하고 혈액의 열을 없애며 지혈한다.

한련초의 지혈작용은 실험적으로 증명되었다.

한련초의 즙이 옷이나 천에 묻으면 차츰 검어지는 것은 웨델롤락톤 성분이 공기와 화학반응하여 빛깔이 검게 변하기 때문이다. 이 때문에 옛날부터 한련초의 즙은 일찍 희어진 머리카락을 검게 한다고 알려져 왔다. 이 성분은 암세포의 성장을 억제하는 효력도 나타낸다.

**적 용** 간신음허로 인한 어지럼증, 요산통, 머리카락이 일찍 희어질 때, 골증열, 혈열로 인한 여러 가지 출혈, 외상 출혈 등에 쓴다.

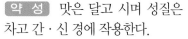

> **처방**
> • 출혈에 한련초를 달이거나 생풀의 즙을 복용한다.
> • 혈뇨가 나올 때는 한련초 20g, 차전초 15g을 달여서 쓴다. 하루 3번에 나누어 복용한다.
> • 위장출혈에는 한련초 12g, 괴화, 지유 각 10g을 달여서 쓴다. 하루 3번에 나누어 복용한다.
> • 간신음허로 인한 어지럼증, 요산통, 머리카락이 일찍 희어질 때, 골증열에는 한련초, 여정실, 백수오, 구기자 같은 양을 섞어 만든 환약을 한 번에 5~6g씩 3번 복용한다.
> **용 량** 하루 10~30g.

한련초

# 제채(薺菜)

십자화과 냉이속 두해살이풀
냉이의 지상부를 말린 것
*Capsella bursa-pastoris* (L.) L. W. Medicus

이혈약
利血藥

**산 지** 전국. 밭과 들판에 흔하게 나고 키 10~50㎝로 자란다.

**채 취** 봄에 지상부를 채취하여 뿌리와 잡질을 제거하고 햇볕에 말린다.

**형 태** 줄기는 원기둥 모양이고 길이 15~30㎝이다. 표면에는 털이 있거나 매끈하다. 뿌리잎은 긴 버들잎 모양이고 가장자리는 깃 모양으로 갈라졌으며 밑에 짧은 꼭지가 있다. 줄기잎은 어긋나고 버들잎 모양이며 가장자리는 매끈하고 밑은 화살 모양이다. 줄기와 가지 끝에 꽃과 열매가 붙어 있다. 꽃잎은 하얗고 꽃받침보다 2배나 깊다. 열매는 둔한 역삼각형이다. 냄새는 거의 없고 맛은 약간 쓰다.

**성 분** 유기산, 아미노산, 당, 콜린, 아세틸콜린(acetylcholine), 브루친(bruchine), 사포닌, 플라보노이드, 루틴(rutin), 헤스페리딘(hesperidin), 루테올린(luteolin)-7-루티노시드(rutinoside), 디히드로피세틴(dihydrofisetin), 케르세틴-3-메틸에테르, 고시페틴헥사메틸에테르(gossypetinhexamethylether), 디오스민(diosmin), 로비네틴(robinetin), 시니그린(sinigrin), n-노나코산(nonacosane), 시토스테롤(stosterol) 등이 들어 있다.

**약 성** 맛은 맵고 달고 평하며 간경·심경·폐경에 작용한다.

**효 능** 출혈을 멈추고 비를 건전하게 하며 소변을 잘 나오게 하고 눈을 밝게 한다.

약리실험에서 자궁 수축작용, 지혈작용, 심장혈관을 넓히는 작용, 혈압을 일시적으로 낮추는 작용 등이 밝혀졌다.

**적 용** 자궁출혈, 월경과다, 혈변, 토혈, 기타 출혈에 쓴다.

그리고 부종, 임증, 유미뇨, 눈이 충혈되며 붓고 아플 때, 이질 등에도 쓴다.

**처방** • 자궁출혈, 월경과다에 제채·낭아초 각각 12g을 달여서 하루 3번에 나누어 복용한다. 다른 출혈에도 쓸 수 있다.
**용량** 하루 10~15g.

냉이

# 금잔화 <sub></sub>(金盞花) 금잔화 꽃, 금잔국

국화과 금잔화속 여러해살이풀
금잔화의 꽃을 말린 것
*Calendula arvensis* Linné

이혈약 利血藥

**산 지** 전국. 화단 원예용으로 재배하며 키 30~50㎝로 자란다.

**채 취** 여름철에 완전히 핀 꽃송이를 따서 그늘에서 말린다.

**형 태** 둥근 두상화서이고 지름은 1~3㎝이다. 꽃받침은 녹색이고 끝이 뾰족한 타원형이며 털이 있다. 꽃자루는 없거나 5㎜ 이하의 것이 있다. 꽃송이의 가장자리에 있는 설상화는 황감색 또는 감색이고 길이 1.5~2.5㎝이며 윗부분 끝이 3개로 갈라졌다. 아랫부분에는 털이 있고 두 갈래로 갈라진 암술과 열매가 있다. 관 모양 꽃은 황감색이고 위 끝이 5개로 갈라졌고 아랫 부분에 털이 있으며 속에 5개의 수술과 1개의 암술이 있다. 냄새는 약하지만 향기롭고 맛은 쓰다.

**성 분** 카로티노이드(carotinoid), 정유, 수지, 점액질, 유기산 및 적은 양의 알칼로이드가 들어 있다. 카로티노이드로서 리코펜(lycopene), 비올라크산틴(viola-xanthin), 플라보크산틴 (flavoxanthin), 루비크산틴(rubixanthin) 등이 있다.

**약 성** 맛은 쓰고 밋밋하며 성질은 평이하다.

**효 능** 혈액의 열을 없애고 출혈을 멈추게 한다. 금잔화의 꽃과 잎은 소염작용, 억균작용을 나타내는데 특히 포도상구균과 연쇄상구균에 대한 억균작용이 더 강하며

억균 성분은 물에 용해되지 않고 알코올에 용해된다.

꽃의 추출물은 진정작용, 혈압 강하작용, 이담작용, 궤양을 치료하는 작용을 나타낸다.

팅크제는 항바이러스작용도 나타낸다.

금잔화 꽃은 항암작용도 나타난다.

**적 용** 장출혈, 치출혈, 기타 출혈, 위염, 위 및 십이지장궤양, 식도암, 월경불순 등에 쓴다.

**처방** 지혈에 이 약과 다른 지혈약을 섞어서 쓸 수 있다.
- 금잔화 8g에 사탕을 조금 넣고 달여 장출혈에 쓴다. 하루 3번에 나누어 복용한다.
- 금잔화 뿌리로 산기(疝氣)를 치료할 수 있다.

**용 량** 하루 5~9g.

금잔화

# 마발(馬勃)

먼지버섯과 먼지버섯속 균체
먼지버섯의 자실체를 말린 것
*Astraeus hygrometricus* (Pers.) Morgan

이혈약 利血藥

**산 지** 전국. 산지의 숲속이나 공터 등에서 자란다.

**채 취** 여름부터 가을 사이에 버섯의 자실체가 굳어져서 터지기 전에 자실체를 채취하여 흙과 기타 유기물질들을 털어 버린 후 햇볕에 말린다.

**형 태** 둥근 모양 또는 덩어리 모양이며 지름은 5~15㎝이다. 겉껍질은 황갈색 또는 회갈색이고 껍질은 종이처럼 얇고 잘 찢어진다. 질은 가볍고 해면 모양이며 탄성이 있고 누르면 포자가 먼지가 일어나는 것처럼 날아오른다. 냄새와 맛은 없다.

**성 분** 겜마테인(gem-mathein), 요소, 에르고스테롤(ergosterol), 아미노산, 많은 양의 인산나트륨 등이 들어 있다.

**약 성** 맛은 맵고 성질은 평하며 폐경에 작용한다.

**효 능** 폐열을 내리게 하고 기침을 멈추게 하며 출혈을 멎게 한다.

먼지버섯의 지혈작용이 실험적으로 증명되었다.

먼지버섯 탕약은 황금색포도상구균, 녹농막대균, 변형막대균, 폐렴쌍구균에 대하여 억균작용을 나타내고 일련의 병원성 피부사상균에 대한 억균작용도 나타낸다.

**적 용** 폐열로 기침할 때, 인후가 붓고 아플 때, 비출혈, 자궁출혈, 상처출혈, 목이 쉬었을 때 등에 쓴다.

---

**처방** 자궁출혈에 마발과 다른 지혈약을 섞어 쓸 수 있다.

• 마발 4g, 현삼 12g, 판람근 10g을 섞어 폐열로 기침할 때, 인후가 붓고 아플 때, 목이 쉬었을 때 등에 쓴다. 달여서 하루 3번에 나누어 복용한다.

• 자궁출혈에는 마발 4g을 달여서 쓴다. 하루 3번에 나누어 복용한다.

• 외상출혈에는 마발 가루를 환부에 뿌리면 출혈이 멎는다.

**용 량** 하루 3~4g.

# 문형 (間荊)

속새과 속새속 여러해살이풀
쇠뜨기의 지상부를 말린 것
*Equisetum arvense* L.

산 지   전국. 산과 들에서 키 15~60㎝로 자란다.

채 취   여름에 지상부(영양줄기)를 채취하여 그늘에서 말린다.

형 태   줄기는 곧은 원기둥 모양이고 세로주름이 7~10줄 있으며 길이는 20~30㎝, 지름은 0.2~0.3㎝이다. 마디 사이 길이는 1~3㎝이고 마디에는 7~10개의 네모난 가지가 돌려붙어 있다. 줄기와 가는 가지의 마디에는 황갈색의 비늘 모양 잎이 가지를 둘러싸서 집을 이루고 있다. 대개 비늘잎의 시작부는 붙었고 위쪽 끝에서 4개로 갈라졌다. 비늘잎의 길이는 약 2㎜이다. 가는 가지는 길이 10~20㎝, 지름 1~1.5㎜이다. 표면은 회황록색이다.

성 분   사포닌의 에퀴세토닌(equisetonin), 배당체인 에퀴세트린(equisetrin), 이소쿼시트린(isoquercitrin), 갈루테올린(galuteolin)이 들어 있다. 그리고 규산(5.19~7.77%), 유기산, 지방, 베타 시토스테롤, 팔루스트린(palustrine), 여러 가지 아미노산 등이 있다.

약 성   맛은 쓰고 성질은 서늘하다. 냄새는 없다.

효 능   열을 내리고 혈액의 열을 없애며 기침을 멎게 하고 소변을 잘 나오게 한다.

신선한 지상부의 알코올추출물은 약한 이뇨작용을 나타내고, 탕약은 혈압을 낮추고 호흡이 빨라지게 하는 작용을 나타낸다는 것이 실험적으로 밝혀졌다.

또 항암작용도 나타낸다.

적 용   토혈, 비출혈, 장출혈, 객혈, 치출혈, 혈변, 월경과다, 기침이 나고 숨이 찰 때, 소변이 잘 나오지 않을 때, 황달, 간염 등에 쓴다. 만성 기관지염, 골절, 천식, 임질, 요로감염, 신장병의 치료에도 쓴다.

처방   다른 약을 섞어 쓸 수도 있으나 이 약 한 가지를 10g 달여 하루 3번에 나누어 먹어도 된다.
용량   하루 4~10g. 신선한 것은 하루 30~60g.

쇠뜨기 생식줄기(뱀밥)

# 백급(白及)

난초과 자란속 여러해살이풀
자란의 덩이줄기를 말린 것
*Bletilla striata* (Thunb.) Rchb. f.

**산지** 남부 지방. 산지에서 키 50㎝ 정도 자란다.

**채취** 가을에 덩이줄기를 캐어 줄기와 잔뿌리를 다듬고 물에 씻은 다음 삶거나 쪄서 햇볕에 말린다.

**형태** 손바닥 모양이고 납작한데 2~3개의 가지가 있다. 길이는 1.5~4㎝, 두께는 0.5~1㎝이다. 겉은 황백색이고 각질 모양이며 가는 주름이 있다. 윗면에는 줄기가 붙었던 자리가 도드라졌다. 아랫면에는 다른 덩이줄기가 붙었던 흔적이 있고 그 주위에 동심성의 갈색 고리 무늬가 있으며 그 위에 수염뿌리를 다듬은 자리가 갈색 반점으로 나타난다. 질은 단단하고 잘 부서지지 않는다. 단면은 황백색이고 각질 모양이며 약간 투명하다. 냄새는 없고 맛은 쓰고 끈기가 있다.

덩이가 크고 살찌고 황백색이며 질이 단단하고 반투명하며 수염뿌리가 없는 것이 좋은 것이다.

**처방** • 백급을 가루내어 만든 **독성산(獨聖散)**은 각혈, 토혈, 비출혈 등에 쓴다. 한 번에 1~2g씩 하루 3번 복용한다.
• 화상을 입었을 때, 손발의 살이 틀 때에는 백급 가루를 기름에 개어 환부에 바른다.

**용량** 하루 6~12g.

**금기** 오두와 배합금기이다.

**성분** 점액질, 녹말, 정유, 포도당 등이 들어 있다.

**약성** 맛은 쓰고 달며 성질은 평하고(약간 차다는 견해도 있다) 폐경·간경·위경에 작용한다.

**효능** 폐를 보하고 출혈을 멈추게 하며 어혈을 없애고 새살이 돋아나게 하며 헌데를 아물게 한다.

동물실험에서 혈액 응고시간과 출혈시간을 줄인다. 시험관 안에서 결핵균, 그람양성균에 대한 억균작용을 나타냈다.

임상에서 규폐, 폐결핵을 백급으로 치료한 결과 일정한 효과가 인정되었다.

백급 장제는 새살이 빨리 나

자란

오게 하고 상처를 빨리 아물게 하며 위궤양
도 빨리 아물게 한다.

적용 여러 가지 출혈에 모두 쓰는데 특히 폐
출혈, 위출혈에 좋다.

그리고 폐결핵, 백일해, 화상, 부스럼, 악창, 연주
창, 상처, 손발의 살이 틀 때에도 쓴다. 또한 규폐의
치료에 보조약으로 쓸 수 있다.

# 혈갈(血竭) 기린갈, 기린혈

백합과 늘푸른큰키나무
용혈수(기린갈나무)의 진을 말린 것
*Daemonorops draco* Blume

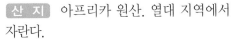 아프리카 원산. 열대 지역에서
자란다.

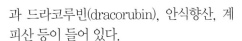 크기가 일정하지 않은 덩어리인
데 일반적으로 지름은 6~8cm, 두께는 4~
6cm이고 무게는 약 120~150g이다. 겉은
암적색이고 약간 윤기가 있다. 질은 무겁
고 잘 깨지며 단면은 새빨간색이고 윤기가
있다. 물에는 용해되지 않는다. 뜨거운 물
에 담그면 연해진다. 냄새는 없고 맛은 담
백하다. 겉은 암회색이고 단면과 가루는
새빨간색이고 윤기가 나며, 태우면 안식향
산의 냄새가 나고 잡질이
없는 것이 좋은 것이다.

성분 수지, 드라코알반
(dracoalban), 드라코레신
(dracoresin), 붉은 색소인
드라코로딘(dracorhodin)

과 드라코루빈(dracorubin), 안식향산, 계
피산 등이 들어 있다.

약성 맛은 달고 짜며 성질은 평하고
간경·심포락경에 작용한다.

효능 활혈·산어·지통·지혈작용을
한다. 그리고 새살이 돋아나게 한다.

일련의 피부진균들에 대한 억균작용이
밝혀졌다.

적용 타박상, 상처, 산후출혈, 비출혈,
장출혈, 어혈통증, 헌데, 악성 창양, 옴 등
에 쓴다.

처방 • 혈갈 6, 사향 1, 대조 5(검게 볶은 것)를 섞어서 헌데가
오래 아물지 않을 때 쓴다. 외용한다.
• 혈갈 2, 유향 6, 몰약 1을 섞어서 헌데가 오래 아물지 않을 때 쓰
기도 한다. 외용한다.
• 혈갈 3, 유향 3, 몰약 3, 홍화 2, 사향 1, 빙편 2를 섞어 타박상으
로 온몸이 아플 때 쓴다. 한 번에 1g씩 하루 3번 복용한다.
용량 하루 1~2g.

# 제4장 해열약(解熱藥)

해열약
解熱藥

**해열**약(解熱藥)이란 일반적으로 체온 조절 중추를 진정시켜 병적으로 올라간 체온을 정상으로 내리게 하는 작용을 하는 약을 말한다.

한약의 해열약에는 이 밖에 직접적인 해열작용은 나타내지 못하지만 억균작용, 소염작용 등 병에 대한 원인 치료작용으로 하여 열이 나는 것을 동반하는 병증을 치료하는 약도 포함되어 있다.

이 장에서는 해열약을 다시 해표약(解表藥), 서증약(暑證藥), 청열약(淸熱藥)으로 나누어 구체적으로 취급한다.

# 제1절 해표약(解表藥)

**해표**약(解表藥)이란 주로 땀을 내어 표에 침범한 병사를 없앰으로써 표증을 치료하는 한약을 말한다.

한의학에서는 표증을 다시 풍열표증과 풍한표증으로 나누므로 표증을 치료하는 해표약도 풍열표증약(신량해표약;辛凉解表藥)과 풍한표증약(신온해표약;辛溫解表藥)으로 나눈다.

풍열표증약(風熱表證藥)은 맛이 맵고 성질이 서늘하다.

풍한표증약(風寒表證藥)은 맛이 맵고 성질은 따뜻하며 주로 폐경·방광경에 작용한다. 그리하여 땀을 나게 해서 표에 침범하는 풍한사를 제거한다.

오슬오슬 춥고(오한) 머리와 온몸의 뼈마디가 쑤시며 코가 막히고 콧물이 나는 등 증세가 나타나면 풍한표증약을 써서 치료해야 하며, 주로 열이 나고 머리가 아프고 눈이 충혈되고 갈증이 나며 가슴이 답답한 증세가 나타나면 풍열표증이므로 풍열표증약을 써야 한다.

한의학에서 표증이라고 하는 병증에는 감기도 포함된다. 감기를 제때에 치료하지 않으면 기관지염, 폐렴, 편도염, 상악동염, 중이염 등 여러 가지 질병이 생길 수 있다.

해표약은 표증 치료에 쓰는 것 외에 홍역 환자의 발진 초기 또는 홍역 내공, 두드러기 등 표증 증세가 있으면서 몸이 부을 때에도 쓴다.

해표약을 쓸 때는 다음과 같은 점에 주의한다.

① 심한 구토, 설사, 출혈 등으로 진액이 많이 모자라는 환자에게는 땀을 많이 나게 하는 해표약을 쓰지 않는다.

② 여름철 날씨가 무더워 땀이 잘 날 때에는 해표약의 쓰는 양을 적게 한다. 반대로 땀이 적은 추운 겨울에는 해표약의 쓰는 양을 늘린다.

③ 해표약은 일반적으로 짧은 시간 동안 달인다. 오래 달이면 방향성 성분이 날아가 효과가 약해진다. 박하, 소엽과 같은 일부 해표약은 다른 약을 먼저 달이다가 후에 넣기도 한다.

④ 해표약을 써서 해표의 목적을 달성하고 나면 곧 약복용을 끊어야 한다. 만약 계속 쓰면 진액을 상하게 하고 기도 상하게 할 수 있다.

# 풍한표증약(風寒表證藥)

# 방풍(防風)

산형과 방풍속 세해살이풀
방풍의 뿌리를 말린 것
*Ledebouriella seseloides* (Hoffm.) H. Wolff

• 갯방풍을 대용 약재로 쓸 수 있다.

[산 지] 북부 지방. 산과 들의 메마른 땅, 풀밭, 언덕, 석회암 지대의 양지 쪽에서 키 1m 정도 자란다.

[채 취] 가을 또는 봄에 뿌리를 캐어 줄기와 잔뿌리를 다듬고 물에 씻어 햇볕에 말린다.

[형 태] • 방풍(산방풍) 뿌리 – 긴 고깔 모양 또는 원기둥 모양이고 약간 구부러졌으며 길이는 10~30cm, 지름은 0.5~1.5cm이다. 윗부분에는 흑갈색의 섬유(잎꼭지 부분)가 붙어 있으며 그 밑에는 잔 가로주름이 많고 다른 부분에는 세로주름이 있다. 겉은 회갈색이나 노란색이고 잔뿌리를 다

듬은 자리가 도드라져 있다. 질은 가볍고 잘 부러진다. 단면은 매끈하지 않고 황백색이다.

냄새는 약간 향기롭고 맛은 약간 달다.

굵고 크며 단면이 황백색인 것이 좋은 것이다.

• 갯방풍(바다방풍) 뿌리 – 가늘고 긴 고깔 모양 또는 긴 실북 모양이고 길이는 10~20cm, 지름은 0.5~1.5cm이다. 뿌리의 윗부분에는 가로주름이 있고 나머지 부분에는 세로주름이 있다. 겉은 회갈색이나 연황색이고 잔뿌리를 다듬은 자리가 도드라져 있다. 질은 단단하지만 가볍고 잘 부러지며 단면은 연황색이다.

냄새는 없고 맛은 약간 단맛이 난다.

굵고 크며 겉이 연황색이고 단면이 가루 모양인 것이 좋은 것이다.

[성 분] 방풍과 갯방풍에는 정유, 당류, 쿠마린, 녹말 등이 들어 있다.

[약 성] 맛은 맵고 달며 성질은 따뜻하다. 방광경 · 간경 · 위경 · 비경 · 소장경

방풍

177

방풍 열매

의 정유는 진통작용이 없을 뿐 아니라 오히려 자극의 예민도를 높여주는 경향이 있다.

적 용 방풍은 풍증에 널리 쓰이는 약이며 특히 상초의 풍증에 좋은 약이다. 풍한표증, 풍열감기, 유행성감기, 풍사로 머리가 아프고 눈이 충혈되며 눈물이 날 때, 풍한습비증, 온몸의 관절통, 관절염, 신경통, 팔다리 경련, 파상풍 등에 쓴다.

에 작용한다.

효 능 해표작용을 나타내고 풍과 습을 없애며 통증을 멈춘다. 방풍은 온몸의 풍을 제거하는 한약으로서 풍증을 치료하는 중요한 약이다.

방풍은 땀을 내어 표의 풍한사를 제거하지만 황기를 섞어 쓰면 도리어 땀을 멈추는 약효를 나타낸다.

방풍의 탕약, 우림약, 알코올추출물은 동물실험에서 해열작용이 있다는 것이 밝혀졌다.

방풍 알코올추출물은 동물실험〔집토끼 치수(齒髓) 전기자극법〕에서 진통작용을 나타내는 경향이 있고 잎의 알코올추출물과 뿌리

처방 방풍에 황기, 백작약을 섞으면 저절로 땀이 나는 것을 멎게 하고, 포황(검게 볶은 것)을 섞으면 자궁출혈을 치료하며, 천남성을 섞으면 파상풍을 치료한다.

• 방풍 12g, 당귀 · 적복령 · 행인 · 독활 · 육계 · 감초 각각 8g, 황금 2g, 진교 2g, 갈근 2g, 마황 4g, 생강 6g, 대조 4g을 섞어 만든 방풍탕(防風湯)은 풍습으로 인한 여러 가지 통증에 쓴다. 달여서 하루에 3번 나누어 복용한다.

• 방풍 12g, 강활 12g, 산궁궁 · 백지 · 창출 · 황금 · 생지황 각각 10g, 세신 4g, 감초 4g을 섞은 구미강활탕(九味羌活湯)은 감기로 오슬오슬 춥고 머리가 아프며 뼈마디가 쑤시고 열이 나지만 땀은 나지 않을 때 쓴다. 달여서 하루에 3번 나누어 복용한다.

• 방풍 15g, 감초 15g을 섞은 방풍감초탕(防風甘草湯)은 오두, 부자, 초오두 중독에 쓴다. 달여서 하루에 3번 나누어 복용한다.

용 량 하루 4~12g.

참 고 갯방풍 뿌리를 북사삼이라 하는데, 폐해열작용과 음을 보하며 기침을 멈추는 약으로 쓰기도 한다.

해열약 解熱藥

# 형개 (荊芥) 멍가, 가소

꿀풀과 한해살이풀
형개의 지상부를 말린 것
*Schizonepeta tenuifolia* var. *japonica* (Maxim.) Kitag.

산 지　전국. 약초로 재배하고 키 60㎝ 정도 자란다.

채 취　여름철 꽃이 필 때 지상부를 베어 바람이 잘 통하는 그늘에서 말린다. 열매가 채 익기 전에 꽃이삭(형개수)만 채취하여 쓰기도 한다.

형 태　줄기는 네모나고 세로로 홈이 있으며 털이 있다. 줄기의 겉은 자갈색이고 단면에는 흰색의 수가 있다. 잎은 마주나고 깃 모양으로 깊이 갈라졌으며 갈라진 조각은 띠 모양인데 쭈그러졌다. 줄기 끝에는 둥그런 꽃이삭이 있다. 꽃이삭은 녹색인데, 특이한 향기가 있고 맛은 맵다.

잎이 녹자색이며 향기가 강하고 부서지지 않는 것이 좋은 것이다.

법 제　말린 약재를 검게 볶아서 지혈약으로 쓴다.

성 분　정유가 0.6~1% 들어 있다. 정유의 주성분은 d-멘톤(mentone), d-리모넨 등이다.

약 성　맛은 맵고 쓰며 성질은 따뜻하고 폐경·간경에 작용한다.

효 능　땀을 나게 하여 풍한을 없애며 어혈을 없앤다. 검게 볶은 것은 출혈을 멎게 한다.

　실험에 의하면 형개 탕약은 약한 해열작용이 있으며 땀선의 분비를 왕성하게 하고 피부 혈관의 혈액순환을 빠르게 한다는 것이 밝혀졌다.

해열약 解熱藥

처방　형개를 풍한표증이나 감기에 쓸 때 자소, 방풍을 섞는 경우가 많다.
그리고 임상에서 흔히 형개에 석고를 섞어 두통(풍열)에 쓰고, 괴화(검게 볶은 것)를 섞어 장출혈에 쓰며, 사인을 섞어 혈뇨에 쓰고, 도인을 섞어 산후혈훈에 쓴다.
• 형개 한 가지를 가루내어 만든 형개산(荊芥散)은 감기, 산후혈훈, 아관긴급, 팔다리의 경련 등에 쓴다. 한 번에 8~12g씩 하루 3번 복용한다.
• 형개·소엽·목통·진피(陳皮)·당귀·육계·석창포 각각 8g을 섞어 만든 형소탕(荊蘇湯)은 풍한 감기로 목이 쉬어 말을 못할 때와 기타 여러 가지 목 쉰 증세에 쓴다. 달여서 하루에 3번 나누어 복용한다.
• 형소탕에서 육계를 빼고 길경 8g, 감초 4g을 섞어 인후가 붓고 아플 때 쓴다. 달여서 하루에 3번 나누어 복용한다.
• 형개(검게 볶은 것) 10g, 아교 10g, 포황(검게 볶은 것) 8g, 측백엽(검게 볶은 것) 10g을 섞어 여러 가지 출혈에 쓴다. 달여서 하루에 3번 나누어 복용한다.
• 형개 8g, 길경 10g, 감초 5g을 편도염에 쓴다. 달여서 하루에 3번 나누어 복용한다.

용 량　하루 4~12g.

금 기　땀이 많은 환자에게는 쓰지 않는다.

그 밖에 진경작용, 건위작용, 억균작용도 한다.

적용 풍한표증, 풍열감기, 풍한두통, 입을 벌리지 못할 때, 입과 눈이 비뚤어졌을 때, 인후두가 붓고 아플 때, 연주창, 헌데, 산후 어지럼증 등에 쓴다.

검게 볶은 것은 토혈, 비출혈, 장출혈, 자궁출혈, 혈리 등에 쓴다.

형개 이삭(형개수)도 땀내는 약으로, 풍한표증·감기 등에 쓰는데 그 해표작용은 형개 전초보다 강하다.

● 형개수(荊芥穗)

형개의 꽃이 달린 이삭을 말린 약재(형개수)는 성질이 온하고 맛은 쓰다.

형개수는 땀을 잘 나오게 하고 열을 내리게 하는 작용이 있어 풍병, 혈증, 창병 및 산전산후의 조리에 약재로 쓰인다.

# 자소(紫蘇) 차조기

꿀풀과 들깨속 한해살이풀
차즈기의 전초를 말린 것
*Perilla frutescens var. acuta Kudo*

산지 전국. 농가에서 약초로 재배하며 키 20~80cm로 자란다.

채취 늦은 여름 전초를 베어 그늘에서 말린다.

형태 줄기는 네모나고 길이로 홈이 있으며 자갈색 또는 연한 갈색이다. 줄기의 단면에는 황백색의 수가 있거나 비어 있다. 가지는 마주 붙어 있다. 잎은 마주나고 달걀 모양의 원형이며 가장자리는 톱날 모양이고 녹자색이나 암자색인데 쭈그러지거나 말려 있다. 질은 가볍고 잘 부서진다. 냄새는 향기롭고 맛은 약간 맵다.

줄기는 자갈색이고 잎은 암자색이며 향기가 강하고 부서지지 않는 것이 좋다.

성분 정유가 들어 있다(잎에 0.4~0.6%). 정유의 주성분은 페릴알데히드(perillaldehyde), 리모넨, 피넨 등이다. 잎의 보라색 색소는 티아닌(thianin)과 티아닌의 파라쿠마르산에스테르(paracoumaric酸)이다. 차즈기의 특이한 향기를 내는 성분은 페릴알데히드다.

약성 맛은 맵고 성질은 따뜻하며 폐경·비경·위경에 작용한다.

효능 땀을 내어 풍한을 없애며 비위의 기를 잘 통하게 하고 태아를 안정시키며 물고기독 중독을 해독한다. 또, 피부 혈관을 확장시키고 땀선의 분비를 항진시킨다. 위의 분비 기능과 꿈틀운동을 강하게 한다. 기관지의 분비를 억제하고 기관지의 경련을 진정시킨다.

정유는 강한 방부작용을 가지고 있다.

약리실험에 의하면 차즈기 잎의 우림약 및 탕약은 약한 해열작용을 나타낸다.

차즈기 잎은 시험관 안에서 포도상구균

에 대한 억균작용을 나타
냈다.

차즈기

**적 용** 풍한표증, 풍열
감기, 비위의 기가 막혀 생
긴 복부팽만, 구토하고 설
사할 때, 한담이 있어 기침
이 나고 숨이 가쁠 때, 기
체로 인한 태아동불안, 물고
기독 중독 등에 쓴다.

정유는 살균작용이 강하
므로 식료 공업에서 간장
과 식료품의 방부약으로 쓴다.

페릴라알데히드의 안티옥심은 사탕보다
2,000배나 더 단맛을 가지지만 물에 용해
되지 않고, 가열하면 독성물질로 분해되므
로 담배의 맛을 좋게 하기 위해 쓸 경우가
있다.

**처방** 자소에 향부자, 마황을 섞으면 땀을 나게
하여 풍한표증을 치료한다. 진피(陳皮), 사
인을 섞으면 기를 잘 돌아가게 하고 태아를 안정
시킨다. 길경, 지각을 섞으면 가슴이 답답한 증세
를 치료한다. 연명초(방아풀), 오약을 섞으면 중초
를 따뜻하게 해주고 통증을 멈춘다. 행인, 나복자
를 섞으면 가래를 삭이고 숨이 가쁜 증세를 치료
한다. 그리고 목과, 후박을 섞으면 습각기를 치료
한다. 산궁궁, 당귀를 섞으면 어혈을 없앤다. 자소
는 감기 치료에 널리 쓰는데 이 때 향부자, 마황
뿐만 아니라 형개, 방풍을 섞는 경우도 많다.

• 소엽 15g, 향부자 15g, 창출 12g, 진피(陳皮)
8g, 감초 4g, 생강 6g, 총백 4g을 섞은 **향소산**
(香蘇散)은 풍한표증, 풍습표증, 감기 및 온역에
쓴다. 달여서 하루에 3번 나누어 복용한다.

• 소엽·인삼·전호·반하·갈근·적복령 각각
8g, 진피(陳皮)·길경·지각·감초·생강 각각
6g, 대조 4g을 섞은 **삼소음**(蔘蘇飮)은 몸이 허약

한 사람이 감기에 걸려 열이 나고 머리가 아프며
가래가 있고 기침이 나며 가슴이 답답할 때 쓴다.
달여서 하루 3번에 나누어 복용한다.

• 뱃속이 더부룩하고 토할 때, 물고기독 중독증
등에 자소 한 가지를 달여 먹기도 한다. 6~12g
을 달여 하루에 3번 나누어 복용한다.

**용량** 하루 6~12g.

**금기** 땀이 많은 환자에게는 쓰지 않는다.

**참고** 차즈기의 잎과 줄기를 따로 갈라서 쓰기
도 한다.

• 차즈기 잎(자소엽, 소엽)은 차즈기의 전초에 비
하여 땀을 내고 풍한표증, 감기를 치료하는 효능
이 더 좋다.

• 차즈기 줄기(자소경, 소경)는 차즈기의 전초보
다 기를 잘 통하게 하고 태아를 안정시키는 효능
이 더 좋다.

• 차즈기 씨(자소자, 소자)는 가래를 삭이고 기침
을 멈추게 한다.

해열약 解熱藥

# 세신(細辛) 족도리풀 뿌리

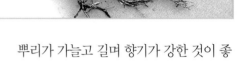

쥐방울덩굴과 족도리풀속 여러해살이풀
족도리풀의 뿌리를 말린 것
*Asarum sieboldii* Miquel.

해열약 解熱藥

• 민족도리풀, 개족도리풀의 뿌리를 대용으로 쓸 수 있다.

**산 지** 전국. 깊은 산의 그늘지고 습한 곳에서 키 20㎝ 정도 자란다.

**채 취** 봄부터 여름 사이에 뿌리를 캐어 물에 씻고 그늘에서 말린다.

**형 태** 뿌리줄기는 가늘고 짧은데 마디가 있고 마디에는 많은 뿌리가 붙어 있다. 뿌리는 가늘고 원기둥 모양이며 길이는 10～20㎝, 지름은 1㎜ 정도이다. 겉은 회백색 또는 연한 갈색이다. 잘 부러지며 단면은 매끈하고 흰색이다. 특이한 향기가 있고 맛은 맵고 시원하다.

족도리풀

뿌리가 가늘고 길며 향기가 강한 것이 좋은 것이다.

**성 분** 리그난 화합물인 L-세사민(L-asarinin), 1.9～3.4%의 정유가 들어 있다. 정유에는 메틸오이게놀(methyl-eugenol), 팔미틴산, 사프롤(safrole), 피넨, 시네올(cineol), 에우카르본(eucar-vone) 등이 들어 있다.

**약 성** 맛은 맵고 성질은 따뜻하며 심경·신경·간경·폐경에 작용한다.

**효 능** 풍한을 발산하고 소음경의 한사를 제거하며 가래를 없애고 통증을 멈추게 한다.

약리실험에 의하면 해열·항알레르기·국소 마취·억균 작용을 나타낸다. 동물에 족도리풀 뿌리의 정유를 비교적 많은 양을 쓰면 처음에는 일시적 흥분을 일으켰다가 계속하여 마비 상태에 빠져 수의운동(隨意運動) 및 호흡 운동이 약해지고 반사가 없어지며 나중에는 호흡이 멎어 죽게 된다.

정유는 혈압을 내려주고 이 약의 탕약은 혈압을 높여준다. 이 약을 쓸 때 이뇨작용이 억제된다.

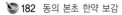

개족도리풀

무늬족도리

**적용** 감기, 풍한두통, 치통, 비증, 관절통, 신경통, 요통, 가래가 있어 기침이 나고 숨이 가쁠 때, 기관지염, 후두염, 비염, 전간 등에 쓴다. 족도리풀 뿌리는 한의학 임상에서 풍한표증약, 진통약 등으로 널리 쓰인다.

**처방** • 주치증에 세신을 1회 0.5∼1.3g씩 물 200㎖로 뭉근하게 달여서 복용한다.
• 세신 6g, 마황 8g, 부자 2g을 섞은 **마황세신부자탕**(麻黃細辛附子湯)은 상한소음병에 태양표실증을 겸하여 오슬오슬 춥고 열이 나는데 땀은 나지 않고 손발이 차며 맥상이 약할 때, 감기, 기관지염, 기관지천식 등에 쓴다.
• 세신 3g, 오미자 8g을 섞어 한담으로 기침할 때, 만성기관지염에 쓴다. 달여서 하루에 3번 나누어 복용한다.
• 세신 3, 오미자 8의 비율로 섞은 약 3g에 석고 20g을 섞어 위열로 이가 쑤실 때 쓴다. 달여서 하루 3번 나누어 복용한다.
• 세신 3, 오미자 8의 비율로

섞은 약 3g에 선황련 10g을 섞어 입 안과 혀가 헐 때 쓴다. 달여서 하루에 3번 나누어 복용한다.
• 세신 3g, 독활 10g을 섞어 두통에 쓴다. 달여서 하루에 3번에 나누어 복용한다.
• 치통에는 족도리풀 뿌리 달인 물로 양치질하는 것이 좋다. 또한 구내염에도 쓴다.
• 구내염, 구취에는 족도리풀 생잎 3∼5장을 달인 물로 양치질을 한다.
**용량** 하루 1∼3g.
**주의** 이 약의 쓰는 양을 정확히 지켜야 한다. 한의학에서는 이 약 한 가지를 가루내어 한 번에 1.875g(5푼) 이상 먹으면 생명이 위험한 것으로 보고 있다.
**금기** 세신은 여로, 황기, 낭독, 산수유 등과 배합금기이다.
• 기가 허하여 땀이 날 때, 혈이 허하여 머리가 아플 때, 음이 허하여 기침할 때는 이 약을 쓰지 않는다.

# 백지(白芷)

산형과 바디나물속 여러해살이풀
구릿대(굼배지)의 뿌리를 말린 것
*Angelica dahurica* (F. ex H.) Benth. & Hook. f. ex Franch. & Sa...

**산 지** 산지 전국. 깊은 산골짜기, 개울
가, 습한 곳에서 키 1~2m로 자란다.

**채 취** 가을에 줄기가 나오지 않은 구릿
대의 뿌리를 캐어 잎자루와 잔뿌리를 다듬
고 물로 깨끗이 씻어 햇볕에 말린다.

**형 태** 고깔 모양 또는 실북 모양이고
길이는 10~25㎝, 지름은 1.0~2.5㎝이며
드물게 가지를 친다. 겉은 황백색이며 세
로주름이 있고 잔뿌리를 다듬은 자리가 도
드라져 있다. 껍질이 잘 벗겨지는데 껍질

구릿대

이 벗겨진 곳은 흰색이다.

질은 단단하고 잘 부러진다. 특이한 향기
가 있고 맛은 약간 쓰고 맵다.

뿌리가 굵고 크며 질이 단단하고 충실하
며, 단면이 하얗고 가루가 나며 냄새가 향
기로운 것이 좋은 것이다.

**성 분** 약 0.12%의 정유와 쿠마린 성분
인 안젤리신, 안젤리콜(angelicol), 안젤리
코톡신(angelicotoxin) 등이 들어 있다.

**약 성** 맛은 맵고 성질은 따뜻하며 폐
경·위경·대장경에 작용한다.

**효 능** 풍한을 없애고 혈액순환을 좋게
하며 고름을 빼내고 새살이 돌아나게 하며
통증을 멈추게 해준다.

구릿대에 들어 있는 백지 안젤리신을 비
롯한 쿠마린 화합물은 동물실험에서 진정
작용, 진경작용을 나타낸다.

**처방** • 백지로 만든 도량환(都梁丸)은 두통에
쓴다. 한 번에 1~2g씩 복용한다.

• 백지 37.5, 창이자 9.4, 박하 3.8 등으로 된
창이산(蒼耳散)은 비연에 쓴다. 한 번에 8g씩
하루에 3번 복용한다.

• 백지·세신·방풍 각각 4g을 탕약으로 하여
비연에 쓴다. 하루 3번에 나누어 복용한다.

• 백지·당귀·금은화·과루근 각각 10g, 감초
4g을 섞어 부스럼, 헌데에 쓴다. 달여서 하루에
3번 나누어 복용한다.

**용 량** 하루 4~12g.

안겔리코톡신은 적은 양에서는 혈관운동중추, 호흡중추 및 미주신경을 흥분시켜 혈압을 높이고 맥박을 느리게 하며 호흡을 흥분시킨다. 그러나 많은 양에서는 경련을 일으키고 이어 실험동물을 마비시킨다.

구릿대는 황색포도상구균을 비롯한 일련의 미생물에 대한 억균작용을 나타낸다.

적 용 풍한두통, 치통, 비연(상악동염), 유옹, 부스럼, 헌데, 이슬, 장출혈, 치루, 뱀에 물렸을 때 쓴다. 그리고 신경통, 요통 등에도 쓴다.

구릿대는 양명경약으로서, 특히 양명두통·치통에 좋은 약이다.

# 고본(藁本)

산형과 왜당귀속 여러해살이풀
고본의 뿌리를 말린 것
*Angelica tenuissima* Nakai

산 지 전국. 깊은 산지의 골짜기에서 키 30~80cm로 자란다.

채 취 봄 또는 가을에 뿌리를 캐어 줄기와 잔뿌리를 다듬고 물에 씻어 햇볕에 말린다.

형 태 지름이 약 2~3cm 되는 엄지뿌리에서 잔뿌리가 갈라졌으며, 길이는 5~20cm이다. 단면은 흰색이다. 쪄서 말린 것은 각질 모양이다. 특이한 향기가 있다.

고본

뿌리가 굵고 크며 단면은 하얗고 향기로운 냄새가 강한 것이 좋은 것이다.

성 분 정유가 0.6~0.8% 들어 있다. 그리고 쿠마린 성분도 들어 있다.

약 성 맛은 맵고 쓰며 성질은 따뜻하고 방광경에 작용한다.

효 능 풍한을 발산하고 통증을 멈춘다. 그리고 피부와 살을 자라게 한다.

고본은 억균작용을 나타낸다. 그리고 진통작용도 나타낸다.

적 용 풍한표증, 풍한두통, 치통, 뒷머리 통증, 부인들의 아랫배가 아플 때, 상처, 옴 등에 쓴다. 특히 뒷머리 통증(태양두통)에 좋다.

처방 • 고본·방풍·승마·시호 각각 10g을 섞어서 머리가 아플 때(전정통) 쓴다. 달여서 하루에 3번 나누어 복용한다.
용 량 하루 4~8g.
금 기 허열로 머리가 아플 때는 쓰지 않는다.

해열약 解熱藥

# 호유(胡荽)

산형과 고수속 한해살이풀
고수의 전초를 말린 것
*Coriandrum sativum* L.

해열약 解熱藥

[산 지] 전국. 민가에서 약초로 재배하며 키 30~60cm로 자란다.

[채 취] 늦여름에 열매가 거의 익었을 때 전초를 베어 바람이 잘 통하는 그늘에서 말린다.

[성 분] 열매에는 정유(0.25~1.2%), 지방, 단백질이 들어 있다. 정유의 성분은 피넨, 피몰, 디펜텐(dipentene), d-리날롤(linalol), 리날릴 아세테이트(linalyl acetate), 보르닐 아세테이트(bornyl acetate) 등이다. 이 밖에 지방 10~20% 및 단백질이 들어 있다. 줄기, 잎, 선열매에는 카프릴알데히드(caprylaldehyde)가 들어 있어 빈대 냄새가 난다.

[약 성] 맛은 맵고 성질은 따뜻하며 폐경·위경에 작용한다.

[효 능] 땀을 내고 홍역 환자의 발진을 순조롭게 한다. 건위작용이 있어 음식의 소화를 돕는다.

[적 용] 홍역 환자의 발진이 순조롭지 않을 때, 음식에 체했을 데, 소화불량, 식중독, 치질, 어린이의 머리가 헐었을 때 쓴다.

고수 열매(호유실)는 건위약, 구충약, 해독약으로 쓴다.

고수

고수 열매

[처방] 미발진 마진, 어린이 머리의 옹종, 소화불량, 식중독, 식체, 오줌소태 등에 호유를 하루에 3~6g씩 달여서 복용한다.
• 식체, 소화불량에는 고수 열매(호유실) 3~7개를 넣은 홍차를 마시면 효과를 볼 수 있다.
[용 량] 하루 3~6g.

# 총백(葱白) 파 흰밑

백합과 파속 여러해살이풀
파의 줄기 흰밑을 뿌리와 함께 잘라낸 것
*Allium maximowiczii* Regel

**[산 지]** 전국. 농가에서 채소로 재배하며 키 70cm 정도 자란다.

**[성 분]** 정유가 들어 있으며 정유에는 알리신(allicin) 및 알릴술피드가 들어 있다. 그리고 당, 비타민 C·B₁·B₂·A 및 플라보노이드(flavonoid)가 들어 있다.

**[약 성]** 맛은 맵고 성질은 따뜻하며 폐경에 작용한다.

**[효 능]** 땀을 내어 풍한을 발산하고 양기를 잘 통하게 하며 해독작용을 하고 태아를 안정시킨다.

약리실험에서 알코올추출물은 심장 기능과 위장의 운동 및 분비기능을 강하게 하고 적리막대균을 비롯한 여러 미생물에 대하여 억균작용을 나타내며 트리코모나스를 죽인다는 것이 밝혀졌다.

파는 추운 것을 없애고 답답한 것을 제거하며, 내복하면 피를 맑게 해 주고 외용하면 진통작용과 지혈작용도 한다.

**[적 용]** 풍한표증, 감기, 음식이 소화되지 않고 설사할 때, 세균성 적리, 저혈압, 태동불안, 부스럼, 궤양 등에 쓴다.

---

**[처방]**
• 말린 약재를 1회 3~10g씩 달여서 복용한다.
• 초기 감기에 잘게 썬 파(2 큰술)와 잘게 간 생강(1 작은술)을 넣은 우동이나 국수를 먹은 후 자고 나면 열이 내리고 땀이 나서 치료 효과를 볼 수 있다.
• 기침에는 총백을 헝겊에 싸서 콧구멍 근처에 대고 깊게 호흡하면 효과를 볼 수 있다.
• 기침, 불면증, 목의 부종이나 통증에는 잘게 썬 파를 수건 등에 싸서 뜨거운 물에 적셨다가 목의 좌우에 온습포한다.
• 동상으로 손이 튼 데에는 파 삶은 물에 환부를 담근다. 또 치통에 파 삶은 물을 입에 머금고 있으면 효과를 볼 수 있다.

**[용 량]** 하루 4~12g.

**[금 기]** 한의학에서는 총백과 꿀을 섞어 쓰지 않는다.
• 땀이 많이 나는 환자에게는 총백을 쓰지 않는다.

파

# 마황(麻黃)

마황과 늘푸른떨기나무
마황(풀마황)의 전초를 말린 것
*Ephedra sinica*

산지  중국 북부 지방과 몽골의 건조한 높은 지대나 모래땅에서 자란다.

채취  가을에 줄기와 가지가 아직 푸를 때 목질화되지 않은 녹색의 전초를 베어 그늘에서 말린다.

형태  마황의 줄기는 가늘고 긴 원기둥 모양인데 가지가 있고 길이는 약 30㎝이며 지름은 약 1.5㎜이다. 겉은 연두색 또는 연한 녹색이고 세로로 홈이 있고 매끈하지 않다. 질은 가볍고 잘 부러진다. 단면은 섬유성이고 수는 적갈색이다. 잎은 비늘 모양인데 2~3개가 줄기의 마디 부분에 붙어 있다. 잎의 윗부분은 회색이고 끝이 뾰족하며 아랫부분은 갈색이고 줄기를 둘러싸고 있다. 냄새는 약하지만 다소 향기롭고 맛은 쓰고 떫다.

줄기가 연두색이나 푸른 녹색이고 수심이 갈색이며 꺾을 때 가루가 나오는 것이 좋은 것이다.

법제  뿌리, 목질화된 줄기 등이 붙어 있으면 잘라 버린다. 뿌리는 땀을 멈추는 작용을 하기 때문이다.

성분  알칼로이드가 들어 있다. 그중에서 중요한 것은 에페드린(ephedrine)이다. 그리고 메틸 에페드린(methyl ephedrine), 노르에페드린(norephedrine), 프세우도에페드린(pseudoephedrine), 메틸 프세우도에페드린, 노르프세이도에페드린 (norpseudoephedrine)도 들어 있다. 이 밖에 에페딘(ephedine), 극히 적은 양의 정유가 들어 있다.

약성  맛은 맵고 쓰며 성질은 따뜻하고 폐경·방광경·심경·대장경에 작용한다.

효능  땀을 내어 풍한사를 없애고 천식을 치료하며 소변을 잘 나오게 한다.

마황에 들어 있는 에페드린은 그 구조가 아드레날린과 비슷하며 아드레날린과 비슷한 작용을 나타낸다. 즉, 에페드린은 기관지의 활평근을 이완시켜 천식을 치료하는 효능을 나타낸다. 그리고 모세혈관을 수축시켜 혈압을 높이며 땀을 나게 하고 위액과 침을 잘 나오게 하며 동공을 확장시켜 준다.

에페드린은 대뇌피질에 대한 흥분작용도 한다.

마황에 들어 있는 에페딘 성분과 마황 뿌리추출물은 에페드린과 반대로 실험동물의 혈압을 내리게 한다.

프세우도에페드린은 이뇨작용을 나타내고 정유는 땀을 나게 하며 유행성감기 바이러스에 대한 억제작용을 나타낸다.

**적 용** 풍한표증에서 땀이 나지 않는 표실증, 감기, 기관지천식 등에 쓰인다. 몸이 붓고 오슬오슬 추울 때, 위 및 기관지 경련, 기관지염, 백일해, 저혈압, 두드러기, 비염 등에도 쓴다.

● **마황근**(麻黃根)

마황 뿌리(마황근)는 한의학에서 땀을 멈추는 약으로 쓴다. 동물실험에 의하면 마황 뿌리는 에페드린과 반대로 말초혈관을 확장하고 혈압 강하작용을 나타낸다.

**처방** 마황에 계지를 섞으면 땀을 내는 효능이 강해진다. 그리고 마황에 총백을 섞어도 땀이 잘 난다.

• 마황 15g, 계지 8g, 행인 4g, 감초 4g을 섞은 **마황탕**(麻黃湯)은 풍한표증의 표실증, 즉 오슬오슬 춥고 열이 나고 머리가 아프며 온몸이 쑤시고 기침이 나며, 숨이 차고 땀은 나지 않을 때 쓴다. 달여서 하루 2번 나누어 복용한다.

• 마황 15g, 행인 4g, 석고 19g, 감초 4g을 섞은 **마행석감탕**(麻杏石甘湯)은 폐열로 기침이 나고 숨이 가쁠 때, 천식, 기관지염, 폐렴 등에 쓴다. 달여서 하루에 3번 나누어 복용한다.

• 마황 22g, 창출 16g, 석고 8g, 감초 8g, 생강 10g, 대조 4g을 섞은 **월비탕**(越婢湯)은 윗몸이 붓고 기침이 나고 숨이 찰 때, 신장염으로 몸이 붓고 소변량이 적을 때, 관절염 등에 쓴다. 달여서 하루에 3번 나누어 복용한다.

• 마황근 8g, 백출 8g, 인삼14g, 당귀 14g, 황기 12g, 계지 4g, 감초 4g, 모려 12g, 부소맥(밀쭉정이) 8g을 섞은 **마황근탕**(麻黃根湯)은 산후에 땀이 많이 날 때 쓴다. 달여서 하루에 3번 나누어 복용한다.

**용 량** 하루 5~10g.

**금 기** 고혈압, 동맥경화, 불면증, 심장에 심한 기질적 변화가 왔을 때, 땀이 많이 날 때 등에는 쓰지 않는다.

**참 고** 《의방류취》에서는 마황이 들어 있는 탕약을 달일 때 먼저 마황을 달여 위에 뜨는 거품을 걷어 버린 다음 다른 약을 넣어 달이라고 하였다. 그렇게 하지 않으면 가슴이 답답한 증세가 생긴다고 하였다.

# 계지(桂枝)

녹나무과 늘푸른큰키나무 육계나무의 어린 가지를 말린 것
*Cinnamomum loureirii* Nees

**산 지** 중국 원산. 제주도에서 식재하며 높이 8m 정도 자란다.

**채 취** 봄부터 여름 사이에 육계나무의 어린 가지를 잘라 잎은 따 버리고 30~60cm의 길이로 잘라 햇볕에 말린다.

**형 태** 원기둥 모양이고 길이는 30~60

cm, 지름은 0.5~1cm이다. 겉은 적갈색 또는 자갈색이고 작은 돌기가 있으며 세로 간 능선과 무늬가 있고 가로 간 무늬도 있다. 질은 단단하나 잘 부러진다. 단면은 붉은색을 띤 노란색이다. 특이한 향기가 있고 맛은 달고 약간 맵다.

가지가 가늘고 어리며 적갈색이고 향기로운 냄새가 강한 것이 좋은 것이다.

성 분 정유가 들어 있다. 정유의 주성분은 계피알데히드(aldehyde), 계피산 메틸에스테르 등이다. 그리고 점액질, 타닌도 있다.

약 성 맛은 맵고 달며 성질은 덥고 폐경·방광경·심경에 작용한다.

효 능 풍한을 발산하고 기와 혈액을 잘 통하게 한다. 영위를 조화시키는 작용도 한다. 영위를 조화시키는 작용은 이 약에 백작약을 섞을 때 더 잘 나타난다.

이 약에 마황을 섞으면 땀을 나게 한다. 독활, 진교, 산궁궁을 섞으면 풍한습을 없앤다. 당귀, 적작약을 섞어 쓰면 혈액을 잘 돌게 하고 월경을 고르게 한다. 복령, 백출을 섞어 쓰면 소변을 잘 나오게 하고 담을 삭인다. 감초를 섞어 쓰면 가슴 두근거림을 치료한다. 행인, 후박을 섞어 쓰면 기를 내리게 하고 기침을 멎게 한다. 그리고 계지와 백작약, 이당을 섞어 쓰면 비위가 허한하여 배가 아픈 것을 치료한다.

약리실험에 의하면 계지는 땀분비를 촉진시키고 열을 내리게 한다. 그리고 진통작용, 진경작용, 강심작용, 건위 구풍 작용을 나타낸다. 액체추출물은 항알레르기작용을 한다.

계피알데히드는 해열작용을 나타내고 계피산나트륨은 토끼의 혈관을 확장한다. 정유는 억균작용을 한다.

적 용 주로 풍한표증에서 땀이 많이 나는 표허증에 쓴다. 그리고 감기, 어깨와 팔이 쑤실 때, 월경이 없고 배가 아플 때 등에 쓴다.

● 계피(桂皮)

5~6년 이상 자란 육계나무의 줄기껍질(계피)을 벗겨 처음에는 햇볕에 말리고 나중에는 그늘에서 말린다.

계피는 신양허로 손발이 찰 때, 허리와 무릎이 시리고 아플 때, 비위가 허한하여 배가 차고 아플 때와 설사할 때, 무월경, 배가 아플 때, 위장염, 소화장애, 음증에 속하는 옹종산증의 치료에 쓰인다.

처방 • 계지 11g, 백작약 11g, 생강 3g, 감초 4g, 대조 2g을 섞은 계지탕(桂枝湯)은 풍한표증으로 오슬오슬 춥고 열이 나며 머리가 아프고 땀이 날 때, 신경통에 쓴다. 물에 달여 복용한 후 땀을 낸다.
• 계지·적작약·건지황·도인 각각 12g, 감초 4g, 생강 6g, 대조 4g을 섞어 무월경과 배꼽 부위가 차고 몹시 아플 때 쓴다. 달여서 하루에 3번 나누어 복용한다.
• 계피, 부자, 마른생강, 인삼, 백출, 복령, 귤껍질, 감초, 오미자, 반하 각각 8g, 생강 6g을 섞어 만든 회양구급탕(回陽救急湯)은 팔다리가 차고 오슬오슬 춥고 몸이 떨리며, 배가 아프고 토하며 설사할 때 쓴다. 달여서 하루 3번에 나누어 복용한다.

용 량 하루 4~12g.

금 기 출혈 환자, 임신부, 월경이 많을 때에는 쓰지 않는다.

# 풍열표증약(風熱表證藥)

# 박하(薄荷)

꿀풀과 박하속 여러해살이풀
박하의 전초를 말린 것
*Mentha arvensis* var. *piperascens* Malinv. ex Holmes

• 다른 박하속 식물을 대용약재로 쓸 수 있다.

【산지】 전국. 산과 들의 개울가나 저지대 습지에서 키 60㎝ 정도로 자란다.

【채취】 여름에 꽃이 피기 전에 또는 꽃이 피기 시작하는 시기에 전초를 베어 그늘에서 말린다.

【형태】 줄기는 네모나고 겉은 갈청색 혹은 녹색이다. 질은 가볍고 잘 부서지며 단면은 하얗고 가운데는 비어 있다. 잎은 마주 붙고 잎자루가 짧으며 긴 타원형이고 가장자리는 톱날 모양인데 쭈그러지거나 부서졌고 빛깔은 암녹색이다. 특이한 향기가 있으며 맛은 맵고 시원하다.

박하

빛깔이 녹색이며 향기로운 냄새가 강한 것이 좋은 것이다.

【성분】 정유가 약 1% 들어 있으며 정유의 주성분은 멘톨(menthol)이다. 정유에는 이 밖에 멘톤(mentone), 피넨, 캄펜(campene), 리모넨 등이 들어 있다. 박하에 헤스페리딘(hesperidin)도 들어 있다.

【약성】 맛은 맵고 성질은 서늘하며 폐경·심포락경·간경에 작용한다.

【효능】 풍열을 없애고 통증을 멈추며, 홍역 환자의 발진을 순조롭게 하고 간기를 잘 통하게 한다.

약리실험에 의하면 박하는 적은 양을 먹으면 흥분작용을 나타내며 피부의 모세혈관을 넓히고 땀선의 분비를 촉진시켜 체온을 내리게 한다. 그리고 관상혈관을 확장시키며 소화선의 분비와 위장의 꿈틀운동을 강하게 한다. 또한 진통작용, 이담작용, 억균작용, 소염작용, 방부작용을 나타낸다.

박하는 표의 풍열을 없애는 약으로서 널리 쓰인다.

【적용】 풍열표증, 풍열감

기, 두통, 적목, 식체에 의한 기창, 소화불량, 인후두가 붓고 아플 때, 감기울결로 인한 옆구리 통증, 치통, 두드러기, 홍역, 소아경풍 등에 쓴다.

관상혈관 혈액순환장애, 심장 부위의 통증, 위염, 소화장애, 소대장염, 기관지염 등에 박하·박하 기름 또는 멘톨을 복용한다.

가려움증, 신경통, 구내염, 후두염 등에 박하 기름을 외용한다.

최근에 박하 기름을 간 및 담낭병의 치료약으로 여러 가지 복방 제제에 넣는다.

**처방** • 박하·강활·마황·시호·길경·산궁궁 각각 10g, 감초 4g을 섞어 풍열표증, 감기 또는 온역 초기에 열이 나고 머리가 아프며 땀이 나지 않을 때 쓴다. 달여서 하루에 3번 나누어 복용한다.
• 박하 10g, 형개 10g, 황금 10g을 섞어 풍열로 인후가 붓고 아플 때 쓴다. 달여서 하루에 3번 나누어 복용한다.
• 박하 10g, 우방자 10g, 부평초 8g을 섞어 두드러기가 났을 때 쓴다. 달여서 하루에 3번 나누어 복용한다.
• 박하 2g, 선태 1g, 전갈 0.5g을 섞어 소아경풍에 쓴다. 달여서 하루에 3번 나누어 복용한다.

**용량** 하루 4~8g.

**금기** 땀이 많이 날 때에는 쓰지 않는다.

# 상엽 (桑葉) 뽕잎

뽕나무과 뽕나무속 갈잎중키나무
뽕나무의 잎을 말린 것
*Morus alba* L.

• 산뽕나무의 잎을 대용으로 쓸 수 있다.

**산지** 전국. 산과 들의 평지에서 높이 5m 정도 자라며 주로 누에를 치기 위해 농가에서 재배한다.

**채취** 가을에 서리가 내린 다음 잎을 따서 햇볕에 말린다. 서리가 내린 뒤 떨어진 잎을 모아서 말려도 된다.

**형태** 뽕잎은 달걀 모양의 원형인데 잎자루가 있고 끝은 뾰족하며 가장자리는 톱날 모양이다. 빛깔은 연두색 또는 녹색이며 잎맥은 그물 모양이다. 질은 가볍고 잘 부서진다. 냄새는 없고 맛은 약간 달고 떫다. 잎이 연두색이며 쉽게 부서지지 않는 것이 좋은 것이다.

산뽕나무 잎은 뽕나무 잎보다 더 깊이 갈라졌다.

**성분** 당류, 카로틴, 비타민 C, 비타민 B$_1$, 엽산, 고무질, 타닌질, 적은 양의 정유가 들어 있다.

**약성** 맛은 쓰며 달고 성질은 서늘하며 폐경·간경에 작용한다.

**효능** 풍열을 없애고 풍열표증을 치료하며 혈열을 없애주고 출혈을 멎게 하며 눈병을 치료한다.

【적용】 풍열표증, 풍열감기, 풍열로 눈이 충혈되고 깔깔한 감이 있으며 아프고 눈물이 날 때, 혈열로 인한 토혈 등에 쓴다.

【처방】 • 상엽 10g, 감국 4g, 연교 16g, 박하 3g, 감초 3g, 행인 8g, 길경 8g, 노근 8g으로 만든 상국음(桑菊飮)은 풍열표증으로 열이 나고 머리가 아프며, 코가 막히고 갈증이 약간 나며 기침할 때 쓴다. 달여서 하루 2~3번에 나누어 복용한다.

【용량】 하루 6~12g.

# 갈근(葛根) 칡 뿌리

콩과 칡속 갈잎덩굴나무
칡의 뿌리를 말린 것
*Pueraria lobata* (Willd.) Ohwi

【산지】 전국. 산기슭 양지 쪽에서 길이 3~5m로 자란다.

【채취】 가을 또는 봄에 뿌리를 캐어 물에 깨끗이 씻고 겉껍질을 벗겨 버린 다음 적당한 길이로 잘라 굵은 것은 쪼개어 햇볕에 말린다.

【형태】 원기둥 모양이고 구부러졌으며 길이는 30㎝ 정도이고 지름은 3~5㎝이다. 쪼갠 것은 반원기둥 모양이다. 겉은 회갈색 또는 연한 갈색인데 갈색의 겉껍질이 군데군데 남아 있다. 질은 단단하고 무거우며 잘 부러지지 않는다. 그러나 세로로 잘 찢어진다. 단면은 섬유 모양이고 연황색이다. 냄새는 없고 맛은 처음에 약간 쓰고 나중에는 달다.

뿌리가 굵고 무거우며 가루가 많으며 섬유질은 적고 빛깔이 흰 것이 좋은 것이다.

칡

【성분】 이소플라본(isoflavone) 화합물인 다이제인(daidzein)과 그 배당체인 다이진(daidzin) 및 푸에라린(puerarin), 푸에라린자일로시드(puerarinxyloside)가 들어 있다.

그 밖에 10~14%의 녹말이 들어 있다.

【약성】 맛은 달고 성질은 서늘하며 위경에 작용한다.

【효능】 땀을 나게 하고 열을 내리게 하며 진액을 생겨나게 하고 갈증

193

을 멈추게 하며 홍역 환자의 발진을 순조롭게 하고 술을 해독한다.

약리실험에 의하면 동물의 온도 조절 중추를 진정시켜 뚜렷한 해열작용을 나타낸다. 해열작용은 액체추출물이 알코올추출물보다 강하다. 혈압과 혈당량을 낮추지만 그 작용이 세지 못하다.

두꺼비, 토끼의 심장, 혈압 및 호흡에 대하여 최대 유효량의 16배 양에서도 인정할 만한 부정적 영향을 주지 않는다.

다이드제인은 파파베린과 비슷한 진경작용을 나타낸다. 칡 뿌리에는 다이드제인과 반대로 활평근 장기의 긴장성을 높이는 성분도 들어 있다.

칡 뿌리에서 뽑아낸 플라보노이드 성분은 뇌와 관상혈관의 혈액 흐름량을 많아지게 한다.

**적 용** 표증으로 열이 나고 땀은 나지 않으며, 가슴이 답답하고 갈증이 나며 목 뒷부분과 등이 꼿꼿해질 때(항배강직), 풍열감기, 소갈병, 홍역 초기, 설사, 이질, 고혈압, 협심증 등에 쓴다.

칡 뿌리 가루는 위장 점막을 보호하는 약으로도 쓴다.

칡 뿌리와 마황, 계지는 모두 표증에 쓰이지만 주치증에서 다른 점이 있다. 마황과 계지는 태양경 약으로서, 오슬오슬 추우면서 열이 날 때 쓰지만 칡 뿌리는 양명경 약으로서, 오슬오슬 추운 증상은 없고 열이 많이 나며 특히 항배강직이 오는 경우에 쓴다.

칡 꽃

● 갈화(葛花)

칡꽃(갈화)은 주독을 해독하는 작용이 있으므로 과음으로 인한 숙취를 풀 때 많이 쓴다.

신선한 칡뿌리의 즙은 해열작용과 진액을 생겨나게 하며 가슴이 답답하고 갈증이 나는 증세를 치료하며 상한 및 온역으로 열이 몹시 날 때와 소갈병의 치료에도 효과를 볼 수 있다.

**처방**
• 갈근 15g, 백작약 8g, 승마 8g, 감초 8g, 생강 6g, 총백 4개를 섞은 승마갈근탕(升麻葛根湯)은 온역 초기, 풍열감기로 열이 나고 머리가 아프며 갈증이 날 때, 홍역 초기 또는 홍역 환자의 발진이 안으로 들어갈 때 등에 쓴다. 달여서 하루에 3번 나누어 복용한다.
• 갈근 22g, 마황 15g, 계지 8g, 백작약 12g, 감초 6g, 생강 6g, 대조 4g을 섞은 갈근탕(葛根湯)은 상한태양병에 목과 등이 꼿꼿해지고 땀이 나지 않으며 오슬오슬 추운 증세가 있을 때, 감기, 결막염, 축농증 등에 쓴다. 달여서 하루에 3번 나누어 복용한다.
• 갈근 22g, 반하 14g, 죽여 8g, 감초 8g, 생강 6g, 대조 4g을 섞은 갈근죽여탕(葛根竹茹湯)은 구토에 쓴다. 달여서 하루에 3번 나누어 복용한다.
• 갈근 7g, 승마 7g, 시호 12g을 섞어 감기·기관지염에 쓴다. 달여서 하루에 3번 나누어 복용한다.
**용 량** 하루 4~12g.

# 승마(升麻) 끼멸가리

미나리아재비과 승마속 여러해살이풀
승마의 뿌리줄기를 말린 것
*Cimicifuga heracleifolia* Komarov

• 눈빛승마, 촛대승마, 황새승마의 뿌리줄기를 대용으로 쓸 수 있다.

**[산 지]** 중부 이북 지방. 깊은 산지의 산골짜기에서 키 60~80cm로 자란다.

**[채 취]** 가을과 봄에 뿌리줄기를 캐어 줄기와 잔뿌리를 다듬고 물에 씻은 다음 썩은 부분을 깎아 버리고 햇볕에 말린다.

**[형 태]** 불규칙한 긴 덩어리이고 가지가 나오며 길이는 약 10cm, 지름은 1~3cm이다. 윗면에는 오목한 줄기가 붙었던 자리가 있다. 겉은 흑갈색이나 암갈색이고 잔뿌리를 없앤 흔적이 있다. 가볍고 딴딴하며 잘 부러지지 않는다. 단면은 평탄하지 않고 섬유성이며 황백색이다. 냄새는 없고 맛은 약간 쓰고 떫다.

개체가 크고 겉이 흑갈색이며, 단면이 황백색이고 잔뿌리가 붙어 있지 않은 것이 좋은 것이다.

**[성 분]** 사포닌 및 미량의 알칼로이드가 들어 있다.

촛대승마에서 시미시푸고시드(cimicifugoside), 메틸시미시푸고시드(methyl-cimicifugoside), 아세틸시미게노시드(acetylcimigenoside), 메틸시미게노시드(methylcimigenoside) 등의 배당체, 시미시푸게놀(cimicifugenol), 기타 성분이 분리되었다.

눈빛승마에서는 배당체, 쿠마린, 알칼로이드, 수지 등이 고르게 들어 있다.

**[약 성]** 맛은 달고 쓰며, 성질은 평하고 (약간 차다), 위경 · 대장경 · 비경 · 폐경에 작용한다.

**[효 능]** 풍열을 없애고 홍역 환자의 발진을 순조롭게 하며 기를 끌어올리고 해독작용을 하며 온역을 물리친다.

동물실험에서 해열작용이 밝혀졌다. 합성 해열약보다 작용이 약간 늦게 나타나지만 작용이 오래 간다. 해열작용은 액체추출물보다 알코올추출물이 더 강하며 칡 뿌리와 함께 쓸 때 더욱 강해진다. 최대 유효량의 16배 양을 써도 부작용은 없었다.

시험관 안에서 억균작용도 나타냈다.

눈빛승마 우림약은 진정작용, 약한 강심

승마

작용, 이뇨작용, 혈압 강하 작용 등을 나타낸다.

**적용** 풍열표증, 풍열감기, 풍열두통, 오랜설사, 자궁하수, 위하수, 탈항 등의 내장하수(중기하함), 자궁출혈, 이슬, 홍역, 이가 쑤실 때, 구내염, 인후두의 염증, 헌데 등에 쓴다.

승마는 풍열표증, 중기하함에 널리 쓰이는 한약인데 풍열표증에는 갈근, 중기하함에는 시호를 섞어 쓴다.

**처방**
• 승마 8g, 갈근 12g, 백지 8g, 석고 16g을 섞어 두통(양명두통)에 쓴다. 달여서 하루에 3번 나누어 복용한다.
• 승마 8g, 갈근 15g, 백작약 8g, 감초 8g, 생강 6g, 총백 4개를 섞은 **승마갈근탕**(升麻葛根湯)은 감기, 유행성감기, 온역 초기, 홍역 등에 쓴다. 달여서 하루에 3번 나누어 복용한다.
• 승마 2g, 황기 12g, 인삼 · 백출 · 감초 각각 8g, 시호 2g, 당귀 4g, 진피(陳皮) 4g을 섞은 **보중익기탕**(補中益氣湯)은 자궁하수를 비롯한 내장하수에 쓴다. 달여서 하루에 3번 나누어 복용한다.
• 승마 8g, 갈근 12g, 석고 16g을 섞어 이가 쑤실 때 쓴다. 달여서 하루에 3번 나누어 복용한다.
• 눈빛승마의 뿌리줄기로 20% 팅크를 만들어 혈압을 낮추는 약으로 쓰는데, 고혈압 1~2기에 효과가 좋은 편이다. 한 번에 50~60 방울씩 하루 3번, 식사 전에 복용한다.
**용량** 하루 3~8g.
**금기** 토하는 환자에게는 쓰지 않는다.

해열약 解熱藥

# 시호(柴胡)

산형과 시호속 여러해살이풀
시호의 뿌리를 말린 것
*Bupleurum falcatum* L.

• 참시호의 뿌리를 대용으로 쓸 수 있다.

**산지** 전국. 낮은 산 양지 쪽 석회암 지대에서 키 40~70㎝로 자란다.

**채취** 가을 또는 봄에 뿌리를 캐어 줄기와 잔뿌리를 다듬고 햇볕에 말린다.

**형태** 참시호 뿌리는 원기둥 모양 또는 고깔 모양이고 약간 가지를 친다. 길이는 4~10㎝, 지름은 0.2~0.6㎝이다. 겉은 황갈색 또는 흑갈색이고 세로주름이 많다. 질은 가볍고 부서지기 쉬우며 단면은 섬유성이고 황백색이다. 냄새는 약간 향기롭고 맛은 약간 쓰다.

시호 뿌리는 가늘고 긴 몸뿌리에 작은 가지뿌리가 많이 붙어 있다. 길이는 5~10㎝, 지름은 0.2~0.5㎝이다. 겉은 암갈색이고 세로주름이 있다. 질은 가볍고 잘 꺾어지며 단면은 섬유성이고 황백색이다. 냄새는 약하고 맛은 약간 쓰다.

실하고 겉이 적갈색이며 줄기와 잔뿌리가 없고 향기로운 냄새가 나는 것이 좋은 것이다.

**법제** 외감병을 치료할 때는 그대로 쓰고, 내상병과 내장 장기가 처진 것을 치료할 때는 술에 불려서 볶아 쓰며, 기침과 땀이 나는 증세를 치료할 때는 꿀물에 불려서 볶아서 쓰고, 간과 담의 화를 사할 목적

시호

한다.

시호의 전초도 이담작용을 나타낸다.

실험에서 결핵균에 대한 억균작용을 나타냈다.

시호 사포닌은 실험에서 항염작용, 항궤양작용, 과콜레스테롤 혈증 때 콜레스테롤 배설을 빠르게 하여 혈액 속의 콜레스테롤 함량을 낮추는 작용, 간장 글리코겐 함량을 높이는 작용, 진정·진통 작용을 한다는 것이 밝혀졌다.

으로 쓸 때는 저담에 담갔다가 볶아서 쓴다.《동의보감》

성분 사이코사포닌 A·B·C·D, 플라보노이드, α-스피나스테롤(spinasterol), 스티그마스테롤, 지방 성분 등이 들어 있다.

약성 맛은 쓰고 성질은 약간 차며 간·담·삼초·심포락 경에 작용한다.

효능 간과 담의 열을 내리게 하고 반표반리증을 치료하며 간기를 잘 통하게 하고 기를 끌어올린다.

약리실험에서 해열작용이 밝혀졌다.

시호는 승마, 갈근 등과 마찬가지로 합성 해열약에 비하여 해열작용이 늦게 나타나지만 작용 시간이 그보다 길다. 시호의 수증기 증류액을 동물에게 주사하면 아스피린보다 뚜렷하게 해열작용이 빨라진다.

또한 이담작용을 나타내며 실험적 중독성 간염 때 간 보호작용과 간 세포 재생작용도

적용 반표리증으로 오한과 발열이 번갈아 나고 옆구리가 결리고 아프며 입이

처방 시호를 내장 장기의 하수에 쓸 때에는 승마처럼 기를 끌어올리는 약과 인삼·황기와 같은 보기약을 섞으며, 골증열에 쓸 때에는 지골피를 섞는다. 간기울결로 월경이 고르지 않을 때는 향부자, 귤피, 당귀, 백작약 등을 섞어서 쓴다.

• 시호·전호·독활·강활·지각·길경·산궁궁·적복령 각각 4g, 생강 3g으로 만든 가루약인 패독산(敗毒散)은 감기에 널리 쓴다. 인삼 4g을 더 넣은 인삼패독산(人蔘敗毒散)은 기가 허약한 사람의 감기에 좋다. 한 번에 8g씩 하루 3번 복용한다.

• 시호 22g, 반하 8g, 인삼 8g, 황금 16g, 감초 4g, 생강 6g, 대조 4g을 섞어 만든 소시호탕(小柴胡湯)은 반표반리증으로 오한과 발열이 번갈아 생길 때, 옆구리가 결리고 아플 때, 입이 쓸 때, 이명, 간염 등에 쓴다. 달여서 하루에 3번 나누어 복용한다.

• 시호 12g, 반하 8g, 생강 4g, 황금 6g, 백작약 6g, 지실 4g, 대황 4g을 섞은 대시호탕(大柴胡湯)은 옆구리가 결리고 명치 밑이 더부룩하고 그득하거나 변비에 쓴다. 이 처방은 급성 간염, 담낭병에도 쓴다. 달여서 하루에 3번 나누어 복용한다.

• 시호·백출·백작약·복령·당귀·맥문동 각각 8g, 감초·박하·생강 각각 4g를 섞어 만든 소요산(逍遙散)은 간기울결로 옆구리가 결리고 아플 때, 월경불순, 어지럼증, 불면증, 신경쇠약 등에 쓴다. 한 번에 4~6g씩 하루 3번 복용한다.

용량 하루 4~12g.

금기 토하는 환자에게는 이 약을 쓰지 않는다. 꼭 써야 할 경우에는 법제한 반하를 섞어 쓴다. 조협과 배합금기다(상오).

해열약 解熱藥

쓰거나 이명(耳鳴)에 주로 쓴다.

그리고 감기, 두통, 눈이 충혈되고 붓고 아플 때, 어지럼증, 월경불순, 오랜 설사, 탈항·위하수·자궁하수 등의 내장하수, 학질 등에 쓴다. 늑간신경통, 늑막염, 신경쇠약, 간염, 담낭염 등에도 쓴다.

# 두시(豆豉) 약전국

콩과 콩속 한해살이풀
콩의 익은 씨를 가공하여 말린 것
*Glycine max* Merrill

**산 지** 전국. 농가에서 작물로 재배하며 키 60~100㎝로 자란다.

**채 취** 채취한 콩을 증기로 쪄서 익히고 소금, 초피 열매와 섞어 실내온도에서 3일 동안 절인다. 여기에 잘게 썬 생강을 넣어 고루 섞은 다음 항아리에 넣고 뚜껑을 씌워 밀폐한다. 이것을 37~40℃에서 7~14일간 발효시킨다. 그리고 햇볕에 말리고 초피 열매와 잡질을 없앤다. 콩 15㎏에 소금 6㎏, 산초 150g, 생강 188g을 쓴다.

또는 검은콩을 물에 불려 증기에 쪄서 익힌 다음 34~40℃ 되는 곳에 펴 놓고 쑥을 덮어 5~6일 동안 놓아두어 노란 곰팡이가 생기면 햇볕에 말린다. 이에 물을 뿌려 축축하게 한 다음 이것을 항아리에 담아 뽕잎으로 10㎝ 정도 덮고 뚜껑을 씌워 밀폐하여 37~40℃에서 약 7일 동안 발효시켜 이것을 다시 증기에 쪄서 햇볕에 말린다.

**형 태** 달걀 모양인데 약간 납작하고 길이는 0.6~1㎝, 지름은 약 7㎜이다. 겉은 연황색 또는 검은색(검은콩)이다. 껍질을 벗기고 보면 두 개의 자엽이 있다. 메주 냄새가 난다.

알이 크고 빛깔이 검고 벌레먹지 않은 것이 좋은 것이다.

**법 제** 그대로 쓰거나 또는 약간 볶아 찧어서 쓴다.

**성 분** 다량의 단백질과 효소 성분이 들어 있다.

**약 성** 맛은 쓰고 짜며 성질은 차고 폐경·위경에 작용한다.

**효 능** 해표작용을 하고 가슴이 답답한 증세를 치료한다.

**적 용** 표열표증, 감기, 가슴이 답답한 데 등에 쓴다. 소화를 돕는 작용도 있으므로 소화가 잘 안 되고 설사할 때도 쓴다.

**처방** • 두시 12g, 총백 3개를 섞은 총시탕(葱豉湯)은 표증으로 오슬오슬 춥고 열이 나며 머리가 아프고 가슴이 답답할 때 쓴다. 달여서 하루에 3번 나누어 복용한다.
• 두시 40g, 치자 8g을 섞은 치시탕(梔豉湯)은 가슴이 답답하고 잠을 자지 못할 때 쓴다. 달여서 하루에 3번 나누어 복용한다.
**용 량** 하루 10~16g.

# 우방자(牛蒡子) 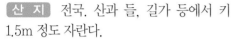 대력자, 서점자, 악실, 우엉 열매

국화과 우엉속 두해살이풀
우엉의 익은 열매를 말린 것
*Arctium lappa* L.

**산 지** 전국. 산과 들, 길가 등에서 키 1.5m 정도 자란다.

**채 취** 가을에 익은 열매를 따서 햇볕에 말린 다음 두드리고 잡질을 없앤다.

**형 태** 긴 달걀 모양인데 약간 구부러졌고, 길이는 5~7㎜, 너비는 2~2.5㎜이다. 겉은 회갈색이고 흑자색의 반점이 있으며 세로능선이 있다. 껍질은 단단하다. 깨뜨려 보면 속에 회백색이고 기름기가 있는 씨가 있다. 냄새는 없고 맛은 약간 쓰다.

알이 크고 통통하게 잘 익고 회갈색이며 잡질이 없는 것이 좋은 것이다.

**법 제** 그대로 또는 약간 볶아서 쓴다.

**성 분** 리그난 배당체인 아르크티인(arctiin)이 들어 있다. 이것이 가수분해되면 아르크티게닌(arctigenin)과 포도당이 생긴다. 이 밖에 지방(25~30%), 피토스테롤(phytosterol, 식물 스테롤), 우엉스테린, 비타민 $B_1$ 등이 들어 있다.

**약 성** 맛은 맵고 성질은 평하며 폐경·위경에 작용한다.

**효 능** 풍열을 없애고 해독작용을 하며 홍역 환자의 발진을 순조롭게 한다.

동물실험에서 이뇨작용, 소염작용, 완화작용, 항암작용이 밝혀졌다. 그리고 화농성 균과 피부병을 일으키는 여러 가지 사상균에 대하여 억균작용을 나타낸다. 최근 강심작용이 있는 낙톤 화합물이 분리되어 임상에 쓰이고 있다.

**적 용** 감기로 열이 나고 기침이 나며 숨이 가쁠 때, 폐렴, 기관지염, 홍역, 인후두가 붓고 아플 때, 후두염, 편도염, 두드러기, 반진, 헌데 등에 쓴다. 부종, 변비, 이하선염에도 쓴다.

● **우방근**(牛蒡子)

가을에 우엉 뿌리(우방근)를 캐내어 햇볕에 말린다.

우엉 뿌리는 탕약 또는 우림약으로 하여 이뇨약, 류머티즘 치료약으로 쓴다. 또 고약을 만들어 습진, 뾰루지, 부스럼 등에 쓴다. 우엉 뿌리를 기름으로 추출하여 머리카락이 빠질 때 바른다. 또한 우엉 뿌리를 먹으면 간에서 글리코겐의 축적을 빠르게

우엉

한다는 것이 실험적으로 해명되었으므로 우엉 뿌리를 당뇨병 치료에 쓴다.

우엉 뿌리도 이뇨작용을 나타내며 뿌리의 알칼로이드 성분은 항암작용을 나타낸다.

**처방** • 우방자 · 현삼 · 길경 각각 10g, 감초 4g을 섞어 인후두의 염증에 쓴다. 달여서 하루에 3번 나누어 복용한다.
• 우방자 10g, 박하 10g, 부평초 8g을 섞어 두드러기에 쓴다. 달여서 하루에 3번 나누어 복용한다.
• 우방자 · 감초 · 형개수 같은 양을 섞어 가루내어, 풍열로 기침이 나고 숨이 차며 인후두가 붓고 아플 때 쓴다. 한 번에 3~4g씩 하루 3번 복용한다.
**용 량** 하루 3~10g.
**금 기** 설사할 때는 쓰지 않는다.

# 만형자(蔓荊子) 순비기나무 열매, 만형실

마편초과 순비기나무속 늘푸른떨기나무
순비기나무(풍나무)의 익은 열매를 말린 것
*Vitex rotundifolia* Linné fil.

**산 지** 중부 이남 지방. 바닷가 모래땅에서 높이 30~60cm로 자란다.
**채 취** 가을에 익은 열매를 따서 햇볕에 말린다.
**형 태** 구형이고 지름은 약 5mm이다. 겉은 쥐색인데 회백색의 털이 있고 회백색의 얇은 숙존악이 열매의 약 절반을 싸고 있으며 숙존악에도 털이 있다. 질은 단단하고 가볍다. 깨뜨려 보면 속에 4개의 칸이 있고 매 칸에 한 개씩의 씨가 들어 있다. 맛은 약간 쓰다.

알이 크고 충실하며 향기로운 냄새가 나고 잡질이 없는 것이 좋은 것이다.
**법 제** 그대로 또는 술에 불려서 쪄서 쓰거나 술에 불려서 볶아서 쓴다.
**성 분** 약 0.2%의 정유, 지방, 플라보노이드인, 비텍시카르핀(vitexicarpin), 알칼로이드가 들어 있다. 정유의 주성분은 캄펜(campene)이다.
**약 성** 맛은 쓰고 매우며 성질은 약간 차고 방광경에 작용한다.

순비기나무

효 능 풍열을 없애고 눈을 밝게 하며 창자 안의 기생충을 내보낸다.

약리실험에서 순비기나무 열매의 진정작용, 진통작용, 해열작용과 액체추출물이 항알레르기작용을 나타낸다는 것이 밝혀졌다.

적 용 감기, 풍열두통, 풍열로 열이 나고 머리와 눈이 아프며 눈물이 날 때, 이가 쑤실 때, 팔다리

가 오그라들 때 쓰며, 촌백충을 제거할 때에도 쓴다.

처방 • 만형자 · 적복령 · 감국 · 맥문동 · 전호 · 생지황 · 상백피 · 적작약 · 목통 · 승마 · 감초 각각 8g, 생강 · 대조 각각 4g을 섞어 만든 만형자산(蔓荊子散)은 귓속이 아프고 고름이 나며 혹은 이명(耳鳴), 또는 청각장애일 때 쓴다. 달여서 하루에 3번 나누어 복용한다.
• 만형자 한 가지를 두통에 쓰기도 한다. 10g을 달여서 하루 3번에 나누어 먹는다.

용 량 하루 4~10g.

---

# 감국(甘菊) 감국화, 단국화 꽃, 국화

국화과 국화속 여러해살이풀
감국의 꽃을 말린 것
*Dendranthema indicum* (L.) Des Moul

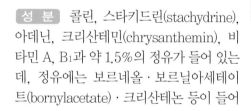

산 지 전국. 산과 들의 풀밭, 인가 부근의 울타리, 밭둑에서 키 1~1.5m로 자란다.

채 취 가을에 꽃을 따서 바람이 잘 통하는 그늘 또는 건조실에서 말린다.

형 태 지름 약 2㎝ 되는 노란색 두상화인데 가장자리에는 설상화가 있고 그 안에는 관상화가 있으며 밑에는 회녹색의 총포가 있다. 설상화는 황금색 또는 적자색을 띤 연황색이고 길이는 약 2㎝, 너비는 3~5㎜이다. 특이한 향기와 단맛이 약간 있다.

꽃송이가 완전하고 빛깔이 황금색이며 냄새가 향기롭고 꼭지와 잎 등 잡질이 없는 것이 좋은 것이다.

성 분 콜린, 스타키드린(stachydrine), 아데닌, 크리산테민(chrysanthemin), 비타민 A, B$_1$과 약 1.5%의 정유가 들어 있는데, 정유에는 보르네올 · 보르닐아세테이트(bornylacetate) · 크리산테논 등이 들어

감국

있다.

약 성 맛은 달고 성질은 평하며 폐경·간경에 작용한다.

효 능 풍열을 없애고 눈을 밝게 하며 해독작용을 한다.

실험에 의하면 감국의 알코올추출물은 혈압을 내리게 함으로써 들국화 꽃의 혈압강하작용이 밝혀졌다. 그리고 대장균, 존네형 적리균을 비롯한 일련의 병원성 미생물에 대하여 억균작용을 나타낸다. 항바이러스작용과 해열작용도 나타낸다. 감국제제는 관상혈관을 확장시켜 혈액 흐름량을 늘린다.

적 용 풍열표증, 간열로 머리가 어지럽고 아플 때, 간열로 눈이 충혈지고 눈물이 날 때, 부스럼, 관절통 등에 쓴다. 또한 고혈압에도 쓴다.

● 들국화(야국 ; 野菊)

들에 자라는 들국화의 꽃(야국, 고의)도 약으로 쓴다. 들국화 꽃은 화를 사하고 해독작용을 하는 효능이 있으므로 부스럼, 정창에 외용한다. 그리고 간양을 내리게 하므로 간양상승으로 머리가 어지럽고 아플 때도 쓴다.

처방 풍열표증, 감기 등에 쓰는 상국음(桑菊飮) 처방에 감국이 들어 있다.
• 감국·산궁궁·형개·강활·감초·백지 각각 38, 박하 9, 방풍 28, 선태 9, 세신 19, 백강잠 9를 섞어 만든 국화다조산(菊花茶調散)은 풍열로 머리가 어지럽고 아프며 눈이 충혈되고 코가 막힐 때 쓴다. 한 번에 8g씩 하루 3번 복용한다.
• 감국 10g, 석고 15g, 산궁궁 8g을 섞어 풍열로 머리가 아플 때 쓴다. 달여서 하루에 3번 나누어 복용한다.
용 량 하루 4~15g.

# 목적(木賊)

속새과 속새속 늘푸른여러해살이풀
속새의 전초를 말린 것
*Equisetum hyemale* L.

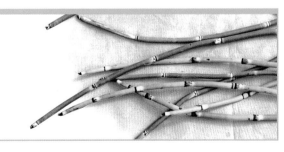

산 지 중부 이북 지방. 깊은 산지의 숲 속 습지에서 키 30~60㎝로 자란다.

채 취 여름부터 가을 사이에 전초를 베어 햇볕에 말린다.

형 태 줄기는 관 모양이고 속은 비었고 마디가 있다. 길이는 30~60㎝, 지름은 0.5~0.6㎝이다. 겉은 회녹색 또는 연두색이며 세로 능선이 있고 그 위에 잔가시가 있어 손으로 쓸어 보면 껄껄하다.

겉에 무수규산이 있어 딱딱해져 나무에 대고 비비면 나무가 쓸린다. 그래서 목적이라고 한다. 마디 부분에는 통 모양으로 된 흑갈색의 비늘 모양이 붙어 있다. 질은 가볍고 잘 부스러진다. 특히 마디 부분이 잘 부러진다. 꺾어 보면 속은 비어 있다. 냄새는 없고 맛은 달고 약간 쓰다.

속새

혈작용도 있다.

실험에 의하면 물우림액은 이담작용과 이뇨작용을 나타낸다. 속새는 지혈작용도 나타낸다.

동물이 속새를 많이 먹으면 중독된다.

적용 예막, 바람을 맞으면 눈물이 날 때, 장출혈, 혈리, 자궁출혈, 이슬 등에 쓰며 이뇨약으로 소변이 잘 나오지 않을 때도 쓴다.

줄기가 굵고 길며 녹색이고 마디가 떨어지지 않은 것이 좋은 것이다.

성분 플라보노이드, 팔루스트린(palustrine) 및 많은 양의 무수규산($SiO_2$)이 들어 있다. 그리고 페룰산(ferulic 酸), 디메틸 설폰(dimethyl sulfone), 수지, 녹말, 당류, 인산염 등도 들어 있다.

약성 맛은 약간 쓰고 성질은 평하며 폐경·간경·담경에 작용한다.

효능 땀을 나게 하고 간과 담을 보하며 눈을 밝게 하고 예막을 없앤다. 지

속새는 땀을 나게 하므로 표증에도 쓸 수 있으나 주로 눈병 치료에 쓴다.

처방 •목적을 1회 3~5g씩 물 300㎖로 1/2이 되도록 달여서 해열약으로 복용한다. 이 달임약으로 눈이 침침할 때, 눈물이 날 때 눈을 씻으면 효과를 볼 수 있다. 달이고 난 속새 줄기는 치석 제거, 손발톱 정리, 사마귀와 티눈 제거에 이용할 수 있다.
•하리, 치질출혈, 월경과다 등에는 목적을 하루에 10~20g씩 물 400㎖로 1/2이 되도록 달여서 복용한다.
•목적·감국·저실자(닥나무 열매) 각각 10g을 섞어 풍열로 오는 예막에 쓴다. 달여서 하루 3번에 나누어 복용한다.
•목적·괴화 각각 10g을 섞어 치질출혈에 쓴다. 달여서 하루에 3번 나누어 복용한다.

용량 하루 4~12g.

주의 너무 많은 양을 쓰지 말아야 한다. 많은 양을 쓰면 중독될 수 있다.

속새(포자낭수)

# 부평 (浮萍) 머구리밥풀, 부평초, 수평, 자평

개구리밥과 개구리밥속 여러해살이풀
개구리밥의 전초를 말린 것
*pirodela polyrhiza* (L.) Sch.

**산 지** 전국. 논이나 연못의 물 위에 떠서 자란다.

**채 취** 여름에 전초를 건져내어 물에 깨끗이 씻고 햇볕에 말린다.

**형 태** 엽상체는 달걀 모양이고 납작하며 길이는 4~7㎜인데 한쪽으로 약간 구부러졌다. 윗면은 풀색 또는 연두색이고 뒷면은 자갈색 또는 검은 보라색이며 여러 개의 수염뿌리가 붙어 있다. 질은 가볍고 부서지기 쉽다.

냄새는 없고 맛은 약간 쓰고 비리다.

잎의 윗면이 풀색 또는 연두색이고 뒷면은 보라색이나 진한 보라색이며 잡질이 없고 부서지지 않은 것이 좋은 것이다.

**성 분** 안토시안(antho-cyan) 색소, 플라보노이드 등과 아이오딘, 브로민(bromine)이 들어 있으며 초산칼륨, 염화칼륨도 들어 있다.

**약 성** 맛은 맵고 성질은 차며 폐경에 작용한다.

**효 능** 땀을 내고 소변을 잘 나오게 하며 부은 것을 가라앉게 하고 홍역 환자의 발진을 순조롭게 한다.

동물실험에서 이 약의 탕약은 해열작용과 척수 회백질염 바이러스에 대한 억제작용과 이뇨작용을 나타내며, 액체추출물은 강심작용을 나타낸다는 것이 밝혀졌다.

**적 용** 풍열표증 또는 감기로 열이 나는데 땀은 나지 않을 때, 부종, 배뇨장애, 홍역 환자의 발진이 순조롭지 않을 때, 두드러기 등에 쓴다.

**처방**
- 부평 한 가지 또는 우방자, 박하 각각 10g을 섞어 달여 두드러기에 쓴다. 달여서 하루에 3번 나누어 복용한다.
- 오령산(五苓散)에 부평을 섞어 몸이 붓고 오슬오슬 추울 때 쓴다.
- 부평 한 가지를 감기와 부종 및 배뇨장애 등에 쓰기도 한다. 8g을 달여 하루에 3번 나누어 복용한다.

**용 량** 하루 4~8g

**금 기** 표가 허하여 저절로 땀이 날 때는 쓰지 않는다.

개구리밥

# 선태(蟬蛻) 매미 허물, 선각, 선퇴

매미과 곤충
참매미의 굼벵이 허물을 말린 것
*Oncotympana fuscata*

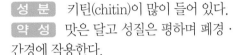

• 말매미와 유지매미의 굼벵이 허물을 대용으로 쓸 수 있다.

【산 지】 전국. 뽕나무·오동나무·벚나무·감나무·배나무 등에서 서식한다.

【형 태】 매미와 비슷한 형태이고 속은 비었으며 길이 3~3.5㎝, 너비 1.5~2㎝이다. 겉은 약간 갈색을 띤 노란색이고 반투명하며 윤기가 있다. 머리에는 한 쌍씩의 촉각과 튀어나온 눈이 있다. 배에는 세 쌍의 다리가 있고 다리 끝에는 뾰족한 흑갈색의 가시가 있다. 등에는 터진 곳이 있고 양옆에는 작은 날개가 있다.

깨끗하고 반투명하며 부서지지 않고 잡질이 없는 것이 좋은 것이다.

【법 제】 다리를 떼어 버리고 쓴다.

【성 분】 키틴(chitin)이 많이 들어 있다.

【약 성】 맛은 달고 성질은 평하며 폐경·간경에 작용한다.

【효 능】 풍열을 흩어지게 하고 홍역의 발진을 순조롭게 하며, 경련을 멈추고 예막을 없앤다.

실험에서 진정·진경·해열작용 등이 밝혀졌다.

【적 용】 풍열표증, 감기, 홍역, 두드러기, 소아경풍, 파상풍, 예막, 목이 쉬었을 때 등에 쓴다.

**해열약** 解熱藥

【처방】 선태 4g, 박하 6g을 섞은 선태산(蟬蛻散)은 풍열표증, 감기 등에 쓴다. 한 번에 6~8g씩 하루 3번 복용한다.
• 선태 8g, 전갈 2g, 백강잠 8g을 섞어 가루내어 소아경풍에 쓴다. 한 번에 0.5~1g씩 하루 1~2번 복용한다.
【용 량】 하루 3~5g.

참매미

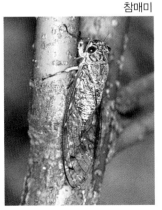

유지매미

말매미

205

# 고의(苦意) 들국화 꽃, 야국

국화과 국화속 여러해살이풀
산국의 꽃을 말린 것
*Chrysanthemum boreale* Makino

해열약 解熱藥

• 감국과 구절초 꽃을 대용으로 쓴다.

**산 지** 전국. 산기슭에서 무리를 이루어 키 1~1.5m로 자란다.

**채 취** 늦은 가을에 완전히 핀 꽃송이를 뜯어서 그늘에서 말린다.

**형 태** 납작한 둥근 모양이며 지름이 0.5~1cm이다. 화포엽은 3~4층이며 각 화포엽 조각은 가운데가 녹색이고 가장자리는 얇고 투명한 연한 갈색이다. 꽃받침은 지름 약 2mm, 너비 약 3mm의 원기둥 모양이다. 설상화는 노란색이고 길이 11~17mm, 너비 2~3mm이다. 화관은 긴 타원형이며 끝부분은 불규칙하게 3개로 갈라졌다. 관상화는 길이 4~5mm이며 화관의 길이는 약 3mm이다. 암술과 수술은 화관보다 길어 밖으로 나와 있다.

냄새는 향기롭고 맛은 쓰다.

**성 분** 아세틴(acacetin) - 7 - 람노시드글루코시드(rhamnoside-glucoside), 들국화 락톤(lactone), 크리산테민(chrysanthemin), 쓴 물질, α- 투욘, 정유 등이 들어 있다.

**약 성** 맛은 쓰고 매우며 성질은 서늘하고 폐경·간경에 작용한다.

**효 능** 풍열을 없애고 부은 것을 가라앉게 하며 해독작용을 한다.

산국 꽃의 알코올추출물, 물우림액은 혈압을 낮춘다.

산국 꽃은 억균작용과 항바이러스작용도 나타낸다. 독성은 약하다.

**적 용** 풍열감기, 폐렴, 고혈압, 위장염, 종기, 입안이 헐었을 때, 단독, 습진, 상기도의 염증, 편도염, 자궁경염에 쓴다.

**처방** • 고의 6g을 뜨거운 물에 1시간 우리고 30분 정도 달여 한 번에 먹으면 감기 예방에 좋다. 감기가 돌 때 1주일에 한 번씩 복용한다.
• 고의·포공영·자화지정·연교 각각 10g을 달여 부스럼, 헌데, 점막의 염증 등에 하루에 3번 나누어 복용한다.

**용 량** 하루 6~12g. 신선한 것은 30~60g.

산국

# 적승마(赤升麻) 노루오줌 뿌리, 노루풀, 소승마

범의귀과 노루오줌속 여러해살이풀
노루오줌의 뿌리줄기를 말린 것
*Astilbe chinensis var. davidii Fr.*

해열약 解熱藥

산 지  전국. 산지의 냇가나 습한 곳에서 키 50~70cm로 자란다.

채 취  봄과 가을에 뿌리줄기를 캐내어 줄기와 잔뿌리를 다듬고 햇볕에 말린다.

형 태  원기둥 모양인데 구부러졌다. 덩어리 모양도 있다. 길이 10~20cm, 지름 1~3cm이다. 표면은 검적갈색이고 털이 있는 부분은 윤기나는 갈색으로 보인다. 윗부분에는 줄기가 붙었던 자리가 도드라졌거나 오목하게 들어갔고 갈색의 털이 빽빽이 붙어 있는 튀어나온 싹눈 부분이 있다.

밑부분에는 잔뿌리 밑동이 가시 모양으로 남아 있다. 질은 곧고 꺾기 힘들다. 단면은 섬유 모양이고 가운데 부분은 갈색이고 바깥 부분은 연한 황갈색이다.

냄새는 없고 맛은 쓰고 떫다.

성 분  이소쿠마린 성분인 베르게닌, 플라보노이드인 아스틸빈(astilbin)이 들어 있다.

약 성  맛은 맵고 성질은 서늘하다.

효 능  풍열을 없애고 기침을 멎게 한다. 베르게닌 성분은 위와 장의 궤양을 아물게 한다.

적 용  풍열감기, 두통, 기침에 쓴다. 그리고 위 및 십이지장궤양, 위염, 설사 등에 쓴다.

● 베르게닌 성분을 추출하는 방법

약재를 잘게 썰어 약재의 7~10배 되는 물에 넣어 우려서 거른다. 거른 물을 1/20 정도 되게 졸이고 3~4일 동안 놓아두어 앙금이 생기면 앙금을 걸러내어 말린다. 앙금의 5배량의 알코올로 여러 번 씻어 걸러서 조제 베르게닌을 얻는다. 이것을 알코올과 활성탄으로 정제하여 말린다.

처방  • 풍열감기에 적승마 15g을 달여서 하루에 3번 나누어 복용한다.
• 노루오줌 뿌리에서 베르게닌 성분을 추출하여 위 및 십이지장궤양, 위염, 변비 등에 한 번에 0.02~0.04g씩 하루 3번 식후에 복용한다.
용량  하루 15~18g.

노루오줌

# 제2절 서증약(暑證藥)

서증약(暑證藥)이란 무더운 여름철에 더위 먹을 때 쓰는 한약을 말하는데, 일명 거서약(祛暑藥)이라고도 한다.

서증약은 맛이 맵고 성질이 약간 따뜻하거나 맛이 달고 성질이 차며, 주로 비경·위경·폐경에 작용하여 서습 또는 서열을 없애는 작용을 한다.

서증약은 더위를 먹어 열이 몹시 나고 땀이 나며, 가슴이 답답하고 갈증이 나며, 머리가 어지럽고 아프며, 소변이 붉고 양이 적은 등의 증세(서열증)가 나타날 때 쓰는 약이다. 또는 여름철에 오슬오슬 춥고 열이 나는데 땀은 나지 않고, 머리가 아프며 가슴이 답답하고 토하며 설사하는 등의 증세(서습증)가 나타날 때에도 쓴다.

서습증에는 성질이 따뜻한 서증약을 쓰고, 서열증에는 성질이 찬 서증약을 쓰는 것을 원칙으로 한다. 그러나 성질이 따뜻한 서증약이라도 청열약을 섞으면 서열증에 쓸 수 있다.

몸에 서열사가 침범하면 진액을 상하게 하고 기도 약하게 하므로 서증약에 진액을 생겨나게 하는 약과 기를 보하는 약을 섞어 쓰는 경우가 많다. 서증약은 대개 방향성 약이므로 오래 달이지 않는다.

해열약 解熱藥

## 향유(香薷) 노야기

꿀풀과 향유속 한해살이풀
향유의 전초를 말린 것
*Elsholtzia ciliata* (Thunb.) Hylander

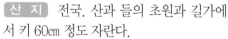

**산 지** 전국. 산과 들의 초원과 길가에서 키 60cm 정도 자란다.

**채 취** 가을에 열매가 익을 무렵 전초를 베어 바람이 잘 통하는 그늘에서 말린다.

**형 태** 줄기는 네모나고 마디가 있고 가지가 있으며 길이 30~50cm이다. 줄기의 겉은 연한 보라색 또는 연두색이고 털이 있다. 줄기는 잘 부러진다. 잎은 마주나고 쭈그러졌는데 누기를 주어 펴 보면 긴 달걀 모양 또는 타원형이고 가장자리는 톱날 모양이며 끝은 뾰족한데 빛깔은 회녹색 또는 회녹색을 띤 보라색이다. 줄기 끝에는 연황색 또는 연한 보라색의 꽃이 이삭화서를 이루어 꽃줄기의 한쪽 면에만 빽빽이 붙어 있다. 특이한 향기가 있고 맛은 맵다.

잎이 부서지지 않고 회녹색 또는 회녹색을 띤 보라색이며 향기가 있는 것이 좋은 것이다.

**성 분** 정유가 0.2~1% 들어 있다. 정유의 주성분은 엘솔트지아케톤이다.

**약 성** 맛은 맵고 성질은 약간 따뜻하며 폐경·위경에 작용한다.

**효 능** 땀을 나게 하고 서습을 없애며 위를 따뜻하게 해 주고 소변을 잘 나오게 한다.

실험에 의하면 향유는 발한작용, 해열작용, 위액 분비 촉진작용, 이뇨작용, 이담작용, 지혈작용 등을 나타낸다.

향유의 정유는 피부사상균에 대하여 살균작용을 나타낸다.

**적 용** 서습증에 주로 쓴다. 그리고 여름철 감기에도 널리 쓴다. 몸이 부을 때와 소변이 잘 나오지 않을 때도 쓴다.

향유

**처방** 향유를 서습증에 쓸 때에는 후박을 섞는 것이 좋고, 몸이 부을 때에는 백출을 섞는 것이 좋다.

• 향유에 선황련·활석을 섞어 가슴이 답답하고 소변이 잘 나오지 않을 때 쓰고, 향유를 서습증과 여름감기에 쓸 수 있다.

• 향유 12g, 후박 6g, 백편두 6g, 적복령 6g, 감초 2g을 섞은 향유산(香薷散)은 여름철에 서습에 상하고 또 한사에 내상되어 오슬오슬 춥고 열이 나며, 머리가 아프고 땀은 나지 않으며 가슴이 답답하고 배가 아프며 토하고 설사할 때 쓴다. 달여서 하루에 3번 나누어 복용한다.

**용량** 하루 4~12g.

**금기** 표가 허하여 땀이 많이 날 때에는 쓰지 않는다.

해열약 解熱藥

# 곽향(藿香) 방아풀, 증개풀

꿀풀과 배초향속 여러해살이풀
배초향의 전초를 말린 것
*Agastache rugosa* (Fisch. & Mey.) Kuntze

**산 지** 전국. 산과 들의 양지 쪽 습한 곳에서 키 60㎝ 정도 자란다.

**채 취** 늦은 여름 꽃이 피는 시기에 잎이 달린 부분 이상의 전초를 베어 햇볕에 말린다.

**형 태** 줄기는 네모나고 마디에서 가지가 나오며 겉은 녹색이다. 잎은 마주나고 잎자루가 있으며 쭈그러졌고 빛깔은 녹색이며 털이 있다. 특이한 향기가 있고 맛은 시원하며 자극성이다.

209

배초향

멈추게 한다.

　소화기 계통의 기능을 항진시키면서 외부의 사기로 인한 체표의 사기를 발산시켜주므로 소화불량, 설사 등의 증상이 있는 감기에 효과가 있다. 특히 방향성이므로 습을 없애며 속을 편안케 하여 구역질을 멈추게 하고, 여름감기를 약한 땀으로 몰아내므로 여름철에 좋은 약재이다.

　약리실험에서 배초향은 위액의 분비를 항진시키고 소화력을 도우며 약하게 발한 작용을 한다는 것이 밝혀졌다.

　배초향 정유는 피부사상균에 대화여 살균 작용을 한다는 것이 밝혀졌다.

　빛깔이 녹색이고 잎이 많이 붙어 있으며 향기로운 냄새가 강한 것이 좋은 것이다.

　[성 분] 정유가 0.2~0.3% 들어 있다. 정유의 주성분은 메틸 샤비콜(methy chavicol)이고 이 밖에 리모넨, 아니스 알데히드(anise aldehyde), P-메드록시(medroxy) 계피 알데히드, 아네톨(anethole) 등도 들어 있다.

　[약 성] 맛은 맵고 성질은 약간 따뜻하며 폐경·비경·위경에 작용한다. 독은 없다.

　[효 능] 땀을 잘 나게 하고 기를 잘 통하게 하며, 비와 위의 기능을 강하게 하고 서습을 없애며 구토를

　[적 용] 주로 서습증에 쓴다. 그리고 여름철 감기에도 널리 쓰인다. 또한 식욕부진, 복부팽만, 메스꺼움, 구토, 설사, 태동불안 등에도 쓴다.

[처방] 여름철의 구토, 설사에 이 약과 연명초(방아풀)와 활석을 섞어 써도 좋다. 여기에 정향을 섞으면 더욱 좋다.
• 곽향 10g, 향부자 6g, 감초 3g을 탕약으로 하여 하루에 3번 나누어 복용한다.
• 곽향 12g, 소엽 8g, 백지·백복령·후박·백출·진피(陳皮)·반하·길경·대복피·감초·대조 각각 4g, 생강 6g을 섞어 만든 곽향정기산(藿香正氣散)은 풍한에 상하고 또 음식에 상하여 오슬오슬 춥고 열이 나며 머리가 아프고 가슴이 답답하며 복부팽만, 토하고 설사할 때 쓴다. 이 처방은 여름철 감기, 서습증, 이질, 설사, 학질 등에도 쓴다. 달여서 하루에 3번 나누어 복용한다.
[용 량] 하루 6~12g.
[금 기] 음허증에는 쓰지 않는다. 위장이 약해서 헛구역질할 때, 위열로 인하여 구역질하는 경우에는 복용을 삼가야 한다.

해열약 解熱藥

# 백편두(白扁豆) 까치콩, 변두콩

콩과 편두속 여러해살이덩굴풀
까치콩의 익은 씨를 말린 것
*Dolichos lablab* Linné

**산 지** 동남아시아, 남미 원산. 남부 지방. 농가의 밭에서 재배한다.

**채 취** 가을에 익은 열매를 따서 껍질을 벗겨내고 햇볕에 말린다.

까치콩에는 검은 것(흑편두)과 흰 것(백편두)이 있는데 약재는 흰 것을 쓴다.

**형 태** 납작한 타원형인데 길이는 1~1.2cm, 너비는 약 7mm, 두께는 4~5mm이다. 겉은 황백색이고 한쪽 끝에는 흰색의 튀어나온 줄(주병)이 있다. 질은 단단하다. 속에는 황백색의 자엽이 두 개 있다. 냄새는 없고 맛은 비리다.

알이 굵고 잘 익고 빛깔이 흰 것이 좋은 것이다.

**법 제** 그대로 또는 노랗게 볶아서 쓴다. 생강즙에 불려서 볶기도 한다.

**성 분** 단백질, 지방, 탄수화물, 식물혈구응집소, 비타민 B₁·C가 들어 있다.

**약 성** 맛은 달고 성질은 약간 따뜻하며 비경·위경에 작용한다.

**효 능** 비장을 보하고 서습을 없애며 해독작용을 한다. 그리고 갈증을 멎게 한다.

면역 기능을 높이는 작용이 밝혀졌다.

**적 용** 서습으로 인한 구토설사, 비허, 곽란으로 토하고 설사하며 배장근 경련이 일어날 때, 쥐가 날 때, 소갈병, 식중독, 급성 위장염, 이슬 등에 쓴다.

**처방** • 백편두 · 후박 · 적복령 각각 6g, 향유 12g, 감초 2g을 섞은 향유산(香薷散)은 여름철에 서습과 한사에 상하여 오슬오슬 춥고 열이 나며, 머리가 아프고 땀은 나지 않으며, 가슴이 답답하고 배가 아프며, 토하고 설사할 때 쓴다. 달여서 하루에 3번 나누어 복용한다.

• 백편두 · 연자 · 길경 · 사인 · 의이인 각각 5.6g, 산약 · 인삼 · 백복령 · 백출 · 감초 각각 11.3g을 섞은 삼령백출산(蔘苓白朮散)은 주로 비기허증에 쓴다. 한 번에 8g씩 하루 2~3번 복용한다.

• 백편두 · 향유 각각 12g을 섞어서 서사에 상하여 열이 나며 토하고 설사할 때 쓴다. 달여서 하루에 3번에 나누어 복용한다.

• 백편두 · 백출 · 복령 각각 10g을 섞어 비가 허하여 설사할 때 쓴다. 달여서 하루에 3번 나누어 복용한다.

• 백편두 · 과루근 각각 12g을 섞어 소갈병에 쓴다. 달여서 하루에 3번 나누어 복용한다.

**용 량** 하루 10~15g.

**금 기** 춥다가 열이 나는 환자는 먹지 말아야 한다.

까치콩 꽃

# 서과(西瓜)

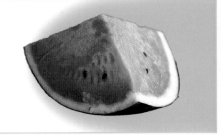

박과 수박속 한해살이덩굴풀
수박의 익은 열매의 살
*Citrullus vulgaris* Schrader

**산 지** 전국. 농가의 밭에서 과일로 재배하며 3~4m로 자란다.

**채 취** 여름에 익은 수박의 열매를 따서 쓴다.

**성 분** 수박의 속살과 즙에는 시트룰린(citrulline), 베타인, 사과산을 비롯한 유기산과 과당, 포도당, 아르기닌, 글리코콜, 리코펜(lycopene), 카로틴, 비타민 C, 펙틴 등이 들어 있다.

수박 씨에는 타닌, 알칼로이드, 쿠쿠르비틴(cucurbitine), 정유, 지방 등이 들어 있다.

**약 성** 맛은 달고 밋밋하며 성질은 차고 심경·위경에 작용한다.

**효 능** 해열작용과 서사를 없애며 갈증을 멈추고 소변을 잘 나오게 한다.

수박 껍질과 속살의 이뇨작용은 뚜렷하게 나타난다. 수박은 혈압의 강하작용도 한다.

동물실험에 의하면 수박에 들어 있는 치트룰린과 아르기닌 성분은 간에서 요소의 생성을 빠르게 하고 이뇨작용을 나타낸다.

**적 용** 무더운 여름철에 더위를 먹어 열이 몹시 나고 땀이 나며 가슴이 답답하고 갈증이 날 때, 열성병으로 진액이 부족하여 갈증이 날 때, 당뇨병, 배뇨장애, 신장염, 방광염 등에 쓴다. 술독을 해독하는 효능이 있으므로 주취해소에도 쓰며 지방과다증에도 효과가 있다.

수박의 속살과 즙은 고혈압에도 쓴다.

**처방** 서과 주치증에 수박 즙을 내어 복용하거나 수박 즙에 생지황 즙을 섞어 복용한다.

**용 량** 즙을 짜서 한 번에 30~90g 복용한다.

**금 기** 비위허한증에는 쓰지 않는다.

**참 고** 수박 껍질을 말린 것(서과피, 서과취의)도 서과 효능이 같으므로 서과 주치증에 쓴다.

• 서과자(西瓜子;수박 씨)는 남과자(호박 씨)보다 더 강한 조충 구제작용을 나타낸다. 수박 씨에는 구충 성분인 쿠쿠르비틴이 있다.

수박

해열약 解熱藥

# 대두황권(大豆黃卷)

콩과 연리초속 여러해살이풀
갯완두의 어린 싹을 말린 것
*Lathyrus japonica Willd.*

산 지　전국. 해변의 모래땅에서 키 60cm 정도 자란다.

채 취　봄에 싹이 나와서 15~20cm 정도 자랐을 때 전초를 베어 햇볕에 말린다.

형 태　길이 15~20cm이고 줄기는 가늘고 황갈색이다. 줄기의 윗부분에는 쭈그러진 녹색의 잎이 어긋나고 받침잎이 있다. 냄새는 없고 줄기를 씹으면 약간 단맛이 나고 비리다.

싹이 어리고 덩굴이 없으며 빛깔이 연한 녹색이고 잡질이 없는 것이 좋은 것이다.

성 분　전초에 플라보노이드계 성분과 메틸글루탐산(methyl-glutamic酸)이 들어 있다.

약 성　맛은 달고 성질은 평하며 위경에 작용한다.

효 능　서열을 없애고 소변을 잘 나오게 하며 풍습을 없애고 통증을 멈춘다.

적 용　서열증, 열이 날 때, 오랜 비증으로 힘줄이 켕기고 무릎이 아플 때, 부종, 위열로 대변이 막혔을 때 등에 쓴다.

처방　우황청심환(牛黃淸心丸)에 대두황권이 들어 있다. 우황청심환은 뇌출혈 후유증, 열이 높은 환자, 소아 경풍, 홍역 등에 해열·강심·진경·해독약으로 쓴다.

• 대두황권 12g, 대황 6g, 진피(陳皮) 10g을 섞어 몸이 붓고 숨이 차며 대소변이 통하지 않을 때 쓴다. 달여서 하루에 3번 나누어 복용한다.

• 대두황권 한 가지를 비증으로 힘줄이 켕기고 무릎이 아플 때, 위열로 대변이 막혔을 때 쓰기도 한다. 6~12g을 달여서 하루에 3번 나누어 복용한다.

용 량　하루 6~12g.

참 고　옛날 한의서에는 검은콩을 물에 불려서 싹을 내어 말린 것이 대두황권이라고 씌어 있다.

해열약 解熱藥

# 하엽(荷葉) 연꽃 잎

수련과 연꽃속 여러해살이물풀
연꽃의 잎
*Nelumbo nucifera* Gaertner

해열약 解熱藥

**[산 지]** 전국. 연못이나 강가의 물 속에서 자란다.

**[채 취]** 여름철에 잎을 따서 잎자루를 제거하고 햇볕에 말린다.

**[형 태]** 잎은 둥글고 지름은 약 40cm이다. 윗면은 청록색이고 아랫면은 회록색이며 잎자루가 붙었던 자리가 있다. 가장자리는 매끈하고 잎자루에서 햇살 모양으로 21~22개의 잎맥이 뻗었다. 질은 가볍고 잘 부서진다.

냄새는 없고 맛은 떫다.

잎이 크고 선명한 녹색인 것이 좋다.

**[성 분]** 연꽃 잎과 잎자루에는 알칼로이드인 넬룸빈(nelumbine), 누시페린(nuciferin), 노르누시페린(nornuciferin), dt-아르메파빈(armepavine) 등과 케르세틴, 넬룸보지드 등의 플라보노이드 및 비타민 C가 들어 있다.

**[약 성]** 맛은 쓰고 성질은 평하며 비경·위경·간경에 작용한다.

**[효 능]** 서열을 없애고 설사를 멈추며 어혈을 흩어지게 하고 출혈을 멎게 한다. 잎의 탕약은 억균작용을 나타내고 넬룸빈 성분은 강심작용을 나타낸다.

**[적 용]** 서증으로 설사할 때, 만성 장염, 토혈, 비출혈, 장출혈, 혈림, 자궁출혈, 산후어혈복통에 쓴다.

> **처방**
> • 하엽·백출·차전자·후박 각각 10g을 섞어 서증으로 설사할 때 쓴다. 달여서 하루에 3번 나누어 복용한다.
> • 자궁출혈에 하엽·포황·황금 각각 10g을 섞어 달여서 쓴다. 하루에 3번 나누어 복용한다.

**[용 량]** 하루 4~12g.

연꽃

# 청호(菁蒿)

국화과 쑥속 여러해살이풀
제비쑥의 전초를 말린 것
*Artemisia lavandulaefolia DC.*

【산 지】 전국. 산과 들의 볕이 잘 드는 양지 쪽에서 키 30~90㎝ 자란다.

【채 취】 여름에 열매가 여물기 전에 전초를 베어 햇볕에 말린다.

【형 태】 줄기는 원기둥 모양이고 겉은 연두색이나 녹갈색이고 세로주름이 있으며 단면은 흰색이다. 잎은 어긋나고 쭈그러졌으며 빛깔은 회록색 또는 녹갈색이다.

특이한 냄새가 약간 난다.

잎이 많이 달려 있고 빛깔이 푸르며 냄새가 강한 것이 좋은 것이다.

【성 분】 정유가 들어 있다. 정유에는 코펜, 파르네실아세테이트, 카리오필렌 등이 들어 있다.

【약 성】 맛은 쓰고 성질은 차며 간경·담경·신경에 작용한다.

【효 능】 해열작용과 서사를 없애며 골증을 치료한다.

제비쑥의 알코올추출물과 아세톤추출물은 억균 작용을 나타낸다.

【적 용】 서열증, 오후에 미열이 날 때, 잘 때 식은땀이 날 때, 황달, 학질, 옴, 악창 등에 쓴다.

【처방】 •청호·만삼·의이인·맥문동·생지황 각각 16g을 섞은 청호탕(菁蒿湯)은 결핵으로 미열이 나고 식은땀이 날 때 쓴다. 달여서 하루 3번에 나누어 복용한다.

【용 량】 하루 6~12g.

【금 기】 비위허한증에는 쓰지 않는다.

【참 고】 갯사철쑥이나 개똥쑥의 전초를 청호로 부르기도 한다.

•개똥쑥은 간 기능을 향상시키고 청열작용을 하므로 간 질환 및 숙취 해소에 효과가 있다.

개똥쑥

# 서과피(西瓜皮) 서과의, 서과취의, 수박 껍질

박과 수박속 한해살이덩굴풀
수박의 열매 껍질
*Citrullus vulgaris* Schrader

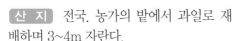
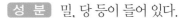

해열약 解熱藥

**산 지** 전국. 농가의 밭에서 과일로 재배하며 3~4m 자란다.

**채 취** 여름에 익은 수박의 껍질을 모아 깨끗하게 씻어 햇볕에 말린다.

**형 태** 짧은 띠 모양 또는 불규칙한 조각이며 크기는 일정하지 않으나 길이 5~15cm, 너비 1~5cm, 두께 0.5~1cm이다. 바깥 표면은 녹황색 또는 회황색이고 때때로 진한 녹색의 얼룩무늬가 있다. 한쪽 표면은 황백색이나 황갈색이고 관묶음이 그물 모양으로 나타난다.

질은 가볍고 쉽게 꺾어지며, 냄새는 없고 맛은 담백하다.

**성 분** 밀, 당 등이 들어 있다.

**약 성** 맛은 달고 성질은 서늘하며 비경·위경에 작용한다.

**효 능** 해열작용과 서사를 없애며 갈증을 멈추고 소변을 잘 나오게 한다.

**적 용** 서열증으로 가슴이 답답하고 갈증이 나며 소변이 붉고 잘 나오지 않을 때, 부종, 입과 혀가 헌데 등에 쓴다.

**처방** • 서과피·동과피 각각 20g을 달여 서열증에 쓴다.
• 서과피 40g, 신선한 띠 뿌리 60g을 달여 신장염으로 부을 때 쓴다. 하루 3번에 나누어 복용한다.

**용 량** 하루 15~30g.

수박

# 패란(佩蘭)

국화과 등골나물속 여러해살이풀
향등골나물의 전초를 말린 것
*Eupatorium chinensic* Linné for. *tripartitum* Hara

【산 지】 경기도 이남 지방. 산과 들에서 키 60cm 정도 자란다.

【채 취】 여름철 전초가 무성하고 꽃은 아직 피지 않았을 때 지상부를 베어 그늘에서 말린다.

【형 태】 줄기는 곧고 가지가 적으며 원기둥 모양이고 지름은 1.5~4mm이다. 표면은 황갈색 또는 연두색이며 세로 무늬와 마디가 있다. 질은 단단하지 않고 잘 꺾어진다. 단면은 희끄무레하고 가운데에 수가 있으며 어떤 것은 속이 비었다. 잎은 대개 쭈그러지고 부서졌으며 완전한 것을 보면 3개의 조각으로 갈라졌는데 가운데의 조각이 비교적 크고 가장자리에 큰 톱니가 있다. 잎의 양면에 털은 없고 암녹색 또는 암연두색이다. 질은 가볍고 잘 부스러진다. 냄새는 약간 향기롭고 맛은 약간 쓰다.

잎이 많고 빛깔이 녹색이며, 줄기가 적고, 꽃이 피지 않고, 향기로운 냄새가 강한 것이 좋은 것이다.

【성 분】 정유가 1.5~2% 들어 있다. 그리고 쿠마린, 쿠마린산, 티모히드로키논, 에우파토린(eupatorine) 성분 등이 들어 있다.

【약 성】 맛은 맵고 성질은 평하며 비경·위경에 작용한다.

【효 능】 서습을 없애고 생리통을 완화시키며 월경을 고르게 한다.

패란은 건위작용, 방부작용, 이뇨작용, 해열작용을 나타낸다.

정유 성분은 유행성감기 바이러스에 대한 억제작용을 나타낸다.

【적 용】 서습증, 여름철 감기, 비위에 습이 있어 입맛이 없고 소화가 잘 안 되며 명치 부위가 더부룩할 때, 만성위염, 월경불순, 생리통 등에 쓴다.

해열약 解熱藥

【처방】
• 패란 10g, 연명초(방아풀) 10g, 창출 8g, 진피(陳皮) 6g을 달여 입맛이 없고 소화가 안 되며 명치가 더부룩할 때 쓴다. 하루에 3번 나누어 복용한다.
• 패란·자소·진피(陳皮)·향유·하엽 각각 10g, 반하(법제한 것) 6g을 달여 서습증에 쓴다. 하루에 3번 나누어 복용한다.

【용 량】 하루 3~10g.

# 녹두(綠豆)

콩과 팥속 한해살이풀
녹두의 익은 씨를 말린 것
*Vigna radiata* (L.) Wilczek

해열약
解熱藥

**산지** 전국. 농가에서 밭 작물로 재배하며 키 30~80㎝로 자란다.

**채취** 가을에 씨가 익은 다음에 지상부를 베어 말리고 두드려 씨를 털고 잡질을 없앤다.

**성분** 비타민 $B_1$ · $B_2$ · PP, 카로틴, 단백질, 지방, 탄수화물, 칼슘, 인, 철 등이 들어 있다.

**약성** 맛은 달고 성질은 차가우며 심경 · 위경에 작용한다.

**효능** 해열작용과 서사를 없애며 해독작용을 한다. 그리고 부은 것을 가라앉게 하고 소변을 잘 나오게 한다.

녹두는 눈을 맑게 하고 마음을 안정시키며 위를 이롭게 한다.

**적용** 서열증, 부스럼, 단독, 전염성 이하선염, 약물중독, 각기병, 부종 등에 쓴다.

**처방**
• 녹두 30g을 서열증에 쓴다. 달여서 식힌 후에 하루 3번에 나누어 복용한다.
• 녹두 30g을 달인 물에 서과 60g에서 짠 즙을 섞어서 서열증에 쓴다. 하루 3번에 나누어 복용한다.
• 납중독에는 녹두 120g, 감초 15g을 쓴다. 달여서 하루 2번에 나누어 복용하면서 매일 비타민 C 300mg을 함께 복용한다. 한 치료 기간은 10~15일이다.
**용량** 하루 15~30g.

녹두

# 제3절 청열약(淸熱藥)

**청열**약이란 이열을 제거하여 이열증을 치료하는 한약을 말한다. 청열약은 일반적으로 찬 성질을 가지고 이열을 없애지만 그 작용상 특성으로부터 다시 청열사화약, 청열양혈약, 청열조습약, 청열해독약으로 나누게 된다.

청열약을 쓸 때 다음 사항을 주의한다.

① 표증으로 열이 날 때는 청열약을 쓰지 않는다. 표열증과 이열증을 겸했을 때는 해표약으로 표증을 먼저 치료한 다음 청열약으로 이열증을 치료하는 것이 원칙이다. 그러나 표증이 약하고 이열증이 심할 때에는 표증을 치료하는 해표약과 이열증을 치료하는 청열약을 같이 쓸 수 있다.

② 한증과 진한가열증(眞寒假熱證)에는 청열약을 쓰지 않는다.

③ 청열약은 실열증에 쓰고 허열증에는 보음약을 쓰거나 청열약을 섞어 쓴다.

## 청열사화약(淸熱瀉火藥)

**청열**사화약은 장부와 경맥의 열과 화를 없애며 실열증을 치료하는 한약인데 일반적으로 맛이 달고 성질은 차며 주로 폐경·심경·위경·간경에 작용하여, 장부·경맥의 열사·화사를 제거한다. 그리하여 청열사화약은 주로 열이 나고 가슴이 답답하며 갈증이 나고 심하면 정신이 흐려지고 헛소리하며 설태(혀이끼)가 누렇고 마르며 맥상이 커진 이열증, 폐열로 기침이 나고 숨이 가쁠 때, 위열로 토할 때, 간화로 눈이 충혈되고 붓고 아플 때 등에 쓴다.

# 석고(石膏)

단사정계의 천연 광물
석고 중에서 섬유상 집합체인 섬유 석고를 가공한 것
화학기호 : CaSO₄ · 2H₂O

**산 지** 함경북도, 황해도, 경기도 등지에서 생산된다.

**채 취** 아무 때나 캐내어 흙과 잡돌을 골라 버린다.

**형 태** 크기와 형태가 불규칙한 덩어리이고 빛깔은 흰색이다. 질은 무겁고 잘 깨진다. 단면에는 섬유 모양의 무늬가 있다. 경도는 0.5~2.0, 비중은 2.2~2.4이다.

물에는 용해되지 않고 냄새와 맛은 없다.

빛깔이 하얗고 잡돌이 없으며 잘 깨지고 섬유 모양의 무늬가 있는 것이 좋은 것이다. 빛깔이 누른 것은 약으로 쓰지 않는다.

[법 제] 청열사화약으로는 그대로 또는 감초 달인 물에 수비하여 말려 쓴다. 감초 달인 물에 수비하면 석고의 찬 성질이 좀 약해진다. 외용할 때는 불에 빨갛게 달구어 수비하여 물기를 없애고 쓴다. 석고를 불에 달구면 청열작용은 없어지고 수렴작용이 강해진다.

[성 분] 유산 칼슘($CaSO_4 \cdot 2H_2O$)이 들어 있다. 이 밖에 규산, 유산칼슘, 수산화알루미늄, 유산철, 유산마그네슘, 유기물 등도 있다.

[약 성] 맛은 맵고 달며 성질은 차고 위경·폐경·삼초경에 작용한다.

[효 능] 해열작용과 진액을 생겨나게 하며 갈증을 멈춘다.

한의학에서는 석고를 청열작용이 제일 강한 대표 약물로 인정하고 열이 몹시 날 때에는 석고를 쓴다. 벌겋게 달구어 법제한 것은 새살이 돋아나게 하고 헌데를 아물게 한다. 석고는 동물실험에서 해열작용이 인정되었다.

석고는 또한 뼈대살의 흥

분성을 낮추고 진정·진경작용을 나타내며 약한 이뇨작용을 나타낸다. 또한 모세혈관의 투과성을 낮추고 소염작용을 나타낸다. 불에 벌겋게 달군 석고는 수렴작용과 분비물을 적어지게 하는 작용을 한다.

[적 용] 이열증으로 열이 몹시 나고 가슴이 답답하며 갈증이 나고 땀이 저절로 나올 때, 위열로 인한 두통, 치통, 열독으로 인한 발반(發斑), 홍역 환자의 발진 등에 쓴다. 벌겋게 달군 것은 헌데, 화상, 습진 등에 쓴다.

현대의학에서는 석고를 해열약으로 쓰지 않고 석고붕대를 할 때 쓴다.

임상 연구에 의하면 석고가 들어 있는 마행석감탕(麻杏石甘湯)은 항생제를 써도 낫지 않는 기관지폐렴에 효과가 있다.

[처방] • 석고 19g, 지모 8g, 감초 3g, 입쌀 19g을 섞은 백호탕(白虎湯)은 양명경병으로 열이 몹시 나고 가슴이 답답하며 갈증이 날 때와 일본뇌염에 쓴다. 달여서 하루에 3번 나누어 복용한다.

• 석고 19g, 마황 15g, 행인 4g, 감초 4g을 섞은 **마행석감탕**(麻杏石甘湯)은 폐열로 기침이 나고 숨이 가쁠 때 및 기관지폐렴에 쓴다. 달여서 하루 3번에 나누어 복용한다.

[용 량] 하루 10∼30g.

[금 기] 한중에는 쓰지 않는다.

[참 고] 실험에 의하면 석고 한 가지를 달이는 것보다 여러 가지 한약과 섞어 달일 때 석고의 용해도가 커진다. 석고를 달일 때 유기산, 타닌, 비타민, 알칼로이드염 등과 함께 달이면 석고의 용해도가 커지며, 알칼리성 물질, 녹말, 점액, 아교, 단백질 등과 함께 달이면 용해도가 작아진다.

• 석고를 기름, 정유, 수지, 당류, 배당체, 엽록소 등과 함께 달이면 석고의 용해도에 큰 영향이 없다.

# 지모(知母)

지모과 지모속 여러해살이풀
지모의 뿌리줄기를 말린 것
*Anemarrhena asphodeloides* Bunge

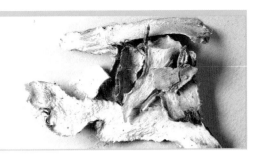

해열약 解熱藥

산 지 황해도와 평안남도의 일부 지방. 산과 들에서 키 60~90㎝로 자란다.

채 취 가을 또는 봄에 지모의 뿌리줄기를 캐어 줄기와 뿌리를 다듬고 물에 씻은 다음 비늘 모양의 털을 긁어내고 햇볕에 말린다.

형 태 원기둥 모양이고 약간 납작하며 길이가 5~12㎝, 지름은 0.5~1.5㎝이다. 겉은 황갈색이고 큰 주름이 있으며 비늘 모양의 털이 있고 잎과 줄기가 붙었던 자리가 있다. 질은 단단하고 잘 부러진다. 단면은 매끈하고 황백색 또는 연한 황갈색이다. 냄새가 약하고 맛은 약간 달고 쓰며 끈적하다.

길고 굵으며 둥글고 질이 단단하며 단면이 황백색인 것이 좋다.

법 제 그대로 또는 술에 불려서 볶아서 쓴다. 보약에 넣을 때 소금 물 또는 꿀 물에 불려서 볶는다.

성 분 약 6%의 사포닌이 있다. 그중에서 6가지 사포닌이 밝혀졌는데 즉 티모사포닌(timosaponin) A-Ⅰ·A-Ⅱ·A-Ⅲ·A-Ⅳ·B-Ⅰ·B-Ⅱ이다.

이전에 지모의 뿌리줄기에서 떼어낸 사포닌을 아스포닌(asphonine)이라고 하였는데 이것은 마르코사포닌, 티모사포닌 A-Ⅲ·A-Ⅳ·B 등의 혼합물로 추측하고 있다.

지모의 뿌리줄기에 들어 있는 배당체로는 크산토(xantho) 배당체인 만기페린(mangiferin)과 이소만기페린 (isomangiferin)이 있다. 이 밖에 플라보노이드, 점액질, 타닌질이 있다.

약 성 맛은 쓰고 성질은 차며 위경·폐경·신경에 작용한다.

효 능 음을 보하고 열을 내리게 한다. 그리고 대변을 잘 보게 한다.

동물실험에서 해열작용, 진정작용, 혈당 낮춤작용이 밝혀졌다. 호흡 및 혈압에 대한 영향을 보면 토끼에게 적은 양을 주면

처방 • 육미지황환(六味地黃丸)에 지모 3.8g, 황백 3.8g을 더 넣어 만든 지백지황환(知柏地黃丸)은 음이 허하여 오후에 미열이 나고 잘 때 식은땀 날 때, 폐결핵 등에 쓴다.
• 폐결핵, 급성 및 만성기관지염 등에 쓰는 자음강화탕(滋陰降火湯)에도 지모가 들어 있다. 지모를 청열약으로 쓸 때 협력작용을 목적으로 황백을 섞는 경우가 많다. 이 두 가지 한약을 섞으면 음을 보호하고 해열작용이 강해진다.
• 지모 4, 패모 4를 섞어 만든 이모환(二母丸)은 폐열로 기침할 때 쓴다. 한 번에 3~4g씩 하루 3번 복용한다.
• 폐열로 기침할 때 지모에 맥문동을 섞어 쓰기도 한다. 양명경병을 치료하기 위해서는 지모에 석고를 섞는다.

용 량 하루 4~12g.

금 기 설사할 때는 쓰지 않는다.

호흡 및 혈압에 영향이 없으나 중등량에서 호흡은 억제되고 혈압은 약간 내려간다. 많은 양에서는 호흡이 곧 멎고 동시에 혈압도 내려가서 결국 죽게 된다.

두꺼비의 심장에 대하여 낮은 농도에서는 뚜렷한 영향이 없고 중등 농도에서는 심장의 수축을 악화시키며 높은 농도에서는 심장을 마비시켜 멎게 한다.

새끼를 밴 토끼에게서 떼낸 자궁에는 영향을 주지 않는다. 시험관 안에서 결핵균을 비롯한 일련의 미생물에 대하여 비교적 강한 억균작용을 나타낸다. 일본뇌염 바이러스에 대한 억제작용도 나타낸다.

사포닌은 용혈작용을 나타낸다.

적 용  음허로 오후에 미열이 나고 잘 때 식은땀이 나며 가슴이 답답할 때, 소갈병, 폐열로 기침이 날 때, 위열로 갈증이 날 때, 번비 등에 쓰며 급성 전염병 및 폐결핵 환자의 해열약으로도 쓴다.

# 노근(蘆根) 갈대 뿌리, 갈뿌리

벼과 갈대속 여러해살이풀
갈대의 뿌리줄기를 말린 것
*Phragmites communis* Trin.

산 지  전국. 습지, 연못이나 개울가, 강 입구 또는 물기가 많은 곳에서 키 1~3m로 자란다.

채 취  봄 또는 가을에 뿌리줄기를 캐내어 수염뿌리를 다듬고 햇볕에 말린다. 말리지 않고 신선한 것을 쓰는 것이 더 좋다.

형 태  신선한 뿌리는 지름 1㎝ 정도의 원기둥 모양이고 마디가 있으며 우윳빛 또는 황백색이다. 말린 것은 황백색 또는 갈색이고 세로주름이 있으며, 질은 가볍고 유연하며 질기다. 단면은 노란색이고 속은 비었다. 냄새는 없다.

굵고 길며 빛깔이 황백색이고 수염뿌리가 없는 것이 좋은 것이다.

성 분  아스파라긴, 아르기닌 등의 아미노산과 단백질 및 당류가 들어 있다. 코익솔(coixol) 성분도 들어 있다.

약 성  맛은 달고 성질은 차가우며 폐경·위경에 작용한다.

갈대

[효능] 열을 내리게 하는데, 주로 폐와 위의 열을 내리게 한다. 그리고 진액을 생겨나게 하며 구토를 멈추게 한다.

갈대 뿌리 탕약과 알코올추출물은 동물실험에서 뚜렷한 이뇨작용을 보였다.

액체추출물과 물우림약은 약한 해열작용도 한다. 액체추출물은 또한 적혈구와 백혈구의 생성을 빠르게 하고 사염화탄소로 중독성 간염을 일으킨 흰쥐의 GPT를 낮추며 모세혈관의 투과성을 낮춘다.

[적용] 열이 나고 가슴이 답답하며 갈증이 날 때, 위열로 인한 구토, 폐열로 인한 기침, 폐옹(폐농양), 소갈병, 부기, 황달 등에 쓴다. 이 밖에 방광염, 관절염, 복어 중독 등에도 쓴다.

[처방]
• 노근 24g, 의이인 20g, 도인 8g, 동과자 8g을 섞은 위경탕(葦莖湯)은 폐옹에 쓴다. 달여서 하루 3번에 나누어 복용한다.
• 노근 12g, 죽여 10g, 생강즙 4g을 섞어 구토에 쓴다. 달여서 하루에 3번 나누어 복용한다.
[용량] 하루 10~30g, 신선한 것은 하루 30~60g.

# 치자(梔子) 산치자

꼭두서니과 치자나무속 늘푸른떨기나무
치자나무의 익은 열매를 말린 것
*Gardenia jasminoides* Ellis

[산지] 경기도 이남 지방. 민간에서 약재로 재배하며 높이 4m 정도 자란다.

[채취] 가을에 익은 열매를 따서 햇볕에 말린다.

[형태] 타원형 또는 달걀 모양인데 양쪽 끝은 뾰족하며 길이는 1.5~3cm, 지름은 0.8~1.5cm이다. 겉은 붉은색을 띤 노란색 혹은 적갈색이며 5~9줄의 세로로 튀어나온 줄이 있다. 윗부분에는 숙존악이 있고 아래에는 꼭지 붙었던 자리가 있다. 열매 껍질은 얇고 잘 부서진다. 껍질을 벗기면 속에는 황적색의 열매살과 여러 개의 씨가 뭉쳐 있다. 씨는 납작하고 둥글며 길이는 약 3.5mm, 폭은 약 2.5mm이고 겉은 연황색

이다. 냄새가 향기롭고 맛은 약간 시다.

개체가 작고 온전하며 씨가 가득 차고 안팎의 빛깔이 붉은 것이 좋은 것이다.

[법제] 그대로 또는 검게 볶거나 생강즙에 불려서 볶아서 쓴다. 즉 이 약을 지혈약으로 쓸 때는 검게 볶고, 가슴이 답답할 때와 구토를 치료할 때에는 생강즙에 불려서 볶는다.

[성분] 플라보노이드의 가르데닌(gardenin), 펙틴, 타닌, 크로신(crocin), 크로세틴(crocetin), d-만니톨, 노나코산(nonacosane), β-시토스테롤 이외에 이리도이드(iridoide) 성분인 게니핀(genipin)과 그 배당체인 게니포시드(geniposide)

223

치자

습열을 없애고 소변을 잘 나오게 한다.

또한 출혈을 멈추고 부은 것을 가라앉게 하며 해독작용을 한다.

임상실험에 의하면 치자 가르데닌 및 가르데니딘의 나트륨염은 이담작용을 나타낸다.

탕약 및 알코올 우림약은 혈압을 낮춘다.

이 약은 억균작용의 효능도 있다.

및 겐티오비오시드(gentiobioside) 등이 들어 있다. 그리고 노란 색소인 배당체 가르데닌(크로신)이 들어 있다. 이것이 가수분해되면 가르데니딘(gardenidin, 크로세틴)으로 된다. 이 밖에 타닌, 펙틴, 녹말 효소 등도 있다.

약 성 맛은 쓰고 성질은 차며 심경·폐경·위경·간경·삼초경에 작용한다.

효 능 해열작용과 가슴이 답답한 증세를 치료하며

적 용 가슴이 답답하고 쉽게 잠들지 못할 때, 황달, 임증, 소갈, 간열로 눈이 충혈되고 붓고 아플 때, 설막염, 토혈, 비출혈, 자궁출혈, 혈리, 헌데, 화상, 타박상 등에 쓴다.

처방 •말린 약재를 1회 2~5g씩 뭉근하게 달이거나 가루내어 쓴다. 하루 3회 복용한다.
•치자 8g, 인진호 22g, 대황 8g을 섞어 만든 인진호탕(茵蔯蒿湯)은 예로부터 황달 치료에 널리 써온 처방으로서 간염에 쓴다. 달여서 하루 3번에 나누어 복용한다.
•치자 8g, 두시 40g을 섞어 만든 치시탕(梔豉湯)은 가슴이 답답하고 잠을 못잘 때 쓴다. 달여서 하루에 3번 나누어 복용한다.
•치자 10g, 선황련 10g, 황금 10g, 황백 10g을 섞는 황련해독탕(黃連解毒湯)은 상한으로 열이 몹시 나고 가슴이 답답하여 잠을 자지 못할 때와 토혈, 비출혈, 부스럼, 패혈증 등에 쓴다. 달여서 하루 3번에 나누어 복용한다.
용 량 하루 6~10g.
주 의 비위가 허한할 때는 쓰지 않는다.
참 고 치자 열매는 음식물을 노랗게 물들이는 물감으로 쓴다. 열매를 물에 담그면 노란 색소가 녹아나오므로 이 물에 빈대떡이나 튀김 또는 단무지를 담그면 노랗게 물든다.

# 결명자(決明子) 결명 씨

콩과 차풀속 한해살이풀
결명자(되팥)의 익은 씨를 말린 것
*Senna tora* (L.) Roxb.

**산 지** 중부 지방. 농가의 밭에서 약초로 재배하며 키 1.5m 정도 자란다.

**채 취** 가을에 익은 열매만을 채취하거나 또는 전초를 베어 햇볕에 말린 다음 두드려서 씨를 털고 잡질을 없애고 완전히 말린다.

**형 태** 네 개의 모서리가 있는 기둥 모양의 알갱이고 길이는 0.6~0.7㎝, 지름은 약 3㎜이며 양쪽 면에는 선 모양의 무늬가 있다. 겉은 황갈색 또는 녹갈색이고 윤기가 있다. 제점은 도드라져 있다. 질은 단단하고 잘 깨지지 않는다. 잘라 보면 가운데 황갈색의 자엽이 말려 있다. 그 양쪽에는 없고 회색의 배유가 있다. 냄새가 없고 맛은 약간 쓰며 풀기가 있다. 100알의 무게는 3~3.5g이다.

잘 익고 황갈색이며 잡질이 없는 것이 좋은 것이다.

**법 제** 그대로 또는 향기로운 냄새가 풍길 때까지 볶아서 쓴다.

**성 분** 에모딘, 옵투시폴린(obtusifolin), 옵투신(obtusin), 크리소옵투신(chrysoobtusin), 아우란티오옵투신(aurantioobtusin) 등 안트라퀴논 화합물이 들어 있다.

**약 성** 맛은 짜고 쓰며 성질은 약간 차고 간경 · 담경 · 신경에 작용한다.

**효 능** 간열을 내리게 하고 눈을 밝게 하며 간기를 돕고 대변을 묽게 한다.

결명자 탕약은 대장의 점막을 자극하여 반사적으로 대장 꿈틀운동을 강하게 하여 대변이 잘 나오게 한다.

결명자는 사염화탄소로 중독시켜 일으킨 흰쥐의 간염에 대하여 치료작용을 나타낸다.

이 약의 물우림액, 에틸알코올물우림액, 알코올우림액은 실험에서 마취한 동물의 혈압을 낮추어준다.

결명자는 혈액 속의 콜레스테롤의 양도 낮추어준다.

결명자 물우림액(1:4)은 일련의 피부사

해열약 解熱藥

결명자

225

상균에 대하여 억균작용을 나타낸다.

[적 용] 간열로 머리가 어지럽고 아플 때, 눈이 충혈되고 아프며 눈이 시고 눈물이 날 때와 청맹에 쓴다. 그리고 비출혈과 약한 설사약으로 습관성 변비에 쓴다.

결명자를 시력을 좋게 하기 위해서도 쓴다.

[처방]
• 결명자 한 가지를 습관성 변비에 쓰면 좋다. 6~12g을 달여서 하루 3번에 나누어 복용한다.
• 결명자 1, 감국 8, 석결명(전복) 12, 목적 8, 황금 10으로 가루약을 만들어 간열로 눈이 충혈되고 아프며 눈이 시릴 때, 결막염에 쓴다. 한 번에 3~4g씩 하루 3번 복용한다.
[용 량] 하루 6~12g.
[주 의] 설사하는 사람에게는 쓰지 않는다.

# 청상자(靑霜子) 들맨드라미 씨

비름과 맨드라미속 한해살이풀
개맨드라미(들맨드라미)의 익은 씨를 말린 것
*Celosia argentea* L.

[산 지] 전국. 길가나 밭둑 등에서 키 80cm 정도 자란다.

[채 취] 가을에 씨가 익은 다음 꽃을 잘라 햇볕에 말리고 두드려서 씨를 털고 잡질을 없앤다.

[형 태] 둥글고 납작한 작은 입자인데 가운데 부분은 약간 두꺼워 마치 볼록렌즈 비슷하다. 지름은 약 1mm, 두께는 약 0.5mm이다. 겉은 흑갈색이고 윤기가 있으며 확대경으로 보면 그물 모양의 무늬가 있다. 씨앗은 흰색이다. 100알의 무게는 약 0.07g이다.

[법 제] 말린 씨를 그대로 쓰거나 또는 볶아서 쓴다.

[성 분] 지방이 들어 있다. 유효 성분은 아직 알려지지 않았다.

[약 성] 맛은 쓰고 성질은 약간 차며 간경에 작용한다.

[효 능] 간열을 내리게 하고 눈을 밝게 하며 풍열을 없앤다.

개맨드라미 씨는 혈압 강하작용도 한다.

개맨드라미

그리고 동공확장 작용과 녹
농막대균에 대한 억제작용
을 나타낸다.

**적 용** 간열로 눈이 충혈
되고 붓고 아플 때, 머리가
어지럽고 아플 때, 예막, 청
맹, 몸이 가려울 때 등에 쓴
다. 장출혈, 자궁출혈 등에
지혈약으로도 쓴다.

**처방** • 청상자를 1회 3~5g 달여서 내과 질환과 피부병에 복용
한다. 안질(眼疾)의 경우에는 달인 물로 눈을 씻는다.
• 청상자 · 토사자 · 익모초 · 방풍 · 현삼 · 시호 · 택사 · 차전자 · 복
령 · 오미자 · 세신 각각 4, 생지황 10으로 가루약을 만들어 간열로
눈이 충혈되며 붓고 아플 때 쓴다. 한 번에 3~4g씩 하루 3번 복
용한다.

**용 량** 하루 3~9g.

**주 의** 동공 확장에는 쓰지 않는다.

**참 고** 부스럼이나 화상 출혈에는 말린 잎과 줄기를 1회 5~10g
달여서 복용하거나 생잎을 찧어 환부에 붙인다.
• 꽃과 뿌리를 말린 것을 달여 복용하면 생리불순의 치료에 효과가
있다.

# 하고초(夏枯草)

꿀풀과 꿀풀속 여러해살이풀
꿀풀의 전초를 말린 것
*Prunella vulgaris var. lilacina* Nakai

**산 지** 전국. 산이나 들판의 길가와 풀
밭에서 키 20~30㎝로 자란다.

**채 취** 여름에 꽃이 핀 지상부를 베어
잡질을 제거하고 햇볕에 말린다.

**형 태** 줄기는 네모나고 세로
홈이 있으며 갈색 또는 자갈색인
데 회백색 털이 있다. 잎은 마주
나고 타원형이며 길이 2~4㎝이
고 가장자리는 톱날 모양이며 털
이 있고 끝은 뾰족하다. 꽃이삭은
둥글고 길이 3~6㎝, 지름은 1~
2㎝이며 갈색이다. 꽃잎은 거의
다 떨어졌고 숙존악과 포(꽃턱잎)
가 모여 있다. 질은 가볍고 잘 부
러진다.

잎과 꽃이 많이 붙어 있고 잡질이 없는
것이 좋은 것이다.

**성 분** 염화칼륨, 유산칼륨, 기타 염화
나트륨, 철염 등 무기염료가 들어 있다.

꿀풀

이 밖에 트리테르페노이드 사포닌(게닌은 우르솔산), 유리 우르솔산, 루틴(rutin), 하이페로시드(hyperoside), 카페인산(caffein酸), 비타민 B₁·C·K, 수지, 고미질, 타닌, 알칼로이드, 지방, 정유 등이 들어 있다.

[약성] 맛은 쓰고 매우며 성질은 차고 간경에 작용한다.

[효능] 해열작용과 해독작용을 하며 눈을 밝게 한다. 간열도 내리게 한다.

약리실험에 의하면 물우림약, 에틸알코올우림약은 마취한 동물의 혈압을 낮춘다. 탕약에 들어 있는 모든 무기염류 또는 칼륨염을 토끼의 정맥에 주사해도 곧 혈압이 내려가고 호흡 운동이 강해지며 배뇨작용이 나타난다.

토끼나 두꺼비 심장에 대하여 적은 양에서는 흥분시키고 많은 양에서는 억제적으로 작용한다. 그러나 혈압을 낮추는 양에서는 심장에 대하여 억제작용을 나타내지 않는다. 토끼의 떼낸 자궁에 대하여 1:200, 1:100, 1:50의 탕약은 강직성 수축을 일으키고, 1:100, 1:50, 1:25의 탕약은 떼낸 토끼 창자의 꿈틀운동을 강하게 한다.

결핵균, 포도알균, 적리균을 비롯한 여러 병원성 미생물에 대하여 비교적 강한 억균작용을 나타낸다.

[적용] 연주창(나력), 영류, 유옹, 머리가 헌데, 간화로 눈이 충혈되며 붓고 아플 때, 부스럼 등에 쓴다. 고혈압과 부종에도 쓴다.

[처방] •하고초 한 가지만 쓰거나 또는 현삼·모려를 각각 12g씩 섞어 탕약으로 하여 연주창에 쓴다. 달여서 하루에 3번 나누어 복용한다.
•위장염, 방광염에는 하고초를 8~10g씩 물 300㎖로 1/2이 되도록 달여서 하루에 3번 나누어 식간에 복용한다.
•구내염, 편도선염에는 하고초를 하루에 3~5g씩 물 300㎖로 1/2이 되도록 달여서 쓴다. 양금을 걷어낸 달임물로 수시로 양치질을 한다. 또 이 달임물을 탈지면 등에 적셔 눈을 씻으면 결막염에도 효과를 볼 수 있다.
[용량] 하루 6~12g,

꿀풀

# 웅담(熊膽) 곰 쓸개

곰과 포유동물
곰의 쓸개를 말린 것
*Ursus thibetanus*

• 큰곰(갈색곰)의 쓸개를 대용으로 쓸 수 있다.

[산 지] 아프리카·오스트레일리아·남극을 제외한 전 대륙의 삼림에 서식한다.

[채 취] 곰을 잡았을 때 담낭을 떼내어 주머니의 목을 실로 매고 겉에 붙어 있는 지방을 떼버린 다음 바람이 잘 통하는 그늘에 매달거나 건조기에서 60℃ 이하에서 말린다. 최근에는 웅담의 성분인 우르소디옥시콜산을 반합성한다.

[형 태] • 하담－늦은 여름부터 가을 사이에 채취한 하담(夏膽)은 내용물이 황갈색 또는 황적색이고 투명하며 기름기가 비교적 적고 끈적끈적하지 않고 윤기가 있다. 질은 가볍고 단단하나 잘 부서진다. 특이한 냄새가 나고 맛은 처음에 쓰지만 후에는 달다. 하담의 껍질은 두껍고 담즙은 적게 들어 있다.

담낭은 달걀 모양인데 길이는 5~22cm, 폭은 5~8cm이다.

• 동담－겨울부터 봄 사이에 채취한 동담(冬膽)은 내용물이 검은색이고 투명하지 않으며 기름기가 있고 끈적끈적하다. 동담은 냄새가 특이하며 맛이 하담보다 더 쓰고 후에 단맛이 거의 없다. 동담의 껍질은 얇고 담즙이 많이 들어 있어 담낭이 불어나 있다. 동담은 질이 낮은 것으로 취급한

다. 웅담의 냄새는 특이한데 향기롭고 약간 비리다.

담낭이 크고 담즙이 많으며 황금색이고 투명하며 윤기가 있고 처음에는 쓰지만 나중에 단맛이 강한 것(하담)이 좋다. 빛깔이 검거나 연두색이고 쓴맛이 강하고 후에 단맛이 약한 것(동담)은 질이 낮다.

[법 제] 웅담의 껍질을 벗겨내고 가루내어 쓴다.

[성 분] 주로 담즙산류의 알칼리 금속염이 들어 있고 콜레스테롤, 담즙 색소, 지방, 아미노산, 무기염류 등이 들어 있다.

담즙산으로는 글리코소디옥시콜린산(glycoursodesoxycholic酸)과 타우로소디옥시콜린산(tauroursodesoxycholic酸)이 있으며 이것이 가수분해되면 우르소디옥시콜산(ursodesoxycholic酸)을 만든다. 이

흑곰

우르소디옥시콜린산은 웅담에만 있는 특수 성분이며 다른 동물의 담즙에는 없다.

이 밖에 케노디옥시콜산(chenodesoxy-cholic酸), 콜산(colic酸) 등도 들어 있다.

약 성 맛은 쓰고 성질은 차며 심경·간경·위경에 작용한다.

효 능 해열작용과 해독작용을 하며 눈을 밝게 하고 경련을 멈추며 어혈을 풀어주고 살충 성분이 있다.

동물실험에 의하면 이담작용이 있다. 또한 흰생쥐와 흰쥐에게 사염화탄소로 간 중독을 일으킨 다음 웅담을 먹이면 간 조직에 침착된 지방량이 훨씬 적어지며 변성된 간 세포가 급속히 회복된다.

웅담은 활평근에 대한 진경작용을 하는데 이 작용은 디옥시콜산, 우르소디옥시콜산, 콜산 등에 의한 것이다.

웅담은 지방의 소화를 돕고 지방에 녹는 비타민의 흡수를 돕는다.

웅담은 리파아제(Lipase)뿐 아니라 아밀라아제와 프로테아제의 활성도 높이므로 지방뿐 아니라 탄수화물과 지방의 소화도 돕는다.

우르소디옥시콜산은 간세포의 기능을 높이고 해독작용을 나타내며 피로를 느끼게 하는 물질의 분해와 배설을 빠르게 하고 비타민 $B_1$·$B_2$가 잘 흡수되게 하는 작용을 한다. 우르소디옥시콜산의 해독작용은 이것 한 가지만 쓸 때보다 케노디옥시콜산과 콜산을 천연 웅담에 들어 있는 비율대로 섞어 쓸 때 더욱 강하게 나타난다는 것이 밝혀졌다.

적 용 소아경풍, 전간 등으로 경련이 일어날 때, 위경련, 어혈, 산후복통, 가열로 눈이 충혈되며 붓고 아플 때, 예막, 황달, 만성간염, 담석증, 이질, 타박상, 헌데, 악창, 치질, 회충증, 치통 등에 쓴다. 웅담은 특히 타박상에 널리 쓴다.

임상 연구에 의하면 웅담은 신장성 고혈압, 만성화농성 중이염에도 효과가 좋다.

민간에서는 산후복통 또는 산후풍에 웅담을 즐겨 쓰는데 주치증을 잘 선택하고 땀을 적당히 내야 한다.

임산부들에게 웅담을 쓰려면 반드시 허증과 실증을 가르고 실증에 쓰며 허증에는 쓰지 말아야 한다. 또한 산후출혈을 많이 하였거나 심장병, 결핵 등이 있는 산모들에게는 쓰지 말아야 한다.

그리고 땀을 낼 때 지나친 열자극을 피하고 보통의 실내 조건에서 땀을 내며 땀이 나면 자주 닦아주어야 한다.

처방
• 웅담은 다른 약을 섞어 쓸 수도 있으나 흔히 한 가지를 따뜻한 물 또는 술에 녹여서 복용한다. 즉, 한 번에 0.3~0.5g을 술 또는 따뜻한 물에 녹여서 복용한다.
• 웅담 주사를 만들어 만성간염에 쓴다.

용 량 하루 0.5~2g.

불곰

해열약 解熱藥

# 우황(牛黃)

소과 포유동물
소의 담낭, 간관, 수담관 등에 병적으로 생긴
담석을 말린 것
*Bos taurus*

**산 지** 전국. 농가에서 축산 가축으로 기른다.

**채 취** 소의 담낭, 간관, 수담관을 조사하여 담낭에 담석이 들어 있으면 꺼내어 석회 건조기에 넣거나 바람이 잘 통하는 그늘에서 말린다.

**형 태** 달걀 모양, 구형 또는 불규칙한 덩어리이고 지름은 0.5~3cm이며 큰 것은 달걀만 한 것도 있다. 겉은 노란색 또는 황갈색이고 윤기가 있으며 어떤 것은 말릴 때 터진 것도 있다. 질은 가볍고 잘 깨진다. 단면은 노란색, 적갈색이고 층층으로 된 고리 무늬가 있다. 냄새는 향기롭고 맛은 처음에 약간 쓰고 후에는 달다. 우황을 입에 넣으면 시원한 감이 있고 천천히 침에 용해된다. 우황을 물에 적셔 손톱 위에 놓고 문지르면 노란색으로 물든다.

크고 완전하며 질이 치밀하고 겉에 윤기가 있으며 단면의 층 무늬가 얇고 정연하며 냄새가 향기롭고 맛은 처음엔 약간 쓰지만 후에 단맛이 나는 것이 좋다.

**성 분** 담즙산, 디옥시콜산, 콜레스테린, 에르고스테린(ergosterin), 레시틴, 빌리루빈(bilirubin), 타우린(taurine), 콜린(choline), 지방, 비타민 D·E가 들어 있다. 알라닌, 글라이신, 타우린 등의 아미노산과 칼슘, 망간, 아연, 철 등도 있다.

**약 성** 맛은 쓰고 성질은 서늘하며 심경·간경에 작용한다.

**효 능** 해열작용과 해독작용을 하며 담을 삭이고 정신을 맑게 한다.

동물실험에 의하면 우황은 중추신경 계통에 대한 진정·진경 작용을 나타내고 혈압을 뚜렷하게 낮추는 작용, 해열·강심·이담 작용을 나타낸다.

우황을 토끼에게 쓰면 적혈구와 혈색소가 많아진다. 활평근에 대한 진경작용도 있는데 그것은 주로 디옥시콜산에 의한 것이다.

소의 담낭(우담)

우황에서 뽑아낸 물에 풀리는 단백물질이 활평근을 수축시키는 작용을 한다는 것도 실험 결과 알려졌다.

급성 독성 실험에 의하면 우황의 독성은 약하다. 몸무게 20g 되는 흰생쥐에게 우황 2g/kg을 주어도 그 동물은 1주일이 지나도록 죽지 않았다.

인조 우황도 진정작용을 나타낸다.

적용 열이 몹시 나고 정신이 흐리며 헛소리할 때, 급성 전염병의 뇌 증세, 중풍(뇌출혈)으로 정신이 흐리고 말을 못하며 팔다리가 마비되었을 때, 고혈압, 뇌혈전, 소아경풍, 경련, 광중, 전간, 가슴 두근거림, 복통, 부스럼, 인후두염 등에 쓴다.

처방
• 열이 몹시 나고 정신이 흐리며 팔다리 경련이 일어날 때는 우황 0.1g을 가루내어 선황련, 황금, 치자 달인 물에 섞어 복용한다.
• 우황 45, 산약 263, 감초 188, 인삼 94, 포황 94, 신곡 94, 서각 75, 대두황권 · 육계 · 아교 각각 66, 백작약 · 맥문동 · 황금 · 당귀 · 방풍 · 주사(또는 영사) · 백출 각각 56, 시호 · 길경 · 행인 · 백복령 · 산궁궁 각각 47, 산양각(또는 영양각) · 사향 · 용뇌 각각 38, 석웅황 30, 백렴 28, 건강 28, 대조 25를 가루내어 꿀을 결합약으로 하여 환약을 만들어 금박옷을 입힌 우황청심환(牛黃淸心丸)은 청열독약 · 개규약으로 열이 몹시 나고 정신이 흐리며 헛소리할 때, 홍역 · 소아경풍 · 전간 · 중풍(뇌출혈) · 폐렴 · 소아마비 등에 쓴다. 한 번에 1알(3.75g)씩 하루 2∼3번 복용한다.
• 우황 1.5, 선황련 30, 황금 15, 울금 12, 주사(또는 영사) 9, 치자 18, 봉밀 85의 비율로 섞어 만든 우황환(牛黃丸)은 폐렴, 어린이 급성 뇌척수막염, 홍역내공, 열이 몹시 나고 숨이 가쁠 때 쓴다. 한 번에 한 알(1.7g)씩 하루 3번 복용한다.

용량 하루 0.1∼0.4g(가루약, 환약으로 복용해야 함).

주의 임산부에게는 쓰지 말아야 한다.

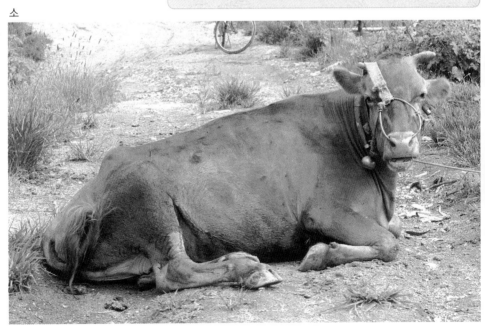

# 산죽(山竹)

벼과 조릿대속 늘푸른여러해살이풀
조릿대의 잎을 말린 것
*Sasa borealis* (Hackel) Makino

• 신이대와 제주조릿대의 잎을 대용으로 쓸 수 있다.

[산 지] 전국. 산중턱 아래쪽의 수림 속에서 무리지어 키 1~2m로 자란다.

[채 취] 아무 때나 잎을 뜯어 그늘에서 말린다. 가을에 딴 것이 좋다.

[형 태] 종에 따라 형태에서 좀 차이가 있으나 대개 긴 타원형 또는 버들잎 모양이고 너비는 1~6㎝, 길이는 5~25㎝이다. 잎은 빳빳하고 쭈그러지지 않으며 세로주름이 있고 잘 끊어지지 않는다. 빛깔은 연청색이다.

[성 분] 산죽에서 다당류와 플라보노이드 성분 등이 고르게 들어 있다.

[약 성] 맛은 달고 성질은 차갑다.

[효 능] 해열작용과 소변을 잘 나오게 하며 폐기를 통하게 하고 출혈을 멎게 한다. 눈병과 부스럼을 치료한다.

실험에서 해열작용과 이뇨작용이 증명되었다.

산죽은 또한 항암작용, 궤양을 치료하는 작용, 소염작용, 진정작용, 진통작용, 위액 분비를 늘리고 위의 산도를 높이는 작용, 동맥경화를 막고 혈압 강하작용, 혈당량을 낮추는 작용, 해독작용, 강정작용, 억균작용 등을 나타낸다는 것이 밝혀졌다.

[적 용] 발열, 폐옹, 배뇨장애, 비출혈을 비롯한 각종 출혈, 눈병, 부스럼 등에 쓴다. 또한 악성종양, 위 및 십이지장궤양, 만성 위염, 고혈압, 동맥경화, 당뇨병, 심장성 부종, 신장성 부종, 편도염, 귀앓이, 감기, 간염, 천식, 폐렴 등에도 쓴다. 무좀, 화상, 피부병 등에 산죽추출물을 바른다.

**처방** 옛 한의서에서는 산죽을 태워 재를 쓸 것을 제기하였으나 지금은 이 방법을 잘 쓰지 않는다.

• 산죽에 다른 약을 섞어서 쓸 수도 있으나 흔히 이 약 한 가지를 쓴다. 하루 8~10g을 달여 3번에 나누어 복용하거나 산죽추출물 가루를 만들어 1회 1~3g씩 하루에 3번 복용한다.

[용 량] 하루 8~10g.

해열약 解熱藥

조릿대

233

# 죽엽(竹葉) 참대 잎, 청죽엽

벼과 왕대속 늘푸른큰키나무
왕대(참대)의 잎을 말린 것
*Phyllostachys bambusoides* S. et Z.

**산 지** 중부 · 남부 지방. 민가에서 재배하며 높이 20m 정도 자란다.

**채 취** 여름철에 푸른 잎을 따서 바람이 잘 통하는 그늘에서 말린다.

**형 태** 끝이 뾰족한 타원형인데 밑은 둥글고 끝은 뾰족하다. 윗면은 청록색이고 뒷면은 녹백색이다. 잎맥은 나란히맥(평행맥)이다. 냄새는 없고 맛은 약간 쓰다.

**약 성** 맛은 쓰고 성질은 차며 심경 · 폐경 · 위경 · 간경에 작용한다.

**효 능** 해열작용과 가슴이 답답한 것을 치료하며 담을 삭이고 경련을 멈추게 한다.

**적 용** 열이 나고 가슴이 답답하며 갈증이 날 때, 구토(위열증), 끈적한 가래가 있고 기침이 나며 숨이 가쁠 때, 경간, 후두염, 악창 등에 쓴다.

**처방**
• 죽엽 3g, 백복령 8g, 맥문동 6g, 석고 60g, 황금 6g, 방풍 4g을 섞은 죽엽탕(竹葉湯)은 임산부의 가슴이 답답한 증세에 쓴다. 달여서 한 번에 복용한다.
• 죽엽 3g, 석고 60g, 인삼 3g, 맥문동 6g, 반하 4g, 감초 3g, 입쌀 6g, 생강 1g을 섞은 죽엽석고탕(竹葉石膏湯)은 열이 나고 가슴이 답답하며 갈증이 나고 기침할 때, 폐렴, 유행성감기, 홍역 등으로 열이 나고 기침이 나며 입안이 마르고 땀이 많이 날 때 쓴다. 달여서 하루 2~3번에 나누어 복용한다.

**용 량** 하루 6~12g.

**금 기** 비위허한증에는 쓰지 않는다.

왕대

# 담죽엽(淡竹葉) 조릿대 풀잎

벼과 조릿대풀속 여러해살이풀
조릿대풀의 전초를 말린 것
*Lophatherum gracile* Brongniart

**산 지** 남부 지방. 산지의 습하고 그늘진 숲에서 키 40~80cm로 자란다.

**채 취** 여름에 꽃이 피기 전에 풀을 베어 그늘 혹은 햇볕에 말린다.

**형 태** 잎은 쭈그러지고 말려 있다. 누기를 주어 펴 보면 끝이 뾰족한 긴타원형이며 길이는 3~22cm, 너비는 1~3.5cm이다. 끝은 점차 뾰족하고 밑은 둥글다. 빛깔은 회녹색이다. 잎맥은 평행맥이고 잎맥 사이에 옆으로 간 무늬가 있다. 잎에는 잎집이 있다. 줄기는 둥근 모양이고 길이는 20~60cm, 지름은 1~2mm이다. 겉은 연황색이고 마디가 있다. 마디는 잎집이 싸고 있다. 냄새와 맛은 없다.

빛깔이 푸르고 잎이 크며 줄기가 적고 뿌리와 꽃이삭이 없는 것이 좋은 것이다.

**성 분** 줄기와 잎에는 트리테르페노이드 화합물인 아룬도닌(arundonin), 칠린드린(chillindrin), 타라세롤, 프리델린 등이 있다. 이 밖에 지상부에 페놀성 성분, 아미노산, 당류, 유기산 등이 있다는 자료도 있다.

**약 성** 맛은 달고 밋밋하며 성질은 차고 심경·신경·소장경에 작용한다.

**효 능** 심열을 내리게 하고 소변을 잘 나오게 한다. 해열작용과 약한 이뇨작용이 실험적으로 밝혀졌다.

이 약은 억균작용과 혈당량을 높이는 작용도 있다.

**적 용** 심열이 있어 가슴이 답답할 때, 열림(熱淋), 백탄, 입안이나 혀가 헐 때, 잇몸이 붓고 아플 때 쓴다.

**처방** • 담죽엽을 하루 5~10g씩 물 600㎖로 1/2이 되도록 달여서 복용하면 이뇨에 효과를 볼 수 있다. 또 이 달임약은 당뇨병 예방에도 도움이 된다.
• 담죽엽·지모·치자 각각 10g, 석고 20g을 달여 온열병으로 열이 나고 가슴이 답답하며 갈증이 날 때 쓴다.
• 담죽엽 12g, 골풀속 10g, 해금사 6g을 달여 열림에 쓴다. 하루 3번에 나누어 복용한다.
**용 량** 하루 10~15g.

# 백양수피(白楊樹皮) 사시나무 껍질

버드나무과 사시나무속 갈잎큰키나무
사시나무의 줄기 껍질을 말린 것
*Populus davidiana* Dode

해열약<br>解熱藥

**산 지** 전국. 산중턱 이하에서 높이 10m 정도 자란다.

**채 취** 이른 봄에 줄기의 껍질을 벗겨 햇볕에 말린다.

**형 태** 반원통 모양이고 두께는 3~6㎜이다. 어린 가지 껍질의 두께는 약 1㎜이다. 길이는 20~50㎜이다. 표면은 회색~회갈색이고 껍질눈이 있다. 껍질눈들은 흑색~회흑색이며 서로 연결되어 고유한 무늬를 이룬다. 질은 단단하고 단면의 바깥층은 황록색이며 과립 모양~짧은 섬유 모양이다. 냄새는 약하며 맛은 쓰다.

**성 분** 포풀린, 살리신, 타닌질, 수지, 랍, 정유 성분이 들어 있다.

**약 성** 맛은 쓰고 성질은 차다.

**효 능** 풍을 없애고 열을 내리게 하며 혈액을 돌아가게 하고 어혈을 없애며 담을 삭인다.

**적 용** 행비, 발열, 각기병, 타박상, 설사, 치통, 입안이 헌데 등에 쓴다.

> **처방**
> • 백양수피 주치증에 다른 약을 섞어 쓸 수도 있으나 이 약 한 가지를 6~12g씩 달여서 하루 3번에 나누어 복용한다.
> • 백양수피 주치증에 말린 약재를 소주(10배)에 담가 3~4개월 숙성시킨 후 조금씩 복용한다.
> • 이질에는 백양수피를 1회 15~20g씩 달여서 4~5회 복용한다.
> **용 량** 하루 6~12g.

사시나무

# 우담 (牛膽) 소열, 소 쓸개

소과 포유동물
소의 쓸개를 말린 것
*Bos taurus*

**산 지**  전국. 농가에서 축산 가축으로 기른다.

**채 취**  담낭을 떼내어 그대로 말리거나 담즙을 받아 60℃ 이하 온도에서 말린다.

**형 태**  긴 달걀 모양이고 위쪽은 가늘고 길며 아랫부분은 불어난 주머니 모양을 이룬다. 크기는 일정하지 않으나 보통 길이는 10~15㎝, 불어난 주머니 부분의 지름은 4~6㎝이고 무게는 약 20g이다. 표면은 황갈색이고 윤기가 있으며 세로주름이 있다. 주머니 안에는 황갈색의 굳은 담즙 덩어리가 들어 있다. 냄새는 비리고 맛은 대단히 쓰다.

**성 분**  담즙산의 나트륨염, 담즙 색소, 뮤신, 지방, 콜레스테롤, 레시틴, 콜린, 요소, 염화나트륨, 인산칼슘, 인산철 등이 있다.

담즙산으로는 콜산, 케노디옥시콜산, 글리코콜산(glycocolic酸), 타우로콜산(taurocolic酸), 리토콜산(lithocholic酸)이 있다.

실험 분석에 의하면 소 담즙 1ℓ 중에 담즙산 60g(그 중에 콜산 44g, 디옥시콜산 8.1g, 케노디옥시콜산 1.2g), 콜레스테롤 0.37g, 담즙 색소 1.7g, 지방산 3.8g이 들어 있다.

담즙의 색소에는 빌리루빈과 빌리베르딘(biliverdin)이 있다.

**약 성**  맛은 쓰고 성질은 차며 간경·담경·폐경에 작용한다.

**효 능**  간열을 내리게 하고 눈을 밝게 하며 해독작용을 하고 헌데를 치료하며 어혈을 없앤다.

담즙산은 이담작용과 지방의 소화를 돕는 작용을 나타낸다.

**적 용**  황달, 간열로 눈이 충혈되고 붓고 아플 때, 소아경풍, 소화장애, 변비, 소갈병, 타박상, 부스럼, 치질 등에 쓴다.

**처방**  다른 약을 섞어 쓸 수도 있고 우담 한 가지를 쓰기도 한다. 즉, 우담 0.3g을 술이나 따뜻한 물에 녹여서 한 번에 복용한다.

**용 량**  하루 0.3~1g.

# 야저담 (野猪膽) 멧돼지 쓸개, 산저담

멧돼지과에 속하는 포유동물
멧돼지의 쓸개를 말린 것
*Sus scrofa*

**산 지** 전국. 깊은 산지의 활엽수가 우거진 곳에 서식한다.

**채 취** 아무 때나 멧돼지를 잡아 담낭을 떼어내어 말린다.

**형 태** 긴 주머니 모양이고 길이는 10~13cm이다. 목 부분은 가늘고 길며 주름잡혀 있다. 아랫주머니 부분은 달걀 모양이고 약간 납작하며 지름은 2~4cm이다. 1개의 무게는 보통 10~15g이다. 주머니 안에는 암황갈색의 굳은 내용물이 들어 있다. 완전히 마르지 않은 것은 파스타와 같은 조도를 이룬다. 냄새는 약간 비리며 맛은 매우 쓰다.

**성 분** 케노디옥시콜산, 3a-히드록시6-6옥소-5a-콜라산, 리토콜산 등이 거의 다 글라이신과 결합되어 있다.

**약 성** 맛은 쓰고 성질은 차다.

**효 능** 해열작용과 해독작용을 하며 열혈을 없앤다.

**적 용** 부스럼, 헌데. 생손앓이(표저), 어혈, 타박상, 화상, 전간 등에 쓴다.

**처방**
- 화상에는 황백 가루에 야저담 가루를 섞어서 환부에 붙인다.
- 타박상에는 야저담 1g을 술 1잔에 타서 한 번에 복용한다.
- 부스럼에는 짓찧은 파흰밑에 야저담을 섞어 환부에 붙인다.

**용 량** 하루 1.5~3g.

---

# 저담 (猪膽) 돼지 쓸개, 저담즙

멧돼지과 돼지속 포유동물
돼지의 담즙을 말린 것
*Sus scrofa* domesticus

**산 지** 전국. 농가에서 비육용 가축으로 사육한다.

**채 취** 돼지를 잡을 때 담낭을 떼어내어 바람이 잘 통하는 곳에 매달아 말린다.

**성 분** 여러 가지 담즙산, 빌리루빈, 단백질, 무기염류 등이 있다.

**약 성** 맛은 쓰며 성질은 차며 간경·담경·심경·폐경·대장경에 작용한다.

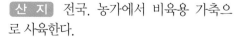

**효 능**  해열작용, 해독작용을 하며, 화를 사하고 눈을 밝게 한다.

저담은 가래삭임작용, 지해작용, 천식을 치료하는 작용, 소염작용, 항알레르기작용 등을 나타낸다는 것이 실험에서 밝혀졌다.

저담에서 뽑아낸 디옥시콜산은 혈액 속의 콜레스테롤량을 낮추는 작용을 나타낸다는 것이 밝혀졌다. 담즙산은 지방의 소화를 돕고 진경작용도 나타낸다.

**적 용**  눈이 충혈되며 붓고 아플 때, 폐열기침, 백일해, 황달, 유행성 간염, 천식, 변비, 급성 위장염, 세균성 적리, 만성 기관지염, 디프테리아, 소화장애, 만성 화농성 중이염 등에 쓴다.

> **처방**  다른 약을 섞어서 쓸 수도 있으나 흔히 이 약 한 가지를 가루내어 한 번에 0.5~1g씩 하루 3번 복용한다.
> • 환자가 높은 열이 나고 정신이 혼미하여 헛소리하고 경련을 일으키면 선황련 · 치자 · 적작약 · 목단피 · 구인 각각 10g을 달이고 여기에 저담 3g을 녹여서 하루 3번에 나누어 복용하게 한다.
> **용량**  하루 3~6g.

---

# 구담(狗膽) 개 쓸개, 개열, 견담

개과 포유동물
개의 쓸개를 말린 것
*Canis familiaris* var. *japonicus*

**산 지**  각 가정에서 애완견으로 기르고 방범용으로 사육하기도 한다.

**채 취**  개를 잡아 담낭을 떼내어 바람이 잘 통하는 그늘에서 말린다.

**형 태**  담낭은 대체로 달걀 모양이고 윗부분은 가늘고 길다. 크기는 일정하지 않으나 보통 길이는 3~8㎝, 주머니 부분의 지름은 1~2㎝, 무게는 1g 안팎이다.

표면은 검은색이며 지방 모양의 윤기가 있고 비교적 곧은 세로주름이 잡혀 있다.

주머니껍질은 얇은 막질이고 찢으면 섬유 모양이다. 주머니 안에는 검은색 엿덩어리 모양의 마른 담즙이 들어 있다. 물에 잘 용해되고, 특이한 비린 냄새가 나며 맛은 쓰다.

**성 분**  담즙산, 담즙 색소 등이 있다.

**약 성**  맛은 쓰고 성질은 차며 간경 · 담경에 작용한다.

**효 능**  간열을 내리게 하고 눈을 밝게

> **처방**  주치증에 다른 약을 섞어서 쓸 수 있으나 구담 한 가지를 쓸 수도 있다.
> • 개 담낭 1개에 들어 있는 담즙을 술 또는 따뜻한 물에 녹여서 하루 3번에 나누어 복용한다.
> • 중이염에 쓸 때는 개 담낭 1개에 들어 있는 담즙에 백반 가루 3g을 섞어 말린다. 이것을 곱게 가루내어 돼지기름에 개어 귀 안에 바른다.
> **용량**  하루 1g.

하며 출혈을 멈추고 해독작용을 한다. 그리고 어혈을 없앤다.

적용 간열로 눈이 충혈되며 붓고 아플 때, 토혈, 비출혈, 중이염, 헌데, 타박상 등에 쓴다.

# 석결명(石決明) 망강남 씨, 망강남자

콩과 차풀속 한해살이풀
석결명의 익은 씨를 말린 것
*Cassia occidentalis* Linné

해열약 解熱藥

산지 전국. 농가의 밭에서 재배하며 키 50~150cm로 자란다.

채취 가을에 열매를 채취하여 말린다.

형태 약간 납작한 달걀 모양이고 길이는 4~5mm, 너비는 3~4mm, 두께는 약 2mm이다. 표면은 회황갈색이고 윤기가 없으며 가운데는 약간 오목하다. 가장자리에는 희끄무레한 가는 줄무늬가 있고 한쪽 끝이 약간 뾰족하며 배꼽이 뚜렷하다. 100알의 무게는 1.7~2.2g이다. 냄새는 거의 없고 맛은 약간 쓰고 텁텁하다.

성분 피스키온(physcione, emodin monomethylether)의 호모디안드론(homodianthron), 라인, 크리소파놀(chrysophanic酸), 알로에-에모딘, 지방, 시토스테롤, 독성 단백, 정유 등이 있다.

약성 맛은 달고 쓰며 성질은 서늘하고 독이 있다.

효능 간열을 내리게 하고 눈을 밝게 하며 위를 튼튼하게 하고 대변을 통하게 하며 해독작용을 한다.

석결명은 대장의 꿈틀운동을 항진시켜 설사를 일으킨다. 독성 단백은 독 작용을 나타낸다.

적용 간열로 눈이 충혈되고 붓고 아플 때, 어지럼증, 소화장애, 복통, 변비 등에 쓴다. 고혈압에도 쓴다.

처방
• 간열로 눈이 충혈되며 붓고 아플 때 석결명 15g을 달여 쓴다. 하루 3번에 나누어 복용한다. 또는 다른 청간약을 섞어서 쓸 수도 있다.
• 고혈압에는 석결명을 볶아서 가루내어 쓴다. 한 번에 3g씩 하루 3번 복용한다.
• 변비에 석결명을 가루내어 쓴다. 한 번에 2~3g씩 복용한다.

용량 하루 6~10g.

# 청열양혈약(淸熱凉血藥)

**청열**양혈약(淸熱凉血藥)은 혈분의 열을 없애는 약으로서 혈열로 오는 여러 가지 출혈 증세와 사열(邪熱)이 영분(營分)에 들어가 열이 몹시 나고 의식이 흐려져 헛소리하고 발진이 생길 때 쓴다.

## 자초(紫草) 자초근

지치과 지치속 여러해살이풀
지치의 뿌리를 말린 것
*Lithospermum erythrorhizon* S. et Z.

**산 지** 전국. 산과 들의 양지바른 풀밭에서 키 30~70cm로 자란다.

**채 취** 가을 또는 봄에 뿌리를 캐어 줄기를 잘라 버리고 물에 깨끗이 씻어 햇볕에 말린다.

**형 태** 원기둥 모양 또는 실북 모양이고 구부러졌으며 길이는 10~15cm, 지름은 0.5~1.5cm이다. 겉은 암자색이고 거칠고 쭈글쭈글하다. 겉껍질은 비늘 모양이고 잘 벗겨진다. 질은 단단하고 잘 꺾어진다. 단면은 과립 모양이고 바깥쪽은 암자색이고 안쪽은 연한 갈색이며 목부는 황백색이다. 특이한 냄새가 나고 맛은 약간 달고 시다.
굵고 길며 겉이 암자색인 것이 좋은 것이다.

**성 분** 보라색 색소인 아세틸시코닌(a c e t y l - shikonin)이 들어 있다. 이 것이 가수분해되면 시코닌(shikonin, d - alkanin)이 생긴다.

**약 성** 맛은 쓰고 성질은 차며 심포락경·간경에 작용한다.

**효 능** 혈분의 열을 없애고 해독작용을 하며 홍역 환자의 발진을 순조롭게 한다. 그리고 혈액을 잘 돌아가게 하고 소변과 대변을 잘 나오게 하며 새살이 빨리 돋아나게 한다.

지치

약리실험에 의하면 심장에 대하여 적은 양에서는 흥분적으로, 많은 양에서는 억제적으로 작용한다. 그리고 약한 해열작용을 나타내며 동물의 암내를 억제하고 억균작용과 소염작용을 나타낸다.

뿌리추출물이 자궁융모막상피암에 대한 억제작용을 한다.

보라색 색소인 아세틸시코닌과 그 분해 산물인 시코닌을 무른 고약으로 만들어 실험동물의 화상 환부와 피부 염증 부위에 바르면 치료작용을 나타낸다.

**적 용**  이전에는 이 약을 홍역의 예방 치료에 주로 썼다. 그러나 홍역이 거의 없어진 후로는 피부화농성 질병의 치료에 쓴다. 그리고 융모막상피종, 변비, 소변이 잘 나오지 않을 때, 화상, 동상, 습진, 자궁경미란 등에 쓴다.

**처방**
- 10% 자초유(紫草油;지치 기름 추출액)를 만들어 화상, 동산, 습진, 자궁경미란의 환부에 바른다.
- 자초 10g, 선태 3g, 목통 10g, 백작약 10g, 감초 4g을 섞어 반진 및 두독(천연두)에 쓴다. 달여서 하루 3번에 나누어 복용한다.

**용 량**  하루 6~10g.

**금 기**  설사할 때는 쓰지 않는다.

---

## 지황(地黃) 건지황, 생지황

현삼과 지황속 여러해살이풀
지황의 뿌리
*Rehmannia glutinosa* (Gaertn.) Libosch. ex Steud.

**산 지**  전국. 농가의 밭에서 재배하며 키 30cm 정도 자란다.

**채 취**  가을에 뿌리를 캐어 줄기, 잎 및 수염뿌리를 다듬고 물에 씻는다. 이것은 생지황〔生地黃;선지황(鮮地黃)〕이고 생지황을 건조실에서 말린 것을 건지황(乾地黃;마른지황)이라고 한다.

**형 태**
- 생지황 – 실북 모양 또는 원기둥 모양이고 길이는 10~20cm, 지름은 1~4cm이다. 겉은 황적색이고 구부러졌다. 단면은 연한 황백색이고 방사상의 무늬가 있으며 즙이 많다.

뿌리가 굵고 길며 신선한 것이 좋다.

- 건지황 – 실북 모양이거나 둥그렇고 길이는 5~15cm, 지름은 0.5~2cm이다. 겉은 쥐색 또는 회갈색이고 주름이 많다. 질은 유연하지만 잘 마른 것은 딴딴하며 단면은 매끈하고 회백색이거나 쥐색 또는 암자색이다. 굵고 크며 무겁고 단면이 검고 윤기가 있는 것이 좋은 것이다.

**성 분**  만니트(Mannit), 레마닌(rehmanin), 카탈폴(catalpol) 및 많은 양의 스타키오스(stachyose), 플라보노이드, 알칼로이드, 포도당, 만니톨, 아미노산 등이 들어 있다.

**약 성**  생지황은 맛이 쓰고 약간 달며

성질이 매우 차다. 건지황은 맛이 달고 쓰며 성질은 차다. 모두 심경·신경·간경·소장경에 작용한다.

**효능** •생지황 – 해열작용과 혈분의 열을 없애며, 진액을 생겨나게 하고 어혈을 없앤다.

•건지황 – 음을 보하고 혈액을 생겨나게 하며 혈분의 열을 없앤다.

생지황과 건지황은 모두 해열작용과 혈분의 열을 없애며 음을 보한다. 그러나 약효에서 차이가 있다. 즉 생지황은 건지황보다 해열작용과 혈분의 열을 없애는 작용이 더 강하고, 건지황은 생지황보다 음혈을 보하는 작용이 더 강하다.

동물실험에서 지황은 혈액의 응고 시간을 짧아지게 하고 강심작용과 이뇨작용을 나타낸다는 것이 밝혀졌다. 심장에 대한 영향을 검토한 실험에 의하면 적은 양에서는 뚜렷한 작용을 나타내지 않으나 적당량

지황

에서 뚜렷한 강심작용을 나타내는데 특히 쇠약한 심장에 대하여 더욱 뚜렷하며 많은 양에서는 실험동물의 심장을 중독시킨다.

지황은 혈당량도 낮춘다. 그러나 아드레날린이 원인이 되어 일으킨 과혈당은 낮추지 못한다.

이 밖에 혈압을 높이는 작용, 억균작용도 있다.

**적용** •생지황 – 열이 나고 가슴이 답답하며 갈증이 날 때, 발반, 발진, 토혈, 비출혈, 각혈, 자궁출혈, 혈뇨 등 혈열로 오는 출혈, 타박상, 무월경 등에 쓴다.

•건지황 – 음혈이 부족하여 열이 날 때, 소갈병, 토혈, 비출혈, 자궁출혈 등 혈열로 오는 출혈, 월경불순 등에 쓴다.

또한 이뇨약으로 쓰며 빈혈, 허약한 사람 등의 보약으로도 쓴다.

**처방** •생지황 66g, 숙지황·천문동·오미자·과루인·당귀·과루근 각각 9g, 마자인 8g, 감초 4g을 섞어 소갈병(당뇨병)에 쓴다. 달여서 하루에 3번 나누어 복용한다.

•생지황, 16g, 현삼 9g, 맥문동 9g을 섞어 진액 부족으로 오는 변비에 쓴다. 달여서 하루에 3번 나누어 복용한다.

•생지황 22g, 적작약 16g, 서각 8g, 목단피 8g을 섞어 만든 서각지황탕(犀角地黃湯)은 주로 비출혈, 토혈, 혈소판 감소성 자반병, 혈우병 등에 쓴다. 달여서 하루에 3번 나누어 복용한다.

•건지황 20g, 맥문동 12g, 양유근 10g 아교 9g, 은시호 10g을 섞어 골증열에 쓴다. 달여서 하루에 3번 나누어 복용한다.

**용량** 생지황은 하루 20~30g, 건지황은 하루 8~20g.

**금기** 비위가 허한할 때에는 쓰지 않는다. 지황은 패모와 배합금기이다(상오).

# 현삼(玄蔘)

현삼과 현삼속 여러해살이풀
현삼의 뿌리를 말린 것
*Scrophularia buergeriana* Miq.

해열약
解熱藥

**산 지** 전국. 산과 들의 양지바른 풀밭에서 키 80~150㎝로 자란다.

**채 취** 가을에 뿌리를 캐어 줄기와 잔뿌리를 다듬고 물에 씻어 그대로 또는 증기에 쪄서 햇볕에 말린다.

**형 태** 실북 모양의 덩이뿌리로서 길이는 5~10㎝, 굵은 부분의 지름은 2~3㎝이다. 겉은 연한 갈색 또는 자갈색이고 세로주름이 있다. 질은 단단하고 잘 부러진다. 단면은 매끈하고 흑갈색이다. 특이한 역한 냄새가 나고 맛은 쓰다.

굵고 통통하며 연한 갈색 또는 자갈색인 것이 좋은 것이다.

**법 제** 그대로 또는 쪄서 쓴다. 술에 불리고 쪄서 쓰기도 한다.

**성 분** 배당체인 하파기드(harpagide, 가수분해가 되면 검은 물질이 생김), 알칼로이드, 스크로플라린(scrophularine), 피토스테롤, 정유, 아스파라긴, 당류, 사포닌, 지방 등이 들어 있다.

**약 성** 맛은 쓰고 짜며 성질은 약간 차고 폐경·위경·신경에 작용한다.

**효 능** 음을 보하고 열을 내리게 하며 부은 것을 내리고 해독작용을 한다. 그리고 대변을 잘 나오게 한다.

실험에 의하면 떼어낸 개구리 심장에 대하여 0.1% 농도에서는 수축을 약하게 하며, 10% 농도에서는 심장의 운동을 멎게 한다. 동물의 혈관을 넓히고 혈압을 내리고 혈당량을 낮춘다. 억균작용도 있다.

**적 용** 열병으로 진액이 상하여 열이 나고 가슴이 답답하며 입안이 마르고 갈증이 날 때, 오후에 미열이 날 때, 발반, 발진, 인후종통, 연주창, 부스럼, 단독, 변비 등에 쓴다.

소염약으로 인후두·입안·결막 및 상기도의 염증에 널리 쓴다.

현삼

**처방** • 현삼·서각·생지황·죽엽·단삼·맥문동·금은화·연교·선황련 각각 8g을 섞어 열이 나고 가슴이 답답하며 갈증이 나때로 헛소리할 때 쓴다. 달여서 하루 3번에 나누어 복용한다.

**용 량** 하루 6~12g.

**금 기** 설사할 때는 쓰지 않는다.

# 지골피(地骨皮) 구기자 뿌리껍질

가지과 구기자나무속 갈잎떨기나무
구기자나무의 뿌리껍질을 말린 것
*Lycium chinense* Miller

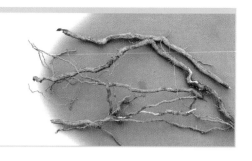

**산 지** 전국. 마을 근처의 둑이나 냇가에서 높이 1~2m로 자라며, 농가에서 약초로 재배한다.

**채 취** 봄 또는 가을에 뿌리를 캐어 물에 씻고 껍질을 벗겨 햇볕에 말린다.

**형 태** 관 모양 또는 반관 모양으로 길이는 3~10cm, 지름은 약 1cm, 두께는 1~3mm이다. 겉은 회황색 또는 황갈색이고 거친 겉껍질이 붙어 있다. 안쪽 면은 황백색이고 매끈하다. 질은 가볍고 잘 부러지며 단면은 매끈하지 않다.

냄새는 약간 향기롭고 맛은 달지만 후에는 쓰다.

껍질이 두껍고 부서지지 않고 안쪽 면이 황백색인 것이 좋은 것이다.

**성 분** 베타인, 사포닌, 피토스테린, 리놀레산 등이 들어 있다.

**약 성** 맛은 쓰고 성질은 차며 신경·삼초경·폐경에 작용한다.

**효 능** 폐열을 내리게 하고 혈분의 열을 없애며 골증을 치료한다.

실험에 의하면 이 약의 탕약과 우림약은 혈관을 넓히고 혈압을 내리게 한다. 그리고 혈당량도 낮춘다. 해열작용과 억균작용도 한다.

**적 용** 골증열(땀이 나는 경우), 폐열로 기침이 나고 숨이 가쁠 때, 혈열출열(비출혈, 토혈, 혈뇨 등)에 쓴다.

지골피는 결핵 환자의 해열약으로 쓸 수 있고 고혈압에도 쓴다.

**처방** • 지골피·별갑·지모, 당귀 각각 10g, 은시호 8g, 진교 8g, 패모 6g을 섞어 오후에 미열이 날 때 쓴다. 달여서 하루 3번에 나누어 복용한다.
• 지골피 15g, 상백피 15g, 감초 8g을 섞은 사백산(瀉白散)은 폐열로 기침이 나고 숨이 가쁠 때 쓴다. 달여서 하루에 3번 나누어 복용한다.
**용량** 하루 6~12g.

열매

구기자나무

# 목단피 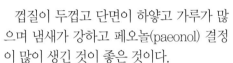 (牧丹皮) 단피, 모란 뿌리껍질, 목단

미나리아재비과 목단속 여러해살이풀
모란의 뿌리껍질을 말린 것
*Paeonia suffruticosa* Andrews.

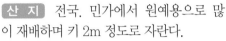

해열약 解熱藥

**[산 지]** 전국. 민가에서 원예용으로 많이 재배하며 키 2m 정도로 자란다.

**[채 취]** 가을 또는 봄에 뿌리를 캐어 물에 씻고 줄기와 잔뿌리를 다듬고 길이로 쪼개어 목부를 뽑아내고 햇볕에 말린다.

**[형 태]** 원통 모양 또는 반원통 모양이고 길이는 5~10㎝, 지름은 0.5~1.4㎝, 두께는 2~5㎜이다. 겉은 회갈색 또는 자갈색이고 잔뿌리를 다듬은 자리가 있다. 안쪽면은 갈색 또는 연회황색이고 세로 무늬가 있다. 질은 단단하고 잘 부러지며 단면은 매끈하고 가루 모양이며 바깥쪽은 회갈색 또는 분홍색이고 안쪽은 흰색이다. 냄새는 특이하며 맛은 약간 쓰고 떫으며 마비감이 있다.

모란

껍질이 두껍고 단면이 하얗고 가루가 많으며 냄새가 강하고 페오놀(paeonol) 결정이 많이 생긴 것이 좋은 것이다.

**[성 분]** 페놀 배당체인 페오놀라이드(paeonolide, paeonolrhamnoglucoside)와 페오노시드(paeonoside, paeonolglucoside) 및 그 분해산물인 페오놀이 들어 있다. 본래 신선한 뿌리껍질에는 페오놀과 당이 결합된 배당체 페오놀라이드 및 페오노시드가 들어 있으나 효소의 작용에 의하여 분해된다. 그리고 페놀 배당체인 페오니플로린(paeoniflorin)도 들어 있다. 이 밖에 정유(0.2~0.3%), 안식향산 및 피토스테린 등도 있다.

**[약 성]** 맛은 맵고 쓰고 성질은 약간 차며 신경·비경·심포락경에 작용한다.

**[효 능]** 해열작용과 혈분의 열을 없애며, 혈액순환을 좋게 하고 어혈을 없애며 고름을 빼낸다.

실험 결과에 의하면 황색포도상구균, 대장균, 폐렴막대균, 고초균, 백색 칸디다에 대한 억균작용을 나타낸다.

실험에서 이 약의 탕약, 페오놀 및 페오놀을 없앤 탕약은 모두 실험동물의 혈압을 낮추며 간 기능, 혈액상, 혈액 속 비단백성 질소, 심전

**처방** • 목단피 11, 지모 4, 황백 4, 숙지황 30, 산수유 15, 산약 15, 복령 11, 택사 11을 섞어 만든 지백지황환(知柏地黃丸)은 골증열에 쓴다. 한 번에 9~12g씩 하루 3번 복용한다.
• 목단피 12g, 당귀 12g, 백작약 8g, 건지황 8g, 진피(陳皮) 8g, 백출 8g, 향부자 8g, 산궁궁 6g, 시호 6g, 황금 6g, 감초 4g을 섞은 목단피탕(牡丹皮湯)은 월경이 없고 열이 날 때 쓴다. 달여서 하루에 3번 나누어 복용한다.
• 목단피 10g, 측백엽 10g, 백모근 10g, 아교 8g을 섞어 토혈, 비출혈, 빈혈 등에 지혈약으로 쓴다. 달여서 하루 3번에 나누어 복용한다.

**용량** 하루 6~12g.

**금기** 임산부에게 쓰지 말아야 한다.

도 등에 별다른 변화를 일으키지 않았다.

이 약의 우림약은 항염증작용, 항알레르기작용을 나타낸다.

목단피추출물을 실험동물에게 먹여도 해열작용, 진정작용은 인정되지 않았다. 그러나 목단피에서 뽑은 페오놀 성분은 해열작용, 진정작용, 진통작용, 진경작용을 나타내며, 또한 항염증작용, 지혈작용, 항알레르기작용도 있다. 페오놀을 흰생쥐에게 먹일 때 $LD_{50}$은 $4.9\pm0.47g/kg$이다.

**적용** 골증열(땀이 나지 않는 경우), 혈열로 오는 토혈, 비출혈, 발반, 월경불순, 무월경, 월경통, 징가, 적취, 장옹, 타박상 등에 쓴다. 두통, 관절통에 진통약으로 쓴다.

알레르기성 비염에 목단피 물 우림약을 쓴다.

지골피와 목단피는 모두 골증열에 쓰지만 구기 뿌리껍질은 골증열이 있으면서 땀이 나는 경우에 쓰고, 목단피는 골증열이 있으면서 땀이 나지 않는 경우에 쓴다.

모란 열매

모란(겹꽃)

해열약 解熱藥

# 은시호(銀柴胡)

석죽과 대나물속 여러해살이풀
대나물의 뿌리를 말린 것
*Gypsophila oldhamiana* Miquel

해열약 解熱藥

**산 지** 전국. 산이나 들에서 키 50~100
㎝로 자란다.

**채 취** 가을 또는 봄에 뿌리를 캐어 줄
기와 잔뿌리를 다듬고 물에 씻어 햇볕에
말린다. 사포닌의 함량은 꽃 피는 시기에
제일 많으므로 사포닌을 쓰는 경우에는 꽃
이 피는 시기에 채취하는 것이 좋다.

**형 태** 원기둥 모양 또는 실북 모양인데
길이는 10~25㎝, 지름은 3~6㎝이다. 겉
은 회갈색 또는 황갈색이고 작은 혹 모양
의 돌기가 있으며 세로주름이 있는데 이
주름은 한 방향으로 약간 꼬여 있다. 단면
은 흰색이다. 굵고 크며 단면이 하얗고 잔
뿌리가 없는 것이 좋은 것이다.

**성 분** 사포닌이 5~15% 들어 있다. 대
나물 사포닌을 가수분해하면 깁소게닌

(gibsogenin)이 생긴다. 이 밖에 플라보노
이드와 많은 양의 녹말이 들어 있다.

**약 성** 맛은 달고 성질은 약간 차며 위
경·신경·간경에 작용한다.

**효 능** 해열작용과 혈분의 열을 없애 골
증을 치료하며 가래를 내보낸다.

대나물 뿌리에 들어 있는 사포닌 성분은
기관지의 분비를 높여 가래를 없애는 작용
을 나타내고 혈액 속의 콜레스테롤 함량을
낮추며 용혈작용을 나타낸다. 대나물 뿌리
의 용혈지수는 도라지보다 약 6배 강하다.

**적 용** 오후에 미열이 날 때, 어린이의
감질로 열이 날 때, 가래가 있어 기침이 날
때, 감기, 기관지염, 폐결핵 환자의 기침
등에 쓴다.

사포솔(saposolum)의 원료로도 쓴다.

끈끈이대나물

**처방** 은시호 한 가지를 달여 기침약으로 써도
효과를 볼 수 있다.
- 은시호·청호·별갑·지골피·지모·진교 각
각 10g, 감초 4g을 섞어서 골증열에 쓴다. 달여
서 하루 3번에 나누어 복용한다.
- 은시호·앵속각을 각각 추출하고 여기에 알
코올을 10% 되게 넣어 만든 사포솔은 감기, 기
관지염, 폐결핵 등에 기침약으로 쓴다. 한 번에
10㎖씩 하루 3번 복용한다.

**용 량** 하루 4~12g.

# 백미(白薇) 아마존

박주가리과 백미꽃속 여러해살이풀
백미꽃의 뿌리를 말린 것
*Cynanchum atratum Bunge*

[산지] 전국. 산이나 들에서 키 50㎝ 정도 자란다.

[채취] 가을에 뿌리를 캐어 줄기를 잘라버리고 물에 씻어 햇볕에 말린다.

[형태] 덩어리 모양의 뿌리줄기 윗면에는 줄기가 붙었던 자리가 둥글게 나타나고 아랫면에는 가늘고 긴 원기둥 모양의 뿌리가 많이 붙어 있다. 뿌리의 길이는 10~20㎝, 지름은 약 2㎜이며 겉은 황갈색이다. 질은 단단하나 잘 부러지고 단면은 노란색을 띤 흰색이며 가운데에 노란색의 목질부가 있다.

뿌리가 굵고 길며 겉이 황갈색이고 단면은 흰 것이 좋은 것이다.

[성분] 시난콜(cynanchol)과 강심 배당체 및 정유가 들어 있다.

[약성] 맛은 쓰고 짜며 성질은 차고 위경·간경에 작용한다.

[효능] 해열작용과 혈분의 열을 없애며 음을 보하고 가슴이 답답한 증세를 치료한다.

약리실험에서는 해열작용, 강심작용, 이뇨작용, 혈압 강하작용이 밝혀졌다.

[적용] 허열이 날 때, 오후에 미열이 날 때, 산후에 가슴이 답답할 때, 구토, 임증, 학질, 산후에 피가 부족하여 열이 나고 정신을 차리지 못할 때 등에 쓴다.

백미는 주로 음혈이 부족하여 열이 날 때 쓴다.

[처방] •백미 12g, 당귀 10g, 인삼 8g, 감초 4g을 섞어 산후에 피가 모자라고 열이 나며 정신을 차리지 못할 때(혈궐) 쓴다. 달여서 하루 3번에 나누어 복용한다.
•백미 10g, 계지 8g, 석고 16g, 죽여 8g, 감초 4g을 섞어 열이 나고 가슴이 답답하며 토할 때 쓴다. 달여서 하루에 3번 나누어 복용한다.
[용량] 하루 6~12g.

민백미꽃(한약명;백전)

# 서각(犀角) 무소 뿔, 서우 뿔

소과 물소속 포유동물
물소(무소)의 뿔
*Bubalus bubalis*

산 지　남아시아. 정글의 큰 강 근처나 늪지에 서식한다.

형 태　물소의 종류에 따라 그 뿔의 형태가 약간 다르나 일반적으로 밑은 굵고 위로 올라가면서 점차 가늘어져서 고깔 모양을 이룬다. 크기는 일정하지 않은데 큰 것은 길이가 30㎝ 이상이다. 빛깔은 검은색인데 밑으로 내려오면서 점차 연해져 흑갈색을 띠며 약간 윤기가 있다. 뿔의 앞면에는 세로홈이 있다. 밑부분은 우묵하게 들어갔고 가장자리는 매끈하지 않고 울퉁불퉁하게 생겼다. 밑부분의 빛깔은 쥐색 또는 흑갈색인데 가장자리로 나오면서 점차 연해져 회갈색이나 회황색을 띠고 있다. 질은 단단하고 각질 모양이다. 도끼로 쪼개면 잘 쪼개진다. 서각의 얇은 조각은 회백색이다. 냄새는 없고 맛은 약간 짜다.

물소

빛깔이 검고 윤기가 있으며 상처가 없고 밑바닥이 쥐색인 것이 좋은 것이다.

성 분　케라틴(keratin, 각질), 단백질, 아미노산, 콜레스테롤, 탄산칼슘, 인산칼슘 등이 들어 있다.

여러 가지 아미노산, 티올락트산(thiol lactic酸), 시스틴 등도 들어 있다.

약 성　맛은 쓰고 시고 짜며 성질은 차고 심경·간경·위경에 작용한다.

효 능　서각은 해열작용과 혈분의 열을 없애주며 정신을 진정시키고 해독작용을 한다.

동물실험에서 서각의 강심작용은 정상 심장에서보다 쇠약한 심장에서 비교적 강하게 나타낸다.

혈관에 대해서는 처음에 잠시 수축시켰다가 후에 확장시킨다. 혈압은 처음에 올라가고 후에는 내려갔다가 다시 올라간 상태에서 유지한다. 합성한 티올락트산은 떼낸 개구리 심장 및 토끼의 혈압, 혈액상에 대한 작용에서 '서각'의 뜨거운 물우림액 혹은 수증기 증류액과 완전히 일치했다고 한다.

해열약 解熱藥

대장균을 주사하여 열이 나는 토끼에게 이 약을 써도 해열작용은 없었다.

[적 용] 열이 몹시 나고 정신이 흐리며 헛소리하고 발진이 생길 때, 경풍, 혈열로 오는 토혈, 비출혈, 장출혈, 자반병, 부스럼 등에 쓴다. 강심약으로도 쓴다.

[처방]
• 서각 · 현삼 · 맥문동 · 금은화 각각 12g, 생지황 20g, 단삼 · 연교 각각 8g, 황련 6g, 죽엽 4g을 섞어 만든 청영탕(淸營湯)은 열이 몹시 나고 정신이 흐리며 헛소리할 때 쓴다. 하루에 2첩을 달여 3번에 나누어 복용한다.
• 서각 8g, 생지황 22g, 적작약 16g, 목단피 8g을 섞어 만든 서각지황탕(犀角地黃湯)은 토혈 및 비출혈에 쓴다. 하루에 2첩을 달여 3번에 나누어 복용한다.

[용량] 하루 1~2g.
[금기] 임산부에게는 쓰지 않는다.

# 산모(酸模) 괴싱아, 산모근

마디풀과 소리쟁이속 여러해살이풀 수영의 뿌리를 말린 것
*Rumex acetosa* L.

[산 지] 전국. 산기슭, 개울가, 기타 습한 곳에서 키 30~80cm로 자란다.

[채 취] 가을과 봄에 뿌리를 캐어 줄기를 잘라 버리고 물에 씻어 햇볕에 말린다.

[형 태] 짧은 뿌리줄기에 잔뿌리가 많이 붙어 있다. 잔뿌리는 길이 약 10cm, 지름 0.2~0.5cm이다. 표면은 적갈색 또는 암갈색이고 세로로 잔주름이 있다. 뿌리줄기의 윗부분에 줄기의 흔적과 잎집이 일부 남아 있다.

질은 단단하고 잘 꺾어진다. 단면은 섬유 모양이고 연한 적갈색이다.

냄새는 약하고 맛은 약간 쓰다.

[성 분] 안트라퀴논 유도체인 크리소파놀, 에모딘, 크리소파놀란트론(chrysophanolan-throne) 등이 들어 있다. 그 밖에 플라보노이드, 루미친, 네포치드 등이 들어 있다.

[약 성] 맛은 시고 성질은 차다.

[효 능] 해열작용과 혈액의 열을 없애며, 소변을 잘 나오게 하고 살충 성분이 있다.

수영

많이 먹으면 설사를 일으킨다.
요충 구제작용도 한다.

[적용] 변비, 토혈, 소변이 잘
나오지 않을 때, 악창, 옴 등에
쓴다. 민간에서는 수영의 전초
를 십이지장충증, 요충증에도
쓴다.

**처방**
• 소변이 잘 나오지 않을 때에 산모 9~12g을 쓴다.
달여서 하루 3번에 나누어 복용한다.
• 토혈, 혈변 등 출혈에 산모 5g, 소계·지유 각각 12g, 황금
(볶은 것) 9g을 달여서 쓴다. 하루에 3번 나누어 복용한다.
• 산모 10g을 달여 십이지장충증, 요충증에 쓴다. 달인 것을
한 번에 먹고 한 시간 지난 후에 황산마그네슘을 복용한다.

[용량] 하루 10~12g.

---

# 청열조습약(清熱燥濕藥)

**청열**조습약이란 열과 습을 없애
는 한약을 말한다.

청열조습약은 일반적으로 맛이 쓰고 성
질이 찬 약으로서 여러 장부, 경맥에 작용
하여 해당 장부, 경맥의 습열을 없애는 작
용을 한다.

청열조습약은 습열로 열이 나고 가슴이
답답할 때, 황달, 습열로 인한 설사, 이질,
습열로 관절이 붓고 아플 때, 배뇨장애, 습
진 등에 쓴다.

청열조습약은 진액이 상하고 비위를 상
하게 할 수 있으므로 진액이 부족하고 비
위가 허약한 사람에게는 쓰지 않는 것을
원칙으로 한다. 그러나 꼭 써야 할 경우에
는 진액을 생겨나게 하고 비위를 보하는
약을 섞어 써야 한다.

---

# 인진호(茵陳蒿) 댕강쑥, 더위지기, 생당쑥, 인진쑥

국화과 쑥속 갈잎작은떨기나무
더위지기의 전초를 말린 것
*Artemisia gmelini* Weber ex Stechm.

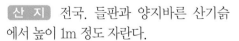

[산지] 전국. 들판과 양지바른 산기슭
에서 높이 1m 정도 자란다.
[채취] 7~8월경 꽃이 피기 전에 잎이
붙은 전초의 윗부분을 베어 바람이 잘 통
하는 그늘에서 말린다.
[형태] 줄기는 원기둥 모양이고 녹갈색

또는 자갈색이며 세로로 능선이 있다. 잎
은 어긋나고 두 번 깃 모양으로 갈라지며
연한 녹색 또는 녹갈색인데 흔히 부서져
있다. 질은 가볍고 줄기는 잘 부러진다. 특
이한 향기가 있고 맛은 약간 쓰다. 줄기는
갈청색이고 묵은 줄기가 없으며 연한 풀색

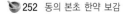

더위지기

또는 녹갈색의 잎이 많은 것이 좋다.

**성 분** 0.2~0.7%의 정유, 쿠마린 화합물인 스코폴레틴(scopoletin), 클로로겐산, 카페인산(caffeic酸) 등의 방향족 옥시카본산(oxycarbonic酸), 플라보노이드가 들어 있다.

정유에는 피넨, 테르피넨(terpinene), 리모넨(limonene), 테르피네올(terpineol), 시네올 등이 있다. 정유와 방향족 옥시카본산은 아직 꽃 피기 전의 어린 식물에 많고 쿠마린 화합물은 열매가 열릴 때 많다.

**약 성** 맛은 쓰고 매우며 성질은 차고 방광경·비경·위경에 작용한다.

**효 능** 해열작용과 습을 없애며 소변을 잘 나오게 한다.

동물실험에 의하면 더위지기 액체추출물은 담즙 분비를 빠르게 하고 장 꿈틀운동을 억제한다.

그리고 클로로포름으로 급성 간 손상을 일으킨 동물에게 더위지기를 쓰면 장애된 간 기능과 손상된 간 실질이 빨리 회복된다.

더위지기에서 뽑은 정유와 스코폴레틴도 이담작용을 나타낸다. 또한 정유는 일정한 억균작용과 구충작용을 나타낸다.

인진호 탕약은 이뇨작용, 해열작용도 나타낸다.

**적 용** 황달, 급성 간염, 만성 간염, 위염, 배뇨장애, 헌데 등에 쓴다.

인진호는 예로부터 황달에 널리 써온 한약이다. 지금은 간염 치료에 널리 쓰이고 있다.

**처방**
• 더위지기단물 또는 더위지기추출물을 만들어 유행성 간염에 쓴다.
• 인진호 22g, 치자 8g, 대황 8g을 섞은 **인진호탕**(茵蔯蒿湯)은 양황(陽黃), 유행성 간염, 갈증이 나고 대소변이 잘 나오지 않을 때 쓴다. 달여서 하루 3번에 나누어 복용한다.
• 인진호·부자·건강·감초 각각 4g을 섞은 **인진사역탕**(茵蔯四逆湯)은 음황(陰黃)에 쓴다. 달여서 하루에 3번 나누어 복용한다.
• 인진호 56, 택사 9, 저령 6, 복령 6, 백출 6, 육계 4를 섞어 만든 **인진오령산**(茵蔯五苓散)은 간염, 신장염, 황달에 쓴다. 한 번에 8g씩 하루 2~3번 복용한다.
• 인진호를 1회 10~20g씩 탕약으로 하여 간염에 쓴다. 달여서 하루에 3번 나누어 복용한다.

**용 량** 하루 8~20g.

꽃

# 황금(黃芩) 고금, 속썩은풀, 자금, 조금, 편금

꿀풀과 골무꽃속 여러해살이풀
황금의 뿌리를 말린 것
*Scutellaria baicalensis* Georgi

**산 지** 전국. 산지에서 키 60㎝ 정도 자라며 농가에서 약초로 재배한다.

**채 취** 가을 또는 봄에 뿌리를 캐어 줄기와 잔뿌리를 다듬고 물에 씻은 다음 겉껍질을 벗겨내고 햇볕에 말린다.

**형 태** 고깔 모양 또는 원기둥 모양인데 길이는 약 30㎝, 지름은 1~4㎝이다. 겉은 단단하지만 잘 부러진다. 단면은 진황색이고 여러 해 자란 굵은 뿌리는 속이 썩어서 암갈색 또는 흑갈색을 띠고 있으며 심지어 구멍이 난 것도 있다. 황금 뿌리를 물에 담그면 연두색으로 변한다. 냄새는 없고 맛은 쓰다.

옛 한의서에서는 속이 썩은 것을 편금(片芩) 또는 고금(枯芩)이라 하고, 속이 썩지 않은 것은 자금(子芩) 또는 조금(條芩)이라고 하였다.

황금

굵고 크며 겉이 황갈색이고 질이 단단하며 속이 썩지 않은 것이 좋은 것이다.

**법 제** 그대로 또는 약간 볶아서 쓴다. 또는 술, 저담 등에 불렸다가 볶아서 쓴다.

한의학에서는 황금을 약간 볶으면 찬 성질이 좀 약해지고, 술에 불려서 볶으면 이 약의 상초에 대한 작용이 강해지며, 저담에 불려서 볶으면 간담의 열을 없애는 작용이 강해진다고 보고 있다.

실험에 의하면 법제하지 않은 황금 뿌리에서보다 술에 불려서 볶은 황금 뿌리에서 더 많은 양의 플라보노이드가 추출되었다.

**성 분** 플라보노이드인 바이칼린(baicalin), 바이칼레인(baicalein), 워고노시드(wogonoside), 워고닌(wogonin), 스쿠텔라린(scutellarin), 스쿠텔라레인(scutellarein) 등과 타닌, 정유, $\beta$-시토스테롤 등이 있다.

**약 성** 맛은 쓰고 성질은 차며 폐경·대장경·심경·삼초경·담경에 작용한다.

**효 능** 폐열을 내리고 습을 없애며 태아를 안정시킨다. 또 지혈작용을 한다.

동물실험에서 해열작용, 소염작용, 이담작용, 이뇨작용, 위액분비 억제작용,

해열약
解熱藥

황금

장 꿈틀운동 억제작용이 밝혀졌다.

이 약의 팅크가 동물실험에서 혈압을 낮추었지만 임상에서는 혈압을 내리게 하는 효과가 뚜렷이 나타나지 않는다.

물 우림약은 동물실험에서 동맥경화를 막고 황색포도상구균, 폐렴막대균, 대장균, 고초균, 적리균, 백색칸디다 등을 비롯한 여러 세균에 대한 억균작용과 항바이러스작용을 나타낸다.

바이칼린은 이담작용을 나타낸다. 집토끼에게 바이칼린 50~100g/kg을 쓰면 담즙 배설량이 많아진다.

그리고 바이칼린은 질산 스트리크닌에 의하여 중독된 흰생쥐에 대하여 뚜렷한 해독작용을 나타낸다. 그것은 바이칼린이 몸 안에 들어가 가수분해되어 만들어진 글루쿠론산이 독성물질과 결합하는 결과라고 보고 있다.

바이칼린의 가수분해 산물인 바이칼레인은 루틴과 비슷한 정도의 모세혈관 투과성을 억제하는 작용과 파파베린과 비슷한 진경작용이 인정되었다.

위고닌은 이담작용을 나타내지 않는다.

황금 뿌리의 알코올추출물과 바이칼린은 항알레르기작용을 나타내는데 비만 세포에서 히스타민의 유리를 억제한다.

**적용** 폐열로 기침을할 때, 열이 나고 가슴이 답답하며 갈증이 날 때, 습열로 인한 설사, 이질, 황달, 간열로 눈이 충혈되며 붓고 아플 때(결막염), 임증(열림), 부스럼, 습열로 오는 태동불안, 혈열로 인한 토혈, 비출혈 등에 쓴다. 이 밖에 불면증, 위장염, 소대장염, 간염, 방광염, 요도염, 자궁 및 부속기의 염증, 기관지천식 등에도 쓴다.

**처방** 황금을 임상에 쓸 때 흔히 다음과 같은 한약들을 섞는다. 즉 반표반리증에는 시호를, 이질에는 백작약을, 복통에는 후박과 선황련을, 폐열로 기침이 나고 숨이 가쁠 때는 상백피를, 태동불안에는 백출을 섞어서 쓴다.
- 황금 15g, 백작약 15g, 감초 8g을 섞은 황금작약탕(黃芩芍藥湯; 황금탕(黃芩湯)은 이질로 피고름이 나오고 몸에 열이 나며 배가 아플 때와 위장염에 쓴다. 달여서 하루에 3번 나누어 복용한다.
- 황금 · 대황 · 연교 · 치자 · 행인 · 지각 · 길경 · 박하 · 감초 각각 6g을 섞어 폐열로 기침이 나고 숨이 가쁠 때, 변비(이실증)에 쓴다. 달여서 하루에 3번 나누어 복용한다.
- 황금 12g, 백출 15g, 당귀 8g, 백작약 4g, 숙지황 4g, 사인 8g, 진피(陳皮) 8g, 산궁궁 6g, 소엽 6g, 감초 3g을 섞은 안태음(安胎飮)은 태동불안에 쓴다. 달여서 하루에 3번 나누어 복용한다.
- 황금 가루와 황백 가루 같은 양을 섞어 기름에 개어 습진의 환부에 바른다.

**용량** 4~12g.

**금기** 비위가 허한할 때는 쓰지 않는다.

# 선황련(鮮黃連) 모황련, 산련풀, 황련

매자나무과 깽깽이풀속 여러해살이풀
깽깽이풀의 뿌리줄기를 말린 것
*Jeffersonia dubia* (Maxim.) Bench. et Hook.

해열약 解熱藥

**산지** 중부 이북 지방. 산지 숲의 그늘에서 키 20~30cm로 자란다.

**채취** 봄 또는 가을에 뿌리줄기를 캐어 지상부와 수염뿌리를 제거하고 햇볕에 말린다.

**형태** 뿌리줄기는 원기둥 모양이고 가지가 많으며 길이는 4~7cm, 지름은 0.2~0.5cm이다. 윗부분에는 잎자루를 다듬은 흔적과 비늘 모양의 털이 있고 밑부분에는 수염뿌리를 다듬은 흔적이 있다. 겉은 회갈색이고 거칠다. 질은 단단하고 빳빳하며 단면은 평탄하지 않고 황백색이다.

수염뿌리를 다듬지 않고 그대로 둔 것(모황련)도 있다. 맛은 쓰다. 뿌리줄기가 굵고 크며 잡질이 없는 것이 좋은 것이다.

**성분** 알칼로이드인, 베르베린(berbe-rine)과 사포닌이 적은 양 들어 있다.

**약성** 맛은 쓰고 성질은 차며 심경·위경·간경·담경·대장경에 작용한다.

**효능** 심열을 내리게 하고 습을 없애며 해독작용을 한다.

실험에 의하면 물 우림약은 백색 킨디다 및 일련의 피부사상균에 대하여 억균작용을 나타낸다.

**적용** 심열로 가슴이 답답한 불안증, 잠을 자지 못할 때, 열성병으로 가슴이 답답하거나 정신이 흐리고 헛소리할 때, 습열로 배가 그득하고 설사할 때, 이질, 위열로 메스껍거나 토할 때, 간화로 눈이 충혈되며 붓고 아플 때(결막염), 부스럼, 구내염, 혈열로 인한 토혈, 비출혈 등에 쓴다. 고미건위환(苦味健胃丸)으로도 쓴다.

깽깽이풀

**처방**
- 선황련·아교·황백·치자 각각 10g을 섞어 만든 황련아교탕(黃連阿膠湯)은 혈변을 누는 이질에 쓴다. 달여서 하루에 3번 나누어 복용한다.
- 선황련·황금·황백·치자 각각 10g으로 만든 황련해독탕(黃連解毒湯)은 심열로 가슴이 답답한 불안증이 있고, 잠을 자지 못할 때, 여러 가지 출혈, 고혈압, 급성 염증, 패혈증 등에 쓴다. 달여서 하루에 3번 나누어 복용한다.

- 선황련·황금·황백·연교 각각 10g을 섞어서 부스럼에 쓴다. 달여서 1/3씩 나누어 하루에 3번 복용한다.

**용량** 하루 2~6g.

**금기** 허열이 있어 가슴이 답답할 때, 비가 허하여 설사할 때 쓰지 않는다.
- 감국, 현삼, 백선피, 원화, 백강잠과 배합금기이다.(상오)

# 황백(黃柏) 황경피, 황경피나무 껍질, 황백피

운향과 황벽나무속 갈잎큰키나무
황벽나무(황경피나무)의 껍질을 말린 것
*Phellodendron amurense* Rupr.

**산지** 전국. 깊은 산의 비옥한 땅에서 높이 10m 정도 자란다.

**채취** 봄부터 이른 여름 사이에 껍질을 벗겨 겉껍질을 벗겨내고 햇볕에 말린다.

**형태** 판자 모양 또는 반관 모양이고 두께는 2~5mm이다. 겉은 진황색 또는 황갈색이고 피공이 있다. 안쪽 면은 노란색 또는 회황색이다. 질은 가볍고 잘 부러진다. 단면은 섬유 모양이고 노란색이다. 맛은 매우 쓰고 씹으면 침이 노랗게 물들며 끈적하다.

껍질이 두껍고 겉은 황갈색이나 연황색이고 단면은 선명한 노란색인 것이 좋다.

**법제** 그대로 또는 술, 소금물, 꿀물 등에 불려서 볶아서 쓴다.

옛 한의서에서는 황백을 그대로 쓰면 실화를 사하고, 술에 불려서 볶아 쓰면 상초에 작용하며, 소금물에 불려서 볶아 쓰면 중초에 작용한다고 하였다.

그리고 일반적으로 이 약을 법제하여 익혀 쓰면 찬 성질이 약해져 위를 상하지 않게 된다고 보았다.

**성분** 알칼로이드가 들어 있다. 알칼로이드의 대부분은 베르베린이다. 베르베린(berberine)은 노란색 바늘 모양 결정인데 4급 염기로서 물에 잘 용해되며 110°C로 가열하면 황갈색을 나타내고 160°C에서는 천천히 분해된다. 이 밖에 적은 양의 팔미틴, 야테오리진, 마그노플로린(magnoflorine), 펠로덴드린(phellodendrine), 칸디신(candicine), 메니스페르민(menispermine) 등의 알칼로이드도 있다.

황백에는 또한 트리테르페노이드 고미질인 오바크논(obacunon)과 리모닌(limonin), 피토스테롤이 있는데 이 에스테르는 물을 가하면 점액으로 변한다.

황벽나무

물에 대하여 억균작용을 나타낸다.

또한 소염작용도 한다. 즉 모세혈관의 투과성을 저하시키고 포르말린에 의한 열증을 억제한다.

황백 탕약과 베르베린(berberine)은 또한 임상 연구에서 담낭의 운동장애, 만성 담낭염, 담석증에 치료 효과가 좋으며 또 담낭염이 심해져서 생긴 간염, 산업중독성 간염에도 효과가 있다는 것이 밝혀졌다.

베르베린은 매우 쓴맛을 가지므로 미각을 자극하여 반사적으로 위액의 분비를 항

펠라무린(phellamurin), 아무렌신(amurensin) 등의 플라보노이드도 들어 있다.

[약 성] 맛은 쓰고 성질은 차며 신경 · 방광경 · 대장경 · 심포락경에 작용한다.

[효 능] 해열작용과 습을 제거하며 해독작용을 한다.

황금, 선황련, 황백은 모두 해열작용과 습을 없애는 약이지만 황금은 주로 폐열을 내리게 하고, 선황련은 주로 심열과 위열을 내리게 하며, 황백은 주로 하초의 습열을 없앤다.

황백의 우림약과 탕약 및 베르베린은 동물실험에서 혈압 강하작용, 혈액응고를 빠르게 하는 작용, 이담작용, 자궁 수축작용을 나타낸다.

그리고 결핵균, 적기균, 대장균, 폐렴쌍구균, 피부 사상균, 백색 칸디다 등을 비롯한 일련의 병원성 미생

[처방] 허열을 치료할 때 황백에 지모를 섞는 경우가 많은데 이렇게 두 가지 약을 섞으면 음을 보하고 해열작용이 강해진다.
• 황백 30, 구판 45, 지황 30, 지모 30, 돼지 척수를 섞어 만든 대보음환(大補陰丸)은 음이 허하고 화가 성하여 생기는 이명, 청각장애, 골증열 등에 쓴다. 한 번에 8~10g씩 하루 3번 복용한다.
• 황백, 창출 같은 양을 섞어 만든 이묘환(二妙丸)은 습열로 무릎이 아플 때 쓴다. 한 번에 3~5g씩 하루 3번 복용한다.
• 황백, 산약, 감인, 차전자, 백과 같은 양을 섞어 가루내어 습열로 오는 이슬, 자궁 및 부속기의 열증에 쓴다. 한 번에 6~8g씩 하루 3번 복용한다.
• 황백 30g, 치자 8g, 감초 8g을 섞은 치자백피탕(梔子柏皮湯)은 황달에 쓴다. 달여서 하루에 3번 나누어 복용한다.
• 황백 · 선황련 · 진피(秦皮) 각각 11g, 백두옹 8g을 섞은 백두옹탕(白頭翁湯)은 열리, 세균성 이질 및 아메바 이질에 쓴다. 하루 1~2첩을 달여 3번에 나누어 복용한다.
• 황백 8g, 저백피 8g, 백반(구운 것) 6g, 지유 8g으로 가루약을 만들어 급성 대장염에 쓴다. 한 번에 3~4g씩 하루 3번 복용한다.
• 황백추출물 33, 봉밀 67을 섞어 만든 청생고(靑生膏)는 골결핵 누공, 결핵성 궤양, 곪은 상처 등에 쓴다. 외용약으로 바른다.

[용 량] 하루 6~10g,

[금 기] 비위가 허한할 때는 쓰지 않는다. 마른 옻칠(건칠)과 배합 금기이다.(상오)

진시키고 입맛을 돋워주므로 고미건위약으로도 쓴다.

베르베린은 또한 해열작용, 소장에 대한 진경작용, 백혈구의 탐식 기능을 높여주는 작용도 한다.

치모닌과 오바쿠논은 동물실험에서 혈당량을 낮춘다. 그것은 취장선의 기능을 높이는 결과로 보고 있다.

[적 용] 습열로 오는 설사, 이질, 세균성 장염, 세균성 적리, 장결핵, 장내 이상 발효 등에 효과가 좋다.

또한 황달, 이슬, 자궁 및 부속기의 염증, 임증, 요탁(尿濁), 방광 및 요도의 염증, 허리와 무릎이 붓고 아플 때, 오후에 미열이 나고 식은땀이 날 때, 폐결핵, 유정, 음부소양(음부가려움증), 눈이 충혈되고 열이 나며 아플 때, 헌데, 습진, 옴, 뇌척수막염, 곪는 상처, 골관절 결핵, 기타 여러 가지 염증성 질병에 쓴다. 고혈압과 입맛이 없을 때에도 쓴다.

베르베린을 뽑아 염산염, 또는 유산염을 만들어 만성 담낭염, 담석증, 만성 간염에 쓰기도 한다.

# 초룡담(草龍膽) 용담초

용담과 용담속 여러해살이풀
용담의 뿌리를 말린 것
*Gentiana scabra* Bunge var. *buergeri* (Miq.) Max.

[산 지] 전국. 산과 들의 양지 쪽 풀밭에서 키 20~60㎝로 자란다.

[채 취] 가을에 뿌리를 캐어 줄기를 잘라 버리고 물에 씻어 햇볕에 말린다.

[형 태] 길이 1~6㎝, 지름 2~4㎜ 되는 뿌리줄기에 가는 뿌리가 많이 붙어 있다. 뿌리는 길이 10~20㎝, 지름 약 1~2㎜이다. 질은 가볍고 잘 부러진다. 단면은 황백색이나 황갈색이다. 냄새는 없다.

뿌리가 굵고 길며 쓴맛이 강한 것이 좋은 것이다.

[성 분] 고미 배당체인 겐티오피크린(gentiopicrin), 색소인 겐티신(gentisin), 이소겐티신(isogentisin)이 있다. 그 밖에 3당류인 겐티아노스(gentianose)와 2당류인 겐티오비오스(gentiobiose), 겐티신산이 있다.

용담

259

**약성** 맛은 쓰고 성질은 차며 간경·담경·위경에 작용한다.

**효능** 간담의 실열을 내리게 하고 하초의 습열을 없애며 위열도 내리게 한다.

동물실험에 의하면 용담추출물이나 겐티오피크린을 동물에게 먹일 때 미각을 자극하여 반사적으로 위액의 분비를 빠르게 한다. 그리고 유리산도도 높이고 위 운동도 강하게 한다.

그러나 위액의 산도가 높을 때에는 위액 분비를 빠르게 하지 않으며 많은 양을 먹이면 오히려 위액 분비가 억제된다.

초룡담은 간 기능을 높여주는 작용, 혈압강하작용, 지해작용, 해열작용, 여러 가지 피부사상균과 백색 칸디다에 대한 억균작용 등을 나타낸다.

초룡담에서 추출한 총알칼로이드는 진정작용, 혈압강하작용을 나타낸다. 초룡담은 GPT도 낮춘다.

**적용** 간담의 실열로 눈이 충혈되며 붓고 아플 때, 인후가 아플 때, 옆구리가 아프며 입이 쓸 때, 급경풍, 황달, 습열로 인한 설사, 이질, 창양, 하초에 습열이 있어 음낭이 붓고 아플 때, 음부소양증, 습진에 쓴다. 고미건위약으로 소화가 안 되고 입맛이 없을 때, 위염 등에도 쓴다.

간염 치료 처방에 초룡담을 넣는다.

**처방** • 초룡담 8g, 택사 8g, 시호 8g, 황금·치자·목통·차전자·적복령·생지황·당귀·감초 각각 4g을 섞은 용담사간탕(龍膽瀉肝湯)은 간담에 실열이 있어 옆구리가 아프고 입이 쓸 때, 귀가 먹었을 때와 하초에 습열이 있어 음낭이 붓고 아플 때, 음부가 가렵고 헐 때, 소변이 잘 나오지 않고, 요탁, 급성 및 아급성 방광염, 요도염, 자궁내막염, 고환염 등에 쓴다. 달여서 하루에 3번 나누어 복용한다.

• 초룡담 11, 방풍 11, 선황련 38, 우황 0.9, 청대 11, 사향 0.9, 빙편 1.9를 섞어 만든 양경환(凉驚丸)은 소아급경풍에 쓴다. 한 살 이하의 갓난아이에게는 한 번에 0.4~0.6g씩 하루에 3번 나누어 복용한다.

**용량** 하루 2~6g.

**금기** 비위가 허한하여 설사할 때는 쓰지 않는다.

# 저백피 (樗白皮) 가중나무 뿌리껍질, 저근백피

소태나무과 가죽나무속 갈잎큰키나무
가죽나무(가중나무)의 뿌리껍질을 말린 것
*Ailanthus altissima* Swingle

**산지** 전국. 산지에서 높이 20m 정도 자라고 길가에 가로수로 심는다.

**채취** 봄부터 여름 사이에 뿌리를 캐어 흙을 털고 겉껍질을 벗겨 버린 다음 속껍질을 벗겨 햇볕에 말린다.

**형태** 띠 모양 또는 조각이며 두께는 3~5mm이다. 겉은 황갈색이고 겉은 황백색 또는 황갈색이다. 질은 단단하고 잘 부러

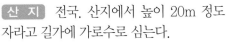

지지 않는다. 단면은 섬유성이고 연한 갈색이다. 맛은 떫고 쓰다.

껍질이 두껍고 안쪽 면이 황백색인 것이 좋은 것이다.

[법 제] 거친 껍질을 제거하고 꿀물로 버무려 볶아 사용한다.

[성 분] 콰신(quassine), 아밀란틴(amylantine) 등의 쓴맛 성분과 타닌, 피토스테롤 등이 들어 있다.

[약 성] 맛은 쓰고 성질은 서늘하며 위경·대장경·간경에 작용한다.

[효 능] 해열작용과 습을 없애며 설사와 출혈을 멎게 한다.

실험에 의하면 적리균을 비롯한 일련의 세균에 대하여 억균작용을 나타낸다. 그리고 항염증작용을 나타내고 상처를 빨리 아물게 한다.

1:1,000 농도에서 떼낸 토끼 창자의 꿈틀운동을 억제하는 경향성을 볼 수 있다.

이 밖에 트리코모나스를 죽이는 작용, 백혈구의 탐식 기능을 높이는 작용, 혈압강하작용도 나타낸다.

저백피추출물을 흰쥐의 피부 밑에 주사할 때 $LD_{100}$은 5.0g/kg이다.

[적 용] 습열로 오는 설사, 이질, 급성 및 만성 대장염, 세균성 이질, 아메바 이질, 위염, 장출혈, 자궁출혈, 이슬, 치질, 방광염, 요도염 등에 쓴다.

이 밖에 살충작용의 효능이 있어 거미, 벼룩, 옴을 방제할 때에도 사용한다.

[처방] • 저백피 한 가지를 탕약으로 대장염에 쓴다. 하루 6~12g을 달여 3번에 나누어 복용한다. 가루내어 한 번에 3g씩 하루 3번 복용한다.
• 저백피 6, 백작약 4, 토목향 4로 만든 가루약은 대장염 치료에 효과가 있다. 한 번에 3~4g씩 하루 3번 복용한다.
• 저백피 12g, 인삼 6g을 섞어 오랜 이질에 쓴다. 달여서 하루 3번에 나누어 복용한다.
[용 량] 하루 6~12g.
[금 기] 허한증에는 쓰지 않는다.

해열약 解熱藥

# 진피 (秦皮) 물푸레나무 껍질

물푸레나무과 물푸레나무속 갈잎큰키나무 물푸레나무의 줄기껍질을 말린 것
*Fraxinus rhynchophylla* Hance

[산 지] 전국. 산록이나 골짜기 개울가에서 높이 10m 정도 자란다.

[채 취] 봄부터 이른 여름 사이에 가지를 잘라 껍질을 벗겨 겉껍질을 벗겨내고 햇볕에 말린다.

[형 태] 판자 모양 또는 말려서 통 모양을 이루고 있는데 두께는 1.5~3mm이다. 겉은 황갈색 또는 갈색이고 안쪽 면은 연한 황갈색이나 갈색이다. 질은 단단하고 빳빳하며 단면은 섬유성이고 회갈색 또는 회백

물푸레나무

**효 능** 해열작용과 습을 없애며 간열을 내리게 하고 눈을 밝게 한다.

진피(秦皮)에서 추출한 에스쿨레틴은 이담작용을 나타낸다. 에스쿨린이나 에스쿨레틴을 마취시킨 토끼의 정맥에 주사하면 혈압이 올라간다. 또한 이 성분들은 떼낸 창자의 꿈틀운동을 억제하고 이뇨작용도 한다.

에스쿨린과 푸락신은 혈액의 응고를 느리게 하는 작용을 나타낸다. 에스쿨린은 두꺼비 심장, 떼낸 개구리 방광 등에 대하여 흥분적으로, 에스쿨레틴은 이것들에 대하여 억제적으로 작용한다.

진피(秦皮)는 적리막대균, 황색포도상구균, 대장균 등을 비롯한 여러 세균에 대하여 억균작용을 나타낸다. 진피(秦皮)의 적리균에 대한 억균작용은 고삼, 토목향을 섞을 때 더 강하게 나타난다.

**적 용** 설사, 대장염, 열리, 세균성 적리, 간열로 눈이 충혈되고 붓고 아프며 바람을 쐬면 저절로 눈물이 나올 때, 예막, 이슬, 자궁과 방광 및 요도의 염증 등에 쓴다.

색이다. 냄새는 없고 맛은 약간 쓰다. 이 약을 물에 넣으면 남색의 형광이 생긴다.

**성 분** 옥시쿠마린 배당체인 에스쿨린(esculin)과 그것의 가수분해산물인 에스쿨레틴(esculetin), 프락신(fraxine)과 그것의 가수분해산물인 프락세틴(fraxetin)이 들어 있다. 에스쿨레틴의 묽은 용액은 형광을 나타낸다. 이 밖에 만니톨이 있다.

**약 성** 맛은 쓰고 성질은 차며 간경 · 담경 · 대장경에 작용한다.

**처방** 세균성 이질과 아메바 이질에 쓰는 백두옹탕(白頭翁湯)에 진피(秦皮)가 들어간다.

• 진피(秦皮) 11g, 황백 11g, 백두옹 8g, 선황련 11g을 섞은 백두옹탕은 열리, 세균성 이질 및 아메바 이질에 쓴다. 하루 1~2첩을 달여 3번에 나누어 복용한다.

• 진피(秦皮) 한 가지를 탕약으로 하여 대장염에 써도 일정한 효과가 있다. 하루 6~12g을 달여 3번에 나누어 복용한다.

• 급성 간염에 진피(秦皮) 9g, 인진호 12g, 포공영 9g 대황 2g(술에 불려서 볶은 것)을 탕약으로 쓴다. 달여서 하루에 3번 나누어 복용한다.

**용 량** 하루 6~12g.

**금 기** 비위가 허한할 때는 쓰지 않는다.

• 진피(秦皮)는 오수유와 배합금기이다.(상오)

# 인진(茵蔯) 사철쑥

국화과 쑥속 여러해살이풀
사철쑥의 전초를 말린 것
*Artemisia capillaris* Thunb.

산 지 전국. 냇가나 해안의 모래땅에서 키 30~100cm로 자란다.

채 취 늦은 봄부터 이른 여름 사이에 어린 전초를 베어 햇볕에 말린다.

형 태 덩어리 모양이고 회녹색이며 전체에 흰 털이 있다. 줄기는 가늘고 길이 6~10cm, 지름 약 1.5mm이다. 잎은 실 모양으로 갈라졌고 잎자루가 있다. 특이한 향기가 나고 맛은 약간 쓰다.

질이 어리고 부드러우며 회녹색이고 향기가 강한 것이 좋은 것이다.

성 분 이담 성분인 스코파론(scoparone, 607-2 메톡시기쿠마린)이 들어 있다. 스코파론은 꽃이 필 때 함량이 제일 높다. 그리고 클로로겐산, 카페인산, 정유 등이 들어 있다.

약 성 맛은 쓰고 매우며 성질은 서늘하고 간경·비경·방광경에 작용한다.

효 능 열을 내고 습을 없애며 소변을 잘 나오게 한다. 약리실험에 의하면 인진은 뚜렷한 이담작용을 나타내는데 담즙 분비를 늘리는 것과 함께 담즙산과 빌리루빈의 배설량을 늘린다.

인진은 해열작용, 혈압 강하작용, 혈당량 강하작용을 나타내며 손상된 간의 회복을 빠르게 한다.

인진은 사람형 결핵균, 고초막대균, 피부사상균 등에 강한 억균작용을 나타내며 간염 바이러스와 유행성감기 바이러스에 대한 억제작용을 나타낸다.

지렁이와 회충을 마비시키는 작용도 나타낸다.

적 용 습열로 인한 황달, 간염, 소변이 잘 나오지 않을 때 등에 쓴다.

처방
• 유행성 간염에 인진 15g을 쓴다. 달여서 하루에 3번 나누어 복용한다.
• 인진 22g, 대황 8g, 치자 8g을 달여 황달에 쓴다. 하루 3번에 나누어 복용한다.

용 량 하루 10~15g.

사철쑥

# 화목피(樺木皮)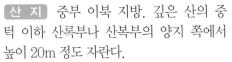

봇나무 껍질, 자작나무 껍질, 화피

자작나무과 자작나무속 갈잎큰키나무
자작나무의 껍질을 말린 것
*Betula platyphylla* Sukatschev var. *japonica* (Miquel) Hara

해열약 解熱藥

**산 지** 중부 이북 지방. 깊은 산의 중턱 이하 산록부나 산복부의 양지 쪽에서 높이 20m 정도 자란다.

**채 취** 줄기와 가지를 자르고 부드러운 겉껍질을 벗겨 햇볕에 말린다.

**형 태** 큰 것은 거꾸로 말려서 관 모양으로 되었다. 말린 관의 표면(사실은 껍질의 안쪽 면임)은 연한 황갈색이고 진한 가로 무늬가 있다. 말린 관의 안쪽 표면(사실은 껍질의 바깥면임)은 회백색이고 약간 분홍색을 띠며, 위에는 혹 모양의 가지 흔적이 있는데 흑갈색이다.

질은 부드럽고 단면은 평탄하며 층층으로 격지가 일어난다. 약한 향기가 있다.

**성 분** 베툴린이 약 35% 이상, 타닌이 약 7%, 다당류, 사포닌, 단백질, 트리테르페노이드, 배당체, 수지, 지방 등이 들어 있다.

**약 성** 맛은 쓰고 성질은 차며 위경·폐경에 작용한다.

**효 능** 해열작용과 습을 없애며 담을 삭이고 기침을 멎게 하며 부은 것을 가라앉게 하고 해독작용을 한다.

자작나무 껍질의 액체추출물, 메타놀추출물, 에테르추출물, 산성 에타놀추출물은 지해작용이 증명되었고, 또한 뚜렷한 이담작용도 나타내었다.

알코올로 처리한 자작나무껍질의 액체

자작나무

추출물은 천식을 멈추는 작용을 보인다.

**적용** 설사, 이질, 폐렴, 황달, 신장염, 요도염, 만성 기관지염, 급성 편도염, 유옹, 부스럼, 화상에 쓴다.

**처방**
• 다른 약을 섞어서 쓸 수도 있고 이 약 한 가지를 쓸 수도 있다.
• 급성 유선염, 급성 편도염, 폐렴, 신장염, 요도염, 설사, 피부화농성 염증 등에 화목피 30g을 달여 하루에 3번 나누어 복용한다.
• 이질에 화목피(검게 볶은 것) 가루를 쓴다. 한 번에 3g씩 하루 2~3번 복용한다.

**용량** 하루 15~30g.

---

# 고목(苦木)

소태나무과 소태나무속 갈잎큰키나무
소태나무의 나무줄기를 말린 것
*Picrasma quassioides* (D. Don) Benn.

**산지** 전국. 산지 양지 쪽에서 높이 8m 정도 자란다.

**채취** 줄기와 가지를 50㎝ 정도의 길이로 잘라 겉껍질을 벗기고 바람이 잘 통하는 곳에서 햇볕에 말린다. 굵은 것은 세로로 가늘게 쪼개어 말린다.

**형태** 연황색의 원기둥 모양의 나뭇가지 또는 토막이며 길이는 50㎝ 정도이고 지름은 1~4㎝이다.

질은 단단하다. 가로 단면에는 나이테가 있고 폭이 좁은 햇살조직이 있다. 가운데에는 회색 또는 황갈색의 속심이 있다. 냄새는 거의 없고 맛은 쓰다.

**성분** 콰신(quassine), 피크라민(picramin), 피크라신(picrasin) A·B·C·D·E·F·G, 니가키헤미아세탈(nigakihemiacetal)

A·B·C, 니가킬락톤(nigakilactone) A·B·C·E·F·H·J·K·M·N 등이 있다. 그리고 니가키놀(nigakinol), 니가키논(nigakinone), 메틸니가키논(methyl-nigakinone) 등이 있다.

**약성** 맛은 쓰고 성질은 차가우며 독성이 있다.

**효능** 해열작용과 습을 없애며 해독작용을 하고 살충 성분이 있다.

소태나무

매우 쓴맛을 가진 콰신 성분은 복용할 때 반사적으로 위액 분비를 항진시키고 입맛을 돋운다. 많은 양을 먹으면 구토한다. 1:10,000의 농도에서 아메바의 운동을 억제한다.

소태나무 우림약으로 관장하면 요충이 구제된다.

 식욕부진, 세균성 이질, 위장염, 담도감염, 급

성화농성 염증, 옴, 습진, 화상에 쓴다. 만성 기관지염, 늑막염, 회충증 등에도 쓴다.

> **처방** • 고목 한 가지를 세균성 이질에 쓴다. 곱게 가루내어 한 번에 1~3g씩 하루 3~4번 복용한다.
> • 화상에는 10~20% 소태나무 탕약으로 환부를 씻고 5~30% 소태나무 고약을 바르거나 고목 가루를 뿌려준다. 치료 효과가 좋다.
> • 입맛이 없을 때는 이 약재를 가루내어 한 번에 0.5g씩 식사 전에 복용한다.
> **용량** 하루 3~9g.

---

# 청열해독약(淸熱解毒藥)

**청열**해독약은 해열작용과 독을 해독하는 약이다. 이 약은 열독 또는 화독을 없애는 약효를 나타내므로 부스럼(옹종), 헌데(창양), 단독, 반진, 발진, 인후가부종, 이질 등에 쓴다.

청열해독약을 임상에 쓸 때에는 환자의 병증에 맞추어 다른 약을 섞어 써야 한다.

예를 들어 발열이 심할 때는 청열사화약을, 습이 있을 때는 조습약을, 열독이 혈분에 있을 때는 양혈약을, 기혈이 허할 때는 기혈을 보하는 한약을 섞어서 쓴다.

한증, 음증에 속하는 헌데, 이질 등에는 성질이 찬 청열해독약을 쓰지 않는다.

약리실험에 의하면 청열해독약은 일반적으로 억균작용, 항바이러스작용, 소염작용을 나타내며 일부 약은 해열작용을 나타낸다. 그러므로 여러 가지 화농성 질병 및 감염성 질병에 쓴다.

해열약
解熱藥

---

# 금은화(金銀花) 겨우살이덩굴 꽃, 쌍화, 인동덩굴 꽃

인동과 인동덩굴속 반늘푸른덩굴나무
인동덩굴의 꽃을 말린 것
*Lonicera japonica* Thunberg

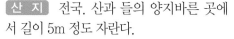

**산지** 전국. 산과 들의 양지바른 곳에서 길이 5m 정도 자란다.

**채취** 이른 여름 꽃을 따서 바람이 잘

통하는 그늘에서 말린다.

**형태** 여름에는 연노랑색, 풀빛나는 노란색 또는 적갈색이다. 흔히 꽃봉오리와

인동덩굴

이미 핀 꽃이 섞여 있는데 꽃봉오리에는 갈색의 털이 있다. 꽃의 밑부분에는 녹색의 꽃받침잎이 붙어 있다. 수술은 5개, 암술은 1개이다. 냄새는 향기롭고 맛은 약간 쓰다.

꽃이 완전히 피지 않고 선명한 노란색이며 향기롭고 잡질이 없는 것이 좋다.

[성 분] 정유 0.1~0.2%, 플라보노이드인, 루테올린, 이노시톨(inositol), 클로로겐산 등이 들어 있다.

[약 성] 맛은 달고 성질은 차며 폐경·비경·심경에 작용한다.

[효 능] 해열작용과 해독작용을 한다.

실험에 의하면 금은화 탕약은 결핵균, 폐렴쌍구균, 대장균, 적리균을 비롯한 여러 병원성 미생물에 대하여 억균작용을 나타낸다.

항암작용과 면역 기능을 높이는 작용도 나타낸다.

탕약은 항염작용, 약한 진통작용을 나타내며 탕약을 토끼에게 먹이면 혈당량이 훨씬 높아지는데 5~6시간 후에야 정상으로 돌아간다. 금은화 탕약은 이뇨작용도 나타낸다.

또한 금은화는 유행성감기 바이러스에 대한 억제작용을 나타낸다.

루테올린 성분은 활평근에 대한 진경작용 및 이뇨작용을 나타낸다.

신선한 인동덩굴 열매를 먹으면 구토, 설사가 일어날 수 있다.

[적 용] 부스럼, 헌데, 악창, 옴, 이질, 대장염, 위암, 위궤양, 외감열병과 온역 초기, 연주창, 편도염, 등에 쓴다. 이 밖에 방광염, 인두염, 결막염 등의 염증에도 쓴다.

● 인동(忍冬)

인동덩굴의 줄기와 잎을 말린 것을 인동이라 하며 금은화와 같은 목적으로 쓴다. 인동덩굴 잎에 로가닌과 타닌이 약 8% 들어 있고 줄기에도 타닌이 있다.

[처방]
• 세균성 이질에 금은화 한 가지를 약 30g 달여 하루 3번에 나누어 복용한다.
• 금은화 40, 연교 40, 길경 24, 죽엽 16, 대두황권 20, 박하 24, 우방자 24, 형개수 16, 감초 20으로 만든 은교산(銀翹散)은 감기나 급성 열병 초기 열이 나고 머리가 아프며 갈증이 나고 인후두가 아플 때 쓴다. 1회 8~12g씩 달여서 하루에 3번 나누어 복용한다.
• 금은화, 진피(陳皮), 황기, 과루근, 방풍, 당귀, 산궁궁, 백지, 길경, 후박, 천산갑, 조각자로 만든 탁리소독산(托裏消毒散)은 화농성 염증에 쓴다. 한 번에 8~12g씩 달여서 하루에 3번 나누어 복용한다.
• 금은화 12g, 선황련 10g, 백두옹 6g, 진피(秦皮) 8g, 당귀 8g을 섞어 열리, 세균성 이질, 대장염 등에 쓴다. 달여서 하루 3번에 나누어 복용한다.

[용 량] 하루 10~15g.

[금 기] 비위가 허할 때는 쓰지 않는다.

# 연교(連翹) 개나리 열매

물푸레나무과 개나리속 갈잎떨기나무
개나리의 익은 열매를 말린 것
*Forsythia koreana* (Rehder) Nakai

해열약 解熱藥

**산 지** 전국. 산기슭 양지 쪽 및 인가 주변에서 높이 3m 정도 자란다.

**채 취** 가을에 익은 열매를 따서 햇볕에 말린다.

**형 태** 달걀 모양인데 약간 납작하고 길이는 1.5~2cm, 너비는 6~10mm이며 끝은 뾰족하다. 겉은 녹갈색 또는 황갈색이며 세로주름이 있고 작은 혹 모양의 반점이 있다. 흔히 두 쪽으로 쪼개져 있다. 속에는 여러 개의 갈색을 띤 씨가 들어 있다. 냄새는 없고 맛은 떫다. 열매껍질이 두껍고 빛깔이 녹갈색이나 황갈색인 것이 좋다.

**법 제** 열매 속에 들어 있는 씨를 없애고 쓴다.

**성 분** 리그난 화합물인 필린(phyllin, forsythin의 입체이성체), 루틴, 사포닌, 올레아놀산이 들어 있다.

**약 성** 맛은 쓰고 성질은 차며 심경·위경·담경·대장경·삼초경에 작용한다.

**효 능** 개나리 열매는 해열작용과 해독작용을 하며, 부은 것을 가라앉게 하고 고름을 빼낸다.

실험에 의하면 개나리 열매 탕약은 황금색포도상구균과 용혈성 연쇄상구균을 비롯한 일련의 병원성 미생물에 대하여 억균작용을 나타낸다. 유행성감기 바이러스에 대한 억제작용도 있다. 또한 지토작용과 이뇨작용도 있다. 올레아놀산은 강심 이뇨작용을 나타낸다.

**적 용** 부스럼, 헌데, 악창, 연주창, 영류, 단독, 온역 초기, 반진, 열림 등에 쓴다. 방광염, 요도염에도 쓴다.

개나리

개나리 열매

**처방** 연교는 부스럼, 헌데 등에 널리 쓰는데 흔히 금은화를 섞는다. 감기 또는 급성전염병 초기에 쓰는 상국음(桑菊飮)과 은교산(銀翹散)에 연교가 들어간다.

• 연교 16g, 상엽 10g, 감국 4g, 박하 3g, 감초 3g, 행인 8g, 길경 8g, 노근 8g으로 만든 **상국음**은 풍열표증으로 열이 나고 머리가 아프며, 코가 메고 갈증이 약간 나며 기침할 때 쓴다. 달여서 하루 2~3번에 나누어 복용한다.

• 연교 40, 금은화 40, 길경 24, 죽엽 16, 대두황권 20, 박하 24, 우방자 24, 형개수 16, 감초 20으로 만든 은교산은 감기 또는 급성 열병 초기에 열이 나고 머리가 아프며 갈증이 나고 인후두가 아플 때 쓴다. 한 번에 8~12g씩 달여서 하루에 3번 나누어 복용한다.

• 연교 · 금은화 · 강활 · 자인삼 · 시호 · 전호 · 길경 · 산궁궁 · 적복령 · 지각 · 방풍 · 형개 · 박하 · 감초 · 생강 각각 6g을 섞어 만든 **연교패독산(蓮翹敗毒散)**은 부스럼 초기에 열이 나고 오슬오슬 추우며 머리가 아플 때 쓴다. 달여서 하루에 3번 나누어 복용한다.

• 연교 · 하고초 · 현삼 · 진피(陳皮) 각각 12g을 섞어 탕약으로 연주창에 쓴다. 달여서 하루에 3번 나누어 복용한다.

**용량** 하루 6~12g.

**금기** 허한증에는 쓰지 않는다.

# 마치현(馬齒莧)

쇠비름과 쇠비름속 한해살이풀
쇠비름의 전초를 말린 것
*Portulaca oleracea* L.

**산지** 전국. 길 옆이나 밭둑에서 키 30㎝ 정도 자란다.

**채취** 여름부터 가을 사이에 지상부를 채취하여 증기에 찌거나 끓는 물에 데쳐서 햇볕에 말린다. 말리지 않고 신선한 것을 쓰면 더욱 좋다.

**형태** 줄기는 구부러지고 엉켜 있으며 겉은 황갈색 혹은 흑갈색이고 세로주름이 있다. 잎은 마주 붙고 녹갈색인데 쭈그러지고 대개 떨어져 있다. 줄기 끝에는 타원형의 열매가 있으며 그 속에는 여러 개의 쥐색 씨가 들어 있다. 맛은 약간 시고 끈적하다. 빛깔이 푸른 녹색이고 잡질이 없는 것이 좋은 것이다.

**성분** 비타민 $B_1$ · $B_2$ · C · P, 타닌, 알칼로이드, 플라보노이드, 쿠마린, 사포닌, 유기산, 아미노산, 당, 칼륨염 등이 들어 있다. 이 밖에 점액질, 지방, 수지, 극히 적은 양의 정유 등이 들어 있다.

**약성** 맛은 시고 성질은 차며 심경 · 대장경에 작용한다.

**효능** 해열 · 해독 작용을 하며, 어혈을 없애고 살충 성분이 있다. 그리고 이뇨작용도 한다. 동물실험에 의하면 이 약의 우림약과 탕약은 강심작용을 나타낸다. 그리고 혈관을 수축시키고 심장의 수축을 강하게 함으로써 동맥압을 높인다. 적리균, 대장균을 비롯한 일련의 미생물에 대한 억균작용도 나타낸다.

자궁 수축작용과 지혈작용도 나타낸다.

쇠비름

적용 열리, 세균성이질, 대장염을 예방·치료할 때 쓴다. 그리고 부스럼, 헌데, 악창, 단독, 습진, 임증, 폐결핵, 백일해, 폐농양, 부패성 기관지염, 관절염, 학질 등의 치료에 좋은 효과를 보았다는 보고도 있다. '마치현'은 특히 급성 및 만성 세균성 이질과 염증의 치료에 효과를 볼 수 있다.

처방 •마치현 30~60g을 짓찧어 즙을 내거나 마른 것 15~30g을 열리, 세균성 이질, 급성 대장염 등에 쓴다. 달여서 하루 3번에 나누어 복용한다.
•부스럼을 치료할 때는 환부에 쇠비름 즙을 바르거나 마치현, 식물성 지방, 황단, 송진 등으로 고약을 만들어 환부에 붙인다.
•단독에는 생쇠비름 60g을 짓찧어 즙을 내어 쓴다. 즙을 하루 3번에 나누어 복용하고 찌꺼기는 환부에 붙인다.
용량 하루 15~30g, 생것은 하루 50~60g.
금기 비위가 허하여 설사할 때와 고혈압 환자에게는 쓰지 말아야 한다.

# 대청엽(大靑葉) 대청 잎

십자화과 대청속 두해살이풀
대청의 잎을 말린 것
*Isatis tinctoria* L.

산지 북부 지방. 섬과 바닷가에서 키 30~70cm로 자라며 약초로 재배한다.
채취 여름에 깨끗한 잎을 따서 햇볕에 말린다.
형태 쭈그러졌지만 물을 뿌려 펴 보면 긴타원형이고 길이는 3.5~15cm이다. 빛깔은 녹색이고 잎의 엄지줄은 흰색이다. 질은 가볍고 잘 부스러진다. 냄새는 약하고 맛은 약간 쓰다.

말린 잎의 빛깔이 녹색이고 부스러지지 않은 것이 좋은 것이다.
성분 색소 성분인 이사틴(isatin)과 인

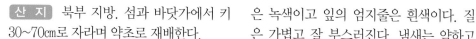

해열약 解熱藥

디칸(indican)이 들어 있다. 인디칸은 가수분해되어 인독실(indoxyl)과 포도당을 만든다. 인독실이 공기와 접촉하여 산화되면 남색인 인디고(indigo)로 변한다.

**약성** 맛은 쓰고 성질은 차가우며 심경·위경에 작용한다.

**효능** 해열작용과 해독작용을 하며 혈분의 열을 없앤다. 주로 심과 위의 열독을 해독한다.

**적용** 온역, 대두온(전염성 이하선염), 반진, 발진, 부스럼, 단독, 구내염 등에 쓴다. 폐렴, 뇌척수막염, 일본뇌염에도 쓴다.

● 판람근(板藍根)

대청 뿌리(판람근)는 해열작용과 해독작용을 하며 혈액의 열을 없애므로 대두온(이하선염), 후두염 등에 쓴다.

**처방**
• 전염성 이하선염에 대청엽(또는 판람근) 6~10g을 쓴다. 물에 달여 하루 3번에 나누어 먹고 동시에 그것을 짓찧어서 즙을 내어 바른다.
• 대청엽(또는 판람근) 10g에 연교·우방자·황금 각각 10g을 섞은 탕약을 전염성 이하선염에 쓴다. 하루에 3번 나누어 복용한다.
• 대청엽 9g, 서각 2g, 치자 9g, 두시 12g을 섞어 반진에 쓴다. 달여서 하루에 3번 나누어 복용한다.
• 판람근, 황금, 선황련, 우방자, 현삼, 길경, 승마, 시호, 마발, 연교, 백강잠, 박하, 진피(陳皮), 감초를 섞은 보제소독음(普濟消毒飮)을 대두온(전염성 이하선염)에 쓴다. 판람근은 하루 5~10g을 쓴다.

**용량** 하루 6~10g.

# 청대(靑黛)

마디풀과 개여뀌속 한해살이풀
쪽의 잎과 줄기를 가공한 것
*Persicaria tinctoria* H. Gross

• 대청의 잎과 줄기를 가공하여 대용으로 쓸 수 있다.

**산지** 전국. 산지에서 키 50~60cm로 자라며 약초로 재배한다.

**채취** 쪽 또는 대청의 줄기와 잎을 넣은 항아리에 물을 붓고 30~37℃에서 2~3일간 발효시킨다. 잎이 줄기에서 떨어지는 정도가 되면 쪽 또는 대청을 건져내고 우림액에 석회(약재의 1/10량)를 넣고 충분히 저어준다. 우림액이 검은 녹색에서 적자색으로 변할 때 위에 뜨는 남색의 거품을 걷어내어 햇볕에 말린다.

**형태** 남색의 부드러운 가루이다. 손으로 비비면 손이 남색으로 물든다. 질이 가벼워 잘 날아간다. 불규칙한 덩어리로 된 것도 있는데 이것은 질이 나쁜 것이다. 냄새는 없고 맛은 약간 시다. 가루가 부드럽고 가벼우며 진한 남색이고 물에 넣으면 뜨고 불에 태우면 적자색의 불꽃을 내면서 타는 것이 좋은 것이다.

**성분** 인디고틴(indigotin)이 5~8% 들어 있다. 그리고 인디루빈(indirubin)이 있다.

약 성 맛은 짜고 성질은 차며 간경에 작용한다.

효 능 해열작용과 해독작용을 하며 혈분의 열을 없앤다.

청대의 알코올 우림약은 탄저균, 폐렴막대균, 적리균 등에 대하여 억균작용을 나타낸다.

인디루빈 성분은 항암작용을 나타낸다.

적 용 반진, 어린이의 높은 발열 및 경련, 이하선염, 헌데, 악창, 전염병으로 머리가 아프고 오슬오슬 춥고 열이 날 때,

혈열로 인한 토혈, 혈담, 비출혈, 기관지확장증으로 인한 출혈 등에 쓴다.

또한 구내염, 치은염, 습진, 편도염 등에 소염 해독약으로 쓴다. 여러 가지 바이러스성 감염 때 청대를 섞어 쓰는 것이 좋다. 백혈병에도 효과를 보고 있다.

> **처방** • 청대 한 가지를 반진에 쓰기도 한다. 한 번에 1~2g씩 하루 3번 복용한다.
> • 청대 6g(또는 포황·황금 각각 9g을 섞어서)을 토혈, 비출혈, 혈담이 나올 때 등에 쓴다. 달여서 하루 3번에 나누어 복용한다.
> **용량** 하루 2~6g.
> **금 기** 비위가 허한할 때는 쓰지 않는다.

# 포공영 (蒲公英)

국화과 민들레속 여러해살이풀
민들레의 전초를 말린 것
*Taraxacum platycarpum* Dahlst.

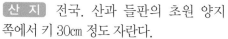

산 지 전국. 산과 들판의 초원 양지 쪽에서 키 30㎝ 정도 자란다.

채 취 봄부터 여름 사이에 꽃이 필 때 전초를 뿌리째로 뽑아 흙을 씻어내고 햇볕에 말린다.

형 태 적갈색을 띤 고깔 모양의 뿌리에 잎이 붙어 있다. 잎은 쭈그러졌고 빛깔은 녹갈색 또는 회녹색이다. 또한 꽃대의 끝에는 황갈색 또는 황백색의 두상화가 붙어 있다. 냄새는 없고 맛은 약간 쓰다. 잎이 녹갈색 또는 회녹색이고 꽃이 붙어 있는 것이 좋은 것이다.

성 분 쓴맛 성분인 락투스피크린, 트리테르페노이드(triterpenoid)인 타락사스테롤(taraxasterol), 프세우도타락사스테롤(pseudotaraxasterol), 알파 아미린($\alpha$-amyrin), 타락세롤(taraxerol) 등이 있다. 그리고 비타민 $B_1$·$B_2$·C·D·F, 플라보노이드인 루테올린(luteolin)-7-글루코시드(glucoside)와 코스모시인(cosmosiin)이 있다. 꽃의 노란 색소는 주로 플라보크산틴(flavoxanthin)이다.

약 성 맛은 쓰고 달며 성질은 차고 위경·비경에 작용한다.

효 능 해열작용과 해독작용을 하며 기가 뭉친 것을 흩어지게 한다. 포공영은 소

염작용, 건위작용, 이담작용, 이뇨작용 및 억균작용을 나타낸다. 면역 기능도 높인다.

[적 용] 유선염, 젖이 잘 나오지 않을 때, 연주창(나력), 악창, 정창, 부스럼, 식중독 등에 쓴다. 또 고미건위약으로 위염, 소화장애 등에 쓰며 이담약으로 감염에 쓴다.

[처방]
• 포공영 5~10g을 물에 달여서 복용한다.
• 유옹에 포공영 한 가지를 짓찧어 붙이거나 포공영 · 인동등 각각 12g을 섞어 쓴다. 달여서 하루에 3번 나누어 복용한다.
• 포공영 · 천산갑 · 왕불류행 각각 10g을 섞어 젖이 잘 나오지 않을 때 쓴다. 달여서 하루에 3번 나누어 복용한다.
• 부은 데는 민들레 생풀을 찧어서 환부에 붙이면 열이 나며 부기가 빠지는 효과를 볼 수 있다. 유방염에도 환부에 붙이면 효과를 볼 수 있다.
[용 량] 하루 8~16g. 생것은 하루 20~60g.
[주 의] 너무 많은 양을 쓰면 설사가 일어날 수 있다.

# 백렴 (白蘞)

포도과 개머루속 갈잎덩굴나무
가위톱의 덩이뿌리를 말린 것
*Ampelopsis japonica* (Thunb.) Makino

[산 지] 황해도 이북 지방. 낮은 산들과 밭둑의 돌담 등에서 길이 2m 이상 자란다.

[채 취] 가을 또는 봄에 덩이뿌리를 캐어 줄기와 잔뿌리를 다듬고 물에 씻어 큰 것은 쪼개어 햇볕에 말린다.

[형 태] 실북 모양인데 길이는 5~10㎝, 지름은 2~3㎝이다. 겉은 연한 갈색 또는 회갈색이고 세로주름이 있으며 겉껍질은 잘 벗겨진다. 질은 단단하지만 가볍고 잘 부러진다. 단면은 과립 모양이고 연적갈색이며 햇살 방향으로 틈이 생긴 것도 있다. 맛은 처음에 약간 시고 후에는 약간 달고 쓰다.

빛깔이 하얗고 충실한 것이 좋은 것이고 빛깔이 붉은 것은 질이 떨어진다.

[성 분] 점액질과 녹말이 들어 있다.

[약 성] 맛은 쓰고 달며 성질은 약간 차고 심경 · 위경에 작용한다.

[효 능] 해열작용과 해독작용을 하며 새살이 돋아나게 하고 통증을 멎게 한다. 현대 의학적으로는 소염작용, 진통작용, 혈압강하작용, 억균작용을 나타낸다.

[적 용] 부스럼, 헌데, 화상, 연주창, 장출혈, 치루, 경간 등에 쓴다.

[처방] 백렴은 주로 헌데를 아물게 하기 위하여 쓰는데 이 경우에 백급을 섞어 쓰는 것이 좋다.
• 화상이나 동상에는 백렴 가루 또는 여기에 황백 가루 같은 양을 섞어 참기름에 개어 환부에 바른다.
[용 량] 하루 4~12g.
[금 기] 초오두, 오두와 배합금기이다.

# 사간(射干)

붓꽃과 범부채속 여러해살이풀
범부채의 뿌리줄기를 말린 것
*Belamcanda chinensis* (Linné) DC.

**해열약 解熱藥**

**산 지** 전국. 산과 들에서 키 50~100
㎝로 자란다. 원예용으로 화단에 심는다.

**채 취** 가을 또는 봄에 뿌리줄기를 캐어
줄기와 뿌리를 다듬고 물에 씻어 햇볕에
말린다.

**형 태** 원기둥 모양이고 마디가 있으며
불규칙하게 가지를 친다. 길이는 3~5㎝,
지름은 1~2㎝이다. 겉은 황갈색이고 주름
이 많으며 윗부분에는 줄기가 붙었던 자리
가 오목하게 들어갔고 밑부분과 옆에는 잔
뿌리를 다듬은 자리가 있다. 질은 단단하
다. 꺾은 면은 과립 모양이고 연노란색이
다. 특이한 향기가 있고 맛은 맵다.

굵고 길며 굳고 뿌리의 나머지가 없으며
단면이 노란색인 것이 좋은 것이다.

**성 분** 플라보노이드 배당체인 이리딘
(iridin), 밸람칸딘, 텍토리딘(tectoridin),

쉐카닌 등이 들어 있다.

**약 성** 맛은 쓰고 매우며 성질은 차고
폐경·비경·간경에 작용한다.

**효 능** 해열작용과 해독작용을 하며 가
래를 삭이고 어혈을 없앤다.

동물실험에 의하면 범부채의 알코올 우
림액은 토끼의 혈압을 지속적으로 내리게
한다.

사간은 또한 해열작용, 소염작용, 병원
성 피부사상균에 대한 억균작용을 나타내
며 진통작용도 한다.

**적 용** 인후두가 붓고 아플 때, 편도염,
담열로 기침이 나고 숨이 가쁠 때, 기관지
염, 기관지천식, 학질을 오래 앓아 비장이
커졌을 때, 무월경, 입에서 냄새가 날 때,
부스럼 등에 쓴다. 사간은 특히 인후두의
염증과 편도염에 많이 쓴다.

범부채

**처방** • 사간 한 가지 또는
황금·길경·감초 각
각 9g을 섞어 인후두가 붓고
아플 때(인후두염) 쓴다. 달여
서 하루 3번에 나누어서 복용
한다.

**용량** 하루 3~9g.

**금기** 비위가 허할 때는 쓰
지 않는다.

# 과루근(瓜蔞根) 천화분, 하늘타리 뿌리

박과 하늘타리속 여러해살이덩굴풀
하늘타리의 뿌리를 말린 것
*Trichosanthes kirilowii* Max.

산 지  중부 이남 지방. 산기슭과 들에서 길이 5m 정도 자란다.

채 취  가을에 뿌리를 캐어 겉껍질을 벗겨내고 썰거나 쪼개어 햇볕에 말린다.

형 태  원기둥 모양 또는 반원기둥 모양이고 길이는 10~15cm, 지름은 2~6cm이다. 썰어 말린 것은 둥근 조각이다. 겉은 희황색 또는 연한 갈색이며 주름이 있다. 단면은 흰색이고 노란색의 무늬가 방사 방향으로 배열되었다.

빛깔이 하얗고 가루가 많이 나며 질이 단단한 것이 좋은 것이다.

성 분  녹말, 사포닌, 단백질과 아미노산 등이 들어 있다.

약 성  맛은 쓰고 성질은 차며 폐경·위경·대장경에 작용한다.

효 능  해열작용과 갈증을 멎게 하며 담을 삭이고 해독작용을 하며 부스럼을 치료하고 고름을 빼준다.

그리고 월경을 통하게 하고 황달을 치료한다.

과루근은 예로부터 소갈병에 널리 쓰였으므로 이 약의 액체추출물, 에테르추출물이 동물의 혈당량에 주는 영향력을 검토하는 실험들이 진행되었으나 혈당량을 내리게 하는 작용은 인정되지 않았다.

과루근 탕약, 에틸알코올 우림약, 에테르 우림약은 동물실험에서 항암작용을 나타냈다. 그중에서 60% 에틸알코올 우림액의 항암작용이 가장 강하게 나타났다.

과루근은 시험관 안에서 적리균, 대장균을 비롯한 일련의 병원성 미생물에 대하여 억균작용을 나타냈다.

적 용  열이 나고 입안이 마르며 갈증이 날 때, 소갈병, 기침할 때, 부스럼, 치루, 무월경, 황달 등에 쓴다.

처방  • 과루근 한 가지를 가루약이나 탕약으로 소갈병에 쓴다. 가루약으로는 한 번에 3~4g씩 하루에 3번, 탕약으로는 12g을 달여서 3번에 나누어 복용한다.
• 과루근·인삼·맥문동 각각 10g을 섞어 소갈병에 쓴다. 달여서 하루 3번에 나누어 복용한다.

용 량  하루 9~12g.

해열약 解熱藥

하늘타리

# 토복령(土茯苓) 발계

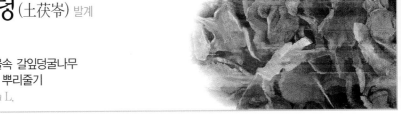

백합과 밀나물속 갈잎덩굴나무
청미래덩굴의 뿌리줄기
*Smilax china* L.

해열약 解熱藥

**산 지** 중부 이남 지방. 산기슭 양지 쪽에서 길이 3m 정도 자란다.

**채 취** 가을 또는 봄에 뿌리줄기를 캐어 줄기와 뿌리를 다듬고 물에 씻어 긴 것은 적당히 잘라 햇볕에 말린다.

**형 태** 원기둥 모양이고 약간 납작하고 구부러졌으며 가지를 쳤다. 겉은 황갈색이고 마디가 있으며 줄기가 붙었던 자리와 잔뿌리를 다듬어 버린 자리가 있다. 질은 단단하고 잘 꺾어지지 않는다. 단면은 분홍색이다. 냄새는 없고 맛은 매우며 약간 쓰다.

**성 분** 스밀락스사포닌(smliax sapo-nin) A, 스밀락스사포닌 B, 스밀락스사포닌 C가 들어 있다. 이 사포닌들의 주요한 사포게닌(sapogenin)은 디오스게닌(diosgenin)이다.

**약 성** 맛은 밋밋하며 성질은 평하고 위경·간경에 작용한다.

**효 능** 해열작용과 습을 없애며 해독작용을 한다. 청미래덩굴의 뿌리와 열매는 수은중독을 해독하는 효능이 있다.

**적 용** 매독, 연주창, 헌데, 부스럼, 악창, 수은중독 등에 쓴다.

**처방**
• 토복령 10~15g을 물 2컵으로 1/2이 되도록 약한 불로 달여서 하루 3번에 나누어 식간에 복용한다.
• 토복령 20g, 금은화 12g, 백선피 9g, 위령선 9g, 감초 4g을 섞어 매독에 쓴다. 달여서 하루에 3번 나누어 복용한다.

**용 량** 하루 15~30g.

● **발계엽**(菝葜葉)
청미래덩굴의 잎을 발계엽이라고 한다. 풍종, 창절, 종독 염창, 화상 등의 치료에 쓴다.

청미래덩굴 열매

# 누로(漏蘆)

국화과 뻐꾹채속 여러해살이풀
뻐꾹채의 뿌리를 말린 것
*Rhaponticum uniflorum DC.*

**산 지** 전국. 산과 들의 건조한 양지 쪽에서 키 1m 정도 자란다.

**채 취** 가을 또는 봄에 뿌리를 캐어 줄기와 잔뿌리를 다듬고 물에 씻어 햇볕에 말린다.

**형 태** 긴 고깔 모양인데 길이는 10~30㎝, 지름은 1~2.5㎝이다. 윗부분에 흰 털이 붙어 있다. 겉은 암갈색이고 거칠며 세로주름과 터진 틈이 있다. 질은 가볍고 잘 부러진다. 단면은 황갈색이다. 맛은 약간 달고 약간 시며 쓰다.

굵고 길며 속이 썩지 않고 질이 단단한 것이 좋은 것이다.

**성 분** 휘발성 정유가 들어 있다.

**약 성** 맛은 쓰고 짜며 성질은 차고 위경·대장경에 작용한다.

**효 능** 해열·해독작용을 하며 고름을 빼낸다. 월경을 통하게 하고 젖이 잘 나오게 한다.

약리실험에 의하면 뻐꾹채 뿌리는 중추신경 계통에 대한 흥분 작용, 실험동물의 활동 능력을 높이고 피로 회복을 빠르게 하는 작용, 심장 수축을 강하게 하고 혈압을 높이며 혈액 순환 속도를 빠르게 하는 작용 등을 나타낸다.

**적 용** 부스럼, 곪는 상처, 유옹, 악창, 연주창 및 젖이 나오지 않을 때 쓴다. 방광 및 직장 출혈에 지혈약으로도 쓴다.

> **처방** 누로에 연교를 섞어 쓰면 해열작용과 해독작용이 강해진다.
> • 누로 12g, 연교 10g, 대황 4g을 섞어 부스럼 초기 열이 나고 붓고 아플 때 쓴다. 달여서 하루에 3번 나누어 복용한다.
> • 누로·과루인·포공영·패모 각각 10g을 섞어 유옹 초기, 젖몸이 붓고 아프며 젖이 나오지 않을 때 쓴다. 달여서 하루 3번에 나누어 복용한다.
> **용 량** 하루 6~12g.
> **참 고** 북부 지방의 낮은 산에 자라는 절국대의 뿌리도 누로와 약효가 같으므로 같은 병증에 쓴다.

뻐꾹채

277

# 인동등(忍冬藤) 인동덩굴

인동과 인동덩굴속 반늘푸른덩굴나무
인동덩굴의 잎이 붙은 줄기와 가지를 말린 것
*Lonicera japonica* Thunberg

해 열 약 解熱藥

**산 지** 전국. 산과 들의 양지바른 곳에서 길이 5m 정도 자란다.

**채 취** 가을과 겨울에 잎이 붙어 있는 줄기와 가지를 베어 햇볕에 말린다.

**형 태** 줄기는 가는 원기둥 모양이고 가지가 있으며 서로 엉켜서 있거나 묶음으로 되어 있다. 지름 1~4㎜이다. 겉은 연한 적갈색이며 세로로 줄무늬가 있고 연황색의 털이 있다. 굵은 줄기의 겉껍질은 떨어지기 쉬우며 떨어진 곳은 회백색이다. 질은 단단하고 질기다. 단면은 섬유 모양이고 황백색이며 가운데는 비어 있다. 줄기와 가지에는 마디가 있고 마디에는 잎이 마주 붙어 있다. 잎은 타원형이고 가장자리는 매끈하다. 잎의 양쪽 면과 잎자루에는 짧고 연한 털이 있는데 특히 뒷면에 더 많다. 맛은 약간 달다.

덩굴이 고르고 적갈색이며 껍질이 터지지 않고 잎이 붙어 있는 것이 좋다.

**성 분** 줄기와 가지에는 플라보노이드인 루테올린, 루테올린 – 7 – 람노글루코시드(rhamnoglucoside)가 들어 있고, 잎에는 타닌과 알칼로이드가 들어 있다.

**약 성** 맛은 달고 성질은 차며 폐경 · 위경 · 비경 · 심경에 작용한다.

**효 능** 해열작용과 해독작용을 한다. 그리고 경락을 통하게 한다.

루테올린 성분은 활평근에 대한 진경작용을 나타낸다. 이 작용은 파파베린보다 약하다. 루테올린은 약한 이뇨작용을 나타내고 소금 배설량을 늘린다. 그리고 1:350,000의 농도에서 포도상구균과 고초막대균에 대한 억균작용을 나타낸다.

**적 용** 부스럼, 헌데, 온역 초기, 열성이질, 세균성 적리, 장염, 관절염, 유행성간염 등에 쓴다.

**처방** • 인동등 15g, 상지 12g, 목방기 8g, 의이인 20g을 달여 관절염에 쓴다. 하루 3번에 나누어 복용한다.
**용 량** 하루 10~15g.

인동덩굴

# 자화지정(紫花地丁)

제비꽃과 제비꽃속 여러해살이풀
제비꽃의 전초를 말린 것
*Viola mandshurica* W. Becker

• 서울제비꽃, 호제비꽃 등의 전초를 대용으로 쓸 수 있다.

【산 지】 전국. 산과 들, 길가, 풀밭 등에 키 10㎝ 정도 자란다.

【채 취】 여름철에 전초를 채취하여 바람이 잘 통하는 그늘에서 말린다.

【법 제】 쓸 때는 잘게 잘라서 쓴다. 병에 따라서는 생품을 쓰기도 한다.

【성 분】 배당체, 사포닌, 플라보노이드, 비타민 C, 정유, 메틸헤프틴카보네이트 (methylheptine carbonate) 등이 있다.

【약 성】 맛은 쓰고 매우며 성질은 차고 심경 · 간경에 작용한다.

【효 능】 해열작용과 습기를 없애며 해독작용을 한다. 소변을 잘 나오게 하고 설사를 멈추게 한다. 구토를 촉진하는 작용도 한다.

억균작용이 실험적으로 밝혀졌다. 소염작용, 소종작용도 인정되었다.

【적 용】 부스럼, 헌데, 연주창(나력), 단독, 유옹, 급성 유선염, 눈이 충혈되고 붓고 아플 때, 관절종통, 후비, 위염, 이질, 혈변, 비출혈, 하리, 황달, 요도염, 방광염, 전립선염, 화농성 감염증, 독뱀에 물렸을 때 등에 쓴다.

【처방】
• 자화지정 · 포공영근 · 감국 · 금은화 각각 12g을 달여 급성 화농성 염증에 하루 3번에 나누어 복용한다.
• 부스럼, 헌데, 유옹, 단독 등에 신선한 제비꽃 60g을 짓찧어 즙을 3번에 나누어 먹고 찌꺼기는 환부에 붙인다.
【용량】 하루 10~16g.

해열약 解熱藥

서울제비꽃

졸방제비꽃

# 편복갈근(蝙蝠葛根) 북두근

방기과 새모래덩굴속 여러해살이덩굴풀
새모래덩굴의 뿌리줄기를 말린 것
*Menispermum dauricum DC.*

해열약 解熱藥

**산 지** 전국. 산기슭 양지 쪽에서 길이 3m 정도 자란다.

**채 취** 가을 또는 봄에 뿌리줄기를 캐어 물에 씻고 줄기를 다듬어 햇볕에 말린다.

**형 태** 가늘고 긴 노끈 모양이며 대체로 꼬여 있다. 길이는 30~40㎝, 지름은 0.5 ~1.5㎝이다. 표면은 암황갈색이나 흑갈색 이고 흔히 겉껍질이 벗겨져서 황백색을 띤 다. 꼬인 세로주름이 나타난다. 질은 단단 하고 꺾기 어렵다. 단면은 보통 매끈하나 섬유성을 띠는 경우도 있다. 가로단면에서 연황색의 목질부와 흰색의 조직이 햇살 모양으로 배열되어 있다. 중 심에 흰색의 속심이 있다. 냄새는 거의 없고 맛은 매우 쓰다.

뿌리줄기가 굵고 길며 겉 은 노란색이고 속은 흰색이 며 수염뿌리가 없는 것이 좋은 것이다.

**성 분** 다우리신, 다우리 노린(daurinoline, dauri- coline), 케일란티폴린 (cheilanthifoline), 스테폴 리딘(stepholidine), 스테파 린(stepharine), 아쿠투민 (acutumine), 아쿠투미딘 (acutumidine), 메니스페린

(menisperine), 아 그 노 플 로 린 (agnoflorine), 시노메닌(sinomenine), 다 우리시놀린(dauricinoline) 등의 알칼로이 드가 들어 있다.

**약 성** 맛은 쓰고 매우며 성질은 차다.

**효 능** 해열작용과 해독작용을 하며 풍 습을 없애고 기를 돌아가게 한다.

편복갈근은 혈압 강하작용과 항암작용 을 나타낸다.

다우리신 성분은 혈압 강하작용, 활평근

**처방** • 편복갈근 · 현삼 · 사간 각각 10g을 달여 인두염, 후두염, 편도염에 하루에 3번 나누어 복용한다.
**용 량** 하루 3~10g.
**참 고** 새모래덩굴의 줄기에도 다우리신, 테트란드린, 메 니스페린, 마그노플로린 등의 알칼로이드가 들어 있다.

새모래덩굴

에 대한 진경작용, 혈액 속의 콜레스테롤 량을 낮추는 작용을 나타낸다. 메니스페린 성분은 근육 이완작용, 혈압강하작용을 나타낸다.

**적용** 인후가 붓고 아플 때, 인두염, 후두염, 편두염, 고혈압, 풍습으로 인한 통증, 마비, 이질, 장염, 배가 부르며 아플 때 쓴다. 간암, 부종, 각기병 등에도 쓴다.

# 용규(龍葵) 깜또라지

가지과 가지속 한해살이풀
까마중의 전초를 말린 것
*Solanum nigrum* L.

**산 지** 전국. 밭둑이나 길가에서 키 20~90㎝로 자란다.

**채 취** 여름부터 가을 사이에 지상부를 베어 햇볕에 말린다.

**성 분** 글리코알칼로이드(glycoal-kaloid)인 솔라닌(solanine), 솔라소닌 (solasonin), 솔라마르긴(solamargine) 등이 있다.

**약 성** 맛은 쓰고 차며 약간 독이 있고 폐경·방광경에 작용한다.

**효 능** 해열작용과 해독작용을 하며 혈액을 잘 돌아가게 하고 소변을 잘 나오게 하며 부은 것을 가라앉게 한다.

약리실험에 의하면 용규는 소염작용, 항암작용을 나타낸다.

솔라닌, 솔라소닌은 동물실험에서 혈당량을 높인다. 솔라닌은 동물실험에서 적은 양에서는 중추신경 계통의 흥분 과정을 강화하고 많은 양에서는 제지 과정을 강화한다.

용규를 너무 많은 양을 쓰면 혈액 속의 백혈구 수가 적어진다.

**적용** 부스럼, 헌데, 단독, 타박상, 인후가 붓고 아플 때(인후두염), 악성종양 등에 쓴다. 또 만성 기관지염, 열림, 급성 신장염 등에도 쓴다.

**처방** •부스럼, 헌데, 단독에는 신선한 까마중을 짓찧어 환부에 붙인다.
•인후두염에는 용규 15g, 대청엽·사매(전초)·황금 각각 10g을 달여 하루에 3번 나누어 복용한다.
•악성종양에는 용규 30g을 달여 하루 3번에 나누어 복용하거나 사매, 배풍등 등 다른 항암 약을 섞어서 쓰기도 한다.
•만성 기관지염에는 용규 30g, 길경 9g, 감초 3g을 달여 하루 3번에 나누어 복용한다. 한 치료 기간은 10일이다. 한 치료 기간이 끝나면 5~7일간 쉬고 다시 약을 복용한다.
**용량** 하루 15~30g.
**주의** 너무 많은 양을 쓰면 두통, 복통, 구토, 설사, 동공확장, 정신착란 등의 부작용이 나타날 수 있다. 그리고 백혈구 수가 적어질 수 있다.

# 야백합(野百合) 농길리

콩과 활나물속 한해살이풀
활나물의 전초를 말린 것
*Crotalaria sessiliflora* Linné

해열약 解熱藥

산 지 전국. 들이나 길가의 초원에서 키 40cm 정도 자란다.

채 취 여름부터 가을 사이에 전초를 베어 햇볕에 말린다.

성 분 모노크로탈린(monocrotaline)을 비롯한 7가지 알칼로이드가 들어 있다. 모노크로탈린은 전초에 약 0.02%, 씨에 약 0.4% 들어 있다.

약 성 맛은 쓰고 성질은 평하며 독이 있다.

효 능 해열작용과 해독작용을 한다.

활나물에서 뽑은 모노크로탈린 성분은 동물실험에서 항암작용을 나타낸다. 모노크로탈린으로 피부암과 자궁경암을 시험적으로 치료했는데 비교적 효과가 좋았으며 백혈병에도 일정한 효과가 있다.

모노크로탈린은 혈압을 뚜렷하게 지속적으로 낮춘다. 모노크로탈린은 소변으로 배설되는데 배설이 매우 뜸하므로 축적작용을 나타낸다. 모노크로탈린의 독성은 매우 강하다. 흰쥐의 피하에 주사할 때 모노크로탈린의 LD50은 $134 \pm 11.6$mg/kg이다.

적 용 부스럼, 헌데, 이질, 피부암, 자궁경암, 식도암, 직장암 등 악성종양에 쓴다. 만성 기관지염에도 쓴다.

처방 활나물에서 모노크로탈린을 뽑아 주사약으로 만들어 항암약으로 쓰기도 한다.

• 부스럼, 헌데, 이질에 야백합 9∼15g을 쓴다. 달여서 하루 3번에 나누어 복용한다. 또는 다른 청열해독약을 섞어 쓸 수 있다.

• 피부암, 자궁경암에 신선한 활나물을 짓찧어 환부에 붙인다. 또는 마른 것을 가루내어 바탕약을 섞어 바른다.

• 식도암, 직장암 등 내장암에는 야백합 9∼15g을 달여 하루 3번에 나누어 복용한다.

용 량 하루 9∼15g.

주 의 많은 양의 야백합을 쓰거나 오랫동안 먹으면 소화기, 간, 신장에 일정한 영향을 주어 메스꺼움, 설사, 간 기능 저하, 빈뇨, 단백뇨 등 부작용이 나타날 수 있다.

활나물 열매

# 사매(蛇莓)

장미과 뱀딸기속 여러해살이덩굴풀
뱀딸기의 전초를 말린 것
*Duchesnea indica* (Andr.) Focke

**[ 산 지 ]** 전국. 들의 풀밭이나 숲가장자리 또는 논둑에서 자란다.

**[ 채 취 ]** 여름부터 가을 사이에 전초를 채취하고 깨끗이 씻어 햇볕에 말린다.

**[ 약 성 ]** 맛은 약간 쓰고 성질은 차며 폐경·위경·간경에 작용한다.

**[ 효 능 ]** 해열작용과 해독작용을 하며 기침을 멎게 하고 출혈을 멎게 한다.

동물실험에서 사매의 항암작용이 밝혀졌다.

사매는 황금색포도상구균, 뇌막염쌍구균, 적리막대균, 티푸스막대균, 디프테리아막대균 등에 대하여 억균작용을 나타낸다. 면역 기능도 높인다.

**[ 적 용 ]** 인후가 붓고 아플 때(인후두염), 디프테리아, 부스럼, 헌데, 습진, 화상 등에 쓴다. 그리고 기침, 백일해, 자궁출혈 등에 쓴다. 또한 위암, 자궁경암, 코암, 인두암 등 종양에도 쓴다.

**[ 처방 ]**
• 사매 주치증에 말린 약재를 한 번에 4~8g씩 달여서 복용한다.
• 사매 30g을 달여서 인후두염에 쓴다. 하루 3번으로 나누어 복용한다.
• 위암, 자궁경암, 코암, 인두암 등에는 사매·용규 각각 30g, 배풍등 25g을 쓴다. 달여서 하루에 3번 나누어 복용한다.
• 부스럼, 헌데에는 신선한 뱀딸기를 짓찧어 환부에 붙인다.
• 습진, 헌데는 사매 가루를 물이나 기름에 개어 환부에 붙인다.

**[ 용 량 ]** 하루 10~30g.

**[ 참 고 ]** 생열매로 즙을 내어 치질의 환부에 바르면 치료 효과를 볼 수 있다.

뱀딸기

뱀딸기 열매

# 수분초(垂盆草) 석지갑

꿩의비름과 꿩의비름속 여러해살이풀
돌나물의 전초를 말린 것
*Sedum sarmentosum* Bunge

해열약 解熱藥

**산 지** 전국. 산골짜기와 들에서 바위 등에 붙어 키 15㎝ 정도 자란다.

**채 취** 여름철에 전초를 채취하여 햇볕에 말린다.

**성 분** N-메틸이소(methyliso)-펠리티에린(pelletierine)을 비롯한 알칼로이드, 세도헵툴로오스(sedoheptulose), 사탕, 과당 등이 있다. 또 간염 치료의 유효성분인 사르멘토신(sarmentosin)이 함유되어 있다.

**약 성** 맛은 달고 밋밋하며 성질은 서늘하다.

**효 능** 해열작용과 해독작용을 하며 부은 것을 가라앉게 한다.

임상 연구에 의하면

돌나물

'수분초'는 유행성 간염에 일정한 효과가 있다.

즉, 유행성 간염에 쓰면 임상 증상이 좋아지고 GPT가 정상으로 회복된다.

**적 용** 인후가 붓고 아플 때, 부스럼, 화상, 뱀에 물렸을 때, 간염 등에 쓴다. 후두염, 열림에도 쓴다.

**처방** 다른 약을 섞어 쓸 수도 있으나 이 약 한 가지를 써도 좋다.
- 부스럼, 헌데, 화상에 돌나물 생물을 40g을 짓찧어서 즙을 내어 복용하고 찌꺼기를 환부에 붙인다.
- 후두염에는 신선한 돌나물로 즙을 내어 이 생즙 1잔을 술 1잔에 타서 입에 물고 한 번에 5~10분씩 하루 3~4번 약물이 목 안에 미치게끔 양치질한다.
- 유행성 간염에 수분초 30g을 달여 하루에 3번 나누어 복용한다.
- 신선한 돌나물 60g을 짓찧어서 즙을 내어 유행성 간염에 쓴다. 하루에 3번 나누어 복용한다.
- 신선한 돌나물, 신선한 한련초 각각 120g을 섞어 급성 간염에 쓴다. 달여서 하루 2번에 나누어 복용한다. 한 치료 기간은 15일이다.

**용 량** 하루 15~30g.

꽃

# 압척초(鴨跖草) 닭개비

닭의장풀과 닭의장풀속 한해살이풀
닭의장풀의 전초를 말린 것
*Commelina communis* L.

산 지 전국. 길가나 풀밭, 냇가의 습지에서 키 15~50㎝로 자란다.

채 취 여름부터 가을 사이에 전초를 채취하여 햇볕에 말린다.

형 태 전초의 길이는 30~60㎝이고 황록색 또는 황백색이다. 줄기에는 세로 주름이 있고 줄기의 지름은 약 0.2㎝이다. 줄기는 가지를 치고 마디는 약간 불어 났으며 마디 사이의 길이는 3~9㎝이다. 줄기의 단면에는 수가 있다. 잎은 어긋나고 쭈그러졌으며 부스러진 것도 있다. 완전한 잎을 펴 보면 달걀 모양의 끝이 뾰족한 타원형인데 길이는 3~9㎝, 너비는 1~2.5㎝이다. 끝은 뾰족하며 가장자리는 매끈하고 잎집이 있으며 잎맥은 평행이다. 꽃잎은 쭈그러지고 남색이며 불염포는 달걀 모양이다. 냄새는 약하다.

성 분 전초에 플라보노이드, 사포닌, 비타민 C(20~35mg%), 점액질, 녹말 등이 있다. 꽃에는 안토시안 색소인 델퍼닌(delpinine, 델피니딘 모노글루코시드), 코멜리닌이 있다.

약 성 맛은 달고 쓰며 성질은 차고 폐

경·위경·소장경에 작용한다.

효 능 해열작용과 해독작용을 하며 소변을 잘 나오게 한다.

또, 탕약은 황금색포도상구균·대장막

처방
- 외감병으로 열이 날 때 압척초 30g을 쓴다. 달여서 하루 3번에 나누어 복용한다.
- 압척초 30g, 형개·담죽엽·금은화 각각 10g을 섞어 외감병으로 열이 날 때 쓴다. 달여서 하루 3번에 나누어 복용한다.
- 온열병 증세가 나타날 때에는 압척초 30g, 석고 20g, 지모 12g을 달여 하루에 3번 나누어 복용한다.
- 부종, 소변이 잘 나오지 않을 때는 압척초 30g을 쓴다. 달여서 하루 3번에 나누어 복용한다. 다른 이뇨약을 섞어서 써도 좋다.
- 부스럼, 헌데, 단독에는 신선한 닭의장풀 60g을 달여 복용하는 한편 신선한 닭의장풀을 짓찧어 환부에 붙이면 좋다.
- 다래끼에는 신선한 닭의장풀의 즙을 내어 환부에 바른다.

용 량 하루 15~30g, 신선한 것은 하루 30~60g.

해열약 解熱藥

닭의장풀

285

대균에 대한 억균작용을 나타낸다.

적용  외감병으로 열이 날 때와 온열병으로 열이 날 때, 상기도의 염증, 인후가 붓고 아플 때 쓴다.

그리고 부스럼, 헌데, 단독, 다래끼, 부종, 소변이 잘 나오지 않을 때 쓴다. 이하선염, 간염, 신장염, 출혈에도 쓴다.

해열약 解熱藥

# 낭파초(狼巴草)

국화과 도깨비바늘속 한해살이풀
가막사리의 전초를 말린 것
*Bidens tripartita* L.

산지  전국. 밭둑이나 습지와 물가에서 키 20~150㎝로 자란다.

채취  여름부터 가을 사이에 지상부를 베어 햇볕에 말린다.

성분  정유, 타닌(약 2%), 플라보노이드인 루테올린과 루테올린-7-글루코사이드 등이 들어 있다. 잎에는 비타민 C가 들어 있고 열매에는 지방이 약 24% 들어 있다.

약성  맛은 쓰고 달며 성질은 평하다.

효능  해열작용과 해독작용을 한다.

가막사리우림액을 실험동물에게 주사하면 진경작용, 혈압 강하작용, 심장 수축의 진폭을 약간 늘리는 작용 등을 나타낸다. 먹으면 이뇨작용과 발한작용을 나타낸다.

적용  인후가 붓고 아플 때(인후두염), 편도염, 기관지염, 폐결핵, 이질, 장염, 단독, 버짐 등에 쓴다.

처방
• 주치증에 말린 약재를 1회 3~6g씩 달여서 복용한다. 생즙을 내어 복용하기도 한다.
• 인후가 붓고 아플 때 낭파초 15g을 달여 하루에 3번 나누어 복용한다. 여기에 사간 10g을 섞어 써도 좋다.
• 습진에는 신선한 가막사리 잎을 짓찧어 즙을 짜서 환부에 바른다.
• 버짐에는 낭파초를 가루내어 식초에 개어 환부에 바른다.

용량  하루 6~15g.

미국가막사리

# 산장(酸漿)

가지과 꽈리속 여러해살이풀
꽈리의 익은 열매를 말린 것

*Physalis alkekengi* L. var. *francheti* (Masters) Hort.

**산 지** 전국. 인가 근처에서 원예용으로 재배하며 키 40~90㎝로 자란다.

**채 취** 가을에 빨갛게 익은 열매를 따서 햇볕이나 그늘에 매달아 말린다.

**형 태** 주머니 모양의 숙존악에 둘러싸인 둥근 열매다. 숙존악은 5개가 밑에 모여붙어 주머니 모양을 이루며 끝은 점차 뾰족해지면서 터져 있다. 표면은 감색 또는 적갈색이며 5줄의 뚜렷한 모서리가 있고 그 사이에는 그물 모양의 가는 무늬가 있다. 질은 막질이다. 숙존악 속에는 감적색의 열매가 1개 있다. 열매는 둥글고 지름은 약 1㎝이다. 열매껍질

꽈리

**처방** • 산장 · 현삼 · 황금 · 우방자 각각 10g을 달여 인후가 붓고 아플 때 하루에 3번 나누어 복용한다. 산장 한 가지를 쓰기도 한다.

**용 량** 하루 3~9g.

**참 고** 꽈리의 전초와 꽈리 열매는 같은 목적으로 쓰기도 한다. 꽈리 전초의 에테르추출물은 혈압을 내리게 하고 에테르추출물과 액체추출물은 개구리 심장의 수축을 강화한다.

은 쭈글쭈글하고 속에 많은 씨가 들어 있다. 씨는 둥글납작하고 연한 황갈색이다. 특이한 냄새가 약하게 나며 맛은 시고 약간 쓴다.

**성 분** 적은 양의 알칼로이드, 레몬산, 옥살산, 비타민 C 등이 들어 있다.

**약 성** 맛은 쓰고 시며 성질은 차고 심경 · 폐경에 작용한다.

**효 능** 해열작용과 해독작용을 하며, 담을 삭이게 하고 소변을 잘 나오게 한다.

꽈리 뿌리는 실험동물의 자궁을 수축시킨다.

**적 용** 인후가 붓고 아플 때, 담열로 기침할 때, 열림, 황달, 헌데, 습진 등에 쓴다.

해열약 解熱藥

287

# 매화초(梅花草)

범의귀과 물매화풀속 여러해살이풀
물매화풀의 전초를 말린 것
*Parnassia palustris* Linné

**산 지** 전국. 산기슭, 산골짜기 습한 곳에서 키 30cm 정도 자란다.

**채 취** 여름철 꽃이 필 때 전초를 채취하여 잡질을 제거하고 바람이 잘 통하는 그늘에서 말린다.

**성 분** 물매화풀의 전초에서 켐페롤 (kempferol), 루틴, 히페린(hyperin) 등이 밝혀졌다.

• 줄기에는 퀘르세틴의 글리코지드가 들어 있다.

• 뿌리에는 알칼로이드(alkaloid)가 들어 있다

**약 성** 맛은 쓰고 성질은 서늘하다.

**효 능** 해열작용과 혈액의 열을 없애 시원하게 하며 부은 것을 가라앉게 하고 해독작용을 한다. 소염작용과 화담·지해작용도 한다.

**적 용** 황달형 간염, 세균성 이질, 혈관염, 동맥염, 인후종통, 부스럼, 헌데 등에 쓴다.

**처방** • 매화초 15g, 인진·진교·황백·홍화 각각 6g, 오령지·토목향 각각 3g을 가루내어 황달형 간염에 1회 3~5g씩 하루 3번에 나누어 복용한다.
**용 량** 하루 3~6g.

해열약 解熱藥

---

# 호이초(虎耳草) 범의귀 풀

범의귀과 범의귀속 늘푸른여러해살이풀
범의귀의 전초를 말린 것
*Saxifraga furumii* Nakai

채취한 바위취 전초

• 바위취의 전초를 대용으로 쓸 수 있다.

**산 지** 남부·중부 지방. 높은 산의 그늘지고 습한 곳 또는 바위 위에서 키 20cm 정도 자란다.

**채 취** 여름철에 전초를 채취하여 햇볕에 말린다.

**성 분** 알칼로이드, 질산칼륨, 염화칼륨, 아르부틴(arbutin) 등이 들어 있다.

**약 성** 맛은 쓰고 매우며 성질은 차다. 약간 독이 있다.

**효 능** 해열작용과 혈액의 열을 없애며 해독작용을 하고 풍을 없앤다.

바위취 탕약은 억균작용을 나타
낸다.

[적 용] 중이염, 단독, 부스럼, 헌
데, 폐옹, 폐열기침, 토혈, 자궁출
혈, 두드러기, 습진 등에 쓴다. 치질
에도 쓴다.

[처방] •습진, 두드러기에는 호이초 15g, 청대 3g을 달
여서 하루 3번에 나누어 복용한다.
•화농성 중이염에는 우선 3% 과산화수소로 농성 분비
물을 닦아낸 다음 신선한 범의귀(또는 바위취) 즙을 내어
한 번에 1~2방울씩 하루 3번 귀에 넣는다.
•습진, 옻중독, 종기에는 생잎을 불에 쬐어 부드러워진
것을 환부에 바르면 저절로 고름이 나온다.
[용 량] 하루 10~15g.

# 번백초(飜白草)

장미과 양지꽃속 여러해살이풀
솜양지꽃의 뿌리를 말린 것
*Potentilla discolor* Bunge

[산 지] 중부 이남 지방. 산과 들의 양지
쪽이나 바닷가에서 키 15~40cm로 자란다.
[채 취] 봄 또는 가을에 뿌리를 캐어 줄
기와 잎을 잘라 버리고 햇볕에 말린다.

[처방] •세균성 이질에 번백초 15g을 쓴다. 달여서 하루에 3번
나누어 복용한다. 다른 약을 섞어서 쓸 수도 있다.
•이하선염에는 번백초를 가루내어서 술에 개어 환부에 붙인다.
[용 량] 하루 10~15g.

솜양지꽃

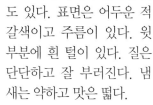

[형 태] 실북 모양 또는 둥근 고깔 모양
이고 길이는 5~8cm이며 가지가 갈라진 것
도 있다. 표면은 어두운 적
갈색이고 주름이 있다. 윗
부분에 흰 털이 있다. 질은
단단하고 잘 부러진다. 냄
새는 약하고 맛은 떫다.

[성 분] 타닌, 플라보노이
드 등이 들어 있다.

[약 성] 맛은 달고 쓰며
성질은 평하다.

[효 능] 해열·해독 작용
을 하며, 출혈을 멈추고 부
은 것을 가라앉게 한다.

[적 용] 세균성 이질, 폐
옹, 각혈, 장출혈, 자궁출
혈, 부스럼, 헌데, 연주창,
이하선염, 버짐 등에 쓴다.

# 위릉채(萎陵菜)

장미과 양지꽃속 여러해살이풀
딱지꽃의 뿌리를 말린 것
*Potentilla chinensis* Seringe

**산 지** 전국. 개울가와 들의 습한 곳에서 키 30~60cm로 자란다.

**채 취** 봄 또는 가을에 뿌리를 캐어 줄기와 잎을 잘라 버리고 햇볕에 말린다.

**형 태** 원기둥 모양이고 구부러졌으며 지름은 0.5~1cm, 길이는 일정하지 않다. 표면은 적갈색 또는 암갈색이고 불규칙하게 세로무늬가 있으며 겉껍질은 대개 조각으로 벗겨진다. 질은 단단하고 잘 부러진다. 단면은 평탄하지 않고 껍질과 목부가 잘 갈라지며 껍질부는 연한 적갈색이고 목부는 갈색 또는 흰색이다. 뿌리의 윗부분은 굵다.

**성 분** 많은 양의 플라보노이드, 타닌, 적은 양의 사포닌이 들어 있다.

**약 성** 맛은 쓰고 성질은 평하다.

**효 능** 풍습을 없애고 열을 내리게 하며 해독작용을 한다. 그리고 설사를 멎게 하고 출혈을 멎게 한다. 아메바 원충을 죽이는 작용과 억균작용도 나타낸다.

**적 용** 급성세균성 적리, 대장염, 아메바 적리, 풍습으로 인한 통증, 마비, 전간, 헌데 등에 쓴다. 자궁출혈, 월경과다, 비출혈, 각혈, 혈뇨 등에도 쓴다.

> **처방**
> • 급성세균성 이질, 아메바 이질, 출혈 등에 위릉채 20~30g을 쓴다. 달여서 하루에 3번 나누어 복용한다.
> • 전간에는 위릉채 30g, 백반 9g을 쓴다. 술에 우려내고 데워서 하루 3번에 나누어 복용한다.
>
> **용 량** 하루 15~30g.

딱지꽃

# 귀침초(鬼針草) 털가막사리

국화과 도깨비바늘속 한해살이풀
도깨비바늘의 전초를 말린 것
*Bidens biternata* Linné

**산 지** 전국. 산과 들의 황무지에서 키 25~85cm로 자란다.

**채 취** 여름부터 가을 사이에 지상부를 베어 햇볕에 말린다.

**형 태** 줄기는 약간 네모나고 어린 줄기 에는 짧고 부드러운 털이 있다. 잎은 쭈그 러졌고 부스러졌으며 대개 떨어졌다. 줄기 끝에 평평한 꽃받침이 있고 그 위에 10여 개의 침을 묶어 놓은 듯한 네모난 열매가 있다. 때로는 두상화서도 있다.

**처방** 다른 약을 섞어 쓰거나 이 약 한 가지만 쓰기도 한다.
• 이질에 귀침초 30g을 달여 하루 3번 나누어 복용한다.
• 타박상에는 귀침초 15~30g(신선한 것은 30~60g)을 쓴다. 달 여 하루 3번에 나누어 복용하고 찌꺼기는 짓찧어 환부에 붙인다.
**용 량** 하루 15~30g, 신선한 것은 30~60g.

**성 분** 전초에 알칼로이드, 타닌, 사포 닌, 플라보노이드 배당체가 들어 있다.
또 정유, 타닌, 쓴 물질, 콜린 등이 있다. 열매에는 기름이 있다.

**약 성** 맛은 쓰고 성질은 평하다.

**효 능** 해열·해독 작용을 하며, 어혈을 없애고 부은 것을 가라앉게 한다.
도깨비바늘과 같은 양의 누리장나무 잎 을 섞어 달인 액은 소염작용을 나타낸다.
귀침초는 억균작용도 나타낸다.

**적 용** 설사, 이질, 황달, 간염, 급성 신장염, 위통, 장염, 인후가 붓고 아플 때, 타박상, 독뱀에 물렸을 때 등에 쓴다.

도깨비바늘

도깨비바늘 열매

# 아담자(鴉膽子)

소태나무과 늘푸른떨기나무
아담자나무의 익은 열매를 말린 것
*Brucea javanica* (L.) Merr.

해열약 解熱藥

**산 지** 중국에서 생산되며 우리나라
는 수입하여 사용하고 있다.

**채 취** 가을에 다 익은 열매를 채취하고
잡질을 제거한 후 햇볕에 말린다.

**형 태** 달걀 모양이고 길이는 6~10㎜,
지름은 4~7㎜이다. 표면은 회흑색이고 불
규칙한 다각형의 그물 무늬가 있다. 끝은
약간 뾰족하다. 겉껍질은 단단하고 안쪽은
회적색 또는 회황색이며 윤기가 나고 기름
기가 있다. 속에는 황백색의 씨가 있다. 씨
는 길이 5~7㎜, 지름 3~4.5㎜의 타원형
이고 표면이 쭈그러진 얇은
막으로 덮여 있다.

**성 분** 알칼로이드인 브
루카마린과 야타닌, 배당체
인 브루체알린과 야타노지
드, 페놀성 성분인 브루체
놀이 들어 있다. 그리고 브
루체올산, 쓴맛 물질 등도
있다.

씨에는 약 56%의 지방과
소량의 정유가 들어 있다.

**법 제** 열매의 껍질을 벗
기고 쓴다.

**약 성** 맛은 쓰고 성질은 차가우며 독성
이 있다.

**효 능** 해열작용과 습을 없애며 살충작
용과 해독작용을 한다.

실험에 의하면 아담자는 아메바 원충과
말라리아 원충을 죽이고 회충, 편충, 촌충
을 구제한다. 암조직에 작용시키면 암조직
이 괴사된다. 정상 피부 조직에 대해서도
괴사작용을 나타낸다.

**적 용** 아메바 이질, 학질, 사마귀, 티
눈, 트리코모나스성 질염 등에 쓴다.

**처방**
• 아메바 이질에 아담자 10~20알을 교갑에 넣어 한 번에
복용한다. 하루 3번에 복용한다. 이 때 동시에 백두옹 10g
을 달여 하루 3번에 나누어 복용하면 더욱 좋다. 또는 **백두옹탕**(白
頭翁湯;황백 11g, 백두옹 8g, 선황련 11g, 진피(秦皮) 11g을 섞은
것)을 함께 복용해도 좋다.
• 사마귀나 티눈에는 아담자를 짓찧어 환부에 붙이거나 아담자 기
름을 바르면 티눈이나 사마귀 조직이 괴사되어 떨어진다.
• 트리코모나스성 질염에는 5% 아담자 탕약을 주입한다. 그러나
자궁경부미란이 심한 환자에게는 이 약을 쓰지 않는다.

**용 량** 하루 0.5~2g.

**금 기** 비위가 허약할 때, 토할 때는 쓰지 않는다. 임산부와 어린
이에게도 쓰지 않는 것이 좋다.

# 마전자(馬錢子) 번목별

마전과 갈잎큰키나무
마전의 익은 씨를 말린 것
*Strychnos nux-vomica*

**[산 지]** 인도·미얀마·오스트레일리아 북부에서 자란다.

**[채 취]** 가을에 다 익은 열매를 채취하고 과육을 제거한 후 햇볕에 말린다.

**[형 태]** 납작한 원형이고 약간 구부러졌으며 가장자리는 약간 도드라졌다. 지름은 1~3cm, 두께는 3~6mm이다. 표면은 회갈색이거나 회녹색이고 회백색의 털이 빽빽이 덮여 있다. 아랫면의 가운데는 약간 튀어나온 둥근 점이 있다. 가장자리에는 한 개의 작은 돌기가 있고 가운데 둥근 점과 가장자리의 작은 돌기 사이에 한 줄의 능선이 있다. 질은 단단하고 깨뜨리기 힘들다. 종인은 연한 황백색이고 약간 투명하며 각질상이다. 독성이 매우 강하다. 크고 두꺼우며 단단한 것이 좋은 것이다.

**[법 제]** 오래 볶아서 쓴다.

**[성 분]** 스트리크닌(strychnine, 1.03~1.07%), 브루친(bruchine), 콜루브린(colubrin), 슈도스트리키닌(pseudostry-chnine), 보미틴 등의 알칼로이드가 들어 있다. 총알칼로이드의 함량은 1.5~5%다. 배당체인 로가닌과 지방, 단백질, 클로로겐산이 들어 있다.

**[약 성]** 맛은 쓰고 성질은 차며 독이 있다. 위경·간경에 작용한다.

**[효 능]** 열을 내려주고 해독작용을 하며 경맥을 통하게 하고 통증을 멎게 하며 맺힌 것을 흩어지게 한다. 실험에서 가래삭임작용, 지해작용, 항암작용이 밝혀졌다.

스트리크닌 성분을 먹으면 매우 빨리 흡수되어 약리작용을 나타내는데 먼저 척수의 반사 기능을 항진시키고 다음에는 연수의 호흡 중추와 혈관운동 중추를 흥분시키며 대뇌피질의 감각 중추의 기능을 높인다. 많은 양을 쓰면 경련을 일으킨다.

스트리크닌은 위장 활평근에 대한 흥분작용은 나타내지 않으며 단맛, 쓴맛에 의하여 억균작용도 나타낸다.

**[적 용]** 연주창, 부스럼, 헌데, 인후가 붓고 아플 때, 타박상, 비증, 마비, 안면신경마비에 쓰며 위암, 간암, 폐암, 유선암, 피부암 등 여러 가지 악성종양에도 쓴다.

**[처방]** • 안면신경 마비에는 마전자 3g을 물에 불리고 잘게 썰어 반창고 위에 붙여서 마비된 쪽의 얼굴에 붙인다. 7~10일간 붙여두었다가 새것으로 바꾼다. 경증은 두세 번 붙이면 낫는다.
• 피부암에는 마전자, 오공, 자초, 석웅황 같은 양을 가루내어 기름에 개어 환부에 바른다.

**[용 량]** 하루 0.3~0.9g.

**[주 의]** 너무 많은 양을 복용하면 경련, 혈압상승, 심하면 의식불명 등 부작용이 나타날 수 있다. 그러므로 쓰는 양에 주의해야 한다.

**[금 기]** 임산부에게는 쓰지 말아야 한다.

해열약 解熱藥

# 제5장 설사약(泄瀉藥)

**설사**약(泄瀉藥)은 일반적으로 맛이 쓰거나 짜고 성질은 대개 차가운데 일부 뜨거운 것도 있다. 그리고 주로 위경·대장경에 작용한다. 그리하여 주로 설사작용을 나타낸다. 찬 성질을 가진 설사약은 열도 내리게 하고 더운 성질을 가진 설사약은 한사도 제거한다.

현대 의학적으로 보면 한약의 설사약도 주로 장 점막을 자극하여 반사적으로 장의 꿈틀운동 및 분비 기능을 높이거나 물을 비롯한 장 내용물의 흡수를 억제하여 설사를 일으킨다.

설사약은 주로 변비에 쓴다. 그런데 설사약 중에는 성질이 찬 것과 뜨거운 것이 있으므로 잘 가려서 써야 한다. 즉 성질이 찬 설사약은 열증에 속하는 변비에 쓰고, 성질이 뜨거운 설사약은 한증에 속하는 변비에 쓴다.

때로는 창자 안에 들어간 해로운 물질을 밖으로 빨리 내보내기 위해서도 쓴다.

설사약은 또한 구충약을 쓸 때 그 효과를 더 잘 나타내게 하며 중독을 예방하기 위해서도 쓴다.

한의학에서는 설사약 중에서 설사작용이 특별히 강한 약을 축수약(軸受藥)이라고 한다. 축수약으로는 대극, 감수, 원화, 상륙, 견우자, 속수자 등이 있는데 이 약들은 변비에도 쓸 수 있으나 주로 심한 부종, 복수 또는 흉수가 고였을 때 쓴다.

이 약들은 대개 독성이 강하므로 허약한 사람(허증)에게는 쓰지 말아야 하며 쓸 때 법제를 잘 하여 독성을 없애야 한다.

이 책에서는 축수약을 따로 가르지 않고 설사약에서 함께 취급하였으며 축수약은 대개 이뇨작용도 가지고 있다.

설사작용이 강한 설사약을 공하약(攻下藥), 약한 설사약을 윤하약(潤下藥)이라고도 하며 설사약을 공하약과 윤하약으로 나누기도 한다.

설사약 중에는 설사작용이 강한 것과 약한 것이 있으나 쓰는 양을 조절하면 그 작용의 세기가 달라질 수 있다.

작용이 강한 설사약은 정기를 상할 수 있고 골반 안의 장기에 충혈을 일으키며 자궁을 수축시키므로 노인, 산모, 임산부, 골반 안의 장기에 염증이 있는 환자, 치질 환자, 월경 때 등에는 쓰지 않는 것을 원칙으로 한다.

**설사약**
泄瀉藥

나팔꽃

# 대황(大黃) 장군풀

마디풀과 여러해살이풀
대황(장군풀)의 뿌리줄기와 뿌리를 말린 것
*Rheum undulatum* L.

**산 지** 북부 지방. 높은 산지에서 키 1m 정도 자라고 농가에서 약초로 재배한다.

**채 취** 늦은 가을에 뿌리줄기와 뿌리를 캐어 물에 씻어서 겉껍질을 벗겨내고 잘게 썰어서 햇볕에 또는 건조실에서 말린다.

**형 태** 원기둥 모양, 반원기둥 모양, 원판 모양 또는 불규칙한 덩어리 모양인데 지름 3~10cm이고 길이는 일정하지 않다. 겉은 암갈색이고 옆으로 또는 세로주름이 있다. 단면은 암갈색 또는 황갈색이고 미끈하거나 과립 모양이다. 뿌리줄기의 단면에는 별 모양의 무늬가 있다. 뿌리를 자른 단면에는 갈색의 수선이 방사 방향으로 줄지어 있다. 질은 단단하고 잘 깨진다. 냄새는 특이하고 맛은 쓰고 떫다. 씹으면 모래 씹는 느낌이 있고 침이 노랗게 물든다.

굵고 크며 질이 단단하고 단면에 별 무늬가 있고 빛깔은 적갈색이며 맛은 쓰고 떫지 않으며 씹으면 풀기가 있는 것이 좋은 것이다.

**법 제** 그대로 또는 술에 불려서 쪄서 쓴다. 그대로 볶거나 술에 불려서 볶아 쓰기도 한다. 대황을 가열 처리하면 안트라키논 배당체의 함량이 훨씬 적어지고 타닌의 함량은 약간 적어진다. 그리하여 설사작용이 좀 약해진다.

**성 분** 디안드론(dianthronic) 배당체인 sennoside A · B · C · D, 안트라퀴논 유도체 3.2~6.6%, 타닌질 8.2~13.6% 들어 있다. 안트라퀴논 유도체로 에모딘(frangulaemodin), 크리소파놀(chrysophanic산), 알로에 에모딘(aloe emodine), 라인(rhein), 피스키온(physcione, 파리에틴) 등과 이것들의 배당체가 있다. 우리나라에서 나는 대황에 들어 있는 안트라퀴논 유도체의 대부분은 결합형이고 유리형은 매우 적다.

이 밖에 쓴 물질, 타닌질, 녹말 효소가 들어 있다.

농가에서 약초로 키운 재배 대황의 뿌리

대황의 대용 약재로 쓸 수 있는 개대황

줄기와 뿌리에는 안트라퀴논 유도체 0.4~2%, 타닌질 11~13%, 라폰틴(rhapontin) 약 5.5%가 들어 있다.

**약 성** 맛은 쓰고 성질은 매우 차며 비경·위경·대장경·간경·심포락경에 작용한다.

**효 능** 설사를 일으키고 열을 내리게 하며 어혈을 없애고 월경을 통하게 한다.

대황은 혈분의 열을 없앤다. 실험에 의하면 대황추출물 및 디안트론 배당체는 먹을 때 소장에 작용하지 않고 대장에 이르러 대장의 꿈틀운동을 강하게 하여 설사를 일으킨다. 대장에만 작용하기 때문에 먹은 다음 6~10시간 지나야 설사가 일어난다.

대황에는 타닌과 쓴 물질이 있으므로 이것을 조금씩 쓰면 건위·수렴·지사작용을 나타낸다.

동물실험에서 대황 뿌리의 물에 녹는 성분을 정맥주사하면 담즙 분비를 빠르게 한다는 것이 밝혀졌다.

대황은 또한 황색포도상구균, 대장막대균, 고초균, 폐렴막대균, 백일해막대균, 피부사상균, 백색칸디다 등에 대하여 억균작용을 나타낸다. 이 억균작용은 주로 안트라키논 유도체에 의하여 나타난다.

이 밖에 약한 이뇨작용, 혈액 속의 콜레스테롤량을 약간 낮추는 작용, 취장액 분비를 빠르게

하는 작용 등을 나타낸다.

에모딘과 레인 성분은 항암작용을 나타낸다.

**적 용** 변비(열증), 식체, 무월경, 어혈이 생겼을 때, 징가, 적취, 축혈증, 황달, 부스럼, 화상 등에 쓴다. 만성 위장염, 소화장애 등에도 쓴다.

**처방** • 대황 15g, 망초·후박·지실 각각 8g을 섞은 대승기탕(大承氣湯)은 열이 나고 대변이 굳어 잘 나오지 않으며 복부팽만으로 속이 더부룩하고 아플 때와 비만증에 쓴다. 달여서 1~2번에 나누어 복용한다.

• 대황 9g, 황금 10g, 선황련 10g을 섞어 혈열출혈, 황달, 열이 나고 가슴이 그득한 감이 있고 답답할 때, 상초의 열로 눈이 충혈되고 입과 혀가 헐며 가슴이 답답하고 대변이 막혔을 때, 헌데에 쓴다. 달여서 하루에 3번 나누어 복용한다.

• 대황 22g, 망초 15g, 계심·도인 각각 12g, 감초 8g을 섞은 도인승기탕(桃仁承氣湯)은 대변이 막히고 아랫배가 아프고 대변 빛깔이 검으며 헛소리을 할 때(축혈증) 쓰며 월경불순에도 쓴다. 달여서 하루에 3번 나누어 복용한다.

• 대황 50, 창출 30, 수소탄산나트륨 50, 고추 0.3, 멘톨 0.4, 사카린 적당량, 알코올 적당량, 물 적당량으로 만든 대중합제(大重合劑)는 급성 위염, 소화장애 등에 건위약으로 쓴다. 한 번에 10~15㎖씩 하루 3번 식사 후에 복용한다.

• 대황 가루를 기름에 개어 화상의 환부에 바른다. 여기에 지유 가루를 같은 양을 섞어 쓰면 더 좋다.

**용 량** 설사약으로 한 번에 0.3~0.5g, 건위약으로는 한 번에 0.05~0.1g을 쓴다.

**주 의** 대황은 골반 안의 장기에 출혈을 일으키고 자궁 수축을 강하게 하기 때문에 임산부, 월경 시, 출산 후, 치질 등에는 주의하여 써야 한다.

• 설사를 일으키는 성분은 젖으로도 나가기 때문에 이 약을 산모에게 쓸 때 젖먹이 아이에게서 설사를 일으킬 수 있다.

**설사약**
泄瀉藥

# 망초(芒硝) 박초

천연 유산나트륨 광석
망초를 정제한 것
원소기호 : Na2SO410H2O

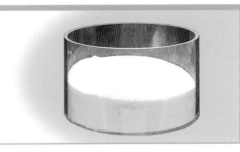

**[산 지]** 서해안에서 만든 천연소금의 찌꺼기에 포함되어 있다.

**[채 취]** 천연 황산나트륨 광석을 물에 넣고 가열하여 녹인 다음 걸러서 흙, 모래 등 물에 풀리지 않는 잡질을 없애고 졸여서 식히면 결정이 생긴다. 이 결정을 걸러내어 33℃ 이하에서 말린다.

**[형 태]** 빛깔이 없고 투명한 모난 기둥 모양의 결정이며 공기 속에 놓아두면 겉이 점차 풍화되어 흰 가루로 덮인다. 질은 단단하지 않고 잘 깨진다. 단면은 미끈하지 않고 유리 모양의 윤기가 있다. 물에 잘 용해되고 냄새는 없으며 맛은 쓰고 짜다. 결정 형태가 말의 이빨처럼 생긴 것은 마아초 또는 영초라 하고 풍화된 것은 풍화초라고 한다.

**[법 제]** 노인 및 허약자는 '망초'를 그대로 쓰지 않고 현명분을 만들어 쓴다.

**[성 분]** 망초의 주요 성분은 황산나트륨 (Na2SO410H2O)이다.

**[약 성]** 맛은 쓰고 짜며 성질은 매우 차고 위경·대장경·삼초경에 작용한다.

**[효 능]** 해열작용과 굳은 것을 유연하게 하며 설사를 일으키고 어혈을 없애주며 월경을 통하게 하고 해독작용을 한다.

망초 용액을 먹으면 망초 자체가 흡수되지 않을 뿐아니라 물까지 흡수되지 못하게 하며 나아가서는 삼투압 관계로 장의 벽으로부터 물을 빼앗는다. 따라서 장 내용물은 묽어진다. 또한 많아진 장 내용물이 장 점막을 기계적으로 자극하여 반사적으로 창자의 꿈틀운동이 강해져 설사가 일어난다. 또한 이담작용도 한다.

**[적 용]** 변비(실열증), 무월경, 징가, 적취, 황달, 연주창, 옻이 올랐을 때 , 결막염, 예막 등에 쓴다. 그리고 구충약을 쓸 때 설사약으로 쓴다.

● 현명분(玄明粉)을 만드는 방법

망초와 무 같은 양을 물에 넣고 끓인다. 무가 익은 다음에 걸러서 찌꺼기를 버리고 걸러낸 액을 식힌다. 이 때 생긴 망초 결정을 건져내어 33℃ 이하에서 말린 다음 망초의 1/8량에 해당하는 감초 가루를 고루 섞는다.

**[처방]** 변비에 쓰는 대승기탕(大承氣湯)에 망초가 들어간다. 대황에 망초를 섞으면 협력작용을 하여 설사작용이 더 강해진다.

• 망초 한 가지를 설사약으로 쓸 수도 있다. 한 번에 10g 정도를 물에 녹여서 복용한다.

**[용 량]** 약한 설사약으로는 하루 4~12g, 강한 설사약으로는 1회 10~30g을 500㎖ 정도의 물에 타서 복용한다.

**[금 기]** 임산부에게는 쓰지 말아야 한다.

# 파두(巴豆)

대극과 늘푸른큰키나무
파두나무의 익은 씨를 말린 것
*Croton tiglium* L.

**산 지** 중국 남부 지방에서 높이 6~10m로 자란다.

**채 취** 초가을에 열매가 터지기 전의 열매를 따서 씨를 채취하여 햇볕에 말린다.

**형 태** 타원형 또는 달걀 모양인데 약간 납작하여 마치 아주까리 씨와 비슷하다. 길이는 1~1.5cm, 지름은 0.6~1cm, 두께는 3~6mm이다. 겉은 회갈색 또는 갈색이고 약간 튀어나온 무늬가 있다. 한쪽 면은 불룩 나오고 다른 면은 비교적 평평한데 가운데에 세로능선이 있다. 씨앗껍질은 질이 단단하다. 씨 안껍질은 얇고 흰 막으로 되어 있다. 그 안에 황백색이나 황갈색의 기름기가 있는 씨앗이 있다. 씨앗을 쪼개 보면 그중에 2개의 떡잎이 있다. 냄새는 없고 맛은 처음에 기름기가 있고 다음에는 맵고 자극이 있다. 맛본 것을 뱉어도 심한 설사를 일으키므로 맛보지 말아야 한다.

알이 충실하고 씨알이 흰 것이 좋은 것이다.

**법 제** 작용이 너무 강하고 자극성과 독성이 있으므로 파두상을 만들거나 검게 볶아서 쓴다.

**성 분** 지방(34~57%), 단백질 등이 들어 있다. 파두 지방에는 설사를 일으키는 유효성분인 파두수지(croton 수지)가 2~3% 들어 있다. 단백질 가운데는 유독한 단백질인 크로틴(crotin)이 들어 있다.

**약 성** 맛은 맵고 성질은 뜨거우며 위경·대장경에 작용한다. 독성이 강하다.

**효 능** 심한 설사를 일으키고 적취를 없애며 살충작용을 한다.

'파두'는 미량을 먹어도 창자를 자극하여 창자의 꿈틀운동을 강하게 하므로 심한 설사를 일으킨다. 파두 기름 한 방울을 배의 피부에 발라도 그것이 흡수되어 설사를 일으킨다. 이 약은 자극성이 너무 강하기 때문에 약간 많은 양을 쓰면 위와 장의 점막에 염증을 일으킬 수 있다.

파두 기름은 일본뇌염 바이러스에 대하

**처방** •대황, 건강, 파두상 같은 양을 원료로 하여 꿀환약으로 만든 **비급환**(備急丸)은 배가 부어오르고 그득한 감이 있으며 아플 때(한적) 쓴다. 한증에 속하는 변비와 심한 변비에 파두상 한 가지를 쓰기도 한다. 한 번에 0.01~0.1을 복용한다.

**용 량** 파두상을 만들어 한 번에 0.01~0.1g 쓴다.

**금 기** 허약한 사람과 임산부에게는 쓰지 않는다. 견우자와 배합금기(상반)이다.

**주 의** 파두를 먹고 설사가 계속 날 때는 선황련, 황백을 달여 복용한다. 그리고 찬물을 많이 마신다.

•파두를 가공할 때에는 고무장갑을 껴야 한다. 파두가 피부에 닿으면 피부에 염증이 생기고 붓는다. 그러므로 파두를 가공한 다음에는 반드시 찬물로 손을 깨끗이 씻어야 한다. 따뜻한 물로 씻으면 피부염이 생길 수 있다.

설사약 泄瀉藥

여 억제작용을 나타내고 파두의 물에 녹는 성분은 이담작용을 나타낸다.

독성 단백질인 크로틴은 동물에 대하여 독성이 매우 크며 적혈구를 녹이고 세포를 괴사시킨다. 그러나 가열하면 이 성분이 파괴되어 독성이 없어진다. 파두 1g을 먹으면 생명이 위험하다.

**적 용** 한증에 속하는 변비(한적), 심한 변비, 징가, 적취, 심한 부종 등에 쓴다. 그리고 악창, 옴 등에 외용한다.

● 파두상(巴豆霜) 만드는 방법

파두의 껍질을 벗겨내고 짓찧어 흡수지에 싸서 약 100℃로 30분 정도 가열하여 꼭 짠다. 기름이 밴 흡수지를 새것으로 바꾸어 다시 짜는 작업을 반복하여 파두상에서 기름이 10% 정도 되게 한다.

녹말로 기름 함량이 약 10% 되게 희석하여 만들 수도 있다. 가열 처리를 하는 것은 독성 단백질을 파괴하기 위한 것이다.

# 노회(蘆薈)

백합과 알로에속 늘푸른여러해살이풀
알로에의 진액을 가공한 것
*Aloe arborescens* Mill.

알로에베라

**산 지** 아프리카 원산. 열대 지방에서 키 1~2m로 자란다.

**채 취** 잎의 밑부분을 잘라 흘러내린 즙을 모아 졸인다. 그리하여 물엿 상태로 된 다음 식혀서 말린다.

**형 태** 흑갈색의 불규칙한 덩어리이다. 질은 단단하지 않고 잘 깨지며 투명하지 않다. 특이한 냄새가 나고 맛은 매우 쓰다.

특이한 냄새와 맛이 있고 흙, 모래, 식물 조직 등 잡질이 없는 것이 좋다.

**법 제** 약재로 쓸 때는 곱게 갈아서 가루를 낸다.

**성 분** 알로에에모딘 (aloe emodine)을 비롯한

여러 가지 안트라퀴논 유도체, 피론 (pyrone)계 화합물, 다당류, 생물원 자극소, 쓴 물질 등이 들어 있다.

이 밖에 수지, 약간의 정유, 효소, 비타민 등이 들어 있다.

**약 성** 맛은 쓰고 성질은 차며 간경ㆍ위

알로에아르보레스켄스

설사약 泄瀉藥

301

경·대장경에 작용한다.

효능 해열작용과 설사를 일으키며 살충 성분이 있다.

'노회'를 먹이면 대장에 이르러 장점막을 자극하여 대장의 꿈틀운동을 강하게 하므로 설사를 일으킨다.

노회 추출물에는 또한 생물원 자극소가 많으므로 생체의 생리적 기능을 높이며 여러 가지 알레르기성 질병에 효과가 있다.

노회는 또한 건위작용과 소염작용을 한다. 그리고 일정한 억균작용도 있다.

적용 변비(열증), 습관성 변비, 열로 대변이 굳고 머리가 어지럽고 가슴이 답답한 불안증과 불면증에 쓰며, 간열로 눈이 충혈되고 붓고 아플 때(결막염), 경련, 소아 경풍, 소아감질, 연주창, 헌데, 화상, 동상, 옴 등에도 쓴다.

처방 소아감질에 쓰는 비아환(肥兒丸)에 노회가 들어가며 노회 한 가지만을 소아감질에 써도 좋다.

• 어른의 변비에 노회 한 가지를 쓴다. 한 번에 0.3~0.5g씩 복용하기도 한다.

• 노회 1, 주사 2를 원료로 하여 알약을 만들어 열로 대변이 굳어 누지 못하고 머리가 어지럽고 아프며 눈이 충혈되고 가슴이 답답한 불안증과 불면증에 쓴다. 한 번에 1g씩 하루 3번 복용한다.

• 알로에 잎 주치증에 신선한 알로에 잎을 한 번에 15g씩 하루 2~3번 복용하거나 생즙을 한 번에 5~10㎖씩 하루 2~3번 복용한다. 또는 잎가루를 한 번에 0.05~0.2g씩 하루 2~3번 복용한다.

용량 강한 설사약으로는 한 번에 0.5~1g, 약한 설사약으로는 한 번에 0.06~0.2g, 건위약으로는 한 번에 0.01~0.03g을 쓴다.

금기 임산부에게는 쓰지 말아야 한다.

● 알로에 잎

알로에 잎도 약으로 쓴다. 잎을 따서 6~8℃ 되는 어두운 곳에 12~15일 동안 놓아 두었다가 쓰면 생물원 자극소의 함량이 높아져서 좋다. 알로에 잎에는 안트라키논 유도체, 피론 계통의 화합물, 다당류, 생물원 자극소, 쓴 물질, 비타민 C, 단백질, 타닌, 쿠마린, 플라보노이드, 유기산, 효소 등이 들어 있다.

알로에 잎은 설사를 일으키는 작용, 소화작용, 억균작용, 방사선병 예방작용, 보혈작용, 면역성을 높이는 작용, 항암작용 등을 나타낸다고 하며 변비, 소화장애, 식욕부진, 만성 위염, 위 및 십이지장궤양, 간염, 기관지천식, 폐결핵, 신체허약, 뇌진탕 등에 쓴다고 한다. 화상, 동상, 습진에 신선한 즙을 바른다.

알로에베라

알로에 꽃

설사약 泄瀉藥

# 마자인(麻子仁) 대마 씨, 역삼 씨, 삼 씨, 화마인

뽕나무과 삼속 한해살이풀
삼(대마)의 익은 씨를 말린 것
*Cannabis sativa* Linné

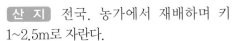

**산 지** 전국. 농가에서 재배하며 키 1~2.5m로 자란다.

**채 취** 가을에 씨가 익은 다음에 전초를 베어 말리고, 마르면 두드려서 씨를 턴 후 잡질을 없앤다.

**형 태** 달걀 모양의 원형으로 길이는 4~5㎜, 지름은 3~4㎜이다. 겉은 회녹색이나 회황색 바탕에 흰색, 갈색, 검은색의 가는 꽃무늬가 있다. 한쪽 끝은 약간 뾰족하고 다른 쪽 끝에는 꼭지가 붙었던 자리가 오목한 점으로 나타난다. 껍질은 얇고 부서지기 쉬우며 그 안에 황백색의 씨앗이 들어 있다. 씨앗은 타원형이고 기름기가 많으며 냄새는 약하고 맛은 담백하다.

씨가 잘 익고 충실한 것이 좋은 것이다.

**법 제** 불에 볶거나 물에 3~4일간 담갔다가 건져내어 햇볕에 말려 껍질을 벗겨

**처방** • 마자인 34g, 대황 26g, 후박·지실·백작약·행인 각각 14g를 섞어 만든 **마자인환**(麻子仁丸)은 변비에 쓴다. 한 번에 6~8g씩 하루 3번 복용한다.
• 마자인의 껍질을 벗기고 짓찧어 꿀에 개어 어린이의 머리가 헌데의 환부에 바른다.
• 전간에 마자인 한 가지를 달인 **마인탕**(麻仁湯)을 복용한다. 하루 12~18g을 달여 3번에 나누어 복용한다.

**용 량** 하루 12~18g.

**주 의** 마자인을 너무 많이 먹지 말아야 한다. 마자인을 한 번에 60g 이상 먹으면 1~2시간 뒤에 구토, 설사, 수족마비, 가슴답답증, 정신혼미 등 중독증상이 나타날 수 있다.

설사약 泄瀉藥

삼

삼 잎

피토스테롤, 리놀렌산, 글루쿠론산(glucurone酸) 등이 들어 있다.

약성 맛은 달고 성질은 평하며 비경·위경·대장경에 작용한다.

효능 약한 설사를 일으키고 젖을 잘 나오게 하며 살충작용을 한다.

적용 노인, 임산부, 산모 및 허약한 사람의 변비, 젖이 잘 나오지 않을 때 쓴다. 옴, 머리가 헌데 등에 외용한다. 이 밖에 이뇨작용도 있으므로 임증에 쓰며 전간에도 쓴다.

내고 쓴다.

성분 단백질 19% 정도, 지방 26~30%, 트리고넬린(trigonellin), 콜린, 피틴(phytin), 정유, 비타민 B$_1$·C·E, 레시틴,

# 욱리인(郁李仁) 이스라지 씨

장미과 벚나무속 갈잎떨기나무
이스라지의 익은 씨를 말린 것
*Prunus japonica var. nakaii* (Lev.) Rehder

설사약 泄瀉藥

• 약효가 비슷하므로 산앵두나무의 씨를 대용 약재로 쓸 수 있다.

산지 전국. 산지 숲 가장자리나 계곡에서 높이 1m 정도 자란다.

채취 여름에 익은 열매를 따서 씨를 받아 단단한 내과피를 까버리고 씨알만 모아 햇볕에 말린다.

형태 달걀 모양인데 길이는 5~7mm, 지름은 3~5mm이며 겉은 황백색이나 회백색 또는 연한 갈색이다. 끝은 뾰족하고 아래는 둥글다. 씨껍질은 매우 얇다. 그 안에

는 흰 떡잎이 두 개 들어 있다.

냄새는 약하고 맛은 약간 쓰고 기름기가 있다.

씨가 크고 충실하며 씨껍질이 황백색 또는 회백색이고 자엽이 희며 깨지지 않는 것이 좋은 것이다.

법제 단단한 내과피(열매속껍질)를 없애지 않은 것(피욱리인)을 탕약으로 쓸 때에는 그대로 깨뜨려 쓰며, 알약이나 가루약으로 쓸 때는 내과피를 없애고 깨뜨린다. 이미 내과피를 없앤 것은 그대로 찧어

깨뜨려서 쓴다. 옛날에는 씨껍질을 벗겼으나 지금은 벗기지 않는다.

성분 아미그달린, 지방유, 조단백질, 셀룰로오스(cellulose), 전분, 휘발성 유기산, 올레인산, 사포닌, 피토스테롤, 비타민 B$_1$, 타닌, 셀룰로오스, 비타민 C, 프럭토스(fructoxe) 등이 들어 있다.

약성 맛은 쓰고 매우며 성질은 평하다.

효능 장 운동을 활발하게 하고 대변을 묽게 하고 기를 내리게 하며 소변을 잘 나오게 한다.

적용 노인과 산모 및 허약한 사람의 변비, 습관성 변비, 대복수종, 부종, 배뇨장애, 각기병 등에 쓴다.

이스라지나무 열매

산앵두나무 열매

처방 •욱리인 4~12g을 물 300㎖로 1/3이 되도록 달여서 변비에 쓴다. 1/2씩 나누어 하루 2번 공복에 복용한다.
•욱리인 · 행인 · 해송자 · 진피(陳皮) 각각 4g, 도인 2g, 백자인 2g을 섞어 만든 오인환(五仁丸)은 허약한 사람의 변비에 쓴다. 하루 1번, 10g씩 복용한다.
•욱리인 8g, 적복령 8g, 진피(陳皮) 6g, 감수 2g 정력자 2g, 구맥 6g을 섞어 만든 욱리인환(郁李仁丸)은 온몸이 부을 때, 복부팽만, 소변과 대변이 나오지 않을 때 쓴다. 한 번에 4~6g씩 하루 3번 복용한다.

용량 하루 4~12g.

금기 임산부에게는 쓰지 않는다.

참고 이스라지나무 뿌리는 치통, 잇몸의 부기 등을 치료하고 이를 튼튼하게 하며 촌충을 없애준다.
•치통, 잇몸의 부기, 우식증(이가 삭아서 충치가 되는 증세)에는 이스라지나무 뿌리 8~12g을 잘게 자른 것을 물 300~400㎖로 1/2이 되도록 달여서 식힌 후 그 달임물로 양치질을 여러 번 반복하면 효과를 볼 수 있다.

설사약 泄瀉藥

# 도화(桃花) 백도화, 복숭아꽃

장미과 벚나무속 갈잎중키나무
복숭아나무의 꽃을 말린 것
*Prunus persica* (L.) Batsch

**산 지** 전국. 농가에서 과수로 재배하며 높이 3~6m로 자란다.

**채 취** 봄에 활짝 핀 꽃을 따서 그늘에서 말린다.

**형 태** 화관은 쭈그러졌거나 부스러졌고 안에 수술이 많다. 꽃자루는 짧거나 없

**처방**
• 변비에 다른 설사약을 섞어 쓸 수도 있고 도화 한 가지를 6g 달여 하루에 3번 나누어 복용한다. 또는 가루내어 한 번에 1g씩 복용한다.
• 변비, 부종에 도화 2~3g을 물 200㎖로 1/2이 되도록 달여서 하루에 2~3번 나누어 복용한다. 또, 도화 가루 1~2g을 하루에 2번 나누어 복용하기도 한다.
• 발에 난 종기에는 신선한 복숭아꽃(잎 또는 뿌리껍질)에 식염(맛소금)을 조금 넣어 찧는다. 여기에 식초를 조금 넣고 개어서 환부에 바른다.

**용 량** 하루 3~6g.

다. 꽃받침은 5개이며 밑부분이 합쳐서 깔때기 모양을 이루며 갈색 또는 윗부분이 분홍색이고 가장자리에는 흰 털이 있다. 꽃잎은 5개이고 도란형이며 길이 2㎝, 너비 약 1.5㎝이며 연한 갈색을 띤 연분홍색이다. 냄새는 향기롭다.

**성 분** 켐페롤, 쿠마린이 들어 있으며, 또한 꽃봉오리에는 나린게닌(naringenin)이 들어 있다.

**약 성** 맛은 쓰고 성질은 평하며 위경·간경·신경에 작용한다.

**효 능** 설사를 일으키고 소변을 잘 나오게 하며 혈액을 돌아가게 한다. 그리고 담을 없애준다.

**적 용** 변비, 부종, 각기병, 무월경에 쓴다. 그리고 담음병에도 쓴다.

복숭아나무 열매

꽃

# 영실(營實) 들장미 열매, 찔레 열매

장미과 장미속 갈잎떨기나무
찔레나무의 익은 열매를 말린 것
*Rosa multiflora Thunb.*

• 용가시나무의 익은 열매를 대용으로 쓸 수 있다.

**[산 지]** 전국. 산기슭이나 냇가에서 높이 1~2m로 자란다.

**[채 취]** 가을에 익은 열매를 따서 꼭지와 꽃받침 조각을 다듬고 약간 쪄서 햇볕에 말린다.

**[형 태]** 둥근 모양, 달걀 모양 또는 납작한 둥근 모양이고 길이는 6~12㎜, 지름은 6~11㎜이다. 표면은 붉은색 또는 암적색이고 윤기가 있다. 윗부분의 끝에는 암회색을 띠고 튀어나온 오각형의 숙존악이 있다. 가짜 열매껍질의 안쪽 면에는 흰색의 긴 털이 많다. 5~10개의 열매가 있다. 열매는 견과이고 긴 달걀 모양이며 길이 4㎜ 정도, 지름 2~3㎜이며 표면에 흰 털이 있다.

찔레나무

견과 속에는 1개의 씨가 있는데, 긴 달걀 모양이다.

냄새는 약하고 맛은 달면서 떫다.

**[성 분]** 멀티플로린(multiflorine), 켐페롤, 케르세틴 등의 플라보노이드, 적은 양의 비타민 C와 E, 붉은 색소 성분인 리코펜(lycopene)이 들어 있다.

**[약 성]** 맛은 시고 성질은 따뜻하다. 위경에 작용한다.

**[효 능]** 설사를 일으키고 소변을 잘 나오게 하며 혈액을 돌아가게 하고 해독작용을 한다. 소염작용과 이담작용도 나타낸다.

**[적 용]** 변비, 신장성 부종, 배뇨장애, 각기병, 관절통, 월경통, 부스럼, 헌데 등의 치료에 쓴다.

**처방** • 영실 3g, 옥미수 6g, 딱총나무 꽃 6g, 의이인 6g, 감초 3g을 달여 신장염, 부종, 각기병 등에 하루에 3번 나누어 복용한다.

• 영실 2~5g을 물 3컵으로 1/2이 되도록 약한 불로 달여서 주치증의 이뇨, 사하제로 쓴다. 달임물을 하루 3회로 나누어 식간에 복용한다. 종기, 여드름, 부종에는 이 달임물로 환부를 씻는다. 부종에는 이 달임물을 헝겊에 적셔서 황부에 냉습포를 하면 효과를 볼 수 있다.

**[용 량]** 하루 6~15g.

설사약 泄瀉藥

# 유근피(榆根皮) 느릅 뿌리껍질, 유근백피

느릅나무과 느릅나무속 갈잎큰키나무
느릅나무의 뿌리껍질을 말린 것
*Ulmus davidiana* var. *japonica* (Rehder) Nakai

**산 지** 전국. 산골짜기에서 높이 15m 정도 자란다.

**채 취** 봄부터 여름까지 뿌리를 캐어 물로 씻고 겉껍질을 벗기고 햇볕에 말린다.

**형 태** 약간 꼬인 관 모양 또는 띠 모양이고 길이는 20~50cm, 두께는 2~5mm이다. 겉은 황백색 또는 회백색이고 질은 섬유성이고 유연하며 잘 꺾어지지 않는다. 단면은 섬유 모양이고 황갈색이다.

맛은 약간 떫고 끈적기가 있으며 냄새는 없다.

겉껍질이 없고 두텁고 유연한 것이 좋은 것이다.

**성 분** 점액질, 녹말, 타닌 등이 있다.

**약 성** 맛은 달고 성질은 평하다.

**효 능** 대변을 무르게 하고 소변을 잘 나오게 하며 열을 내리고 잠을 자게 한다.

**적 용** 변비, 부종, 배뇨장애, 불면증 등에 쓴다.

**처방**
• 다른 약을 섞어 쓸 수도 있으나 이 약 한 가지만을 쓸 수 있다. 가루내어 한 번에 3~4g씩 하루 3번 복용한다.
• 종기, 종창, 화상에는 생뿌리껍질을 짓찧어 나온 즙을 바르거나 즙으로 밀가루를 개어 환부에 붙인다.

**용 량** 하루 6~12g.

**참 고** 유근피차(榆根皮茶)는 코와 관련된 각종 질환에 사용할 수 있으며 종기나 고름을 제거할 때도 효과가 좋다. 그 밖에 위·십이지장궤양, 옹창 등의 피부 질환의 치료에도 탁월한 효능이 있다.
• 유근피 20g을 물 600㎖에 넣고 30분 정도 끈적끈적해질 때까지 달인 후 식힌다. 이 달임물을 뜨거운 물에 차 대용으로 타서 하루에 3번 나누어 마신다.

느릅나무

느릅나무 열매

설사약 泄瀉藥

# 대극(大戟) 버들옻, 우독초

대극과 대극속 여러해살이풀
대극의 뿌리를 말린 것
*Euphorbia pekinensis* Rupr.

**산지** 전국. 산과 들에서 키 40~80cm로 자란다.

**채취** 가을에 뿌리를 캐어 물에 씻고 줄기와 잔뿌리를 다듬어 햇볕에 말린다.

**형태** 원기둥 모양으로 약간 구부러졌고 가지가 있다. 길이는 10~15cm, 지름은 1cm 정도이다. 윗부분에는 줄기의 흔적이 있다. 겉은 회갈색이나 암갈색이고 세로주름이 있다. 질은 단단하고 잘 꺾어지지 않는다. 단면은 섬유성이고 우윳빛이나 회백색이다. 냄새는 없고 맛은 쓰고 떫다.

뿌리가 굵고 충실하며 단면이 흰 것이 좋은 것이다.

**법제** 노랗게 볶아서 쓰거나 증기로 2시간 이상 쪄서 쓴다. 이것은 독성을 약하게 하는 데 목적이 있다.

**성분** 대극산, 유포르빈 (euphorbin), 유포르비아 (euphorbia) A · B · C, 알칼로이드, 레몬산, 타닌, 포도당, 수지상 물질, 옥살산 등이 들어 있다.

유포르빈은 혼합 성분인데 이로부터 유폴(euphol), α-유포르볼(euphorbol), 타락세롤이 갈라져 나온다.

**약성** 맛은 쓰고 매우

며 성질은 차고 비경에 작용한다.

**효능** 심한 설사를 일으키고 적을 없애며 소변을 잘 나오게 한다. 독성이 강하다.

대극의 더운물 우림약은 동물실험에서 심한 설사를 일으키며 이뇨작용은 나타내지 않거나 매우 약하게 나타낸다는 것이 밝혀졌다.

대극속 식물은 대개 독성이 매우 강하다. 사람의 피부, 점막 등에 이 대극속 식물의

---

**처방** 이 약은 한 가지만으로는 거의 쓰지 않고 법제하여 다른 약에 섞어서 쓴다.

• 대극 2, 원화 2, 감수 2, 대조 적당량을 섞어 만든 대극산(大戟散)은 몸이 부을 때 쓴다.

**용량** 하루에 2~3g(법제한 것).

**금기** 임산부 및 몸이 허약한 사람에게는 쓰지 않는다.

• 감초, 산약과는 배합금기이다(상오).

---

대극

독 성분이 묻으면 염증을 일으키며 많은 양을 먹으면 인두가 붓고 충혈되며 구토 및 설사를 일으킨다. 독 성분이 흡수되면 어지럼증, 건망증, 경련, 동공확장 등의 증세가 나타난다.

그러므로 대극속 식물을 약으로 쓰는 경우에는 법제를 잘 하여 독성을 없애거나 약하게 해야 한다.

[적 용] 부종, 복수, 흉수에 주로 쓴다. 징가, 적취, 황달, 습성 늑막염에도 쓴다. 대극으로 정신분열증을 치료하여 좋은 효과를 보았다는 자료도 있다. 습창, 부스럼에도 외용한다.

# 감수(甘遂)

대극과 대극속 여러해살이풀
개감수의 뿌리를 말린 것
*Euphorbia sieboldiana* Morr. et Decne.

• 감수는 중국에서 나는 것으로 우리나라의 개감수도 비슷한 약효를 가지고 있으므로 중국산 감수의 대용품으로 쓰인다.

[산 지] 전국. 산이나 들의 양지바른 풀밭에서 키 30~40cm로 자란다.

[채 취] 봄 또는 가을에 뿌리를 캐어 줄기와 잔뿌리를 다듬고 물에 씻어 햇볕에 말린다.

[형 태] 실북 모양이거나 원기둥 모양이

개감수

고 가지를 쳤다. 겉은 암갈색이다. 질은 단단하지만 잘 꺾어지고 단면은 하얗고 매끈하다. 특이한 냄새가 나고 맛은 쓰다.

일부 지방에서 심고 있는 재배한 감수의 뿌리는 긴 타원형이고 겉은 흰색 또는 황백색이며 단면은 흰색이고 분말 모양이다. 임상에서는 주로 재배한 감수의 뿌리를 쓰고 있다.

[법 제] 독성을 약하게 하기 위하여 밀기울과 함께 볶거나 밀가루 반죽에 싸서 볶아서 쓴다.

[성 분] 4환성 투리테르펜화합물인 유파디네올 (euphadineol, r-유포르볼), α-유포르볼, 티루칼롤 등이 들어 있다. 이 밖에 타닌질, 수지, 유기산, 과당, 녹말이 있다.

[약 성] 맛은 쓰고 성질은 차며 신경에 작용한다.

설사약 泄瀉藥

**효 능** 심한 설사를 일으키고 적을 없애며 소변을 잘 나오게 하고 담이 뭉친 것을 풀어준다. 독성이 강하다.

재배한 감수는 장 점막을 자극하여 심한 설사를 일으킨다는 것이 밝혀졌다.

**적 용** 부종, 복수, 흉수에 주로 쓴다. 징가, 적취, 전간, 부스럼 등에도 쓴다.

**처방** • 감수 2g, 견우자 4g을 섞어 복부팽만에 쓴다. 달여서 하루 3번에 나누어 복용한다. 복수, 흉수에 쓰는 십조탕(十棗湯)에 감수가 들어 있다.

**용 량** 하루 0.6~1.5g(법제한 것).

**금 기** 임산부 및 허약한 사람에게는 쓰지 말아야 한다. 감초 및 원지와 배합금기이다(상오).

# 원화(芫花) 팥꽃나무 꽃

팥꽃나무과 팥꽃나무속 갈잎떨기나무
팥꽃나무의 꽃봉오리를 말린 것
*Daphne genkwa S. et Z.*

**산 지** 전국. 바닷가의 산과 들에서 높이 1m 정도 자란다.

**채 취** 봄에 꽃이 피기 직전의 꽃봉오리를 따서 햇볕 또는 건조실에서 말린다.

**형 태** 통 모양인데 아랫부분은 비교적 가늘고 윗부분은 굵다. 길이는 1㎝ 정도, 지름은 3㎜ 정도이다. 위쪽 끝은 네 조각으로 갈라지고 남자색이며 아래는 회갈색이고 짧은 털로 가득 덮여 있다. 냄새는 약간 향기로우나 냄새를 오래 맡으면 머리가 아프다. 맛은 약간 달고 매우며 자극성이다.

완전하고 꽃봉오리가 많으며 남자색이고 잡질이 없는 것이 좋은 것이다.

**법 제** 독성을 약하게 하기 위하여 식초에 불려서 볶거나 식초와 함께 삶은 후 말려 쓴다.

팥꽃나무

**성 분** 플라보노이드인 겐콰닌(genkwanin, 7-methylapigenin), 아피게닌(apigenin), 시토스테롤, 안식향산, 자극성 지방형 물질 등이 들어 있다. 쿠마린 화합물도 있다.

**약 성** 맛은 맵고 쓰며 성질은 따뜻하고 폐경 · 비경 · 신경에 작용한다. 독성이 들어 있다.

**효 능** 심한 설사를 일으

설사약 泄瀉藥

키고 소변을 잘 나오게 하며 해독작용을 한다. 동물실험에서 이뇨작용과 설사작용이 밝혀졌다. 그리고 억균작용도 한다. 이 약에는 일정한 독성이 있는데 5% 탕약을 흰쥐의 배 안에 주사할 때 $LD_{50}$은 1.85㎖/100g이다.

[적 용] 부종, 복수, 흉수, 습성 늑막염 등에 주로 쓴

다. 그 밖에 부스럼, 악창, 물고기독 중독 등에도 쓴다. 만성 위염 치료약 또는 가래약으로 쓰는 경우도 있다.

[처방] •원화·감수·대극 각각 같은 양, 대조 10g을 섞은 십조탕(十棗湯)은 삼출성 늑막염, 복수, 흉수에 쓴다. 대조를 빼고 나머지 약을 가루내어 한 번에 2~4g을 대조 달인 물로 복용한다. 하루 한 번 복용한다. 이 처방에서 대조는 대극, 감수, 원화의 독성을 완화하고 비위를 상하지 않도록 보호하는 역할을 한다.
[용 량] 한 번에 0.5~1g(법제한 것).
[금 기] 임산부 및 허약한 사람에게는 쓰지 말아야 한다.
•감초와 배합금기이다.

# 상륙(商陸)

자리공과 자리공속 여러해살이풀
자리공의 뿌리를 말린 것
*Phytolacca esculenta* Van Houtte

[산 지] 전국. 산기슭과 민가의 그늘지고 건조한 곳에서 키 1m 정도 자란다.
[채 취] 가을에 뿌리를 캐내고 물에 씻어 큰 것은 쪼개서 햇볕에 말린다.
[형 태] 원기둥 모양 또는 고깔 모양이고 길이는 10~15㎝, 지름은 3~6㎝이다. 겉은 연한 노란색이나 연한 갈색이고 거친 주름이 있다. 질은 단단하고 잘 부러지지 않는다. 단면은 우윳빛 혹은 회백색이다. 특이한 냄새가 나고 맛은 약간 쓰다.
　뿌리가 굵고 크며 속살이 흰색인 것이 좋은 것이다.
[법 제] 독성을 약하게 하기

위하여 식초에 불려서 볶거나 식초와 함께 끓여서 약재로 쓴다.
[성 분] 알칼로이드인 피토라카톡신(phytolaccatoxin), 사포닌, 정유, 질산칼

자리공

류 등이 들어 있다.

**약 성** 맛은 쓰고 성질은 평하며 비경에 작용한다.

**효 능** 설사를 일으키고 소변을 잘 나오게 하며 부기를 가라앉게 하고 해독작용을 한다. 독성이 들어 있다. 상륙의 이뇨작용, 구토작용, 심한 설사를 일으키는 작용 등이 실험적으로 밝혀졌다.

중추신경 계통에 대해서는 흥분적으로 작용하거나 많은 양을 쓰면 오히려 마비를 일으키고 호흡 및 운동 장애를 일으키며 나중에는 심장을 마비시킨다. 이 약의 1:4 물우림액은 억균작용을 나타낸다.

**적 용** 부종, 복수, 만성 신장염 등에 쓴다. 그리고 인후두염, 부스럼, 악창 등에 외용한다.

> **처방** • 상륙 · 우방자 · 방풍 · 금은화 · 형개 · 당귀 · 연교 · 적작약 · 홍화 · 창출 · 감초 각각 50g, 참기름 1ℓ , 황단 380g을 원료로 하여 만든 고약인 상륙고(商陸膏)는 악성 창양에 쓴다.
> **용량** 하루에 1.5~3g(법제한 것).
> **주의** 이 약은 독성이 강하므로 반드시 법제하여 쓰고 쓰는 양이 많아지지 않도록 주의해야 한다. 상륙을 먹고 중독되면 발열, 혈압상승, 메스꺼움, 구토, 어지럼증, 두통 등 증세가 나타나며 심하면 정신이 혼미해지고 손발을 헛놀린다.
> **금기** 임산부 및 몸이 허약한 사람에게는 쓰지 말아야 한다.

# 견우자(牽牛子) 나팔꽃 씨, 흑축

메꽃과 나팔꽃속 한해살이덩굴풀
나팔꽃의 익은 씨를 말린 것
*Pharbitis nil* (L.) Choisy

**산 지** 전국. 민가 근처와 들판에서 흔하게 나서 길이 2~3m로 자란다.

**채 취** 늦은 여름부터 가을 사이에 열매가 익을 때 덩굴을 걷어 햇볕에 말려서 두드려 씨를 털고 잡질을 없앤다.

**형 태** 둥근 공을 세로로 6등분한 모양이다. 길이는 6~8mm, 폭은 3~5mm이다. 겉은 쥐색 또는 연한 황백색이며 주름이 있다. 빛깔이 검은 것을 흑축(黑丑), 흰 것을 백축(白丑)이라고도 한다. 질은 단단하고 껍질은 질기다. 깨뜨려 보면 속에는 연한 연두색 또는 연한 갈색의 쭈그러진 떡잎이 있다. 냄새는 없고 자극성이며 기름기가 있다.

씨가 크며 잘 익고 빛깔이 검은 것이 좋은 것이다.

**법 제** 약재를 술에 불려서 3~4시간 찌거나 약간 볶아서 쓴다.

**성 분** 수지 배당체인 파르비틴 (pharbitin, 유효성분) 2% 및 약 11% 지방유가 들어 있다.

**약 성** 맛은 쓰고 성질은 차며 폐경 · 대

장경·소장경에 작용한다.

효능 설사를 일으키고 소변을 잘 나오게 하며 살충 성분이 있다.

파르비틴 성분은 심한 설사를 일으킨다. 나팔꽃 씨 제제는 돼지, 거위, 거머리, 지렁이 실험에서 구충작용이 밝혀졌다. 이뇨작용도 뚜렷하다.

적용 부종, 복수, 변비, 거위증, 각기병 등에 쓴다.

처방
• 견우자 4, 백출·토목향·상백피·목통·육계·진피(陳皮) 각각 9를 섞어 가루약으로 만들어 팔다리와 몸이 붓고 소변과 대변이 나오지 않을 때 쓴다. 한 번에 5~6g씩 하루 3번 복용한다.
• 전신부종, 배뇨장애, 배변장애에 견우자 한 가지만을 쓸 수도 있다. 가루내어 한 번에 1~1.5g씩 복용한다.

용량 하루에 2~5g.

금기 임산부 및 몸이 허약한 사람에게는 쓰지 않는다. 파두와 배합금기이다.

주의 견우자의 부작용과 중독작용으로 복통, 구토, 혈변, 혈뇨 등이 나타날 수 있으며 심한 경우에는 뇌신경에 영향을 주어 언어장애가 오고 혼수상태에 빠진다. 그러므로 반드시 법제를 하고 쓰는 양에 주의해야 한다.
• 《급유방》에서는 빛깔이 검은 흑축이 흰색인 백축보다 작용이 더 강하다고 하였다.

나팔꽃

나팔꽃(흰 꽃)

나팔꽃 열매

좀나팔꽃

설사약 泄瀉藥

# 속수자(續隨子) 속수 씨, 천금자

대극과 두해살이풀
속수의 익은 씨를 말린 것
*Euphorbia lathyris* L.

**산 지** 지중해와 서남아시아 원산. 농가에서 약초로 재배하며 키 60~100cm로 자란다.

**채 취** 여름부터 가을 사이에 열매가 익은 다음 전초를 베어 햇볕에 말려서 두드려 씨를 털어 잡질을 없앤다.

**형 태** 타원형 또는 달걀 모양이고 길이는 6mm 정도, 지름은 4mm 정도이다. 겉은 회갈색이고 주름이 있으며 암갈색의 반점이 있고 한쪽에는 세로홈이 1개 있다. 껍질은 얇고 잘 깨진다. 씨앗은 황백색이고 기름이 많다.

냄새는 없고 맛은 맵다.

씨가 굵고 충실한 것이 좋은 것이다.

**법 제** 껍질을 벗겨내고 부드럽게 갈아 증기에 쪄서 기름을 짜내고 상(霜)을 만들어 쓴다.

**성 분** 지방(약 40~60%)과 쿠마린 성분인 다프네틴(daphnetin)이 있다. 그리고 유폴(euphol), α-유포르볼, 이소유포르볼 (isoeuphorbol) 등의 트리테르페노이드 (triterpenoid)가 들어 있다.

**약 성** 맛은 맵고 성질은 따뜻하며 신경·간경에 작용한다.

**효 능** 설사를 일으키고 소변을 잘 나오게 하며 어혈을 없애고 월경을 통하게 한다. 속수자는 위장 점막을 자극하여 심한 설사를 일으키며 구토작용이 있다는 것이 밝혀졌다.

**적 용** 부종, 흉수(폐물), 변비, 무월경, 징가, 적취 등에 쓴다. 그리고 옴, 뱀에 물렸을 때 외용한다.

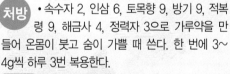

**처방** • 속수자 2, 인삼 6, 토목향 9, 방기 9, 적복령 9, 해금사 4, 정력자 3으로 가루약을 만들어 온몸이 붓고 숨이 가쁠 때 쓴다. 한 번에 3~4g씩 하루 3번 복용한다.

**용 량** 상을 만들어 하루 1~3g 쓴다.

**주 의** 임산부 및 허약한 사람에게는 쓰지 말아야 하며 독성이 있으므로 쓰는 양에 주의해야 한다.

• 많은 양을 복용하면 중독 증상으로 구토, 매우 심한 설사, 두통, 취한 증상 등이 나타날 수 있다.

# 제6장 지사·지토약(止瀉·止吐藥)

지사약 止瀉藥

# 제1절 지사약(止瀉藥)

설사(泄瀉)는 하나의 증세로서 여러 가지 원인에 의하여 일어날 수 있는데 설사가 계속되면 영양물질이 흡수되지 못하고 또 체액을 많이 잃기 때문에 건강에 큰 지장을 주게 된다. 그러므로 설사병은 제때에 치료해야 한다.

임상에서는 설사를 치료할 때 그 원인에 따라 알맞은 한약을 주약으로 써야 한다.

예를 들어 비위가 허한하여 설사할 때에는 비위를 따뜻하게 해주고 보하는 한약을, 장에 습열이 있어 설사할 때에는 습열을 없애는 한약을 주약으로 하고, 이에 지사약(설사멎이약)을 섞어 써야 한다.

이 절에서는 지사약으로서 주로 수렴성 지사약과 장 꿈틀운동 억제약을 취급하기로 한다.

## 지유(地楡)

장미과 오이풀속 여러해살이풀
오이풀의 뿌리와 뿌리줄기를 말린 것
*Sanguisorba officinalis* L.

• 가는오이풀의 뿌리와 뿌리줄기를 대용으로 쓸 수 있다.

〔산 지〕 전국. 산과 들의 양지 쪽 풀밭에서 키 1.5m 정도 자란다.

오이풀

〔채 취〕 가을 또는 봄에 뿌리를 캐어 줄기와 잔뿌리를 다듬고 물에 씻어 햇볕에 말린다. 타닌의 함량은 꽃이 피는 시기에 제일 높기 때문에 이 시기에 채취하는 것이 좋다.

〔형 태〕 구부러지고 원기둥 모양의 뿌리줄기에 실북 모양 또는 고깔 모양의 뿌리가 붙어 있다. 뿌리의 길이는 5~25cm, 지름은 0.5~1.5cm이고 겉은 흑갈색 또는 회갈색이며 세로주름이 있다. 질은 단단하고 잘 꺾어지지 않는다. 단면은 적갈색

또는 황갈색이고 섬유성이다. 냄새는 약하고 맛은 떫다.

한약이 굵고 크며 겉이 흑갈색 또는 회갈색이고 단면은 적갈색이며 떫은맛이 강한 것이 좋다.

[법 제] 그대로 또는 검게 볶아서 쓴다. 동물실험에서 검게 볶은 것과 볶지 않은 것 모두가 지혈작용을 나타냈다.

[성 분] 타닌질이 12~15% 들어 있다. 사포닌인 산구이소르빈 (sanguisorbin)과 프테린(pterin)이 있다. 산구이소르빈이 가수분해되면 산구이소르비게닌(sanguisorbigenin)이 생긴다. 이 밖에 플라보노이드, 갈산(gallic酸), 엘라그산(ellagic酸), 스테린, 정유, 녹말 등이 있다.

[약 성] 맛은 쓰고 달고 시며 성질은 약간 차갑고 대장경·간경에 작용한다.

[효 능] 설사를 멎게 하고 출혈을 멎게 한다. 탕약은 적리균을 비롯한 여러 미생물에 대하여 억균작용을 나타내며 장의 꿈틀운동을 억제한다. 추출물을 만들어 외용하면 소염

오이풀

작용과 혈관 수축작용을 나타낸다. 결국 지유는 수렴작용, 지혈작용, 지사작용, 소염작용, 억균작용을 한다.

[적 용] 설사, 급성 및 만성 대장염, 이질, 위장출혈, 이슬, 자궁출혈, 월경과다, 위산분비 과다, 악창, 화상 등에 쓴다. 그리고 치은염, 구내염, 트리코모나스성 질염 등에도 쓴다.

[처방]
• 지유 한 가지를 12g 달여 대장염, 장출혈 등에 쓰기도 한다. 하루 3번에 나누어 복용한다.
• 구내염 및 치은염에는 지유 달인 물로 양치질한다.
• 지유, 바위손 같은 양을 섞어 만든 지유산 (地楡散)은 장출혈에 쓴다. 한 번에 3~4g씩 하루 3번 복용한다.

[용 량] 하루 6~12g.

가는오이풀

# 노관초(老鸛草) 현초, 현아초, 손잎풀, 광지풀

쥐손이풀과 쥐손이풀속 여러해살이풀
쥐손이풀의 전초를 말린 것
*Geranium sibiricum* L.

**산 지** 전국. 산과 들에서 키 1m 정도 자란다.

**채 취** 여름철 꽃이 필 때에 전초를 베어 그늘에서 말린다.

**형 태** 줄기는 원기둥 모양이고 지름은 1~3㎜이며 겉은 회갈색 또는 자갈색이고 가지에는 연한 털이 있다. 잎은 녹색, 연두색 또는 연보라색이고 쭈그러졌다. 물에 적셔 보면 손바닥 모양으로 3~5갈래로 갈라졌다. 잎의 양면에는 털이 있다. 냄새는 없고 맛은 쓰고 떫다.

**처방** • 설사에 다른 지사약을 섞어 쓸 수 있으나 이 약 한 가지를 달여 복용해도 좋다. 10g을 달여 하루 3번에 나누어 복용한다.

**용 량** 하루 10~15g.

쥐손이풀

빛깔이 녹색 또는 연두색이고 잎이 많으며 잘 마르고 잡질이 없는 것이 좋다.

**성 분** 타닌이 들어 있다. 그 함량은 전초에 약 5%, 잎에 약 14%, 줄기에 약 2%이다.

이 밖에 케르세틴, 켐페리트린 등의 플라보노이드와 갈산(gallic酸), 엘라그산, 호박산 등이 들어 있다.

**약 성** 맛은 쓰고 성질은 서늘하며 대장경에 작용한다.

**효 능** 지사작용과 해열작용과 독을 해독하는 작용을 나타낸다. 이 약은 타닌 성분에 의한 수렴성 지사작용을 나타내며 장의 꿈틀운동도 억제한다. 그리고 황금색포도상구균, 병원성 대장균 특히 항생물질 내성균들인 내성 포도상구균, 내성 대장균, 내성 적리균 등에 대하여 억균작용을 나타내고 창자 안의 이상 발효를 막는다. 이 약을 너무 많이 쓰면 장의 꿈틀운동이 오히려 항진된다.

쥐손이풀 탕약은 혈압 강하작용도 나타낸다.

**적 용** 설사, 이질, 급성 및 만성 대장염, 장결핵 등에 지사약으로 쓴다. 그리고 열병으로 갈증이 날 때와 부스럼에도 쓴다.

# 오배자(五倍子) 붉나무 벌레집

옻나무과 옻나무속 갈잎중키나무
붉나무의 잎에 기생하는
붉나무솜진딧물의 벌레집을 말린 것
*Rhus chinensis* Miller

• 오배자는 붉나무에 붉나무솜진딧물(오배자벌레)이 기생하여 자극성 물질을 내보냄으로써 줄기에 생긴 주머니 모양의 벌레집이다.

【산 지】 붉나무는 전국의 산기슭 및 골짜기에서 높이 7m 정도 자란다. 붉나무 벌레집은 중부 이남 지방에 자라는 붉나무에 많이 생기고 북부 지방에 자라는 붉나무에는 적게 생긴다.

【채 취】 9~10월경에 붉나무 벌레집을 뜯어 증기에 쪄서 그 안에 들어 있는 벌레를 죽이고 햇볕에 말린다.

【형 태】 불규칙한 주머니 모양이고 길이는 2~8cm, 지름은 1~6cm, 벽의 두께는 1~2mm이다. 겉은 황적색 또는 적자색이고 오래 묵은 것은 회색빛이며 회백색의 부드럽고 짧은 털로 덮여 있다. 안쪽 면은 미끈하고 반들거린다. 질은 단단하고 각질 모양이며 잘 깨진다. 속은 비었는데 죽은 벌레와 밀 모양이고 흰색 또는 회갈색 가루인 분비물이 들어 있다. 냄새는 없고 맛은 떫다.

크고 부서지지 않고 회갈색이며 벽이 두껍고 벌레가 나오지 않은 것이 좋다.

【법 제】 볶아서 잔털을 없애고 깨뜨려서 속에 있는 벌레 및 배설물을 제거한 후 잘게 깨뜨려서 쓴다. 또는 검게 볶아서 쓴다.

실험에서 붉나무 벌레집을 220℃로 가열처리할 때 타닌이 분해되어 필로갈롤이 생기므로 살균작용이 뚜렷이 강해진다.

【성 분】 타닌(피로갈롤 타닌)이 50~60% 들어 있다. 그 밖에 갈산(gallic酸) 지방, 수지, 녹말 등이 들어 있다.

【약 성】 맛은 쓰고 성질은 평하며 폐경·위경·대장경에 작용한다.

【효 능】 장을 수렴하여 설사를 멈추고 출혈을 멎게 하며 땀을 멈추게 한다. 그리고 헌데를 아물게 하고 기침을 멈추는 작용도 한다.

타닌 성분은 피부·점막·궤양 조직의 단백을 응고시키며 수렴작용, 지사작용, 지혈작용을 나타낸다. 그리고 적리균, 녹

붉나무

지사약
止瀉藥

농균, 황색포도상구균, 대장막대균, 폐렴막대균, 고초균, 백색 칸디다 등에 대하여 억균작용을 나타내며 특히 페니실린 내성 포도상구균에 대하여서도 억균작용을 나타낸다.

선세포의 단백질을 응고시켜 선분비를 억제하고 신경 말초의 단백질을 응고시켜 국소 마취작용을 나타낸다.

타닌은 알칼로이드를 가라앉히므로 알칼로이드가 들어 있는 한약을 많이 먹었을 때 중독을 막는 작용을 나타낼 수 있다.

적용  설사, 대장염, 이질, 탈항, 위장출혈, 토혈, 각혈, 비출혈, 자한(저절로 땀나기), 잘 때의 식은땀 등에 쓴다. 그리고 외상출혈, 창양 등에 외용한다. 입안, 코안, 인두, 후두 점막의 염증, 화상, 궤양 등에 복용하거나 외용한다. 이 밖에 오랜 기침에도 쓴다.

처방
• 오배자 3, 지유 2를 섞어 만든 오배자산(五倍子散)은 위장출혈 및 산후자궁출혈에 쓴다. 한 번에 3~4g씩 하루 3번 복용한다.
• 오배자 3, 상실 10, 백반 2, 오미자 6을 섞어 환약을 만들어 오랜 설사와 장출혈에 쓴다. 한 번에 3~4g씩 하루 3번 복용한다.
• 습진, 농가진에 오배자 달인 물을 환부에 바른다.

용량  하루 2~8g.

# 앵속각 (罌粟殼) 미각, 아편꽃 열매, 양귀비 열매

양귀비과 양귀비속 두해살이풀
양귀비의 익은 열매를 말린 것
*Papaver somniferum* L.

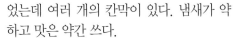

지사약 止瀉藥

산지  전국. 원예용이나 약재로 재배하며 키 50~150cm로 자란다.

채취  여름에 아편진을 채취한 다음 익은 열매를 따서 씨를 받고 열매 껍질을 햇볕에 말린다.

형태  타원형 또는 둥근 달걀 모양이며 길이는 5~8cm, 지름은 4~5cm이다. 위쪽에는 방사 모양 무늬가 있는 주두가 있고 아래에는 꼭지를 떼낸 자리가 있다. 겉에는 세로로 10~12줄의 늑선이 있고 아편진을 채취할 때 상처를 낸 자리가 있다. 그리고 겉은 회녹색 또는 흑갈색이며 안은 비었는데 여러 개의 칸막이가 있다. 냄새가 약하고 맛은 약간 쓰다.

크고 껍질이 두꺼우며 황백색이고 단단한 것이 좋은 것이다.

법제  꼭지를 따내고 그대로 또는 꿀물이나 식초에 불려 볶아서 쓴다. 기침약으로는 꿀물에 불려서 볶아 쓰고 이질약으로는 식초에 불려서 볶아 쓴다.

성분  알칼로이드인 코데인(codeine), 모르핀(morphine), 나르코틴(narcotine), 나르세인(narceine), 파파베린(papaverine) 등이 매우 적은 양 들어 있다. 아편 진을 채

양귀비

취한 열매의 총 알칼로이드 함량은 0.02% 정도다. 아편 진을 받지 않은 열매에는 0.5~1.5%의 알칼로이드가 들어 있다.

**약성** 맛은 시고 성질은 평하며 폐경·대장경·신경에 작용한다.

**효능** 기침과 설사를 멈추며 통증을 멈춘다. 그리고 유정을 치료한다.

앵속각에 들어 있는 코데인은 기침 중추를 진정시키고 파파베린은 기관지 활평근의 경련을 진정시켜 기침을 멎게 한다.

모르핀은 통증을 누그러뜨리는 작용, 설

**처방** 기침약으로 쓰는 사포솔에 앵속각과 은시호의 추출물이 들어 있다.
- 앵속각 6g, 오매 8g을 섞어 설사, 이질, 소대장염에 쓴다. 달여서 하루 3번에 나누어 복용한다.
- 설사, 이질에 앵속각을 달여 복용해도 된다. 3~6g을 달여 하루 3번에 나누어 복용한다.
- 앵속각 4g, 토목향 9g, 선황련 9g, 생강 6g을 섞어 오랜 이질과 혈변이 나오는 이질에 쓴다. 달여서 하루 3번에 나누어 복용한다.

**용량** 하루 3~6g.

**주의** 많은 양을 쓰거나 오랫동안 계속 쓰지 말아야 한다.

어린이들은 아편 제제에 대한 감수성이 어른에 비하여 예민하므로 어린이에게는 이 약을 쓰지 않는 것을 원칙으로 한다.

사를 멈추게 하는 작용을 나타낸다.

파파베린, 나르코틴 성분도 활평근에 대한 진경작용을 나타내므로 위장 경련으로 오는 복통을 멈춰준다.

**적용** 설사, 이질, 대장염, 기침, 기관지염, 복통, 신경통을 비롯한 여러 가지 통증에 쓴다. 그 밖에 유정에 쓰기도 한다.

개양귀비

두메양귀비

# 상실(橡實) 도토리

참나무과 참나무속 갈잎큰키나무
참나무(상수리나무)의 익은 열매를 말린 것
*Quercus acutissima* Carruth.

• 갈참나무, 굴참나무, 떡갈나무, 신갈나무 등 다른 참나무속 식물의 익은 열매(도토리)를 대용으로 쓸 수 있다.

산 지 전국. 산기슭의 양지 쪽에서 높이 20~25m로 자란다.

채 취 가을에 익은 열매를 따서 증기로 쪄서 껍질을 벗겨내고 햇볕에 말린다.

형 태 타원형 또는 달걀 모양인데 두 쪽으로 쪼개져 있는 것도 있다. 길이는 1~2cm, 지름은 0.5~1cm이고 겉은 회백색, 회황색 또는 회갈색이고 매끈하다. 질은 단단하고 잘 깨지지 않는다. 냄새는 없다.

알이 크고 충실하며 회황색이고 벌레먹지 않았거나 변질되지 않은 것이 좋은 것이다.

법 제 깨뜨리거나 가루 내어 쓴다. 볶아서 쓰는 경우도 있다.

성 분 타닌, 많은 양의 녹말, 단백질, 지방 등이 들어 있다.

약 성 맛은 쓰고 떫으며 성질은 따뜻하고 위경 · 대장경에 작용한다.

효 능 장과 위를 튼튼하게 하고 수렴하여 설사를 멈추게 한다.

적 용 주로 설사, 이질에 쓰며 탈항, 치출혈, 치은염, 구내염, 인두염, 후두염, 화상 등에도 쓴다.

처방 • 다른 약을 섞어 쓸 수도 있고 이 약 한 가지를 15~20g씩 달여 쓰기도 한다. 하루 3번에 나누어 먹기도 한다.

• 참나무 생열매를 물에 담가 떫은 성분을 우려낸 후 건져내어 말린 것을 빻아서 가루를 내어 설사에 쓴다. 아침에 공복일 때 하루에 2숟가락씩 요구르트에 타서 먹으면 당뇨에도 효과를 볼 수 있다.

용 량 하루 15~20g.

참나무

꽃

# 권삼(拳蔘) 범꼬리 뿌리, 자삼

마디풀과 범꼬리속 여러해살이풀
범꼬리의 뿌리줄기를 말린 것
*Bistorta manshuriensis* (Petrov ex Kom.) Kom.

**[산 지]** 전국. 깊은 산지의 풀밭에서 키 30~80㎝로 자란다.

**[형 태]** 원기둥 모양이고 약간 구부러졌으며 길이는 3~5㎝, 지름은 1~1.5㎝이다. 겉은 갈색이며 한쪽 면은 평평하고 다른 면은 둥글게 두드러지고 번데기처럼 옆으로 간 주름이 있으며 수염뿌리가 남아 있다. 질은 단단하고 꺾으면 평탄하고 적갈색이다. 냄새는 없고 맛은 떫다.

크고 질이 단단하며 단면이 적갈색이고 수염뿌리가 없는 것이 좋은 것이다.

**[성 분]** 타닌 성분이 10~20% 들어 있다.

**[약 성]** 맛은 쓰고 성질은 약간 차며, 간경에 작용한다.

**[효 능]** 혈분의 열을 내리게 하고 해독을 하며 설사를 멈추게 한다.

**[적 용]** 설사, 이질, 장염, 경간(驚癇), 구내염, 부스럼, 연주창, 뱀에 물렸을 때 등에 쓴다.

> **처방**
> • 다른 약을 섞어 쓸 수 있으나 설사, 이질에 이 약 한 가지만을 쓸 수도 있다. 하루 6~9g을 달여 3번에 나누어 복용한다.
> • 권삼 가루를 한 번에 1~2g씩 하루 3번 먹는 방법으로 세균성 적리, 장염을 치료하기도 한다.
> **[용 량]** 하루 6~9g.

---

# 가리륵(訶梨勒) 가려륵, 가자

사군자과 늘푸른큰키나무
가리륵나무(가자나무)의 익은 열매를 말린 것
*Terminalia chebula*

**[산 지]** 인도와 남아시아 지방에서 높이 30m 정도 자란다.

**[채 취]** 가을에 익은 열매를 따서 햇볕에 말린다.

**[형 태]** 달걀 모양이고 양끝은 뾰족하며 길이 3~4㎝, 지름 1.5~2㎝이다. 겉은 연두색이고 약간 윤기가 있으며 세로로 5~6개의 모가 났고 불규칙한 주름이 있다. 한쪽 끝에는 꼭지 자리가 있다. 질은 단단하고 잘 깨지지 않는다. 속에 긴 실북 모양의

씨앗이 1개 들어 있다. 크고 질이 단단하며, 살이 두껍고 겉껍질이 윤기 있는 것이 좋은 것이다.

[법제] 씨앗도 지사·지해 작용을 하므로 씨앗째로 깨뜨려서 쓰는 것이 좋다.

[성분] 가자산(chebulinic酸) 3.5%, 타닌 32%, 지방 37%, 갈산(gallic酸) 등이 들어 있다.

[약성] 맛은 쓰고 시고 떫으며 성질은 따뜻하다. 폐경·대장경에 작용한다.

[효능] 수렴·지사·지해 작용을 한다. 실험에서 적리막대균, 티푸스막대균,

포도상구균에 대한 억균작용을 나타낸다.

[적용] 설사, 만성 대장염, 이질, 기침, 만성 후두염, 후두결핵, 목이 쉬었을 때, 장출혈, 치질출혈, 자궁출혈, 이슬, 유정, 식은땀이 날 때 등에 쓴다.

[처방]
• 주치증에 가리륵 3~9g을 달여서 하루 3번에 나누어 복용한다.
• 가리륵·앵속각·건강·진피(陳皮) 각각 4g을 섞어 만든 가자피산(訶子皮散)을 한증설사, 오랜 설사, 탈항 등에 쓴다. 달여서 하루 3번에 나누어 복용한다.
[봉량] 하루 2~5g.
[금기] 열증에는 쓰지 않는다.

# 적석지(赤石脂) 곱흙

규산알루미늄을 주성분으로 하는
붉은색 고령토를 가공한 것
Halloysitum rubrum

[산지] 전국(평안남도·함경도·강원도·전라남도).

[채취] 필요할 때 땅 속에서 적색 고령토를 캐어 잡흙과 돌 및 잡질을 제거하고 햇볕에 말린다.

[형태] 불규칙한 덩어리이고 크기는 일정하지 않다. 빛깔은 분홍색이나 적갈색이고 잘 부서지며 물기를 흡수하는 힘이 강하다. 혀에 대면 달라붙는 느낌이 있다. 흙 냄새가 나고 씹어도 모래 씹는 느낌이 거의 없다.
빛깔이 붉고 윤기가 나며

잘 부서지고 혀에 붙는 힘이 강한 것이 좋은 것이다.

[법제] 약재를 불에 벌겋게 달궈 가루내거나 수비한다.

[성분] 주로 규산알루미늄이 들어 있다.

[약성] 맛은 달고 시고 매우며 성질은 따뜻하고 위경·소장경에 작용한다.

[처방]
• 탕제·산제·환제 형태로 만들어 복용한다. 외용약으로 쓸 경우에는 가루내어 기초제에 개어 환부에 바른다.
• 적석지 10g, 건강 6g, 입쌀 4g을 섞은 도화탕(桃花湯)은 이질로 피고름이 나올 때 쓴다. 달여서 하루 3번에 나누어 복용한다.
[용량] 하루 10~15g.

**효 능** 설사를 멎게 하고 출혈을 멈추며 헌데를 아물게 한다.

적석지는 흡착작용을 하므로 이것을 복용하면 소화관 안에서 인, 수은, 미생물의 독소, 음식의 이상 발효산물 등 독성 물질을 흡착할 수 있다. 또, 위장 점막의 염증부를 덮어 보호작용을 할 수 있으며 위장 출혈 때 지혈작용도 한다.

**적 용** 오래 된 설사, 이질, 유뇨증, 유정, 자궁출혈, 위장출혈, 이슬, 궤양이 아물지 않을 때, 급성 위장염, 위궤양, 과산성 위염 등에 쓴다.

인, 수은 등을 먹었을 때는 그것의 흡수를 막기 위하여 위세척 및 설사를 시키는 대책을 세운 다음 이 약을 쓸 수 있다.

# 우여량(禹餘糧) 우랑석

삼산화철을 주성분으로 하는 갈철광
Limonitum

**산 지** 황해도, 평안남도 등지에서 주로 산출된다.

**채 취** 필요할 때 땅 속에서 캐내어 잡돌을 없앤다.

**형 태** 불규칙한 덩어리이고 겉은 황갈색~암갈색이며 매끈하지 않다. 질은 약간 단단하지만 잘 깨진다. 단면을 보면 적갈색과 회갈색이 번갈아 층 무늬를 이루고 있다. 냄새와 맛은 없다.

적갈색이고 질은 단단하지만 잘 깨지며 단면에 층 무늬가 있고 잡돌과 흙이 없는 것이 좋은 것이다.

**법 제** 벌겋게 달궈 식초에 담갔다가 건져내고 깨뜨려서 수비한다.

**성 분** 주성분은 삼산화철($Fe_2O_3 \cdot 3H_2O$)이다.

**약 성** 맛은 달고 성질은 평하며(차다는 견해도 있음) 대장경·위경에 작용한다.

**효 능** 장을 수렴하여 설사를 멈추고 출혈을 멎게 한다.

**적 용** 오랜 설사, 만성 장염, 이질, 장출혈, 자궁출혈, 이슬, 치루 등에 쓴다. 궤양에 외용약으로 쓰기도 한다.

**처방** • 우여량 15g, 적석지 15g을 섞은 적석지우여량탕(赤石脂禹餘粮湯)은 오랜 설사, 오랜 이질, 만성 장염 등에 쓴다. 달여서 하루 3번에 나누어 복용한다.
**용 량** 하루 10~20g.
**금 기** 실증과 임산부에게는 쓰지 않는다.

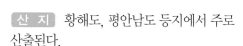

지사약
止瀉藥

# 제2절 지토약(止吐藥)

**지토**약은 메스꺼움, 구토 증세를 치료할 때 주로 쓰이는 한약을 말한다.

임상에서 지토약을 쓸 때에는 구토를 일으키는 원인을 없애는 한약을 섞어 써야 한다. 예를 들어 비위가 허한하여 구토가 일어나는 경우에는 비위를 따뜻하게 해주고 보하는 한약을 섞고, 위에 실열이 있어 구토가 일어나는 경우에는 위열을 내리게 하는 한약을 섞어서 쓴다.

위에 독성 물질 또는 심한 자극성 물질이 있어 메스꺼움, 구토가 일어나는 경우에는 지토약을 쓰지 말고 위 내용물을 빨리 토해야 한다.

구토 증세에는 반하, 생강, 진피(陳皮), 후박, 건강, 죽여, 대자석, 고량강, 오수유, 정향, 연명초 등을 쓸 수 있는데 여기에서는 대표적인 지토약인 반하, 생강, 죽여, 대자석에 대해서만 설명하기로 한다.

# 반하(半夏) 끼무릇

천남성과 반하속 여러해살이풀
반하의 덩이줄기를 말린 것
*Pinellia ternata* (Thunb.) Breitenb.

**산 지** 전국. 산과 들의 풀밭에서 키 30㎝ 정도 자란다.

**채 취** 여름부터 가을까지 덩이줄기를 캐어 수염뿌리와 지상부를 제거하고 물에 씻어 겉껍질을 벗겨내고 햇볕에 말린다.

**형 태** 둥근 모양이고 지름 약 0.7~1.5㎝, 높이 0.5~1㎝이다. 겉은 흰색 또는 회백색이고 윗부분에 줄기가 붙었던 자리가 오목하게 들어갔고 그 둘레에 뿌리를 다듬어 버린 자리가 반점 모양으로 나타난다. 질은 단단하며 단면은 하얗고 분말 모양이다. 냄새는 없고 맛을 보면 혀가 아리다.

크고 질이 단단하고 충실하며 빛깔이 하얗고 분말 모양인 것이 좋은 것이다.

**법 제** 이 약재를 그대로 쓰면 자극작용이 심하고 토하게 된다. 그러므로 이 약은 반드시 법제하여 써야 한다.

약재를 물에 담가 아린 맛을 우려내 버린 다음 생강즙(또는 건강 달인 물)에 넣고 끓인다. 약재의 속까지 익고 자극성이 없어지면 생강즙을 약재에 전부 흡수시킨 다음 약재를 꺼내어 햇볕에 또는 건조실에서 말린다.

이 때 쓰는 생강의 양은 약재량의 25%

로 한다. 생강 대신 백반을 쓸 수 있는데 백반의 양은 약재량의 10% 정도로 한다. 이렇게 법제하면 이 약재의 자극성이 없어지고 부작용이 나타나지 않으며 지토작용이 강해진다.

실험에 의하면 반하를 120℃에서 2~3시간 또는 100℃ 이상에서 3시간 이상 끓이면 지토작용에는 영향을 주지 않고 부작용을 나타내는 성분은 없어진다. 또 이 약재의 법제를 보조 재료로 쓰지 않고 가열 처리하는 방법으로 개선할 수 있다고 본다.

반하

성 분 글루쿠론산(glucurone酸) 및 그 유도체, 배당체, 콜린, 트리테르펜 (triterpene) 화 합 물, 0.003~0.013% 정유 β-시토스테롤, 호모겐티신산 (homogentisic酸), 포도당, 람노오스(rhamnose), 아미노산, 녹말 등이 들어 있다. 알칼로이드인 에페드린이 들어 있다는 보고도 있다.

약 성 맛은 맵고 성질은 평하다. 옛 한의서에 의하면 생것은 약간 차고 법제하여 익힌 것은 따뜻한 성질을 가진다. 위경·비경·담경에 작용한다.

효 능 습을 없애고 담을 삭이고 구토를 멈추고 입맛을 돋우며 비장을 보하고 부스럼을 치료한다.

반하의 담을 삭이는 작용에서는 주로 습담, 한담을 삭이는 것이 특징이다.

반하는 구토중추를 진정시켜 구토를 멈춘다는 것이 밝혀졌다. 즉, 반하 탕약을 실험동물에게 먹이거나 주사할 때 염산 아포모르핀에 의한 구토를 멈춘다. 반하 탕약

처방 •반하 12g, 생강 6g을 섞은 소반하탕(小半夏湯)은 입덧 및 기타 구토에 쓴다. 달여서 하루 3번에 나누어 복용한다.
•소반하탕에 복령 8g, 감초 6g, 생강 6g을 섞은 이진탕(二陳湯)은 담을 삭이는 기본 처방으로서 담음으로 뱃속이 그득한 감이 있고 입맛이 없으며 열이 나고 머리가 어지럽고 아프며 가슴이 두근거리고 여기저기 뼈마디가 쑤시는 등 증세가 나타날 때, 가래가 많고 기침할 때 쓴다. 이 처방은 위염, 입덧, 구토 등에도 쓸 수 있다. 달여서 하루 3번에 나누어 복용한다.
•반하 7g, 인삼 3g, 봉밀 20g을 섞은 대반하탕(大半夏湯)은 반위에 쓴다. 달여서 한 번에 모두 복용한다.
•반하 12g, 진피(陳皮) 12g, 맥아 12g, 백출 8g, 신곡 8g, 창출 4g, 인삼 4g, 황기 4g, 적전근 4g, 백복령 4g, 택사 4g, 건강 2g, 황백 2g, 생강 10g을 섞어 만든 반하백출천마탕(半夏白朮天麻湯)은 담궐두통에 쓴다. 달여서 하루 3번에 나누어 복용한다.
용 량 하루 4~10g.(법제한 것)
금 기 오두와 배합금기이다(상반).
참 고 반하를 비롯하여 진피(陳皮), 마황, 오수유, 낭독, 지실(이상 6가지 약을 육진양약(六陳良藥)이라고 한다), 지각, 향유, 형개, 애엽은 채취하여 1년 이상 묵혀서 쓰는 것이 좋다고 전해진다.

지토약 止吐藥

대반하

은 황산동에 의한 구토도 멈춘다.

　이 약의 탕약은 동물 실험에서 기침중추를 진정시키고 기관지 활평근의 경련을 풀

어주어 기침을 멈추는 작용을 한다.
　글로쿠론산과 그 유도체는 뚜렷한 해독작용을 나타낸다.

　적 용　담으로 가슴 속이 더부룩하고 그득한 감이 있으며 기침이 나고 숨이 가쁠 때, 기관지염, 기관지천식, 습담구토, 신경성 구토, 위염 또는 위궤양의 구토, 입덧, 반위, 기타 여러 가지 원인으로 오는 구토, 메스꺼움, 머리가 아프고 어지럽고 메스꺼울 때(담궐두통) 등에 쓰인다.
　연주창, 부스럼 등에 외용약으로 쓰는데 이 때는 법제하지 않고 쓴다.

# 생강(生薑)

생강과 생강속 여러해살이풀
생강의 뿌리줄기
*Zingiber officinale* Roscoe

　산 지　전국. 농가의 밭에서 재배하며 키 30~50cm로 자란다.
　채 취　가을에 잎이 마를 때 뿌리줄기를 캐어 줄기와 잔뿌리를 다듬어 버린다. 마르지 않도록 습한 모래에 묻어 서늘한 곳에 보관한다.
　형 태　불규칙한 원기둥 모양 또는 덩어리 모양인데 약간 납작하고 길이는 2~6cm, 너비는 1~2cm, 두께는 0.8~1.5cm이며 가지가 갈라진 것도 있다. 질은 연하고 잘 부러지며 물이 많다. 단면은 연한 황백색이다. 특이한 향기가 있고 맛은 몹시 맵다.

굵고 통통하며 겉이 황백색 또는 회백색이며 줄기와 잔뿌리의 나머지가 없고 맛이 몹시 매운 것이 좋은 것이다.
　성 분　정유가 들어 있다. 정유에는 많은 양의 진저베렌(zingiberene, 세스퀴테르펜), 시네올, d-피넨, 그리고 적은 양의 진 지 베 롤 (zingiberol), 비 사 볼 렌 (bisabolen), 리날롤, d-보르네올, 쿠르쿠멘(curcumene), 오이게놀, 파르네센(farnesene), 캄펜 등이 있다. 매운맛 성분으로 진저론(zingerone, 진저베론), 진저롤(gingerol), 쇼가올(shogaol)이 있다. 아

지토약
止吐藥

미노산도 있다.

**약 성** 맛은 맵고 성질은 약간 따뜻하며 폐경·비경·위경에 작용한다.

**효 능** 땀을 내어 풍한을 없애고 비와 위를 따뜻하게 해주며(온중) 구토를 멈추게 한다. 또한 폐도 따뜻하게 해주고 담을 삭이며 기침을 멈추게 한다. 입맛을 돋우는 효능도 있다.

생강 껍질(생강피)은 맛이 맵고 성질이 서늘하며 손상된 비의 기능을 정상화하고 소변을 잘 나오게 한다. 생강의 매운맛 성분인 진게론과 쇼가올은 말초성 지토작용을 나타내고 정유는 중추성 지토작용을 나타낸다. 생강반하 유동추출물을 실험동물의 위에 넣어도 아포모르핀에 의한 구토를 멈춘다.

생강즙은 위액을 잘 나오게 한다.

정유도 위장의 운동, 분비 및 흡수 기능을 높여준다. 그러나 건강 탕약을 개의 소위에 넣어줄 때 위액 분비는 억제된다.

생강즙을 실험동물에게 먹이면 위점막을 자극하여 반사적으로 혈압을 높인다.

생강즙은 억균작용도 나타낸다.

**적 용** 풍한감기, 비위가 허한하여 구토할 때, 입덧, 기타 원인으로 오는 구토, 가래가 있고 기침이 나며 숨이 가쁠 때, 입맛이 없고 소화가 잘 안 될 때 쓴다. 관절통에 생강즙을 바르기도 한다.

그리고 반하·천남성·후박 등을 법제할 때 쓰며, 반하나 천남성을 먹고 혀와 입 안 및 인두가 아리고 구토하는 등 부작용이 나타날 때도 쓴다.

생강 껍질은 부종에 쓴다.

**처방** 입덧과 구토 증세에 쓰는 소반하탕(小半夏湯), 생강반하 유동추출물에 생강이 들어 있다. 계지탕(桂枝湯), 마황탕(麻黃湯)에도 생강이 들어 있다. 이 처방들에서 생강은 땀을 나게 하는 작용으로 풍한표증의 치료를 돕는다.
• 생강 한 가지를 구토에 쓸 수 있다. 10g의 즙을 내어 하루 3번에 나누어 복용한다.
• 감기에 걸렸을 때 생강을 술에 담가 우려서 복용하면 좋다.
• 생강 8g, 진피(陳皮) 4g을 섞은 생강귤피탕(生薑橘皮湯)은 헛구역질하며 손발이 찰 때 쓴다. 달여서 1～2번에 나누어 복용한다.
**용 량** 하루 4~10g.

생강

# 죽여 (竹茹) 왕대 껍질, 참대 껍질

벼과 왕대속 늘푸른큰키나무
왕대(참대)의 껍질을 벗겨 말린 것
*Phyllostachys bambusoides* S. et Z.

산 지 중부 이남 지방. 민가에서 재배하며 높이 20m 정도 자란다.

채 취 필요할 때 그 해에 자란 왕대를 베어서 적당한 크기로 자른 후 겉의 푸른색 껍질을 깎아내고 연두색을 띤 흰색의 속껍질을 실오리 모양으로 깎아서 햇볕에 말린다.

형 태 좁은 띠 모양 또는 실 모양인데 흔히 나선 모양으로 구부러졌으며 한쪽 면은 연한 녹색 또는 연두색이고 다른 한쪽 면은 황백색이다. 질은 연하고 가벼우며 질기다. 냄새는 약간 향기롭고 맛은 밋밋하다.

빛깔이 연두색이고 오리가 가늘고 고르며 질기고 질이 연한 것이 좋은 것이다.

법 제 그대로 또는 생강즙에 불려서 약간 볶아서 쓴다. 생강즙에 불려 볶는 것은 지토작용을 강하게 하기 위한 것이다.

성 분 지방이 0.5~2% 들어 있다.

약 성 맛은 달고 성질은 약간 차가우며, 위경·폐경·간경에 작용한다.

효 능 해열작용과 혈분의 열을 없애며, 구토를 멈추게 하며 담을 삭이고 태아를 안정시킨다.

죽여는 백색포도상구균, 고초막대균, 대장막대균, 티푸스막대균 등에 대하여 억균작용을 나타낸다는 것이 밝혀졌다.

적 용 위열로 구토할 때, 딸꾹질, 담열로 가슴이 답답하고 기침이 나며 숨이 가쁠 때, 어린이의 경련성 질병, 토혈, 비출혈, 자궁출혈 등 혈열로 인한 출혈, 태동불안 등에 쓴다.

처방 • 죽여 30g, 진피(陳皮) 22g, 대조 4g, 생강 10g, 감초 8g, 인삼 15g을 섞은 귤피죽여탕(橘皮竹茹湯)은 위열로 구토하거나 딸꾹질할 때 쓴다. 달여서 하루 3번에 나누어 복용한다.
용 량 하루 6~12g.

왕대

지토약 止吐藥

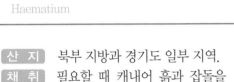

# 대자석(代赭石) 자석

산화철을 주성분으로 하는
삼방정계의 적철광
Haematium

**산 지** 북부 지방과 경기도 일부 지역.

**채 취** 필요할 때 캐내어 흙과 잡돌을 골라 버린다.

**형 태** 불규칙한 덩어리이며 약간 납작하고 크기는 일정하지 않다. 한쪽 면에 둥글납작한 혹 모양의 돌기들이 불규칙하게 있으며 반대쪽 면에는 혹 모양의 돌기에 맞는 모양과 크기의 오목한 홈들이 널려 있다. 표면은 적자색이나 흑자색이며 금속광택이 뚜렷하다. 질은 단단하고 무겁다.

**법 제** 불에 벌겋게 달궈 식초에 담그는 작업을 2~3번 반복한 후 말려서 잘게 깨뜨린다.

**성 분** 주로 삼산화이철 $(Fe_2O_3)$이 들어 있다. 때로 Ti, Mg, $Al_2O_3$, CaO, $SiO_2$ 등이 섞인다.

**약 성** 맛은 쓰고 달며 성질은 차고 간경·위경·심경에 작용한다.

**효 능** 기를 내리게 하고 간양을 내리게 하며 혈액의 열을 없애고 출혈을 멈춘다.

**적 용** 구토, 트림, 딸꾹질, 천식, 간양이 위로 올라가 어지럽고 아플 때, 혈열로 인한 토혈, 비출혈, 혈변에 쓴다. 그 밖에 근육수축, 치질에도 쓴다.

**처방**
• 대자석 12g, 선복화 8g, 인삼 8g, 생강 6g, 감초 6g, 반하 8g, 대조 4g으로 선복대자석탕(旋覆代赭石湯)을 달여 구토, 트림, 딸꾹질에 하루 3번에 나누어 복용한다.
• 대자석 3g, 반하(법제한 것)·차전자·하고초 각각 18g을 달여 어지럼증에 하루 3번에 나누어 복용하면 좋다.

**용 량** 하루 10~30g.

대자석(법제하지 않은 것)

# 제7장 이뇨약(利尿藥)

이뇨약(利尿藥)은 소변량을 늘려 몸이 붓는 것을 미리 막거나 부기를 가라앉히게 하는 약이다.

이뇨약은 일반적으로 맛이 밋밋하고 성질은 평하며 주로 폐경·비경·신경·방광경에 작용하여 소변을 잘 나오게 한다.

이뇨약은 여러 가지 병으로 몸이 부을 때, 배뇨장애, 복수, 흉수 등에 쓴다. 일부 이뇨약은 요탁, 황달, 관절통, 습진 등에도 쓴다.

이뇨약을 임상에 쓸 때에는 환자의 구체적인 증세에 맞게 다른 약을 섞는다. 예를 들어 습열이 있어 소변이 잘 나오지 않을 때는 이뇨약에 청열약을 섞어 쓰고, 부종 환자에게서 소변량이 적고 땀이 나지 않을 때에는 폐기를 잘 통하게 하는 마황, 길경, 행인 같은 약을 섞어 쓰고, 몸이 붓고 설사를 하는 환자에게는 비장을 건강하게 하는 약을 섞어 쓰는 것이 좋다.

이뇨약을 쓸 때 다음 사항을 주의한다.

① 이뇨약을 써서 치료 목적을 달성한 다음에는 약을 끊어야 한다. 왜냐하면 이뇨약을 오래 복용하면 음을 상할 수 있기 때문이다.

② 음이 허하고 진액이 부족한 환자에게는 이뇨약을 쓰지 않는다.

---

# 복령(茯苓) 백복령, 솔뿌리혹, 솔풍령, 적복령

구멍장이버섯과 균체
복령의 균핵을 말린 것
*Poria cocos* Wolf

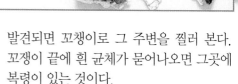

**산 지** 전국. 산지에서 소나무 등의 나무 뿌리에 기생하며 크기 10~30cm로 자란다.

**채 취** 봄부터 가을 사이에 꼬챙이로 소나무 그루터기 주변을 찔러 보아 복령을 찾아낸 다음 균체를 캐내어 흙을 털고 껍질을 벗겨 적당한 크기로 잘라서 햇볕에 말린다. 빛깔이 흰 것을 백복령(白茯苓;흰솔뿌리혹), 분홍색인 것을 적복령(赤茯苓;붉은솔뿌리혹), 소나무 뿌리를 둘러싸고 있는 것을 복신(茯神)이라 한다.

복령이 있는 곳은 흔히 땅이 갈라지고 두드려 보면 속이 빈 소리가 나며, 또 주변에 흰 균체가 있거나 소나무 뿌리에서 황백색의 유액이 흘러나온다. 이런 특징들이 발견되면 꼬챙이로 그 주변을 찔러 본다. 꼬쟁이 끝에 흰 균체가 묻어나오면 그곳에 복령이 있는 것이다.

**형 태** 크기가 일정하지 않은 불규칙한 덩어리이다. 겉에는 껍질을 깎은 칼자리가 있고 빛깔은 우윳빛 또는 분홍색이다. 백복령과 적복령은 모두 질이 단단하고 잘 깨지며 무겁다. 단면은 과립 모양이다. 단면도 백복령은 희고 적복령은 분홍색이다.

• 복신은 소나무 뿌리를 싸고 있다. 냄새는 없고 맛은 밋밋하다.

• 백복령은 질이 단단하고 무거우며 빛깔이 흰 것이 좋은 것이다.

• 복령피(복령의 껍질을 말린 것)는 겉이

이뇨약 利尿藥

흑갈색이고 안쪽 면은 흰색 또는 연한 갈색이다. 질은 연하고 탄성이 있다. 이것도 약으로 쓴다.

`성 분` 다당류인 파키만이 약 93% 들어 있다. 파키만은 포도당이 사슬 모양으로 결합된 물에 녹지 않는 물질이다. 그리고 파키민산, 에부리코산(eburico酸), 폴리포텐산 A·C 등의 트리테르페노이드가 들어 있다. 그 밖에 단백질, 지방, 에르고스테롤(ergosterol), 레시틴, 아데닌, 콜린, 포도당, 과당, 다량의 무기물이 들어 있다.

`약 성` 맛은 달고 밋밋하며 성질은 평하고 폐경·비경·심경·신경·방광경에 작용한다.

`효 능` 소변을 잘 나오게 하고 비장을 건강하게 하며 담을 삭이고 정신을 진정시킨다.

백복령은 담을 삭이고 비장을 보하는 효능이, 적복령은 습열을 없애며 소변을 잘 나오게 하는 효능이, 복신은 진정작용이 더 좋은 것으로 본다. 복령 껍질(복령피)도 소변을 잘 나오게 하고 부은 것을 가라앉게 한다.

동물 실험에서 복령의 이뇨작용이 밝혀졌다.

복령은 혈당량을 낮추고 진정작용도 나타낸다. 다당류는 면역 기능을 높이고 항암작용을 나타낸다. 또, 위궤양을 예방하며 위산도를 낮춘다는 자료도 있다.

`적 용` 비허로 오는 부종, 복수, 담음병, 구토, 설사, 배뇨장애, 잘 놀라고 가슴이 두근거릴 때, 건망증, 불면증, 만성 소화기병 등에 쓴다.

비허로 오는 부종와 담음병에는 주로 백복령을 쓰며, 습열로 소변이 붉고 잘 나오지 않을 때는 주로 적복령을, 심허로 오는 건망증·잘 놀라고 가슴이 두근거릴 때·불면증에는 주로 복신을 쓴다.

복령피도 부종에 쓴다.

복령

`처방` 백복령을 쓸 때 비위의 수습으로 인한 병에는 인삼이나 백출, 담음병에는 반하, 설사에는 토목향을 섞는 경우가 많다.
- 백복령 16g, 택사 12g, 욱리인 8g을 섞어 부종에 쓴다. 달여서 하루 3번에 나누어 복용한다.
- 당귀·산궁궁·백작약·숙지황·백출·적복령·택사·황금·치자·맥문동·후박 각각 6g, 생강 10g, 감초 6g을 섞은 복령탕(茯苓湯)은 임산부의 부종에 쓴다. 달여서 하루 3번에 나누어 복용한다.
- 백복령·백출 각각 12g으로 만든 복령탕(茯苓湯)은 습으로 설사할 때 쓴다. 달여서 하루 3번에 나누어 복용한다.
- 백복령·후박·백출 각각 8g, 반하 16g, 진피(陳皮) 8g, 사인 4g, 생강 6g, 오매 2개, 건강 4g을 섞은 복령반하탕(茯苓半夏湯)은 풍담으로 메스껍고 구토할 때 쓴다. 달여서 하루 3번에 나누어 복용한다.
- 적복령 6, 적작약 3, 치자 3, 당귀·감초·황금 각각 4를 섞은 오림산(五淋散)은 임증에 쓴다. 1회 4~6g씩 하루 3번 복용한다.
- 복신 75, 인삼 19, 침향 19로 만든 주작환(朱雀丸)은 건망증과 가슴이 두근거릴 때 쓴다. 한 번에 5~7g씩 하루 2~3번 복용한다.
- 복령피·생강피·진피(陳皮)·대복피·상백피 각각 12g을 섞은 오피산(五皮散)은 부종에 쓴다. 1회 5~7g씩 하루 3번 복용한다.

`용 량` 하루에 8~20g.

`참 고` 복신 속에 끼워진 소나무 뿌리(신목, 복신신목)는 건망증, 근육이 땅기거나 구안와사, 즉 안면 신경마비에 쓰인다.

# 저령(豬苓)

구멍장이버섯과 균체
저령의 균핵을 말린 것
*Polyporus umbellatus* Fries

**산 지** 북부 지방의 산지에서 주로 참나무, 떡갈나무 등 참나무류와 단풍나무, 자작나무 등의 뿌리에 기생한다.

**채 취** 봄부터 가을 사이에 저령을 캐내어 흙을 씻어내고 햇볕에 말린다.

**형 태** 크기가 일정하지 않은 불규칙한 덩어리이고 어떤 것은 약간 납작하고 길게 생긴 것도 있으며 길이는 5~10㎝, 너비는 3~9㎝이다. 작은 것은 비교적 둥글고 지름은 3~5㎝이다. 겉은 검은색 또는 쥐색이고 혹 모양의 돌기가 있고 주름이 있다. 단면은 과립 모양이고 흰색 또는 연한 갈색이다.

냄새는 없고 맛은 밋밋하다.

질이 단단하며 크고 충실하며 겉은 검고 속은 흰 것이 좋은 것이다.

**성 분** 항암작용이 있는 다당류가 들어 있다. 그리고 항암작용을 나타내는 폴리포르산(polypor酸)이 들어 있다. 그 밖에 적은 양의 비오틴(biotin, 비타민 H), 에르고스테린, 단백질, 무기물질 등이 있다.

**약 성** 맛은 달고 성질은 평하고 신경·방광경에 작용한다.

**효 능** 소변을 잘 나오게 한다. 동물 실험에서 이뇨작용이 밝혀졌다. 저령, 옥수수 수염, 황기, 으름덩굴 줄기, 조릿대풀 잎 등의 약재로 이뇨작용을 실험한 결과에 의하면 이 약재들 가운데서 저령의 이뇨작용이 가장 강하게 나타난다. 이것을 적용한 결과 6시간 안에 소변량은 62%, 소변 중의 염화물의 양은 45% 많아졌다. 저령은 임상 연구에서도 뚜렷한 이뇨작용이 밝혀졌다.

저령은 혈압도 내리게 한다.

다당류는 항암작용을 나타낸다. 폴리포르산도 항암작용을 나타낸다.

**적 용** 부종, 복수, 배뇨장애, 설사, 요탁, 방광염, 각기병, 이슬 등에 쓴다.

**처방**
• 저령·복령·택사·아교·활석 각각 12g을 섞어 만든 저령탕(豬苓湯)은 습열로 소변이 잘 나오지 않고 열이 나며 갈증이 날 때, 방광염, 요도염에 쓴다. 달여서 하루 3번에 나누어 복용한다.
• 저령 6, 택사 10, 백출 6, 적복령 6, 육계 2를 섞어 만든 오령산(五苓散)은 미열이 나고 가슴이 답답하며 소변이 잘 나오지 않고 갈증이 날 때 쓴다. 한 번에 4~6g씩 하루 3번 복용한다.

**용 량** 하루 8~15g.

**금 기** 진액을 상할 수 있으므로 수습이 없는 환자에게는 쓰지 않는다.

# 택사(澤瀉)

택사과 택사속 여러해살이풀
택사의 덩이줄기를 말린 것
*Alisma canaliculatum* ALL. BR. et Bouche

• 질경이택사의 덩이줄기를 대용으로 쓸 수 있다.

**산 지** 전국. 논이나 얕은 못 또는 습지에서 키 60~90cm로 자란다.

**채 취** 가을 또는 봄에 덩이줄기를 캐어 줄기를 잘라내고 물에 깨끗이 씻은 다음 수염뿌리와 겉껍질을 깎아내어 햇볕에 말린다.

**형 태** 타원형 또는 불규칙한 덩어리인데 길이는 3~7cm, 지름은 3~5cm이다. 겉은 황백색이거나 회백색이고 윗부분에는 줄기와 잎이 붙었던 자리가 있고 기타 부분에는 잔털을 깎은 칼자리가 있다. 질은 단단하고 가볍다. 단면은 황백색이고 과립 모양이다. 냄새는 약하다.

크고 질이 단단하고 무거우며 황백색인 것이 좋은 것이다.

**성 분** 정유, 수지, 피토스테린, 알칼로이드, 콜린, 레시틴, 포도당, 과당, 사탕, 녹말, 녹말 효소 등이 들어 있다. 그리고 류신(leucine), 발린, 알라닌, $\alpha$-아미노프로피온산(aminopropionic酸), 글루타민산, 세린, 아스파라긴산 및 기타 아미노산 등이 있다.

**약 성** 맛은 달고 짜며 성질은 차고 방광경·신경에 작용한다.

**효 능** 습열을 없애고 소변을 잘 나오게 한다. 택사 탕약은 동물 실험에서 뚜렷한 이뇨작용을 나타낸다. 즉, 택사추출물은 소변량을 많아지게 한다. 임상 연구에서도 이와 같은 작용이 밝혀졌다.

또한 이담작용, 항지간작용, 혈압강하작

질경이택사

이뇨약 利尿藥

용, 혈당량을 낮추는 작용도 한다. 그 밖에 혈액 속의 콜레스테롤과 지질의 함량을 낮추는 작용, 결핵균에 대한 억균작용도 나타낸다.

적용 습열로 소변이 잘 나오지 않을 때, 임병, 심장성 및 신장성 부종, 임산부의 부종, 복수, 방광 및 요도의 염증, 설사, 각기병 등에 쓴다. 그 밖에 당뇨병, 황달, 만성간염, 동맥 경화에도 쓴다.

처방
• 택사 · 상백피 · 적복령 · 지각 · 빈랑 · 목통 각각 12g, 생강 10g을 섞은 택사탕(澤瀉湯)은 습열로 인한 임산부의 배뇨 장애에 쓴다. 달여서 하루 3번에 나누어 복용한다.
• 택사 10, 적복령 6, 백출 6, 저령 6, 육계 2를 섞어 만든 오령산(五苓散)은 소변이 잘 나오지 않고 갈증이 날 때, 심장성 및 신장성 부종, 복수, 방광염, 요도염 등에 쓴다. 한 번에 4~6g씩 하루 3번 복용한다.
• 택사 12g, 백출 12g을 섞어 부종에 쓰기도 한다. 달여서 하루 3번에 나누어 복용한다.
용량 하루 6~12g.

# 수근(水芹)

산형과 미나리속 여러해살이물풀
미나리의 잎과 줄기를 말린 것
*Oenanthe javanica* (Blume.) Dc.

산지 전국. 물가나 습지 등에서 키 30~80cm로 자라며 농가에서 논에서 재배한다.

채취 여름철에 전초를 베어 햇볕에 말린다. 생것을 그대로 쓰면 더욱 좋다.

미나리 꽃

형태 줄기는 원기둥 모양이고 길이 30~50cm, 지름 0.2~0.5cm이며 윗부분은 구불구불하다. 겉은 회녹색 또는 회자색이고 세로로 튀어나온 줄이 있으며 마디가 있다. 마디 사이의 길이는 3~8cm이다. 잎은 마디에 어긋나게 붙고 두 번 깃 모양으로 갈라졌으며 잎자루는 길고(3~7cm) 밑부분이 넓어져 줄기를 싼다. 잎의 갈라진 조각은 달걀 모양이고 끝이 뾰족하며 가장자리에 톱니가 있고 빛깔은 녹색 또는 암녹색이다. 잎맥은 아래쪽으로 도드라졌는데 흰색이다. 냄새는 약하다.

이뇨약 利尿藥

미나리 전초

빛깔이 녹색이고 잡질이 섞이지 않은 것이 좋은 것이다.

성분 염기성 성분으로 콜린, 방향족 불포화옥시산(oxy酸)인 카페인산, 페룰라산, 쿠마르산(coumaric酸), 클로로겐산, 아미노산으로 리신(lysine), 아스파라긴산, 아스파라긴, 세린, 글루타민산, 알라닌, 티로신, 메티오닌(methionine), 발린, 페닐알라닌(phenylalanine), 글라이신이 있고 플라보노이드인 페르시카린(persicarin)과 콜린, 레시틴, $\beta$-시토스테롤(sito-sterol), 정유 등이 들어 있다. 그 밖에 칼륨, 마그네슘 등 14종의 무기원소가 확인되었다.

약성 맛은 달고 성질은 평하다.

효능 소변을 잘 나오게 하고 열을 내리게 하며 갈증을 멎게 하고 황달을 치료하며 정과 혈을 보한다.

동물 실험과 임상 연구에서 이담작용과 항지간작용 및 간경화를 막는 작용이 밝혀졌다.

미나리 탕약은 또한 혈액 속의 콜레스테롤량을 낮추는 작용, 해독작용을 나타낸다.

미나리추출물은 항알레르기작용과 지혈작용을 한다.

적용 황달, 급성 및 만성 간염, 열이 나고 가슴이 답답하며 갈증이 날 때, 물고기 독 중독, 고혈압, 이슬, 자궁 출혈, 혈뇨, 임증 등에 쓴다. 결막염, 황달, 나력(결핵 목 림프샘염) 등에도 쓴다.

처방 수근은 간염의 예방과 치료를 위하여 많이 써온 한약이다. 임상에서 수근 한 가지를 탕약으로 쓰는 경우가 많다. 생미나리를 쓰는 것이 더 좋은데 즙을 내어 복용하거나 나물을 만들어 복용한다.

• 수근 30~60g 또는 200g을 달여 하루 3번에 나누어 복용하거나 생미나리 200g 또는 1㎏으로 즙을 내어 하루 3번에 나누어 복용한다.

용량 하루 30~60g, 생것은 하루 300~600g. 만성 간염에는 하루 200g, 생것은 하루 1㎏을 쓴다.

주의 독미나리는 미나리와 비슷한 식물인데 독성이 강하므로 미나리를 채취할 때 잘 구별하여 골라내야 한다.

참고 독미나리는 식물의 높이가 약 1m에 이르고 작은 잎이 긴 타원형 또는 버들잎 모양이고 뽀족한 톱니가 있다. 특히 뿌리줄기가 굵고 세로로 쪼개면 속이 비었는데 마디 부분은 왕대 마디처럼 막혀 있다. 독미나리는 독성이 강한 치쿠톡신 성분이 있으므로 먹지 못한다.

이뇨약 利尿藥

# 의이인(薏苡仁) 율무쌀, 율무 씨

벼과 율무속 여러해살이풀
율무의 익은 씨를 말린 것
*Coix lacryma-jobi* var. *mayuen* (Rom, Caill.) Stapf

**산 지** 전국. 농가에서 작물로 재배하며 키 1.5m 정도 자란다.

**채 취** 가을에 열매가 여물 때 전초를 베어 햇볕에 말린 후 두드려 열매를 털고 잡질을 없앤다. 이것을 다시 껍질을 벗겨내고 잡질을 없앤다.

**형 태** 달걀 모양 또는 넓은 달걀 모양인데 길이는 5~8㎜, 너비는 3~6㎜, 두께는 3.5~4.5㎜이며 양끝은 약간 오목하게 들어갔다. 한쪽 면은 둥그렇게 불어났다. 다른 면의 가운데에는 세로로 깊은 홈이 있다. 겉은 하얗고 군데군데 붉은색의 씨껍질이 남아 있다. 씨껍질을 벗기지 않은 것은 겉이 적갈색이다. 질은 단단하고 단면은 하얗고 가루 모양이다. 냄새는 매우 약하고 맛은 약간 달다.

씨앗이 크며 하얗고 질이 단단하고 찹쌀과 비슷한 것이 좋은 것이다.

**법 제** 이뇨약으로는 그대로 쓰고 비위를 보할 때는 노랗게 볶아서 쓴다.

**성 분** 율무 씨는 조 단백질 12.86%, 조 지방 5.49%, 탄수화물 68.6%, 회분 1.35%, 물 11.8%로 구성된다.

율무 씨에는 류신, 아르기닌, 페닐알라닌, 발린, 히스티딘, 트립토판(tryptophan), 트레오닌(threonine) 등의 필수아미노산을 비롯하여 여러 가지 아미노산이 들어 있는데 지방과 아미노산의 함량은 쌀보다 많다. 강원도에서 심은 율무 씨가 지방과 아미노산의 함량이 제일 높다. 또한 항암 성분인 코익세놀리드(coixenolide)와 비타민 PP · E, α-시토스테롤, β-시토스테롤, 콜린, 유기산, 지방, 녹말, 효소 등이 들어 있다. 액체추출물, 회분에는 인, 마그네슘, 칼슘 등을 비롯하여 20가지의 무기원소가 들어 있다.

**약 성** 맛을 달고 성질은 약간 차며 비경 · 폐경에 작용한다.

**효 능** 비위 및 폐를 보하고 소변을 잘 나오게 한다. 그리고 해열작용과 고름을 빼낸다. 동물 실험에서 율무 씨의 소염작용이

율무 열매

이뇨약
利尿藥

밝혀졌다. 즉 무균성 염증, 알레르기성 염증에 대한 항암작용을 나타내며 히스타민에 의하여 항진된 모세혈관의 투과성도 억제한다. 그리고 히알루로니다제의 활성을 억제하며 아나필락시아성 쇼크로부터 일정한 보호작용을 한다. 백혈구의 흰색포도상구균에 대한 탐식 기능도 높여 주고 혈액 속의 콜레스테롤 함량을 낮춘다. 율무 씨에 들어 있는 코익세놀리드와 불포화 지방산은 항암작용을 나타낸다. 불포화 지방산은 또한 항지간작용도 나타낸다.

율무 씨 탕약은 진정작용과 진통작용도 한다.

율무의 뿌리에 들어 있는 성분인 코익솔은 해열작용, 진정작용, 진통작용을 나타낸다.

적 용 부종, 배뇨장애에 쓴다. 각기병, 관절통, 근육이 땅길 때, 비허설사, 만성위염, 폐옹(폐농양), 장옹, 이슬 등에도 쓴다. 최근에는 위암을 치료하는 처방에 율무 씨를 섞는다. 영양실조증, 공팥염, 만성간염에도 쓴다. 민간에서는 사마귀를 없애기 위해서도 쓴다.

처방 의이인을 임상에서 쓸 때 부종에는 욱리인을, 온몸의 뼈마디가 쑤실 때에는 부자를, 이가 쑤실 때에는 길경을, 화농성염증에는 패장을 섞는 것이 좋다.
• 의이인 가루와 쌀 가루를 각각 50g을 섞어 죽을 쑤어(율무죽) 신장염, 부종, 관절통에 쓴다. 한 번에 복용한다.
• 인삼·백복령·백출·산약 각각 11, 석련육(연밥)·백편두·길경·의이인·사인 각각 6, 감초 11을 섞어 만든 삼령백출산(蔘苓白朮散)은 비위가 허하여 입맛이 없고 소화가 잘 안 되며 설사할 때 쓴다. 한 번에 6~8g씩 하루 3번 복용한다.
용 량 하루 12~35g.

# 차전자 (車前子) 길짱구 씨, 질경이 씨

질경이과 질경이속 여러해살이풀
질경이의 익은 씨를 말린 것
*Plantago asiatica* L.

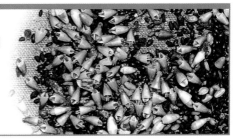

산 지 전국. 들의 풀밭이나 길가에서 키 10~50㎝로 자란다.

채 취 여름부터 가을 사이에 씨가 여물 때 꽃대를 잘라 햇볕에 말려 씨를 털고 잡질을 없앤다.

형 태 납작한 타원형의 작은 입자로서 길이는 2~2.5㎜, 너비는 0.7~1㎜, 두께는 0.3~0.5㎜이다. 자세히 보면 한쪽 면은 매끈하고 또 한쪽은 불룩 나왔으며 겉

은 갈색이나 흑갈색이고 윤기가 있다. 확대경으로 보면 그물 모양의 무늬가 있다. 질은 단단하며 단면은 회백색이다. 냄새는 없고 끈적하다.

크기가 고르고 충실하며 빛깔이 검고 혼입물이 없는 것이 좋은 것이다.

법 제 이뇨약으로는 그대로 또는 약간 볶아서 쓰고 보약으로는 술에 불린 후 쪄서 쓴다.

질경이

을 가진다.

질경이 씨 탕약은 항궤양작용을 나타내고 질경이 씨 기름은 혈액 속의 콜레스테롤량을 낮춘다. 전초추출물은 항염증작용, 항궤양작용, 점막 보호작용, 새살이 빨리 돋게 하는 작용, 상피화 촉진작용, 위산도를 정상으로 조절하는 작용, 혈액응고를 빠르게 하는 작용을 한다.

**적 용** 방광에 습열이 있어 배뇨장애, 임증, 방광염, 서습으로 인한 설사, 장염, 이질, 눈이 충혈되며 붓고 아플 때, 예막, 기침, 급성 및 만성 기관지염 등에 쓴다. 만성 위염, 위 및 십이지장궤양에도 쓴다.

**성 분** 많은 양의 점액질, 배당체인 아우쿠빈(aucubin), 지방, 플란테놀산(plantenol酸), 호박산, 아데닌, 콜린, 비타민 B 등이 있다. 점액질은 d-자일로스, L-아라비노스, 갈락투론산(galacturon酸), L-람노오스(rhamnose), d-갈락토오스(galactose)로 이루어진 다당이다.

**약 성** 맛은 달고 짜며 성질은 차고 방광경·폐경에 작용한다.

**효 능** 소변을 잘 나오게 하고 열을 내리게 하며 정을 보하고 눈을 밝게 하며 기침을 멈추게 한다.

동물 실험에서 차전자의 이뇨작용이 밝혀졌다. 이 약은 소변량을 늘릴 뿐만 아니라 요소, 염화나트륨, 요산의 배설량도 늘린다.

차전자는 또한 기관과 기관지의 분비 기능을 강하게 하여 담을 삭이고 기침을 멈추게 하는 작용을 나타낸다. 질경이 전초도 이 작용

● **차전초**(車前草)

질경이 전초(차전초)에는 플란타기닌, 호모플란타기닌, 우르솔산, 벤트리아콘탄, $\beta$-시토스테롤 등이 들어 있다.

• 기관지염, 기관지천식 등에 기침약으로, 급성 및 만성 위염, 저산성 위염, 위 및 십이지장궤양, 소대장염 치료약으로 쓴다.

**처방** 한약 치료 경험에 의하면 차전자에 우슬을 섞으면 간기를 잘 통하게 하고 소변을 잘 나오게 하며, 토사자를 섞으면 정기를 보하고 눈을 밝게 한다.

• 차전자·담죽엽·적복령·형개·등심초 각각 같은 양으로 만든 가루약은 소변이 잘 나오지 않고 음부가 아플 때 쓴다. 한 번에 4~6g씩 하루 3번 복용한다.

• 차전자 9, 백복령 9, 저령 7, 향유 9, 인삼 4를 섞어 가루로 만든 약은 여름에 더위를 먹어 구토하고 설사하며 가슴이 답답하고 갈증이 나며 소변을 보지 못할 때 쓴다. 1회 4~6g씩 하루 3번 복용한다.

• 차전자 4, 목통 4, 활석 8, 구맥 4, 적복령 4를 섞어 만든 만전목통산(萬全木通散)은 방광에 열이 있는 배뇨장애에 쓴다. 한 번에 10~12g씩 하루 3번 복용한다.

**용 량** 하루 6~15g.

이뇨약
利尿藥

# 목통(木通) 으름덩굴 줄기

으름덩굴과 으름덩굴속 갈잎덩굴나무
으름덩굴의 줄기를 말린 것
*Akebia quinata* (Thunb.) Decaisne

**산 지** 황해도 이남 지방. 산과 들의 습한 곳에서 길이 5m 정도 자란다.

**채 취** 봄 또는 가을에 줄기를 잘라 겉껍질을 벗기고 적당한 길이로 잘라 햇볕에 말린다.

**형 태** 지름 2~4㎝ 되는 원기둥 모양이고 약간 구부러졌다. 겉은 우윳빛이고 군데군데 적갈색의 껍질이 붙어 있으며 혹 모양으로 튀어나온 곳이 있다. 가로 단면을 보면 목부는 우윳빛이고 중심으로부터 방사 방향으로 간 넓은 수선이 있고 수선 사이에는 작은 구멍(꿀관)들이 있다. 냄새는 없고 맛은 쓰다.

굵기가 고르고 수심이 노란색이며 쓴맛이 강한 것이 좋은 것이다.

**성 분** 아케보시드(akebosides) A · B · C · D · E 등 10여 종의 트리테르페노이드 사포닌이 들어 있다. 그 가운데서 8가지 사포닌이 순수하게 분리되었다. 이 사포닌들은 헤데라게닌(hederagenin)과 올레아놀산을 비당질로 하고 있다. 그 밖에 스티그마스테롤, $\beta$-시토스테롤, 다우코스테린 등의 스테로이드, 미오이노시톨(myoinositol), 베툴린 등이 있다.

**약 성** 맛은 맵고 달며 성질은 평(약간 차다)하며 심포락경 · 소장경 · 방광경에 작용한다.

**효 능** 해열작용이 있고 소변을 잘 나오게 하며 월경을 통하게 하고 젖이 잘 나오게 한다.

동물 실험에서 이뇨작용이 밝혀졌다. 이 약은 신장 사구체의 여과 기능을 높이고 세뇨관에서의 재흡수를 억제한다.

이 약은 또한 강심작용과 혈압을 높이는 작용도 한다. 치료량에서는 자궁에 대하여 영향이 없으나 많은 양에서는 자궁을 수축시킨다.

소염작용과 위액 분비 억제작용도 나타낸다. 또한 그람양성균을 비롯한 여러 미생물에 대하여 억균작용을 나타낸다.

**적 용** 부종, 배뇨장애, 임증, 젖이 나오지 않을 때,

으름덩굴

이뇨약 利尿藥

무월경, 열이 나고 가슴이
답답할 때 쓴다. 부스럼에
도 쓴다.
현대의학에서는 으름덩굴
줄기를 신장성 부종, 심장
부종 및 임산부의 부종 등
각종 부종에 쓴다.

처방 • 목통 4, 활석 8, 적복령 4, 차전자 4, 구맥 4를 원료로 하
여 만든 만전목통산(萬全木通散)은 방광에 열이 있어 배뇨
장애가 있을 때 쓴다. 한 번에 10~12g씩 하루 3번 복용한다.
용 량 하루 4~12g.
참 고 《방약합편》에 의하면 으름덩굴의 뿌리가 목통이고 으름덩
굴의 줄기는 통초. 그러나 지금 한의학 임상에서는 으름덩굴 줄
기를 목통으로 쓰고 있고 뿌리를 쓰는 경우는 거의 없다.
• 등칡의 줄기(관목통;關木通)도 이뇨작용을 나타내므로 심장부종
및 신장성 부종에 이뇨약으로 쓴다. 동물 실험에 의하면 등칡 줄기
의 이뇨작용은 으름덩굴 줄기보다 강하다.
• 관목통의 하루 쓰는 양은 4~12g이다.

# 방기 (防己) 분방기, 한방기

새모래덩굴과 방기속 갈잎덩굴나무
방기의 뿌리를 말린 것
*Sinomenium acutum* Rehder et Wils.

산 지 남부 지방. 산기슭의 양지 쪽
에서 길이 7m 정도 자란다.

채 취 가을에 뿌리를 캐어 물에 씻어
일정한 길이로 자르고 굵은 것은 쪼개어
햇볕에 말린다. 줄기의 굵은 밑부분을 채
취하여 쓰기도 한다.

형 태 불규칙한 원기둥 모양이고 구부
러져 돼지 창자처럼 생겼는데 일정치 않고
지름은 2~4cm이다. 겉은 회갈색이고 세로
주름이 있다. 질은 단단하고 무거우며 단
면은 흰색 또는 회백색이고 가루 모양인데
방사 방향으로 수선이 있다.

뿌리가 굵고 단면이 하얗고 가루 모양인
것이 좋은 것이다.

성 분 알칼로이드인 시노메닌(sino-
menine), 이소시노메닌(isosinomenine),
디시노메닌(disinomenin), 시니크틴, 아쿠
투민 (acutumine), 마그노플로린
(magnoflorine), 투두라닌(tuduranine)
등이 들어 있다. 그 밖에 시토스테롤, 스티
그마스테롤(stigmasterol)이 있다.

약 성 맛은 쓰고 매우며 성질은 차고
방광경·소장경에 작용한다.

효 능 소변을 잘 나오게 하고 하초의
습열과 풍을 없애고 통증을 멎게 한다.

이 약에서 뽑아낸 시노메닌은 진통작용,
소염작용, 해열작용, 이뇨작용, 지해작용
을 나타낸다. 시노메닌 0.03g/kg을 토끼에
게 주사하면 호흡이 매우 빨라지고 혈압은
잠시 내려간다. 쓰는 양을 늘리면 혈관이
확장되어 혈압 강하작용이 더욱 뚜렷이 나
타난다. 그런데 심장 박동은 약해지고 빨

이
뇨
약
利尿藥

라진다. 적은 양에서는 소변량을 늘리지만 많은 양에서는 오히려 소변량을 줄인다. 시노메닌은 항알레르기작용도 한다.

시노메닌 성분의 최소 치사량은 흰쥐에게 피하 주사를 놓을 때 $53.5\pm41.9$mg/kg이다. 시노메닌을 많이 먹어 중독되면 경련, 마비, 숨가쁨, 대소변실금, 구토 등의 중독 증세가 나타나고 심하면 호흡이 멎고 심장이 마비되어 실험동물은 죽는다.

적용 부종, 배뇨장애, 방광염에 쓴다. 그리고 각기병, 구안와

사, 팔다리가 오그라들며 아플 때, 관절통, 관절염, 신경통, 관절류머티즘, 부스럼, 옴 등에도 쓴다.

처방
• 방기 · 백출 · 감초 · 생강 · 계심 · 복령 · 오두 · 인삼 각각 8g을 섞어 비증, 신경통, 관절염, 류머티즘성 관절염에 쓴다. 달여서 하루 3번에 나누어 복용한다.
• 방기 10g에 초룡담 10g을 섞어 협통에 쓴다. 달여서 하루 3번에 나누어 복용한다.
• 방기 10g에 위령선 10g을 섞어 견비통에 쓴다. 달여서 하루 3번에 나누어 복용한다.
용량 하루 6~12g.
주의 많은 양을 쓰면 중독될 수 있다.

# 목방기(木防己)

새모래덩굴과 댕댕이덩굴속 갈잎덩굴나무
댕댕이덩굴의 뿌리를 말린 것
*Cocculus trilobus* (Thunb.) DC.

산지 전국. 산기슭 양지 쪽이나 밭둑의 돌 사이에서 길이 3m 정도 자란다.
채취 가을 또는 봄에 뿌리를 캐어 줄

댕댕이덩굴

기와 잔뿌리를 다듬고 물에 씻어 햇볕에 말린다.

줄기를 채취하여 쓰기도 한다.

형태 원기둥 모양이고 조금 구부러졌으며 지름은 1~3cm이다. 겉은 회갈색이고 울퉁불퉁하다. 질은 단단하고 잘 부러지지 않는다. 단면은 연황색이고 섬유성이다. 냄새는 약하고 맛은 쓰다.

뿌리가 굵고 속이 연황색이며 맛이 쓴 것이 좋은 것이다.

성분 알칼로이드인 트릴로빈(trilobine), 이소트릴로빈(isotrilobine), 호모트릴로빈(homotrilobine), 트릴로바민(trilobamine), 코크쿠롤리딘

이뇨약 利尿藥

(cocculolidine), 마그노플로린(magno-florine), 노르메니사리딘(normenisarin) 등이 들어 있다.

[약 성] 맛은 맵고 쓰며 성질은 차고 방광경·소장경에 작용한다.

[효 능] 소변을 잘 나오게 하고 풍을 없애며 통증을 멈춘다.

트릴로빈은 이뇨작용, 해열작용, 진통작용, 혈압강하작용을 한다. 트릴로빈의 최소 치사량은 토끼에게 정맥주사할 때 실험

동물의 호흡과 심장이 마비된다.

[적 용] 부종, 배뇨장애, 방광염, 각기병, 안면신경마비, 수족경련통, 신경통 특히 늑간신경통, 폐결핵흉통, 근육통, 관절 류머티즘 등에 쓴다.

> [처방] • 목방기 12g, 석고 2g, 계지 8g, 인삼 8g을 섞은 **목방기탕**(木防己湯)은 몸이 부을 때와 명치끝이 더부룩할 때 쓴다. 달여서 하루 3번 복용한다.
> [용 량] 하루 6~12g.
> [주 의] 너무 많은 양을 쓰면 중독될 수 있으므로 주의해야 한다.

# 지부자(地膚子) 대싸리 열매, 댑싸리 열매

명아주과 댑싸리속 한해살이풀
댑싸리의 익은 열매를 말린 것
*Kochia scoparia* Schrad.

[산 지] 전국. 밭둑이나 민가 근처에서 키 1m 정도 자란다.

[채 취] 가을에 열매가 여물 때 옹근풀을

댑싸리

베어 햇볕에 말린 다음 두드려 열매를 털고 잡질을 없앤다.

[형 태] 납작하고 둥근 모양인데 지름 약 1.5mm이며 그 둘레에 5개의 날개가 붙어 있어 별 모양으로 생겼다. 빛깔은 회녹색 또는 회갈색이다. 냄새는 없고 맛은 약간 쓰다.

열매가 잘 익고 빛깔이 회녹색이며 잡질이 없는 것이 좋은 것이다.

[성 분] 사포닌, 지방, 알칼로이드 등이 들어 있다.

[약 성] 맛은 쓰고 성질은 차며 방광경에 작용한다.

[효 능] 소변을 잘 나오게 하고

열을 내리게 한다.

사염화탄소에 중독된 간염에 대한 실험 치료에서 댑싸리 열매 탕약은 손상된 간세포들에 대한 보호작용과 글리코겐 축적작용 및 항지간작용이 밝혀졌다.

물우림액은 사상균에 대한 억균작용을 나타낸다. 그 밖에 이뇨작용과 해독작용도 있다.

댑싸리 잎은 이담작용, 이뇨작용, 간 보호작용을 나타낸다.

적 용 방광에 습열이 있어 소변이 잘 나오지 않거나 소변을 자주 볼 때, 열림, 방광염에 쓴다. 습진, 두드러기, 악창 등에 외용한다.

처방 •지부자 8g, 저령·모자반·동규자·구맥·목통·황금·지모·지실·승마 각각 6g을 섞은 지부자탕(地膚子湯)은 열림에 쓴다. 달여서 하루 3번에 나누어 복용한다.
•지부자 달인 물에 백반을 녹여서 습진, 두드러기, 버짐, 가려운 부위 등의 환부에 바른다.

용량 하루 4~12g.

# 활석(滑石) 곱돌

규산염류를 주성분으로 하는 광물
Talcum

산 지 강원도, 함경남북도, 충청남북도 등지에서 난다.

채 취 필요할 때 활석을 캐내어 잡질을 없앤다.

형 태 크기와 형태가 일정하지 않은 덩어리이다. 빛깔은 희고 겉을 손으로 쓸어 보면 미끄러운 것이 특징이다. 질은 무겁고 잘 부서지며 단면도 희다. 잡질이 섞인 활석은 빛깔이 하얗지 않고 녹색, 노란색, 분홍색 등 잡색을 띠고 있는데 이것은 약으로 쓰지 못한다.

빛깔이 희고 미끄러우며 잡색을 띤 잡질이 없는 것이 좋은 것이다.

법 제 가루내어 수비하여 쓴다.

성 분 규산마그네슘〔$Mg_3(Si_4O_{10})(OH)_2$ 혹은 $3MgO \cdot 4SiO_2H_2O$〕이다. 그 가운데서 MgO 31.7%, $SiO_2$ 63.5%, $H_2O$ 4.8%이다. 이 밖에 $Al_2O_3$가 포함되어 있다.

약 성 맛은 달고 성질은 차며 방광경·위경에 작용한다.

적 용 소변을 잘 나오게 하고 습열과 서사를 없애준다.

동물 실험에서 이뇨작용이 밝혀졌다.

활석은 흡착작용도 한다. 염증이나 궤양의 환부에 활석 가루를 뿌리면 분비물과 세균 및 그의 독소를 흡착하여 상처를 마르게 하고 딱지가 빨리 앉게 하며 피막을 형성하여 외부의 자극으로부터 상처를 보호해주며 소염작용을 한다.

활석을 쓸 때 복부, 직장, 음도 등에 육아종이 생길 수 있다는 자료가 있다.

적용  방광에 습열이 있어 생긴 임증, 배뇨장애, 부종, 여름철에 서습으로 설사하고 가슴이 답답하며 갈증이 나고 소변을 잘 보지 못할 때 쓴다. 가루내어 습진에 외용한다.

처방  •활석 가루 6, 감초 가루 1을 섞어 만든 익원산(益元散)은 여름철에 서사에 상하여 열이 나고 갈증이 나며 소변을 잘 보지 못할 때에 쓴다. 일사병의 예방 및 치료에도 쓴다. 한 번에 6~8g씩 하루 3번 복용한다.
•활석 3, 석고 3, 감초 1을 섞어 만든 옥천산(玉泉散)은 무더운 여름철에 서열에 상하여 가슴이 답답하고 갈증이 날 때 쓴다. 한 번에 6~8g씩 하루 3번 복용한다.
용량  하루 6~15g.
주의  비위허한으로 설사할 때와 임산부에게는 쓰지 않는다.

# 편축(萹蓄)

마디풀과 마디풀속 한해살이풀
마디풀의 전초를 말린 것
*Polygonum aviculare* L.

산지  전국. 길가 풀밭에서 키 30~40cm로 자란다.

채취  여름철 꽃이 피기 전에 지상부를 베어 햇볕에 말린다.

형태  줄기는 둥근 모양이고 가지가 있으며 길이는 약 30cm이고 지름은 1.5~3mm이다. 표면은 회녹색 또는 적갈색이고 세로무늬가 있으며 마디 부분은 굵어졌는데 연한 갈색의 얇은 막으로 된 잎집이 붙어 있다. 질은 단단하고 잘 부러진다. 잎은 어긋나게 나고 버들잎 모양인데 쭈그러졌고 짧은 잎자루가 있다. 잎은 회녹색 또는 녹갈색이다. 냄새는 없고 맛은 쓰다.

잎이 많고 풀색이며 잡질이 없는 것이 좋은 것이다.

성분  아비쿨라린(avicularin), 케르세틴, 미리세틴(myricetin), 이소람네틴(isoramnetin), 루테올린 등의 플라보노이드, 스코폴레틴, 엄벨리페론(umbelliferone) 등의 쿠마린 화합물, 타닌, 비타민 C · K 등이 들어 있다. 뿌리에는 옥시메틸 안트라키논(oxymethyl anthrachinon)이 들어 있다. 아비쿨라린이 가수분해되면 케

마디풀

이
뇨
약
利尿藥

르세틴과 아라비노스가 생긴다.

**약 성**  맛은 쓰고 성질은 평하며(약간 서늘하다) 방광경에 작용한다.

**효 능**  이 약의 물 또는 알코올추출물은 동물 실험에서 뚜렷한 이뇨작용을 나타내고 혈액의 응고를 빠르게 하며 동맥압을 낮추고 호흡의 진폭을 크게 하였다.

이 약재의 물 및 알코올우림액은 자궁에 대하여 맥각과 비슷한 수축작용을 나타낸다. 이 약의 우림액은 담즙 분비작용과 이뇨작용을 나타내고 물추출물은 적리균에 대하여 억균작용도 나타낸다.

아비쿨라린 성분은 담즙 분비작용과 이뇨작용을 나타낸다.

**적 용**  방광습열로 오는 임증, 부종, 혈뇨, 방광염, 신장염, 황달, 어린이 회충증 등에 쓴다. 옴에도 외용한다. 세균성 적리, 해산 후 및 유산 후의 자궁출혈에도 쓴다.

**처방**  • 편축, 차전자, 목통, 구맥, 활석, 감초, 치자, 대황 같은 양을 원료로 하여 만든 **팔정산**(八正散)은 방광에 열이 맺혀 소변이 잘 나오지 않고 소변 빛깔이 붉거나 소변에 피가 섞여나올 때 쓴다. 한 번에 4~6g씩 하루 3번 복용한다.
**용 량**  하루 6~12g.

---

# 구맥(瞿麥)

석죽과 패랭이꽃속 여러해살이풀
패랭이꽃의 전초를 말린 것
*Dianthus chinensis* Linné

• 술패랭이의 전초는 약효가 비슷하므로 대용으로 쓴다.

**산 지**  모든 지방의 낮은 산과 들에서 키 30㎝ 정도 자란다.

**채 취**  여름부터 가을 사이에 전초를 베어 햇볕에 말린다.

**형 태**  줄기는 원기둥 모양이고 겉은 연한 녹색 또는 연두색이며 마디 부분은 굵다. 질은 단단하고 속은 비었다. 잎은 마주나고 가지 끝에 길이 약 3㎝ 되는 꽃이 붙어 있는데 꽃잎은 회자색 또는 황갈색이고 흔히 부서져 있다. 꽃받침은 원기둥 모양이고 끝이 5개로 갈라졌으며 밑에는 총포 조각이 있다. 가지 끝에 원추형의 삭과가 붙어 있는 것도 있다.

패랭이꽃과 술패랭이꽃은 비슷한데 술패랭이꽃은 패랭이꽃에 비하여 잎이 좁고 꽃잎의 끝이 깊게 갈라졌다. 그리고 꽃받침(악통)의 길이가 패랭이꽃에서는 꽃 전체 길이의 1/2이고 술패랭이꽃에서는 3/4이다. 또한 총포의 길이가 패랭이꽃에서는 꽃받침의 약 1/2, 술패랭이 꽃에서는 꽃받침의 약 1/4이다. 냄새는 없고 맛은 약간 달다.

빛깔이 녹색 또는 연두색이고 잡질이 없는 것이 좋은 것이다.

351

**성 분** 술패랭이 꽃에서 적은 양의 알칼로이드가 분리되었다.

**약 성** 맛은 맵고 쓰고 성질은 차며 방광경·심경에 작용한다.

**효 능** 해열작용을 하고 소변을 나오게 하며 피를 잘 돌아가게 하고 월경을 통하게 한다.

동물 실험에서 패랭이꽃 탕약의 이뇨작용이 증명되었다. 탕약을 토끼에게 먹이면 뚜렷한 이뇨작용이 나타나는데 패랭이꽃 이삭은 줄기보다 더 강하다.

패랭이꽃은 실험동물의 장에는 흥분적으로, 심장에 대해서는 억제적으로 작용하며 혈압을 내려주었다.

**적 용** 습열로 인한 임증, 배뇨장애, 부종, 부스럼, 무월경 등에 쓴다. 그리고 결막염에도 쓴다.

패랭이꽃

**처방**
• 구맥, 질경이 씨, 으름덩굴 줄기, 마디풀, 곱돌, 감초, 치자, 대황 같은 양을 원료로 하여 만든 팔정산(八正散)은 방광염, 방광에 열이 맺혀 소변이 잘 나가지 않고 소변 빛깔이 붉거나 소변에 피가 섞여 나올 때 쓴다. 한번에 4~6g씩 하루 3번 복용한다.
• 구맥·활석·차전자·동규자 각각 8g을 원료로 하여 만든 구맥산(瞿麥散)은 소변이 잘 나오지 않고 음부가 아플 때(임증) 쓴다. 한 번에 6~8g씩 하루 3번 복용한다.

**용 량** 하루 6~12g.

**주 의** 임산부에게는 쓰지 말아야 한다.

술패랭이

흰술패랭이

이뇨약
利尿藥

# 동규자(冬葵子) 기채자, 아욱 씨

아욱과 아욱속 한해살이풀
아욱의 익은 씨를 말린 것
*Malva verticillata* L.

**산지** 전국. 농가에서 밭에서 채소로 재배하며 키 60~90cm로 자란다.

**채취** 여름부터 가을 사이에 익은 열매를 따서 햇볕에 말린 다음 비벼서 씨를 털고 잡질을 없앤다.

**형태** 원판 모양의 작은 입자로서 지름은 약 2mm이고 한쪽 면의 두께가 얇고 다른 쪽 면으로 가면서 점차 두꺼워진다. 겉은 황백색이고 방사 방향의 능선이 있다. 가종피를 벗겨 버리면 회갈색을 띤다. 질은 단단하다. 단면은 황갈색이고 기름기가 있다. 냄새와 맛은 없다.

잘 여물고 알이 고르며 잡질이 없는 것이 좋은 것이다.

**법제** 그대로 쓰거나 또는 살짝 볶아서 쓴다.

**성분** 지방 20~30%, 단백질 등이 들어 있다.

**약성** 맛은 달고 성질은 차며 방광경에 작용한다.

**효능** 소변을 잘 나오게 하고 대변을 통하게 하며 젖이 잘 나오게 한다.

**적용** 임증, 부종, 배뇨장애, 변비, 젖이 잘 나오지 않을 때 등에 쓴다.

**처방**
- 동규자 20g을 달여서 이뇨, 완하, 최유약으로 쓴다. 하루 3번 나누어 복용한다.
- 동규자·복령 각각 같은 양을 섞어 만든 **규자복령산**(葵子茯苓散)은 임산부가 몸이 붓고 소변을 보지 못하며 오슬오슬 춥고 일어서면 어지러울 때 쓴다. 한 번에 8g씩 하루 2~3번 복용한다.
- 동규자 3, 축사인 2를 섞어 가루내어 젖이 나오지 않을 때 쓴다. 한 번에 4~5g씩 하루 3번 복용한다.

**용량** 하루 6~20g.

아욱

이뇨약 利尿藥

# 석위(石韋)

고란초과 석위속 늘푸른여러해살이풀
석위의 지상부를 말린 것
*Pyrrosia lingua* (Thunb.) Farwell

**산 지** 남부 지방. 산지의 바위 또는 나무 줄기 위에서 자란다.

**채 취** 봄부터 가을 사이에 지상부를 뜯어 바람이 잘 통하는 그늘에서 말린다.

**형 태** • 석위 – 말려 있는 잎을 펴 보면 버들잎 모양이고 길이 8~20cm, 너비 2~5cm이다. 잎의 윗면은 연두색 또는 회갈색이고 아랫면은 황갈색인데 갈색의 별 모양 털이 빽빽이 나 있거나 혹은 갈색의 포자주머니가 점 모양으로 나타난다. 길이 2~10cm의 잎자루가 있다. 질은 가죽질이고 단단하며 잘 부서진다. 냄새는 없고 맛은 약간 쓰다.

• 애기석위 – 석위보다 작다. 즉 잎의 길이는 3~6cm, 너비는 1.5~3cm이다.

잎이 두껍고 온전한 것이 좋은 것이다.

**법 제** 솔로 털을 쓸어내고 3~5mm의 너비로 썰어서 쓴다.

**성 분** 석위에는 플라보노이드, 사포닌, 안트라퀴논 유도체, 타닌, 디플로프텐(diploptene), B-시토스테롤 등이 있다.

애기석위에는 플라보노이드(flavonoid), 사포닌, 수지, 페놀 등이 들어 있다.

**약 성** 맛은 쓰고 성질은 평(약간 차다)하며 폐경·방광경에 작용한다.

**효 능** 소변이 잘 나오게 하고 임증을 치료하며 폐열을 내리게 한다.

실험에서 석위가 황금색포도상구균·변형막대균·대장막대균 등에 대해 억균작용을, 애기석위가 지해작용을 하는 것이 밝혀졌다.

**적 용** 임증, 배뇨장애, 급성 요도염, 방광염, 혈뇨 등에 쓴다. 그 밖에 기침할 때도 쓴다.

**처방** • 석위·당귀·포황·백작약 각각 같은 양을 섞어 가루내어 소변이 잘 나오지 않고 방울방울 떨어지면서 음부가 아프며 소변에 피가 섞여 나올 때(혈림) 쓴다. 한 번에 4~6g씩 하루 3번 복용한다.

**용 량** 하루 6~12g.

석위

이뇨약
利尿藥

# 옥미수(玉米鬚) 강냉이 수염, 옥수수 수염

벼과 옥수수속
옥수수의 암술(수염)을 말린 것
*Zea mays* L.

**산 지** 전국. 농가의 밭에서 작물로 재배하며 키 1~3m로 자란다.

**채 취** 가을에 옥수수를 따서 껍질을 벗길 때 수염을 모아 햇볕에 말린다.

**형 태** 실 모양인데 엉켜서 덩어리를 이루고 있다. 암술의 길이는 약 30cm이고 너비는 약 0.5mm이며 빛깔은 황백색 또는 회황갈색이고 흰 털이 약간 있다. 윗부분 끝에는 두 갈래로 갈라진 길이 0.3~3mm 되는 주두가 있다. 흔히 주두가 떨어져 있다. 특이한 냄새가 나고 맛은 거의 없다.

**성 분** 비타민 $B_1$ · $B_2$ · $B_{12}$ · C · K · A · E · P, 쓴배당체, 사포닌, 피토스테롤(phytosterol), 당, 유기산, 지방유, 정유, 염화칼륨 등이 들어 있다.

**약 성** 맛은 달고 성질은 평하다. 방광경 · 간경 · 담경에 작용한다.

**효 능** 이뇨작용이 있다. 소염작용과 염증성 삼출물의 흡수를 빠르게 하는 작용을 하며 담즙 분비를 빠르게 한다. 그리고 혈액 속의 프로트롬빈의 함량을 늘려 혈액의 응고를 빠르게 하며 혈압을 내리게 한다.

신장 및 방광의 결석을 녹인다는 보고도 있다.

**적 용** 신장염, 심장성 및 신장성 부종, 습성 늑막염, 방광염, 요도염, 황달, 간염, 담낭염, 담도염, 신석증, 방광결석, 담석증 등에 쓴다. 고혈압에도 쓴다.

>
> **처방** • 주치증에 옥미수 한 가지를 탕약으로 써도 좋다. 10~20g을 달여 하루 3번에 나누어 복용한다.
> • 옥미수 15g, 자매과(생열귀 열매) 10g, 의이인 20g, 강황 20g, 감초 30g, 이노시톨(inositol) 0.1g, 사탕 60g으로 100㎖ 되게 만든 옥미수합제(玉米鬚合劑)는 신장염, 만성 간염, 간경변, 담석증 등에 쓴다. 1회 10㎖씩 하루 3번 복용한다.
> **용량** 하루 10~20g.

옥수수

# 등심초(燈心草) 골풀 속살

골풀과 골풀속 여러해살이풀
골풀 줄기의 속살(수)을 말린 것
*Juncus effusus var. decipiens* Buchenau

**산 지** 전국. 들의 습지 또는 개울가에서 키 1m 정도 자란다.

**채 취** 늦은 여름부터 가을 사이에 줄기를 베어 속살을 뽑아 햇볕에 말린다.

**형 태** 긴 원기둥 모양인데 지름은 1.5~3㎜이다. 겉은 흰색 또는 황백색이고 세로주름이 있다. 질은 부드럽고 가벼우며 탄성이 있지만 잘 끊어진다. 단면은 흰색이다.

굵고 길며, 빛깔이 하얗고 가벼운 것이 좋은 것이다.

**성 분** 플라보노이드 성분인 글루코루테올린(glucoluteolin)과 아라비노스, 자일로스(xylose) 등의 당이 들어 있다.

또 에푸솔(effusol), 준쿠솔(juncusol), 페난트렌(phenanthrene), 루테올린-7-글루코시드, 섬유, 지방유, 단백질 등이 들어 있다.

**약 성** 맛은 달고 성질은 차가우며 폐경·심경에 작용한다.

**효 능** 소변을 잘 나오게 하고 열을 내리게 한다.

탕약은 동물 실험에서 뚜렷한 이뇨작용이 증명되었다. 이 탕약의 이뇨작용은 디우레틴보다도 세다. 이뇨작용을 나타내는 성분은 루테올린이다.

약한 소염작용도 나타내며 뱀독에 대한 해독작용도 있다.

**적 용** 임증, 배뇨장애, 부종, 심열로 가슴이 답답하고 잠을 자지 못할 때, 폐열로 오는 기침, 후두염 등에 쓴다.

**처방** •등심초 4g, 감초 4g, 목통 10g, 치자 8g, 동규자 10g, 활석 10g을 섞어 배뇨장애에 쓴다. 달여서 하루 3번에 나누어 복용한다.
•불면증에 등심초 한 가지를 달여 복용하기도 한다. 4g을 달여 하루 3번에 나누어 복용한다.
**용 량** 하루 2~4g.

골풀

이뇨약 利尿藥

# 재실(梓實) 자실, 향오동 열매

능소화과 개오동나무속 갈잎큰키나무
개오동나무(향오동나무)의 열매를 말린 것
*Catalpa ovata* G. Don

**산 지** 전국. 민가 부근에서 관상용으로 식재하며 높이 10~20m로 자란다.

**채 취** 9월 하순경 열매가 흑녹색을 띨 때 열매를 따서 햇볕에 말린다.

**형 태** 원기둥 모양이고 길이는 30~40cm, 지름은 0.4~0.5cm이며 약간 구부러지고 세로로 터진 것도 있다. 겉은 암갈색 또는 녹갈색이고 윤기가 있으며 약간 튀어나온 검은 점이 있다. 질은 가볍고 부서지기 쉽다. 속에 길이 0.8~1cm, 너비 약 0.2cm 되는 회갈색의 납작한 씨가 여러 개 들어 있다. 씨의 양 끝에는 길이 약 1cm 되는 흰 털이 있다. 냄새는 없고 맛은 떫다.

**성 분** 카탈포시드(catalposide), 데스 파라히드록시(des-P-hydroxy) 벤졸 카탈포시드 등의 배당체, 플라보노이드, 파라히드록시안식향산, 레몬산, $\beta$-시토스테롤, 밀랍, 칼륨염 등이 들어 있다.

**약 성** 맛은 달고 성질은 평하다(성질이 차다고도 한다).

**효 능** 소변을 잘 나오게 한다. 향오동 열매의 탕약과 메탄올추출물은 동물 실험에서 이뇨작용을 나타낸다. 그리고 전해질의 배설량도 늘린다.

이 약재의 이뇨작용은 주로 카탈포시드와 데스 파라히드록시 벤졸 카탈포시드에 의하여 나타난다.

**적 용** 부종, 배뇨장애, 만성 신장염으로 몸이 붓고 당뇨가 나올 때 쓴다.

**처방** • 주치증에 대개 이 약 한 가지를 쓰는 경우가 많으나 다른 이뇨약을 섞어 쓸 수도 있다. 이 약 한 가지를 쓸 때는 10g을 물 400㎖로 1/2이 되도록 달여서 하루 3번에 나누어 복용한다.
**용 량** 하루 6~15g.

개오동나무

# 정력자(葶藶子) 꽃다지 씨

십자화과 꽃다지속 두해살이풀
꽃다지의 익은 씨를 말린 것
*Draba nemorosa* L.

• 다닥냉이의 익은 씨를 대용으로 쓸 수 있다.

**산 지** 전국. 들판과 길가의 양지 쪽에서 키 20cm 정도 자란다.

**채 취** 이른 여름 씨가 익은 다음 전초를 베어 햇볕에 말리고 두드려 씨를 털고 잡질을 없앤다.

**형 태** 둥근 달걀 모양이고 납작하며 길이는 약 0.7mm, 너비는 0.45~0.5mm이다. 겉은 연한 갈색이고 확대경으로 보면 작은

**처방** • 정력자 10g, 대조 10g을 섞은 정력대조사폐탕(葶藶大棗瀉肺湯)은 담음으로 가슴이 답답하고 기침이 나고 숨이 차며 몸이 부을 때 쓴다. 그리고 폐옹(폐농양) 초기에도 쓴다. 달여서 하루 3번에 나누어 복용한다.

**용 량** 하루 4~10g.

**금 기** 몸이 몹시 허약한 사람에게는 쓰지 않는다.

꽃다지

혹 모양의 돌기가 있다. 냄새는 거의 없고 맛은 맵다.

연한 갈색이고 맛이 매우며 잡질이 없는 것이 좋은 것이다.

다닥냉이 씨는 역시 둥근 달걀 모양의 알갱이이며 길이는 0.5~0.8mm, 너비는 0.4~0.5mm이고 겉은 연한 황갈색 또는 황감색이다. 확대경으로 보면 한쪽 끝은 뾰족하고 다른 쪽 끝은 둥글며 가운데 가는 홈이 한 줄 보인다. 냄새는 없고 맛은 약간 매우며 기름기가 있다.

**법 제** 약재를 약간 볶거나 술에 불렸다가 볶는다. 또는 증기로 쪄서 쓴다.

**성 분** 배당체인 시니그린과 시나핀(sinapine), 효소인 에멀신, 지방 등이 들어 있다.

**약 성** 맛은 맵고 쓰며 성질은 차고 폐경·방광경에 작용한다.

**효 능** 설사를 일으키고 담을 없애며 소변을 잘 나오게 한다. 이뇨작용이 실험적으로 증명되었다.

**적 용** 담음으로 가슴이 그득한 감이 있고 기침이 나며 숨이 가쁠 때, 폐옹(폐농양), 부종, 복수, 배뇨장애, 변비, 백일해, 심장질환으로 인한 호흡곤란, 해수, 천식, 삼출성 늑막염 등에 쓴다.

이뇨약
利尿藥

# 차전초(車前草) 길짱구

질경이과 질경이속
질경이의 전초를 말린 것
*Plantago asiatica* L.

**산 지** 전국. 들의 풀밭이나 길가에서 키 10~50cm로 자란다.

**채 취** 여름철에 전초를 채취하여 물에 씻고 그늘에서 말린다.

**형 태** 잎은 넓은 달걀 모양 또는 타원형이다. 잎의 끝은 둔하고 가장자리는 매끈하거나 뚜렷하지 않은 둔한 톱니로 되어 있으며 밑부분은 쐐기 모양이다. 긴 잎자루가 있다. 표면은 회녹색이고 5~7개의 활처럼 구부러진 평행 잎맥이 있다. 꽃대는 길이 15~30cm, 지름 1~3mm이며 윗부분에 작은 꽃들이 이삭화서를 이룬다. 냄새는 없고 맛은 밋밋하다.

**성 분** 아우쿠빈, 플란타기닌(planta-ginin), 우르솔산, $\beta$-시토스테롤 팔미틴산의 $\beta$-시토스테롤에스테르, 비타민 B$_1$, C, K 등이 들어 있다. 그리고 다당류 성분인 플란타글루코시드(plantaglucoside)가 들어 있다.

**약 성** 맛은 달고 성질은 차며 소장경·대장경·비경·간경에 작용한다.

**효 능** 소변을 잘 나오게 하고 열을 내리게 하며 가래를 삭이고 기침을 멈추며 눈을 밝게 한다. 그리고 출혈을 멎게 한다.

질경이 탕약은 기관지 분비를 항진시키며 가래 삭임작용과 지해작용을 나타낸다.

질경이 물우림액은 위액 분비를 조절하고 위의 운동도 조절한다. 그리고 억균작용도 나타낸다.

잎에서 뽑아낸 펙틴은 항궤양작용, 소염작용을 나타낸다. 질경이추출물은 항종양작용도 나타낸다.

**적 용** 부종, 배뇨장애, 황달, 이슬, 기침, 만성 기관지염, 눈이 충혈되고 붓고 아플 때, 후두염, 비출혈, 혈뇨, 만성 위염, 위궤양, 설사, 세균성 적리, 피부궤양 등에 쓴다.

질경이

**처방** • 주치증에 다른 약을 섞어 쓸 수도 있으나 차전초 한 가지를 써도 좋다. 즉, 차전초 10~20g을 달여 하루 3번에 나누어 복용한다.

**용량** 하루 10~20g. 신선한 것은 하루 30~60g.

이뇨약 利尿藥

# 동과피(冬瓜皮) 동아 껍질

박과 동아속 한해살이덩굴풀
동아의 열매껍질을 말린 것
*Benincasa hispida Cong.*

**산 지** 아시아 열대, 인도 원산. 약재로 재배한다.

**채 취** 익은 열매의 껍질을 벗겨서 햇볕에 말린다.

**형 태** 마른 열매 껍질은 안쪽으로 말려서 관 모양 또는 반관 모양을 이루며 크기는 같지 않다. 표면은 매끈하고 연한 노란색, 황녹색 또는 암녹색이며 가죽질이고 흰 가루로 덮여 있다. 안쪽 면은 거칠다. 질은 가볍고 잘 부러진다. 냄새는 없고 맛은 밋밋하다.

껍질이 얇고 녹색이며 가루가 묻어 있고 깨끗하며 잘 마른 것이 좋은 것이다.

**성 분** 밀(밀랍), 수지 등이 있다.

**약 성** 맛은 달고 성질은 약간 차며 폐경·위경에 작용한다.

**효 능** 소변을 잘 나오게 하고 부기를 가라앉게 한다. 이뇨작용이 실험적으로 증명되었다.

**적 용** 부종, 배뇨장애에 쓴다. 서열을 없애므로 서열증에도 쓴다.

**처방**
• 동과피 20g, 복령·저령·택사·백출 각각 10g을 달여 부종·배뇨장애에 쓴다.
• 동과피·서과피 각각 30g을 달여 서열증에 쓴다. 하루 3번에 나누어 복용한다.

**용 량** 하루 15~30g.

**참 고** 껍질 벗긴 동과를 약간 노랗게 볶아 가루로 만들어 남성의 백탁·소변불순, 여성의 적백대하에 쓴다. 매일 3차례 식전마다 밥물로 한 번에 7.5g씩 오래 복용하면 치료 효과를 볼 수 있고 몸에 좋은 보약도 된다.

동아

동아 꽃

# 율초엽(葎草葉) 한삼덩굴 잎

뽕나무과 한삼덩굴속 한해살이덩굴풀
한삼덩굴(환삼덩굴)의 잎을 말린 것
*Humulus japonicus* S. et Z.

**산 지** 전국. 들이나 산기슭에서 무성하게 자란다.

**채 취** 여름철 잎이 무성할 때 잎을 뜯어 그늘에서 말린다.

**형 태** 손바닥 모양인데 3~7조각으로 깊이 갈라지고 긴 잎자루가 붙어 있다. 표면은 녹색이고 뒷면의 빛깔은 조금 연하다. 잎 뒷면의 잎맥과 잎자루에 짧고 강한 가시 모양의 털이 있다. 냄새와 맛은 거의 없다.

빛깔이 녹색이고 잘게 부서지지 않은 것이 좋은 것이다.

**성 분** 전초에는 루테올린, 배당체, 콜린, 아스파라미드(asparamide), 정유, 타닌, 수지 등이 들어 있다. 잎에는 코스모시인(cosmosiin), 비텍신(vitexin)이 들어 있다. 열매에는 후물론(humulone)·루풀론(lupulone)이, 정유에는 β-후물레논(humulenone)·캐리오필렌(caryophyllene) 등이 들어 있다.

**약 성** 맛은 달고 쓰며 성질은 차다.

**효 능** 해열작용과 해독작용을 하며 어혈을 없애주고 소변을 잘 나오게 한다.

혈압 강하작용과 이뇨작용이 실험적으로 밝혀졌다. 그리고 그람양성균에 대하여 뚜렷한 억균작용을 나타낸다.

**적 용** 열이 나고 가슴이 답답하며 갈증이 날 때, 학질, 폐결핵 환자의 발열증, 소화장애, 급성 위장염, 부종, 설사, 이질, 방광염, 요도염, 임증, 요도결석, 고혈압 등에 쓴다.

**처방** 다른 약을 섞어서 쓸 수도 있으나 율초엽 한 가지만 써도 좋다.
- 고혈압에는 율초엽을 가루내어 쓴다. 한 번에 4g씩 하루 3번 복용한다.
- 설사, 이질, 급성 위장염, 폐결핵 등에는 율초엽 10~20g을 달여 쓴다. 하루 3번에 나누어 복용한다.

**용 량** 하루 10~20g.

한삼덩굴

이뇨약 利尿藥

# 연전초(連錢草)

꿀풀과 긴병꽃풀속 여러해살이풀
긴병꽃풀의 전초를 말린 것
*Glechoma hederacea var. longituba*

[ 산 지 ] 중부 이북 지방. 산이나 들의 습한 양지 쪽에서 키 5~20㎝로 자란다.

[ 채 취 ] 여름 또는 가을에 지상부를 베어 햇볕에 말린다.

[ 형 태 ] 줄기는 네모기둥 모양이며 가늘고 비틀려 구부러졌다. 바깥 면은 황록색 또는 적자색이며 짧고 부드러운 털이 드문드문 있으며, 마디에 일정하지 않은 뿌리가 붙어 있다. 질은 부스러지기 쉽고 절단면은 속이 비어 있다. 잎은 마주나고 쭈그러졌으며 펴 보면 신장 모양 또는 심장 모양에 가까우며 길이 1~3cm, 너비 1.5~3cm이고 회록색~녹갈색이며 가장자리에는 둥근 거치가 있다. 잎자루는 가늘고 길이 4~7cm이다. 손으로 비비면 향기가 나고 맛은 약간 쓰다.

[ 성 분 ] 전초에 정유, 유기산, 아미노산, 타닌, 사포닌, 쓴맛 성분, 비타민 C 등이 들어 있다.

[ 약 성 ] 맛은 맵고 약간 쓰며 성질은 약간 차다.

[ 효 능 ] 해열작용과 해독작용을 하며 소변을 잘 나오게 하고 어혈을 흩어지게 한다.

소염작용, 진통작용, 지해작용, 가래삭임작용, 해열작용, 장의 긴장도를 낮추는 작용 등이 실험적으로 증명되었다.

[ 적 용 ] 신석증, 방광결석, 황달, 타박상 등에 쓴다. 그 밖에 기관지천식, 만성 기관지염, 방광염, 소아간질 등에도 쓴다.

[ 처방 ]
• 다른 약을 섞어서 쓸 수도 있으나 이 약 한 가지를 15~30g씩 달여 하루 3번에 나누어 복용한다.
• 당뇨병에 연전초 15g을 달여서 하루 3번 나누어 복용한다. 장기간 계속 복용하면 효과를 볼 수 있다.
[ 용 량 ] 하루 15~30g.

이뇨약 利尿藥

# 해금사(海金砂) 실고사리 포자

실고사리과 실고사리속 여러해살이덩굴풀
실고사리의 포자를 말린 것
*Lygodium japonicum* (Thunb.) Sw.

**산 지** 중부 이남 지방. 낮은 산과 들판에서 자란다.

**채 취** 8~9월에 포자낭이 터지기 전에 줄기와 잎을 베어 햇볕에 말린 다음, 잎의 뒷면을 두드려서 포자를 털고 가는 체로 쳐서 줄기와 잎을 골라내어 버린다.

**형 태** 작은 알갱이로 된 부드러운 가루다. 빛깔은 황갈색이다. 질은 가볍고 매끈거리며 날리기 쉽다. 손가락 사이에 놓고 비비면 약간 깔깔하다. 종이 위에 놓고 불에 태우면 튀는 소리를 내면서 타고 재는 날지 않는다. 가루를 물에 넣으면 물 위에 뜨는데, 끓으면 가라앉는다.

**성 분** 플라보노이드, 리고딘(lygodin), 지방유 등이 들어 있다.

**약 성** 맛은 달고 성질은 차가우며 방광경·소장경에 작용한다.

**효 능** 해열작용을 하며, 소변을 잘 나오게 한다.

해금사는 황금색포도상구균에 대한 억제작용을 나타내고 녹농막대균, 플렉스네르적리막대균, 티푸스막대균에 대해서도 약간 억제작용을 나타낸다.

**적 용** 방광에 습열이 있어 소변이 붉고 잘 나오지 않으며 아플 때, 혈림, 석림 등에 쓴다. 간염, 편도염, 폐렴, 기관지염 등에도 쓴다.

**처방**

• 해금사·석위·활석·편축·저령·동규자·금은화 각각 10g을 열림에 쓴다. 달여서 하루 3번에 나누어 복용한다.
• 해금사 한 가지를 12g 달여 열림에 쓴다. 하루 3번에 나누어 복용한다.
• 해금사·괴화·백모근·구맥 각각 10g을 달인 물에 호박 가루 1.5g을 타서 혈림에 쓴다. 하루 3번에 나누어 복용한다.

**용 량** 하루 6~12g.

이뇨약
利尿藥

# 적소두(赤小豆)

콩과 팥속 한해살이풀
팥의 익은 씨를 말린 것
*Phaseolus angularis* W. F. Wight

**산 지** 전국. 농가의 밭에서 작물로 재배하며 키 50~90㎝로 자란다.

**채 취** 가을에 씨가 완전히 익은 다음에 지상부를 베어 말린 다음 두드려 씨를 털고 말린다.

**형 태** 원기둥 모양으로 조금 납작하며 씨 껍질은 적갈색으로 매끈매끈하고 윤기가 난다. 열매의 배꼽 부분인 종제(鍾臍)는 줄 모양을 하고 흰색이며 전체 길이의 3분의 2 정도이고 중간이 오목하게 들어갔다. 질이 단단하여 쉽게 부서지지 않고 씨껍질을 제거하면 2개의 유백색 떡잎이 보인다.

**성 분** 비타민 B₁·B₂·PP, 단백질, 탄수화물, 지방, 칼슘, 인, 철 등이 들어 있다.

**약 성** 맛은 달고 약간 시며

팥

성질은 평하고 심경·소장경에 작용한다.

**효 능** 소변을 잘 나오게 하고 피를 돌아가게 하며, 고름을 빼내고 염증을 치료하며, 살충작용, 해독작용을 한다. 그리고 젖을 잘 나오게 하는 작용과 월경을 원활하게 하는 작용도 있다.

**적 용** 각기병, 부종, 황달, 부스럼, 당뇨병, 고열을 수반하는 종기 등에 쓴다. 특히 각기병의 예방 치료에 좋은 효과를 볼 수 있다. 전염성 이하선염, 간경변에 의한 복수, 이질설사에도 쓴다.

**처방** 다른 약을 섞어서 쓸 수 있으나 적소두 한 가지를 하루 10~30g씩 달여 복용해도 된다.
- 당뇨병에 팥(불려서 싹을 내어 말린 것) 120g, 돼지 지레 1개를 끓여서 복용한다.
- 부스럼과 전염성 이하선염에는 적소두 50~70알을 가루 내어 꿀에 개거나 따뜻한 물과 달걀 흰자위에 개어서 환부에 붙인다.

**용 량** 하루 15~30g.

# 비해(萆薢) 큰마

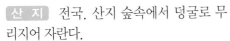

마과 마속 여러해살이덩굴풀
도꼬로마(큰마)의 뿌리줄기를 말린 것
*Dioscorea tokoro* Makino

산지  전국. 산지 숲속에서 덩굴로 무리지어 자란다.

채취  봄 또는 가을에 뿌리줄기를 캐어 줄기와 잔뿌리를 다듬고 물에 씻어 햇볕에 말린다.

형태  원기둥 모양인데 길이 10~20 ㎝, 지름 1~2㎝이고 구부러졌으며 가지를 친 것도 있다. 겉은 황백색 또는 회황색이며 튀어나온 잔뿌리 자국이 있다. 질은 단단하며 단면은 황백색이다. 냄새와 맛은 없다.

굵고 크며 빛깔이 황백색인 것이 좋은 것이다.

성분  디오스신(dioscin)을 비롯하여 그라실린(gracillin), 디오스코레아사포톡신(dioscoreasapotoxin) A(이상 사포닌의 sapogenin은 diosgenin임)와 토코로닌(tokoronin), 요노닌(jononine) 등의 사포닌이 들어 있다.

약성  맛은 쓰고 성질은 평하며 위경·간경에 작용한다.

효능  풍습을 없애주고 소변을 잘 나오게 한다.

실험에 의하면 디오스신과 디오스코레아사포톡신 A는 살충작용이 있다. 그리고 디오스신은 사상균에 대한 억균작용을 나타낸다.

적용  풍한습비, 요통, 임증, 백탁, 이슬, 배뇨장애, 헌데 등에 쓴다.

처방  • 비해·석창포·오약·익지인·백복령 각각 8g, 감초 4g을 섞은 **비해분청음**(萆薢分淸飮)은 백탁에 쓴다. 달여서 하루 3번에 나누어 복용한다.

용량  하루 6~12g.

금기 진액이 부족한 환자에게는 쓰지 않는다.

도꼬로마

꽃

# 호박(琥珀)

소나무과에 속하는 소나무속 식물의 수지가
땅 속에 묻혀 오랜 시일이 지나 화석으로 된 것

화학식 : $C_{40}H_{64}O_4$

**산 지** 퇴적암 속에서 발견되며 특히 탄
층에 수반되는 경우가 많다.

**채 취** 수시로 땅속에서 캐내어 잡질을
없애고 깨끗이 씻어 말린다.

**형 태** 불규칙한 덩어리 또는 알갱이다.
굳기 2.0~2.5, 비중 1.0~1.1이다. 287℃
에서 녹고 불꽃을 내고 타며 특유한 냄새
가 난다. 빛깔은 붉은색 또는 암갈색이고,
겉은 매끈하지 않으며 윤이 난다. 질은 가
볍고 부스러지기 쉽다. 맛은 밋밋하며 씹
으면 모래 씹는 감이 있다. 태울 때 흰 연
기가 나고 송진 냄새가 난다.

덩어리가 고르고 질이 가벼우며, 빛깔이
붉고 투명하며 잘 부서지는 것이 좋은 것
이다.

**법 제** 덩어리를 잘게 깨뜨려서 가루내
어 쓴다.

**성 분** 수지, 정유, 호박산 등이 함유되
어 있다.

**약 성** 맛은 달고 성질은 평하며 심경·
간경·방광경에 작용한다.

**효 능** 진정작용을 하고 소변을 잘 나오
게 하며 어혈을 없앤다.

**적 용** 소아경풍, 전간, 히스테리, 가슴
두근거림, 불면증, 임증, 배뇨장애, 해산

후 아래배가 아플 때(이혈), 무월경, 헌데
등에 쓴다.

**처방** •호박 38g, 천남성(법제한 것) 600g,
주사(또는 영사) 76g으로 만든 호박수성
환(琥珀壽星丸)은 전간에 쓴다. 1회에 3~4g씩
하루 3번 복용한다.

**용 량** 하루 1.5~3g(가루약 또는 알약으로).

호박의 재료가 되는 소나무 수지(송진)

이
뇨
약
利
尿
藥

# 대복피(大腹皮) 빈랑 열매 껍질

종려과 늘푸른열대식물
빈랑나무의 익은 열매 껍질을 말린 것
*Areca catechu* L.

**산 지** 말레이시아 원산. 열대 및 아열대 지역에서 자란다.

**채 취** 익기 시작하는 열매를 따서 뜨거운 물에 담갔다가 건져내어 말린 다음 세로로 한 번 쪼개어 열매 껍질을 벗긴다.

**형 태** 긴 달걀 모양 또는 타원형의 바가지 모양이다. 씨가 있던 자리가 있어 새의 둥지와 같은 모양을 나타낸다. 길이는 4~6cm, 너비 2~3.5cm, 두께는 2~5mm이다. 표면은 진한 적갈색이며 불규칙한 세로주름과 약간 튀어나온 가로무늬가 있으며 위쪽 끝에는 꽃술 자국, 밑에는 열매 꼭지 자국이 있다. 안쪽은 달걀 모양으로 오목하게 들어가 있고 갈색 또는 짙은 적갈색이며 매끈매끈하고 윤기가 난다. 질은 단단하고 가벼우며 연한 섬유질이고 길이로 찢어지기 쉽다.

냄새는 나지 않고 맛은 약간 떫다.

빛깔이 황백색이고 질이 부드러우며 잡질이 없는 것이 좋은 것이다.

**성 분** 빈랑 열매에는 알칼로이드인 아레코린(arecolin), 아레카이딘(arecaidine), 구바콜린(guvacolin), 구바신(guvacine), 지방유인 라우린산, 미리스틴산, 올레인산(olein酸), 팔미친산(palmitin酸), 타닌(tannin) 등이 들어 있다.

**약 성** 맛은 맵고 성질은 약간 따뜻하다. 비경·위경·대장경·소장경에 작용한다.

**효 능** 기를 돌아가게 하고 소변을 잘 나오게 한다.

빈랑 열매 껍질은 위장관의 긴장성을 높이고 꿈틀운동을 강하게 하며 소화액의 분비도 항진시킨다. 그리고 이뇨작용도 나타낸다는 것이 증명되었다.

**적 용** 비위의 기가 막힌 복부팽만, 부종, 각기병 등에 쓴다. 위염에도 쓴다.

**처방** 주치증에 하루 6~12g씩 탕제나 환제·산제 형태로 만들어 복용한다.
- 대복피·곽향·진피(陳皮)·후박·복령 각각 10g을 섞어 습으로 비위의 기가 막혀 복부팽만으로 더부룩할 때 쓴다. 달여서 하루 3번에 나누어 복용한다.
- 대복피·복령·동과피·백출·차전자·진피(陳皮) 각각 10g을 달여 부종, 배뇨장애에 쓴다. 하루 3번에 나누어 복용한다.

**용 량** 하루 3~9g.

**금 기** 설사 및 탈항 환자에게는 쓰지 않는다.

이뇨약 利尿藥

# 제8장 풍습증약(風濕證藥)

# 풍습

증약을 거풍습약(去風濕濕藥)이라고도 한다. 풍습증약은 일반적으로 맛이 맵거나 쓰고 성질은 따뜻하며 주로 간경·신경에 작용한다.

풍습증약은 풍습을 없애며 한사를 풀어주고 경맥을 잘 통하게 하고 진통작용을 하므로 주로 풍한습비증, 관절통, 관절의 운동장애, 수족마비 같은 풍습증에 쓴다. 결국 풍습증약에는 주로 신경통, 관절염, 관절 류머티즘 등을 치료하는 진통약, 소염약들이 들어 있다.

풍습증약 중에는 오슬오슬 춥고 열이 나며 몸이 무거운 감이 있고 온몸의 뼈마디가 쑤시는 풍습표증에 쓰는 것도 있다.

풍습증약을 임상에 쓸 때는 환자의 병증에 맞추어 다른 약을 섞어 쓴다. 예를 들어 풍습표증에는 해표약을 섞어서 쓰며, 풍한습사가 경맥과 근골 부위에 있을 때에는 피를 잘 돌아가게 하고 경맥을 잘 통하게 하는 약을 섞어 쓰며, 풍습증 환자의 기혈 부족에는 기와 혈을 보하는 약을 섞는다.

오랜 비증을 치료하는 경우에는 풍습증약으로 약술을 만들어 쓰는 것이 좋다. 풍습증약은 대개 마르게 하는 성질(조성)이 있으므로 진액이 부족한 환자에게는 풍습증약을 쓰지 않는 것을 원칙으로 한다.

---

# 강활(羌活)

산형과 멧미나리속 여러해살이풀
강활의 뿌리를 말린 것
*Ostericum praeteritum Kitag.*

**산지** 중부 이북 지방. 깊은 산의 산골짜기 개울가에서 키 2m 정도 자란다.

**채취** 가을 또는 봄에 줄기가 없는 강활의 뿌리를 캐어 잎을 잘라내고 물에 씻어 햇볕에 말린다. 줄기가 선 것은 뿌리가 목질화되었기 때문에 약으로 쓰지 않는다.

**형태** 굵고 짧은 본뿌리에서 잔뿌리가 많이 갈라져 말꼬리 모양을 이룬다. 길이는 10~30cm, 지름은 2~6cm이다. 겉은 회갈색이고 세로주름이 많다. 질은 단단하고 잘 부러진다. 단면은 매끈하고 황백색 또는 황갈색이다. 특이한 냄새가 난다.

뿌리가 굵고 길며 충실하며 냄새가 강한 것이 좋은 것이다.

**성분** 정유가 0.2~0.6% 들

강활

어 있다. 쿠마린 성분도 들어 있다.

약 성 맛은 쓰고 매우며 성질은 약간 따뜻하고 방광경·소장경·간경·신경에 작용한다.

효 능 땀을 나게 하고 풍습을 없애주며 통증을 멎게 한다. 강활은 족태양방광경약으로서 주로 표의 풍한습을 없애주므로 표증과 상반신의 통증을 치료한다.

동물 실험에서 강활의 알코올추출물과 액체추출물의 진정작용·진통작용이 밝혀졌다. 알코올추출물의 진정작용·진통작용이 액체추출물의 작용보다 더 강하고 더 오래 나타난다. 강활 알코올추출물의 진통작용의 세기는 피라미돈과 비슷하지만 그 작용 시간은 더 길며 그 작용의 세기가 모르핀보다는 훨씬 약하다.

알코올추출물은 포르말린에 의한 염증

채취한 강활 뿌리

성 종창을 억제한다. 이 작용의 세기는 창출의 작용과 비슷하고 아미노피린, 백작약의 작용보다는 약하다.

액체추출물도 항염증작용을 나타낸다. 이 약의 독성은 약하다.

강활추출물은 억균작용도 한다.

적 용 감기, 풍한표증, 두통, 관절통, 풍한습비, 신경통, 목 뒤의 통증, 어깨와 등의 통증 등에 쓴다. 강활은 표증과 상반신의 통증에 주로 쓴다.

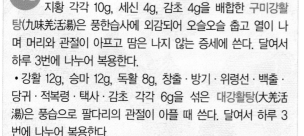

처방 •강활 12g, 방풍 12g, 산궁궁·백지·창출·황금·생지황 각각 10g, 세신 4g, 감초 4g을 배합한 구미강활탕(九味羌活湯)은 풍한습사에 외감되어 오슬오슬 춥고 열이 나며 머리와 관절이 아프고 땀은 나지 않는 증세에 쓴다. 달여서 하루 3번에 나누어 복용한다.
•강활 12g, 승마 12g, 독활 8g, 창출·방기·위령선·백출·당귀·적복령·택사·감초 각각 6g을 섞은 대강활탕(大羌活湯)은 풍습으로 팔다리의 관절이 아플 때 쓴다. 달여서 하루 3번에 나누어 복용한다.
•강활 15g, 독활 15g, 고본 8g 만형자 4g, 산궁궁 4g, 감초 8g을 섞어 만든 강활승습탕(羌活勝濕湯)은 풍습에 상하여 머리와 등이 아플 때 쓴다. 달여서 하루 3번에 나누어 복용한다.
•강활·산궁궁 각각 10g을 섞어 두통(태양두통)에 쓴다. 달여서 하루 3번에 나누어 복용한다.
용 량 하루 4~12g.
금 기 혈과 진액이 부족한 환자에게는 쓰지 않는다.

# 독활(獨活) 땃두릅, 총목

두릅나무과 두릅나무속 여러해살이풀
독활의 뿌리를 말린 것
*Aralia cordata* var. *continentalis* (Kitag.) Y. C. Chu

**산 지** 전국. 깊은 산골짜기에서 키 1.5m 정도 자란다.

**채 취** 가을이나 봄에 뿌리를 캐내어 물에 씻고 줄기와 잔뿌리를 다듬어서 햇볕에 말린다.

**형 태** 약간 꼬여 있는 원기둥 모양 또는 일정하지 않은 덩어리의 뿌리줄기에 길고 원기둥 모양의 뿌리가 여러 개 붙어 있다. 뿌리줄기는 구부러지고 겉은 회갈색이며 윗면에는 줄기가 붙었던 자리가 오목하게 들어갔다. 뿌리의 겉은 회갈색이고 거친 겉껍질층이 붙어 있으며 세로주름이 있다. 질은 가볍고 잘 부러진다. 단면은 미끈하지 않고 연노란색 또한 진한 갈색이다.

특이한 냄새가 나며 자극성이다.

뿌리가 굵고 무겁고 충실하며 겉껍질을 잘 벗긴 것이 좋은 것이다.

독활

**성 분** 정유가 1~1.5% 들어 있다. 정유에는 70~80%의 d-α-피넨, 3~4%의 프로아줄렌(proazulene), 0.07%의 스테린산 등이 들어 있다. 이 밖에 사포닌, 콜린, 살리실산, 타닌, 밀, 수지산, 포도당, 과당, 사탕 등이 들어 있다.

**약 성** 맛은 쓰고 달며 성질은 평(약간 따뜻하다)하고 신경·간경·소장경·방광경에 작용한다.

**효 능** 풍습을 없애주고 통증을 멎게 한다. 독활은 족소음 신경약으로서 주로 근골 부위와 하반신의 풍한습을 제거하여 근골 부위의 통증과 하반신의 풍한습비증을 치료한다.

약리실험에서 해열·진통·진경 작용이 밝혀졌다. 진통작용이 강하지는 않다. 또한 혈관의 투과성을 뚜렷하게 낮추고 항염증작용을 나타내며 혈액응고를 빠르게 한다.

호흡과 심장 운동을 강하게 하며 심장 수축의 진폭을 훨씬 크게 해준다. 그리고 혈압을 내리게 한다.

아줄렌은 강한 항알레르기작용, 항염증작용을 나타낸다.

**적 용** 풍한습비로 다리를 쓰지 못할 때, 관절통, 골산통, 중풍으로 말을 못하고 입과 눈이 삐뚤어지며 몸 절반을 쓰지 못할 때 등에 쓴다. 감기, 관절 류머티즘, 관절염, 신경통 등에도 쓴다.

독활은 주로 근골 부위의 통증, 하반신의 풍한습비증에 쓴다.

강활은 주로 상반신의 통증에, 독활은 주로 하반신의 통증에 쓰지만 임상에서는 흔히 이 두 가지 약을 섞어 쓴다.

**처방**
- 독활 · 상기생 · 당귀 · 숙지황 · 생강 각각 6g, 진교 · 세신 · 산궁궁 · 방풍 · 육계 · 복령 · 인삼 · 두충 · 우슬 각각 4g, 감초 2g을 섞어 만든 **독활기생탕**(獨活寄生湯)은 풍한습비로 허리와 무릎이 아프고 무릎이 시리며 맥이 없고 무릎을 굽히거나 펴는 데 장애가 있을 때 쓴다. 달여서 하루 3번에 나누어 복용한다.
- 독활로 만든 **독활주**(獨活酒)는 신경통, 관절 류머티즘 등에 쓴다. 즉, 독활 200g을 55% 알코올(㎖/㎖)로 우리고 찌꺼기를 수증기 증류하여 알코올 우림액과 수증기 증류액을 합한다. 이 때 전체의 양을 1,000㎖ 되게 한다. 독활주의 알코올 함량은 47~52%(㎖/㎖) 되게 한다. 한 번에 7~15㎖씩 하루 3번 복용한다.
- 독활 12g, 세신 4g을 섞어 두통(소음두통)에 쓴다. 달여서 하루 3번에 나누어 복용한다.

채취한 독활(뿌리)

# 오가피(五加皮) 오갈피

두릅나무과 오갈피나무속 갈잎떨기나무
오갈피나무의 뿌리와 줄기의 껍질을 벗겨서 말린 것
*Acanthopanax sessiliflorus* (Rupr. et Max.) Seem.

- 가시오갈피나무의 뿌리와 줄기 껍질을 대용으로 쓴다.

**산 지** 전국. 산과 들의 숲속에서 높이 3~4m로 자란다.

**채 취** 여름에 뿌리 또는 줄기의 껍질을 벗긴 다음 다시 겉껍질을 벗겨버리고 햇볕에 말린다.

**형 태** 뿌리의 껍질을 벗긴 것은 말려서 관 모양 또는 반관 모양으로 되었고 줄기의 껍질을 벗긴 것은 얇은 판 모양이다. 길이는 10~20㎝, 두께는 1mm 정도다. 겉은 황갈색이고 갈색의 피공이 있다. 안쪽 면은 황백색이고 섬유성이다. 특이한 냄새가 나고 맛은 약간 쓰다.

껍질이 두껍고 부서지지 않은 것이 좋은 것이다.

**성 분** 정유, 타닌, 배당체인 아칸토시드(acanthoside), 다우코스테린(daucosterin), 리그난 화합물인 세사민, 사비닌(sabinin) 및 비타민 A · C 등이 들어 있다.

**약 성** 맛은 맵고 쓰며 성질은 따뜻하고 간경 · 신경에 작용한다.

**효 능** 풍습을 없애며 기와 정을 보하며 근육과 뼈를 튼튼하게 한다. 오가피의 유동추출물과 총배당체는 동물 실험에서 중

오갈피나무

두 가지는 모두 항염증작용, 진통작용, 심장에 대한 억제작용, 자궁에 대한 흥분작용이 있고 독성은 약하다.

물우림액(1:10)은 척수회백질염 바이러스에 대한 억제작용을 나타낸다.

적용 간과 신이 허하여 근육과 뼈가 약해져서 다리를 쓰지 못할 때, 풍습으로 허리와 무릎이 아플 때, 팔다리가 오그라들며 아플 때, 각기병, 음위증, 여자의 음부소양증, 어린이의 걸음걸이가 늦어질 때 등에 쓴다. 그리고 방사선 병을 예방 치료할 때도 쓰며 신경통, 관절염, 관절 류머티즘 등에도 쓴다.

추신경 계통에 대한 흥분작용을 나타내며 몸에 해로운 여러 가지 인자들에 대한 내구력을 높이는데, 특히 방사선에 대한 몸의 내구력을 높여준다. 그리고 강심작용과 성 기능을 높여주는 작용도 있다.

오가피는 흰생쥐의 헤엄치는 시간도 늘린다. 오갈피나무의 뿌리껍질을 알코올로 우려내고 기름을 뺀 것과 기름을 빼지 않은 것으로 동물 실험을 한 결과에 의하면 이

처방 · 오가피 마른추출물 0.1g, 음양곽 마른추출물 0.15g, 음양곽 가루 0.25g으로 한 알의 무게가 0.5g 되는 알약을 만든 오가피환(五加皮丸)은 보약으로 또는 관절통, 신경통, 관절염 치료약으로 한 번에 2~3알씩 하루 2~3번 복용한다.

· 오가피 25, 우슬 15, 목과 15로 만든 오가피산(五加皮散)은 어린이가 세 살이 되도록 걷지 못할 때 쓴다. 한 번에 1g씩 미음에 타서 하루 3번 복용한다.

· 오가피 12g에 원지 10g을 섞어 각기병으로 다리가 붓고 아플 때 쓴다. 달여서 하루 3번에 나누어 복용한다.

· 오가피 한 가지를 6~12g씩 달여 관절통에 쓴다. 하루 3번에 나누어 복용한다.

용량 하루 6~12g.

참고 가시오갈피나무 껍질에서 배당체인 엘레우테로사이드, 알칼로이드인 aralin, 정유, 쿠마린, 플라보노이드 등이 분리되었고 동물 실험에서 강장작용, 중추신경 계통 흥분작용, 방사선을 비롯하여 몸에 나쁜 영향을 주는 요인에 대한 내구력을 높이는 작용, 혈당량 조절작용, 피로 해소작용, 성 기능을 높이는 작용 등이 밝혀져서 보약으로도 쓴다. 보약으로는 뿌리, 줄기, 잎을 쓴다. 뿌리껍질 또는 줄기껍질을 오가피와 같은 목적으로 쓰기도 한다.

· 하루 6~12g을 쓴다.

# 위령선(威靈仙)

미나리아재비과 으아리속 갈잎덩굴나무
으아리의 뿌리를 말린 것
*Clematis terniflora* var. *mandshurica* (Rupr.) Ohwi

• 외대으아리의 뿌리도 약효가 비슷하므로 대용으로 쓴다.

**[산 지]** 전국. 산기슭과 들의 숲가장자리 양지 쪽에서 길이 2m 정도 자란다.

**[채 취]** 가을 또는 봄에 뿌리를 캐어 줄기를 잘라내고 물에 씻어 햇볕에 말린다.

**[형 태]** 불규칙한 덩어리로 된 뿌리줄기에 가는 뿌리가 많이 붙어 말 꼬리 모양을 이루고 있다. 뿌리의 길이는 15~25㎝, 지름은 1~3㎜이다. 겉은 흑갈색 또는 적갈색이고 세로로 가는 무늬가 있다. 질은 단단하고 잘 부러진다. 단면을 보면 둘레는 회황색이고 가운데는 황백색이다. 냄새는 없고 맛은 자극성이다.

굵고 길며 충실하고, 겉이 흑갈색이며

으아리

줄기의 흔적과 잡질이 없는 것이 좋은 것이다.

**[성 분]** 클레마토시드(clematoside) A · B · C 등의 사포닌, 락톤 화합물인 아네모닌(anemonin), 쿠마린, 케르세틴, 켐페롤 등의 플라보노이드, 스티그마스테롤(stigmasterol), $\beta$-시토스테롤 등의 스테로이드, 카페인산, 펠룰라산 등의 방향족산이 들어 있다. 그 밖에 베툴린, 미오이노시톨(myoinositol), 아네모놀(anemonol) 등이 있다.

원래 신선한 식물에는 프로토아네모닌(protoanemonin)이 들어 있으나 채취 · 가공하는 과정에 두 분자가 중합되어 자극성이 없는 아네모닌으로 된다.

**[약 성]** 맛은 쓰고 성질은 따뜻하며 주로 방광경에 작용하고 12경맥에 통한다.

**[효 능]** 풍습을 없애고 담을 없애며 기를 잘 통하게 하고 통증을 멎게 한다.

동물 실험에서 으아리 탕약은 중추신경 계통에 대하여 흥분적으로 작용하는데 코페인, 스티리크닌과 협력한다. 으아리 탕약은 또한 호흡을 깊게 하고 호흡 빈도를 빠르게 하며 혈압을 일시적으로 내리게 한다. 탕약은 약한 진통작용과 이뇨

억제작용도 한다.

 적 용 풍습으로 인한 팔다리 통증, 요통, 슬통, 수족마비, 각기병, 오래 된 비증, 뱃속이 차고 아플 때 쓴다. 물고기 뼈가 목에 걸렸을 때, 징가, 현벽, 신경통, 관절염, 류머티즘성 관절염에도 쓴다. 으아리는 팔다리의 통증과 수족마비에 주로 쓴다.

채취한
으아리 뿌리

처방 • 위령선 · 방풍 · 형개 · 강활 · 백지 · 창출 · 황금 · 지실 · 길경 · 갈근 · 산궁궁 각각 4g, 당귀 · 승마 · 감초 각각 2g, 마황 8g, 적작약 8g을 섞은 영선제통음(靈仙除痛飮)은 풍습으로 인한 팔다리의 관절통에 쓴다. 달여서 하루 3번에 나누어 복용한다.

• 위령선 12g, 창출 12g(또는 오가피 10g)을 섞어 풍습으로 관절이 아플 때, 관절염, 관절 류머티즘에 쓴다. 달여서 하루 3번에 나누어 복용한다.

• 목에 물고기 뼈가 걸렸을 때는 위령선 12g을 달여 조금씩 자주 복용한다.

• 위령선 10, 창출 15, 오가피 5, 초오두(법제한 것) 5, 독활 5, 황백 5, 천남성 5를 섞어 만든 신경환(神經丸)은 관절염, 신경통, 관절 류머티즘에 쓴다. 한 번에 1알(1g)씩 하루 3번 복용한다.

용 량 하루 6~12g.

# 창출(蒼朮)

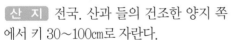

국화과 삽주속 여러해살이풀
삽주의 묵은 뿌리줄기를 말린 것
*Atractylodes ovata* (Thunb.) DC.

산 지 전국. 산과 들의 건조한 양지 쪽에서 키 30~100cm로 자란다.

채 취 가을 또는 봄에 뿌리줄기를 캐어 흙을 털어내고 줄기와 뿌리를 다듬어 버린 다음 물에 씻어 햇볕에 말린다.

형 태 원기둥 모양이고 잘룩잘룩한 마디가 있으며 길이는 3~10cm, 지름은 0.5~2cm이다. 겉은 진한 갈색이다. 질은 단단하고 잘 부러진다. 단면은 과립 모양이고 황백색인데 분홍색의 반점이 있다. 냄새는 향기롭고 맛은 쓰다.

굵고 줄기와 잔뿌리가 없으며 단면이 황백색이고 향기가 강한 것이 좋은 것이다.

창출은 원기둥 모양인데 잘룩잘룩한 마디가 있고 단면이 황백색이고 섬유질이 많으며 겉에 껍질이 있는 것으로 백출(흰삽주)과 구별된다.

법 제 그대로 또는 쌀뜨물에 2일간 담갔다가 쓴다. 쌀뜨물에 담그면 정유의 일부가 없어진다.

성 분 정유가 0.5~2.6% 들어 있는데 그 주성분은 아트락틸론(atractylon), 아트락틸로딘(atractylodin) 등이다. 정유에는 그 밖에 $\beta$-오이데스몰(eudesmol), 히네솔(hinesol)도 들어 있다.

약 성 맛은 쓰고 맵고 성질은 따뜻하며

**처방** • 창출 15, 진피(陳皮) 10, 후박 8, 감초 4, 생강 6, 대조 4를 섞어 만든 **평위산(平胃散)**은 비위에 습이 있어 입맛이 없고 소화가 잘 안 되며 복부팽만, 명치끝이 아프며 설사할 때, 급성 및 만성 위염, 위무력증, 위확장증 등에 쓴다. 한 번에 6~8g씩 하루 3번 복용한다.

• 창출 마른추출물 80, 백복령 145, 봉밀 적당량을 원료로 하여 만든 **창출고(蒼朮膏)**는 입맛이 없고 소화가 잘 안 될 때 건위약으로 또는 보약으로 쓴다. 한 번에 6~10g씩 하루 3번 복용한다.

• **이묘환(二妙丸)**；창출 15, 황백 15를 섞은 것에 우슬 15, 의이인 15를 섞은 **사묘환(四妙丸)**은 습열로 무릎이 붓고 아플 때 쓴다. 한 번에 3~5g씩 하루 3번 복용한다.

**용량** 하루 6~12g.

**금기** 진액이 부족하고 열이 있는 환자에게는 쓰지 않는다.

비경 · 위경 · 폐경 · 대장경 · 소장경에 작용한다.

**효능** 습을 없애고 비를 튼튼하게 하며 땀을 나게 하고 풍을 없앤다. 그리고 눈을 밝게 한다.

창출(삽주)과 백출(흰삽주)은 약효에서 다른 점이 있다. 즉 창출과 백출은 모두 습을 없애고 비를 튼튼하게 하지만 창출은 습을 없애는 작용이 더 강하고, 백출은 비를 튼튼하게 하는 작용이 더 강하다. 그리고 창출은 땀을 내게 하는 작용을 한다면

백출은 땀을 멈추게 하는 작용을 한다. 또한 창출은 눈을 밝게 하고 백출은 태아를 안정시킨다.

약리실험에 의하면 창출 탕약은, 피를 뽑아 빈혈을 일으킨 실험동물에게서 적혈구 · 혈색소 · 망상적혈구를 빨리 생겨나게 하며 위액의 산도를 약간 높인다.

창출추출물은 약한 이뇨작용과 약한 혈당량 강하작용을 나타낸다. 추출물은 또한 적은 양에서는 혈압을 약간 높이고 많은 양에서는 혈압을 낮춘다.

창출은 또한 소염작용도 나타낸다.

정유는 위장의 운동 · 분비 · 흡수 기능을 높여준다. 정유는 중추신경 계통에 대하여 적은 양에서는 진정작용을 나타내고 많은 양에서는 마비작용을 나타내며 나중에는 호흡과 심장도 마비시킨다.

창출은 시험관 안에서 억균작용도 나타낸다. 창출에 의한 공간 소독 실험에 의하면, 방 안에서 창출과 약쑥을 함께 태울 때 방 안에 있는 사람형 $H_{37}Rv$결핵균, 황금색포도상구균, 대장균, 고초균, 녹농균 등이 죽었다.

**적용** 창출은 위병에 널리 쓰이는 약으로서 주로 비위에 습이 있어 입맛이 없고 소화가 안 되며 복부팽만, 설사할 때(위염) 쓴다. 그리고 감기, 풍한습비증, 관절통, 부종, 청맹, 야맹증(작독), 습진 등에도 쓴다.

삽주

# 창이자(蒼耳子) 도꼬마리 열매, 시이실

국화과 도꼬마리속 한해살이풀
도꼬마리의 열매를 말린 것
*Xanthium strumarium* L.

【산지】 전국. 낮은 지대의 들이나 길가에서 키 1.5m 정도 자란다.

【채취】 가을에 익은 열매를 따서 햇볕에 말린다.

【형태】 달걀 모양 또는 실북 모양인데 길이는 10~12㎜, 지름은 약 6㎜이다. 겉은 연두색 또는 황갈색이고 가시가 빽빽이 났는데 가시의 끝은 갈고리 모양으로 되었다. 질은 단단하고 가볍다. 깨뜨려 보면 속에 두 개의 칸이 있고 매 칸에 한 개씩의 씨가 들어 있다. 씨의 껍질은 회녹색이고 안은 흰색이며 기름을 많이 가지고 있다. 냄새는 없고 맛은 달고 약간 쓰며 비리다.

열매가 크고 충실하며 빛깔이 연두색이고 잡질이 없는 것이 좋은 것이다.

【법제】 약재를 찧어서 가시를 없애고 약간 볶거나 또는 술에 불려서 쪄서 쓴다.

【성분】 배당체인 크산토스트루마린(xanthostrumarin)이 약 12%, 지방 약 39%, 수지 약 3.3%, 비타민 C 등이 들어 있다.

※도꼬마리의 열매와 잎에 상당한 양의 알칼로이드가 들어 있으며 도꼬마리의 줄기와 잎에는 신경과 근육에 대하여 유독한 물질이 들어 있다는 보고도 있다.

【약성】 맛은 쓰고 달며 성질은 따뜻하고 폐경에 작용한다.

【효능】 땀을 나게 하고 풍습을 없앤다.

실험에 의하면 도꼬마리 열매는 화농균, 장내세균, 백색 칸디다에 대하여 강한 억균작용을 나타낸다. 진통작용도 나타낸다.

도꼬마리 열매 즙이 갑성선암과 다른 암

도꼬마리 꽃

도꼬마리 열매

에 대하여서도 치료작용을 나타낸
다는 자료가 있다.

적용 감기로 머리가 아플 때,
비연으로 코가 메고 코로 고름이
나오며 머리가 아플 때(상악동염),
팔다리에 경련이 일며 아플 때, 비
증, 관절통, 관절염, 연주창, 옴, 마
풍(한센병) 등에 쓴다. 근육마비에
도 쓴다. 전초와 추출물을 이질, 한
센병에 쓴다.

처방
• 창이자 9, 신이(자목련) 19, 백지 38, 박하 4를 섞어 만든 창이산(蒼耳散)은 비연(상악동염) 및 두통에 쓴다. 한 번에 8g씩 하루 3번 복용한다.
• 상악동염에 창이자 12g, 금은화 12g, 천초근 10g을 섞어 달여서 하루 3번에 나누어 복용해도 좋다.

용량 하루 6~12g.

주의 독성이 있으므로 쓰는 양에 주의해야 한다. 창이자를 너무 많이 복용하면 중독 증세로서 심한 두통, 어지럼증, 전신무력감, 복통, 갈증, 메스꺼움, 구토, 출혈반 등이 나타나며 심한 경우에는 부종, 간부종, 황달, 신장 부위의 통증 등이 나타난다. 생명이 위험할 수도 있다.

# 희렴(猪薟) 희렴초, 희첨초

국화과 진득찰속 한해살이풀
진득찰의 전초를 말린 것
*Siegesbeckia glabrescens* Makino

산지 전국. 들이나 밭 근처에서 키 35
~100cm로 자란다.

채취 여름에 꽃이 필 때 전초를 베어
햇볕에 말린다.

형태 줄기는 약간 네모나고 가지가 많
다. 줄기의 겉은 갈색이고 털이
있으며 세로홈이 있고 마디 부분
은 불어났다. 줄기는 곧고 잘 꺾
어지며 단면은 연두색이고 속은
비었다. 잎은 마주나고 회녹색이
며 흰 털이 있고 쭈그러졌다. 질
은 가볍고 잘 부서진다. 냄새는
없고 맛은 약간 쓰다.

잎이 많고 회녹색이며 잡질이
없는 것이 좋은 것이다.

법제 진득찰을 봉밀과 술 같

은 양을 섞은 용액에 담가 불려서 쪄서 말
려 쓴다. 진득찰 10kg에 봉밀 1kg, 술 1kg을
쓴다.

성분 진득찰과 털진득찰의 전초에서
다루틴(darutine)이라는 쓴맛물질이 추출

진득찰

된다. 그리고 털진득찰에서는 이 밖에 약 0.6%의 알칼로이드, 약 2.2%의 사포닌, 적은 양의 타닌, 쿠마린이 추출된다.

**약 성** 맛은 쓰고 성질은 차며(찐 것은 성질이 따뜻하다) 간경·신경에 작용한다.

**효 능** 거풍습·통경 작용을 한다.
동물 실험에서 혈압 강하작용이 밝혀졌다. 즉 30% 알코올우림액은 실험동물의 혈압을 낮춘다. 혈압강하작용은 임상 치료에서도 인정되었다.

**적 용** 풍습으로 팔다리가 마비되어 쓰지 못할 때, 중풍으로 인한 언어

장애, 반신불수, 안면신경마비에 쓴다. 그리고 비증으로 관절이 아플 때, 허리와 무릎이 시큰거리고 맥이 없을 때, 간양상승으로 머리가 아프고 어지러울 때, 고혈압, 좌골신경통 등에 쓴다.

**처방** • 희렴으로 만든 **희렴환**(豨薟丸)은 중풍(뇌출혈)에 쓴다. 한 번에 8~10g씩 하루 3번 복용한다.
**용량** 하루 10~15g.

채취한 진득찰 전초

# 진교(蓁艽)

미나리아재비과 진교속 여러해살이풀
진범의 뿌리를 말린 것
*Aconitum pseudolaeve Nakai*

• 흰진범의 뿌리를 대용으로 쓴다.

**산 지** 전국. 산지 숲속 그늘에서 키 30~80cm로 자란다.

진범

**채 취** 가을 또는 봄에 뿌리를 캐내어 줄기와 잔뿌리를 다듬고 물에 씻어 햇볕에 말린다.

**형 태** 길이 약 10~15cm, 지름 약 1cm 되는 둥근 모양인데 세로틈이 있고 여러 갈래로 갈라져서 얽혀 마치 그물 모양으로 되었다. 그래서 이 식물을 '망사초'라고도 한다. 겉은 황갈색 또는 진한 갈색이고 흑갈색인 것도 있다. 질은 단단하고 잘 부러진다. 단면은 매끈하다. 냄새는 없고 맛은 약간 쓰다.
뿌리가 굵고 크며 겉이 황갈색이고 잡질이 없는 것이 좋은 것이다.

흰진범

**법제** 진교를 혈압강하약으로 쓸 때 암모니아수로 법제하는 것이 좋다는 것이 밝혀졌다. 즉 진교를 같은 양의 5% 암모니아수로 골고루 적신 다음, 뚜껑 있는 그릇에 담아 실내온도(20~25℃)에서 18~24시간 동안 두었다가 바람이 잘 통하는 건조실 또는 30~40℃ 되는 건조로에서 말리는 방법으로 법제한다.

진교를 법제하지 않고 쓰면 처음에 혈압이 올라갔다가 뒤이어 내려간다. 그러나 법제하고 쓰면 혈압을 높이는 성분이 파괴되어 혈압을 높이지 않으며 법제하지 않은 진교보다 혈압강하작용이 더 강해진다.

**성분** 리콕토닌, 아바드하리딘(avadharidine), 세프텐트리오딘(septentriodine)등 알칼로이드가 들어 있다.

**약성** 맛은 쓰고 매우며 성질은 평하고 위경·대장경·간경·담경에 작용한다.

**효능** 풍습을 없애고 경맥을 잘 통하게 하며 해열작용과 대소변을 잘 통하게 한다.

진교 탕약은 동물 실험에서 혈압을 강하작용을 한다는 것이 밝혀졌다. 그 기전은 교감신경절과 미주신경절에 대한 억제 및 차단작용과 모세혈관 확장작용에 의한 것으로 보고 있다.

진교 탕약은 장의 꿈틀운동을 억제하고 자궁의 긴장성을 높여준다. 그리고 아세틸콜린에 의한 장의 경련을 진정시키는 작용도 한다.

진교 추출액에서 갈라낸 혈압을 높이는 성분은 강심작용을 나타낸다.

**적용** 풍한습비로 관절이 아플 때, 풍습으로 팔다리가 오그라들며 아플 때, 황달, 오후에 미열이 날 때, 고혈압, 장출혈 등에 쓴다. 민간에서는 미친 개에게 물렸을 때에도 쓴다.

**처방** • 진교 8g, 석고 8g, 강활·방풍·백작약(개삼)·백지·생지황·황금·당귀·산궁궁·숙지황·백출·복령·감초·독활 각각 6g, 세신 2g을 섞어 만든 대진교탕(大秦湯)은 비증, 관절통에 쓴다. 달여서 하루 3번에 나누어 복용한다.
• 진교 5g, 황금, 백복령 20g, 만병초 잎 10%의 물우림액 20㎖를 섞어 만든 진교환(秦艽丸)은 고혈압에 쓴다. 한 번에 4g씩 하루 3번 복용한다.

**용량** 하루 6~12g.

채취한 진범 뿌리

# 목과(木瓜) 모과

장미과 명자나무속 갈잎큰키나무
모과나무의 익은 열매를 말린 것
*Chaenomeles sinensis* (Thouin) Koehne

• 명자나무의 익은 열매를 대용으로 쓴다.

**산지** 전국. 낮은 산지에서 높이 10m 정도 자라며 정원에서 관상수로 식재한다.

**채취** 가을에 노랗게 익기 시작하는 열매를 따서 세로로 둘로 쪼개어 햇볕에 말린다. 또는 채취한 열매를 물에 넣고 약 5분간 끓인 후 꺼내어 껍질에 주름이 생길 때까지 햇볕에 말린 다음 둘로 쪼개어 계속 햇볕에 말린다.

**형태** 길이 6~9cm, 너비 3~6cm 정도 되는 타원형인데 한쪽 면은 평탄하고 다른 쪽은 도드라졌다. 겉은 적자색 혹은 적갈색이고 주름이 있다. 단면은 적갈색이고 둘레가 안으로 말렸다. 질은 단단하다. 냄새는 약간 향기롭고 맛은 시고 떫다.

열매가 크고 질이 단단하며 빛깔이 적자색이고 벌레먹지 않은 것이 좋은 것이다.

**성분** 플라보노이드, 사포닌, 비타민 C, 유기산, 타닌 등이 들어 있다.

**약성** 맛은 시고 성질은 따뜻하며 간경·비경·폐경에 작용한다.

**효능** 풍습을 없애고 위의 기능을 회복하며 경련을 풀어준다.

동물 실험에서 소염작용이 증명되었다.

**적용** 관절통, 각기병, 곽란으로 배가 아프고 토하고 설사하며 복장근 경련이 일어날 때 쓴다. 다리 맥이 없을 때도 쓴다.

**처방** • 목과 30g, 오수유 15g, 회향·자소·소금 각각 8g, 감초 3g, 생강 6g, 오매 4g을 섞어 만든 목과탕(木瓜湯)은 곽란으로 토하고 설사하며 배장근 경련이 일어날 때 쓴다. 달여서 하루 3번에 나누어 복용한다.

• 생모과를 짓찧어 나온 즙을 설사·이질·복통에 쓴다. 1회 1/2컵씩 끓인 물로 하루 3번 식간마다 복용한다. 말린 목과는 물에 불렸다가 즙을 낸다.

**용량** 하루 6~12g.

모과나무 열매      꽃

# 해동피(海桐皮) 엄나무 껍질, 자추 수피

두릅나무과 음나무속 갈잎큰키나무
음나무(엄나무)의 껍질을 말린 것
Kalopanax septemlobus (Thunb.) Koidz.

**산 지** 전국. 산지와 민가 근처에서 높이 25m 정도 자란다.

**채 취** 늦은 봄부터 이른 가을 사이에 줄기의 껍질을 벗겨 겉껍질을 깎아내고 햇볕에 말린다.

**형 태** 판 모양이고 길이는 일정하지 않으며 두께는 3~5㎜이다. 겉은 회갈색이고 군데군데 겉껍질이 남아 있다. 안쪽 면은 황백색이고 세로주름이 있다. 질은 가볍고 잘 쪼개진다. 단면은 섬유성이다. 맛은 약간 쓰다.

껍질이 두껍고 안쪽 면이 황백색이며 부서지지 않는 것이 좋은 것이다.

**성 분** 배당체인 칼로톡신(kalotoxin)과 칼로사포닌이 들어 있다. 그리고 쿠마린, 정유, 당류, 고무질 등이 들어 있다.

**약 성** 맛은 쓰고 성질은 평하며 비경·위경·간경·신경에 작용한다.

**효 능** 풍습을 없애고 경맥을 잘 통하게 하며 통증을 멎게 한다.

실험에 의하면 엄나무 껍질 물우림액은 중추신경 계통에 대하여 적은 양에서는 흥분시키고 적당한 양에서는 진정작용을 나타낸다. 그리고 거담작용, 소염작용, 억균작용도 나타낸다.

엄나무 껍질은 또한 위액 분비를 항진시키고 위산도를 높인다.

**적 용** 풍한습비, 풍습으로 허리와 다리가 아플 때, 허리와 다리가 마비되어 쓰지 못할 때, 복통, 이질, 곽란으로 토하고 설사할 때 쓴다. 그리고 옴 및 이가 쑤실 때 외용한다. 저산성 위염에도 쓴다.

음나무

**처방** • 해동피 38g, 우슬 38g, 오가피 38g, 산궁궁·강활·지골피·의이인·생지황 각각 19g, 감초 8g으로 약술을 만들어 풍습으로 허리와 무릎이 아플 때 쓴다. 한 번에 20㎖씩 하루 3번 복용한다.

**용량** 하루 6~12g.

# 초오두(草烏頭) 초오

미나리아재비과 초오속 여러해살이풀
이삭바꽃의 덩이뿌리를 말린 것
*Aconitum kusnezofii* Reichb.

• 놋젓가락나물, 지리바꽃, 돌쩌귀 등의 덩이뿌리를 대용으로 쓸 수 있다.

[산 지] 전국. 산지 숲속에서 키 1~1.2m로 자란다.

[채 취] 가을 또는 봄에 덩이뿌리를 캐서 줄기와 잔뿌리를 다듬고 물에 씻어 햇볕에 말린다.

[형 태] 고깔 모양이고 길이는 3~5cm, 지름은 1.5~2.5cm이다. 윗부분에는 줄기가 붙었던 자리가 있다. 겉은 암갈색~회갈색이고 세로주름이 있으며 혹 모양의 돌기가 있는 것도 있다. 질은 단단하고 잘 부러지지 않는다. 단면은 암갈색이고 가루 모양이다. 냄새는 없고 맛은 쓰며 맛을 볼 때 혀끝이 마비된다.

지리바꽃

크고 통통하며 질은 단단하고 단면이 암갈색이고 가루 모양이며 맛은 쓰고 마비감이 강한 것이 좋은 것이다.

[법 제] 이 약은 독성이 강하므로 반드시 법제를 잘 하여 독을 없애고 써야 한다. 법제 방법은 다음과 같다.

초오두를 물에 담그고 매일 2~3번 물을 갈아준다. 약재의 맛을 보아 혀끝을 마비시키는 감이 없어진 다음 건져내어 콩과 감초 달인 물에 넣고 속이 익을 때까지 3시간 정도 끓여 말린 다음 깨뜨려서 쓴다. 약재 1kg에 보조재료로 검은콩 100g, 감초 100g을 쓴다.

이 약재를 끓이면 그 과정에 독성이 강한 알칼로이드인 아코니틴이 가수분해되어 그보다 독성이 약한 아코닌으로 되어 이 약의 독성이 약해진다.

실험에 의하면 초오두를 100℃로 끓일 때 그 독성은 점차 약해지다가 3시간 이상에서 훨씬 약해진다. 즉 초오두 10% 물우림약을 만들어 몸무게 100g 정도 되는 흰쥐의 배 안에 주사하는 방법으로 독성을 비교하였는데, 법제하지 않은 약재의 물우림약은 0.02㎖/10g에서, 1시간 끓인 약재의 물우림약은 0.5㎖/10g에서, 2시간 끓인 약재의 물우림약은 0.18㎖/10g에서 한 실험군의 흰쥐를 100% 죽였으나 3시간 동안 끓인 초오두 물우림약은 0.21㎖/10g에서도 실험동물이 한 마리도 죽지 않았다.

초오두를 법제할 때 검은콩과 감초를 쓴 것은 쓰지 않은 것보다 독성이 더 약해졌다는 실험 보고도 있다.

초오두를 법제할 때 물에 담그는 조작을 하지 않고 약재를 직접 검은콩과 감초 달인 물에 넣고 끓이는 경우에는 적어도 5시간 이상 충분히 끓여 마비감이 없도록 해야 한다.

초오두의 법제를 잘 하지 못하면 부작용이 나타나므로 주의해야 한다.

**성 분** 아코니틴(aconitin), 메스아코니틴(mesaconitine) 등의 아코니틴계 알칼로이드 성분이 들어 있다.

**약 성** 맛은 쓰고 달며 성질은 따뜻하고 12경맥에 다 작용한다.

**효 능** 풍습을 없애고 통증을 멎게 한다. 독성이 매우 강하다. 이 약을 복용하면 맥박이 느려지고 혈압이 낮아진다. 신경 계통에 대해서는 처음에 흥분적으로, 다음에는 억제적으로 작용한다. 많은 양을 복용하면 호흡이 마비된다.

법제한 초오두를 적당한 양으로 쓰면 진통작용을 나타낸다.

**적 용** 초오두는 예로부터 비증을 치료하는 중요한 약

그늘돌쩌귀

으로 알려졌다. 주로 풍한습비로 인한 관절통, 관절염, 신경통, 관절 류머티즘 등에 쓰며 파상풍에도 쓴다.

**처방**
• 초오두(법제한 것)·오가피·황백·천남성·독활 각각 5, 창출 15, 위령선 10으로 만든 신경환(神經丸)은 신경통, 관절염, 관절 류머티즘 등에 쓴다. 한 번에 한 알(1g)씩 하루 3번 복용한다.
• 초오두 한 가지를 법제하여 가루낸 것을 관절염, 신경통 등에 쓰기도 한다. 한 번에 0.3~0.5g씩 하루 3번 복용한다.

**용 량** 하루 1~3g(법제한 것).

**금 기** 허약한 사람과 열증으로 아플 때는 쓰지 않는다.
• 초오두는 반하, 과루인, 패모, 백렴, 백급 등과 배합금기이다.

**주 의** 독성이 매우 강하므로 반드시 법제를 잘해서 써야 하며 쓰는 양에도 주의해야 한다.
• 초오두를 잘못 써서 중독되면 가슴이 답답하고 머리가 아프고 어지러우며 손발이 저리고 경련이 일며 토하는 등의 증세가 나타난다. 이 때에는 감초 20g 또는 감두탕(甘豆湯;감초 20g, 검은콩 20g을 섞어 만든 것)을 달여 먹인다.

# 백선피(白鮮皮) 백선 뿌리껍질

운향과 백선속 여러해살이풀
백선의 뿌리껍질을 말린 것
*Dictamnus dasycarpus* Turcz.

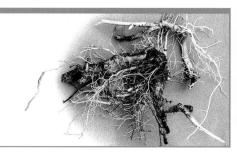

산지  전국. 산지의 어둡고 습한 초원에서 키 50~90㎝로 자란다.

채취  늦은 봄부터 여름 사이에 뿌리를 캐어 물에 씻고 길이로 쪼개어 목질부를 뽑아버린 다음 햇볕에 말린다.

형태  관 모양 또는 반관 모양이고 길이는 10~15㎝, 지름은 0.5~1.5㎝, 두께는 2~3㎜이다. 겉은 황백색 또는 연한 황갈색이고 세로주름이 있다. 질은 가볍고 잘 부러지며 단면은 매끈하고 젖빛이다. 특이한 냄새가 나고 맛은 약간 쓰다.

껍질이 두껍고 빛깔이 희며 목질부가 없는 것이 좋은 것이다.

성분  알칼로이드인 딕탐닌(dictamnine)과 오바쿨락톤(obaculactone), 프락시넬론(fraxinellone), 프소랄렌, 오바쿠논(obacunon), 딕탐놀리드(dictamnolide), 적은 양의 시토스테린, 정유, 사포닌이 들어 있다.

약성  맛은 쓰고 짜며 성질은 차고 폐경·대장경·비경에 작용한다.

효능  풍습을 없애고 열을 내리게 하며 해독작용을 한다.

백선 뿌리껍질 탕약이 이담작용, 해열작용 및 피부사상균에 대한 억균작용을 나타낸다는 것이 실험적으로 밝혀졌다.

적용  비증으로 관절이 아프고 관절을 구부리기 힘들 때, 황달, 대장염, 임증, 이슬, 헌데, 두드러기, 옴, 버짐 등에 쓴다. 소아경련에도 쓴다. 백선 뿌리껍질은 주로 습열로 인한 피부병에 쓴다.

처방

• 백선피 10g, 우슬·방기·창출·황백·의이인 각각 9g, 석곡 8g, 금은화 8g을 섞어 비증으로 다리가 아플 때 쓴다. 달여서 하루 3번에 나누어 복용한다.
• 백선피·방기·고삼·황백 각각 8g을 섞어 달인 물을 습진에 바른다.
용량  하루 6~12g.

백선

# 상지(桑枝) 뽕나무 가지

뽕나무과 뽕나무속 갈잎중키나무
뽕나무의 가지
*Morus alba* L.

• 산뽕나무의 가지를 대용으로 쓴다.

**산 지** 전국. 산과 들의 평지에서 높이 5m 정도 자란다.

**채 취** 봄에 잎이 나기 전에 가는 가지를 잘라 햇볕에 말린다. 가을 또는 겨울에 채취하기도 한다.

**형 태** 원기둥 모양이고 길이는 일정하지 않으며 지름은 0.5~1.5cm이다. 겉은 회녹색, 회황색 또는 회갈색이고 연한 갈색의 반점과 세로무늬가 있으며 잎이 떨어진 자리와 황갈색의 눈이 있다. 질은 단단하고 탄성이 있다. 단면은 황백색이고 섬유성이며 가운데에 수가 있다.

가늘고 어린 것을 좋은 것으로 본다.

**성 분** 껍질에는 트리테르페노이드(triterpenoid)인 α-아미린이 들어 있고

산뽕나무

목질부에는 황색 색소인 모린(morin), 물베린(mulberrin) 등(플라본 유도체)이 들어 있다. 그 밖에 뽕나무 가지에는 타닌, 당 등도 들어 있다.

**약 성** 맛은 쓰고 성질은 평하며 간경에 작용한다.

**효 능** 풍습을 없애고 소변을 잘 나오게 하며 관절을 잘 움직이게 한다.

**적 용** 비증으로 팔다리가 쑤실 때, 그 가운데서도 특히 팔이 쑤실 때 더욱 좋다. 팔다리가 오그라들 때, 각기병, 부종 등에도 쓴다. 뽕나무 가지를 달여서 고제를 만들어 고혈압, 수족마비 등에 쓰기도 한다.

**처방** • 상지 12g, 진교 10g, 방기 8g을 섞어서 비증으로 팔다리가 쑤실 때 쓴다. 달여서 하루 3번에 나누어 복용한다.

• 풍습증과 관절염에는 상지(잘게 썬 것) 75g, 의이인 75g으로 죽을 끓여 상지는 건져내고 1/3씩 나누어 하루 3번 식전에 복용한다. 증세가 심하면 죽을 끓일 때 오가피 75g을 더하면 효과를 볼 수 있다.

**용 량** 하루 9~12g.

# 호골(虎骨) 범 뼈

고양이과 포유동물
호랑이(범)의 뼈
*Panthera tigris*

**산 지** 한대와 열대 지역 산림의 관목림과 덤불 속에서 서식하며 몸길이는 1.8m~4m이다.

**채 취** 범을 잡았을 때 뼈를 떼내어 고기와 근육을 깨끗이 없애고 말린다.

범의 모든 뼈를 다 쓰지만 앞다리 뼈를 제일 좋은 것으로 본다.

**형 태** 머리뼈는 비교적 둥글고 이마뼈는 평평하다. 앞이마의 윗부분에는 한 개의 얕은 홈이 있고 꼭대기 뼈의 뒷면에는 보통 한 개의 돌기가 있다. 광대뼈는 활 모양으로 밖으로 두드러지고 눈알이 들어 있던 곳에는 타원형의 구멍이 있다.

위턱뼈에는 앞니가 3쌍, 송곳니가 1쌍, 어금니가 3쌍 있다. 이빨은 모두 30개이다. 앞니는 비교적 작고 송곳니는 고깔 모양이고 크며 뾰족하고 안으로 약간 구부러

호랑이

졌다. 어금니는 톱니 모양이다. 이빨은 모두 하얗거나 뼈의 형태는 특이하고 제3~7 목뼈는 말 안장 모양이다. 등뼈는 13마디인데 매 마디에는 비교적 긴 가시 모양의 돌기가 하나씩 있고 양쪽에는 13쌍의 갈비뼈가 연결되었다.

허리뼈는 7마디이며 양옆에는 비교적 긴 가시 모양의 돌기가 있다. 엉덩이뼈는 3마디가 붙어서 하나의 덩어리를 이루고 윗면에는 3개의 가시 모양 돌기가 있다. 꼬리뼈는 22~28마디이며 마디 중간은 약간 도드라졌다. 궁둥뼈는 좌우대칭이고 길게 네모났다. 어깨뼈는 두 쪽이고 반원형의 부채 모양이며 가운데는 매우 얇고 표면에는 튀어나온 돌기가 있다.

다리뼈는 굵으며 윗마디는 한대이고 아랫마디는 두 대가 합해졌다. 앞다리의 윗마디 아래끝은 양옆이 평평하고 긴 구멍이 있다. 아랫 마디뼈의 두 대는 서로 나란히 서고 약간 납작하며 구부러졌고 한 대가 약간 더 길다. 뒷다리의 윗마디 뼈는 원기둥 모양이고 위쪽 끝의 안쪽에 하나의 둥근 축이 있으며 아래 끝에는 긴 원형의 홈이 있다.

무릎뼈는 둥글고 안쪽은 매끈하며 두껍고 무겁다. 아랫마디

의 큰뼈는 세모난 기둥이고 다른 뼈는 매우 가늘다. 앞발에는 5개의 발가락이 있고 뒷발에는 4개의 발가락이 있으며 발가락 끝에는 모두 짧은 갈고리 모양의 발톱이 있다.

범 뼈의 표면은 모두 황백색 또는 연한 노란색이고 윤기가 난다. 질은 단단하고 무겁다. 뒷다리 윗마디뼈의 가로 단면을 보면 가운데 빈 곳은 약 1/3을 차지하며 그물 모양이고 빛깔은 회황색이다.

질이 단단하고 무거우며 황백색인 것이 좋은 것이다.

[법 제] 깨뜨려서 그대로 쓰거나 노랗게 구워서 쓴다. 또는 깨뜨려서 참기름에 넣고 범뼈가 노랗게 되고 잘 깨질 때까지 끓여서 쓴다.

[성 분] 많은 양의 인산칼슘과 단백질이 들어 있다.

[약 성] 맛은 맵고 성질은 따뜻하다. 간경·신경에 작용한다.

[효 능] 풍을 없애고 통증을 멈추게 하며 근육과 뼈를 튼튼하게 하고 경련을 진정시킨다.

[적 용] 관절통, 관절염, 관절 류머티즘, 신경통, 팔다리가 오그라들 때, 관절을 움직이지 못할 때, 간·신이 허하여 다리를 잘 쓰지 못할 때 쓴다. 그리고 가슴 두근거림, 경풍, 전간 등에도 쓰는데 이 때는 주로 머리뼈를 쓴다. 민간에서는 미친개에게 물렸을 때에도 쓴다.

[처방]
• 관절이 아프거나 다리의 뼈가 연약하여 다리를 쓰지 못할 때 호골 가루를 술로 추출하여 쓴다. 호골 가루 150g을 술 500㎖에 우려서 한 번에 20~30㎖씩 하루 3번 복용한다.
• 호골 75g, 독활 75g, 강활 38g, 오가피 38g을 섞어 1ℓ 의 술로 추출한 호골주(虎骨酒)는 관절통, 신경통, 관절염, 류머티즘성 관절염 등에 쓴다. 한 번에 20~30㎖씩 하루 3번 복용한다.
[용 량] 하루 9~20g.
[참 고] 표범 뼈를 호골 대용으로 쓴다. 표범 뼈는 표범의 뼈를 말린 것이다. 호골이 없을 때 개 뼈로 대용할 수 있다는 자료도 있다.

# 곡기생 (槲寄生) 기생목

겨우살이과 겨우살이속 기생식물
겨우살이의 줄기와 잎을 말린 것
*Viscum album* L. var. *coloratum* (Komarov) Ohwi

[산 지] 전국. 산지에서 오리나무, 버드나무, 밤나무, 참나무, 사시나무, 황철나무 등의 나무가지에 붙어서 기생한다.

[채 취] 필요할 때 겨우살이를 잘라서 햇볕에 말린다.

[형 태] 줄기는 원기둥 모양이고 2~3개의 가지가 있으며 겉은 연두색 또는 황갈색이고 세로주름이 있다. 마디 부분은 약간 두드러졌고 여기에 흑자색의 고리 무늬가 있다. 마디 사이의 길이는 2~9㎝이다.

가지 끝에는 두 개의 잎이 마주 붙어 있거나 또는 떨어졌다. 잎은 두꺼운 가죽질이고 긴타원형이다. 잎의 겉은 연두색이나 황갈색이고 찐득찐득하다.

가지가 가늘고 어리며 연두색이고 잎이 떨어지지 않은 것이 좋은 것이다.

**성 분** 비스코톡신(viscotoxin), 비소제린, 비스콜(viscol), 콜린, 아세틸(acetyl) 콜린, 카로틴, 비타민 C 등이 들어 있다.

**약 성** 맛은 쓰고 성질은 평하며 간경·신경에 작용한다. 독성은 약하다.

**효 능** 풍습을 없애고 간과 신장을 보하며 근육과 뼈를 튼튼하게 하고 태아를 안정시키며 젖이 잘 나오게 한다. 겨우살이 탕약은 자궁 수축작용, 피부 말초혈관을 확장시키고 혈압 강하작용, 지혈작용을 나타낸다.

**적 용** 요통, 관절통, 태동불안, 젖이 나오지 않을 때, 고혈압, 해산 후의 자궁이완성 출혈, 기타 내출혈에 쓴다.

참나무겨우살이

**처방** • 곡기생·독활·당귀·숙지황·생강 각각 6g, 산궁궁·인삼·백복령·우슬·두충·진교·세신·방풍·계피 각각 4g, 감초 2g을 섞은 **독활기생탕(獨活寄生湯)**은 신기가 부족한 데다가 풍습으로 인한 요통, 풍습으로 인한 관절통에 쓴다. 달여서 하루 3번에 나누어 복용한다.
**용 량** 하루 9~15g.
**참 고** 겨우살이의 일종으로 중부 이남 지방에서 뽕나무에 기생하는 뽕나무겨우살이의 가지를 **상기생(桑寄生)**이라 하며 겨우살이와 같은 목적으로 쓴다.

# 송절(松節) 솔 마디, 유송절

소나무과 소나무속 늘푸른바늘잎큰키나무
소나무 마디 부분의 송진이 밴 속줄기를 말린 것
*Pinus densiflora* Sieb. et Zucc

**산 지** 전국. 산지에서 높이 35m 정도 자란다.
**채 취** 필요할 때 줄기의 마디 부분을 잘라내어 껍질과 겉줄기(변재)를 깎아내고 송진이 밴 속줄기(심재)를 햇볕에 말린다.
**형 태** 불규칙한 덩어리 모양이며 칼이나 톱으로 자른 자리가 있다. 길이는 4~6cm, 지름은 2~3cm다. 표면은 황갈색 또는 적갈색이고 속은 황백색 또는 연한 회갈색이다. 질은 단단하고 약간 무겁다. 약한 송진 냄새가 나며 맛은 약간 자극성이다.

적갈색이고 송진 냄새가 나며 기름기가 있는 것이 좋은 것이다.

**성 분** 수지, 정유, 리그닌(lignin) 등이 있다. 정유에는 주로 피넨 성분이 들어 있다.

**약 성** 맛은 쓰고 성질은 따뜻하며 간경 · 신경에 작용한다.

**효 능** 풍습을 없애고 경맥을 통하게 하며 통증을 멎게 한다.

**적 용** 풍한습비증으로 관절이 아플 때, 관절 류머티즘, 관절염 등에 주로 쓴다. 그리고 치통, 복통, 타박상 등에도 쓴다.

**처방**
• 송절 200g을 40%의 술 1ℓ에 담가 우려서 관절통, 관절염, 관절 류머티즘 등에 한 번에 10~15㎖씩 하루 3번 복용한다.
• 독활, 진교 등 다른 풍습증 약을 섞어 관절염에 쓸 수 있다.
**용 량** 하루 9~15g.

# 취오동엽 (臭梧桐葉) 누리장나무 잎

마편초과 누리장나무속 갈잎떨기나무
누리장나무의 잎을 말린 것
*Clerodendrum trichotomum* Thunb.

**산 지** 중부 이남 지방. 산기슭이나 바닷가에서 높이 2m 정도 자란다.

**채 취** 여름철 꽃이 필 때 잎을 따서 그늘에서 말린다.

누리장나무

**형 태** 넓은 달걀 모양 또는 타원형이고 길이는 8~15㎝, 너비는 5~10㎝이다. 윗면은 암녹색이고 아랫면은 황갈색이며 털이 있다. 끝은 뾰족하고 가장자리는 매끈하거나 약간 물결 모양이며 밑부분은 쐐기 모양이고 긴 잎자루가 있다. 냄새는 약하고 맛은 쓰고 떫다.

잎이 푸르고 잡질이 없는 것이 좋은 것이다.

**성 분** 플라보노이드인 클레로덴드린(clerodendrin), 아카세틴(acacetin), 메소이노시톨(mesoinositol), 알칼로이드, 클레로돌론(clerodolone) A · B 등

이 있다. 클레로덴드린에는 클레로덴드린 A와 클레로덴드린 B 두 가지가 있다.

**약성** 맛은 맵고 쓰고 달며 성질은 서늘하고 간경·비경에 작용한다.

**효능** 풍습을 없애고 통증을 멎게 한다. 약리실험에서 혈압강하작용, 진정작용, 진통작용이 밝혀졌다.

누리장나무 잎을 꽃이 피기 전에 채취한 것이 꽃이 핀 후에 채취한 것보다 혈압 강하작용이 더 강하다. 열매를 맺은 후에 채취한 것과 1년 동안 묵힌 것은 혈압 강하작용이 너무 약하다. 높은 온도로 오래 가열해도 혈압 강하작용이 약해진다.

누리장나무 잎에 지렁이를 섞어 쓰면 혈압 강하작용이 강해진다.

**적용** 풍한습비증, 관절염, 풍습마비, 반신불수, 고혈압, 편두통에 쓴다. 이 밖에 이질, 만성기관지염, 학질, 치질, 부스럼, 헌데 등에도 쓴다.

꽃

**처방** 누리장나무의 어린 줄기도 잎과 같은 목적으로 쓴다.
• 취오동엽 가루 500g, 희렴 가루 250g을 졸인 꿀로 반죽하여 한 알의 무게가 0.3g 되게 환약을 만들어 풍한습비증에 쓴다. 한 번에 8g씩 하루 3번 복용한다. 이 약의 소염작용이 실험적으로 밝혀졌다.
• 취오동엽을 가루내어 고혈압에 하루 10~16g을 3~4번에 나누어 복용한다. 혈압이 잘 내려가지 않는 환자에게는 하루 30g까지 쓸 수 있다.

**용량** 하루 10~30g.

**참고** 다른 한약을 섞어서 탕약으로 하여 고혈압 환자에게 쓸 경우에는 다른 약을 먼저 달이다가 후에 취오동엽을 넣어 달인다. 취오동엽을 처음부터 함께 넣어 달이면 혈압 강하작용이 약해진다.

# 서장경(徐長卿)

박주가리과 백미꽃속 여러해살이풀
산해박의 뿌리와 뿌리줄기를 말린 것
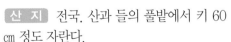
*Cynanchum paniculatum Kitagawa*

**산지** 전국. 산과 들의 풀밭에서 키 60cm 정도 자란다.

**채취** 봄 또는 가을에 캐서 물에 씻은 다음 줄기를 다듬고 그늘에서 말린다.

**형태** 뿌리줄기는 불규칙한 기둥 모양이고 마디가 있으며 수많은 가는 뿌리가 달려 있다. 뿌리는 원기둥 모양이고 길이 7~20cm, 지름 1mm 안팎이며 표면은 연한 갈색이고 잔주름이 있다.

질은 단단하고 부스러지기 쉽다. 단면은 매끈하고 겉은 흰색, 속은 황백색이다. 약재에서 특이한 냄새가 난다.

**성 분** 플라보노이드 배당체, 페오놀(약 1%), 당류, 아미노산 등이 들어 있다. 전초에도 페오놀이 약 1% 들어 있다.

**약 성** 맛은 맵고 성질은 따뜻하다. 심경·간경·위경에 작용한다.

**효 능** 거풍습·지통·활혈·해독·이뇨 작용을 한다.

페오놀 성분은 진정, 진통 및 혈압 강하 작용을 나타낸다. 산해박의 페오놀을 제거한 추출액도 진정, 지통, 혈압 강하작용을 나타낸다. 또, 심장 혈관을 확장시키고 억균작용도 나타낸다.

**적 용** 풍습관절통, 요통, 위통, 월경통, 치통, 타박상, 두드러기, 습진, 장염, 이질, 복수, 독사에 물렸을 때 등에 쓴다. 정신분열증, 피부소양(가려움증)에도 쓴다.

산해박

**처방**
• 서장경 한 가지를 탕약, 가루약, 환약, 약술 등으로 만들어 주치증에 쓸 수 있다.
• 복통, 명치 통증, 치통, 관절통 등에 서장경 6~12g을 달여 하루 3번에 나누어 복용하거나 서장경을 가루내어 한 번에 1.5~2g씩 하루 3번 복용한다.
**용 량** 하루 6~12g.

# 담마근(蕁麻根) 쐐기풀 뿌리

쐐기풀과 쐐기풀속 여러해살이풀
쐐기풀의 뿌리를 말린 것
*Urtica thunbergiana* Siebold & Zucc.

**산 지** 중부 이남 지방. 산골짜기에서 키 40~80cm로 자란다.

**채 취** 가을에 뿌리를 캐어 줄기를 자르고 물에 씻어 햇볕에 말린다.

**약 성** 맛은 쓰고 매우며 성질은 따뜻하고 독성이 들어 있다.

**효 능** 활혈거풍·지통 작용을 한다. 지혈작용, 혈당량을 낮추는 작용 등이 실험에서 밝혀졌다.

**적 용** 풍습통, 습진, 문둥병(마풍)에 쓴다. 고혈압과 손발이 저릴 때에도 쓴다.

**처방**
• 풍습통에 담마근 20g을 술에 우려서 하루 2번에 나누어 복용한다.
• 담마근·마황 각각 20g을 습진에 쓴다. 달인 물로 하루 1~3번 환부를 씻는다.
**용 량** 하루 15~30g.
**참 고** 쐐기풀에는 많은 양의 엽록소, 비타민 C·K·카로틴, 적은 양의 유기산(개미산, 초산, 버터산 등)이 들어 있고 지혈작용, 조혈 기능을 강화하는 작용 등을 나타내므로 각종 출혈, 빈혈, 비타민 결핍증, 뱀에 물렸을 때, 두드러기 등에 쓴다. 하루 15g을 달여 3번에 나누어 복용한다.

# 척촉(躑躅) 노양화, 철쭉 꽃, 양척촉

진달래과 진달래속 갈잎떨기나무
철쭉의 꽃을 말린 것
*Rhododendron schlippenbachii* Max.

**산 지** 전국. 산지의 모래땅에서 높이 2~5m로 자란다.

**채 취** 꽃이 활짝 피었을 때 꽃을 따서 그늘에서 말린다.

**형 태** 황갈색 또는 연한 적갈색의 쪼그라든 꽃이다. 화관은 종 모양이고 지름은 5~8cm이며 꽃잎은 5개로 갈라졌다. 갈라진 조각은 넓은 타원형이고 밑부분에 보라색 반점과 털이 있다. 수술은 10개이고 암술은 1개이다. 꽃술의 길이는 1.5~3cm이다. 꽃턱은 5개로 갈라진 종 모양이다. 냄새는 거의 없다.

**성 분** 로독신(rho-doxin)이 들어 있다. 같은 속 식물인 양척촉화의 꽃에서 안드로메도톡신(andro-medotoxin), 에리콜린이 고르게 들어 있다.

**약 성** 맛은 맵고 성질은 따뜻하며 독이 있다.

**효 능** 거풍습·지통·혈압 강하작용이 밝혀졌다. 양척촉화의 꽃 탕약에서 진통작용이 증명되었다.

양척촉화 꽃의 5% 주사약을 만들어 침혈에 주사하여 마취시키고 수술한 자료도 보고되었다.

**적 용** 풍한습비증, 외상으로 인한 통증, 고혈압 등에 쓴다.

**처방** 주치증에 다른 약을 섞어 쓸 수도 있으나 척촉 한 가지로 탕약, 가루약, 환약, 약술 등을 만들어 쓴다.
**용 량** 하루 0.3~0.6g.

철쭉

# 복사(蝮蛇) 독사, 살모사

살무사과 파충류
살무사를 말린 것
*Agkistrodon blomhoffii* brevicaudus Stejngers

산 지 전국. 산지, 골짜기 풀밭, 돌무더기 등에 서식하며 몸길이 40∼60cm이다.

채 취 봄, 여름, 가을에 잡아서 머리는 그대로 두고 가죽을 벗긴 다음 내장을 꺼내고 말린다.

형 태 비늘이 덮인 삼각형의 머리가 있고 몸체는 긴 반관 모양이며 뒤로 가면서 점차 가늘어진다. 길이는 30∼65cm이다. 머리에는 2개의 눈이 있고 윗입술 양쪽에 안으로 오그라든 큰 송곳이(독니)가 있다. 등뼈는 바깥쪽으로 튀어나오고 양쪽으로 수없이 튀어나온 갈비뼈들은 안쪽으로 구부러져 길이로 째진 관처럼 생겼다. 표면은 연황색 또는 회황색이다. 안쪽면은 회황색이고 적색 반점이 여러 개 있다. 질은 연하며 냄새는 비리고 역하며 맛은 약간 짜다.

성 분 HR-I, HR-II, 단백질 효소 등이 있다. 출혈인자 HR-I은 산성을 가진 당단백이다. HR-II도 역시 당단백이다.

약 성 맛은 달고 성질은 따뜻하며 독이 있다.

효 능 풍습을 없애고 통증을 멎게 하며 독을 없앤다.

적 용 풍한습비증, 한센병(마풍, 한센병), 전간, 피부마비, 연주창, 악창, 치질 등에 쓴다.

처방 다른 약을 섞어서 쓸 수 있으나 이 약 한 가지로 가루약, 약술 등을 만들어 쓴다.
• 풍한습비, 한센병 등에 복사를 가루내어 5∼10g씩 자기 직전에 한 번씩 복용한다.
• 복사(6∼7년 묵은 살무사) 1마리를 가루내어 60% 술 500㎖에 1∼3달 동안 담가 풍한습비, 한센병 등에 한 번에 5∼10㎖씩 하루 2번 복용한다.
• 복사 한 마리를 가루내어 참기름 500㎖에 3달 정도 담갔다가 연주창에 바른다.
용 량  하루 3∼6g.

살무사

# 제9장 한증약(寒證藥)

한증약은 거한약(去寒藥)이라고 도 하는데 한사를 없애고 이 한증을 치료하는 약이다. 한증약은 일반적으로 맛이 맵고 성질은 뜨겁거나 따뜻하며 주로 신경·비경·위경에 작용한다. 그러므로 비위와 신을 따뜻하게 해주어 한사를 없애고 양기를 회복시킨다. 또한 기혈을 잘 돌아가게 하고 진통작용을 한다.

한증약은 주로 배가 차갑고 아프며 소화가 잘 안 되고 뱃속이 그득한 감이 있으며 토하거나 설사하고 손발이 찬 것을 싫어하고 더운 것을 좋아하며, 소변은 맑고 양이 많으며 설태(혀이끼)가 희고 미끄러우며 맥이 낮거나 약한 이한증에 쓴다.

열증, 진열가한증(眞熱假寒證) 및 표한증에는 한증약을 쓰지 않는다.

# 부자(附子) 초오

미나리아재비과 초오속 여러해살이풀 투구꽃의 덩이뿌리를 말린 것
*Aconitum jaluense* Komarov.

**산 지** 중부 이북 지방. 깊은 산골짜기 숲속에서 키 1m 정도 자란다.

**채 취** 여름에 투구꽃의 덩이뿌리를 캐어 물에 씻고 햇볕에 말린다.

**형 태** 통통한 고깔 모양이고 겉은 회색이며 주름이 약간 있다. 질은 단단하고 잘 깨지지 않는다. 단면은 가루 모양이고 회백색이다. 혀에 대면 혀끝이 마비된다.

덩이뿌리가 크고 통통하며 마비감이 강한 것이 좋은 것이다(법제하지 않은 것에서).

**법 제** 독성이 매우 강하므로 반드시 법제해서 써야 한다.

부자의 법제 방법은 초오두의 법제 방법과 같다. 부자를 법제(가열 처리)할 때 독성 성분인 아코니틴(aconitin)이 벤졸아코닌(benzoylaconine), 아코닌(aconine)으로 가수분해된다. 아코닌의 독성은 아코닌틴(aconintine)의 1/2,000~1/4,000이다.

**성 분** 아코니틴, 히파코니틴(hypaconitine), 메사코니틴(mesaconitin) 등 아코니틴계 알칼로이드가 들어 있다. 아코니틴계 알칼로이드는 독성이 매우 강하다. 아코니틴계 알칼로이드의 대표인 아코니틴의 0.0001% 용액도 혀끝을 마비시킨다. 아코니틴을 물과 함께 끓이면 분해되어 벤졸아코니틴, 아코닌 등으로 변해서 독성이

투구꽃

훨씬 약해진다. 부자에서 강심작용을 나타내는 성분인 히게나민이 분리되었다.

**약 성** 맛은 맵고 달며 성질은 매우 뜨겁다. 주로 삼초경에 작용하고 모든 경맥에 다 작용한다.

**효 능** 신양을 보하고 양기를 회복시킨다. 또한 중초(中焦)를 따뜻하게 해주고 풍한습을 없애며 통증을 멎게 해준다. 독성이 매우 강하다.

부자 알칼로이드는 미주신경을 흥분시켜 심장의 박동을 느리게 한다. 그리고 호흡중추를 억제하여 호흡을 더디게 하며 많은 양을 쓰면 질식되어 죽는다. 피부점막에서는 지각신경 말초를 처음에는 흥분시켜 가려운 감과 뜨거운 감을 느끼게 하고 다음에는 마비시켜 지각을 잃게 한다. 부자 알칼로이드는 먹을 때 입안 점막을 자극하여 반사적으로 침을 많이 나오게 한다.

부자는 소염작용을, 아코니틴은 진통·국소마취작용을 나타낸다. 히파코닌도 국소 마취작용을 나타낸다. 아코니틴은 독성이 매우 강하며 사람이 아코니틴 0.2㎎을 복용하면 중독을 일으킨다. 법제한 부자는 독성이 약하고 강심작용을 나타낸다.

**적 용** 신양이 허하여 손발이 찰 때, 비위가 허한하여 배가 차고 아프며 설사할 때, 요슬산통, 만경풍, 음위증, 풍한습비관절통, 신양허로 오는 부종, 기침, 허탈증 등에 쓴다. 또한 진통약으로 신경통, 관절 류머티즘에 쓴다.

● **오두(烏頭)**

부자의 엄지뿌리(오두)는 관절통, 배가 차고 아플 때 쓴다. 이것에도 알칼로이드인 아코니틴이 들어 있어 독성이 매우 강하므로 초오두와 같은 방법으로 법제하여 쓴다. 하루 2～3g(법제한 것)을 쓴다.

**처방**
- 부자 8g, 구감초 22g, 건강 18g을 섞은 **사역탕**(四逆湯)은 소음병으로 배가 아프고 설사하며 손발이 차고 맥박이 약할 때 쓴다. 달여서 하루 3번에 나누어 복용한다.
- 부자 4, 육계 4, 숙지황 30, 산약 15, 산수유 15, 택사 11, 목단피 11, 백복령 11을 섞어 만든 **팔미환**(八味丸)은 다리가 시리고 허리와 무릎이 약할 때, 당뇨병, 만성 신장염, 방광염, 음위증, 노안의 요통, 부종 등에 쓰며 일반 허약자들에게 보약으로 쓴다. 한 번에 8～12g씩 하루 3번 복용한다.
- 부자 4g, 백출 14g, 백복령·백작약 각각 10g, 인삼 7g을 섞은 **부자탕**(附子湯)은 소음병으로 손발이 차고 등이 시리며 뼈마디와 배가 아프며 토하고 설사할 때, 신경통, 류머티즘성 질병 등에 쓴다. 달여서 하루 3번에 나누어 복용한다.
- 부자 8g, 인삼 8g을 섞은 **삼부탕**(蔘附湯)은 허탈증에 쓴다. 달여서 하루 3번에 나누어 복용한다.
- 부자·인삼·백출·건강·감초 각각 8g을 섞어 만든 **부자이중탕**(附子理中湯)은 비위가 허하여 배가 아프고 설사할 때, 급성 위염, 만성 위염 등에 쓴다. 달여서 하루 3번에 나누어 복용한다.
- 부자 38g, 백출 38g, 육두구 2개, 토목향 19g, 감초 19g을 섞어 만든 **가미출부탕**(加味朮附湯)은 소아만경풍에 쓴다. 가루내어 2～3살 어린이에게 한 번에 4g씩 대조 2개, 생강 3조각과 함께 달여 하루 3번 복용시킨다.
- 부자에 건강을 섞으면 한증을 치료하는 효능이 강해진다. 부자에 감초나 검은콩을 섞으면 독성이 약해진다.

**용 량** 하루 3～9g(법제한 것).

**금 기** 열증 및 임산부에게 쓰지 않는다.
- 반하, 과루인, 패모, 백렴, 백급, 오공 등과는 배합금기이다.

# 건강(乾薑) 마른 생강

생강과 생강속 여러해살이풀
생강의 뿌리줄기를 말린 것
*Zingiber officinale Roscoe*

산 지 전국. 농가의 밭에서 재배하며 키 30~50cm로 자란다.

채 취 가을에 뿌리줄기를 캐어 줄기와 수염뿌리를 다듬고 물에 깨끗이 씻어 햇볕에 말린다.

형 태 약간 납작하고 불규칙한 덩어리이며, 가지가 갈라지고 길이는 3~7cm, 너비는 1~2cm, 두께는 0.5~1.3cm이다. 겉은 회백색 또는 황백색이고 마디가 있으며 세로무늬가 있고 거칠다. 질은 단단하고 실하며 단면은 회백색 또는 황백색 가루 모양이며 섬유도 있다. 특이한 향기가 있고 맛은 맵다.

굵고 크며 질이 단단하고 충실하며 단면이 황백색이고 냄새와 매운맛이 강한 것이 좋은 것이다.

생강

법 제 그대로 또는 굽거나 검게 볶아서 쓴다. 그대로 쓰면 해표작용이 강하고 구워 쓰면 속을 덥혀 주는 작용이 강해지며 검게 볶아 쓰면 지혈작용을 한다.

성 분 정유가 2.4~3.2% 들어 있다. 정유에는 시네올, α-피넨, 진저베롤(zingiberol), 진저베렌(zingiberene), 캄펜, 비사볼렌 등이 있다.

매운맛 성분으로는 쇼가올(기름 모양), 진저론(zingerone, 진저베론), 진저롤(gingerol)이 있다. 여러 가지 아미노산도 들어 있다.

약 성 맛은 맵고 성질은 뜨거우며 심경·비경·위경·신경에 작용한다.

효 능 비위를 덥혀 주고 음식의 소화를 도우며 양기를 회복시킨다. 또한 풍한습을 없애고 경맥을 통하게 하며 폐를 덥혀 주고 한담을 없앤다. 검게 볶은 것은 출혈을 멈춘다.

건강과 부자는 모두 비위를 덥혀 주고 양기를 회복시키지만 건강은 주로 비위를 덥혀 주고 부자는 주로 양기를 회복시킨다. 비와 신의 양기가 부족하여 손발이 시릴 때 이 두 가지 약을 섞어 쓰면 협력작용을 하므로 약효가 더 잘 나타난다.

생강과 건강은 같은 식물의

뿌리줄기이고 약성도 비슷하지만 생강은 주로 해표작용과 지토작용을 나타내고, 건강은 주로 비위를 따뜻하게 해준다. 실험에 중추성 및 말초성 지토작용을 보인다. 그리고 정유는 위장의 운동·분비 및 흡수 기능을 높이고, 매운맛 성분인 진게론은 입맛을 돋운다. 그러나 건강의 탕약을 개의 소위에 직접 넣을 때는 위액 분비가 억제되었다.

물우림약은 억균작용 및 질트리코모나스 살균작용도 나타낸다.

[적용] 비위가 허한하여 배가 차갑고 아프며 토하거

나 설사할 때, 수족냉증, 폐에 한담이 있어 기침이 나고 숨이 가쁠 때, 한성 이질, 풍한습비로 인한 관절의 통증, 감기, 위장염, 구토, 한습으로 인한 통증 등에 쓴다.

검게 볶은 것은 토혈, 비출혈, 혈변, 자궁출혈 등에 지혈약으로 쓴다.

[처방] 양기를 회복시키며 손발이 차가운 증세를 치료할 때는 반드시 부자를 섞어 쓴다.
- 건강 8g, 인삼 15g, 백출 8g, 감초 8g을 섞은 이중탕(理中湯)은 비위가 허한하여 배가 아프고 설사하며 손발이 차가울 때 쓴다. 달여서 하루 3번에 나누어 복용한다.
- 건강 8g, 부자 8g, 건강 38g, 감초 22g을 섞어 만든 통맥사역탕(通脈四逆湯)은 소음병으로 설사하고 팔다리가 차가우며 맥이 몹시 약할 때 쓴다. 달여서 하루 3번에 나누어 복용한다.
- 건강 10g, 인삼 8g, 반하 6g을 섞어 임산부의 구토(허한증인 경우)에 쓴다. 달여서 하루 3번에 나누어 복용한다.

[용량] 하루 3~9g.

# 육계(肉桂) 관계, 육계나무 껍질

녹나무과 늘푸른큰키나무
육계나무의 줄기껍질을 말린 것
*Cinnamomum loureirii* Nees

[산지] 중국 원산. 제주도에서 관상용으로 식재하며 높이 8m 정도 자란다.

[채취] 5~6년 이상 자란 육계나무 줄기의 껍질을 벗겨 처음에는 햇볕에 말리고 다음에는 그늘에서 말린다.

[형태] 말려서 원통 모양이고 길이는 30~40㎝, 두께는 3~6㎝이다. 겉은 회갈색이고 불규칙한 주름과 횡으로 돌기가 있으며 어떤 것은 회백색의 반점이 있다. 안

쪽 면은 적갈색이고 매끈하며 세로로 잔무늬가 있고 칼등으로 긁으면 기름기가 돈다. 질은 단단하고 잘 부러진다. 단면은 매끈하지 않고 적갈색 또는 적자색이다. 특이한 향기가 있고 맛은 달고 맵다.

껍질이 두껍고 단면이 적갈색이며 기름기가 있고 향기로운 냄새가 강하며 매운맛보다 단맛이 강하고 씹으면 찌꺼기가 없는 것이 좋은 것이다.

**성 분** 정유(계피유)가 1.5~3% 들어 있다. 정유의 주성분은 계피알데히드(aldehyde)이고 적은 양의 식초산 계피에스테르도 들어 있다. 이 밖에 점액질, 타닌 등이 들어 있다.

**약 성** 맛은 맵고 성질은 더우며 신경·비경·심경에 작용한다.

**효 능** 신양을 보하고 비와 위를 덥혀 주고 피를 잘 돌아가게 하고 어혈을 없애며 통증을 멎게 한다. 육계는 위장을 자극하여 소화액을 잘 나오게 하며 흡수기능을 높인다. 육계는 혈관을 넓히고 혈액순환을 빠르게 하는 작용도 나타낸다. 계피알데히드와 계피산나트륨은 해열작용을 하고 계피산나트륨은 토끼의 혈관을 확장시킨다. 육계는 또한 억균작용도 나타낸다.

**적 용** 신양허로 손발이 차가울 때, 요슬산통, 비위가 허한하여 배가 차고 아플 때, 비위허한으로 설사할 때, 위장염, 소화

**처방** • 산수유 15, 산약 15, 숙지황 30, 택사 11, 목단피 11, 복령 11을 섞어 만든 육미환(六味丸)에 육계 4, 부자 4를 섞어 만든 팔미환(八味丸)은 신양이 허한 사람의 보약으로, 특히 노인의 보약으로 좋으며 무릎이 시리고 허리와 무릎이 약할 때, 만성 신장염, 부종, 소갈병, 음위증 등에도 쓴다. 한 번에 8~12g씩 하루 3번 복용한다.

• 육계·부자·건강·인삼·백출·복령·진피(陳皮)·감초·오미자·반하 각각 8g, 생강 6g을 섞어 만든 회양구급탕(廻陽救急湯)은 팔다리가 차고 오슬오슬 춥고 몸이 떨리며 배가 아프고 토하고 설사할 때 쓴다. 달여서 하루 3번에 나누어 복용한다.

**용 량** 하루 1~3g.

**금 기** 열증 환자와 임산부에게 쓰지 않는다.

장애, 산증, 월경이 없고 배가 아플 때 등에 쓴다. 음증에 속하는 헌데에도 쓴다.

● **계피**(桂皮)

계피는 육계나무의 줄기에서 벗겨낸 껍질이다. 계피는 맛이 맵고 달며 성질이 매우 더운 약으로서 비위를 덥혀 주고 한사를 없애며 혈맥을 잘 통하게 하고 통증을 멈추어 주므로 입맛이 없고 소화가 잘 안될 때, 배가 차고 아플 때, 구토하고 설사할 때, 관절이 아프고 운동장애가 있을 때 쓴다. 하루 1~3g 쓴다.

● **계심**(桂心)

계심은 계피의 겉껍질과 속껍질을 깎아 버린 중간 부분이다. 《급유방》에서는 계피 600g에서 겉껍질과 속껍질을 깎아 버리면 187.5g의 계심을 얻는다고 한다. 계심은 계피보다 비위를 덥혀 주는 효능이 더 좋다고 하지만 계심의 효능과 적용증은 계피와 큰 차이가 없다. 그러므로 임상에서는 계심 대신 계피를 쓴다.

계피

# 산초(山椒) 초피나무 열매, 천초, 촉초, 화초

운향과 산초나무속 갈잎떨기나무
초피나무의 열매껍질을 말린 것
*Zanthosylum piperitum* A. P. Dc.

• 왕초피나무의 열매껍질도 약효가 비슷하므로 대용으로 쓴다.

**산 지** 중부 이남 지방. 산지에서 높이 3m 정도 자란다.

**채 취** 이른 가을에 익기 시작하는 열매를 따서 그늘에서 말린다. 다 마른 다음에 씨는 갈라내고 열매껍질만 쓴다.

**형 태** • 초피나무 열매 – 구형 또는 약간 납작한 구형이고 지름은 약 5㎜이며 밑에는 꼭지가 붙었던 자리가 있고 윗면은 터져 있다. 겉은 진한 황적색 또는 진한 적갈색이고 오목하게 들어간 작은 점이 많다. 안쪽은 연한 노란색이다. 어떤 것은 속에 검은색 둥근 씨가 1개 들어 있는 것도 있다. 특이한 향기가 있고 맛은 맵다.

• 왕초피나무 열매 – 구형 또는 약간 납작한 구형이고 지름은 약 3.5~4㎜이며 밑에는 꼭지가 붙었던 자리가 있다. 겉은 적갈색이고 작은 돌기가 많다. 윗면은 터져 있다. 어떤 것의 속에는 씨가 1개 들어 있다. 씨는 둥글고 검은색이며 윤기가 있고 지름은 2~2.5㎜이다. 냄새는 향기롭다.

겉이 황적색이고 씨와 잡질이 없고 냄새와 맛이 강한 것이 좋다.

**법 제** 그대로 또는 약간 볶아서 쓰거나 술에 불리고 쪄서 쓴다.

**성 분** 초피나무 열매에는 정유 성분이 2~4% 들어 있다. 정유의 주성분은 디펜텐(d1 – 리모넨, 54%), 시트로넬랄(citronellal, 8%), 펠란드렌(phellandren), 게라니올(geraniol), 시트로넬롤 등이다. 매운맛 성분으로는 산쇼올(sanshool) I · II가 들어 있으며, 독 성분으로는 산쇼톡신(sanshotoxin)이 들어 있다. 이 밖에도 산쇼올미드(sanshoolmide), 히페린, 타닌, 피토스테린이 있다.

**약 성** 맛은 맵고 성질은 더우며 폐경 · 비경 · 신경에 작용한다.

**효 능** 비위를 덥혀 주고 한습을 없애며 통증을 멎게 하고 살충작용이 있다. 그리고 양기를 보하고 허리와 무릎을 덥혀 준

초피나무

다. 실험에 의하면 정유와 산쇼 올 I 및 산쇼올 II는 회충을 죽인다. 매운맛 성분은 국소의 지각을 마비시키는 작용을 한다. 억균작용도 한다.

적용 비위가 허한하여 배가 차갑고 아프며 설사할 때, 음식이 소화되지 않을 때, 급성 및 만성 위염, 이질, 풍한습비, 관절통, 회충증, 치통 등에 쓴다. 허리와 무릎이 시릴 때도 쓴다.

처방
• 산초 4g, 건강 6g, 인삼 12g, 엿 40g을 섞어 만든 대건중탕(大建中湯)은 배가 차갑고 아프며 토할 때 쓴다. 달여서 하루 3번에 나누어 복용한다.
• 산초 5g, 매화나무 열매 10g, 백작약 10g, 사군자 12g, 뇌환 20g을 섞어 회충증에 쓴다. 가루내어 한 번에 8~10g씩 하루 3번 복용한다.
• 산초 4g, 노봉방 4g, 총백 3개, 소금 4g을 섞어 만든 초염산(椒鹽散)은 우식증(이가 삭아서 충치가 되는 증세)으로 인한 치통에 쓴다. 초염산 달인 물로 양치질한다.

용량 하루 2~5g.

참고 초피나무 씨 및 왕초피나무 씨(초목)는 소변을 잘 나오게 하므로 부종에 쓴다.
• 분지나무 열매(애초)도 초피나무 열매와 같은 목적으로 쓴다.

# 회향(茴香) 회향 열매, 대회향

산형과 회향속 여러해살이풀
회향의 익은 열매를 말린 것
*Foeniculum vulgare* Gaertner

산지 유럽 원산. 약재로 재배하며 키 2m 정도 자란다.

채취 8~9월경 열매가 익어 황갈색으로 되었을 때 전초를 베어 햇볕에 말리고 두드려서 열매를 털고 잡질을 없앤다.

형태 두 개의 갈래열매가 갈라지지 않은 것은 원기둥 모양이고 세로로 10개의 튀어나온 능선이 있으며 길이는 7~10㎜, 지름은 3~4㎜이다. 두 개의 갈래열매는 갈라지기 쉽다. 겉은 녹황색 또는 녹갈색이다. 특이한 향기가 나고 맛은 약간 달다.
열매가 잘 익고 충실하며 녹황색이고 향기가 강한 것이 좋은 것이다.

법제 그대로 또는 노랗게 볶아서 쓴다. 술 또는 소금물에 불린 후 볶아서 쓰기도 한다.

성분 정유가 2~3% 들어 있다. 정유의 주성분은 아네톨(anethole)이다. 기타 d-펜콘, d-피넨, 디펜텐, 캄펜, 아니스알데히드(anisealdehyde) 등이 들어 있다. 이 밖에 지방, 단백질, 비타민 C 등이 들어 있다.

약성 맛은 맵고 성질은 따뜻하다. 방광경·신경·위경·심경·소장경에 작용한다.

효능 신과 위를 덥혀 주고 입맛을 돋우며, 기를 잘 통하게 하고 한사를 없애며 진통작용을 한다. 실험에 의하면 회향 열

한증약
寒證藥

매의 정유는 중추신경 계통을 적은 양에서는 흥분시키고 많은 양에서는 억제한다. 회향 열매는 위, 장, 기관지의 선분비를 강하게 하고 유선의 분비도 강하게 한다. 진경작용, 지토작용도 나타낸다.

[적 용] 한산으로 고환이 붓고 딴딴하고 아플 때, 비위가 허한하여 배가 아프고 불어나며 메스껍거나 토하고 입맛이 없을 때 주로 쓴다. 그리고 신허로 허리가 시리고 아플 때, 월경복통, 자궁냉증에도 쓴다.

또한 가래약으로 상기도 질병에, 진경약으로 장 경련에, 구풍으로 배에 가스가 찰 때, 최유약으로 젖이 잘 나오지 않을 때 쓴다.

[처방] • 회향 · 귤핵 · 목통 · 고련자 각각 8g, 육계 6g, 오수유 6g을 섞어 한산으로 고환이 붓고 딴딴하며 아플 때 쓴다. 달여서 하루 3번에 나누어 복용한다.
• 회향 4, 후박 3, 건강 4, 부자 4, 감초 2로 한약을 만들어 비위가 허한하여 입맛이 없고 소화가 잘 안 되며 헛배가 부르고 배가 아플 때 쓴다. 한 번에 3~4g씩 하루 3번 복용한다.
• 회향 3g, 계지 8g, 현호색 6g, 진피(陳皮) 8g, 사인 3g, 감초 3g, 고량강 4g을 섞어 만든 안중산(安中散)은 만성 위염, 위 및 십이지장궤양에 쓰며 경련성 복통에도 효과가 있다. 한 번에 3~5g씩 하루 3번 복용한다.
[용 량] 하루 4~8g.
[금 기] 열증에는 쓰지 않는다.

# 시라자(蒔蘿子) 소회향

산형과 여러해살이풀
시라의 익은 열매를 말린 것
*Anethum graveolens* L.

[산 지] 전국. 농가의 밭에서 약초로 재배한다.
[채 취] 가을에 익은 열매를 따서 햇볕에 말린다.
[형 태] 2개의 쪽열매로 된 작은 타원형 또는 달걀 모양이며 표면은 황갈색 또는 흑갈색이다. 말릴 때 대부분 쪽열매로 갈라진다. 쪽열매는 넓은 타원형이고 납작하며 길이는 3~5㎜, 너비는 2~3㎜, 두께는 0.4~1.5㎜다. 100개의 무게는 0.17~0.219g이다. 위쪽 끝에는 꽃술머리가 붙어 있고 다른 끝에는 2~5㎜의 열매 꼭지가 붙어 있다. 쪽열매의 등쪽은 튀어나와 있으며 3개의 능선이 있고 양쪽에는 옆으로 넓게 연장된 날개 모양의 능선이 있다. 쪽열매의 마주 붙은 면은 대체로 평탄하고 꽃술머리로부터 열매 꼭지를 향하여 튀어나온 줄이 있다. 이 줄의 양쪽에는 활 모양으로 구부러지고 약간 튀어나온 부분이 세로로 있다.

특이한 향기가 있고 맛은 자극성이며 시원하고 달콤하다.
[성 분] 카르본(carvone), 리모넨, 딜라피올(dillapiole), 베르갑텐, 움벨리프레닌

405

(umbelliprenin), 랍, r-시토스테롤 등이 있다.

약성 맛은 맵고 성질은 따뜻하며 비경·신경에 작용한다.

효능 비와 신을 덥혀 주고 입맛을 돋우며 기를 잘 돌아가게 하고 한사를 없애며 물고기 독을 해독한다.

적용 비위가 허한하여 입맛이 없고 소화가 잘 안 되며 배가 차갑고 아플 때, 한산(寒疝;음낭이 차갑고 아픈 증세) 등에 쓴다.

처방 •비위허한증에 다른 한증약을 섞어서 쓴다. 시라자 한 가지를 쓰기도 한다. 즉, 시라자를 가루내어 한 번에 0.5~1g씩 하루 3번 복용한다.
용량 하루 3~4g.

# 오수유(吳茱萸)

운향과 갈잎중키나무
오수유나무의 익지 않은 열매를 말린 것
*Evodia officinalis* Dode

산지 남부 지방. 약재로 재배하며 높이 5m 정도 자란다.

채취 가을에 익기 전의 열매를 따서 햇볕에 말린다.

형태 5개의 모가 난 편구형이다. 윗면의 가운데는 오목하게 들어갔고 아랫면에는 꽃받침과 열매 꼭지가 붙어 있으며 지름은 2~4mm, 높이는 2~3mm이다. 겉은 회갈색 혹은 녹갈색이고 열매 속은 5개의 칸으로 나누어졌으며 매 칸에 씨가 2개 들어 있다. 질은 단단하며 잘 깨지지 않는다.

특이한 향기가 있고 맛은 맵고 약간 쓰다.

열매가 작고 속이 가득 차 있으며 질이 단단하고 녹색이며 향기가 강한 것이 좋은 것이다.

법제 따끈한 물에 담가 쓴맛을 우려낸 다음 말려 깨뜨려서 쓴다. 또는 따끈한 물에 담갔던 것을 볶거나 소금물 또는 선황련 달인 물에 불려 볶는다.

성분 정유가 0.3~0.5% 들어 있다.

처방 •오수유 6g, 생강 6g, 반하 4g을 섞어 비위가 허하여 배가 차고 아프며 토하고 신물이 올라올 때 쓴다. 달여서 하루 3번에 나누어 복용한다.
•오수유 38g, 오미자 75g, 보골지 150g, 육두구 75g을 섞어 생강 300g, 대조 100g의 즙으로 환약을 만든 사신환(四神丸)은 신기가 허하여 새벽마다 설사할 때 쓴다. 한 번에 3~5g씩 하루 2~3번 복용한다.
•오수유 6g, 목과 9g을 섞어 각기병에 쓴다. 달여서 하루 3번에 나누어 복용한다.
용량 하루 2~6g.
금기 열증에는 쓰지 않는다. 단삼, 초석과 배합금기이다.
주의 오수유를 너무 많은 양을 복용하면 시력장애, 착각 등을 일으킬 수 있으므로 주의해야 한다.

한증약
寒
證
藥

정유의 향기는 에보딘(evoden)에 의한 것이다. 또한 에보딘(리모닌), 오시멘(ocimene) 등이 들어 있다. 이 밖에 알칼로이드인 에보디아민(evodiamin), 루테카르핀(rutecarpine), 우크인 등이 들어 있다.

[약 성] 맛은 맵고 쓰며 성질은 뜨겁고 비경·신경·간경에 작용한다.

[효 능] 비와 위를 덥혀 주고 한습을 없애며 기를 잘 통하게 하고 토하기를 멈추게 하며 통증을 멈춘다. 실험에 의하면 오수유를 복용하면 지토작용을 나타내는데 이 약을 생강과 함께 쓰면 그 효과가 더욱 좋아진다. 건위작용과 이뇨작용도 있다.

오수유의 알코올추출물은 진통작용을 나타낸다.

루테카르핀의 분해산물인 루타민은 자궁을 수축시키는 작용을 한다.

오수유는 시험관 안에서 돼지 회충, 지렁이, 거머리를 죽인다. 이 약의 물우림약(1:3)은 일련의 병원성 피부사상균에 대하여 억균작용을 나타낸다.

[적 용] 비위가 허한하여 배가 차고 불어나며 아프고 토하며 신물이 올라올 때, 간기울결로 인한 협통, 고환이 붓고 아플 때, 신허로 오는 설사, 각기병, 지각 마비, 두통 등에 쓴다.

# 정향(丁香)

물푸레나무과 큰키나무
정향의 꽃봉오리를 말린 것
*Syzygium aromaticum* Merrill et Perry

[산 지] 인도네시아 원산. 농가에서 약재로 재배한다.

[채 취] 늦은 여름 녹색에서 분홍색으로 변하는 꽃봉오리를 따서 햇볕에 말린다.

[형 태] 짧은 막대 모양이고 전체의 길이는 1~2cm이다. 윗부분은 꽃잎으로 둘러싸여 구형을 이루고 지름은 약 4~6mm이다. 아랫부분은 약간 납작한 원기둥 모양의 꽃받침통이고 길이는 6~13mm, 너비는 3~5mm, 두께는 2~4mm이며 아래는 점차 가늘다. 겉은 적갈색 또는 자갈색이고 잔주름이 있다. 꽃받침통 윗부분에 4개의 삼각형으로 된 꽃받침조각이 붙어 있다. 질

은 단단하다. 특이한 방향성 냄새와 매운 맛이 있다.

꽃봉오리가 크고 부서진 것이 없고 빛깔이 적자색이며 냄새와 맛이 강한 것이 좋다.

[성 분] 정유가 약 10%, 몰식자(沒食子)타닌이 약 12%, 카리오필린(caryophyllin)이 약 1.5% 들어 있다. 이 밖에 적은 양의 지방과 밀이 들어 있다. 정유의 주성분은 오이게놀(78~95%), 아세틸오이게놀(3%), 적은 양의 $\alpha$- 및 $\beta$-카리오필린이다.

[약 성] 맛은 맵고 성질은 따뜻하며 폐경·위경·신경에 작용한다.

[효 능] 비위를 덥혀 주고 구토를 멈춰주

며 신장을 덥혀 준다. 실험에 의하면 정향은 위의 분비 기능과 소화 기능을 강하게 한다. 이 약의 정유는 시험관 안에서 포도상구균, 결핵균, 적리균 등을 비롯한 여러 세균 및 곰팡이류에 대하여 억균작용을 나타낸다.

정향은 유행성감기 바이러스 PR3에 대한 억제작용도 나타낸다.

한증약
寒證藥

적 용 비위가 허한(虛寒)하여 배가 차갑고 아프며 토하거나 설사하고 입맛이 없을 때, 소화장애, 딸꾹질, 구토, 신허로 인한 요슬산

통, 음부가 차갑고 아플 때, 회충증 등에 쓴다.

처방
• 정향, 사인, 백출 같은 양을 섞어 만든 정향산(丁香散)은 비위가 허한하여 입맛이 없고 토하고 설사할 때 쓴다. 한 번에 2~3g씩 하루 3번 복용한다.
• 정향 4g, 시체·인삼·진피(陳皮)·고량강 각각 19g, 백복령 4g, 반하 4g, 감초 9g, 생강 29g을 섞어 만든 정향시체산(丁香柿蒂散)은 위가 허한하여 딸꾹질(애역)할 때 쓴다. 가루내어 한 번에 12g씩 달여 복용한다.
• 정향 3g, 사인 6g, 토목향 6g, 향부자 6g, 진피(陳皮) 8g 등 기를 잘 돌아가게 하고 통증을 멈추는 약을 섞어 위통에 쓴다. 달여서 하루 3번에 나누어 복용한다.

용 량 하루 2~3g.

금 기 열증에게는 쓰지 않는다. 울금과 배합금기이다.

# 애엽(艾葉) 약쑥 잎

국화과 쑥속 여러해살이풀
쑥(약쑥)의 잎을 말린 것
*Artemisia princeps* Pamp.

산 지 전국. 산과 양지바른 풀밭에서 키 60~120㎝로 자란다.

채 취 5~7월경에 잎이 무성하고 꽃이 피지 않았을 때 잎만 채취하거나, 또는 전초를 베어 햇볕 또는 그늘에서 말린 다음 잎을 딴다.

형 태 1~2번 깃 모양으로 깊이 갈라지고 갈라진 조각은 긴 타원형이며 불규칙하게 쭈그러졌고 부서졌다. 윗면에는 회녹색의 연한 털이 있고 뒷면에는 흰색의 털이 많다. 질은 연하고 잘 부서지며 특이한 방향성 냄새가 나고 맛은 약간 쓰다.

잎이 부드럽고 향기로운 냄새가 강하며 잎의 뒷면에 흰색 털이 많은 것이 좋은 것이다.

법 제 그대로 또는 약간 볶거나 술에 불려 볶아서 쓴다.

성 분 적은 양의 정유가 들어 있다. 정유의 주성분은 시네올, α-투욘 등이다. 이 밖의 극히 적은 양의 아데닌, 콜린, 비타민 A·B·C·D·PP, 아밀라제 등이 들어 있다.

약 성 맛은 쓰고 성질은 따뜻하며 비경·간경·신경에 작용한다.

**효능** 경맥을 덥혀 주고 잘 통하게 하며 풍한을 없애고 비·위를 덥혀 주고 통증을 멈춰 준다. 그리고 출혈을 멈추고 태아를 안정시킨다. 동물 실험에서 해열작용이 인정되었으나 그 작용량이 치사량에 가깝기 때문에 해열약으로는 쓸 수 없다.

약쑥 잎우림액은 혈액응고를 빠르게 하며 기관지를 넓혀 준다. 시험관 안에서 폐렴쌍구균, 포도상구균을 비롯한 여러 세균 및 사상균들에 대한 억균작용을 나타낸다. 약쑥 잎을 방 안에서 태우면 방 안의 공기에 대한 소독작용을 나타낸다.

액체추출물은 모세혈관의 투과성을 억제한다. 시네올은 중추신경을 흥분시키는 작용을 나타내며 이것을 동물에게 많이 투여하면 전간과 같은 경련을 일으키는 것을 알 수 있다.

**적용** 비위가 허한하여 배가 차갑고 아플 때, 한성 이질, 토혈, 비출혈, 자궁출혈, 임산부의 자궁출혈, 이슬, 월경불순, 월경통, 임산부의 태동불안, 불임증(자궁이 냉한 경우) 만성 기관지염 등에 쓴다.

또한 약쑥으로 뜸쑥을 만들어 뜸요법에 쓰며 습진에 외용약으로 쓴다.

**처방** •애엽 15g, 아교 15g, 산궁궁 15g, 당귀 15g, 감초 8g을 섞어 만든 교애궁귀탕(膠艾芎歸湯)은 임산부의 자궁출혈 또는 유산 후의 자궁출혈에 쓴다. 달여서 하루 3번에 나누어 복용하면 효과를 볼 수 있다.

•당귀·산궁궁·숙지황·백작약 각각 9g을 섞은 사물탕(四物湯) 재료에 애엽·아교주·황금·백출·사인·향부자 각각 4g을 섞어 만든 교애사물탕(膠艾四物湯)은 임산부의 자궁출혈(태루)에 쓴다. 하루 2첩을 달여 3번에 나누어 복용한다.

•애엽 8g, 단삼 8g, 당귀 6g, 마황 6g, 인삼 6g, 아교 10g, 감초 4g, 생강 6g, 대조 4g을 섞어 태동불안에 쓴다. 달여서 하루 3번에 나누어 복용한다.

•애엽 8g, 당귀 9g, 향부자 8g을 섞어 월경불순(허한증), 임산부의 자궁출혈, 복통에 쓴다. 달여서 하루 3번에 나누어 복용한다.

**용량** 하루 4~8g.

**금기** 열증에는 쓰지 않는다.

약쑥

# 육두구 (肉荳蔻)

육두구과 늘푸른큰키나무
육두구나무의 익은 씨를 말린 것
*Myristica fragrans* Houttuyn

**산 지** 인도네시아·말레이반도 등의 열대 지방에서 높이 20m 정도 자란다.

**채 취** 익은 열매를 따서 열매껍질을 벗겨내고 햇볕에 말린다.

**형 태** 둥근 달걀 모양 또는 타원형이고 길이는 2~3.5cm, 지름은 약 2cm이며 겉은 회갈색이고 그물 모양의 주름이 있다. 질은 단단하고 단면에는 대리석 모양의 꽃무늬가 있다. 특이한 향기가 있고 맛은 맵고 약간 쓰다.

씨앗이 크고 질이 단단하고 무거우며 깨지거나 벌레먹지 않은 것이 좋은 것이다.

**법 제** 그대로 또는 종이 등으로 감싸 구워서 쓴다. 구워서 쓰면 지사작용이 강해진다.

**성 분** 정유 약 3.4%, 지방 27~43%, 녹말 23~32%, 단백질, 적은 양의 사탕, 크실란(xylan), 펜토산(pentosan), 리파아제, 펙틴, 사포닌 등이 들어 있다. 정유에는 α-피넨, d-캄펜, 오이게놀, 리날롤, 디펜텐 등이 들어 있다. 지방의 주성분은 미리스틴, 올레인 등이다.

**약 성** 맛은 맵고 쓰며 성질은 따뜻하고 위경·대장경에 작용한다.

**효 능** 비위를 덥혀 주고 설사와 구토를 멎게 한다. 입맛을 돋우고 음식의 소화를 돕는다. 실험에 의하면 이 약은 적은 양을 복용하면 분비를 항진시키고 입맛을 돋우며 소화가 잘 되게 한다. 그러나 많은 양을 복용하면 오히려 위액 분비가 억제된다. 종이에 싸서 구운 육두구는 떼낸 토끼 창자의 꿈틀운동을 뚜렷이 억제한다.

**적 용** 비위가 허한하여 설사할 때, 입맛이 없고 소화가 잘 안 되며 복부팽만, 토할 때 등에 쓴다.

---

**처방**
• 육두구 8g, 토목향 8g, 대조 4g을 섞어 환약을 만들어 만성 설사 및 복부팽만으로 아플 때 쓴다. 한 번에 3~4g씩 하루 3번 복용한다.
• 육두구 75g, 보골지 150g, 오수유 38g, 오미자 75g을 섞어 대조 100g, 생강 300g의 즙으로 환약을 만든 **사신환**(四神丸)은 비와 신이 허한하여 새벽설사를 할 때 쓴다. 한 번에 3~5g씩 하루 2~3번 복용한다.

**용 량** 하루 4~8g.

**금 기** 열증에는 쓰지 않는다.

# 고량강 (高良薑) 양강

생강과 여러해살이풀
고량강의 뿌리줄기
*Alpinia officinarum* Hance

[산 지] 중국 원산. 약재로 재배하며 키 90~110cm 정도 자란다.

[채 취] 가을철에 4~6년 자란 뿌리줄기를 캐어 줄기와 수염뿌리를 다듬고 물에 씻어 햇볕에 말린다.

[형 태] 원기둥 모양이고 길이는 4~10cm, 지름은 1~1.5cm이다. 겉은 진한 적갈색이고 세로로 주름이 있으며, 마디가 있고 수염뿌리를 다듬은 자리가 있다. 질은 단단하고 잘 꺾어지지 않으며 단면은 황적색 또는 붉은색이다. 냄새는 향기롭고 맛은 맵다.

굵고 적갈색이고 냄새와 매운맛이 강한 것이 좋은 것이다.

[성 분] 정유 0.5~1%, 매운맛 성분인 갈탄골, 플라본 유도체인 갈랑긴(galangin), 알피닌(alpinine), 켐페리드 (kaempferid), 녹말, 타닌, 지방

등이 들어 있다. 정유의 주성분은 시네올이다.

[약 성] 맛은 맵고 쓰며 성질은 뜨겁고 비경·위경에 작용한다.

[효 능] 비위를 덥혀 주고 한을 없애며 음식의 소화를 돕고 통증을 멈춘다. 고량강과 건강(마른생강)은 모두 비위를 덥혀 주고 한사를 없애는 작용을 나타내나 고량강은 주로 위한증을 치료하고 건강은 주로 비한증을 치료한다.

[적 용] 비위허한증에 쓰는데, 특히 위한증으로 윗배가 아플 때 주로 쓴다. 그리고 소화장애, 위염, 구토, 설사 등에 쓴다.

[처방]
• 고량강, 향부자 같은 양을 섞어 환약을 만들어 윗배가 차고 아플 때 쓴다. 한 번에 3~4g씩 하루 3번 복용한다.
• 고량강 8g, 후박 6g, 당귀 6g, 육계 4g, 생강 6g을 섞어 심한 복통에 쓴다. 달여서 하루 3번에 나누어 복용한다.
• 위한증으로 윗배가 아플 때에는 고량강 한 가지를 8g씩 달여 하루 3번에 나누어 복용하기도 한다.

[용 량] 하루 4~8g.

# 초두구(草豆蔲) 초구

생강과 여러해살이풀
초두구의 익은 씨를 말린 것
*Alpinia katsumadai* Hayata

**산 지** 중국 남해 지역, 베트남 지역 등에서 자란다.

**형 태** 지름 1.5~2cm의 구형이다. 겉은 회갈색이다. 흰색의 막에 의하여 3개의 칸으로 나뉘고 매 칸에는 약 22개 정도의 씨가 모여 있다. 씨는 다각형이고 길이는 3~5mm, 지름은 약 3mm이다. 한쪽 면에는 세로 홈이 있다. 질은 단단하고 단면은 회백색이다. 특이한 냄새가 나고 맛은 맵다.

씨의 덩어리가 실하고 둥글며 질이 단단하고 냄새가 강한 것이 좋은 것이다.

**법 제** 커다란 씨 덩어리를 잘게 깨뜨려서 쓴다.

**성 분** 씨에 정유가 약 4% 들어 있다. 그리고 결정성 성분인 알피네틴, 카르다모민(cardamomin)이 들어 있다.

**약 성** 맛은 맵고 성질은 따뜻하며 비경 · 위경에 작용한다.

**효 능** 비 · 위를 덥혀 주고 구토를 멎게 하고 습과 담을 없앤다. 약리작용은 억균, 장관흥분, 장관억제 작용이 보고되었다.

**적 용** 비위가 허하여 배가 차갑고 아플 때, 식욕부진, 구토, 대변이 묽은 증상, 담음이 축적되어 생기는 가슴앓이, 구역질, 설사, 학질 등에 쓴다.

> **처방** • 초두구 6g, 고량강 6g, 생강 6g을 한 습으로 인하여 윗배가 아프고 토할 때 쓴다. 달여서 하루 3번에 나누어 복용한다.
> **용량** 하루 2~6g.

# 초과(草果)

생강과 여러해살이풀
초과의 익은 열매를 말린 것
*Amomum tsaoko* Crevost et Lem.

**산 지** 베트남, 중국 남부, 인도에서 재배한다.

**형 태** 타원형이고 길이 3~4cm, 지름 1.2~2.5cm이다. 겉은 회갈색이고 세로로 튀어나온 선이 있다. 껍질은 매우 단단하다. 껍질을 벗겨내면 그 안에 씨가 뭉친 덩어리가 있는데 이것은 흰 막에 의하여 세 개의 칸으로 나뉘고 매 칸에 14~22개의 씨가 들어 있다. 씨는 다각형이고 길이는 약 5mm이다. 씨의 겉은 적갈색이고 회백색의 엷은막(가종피)이 덮여 있다. 씨를 깨뜨리면 특이한 냄새가 난다.

씨가 크고 잘 익은 것이 좋은 것이다.

법 제 그대로 깨뜨려서 쓴다.

성 분 정유가 약 0.7% 들어 있다. 정유의 주성분은 시네올이다.

약 성 맛은 맵고 성질은 따뜻하며 비경·위경에 작용한다.

효 능 비와 위를 덥혀 주고 한습을 없애며 음식물의 소화를 돕고 담을 삭이며 학질을 치료한다. 현대 의학적으로 보면 초과는 방향성 건위약이 된다.

적 용 비위가 허한해 배가 차갑고 아플 때, 소화장애, 구토, 설사, 학질 등에 쓴다.

처방 • 초과 6g, 포부자 4g, 생강 6g, 대조 4g을 섞어 배가 차갑고 아플 때와 학질에 쓴다. 달여서 하루 3번에 나누어 복용한다.
용 량 하루 2~6g.
주 의 열증에는 쓰지 않는다.

# 필발(蓽撥)

후추과 여러해살이풀
필발의 덜 익은 열매이삭을 말린 것
*Piper longum* L.

산 지 주로 중국 남부 지역에서 자라며 우리나라에서는 약초로 재배된다.

형 태 원기둥 모양이고 약간 구부러졌으며 수많은 작은 열매들이 모여 이루어졌다. 길이는 약 3cm, 지름은 3~6cm이다. 표면은 흑갈색 또는 적갈색이고 빽빽하게 붙은 작은 열매들이 규칙적인 돌기를 이룬다. 한쪽 끝은 작은 꼭지가 있거나 그것이 떨어진 자리가 있다. 질은 단단하지만 쉽게 부서진다. 단면은 약간 붉은색을 띠며 알갱이 모양이다. 작은 열매는 지름 1mm 안팎이다. 특이한 냄새가 나며 맛은 매우 맵고 자극적이다.

성 분 피페린(piperine), 팔미틴산, 테트라히드로피페르산(tetrahydropiper酸), 세사민 등이 있다.

약 성 맛은 맵고 성질은 뜨거우며 비경·위경에 작용한다.

효 능 비위를 덥혀 주고 한사를 없앤다. 필발의 정유는 백색 및 황금색 포도상구균, 고추막대균, 대장막대균, 적리막대균 등에 대하여 억균작용을 나타낸다.

적 용 비위가 허한하여 배가 차갑고 아플 때, 구토, 딸꾹질, 설사 등에 쓴다. 두통, 치통에도 쓴다.

처방 필발·육계 각각 40g, 고량강·건강 각각 60g을 가루내어 0.3g(1개) 되는 환약을 만들어 비위허한증에 한 번에 20개씩 하루 3번 복용한다.
용 량 하루 3~4g.

# 제10장 진해화담약(鎭咳化痰藥)

진해화담약은 일반적으로 맛이 쓰고 성질은 따뜻하거나 차가우며 폐경에 작용하여 기침을 멎게 해주고 담을 삭이는 약이다.

진해화담약은 주로 사포닌이 들어 있는 약으로서 기관지 점막을 자극하여 점액을 잘 나오게 하고 기관지 활평근의 운동을 강하게 하여 기관지 속의 진한 가래를 묽게 하여 쉽게 뱉어내게 하는 작용을 한다.

한의학에서는 기관지에서 분비되는 점액(가래)뿐 아니라 전간, 연주창, 영류, 관절통, 기타 일련의 병을 일으키는 병인도 포괄하여 담이라고 한다. 그러므로 진해화담약에는 전간, 연주창, 영류, 관절통 등을 치료하는 약도 들어 있다.

진해화담약은 다시 진해평천약과 화담약으로 나눈다. 진해평천약은 기침을 멎게 하고 숨이 가쁜 증세를 낫게 하므로 기침이 나고 숨이 가쁠 때 쓰고, 화담약은 담을 삭이는 작용을 하므로 기침이 나고 숨이 가쁠 때 쓸 뿐만 아니라 전간, 연주창, 영류, 중풍에 가래가 성할 때, 관절통 등에도 쓴다.

진해화담약을 임상에 쓸 때에는 병의 원인과 증상을 보아 적합한 한약을 선택하는 동시에 적당한 한약을 섞어서 써야 한다. 예를 들어 외감표증으로 기침이 나면 해표약을, 폐가 허하여 기침이 나면 폐를 보하는 약을, 폐에 열이 있어 기침이 나면 폐열을 내리게 하는 약을 섞어서 써야 하며, 담병을 치료함에 있어서도 담이 생긴 원인을 없애는 약을 섞어서 써야 한다.

각혈하는 환자에게는 맛이 맵고 성질이 따뜻하며 작용이 맹렬한 화담약을 쓰지 않는다. 그것은 출혈을 촉진시킬 우려가 있기 때문이다.

# 제1절 진해평천약(鎭咳平喘藥)

## 행인(杏仁) 살구 씨

장미과 벚나무속 갈잎큰키나무
살구나무의 씨를 말린 것
*Prunus armeniaca var. ansu Max.*

**산지** 전국. 민가에서 과수로 재배하며 높이 5m 정도 자란다.

**채취** 7~8월경에 열매를 따서 씨를 받아 햇볕에 말린 다음 내과피(內果皮)를 까고 그 안에 들어 있는 씨앗만을 모아 햇볕에 말린다.

**형태** 납작한 심장 모양이고 길이는 1~1.5cm, 너비는 0.8~1.2cm, 두께는 0.4~0.7cm이다. 겉은 갈색이고 세로로 주름이 있다. 껍질을 벗기면 흰색의 떡잎이 두 개

살구나무 열매

을 잘 나오게 한다. 땀을 나오게 하고 해독작용도 있다. 살구 씨에 들어 있는 아미그달린을 적은 양 복용하면 소화기 안에서 천천히 가수분해되어 적은 양의 시안화수소가 생긴다. 시안화수소는 기침 중추를 진정시켜 지해작용을 나타낸다. 그러나 많은 양을 쓰면 호흡 중추, 혈관운동 중추 기타 중추들을 마비시킨다. 또한 시안화수소는 원형질 독이므로 많은 양에서는 세포의 생리활동을 방해하며 조직의 질식을 일으킬 수 있다.

행인과 계지를 함께 달여 쓰는 경우에 살구 씨 배당체의 분해산물인 벤즈알데히드와 계지의 계피알데히드 성분의 축합 생성물이 생기는데 이것은 결합하기 전의 매개 화합물보다 지해작용이 더 강하다는 것이 밝혀졌다.

살구 씨 기름은 회충, 십이지장충, 요충, 티푸스균, 파라티푸스균을 죽인다.

진해화담약 鎭咳化痰藥

있다. 떡잎에는 기름이 많다. 냄새는 없으나 물을 넣고 갈면 벤즈알데히드의 냄새가 난다.

씨알이 크고 통통하며 떡잎이 희고 깨지거나 벌레먹지 않은 것이 좋은 것이다.

**법 제** 살구 씨를 10배 정도의 끓는 물에 5분간 담갔다가 건져내어 껍질을 벗겨내고 불에 말리거나 또는 이것을 다시 밀기울과 함께 노랗게 볶아서 쓴다. 살구 씨를 이렇게 가열처리하면 효소 에멀신이 파괴되어 유효 성분인 아미그달린의 분해를 막는다.

**성 분** 배당체인 아미그달린, 효소 에멀신 및 지방, 단백질 등이 들어 있다. 아미그달린은 산 또는 효소의 작용에 의하여 가수분해되어 벤즈알데히드(benzaldehyde)와 시안화수소, 포도당을 만든다.

**약 성** 맛은 쓰고 달며 성질은 따뜻하고 폐경·대장경에 작용한다.

**효 능** 기침을 멎게 하고 숨이 가쁜 증세를 치료하며 대변

**적 용** 기침이 나고 숨이 가쁠 때 쓰는데 주로 감기에 걸려 기침이 나고 숨이 가쁠 때 쓴다. 그리고 기관지염, 기관지천식, 폐결핵 등에 기침약으로 쓴다. 또한 변비, 고기를 먹고 체했을 때 등에도 쓴다.

**처방** 행인으로 만든 행인수(杏仁水)는 기침약으로 쓴다.
• 행인·마황·감초·생강 각각 12g을 섞은 삼요탕(三拗湯)은 감기에 걸려 기침이 나고 숨이 가쁠 때 쓴다. 달여서 하루 3번에 나누어 복용한다.
• 소아두창에는 행인을 까맣게 태우고 가루를 만들어 환부에 바른다. 진물이 없으면 참기름으로 개어 환부에 바른다.
**용량** 하루 6~12g.

417

# 길경(桔梗)

초롱꽃과 도라지속 여러해살이풀
도라지의 뿌리를 말린 것
*Platycodon grandiflorum* (Jacq.) A. DC.

산지 전국. 산과 들에서 키 40~80㎝로 자라며 농가에서 재배한다.

채취 가을 또는 봄에 뿌리를 캐내어 물에 씻어 잡질을 없애고 겉껍질을 벗겨내고 햇볕에 말린다.

형태 긴 실북 모양 또는 원기둥 모양이고 길이는 10~15㎝, 지름은 1~2㎝이며 윗부분에는 뿌리꼭지가 붙어 있다. 겉은 흰색이고 세로주름과 홈이 있으며 윗부분에는 가로주름이 있다. 겉껍질을 벗기지 않은 것은 암갈색이다. 질은 단단하지만 잘 부러진다. 단면은 과립 모양이고 흰색이다. 냄새는 없고 맛은 쓰다.

뿌리가 굵고 길며 질이 단단하고 빛깔이 희고 맛이 쓴 것이 좋은 것이다.

성분 사포닌인 플라티코딘(platyco-din)이 들어 있다. 기타 이눌린, 피토스테롤, 플라티코디닌(platycodinin, 과당 10분자로 만들어진 다당류) 등이 들어 있다. 잎과 줄기에도 사포닌이 있다.

약성 맛은 맵고 쓰며 성질은 평하고 폐경에 작용한다.

효능 가래를 내보내고 기침을 멎게 하며 고름을 빼낸다. 그리고 폐기를 잘 통하게 한다. 도라지 사포닌은 기관지의 분비를 높여 가래를 삭이고 기침을 멈추는 작용을 나타내며 용혈작용도 한다. 도라지의 용혈지수는 1:10,000이다. 플라티코딘은 또한 동물 실험에서 진정작용, 진통작용, 해열작용, 혈압강하작용, 항염증작용, 위

도라지

액분비 억제작용, 항궤양작용, 항아나필락시아작용을 나타낸다.

**적용** 감기로 인한 기침, 가래가 있어 기침이 나고 숨이 차며 가슴이 그득한 감이 있고 아플 때, 기관지염, 기관지확장증, 인후두염, 목이 쉬었을 때, 폐옹(폐농양) 등에 쓴다. 이 밖에 부스럼, 비출혈에도 쓴다.

**처방**
• 길경 12g, 지각 8g, 진피(陳皮) 8g, 반하 6g, 복령 6g, 감초 4g, 선황련 8g, 치자 6g을 섞어 담열로 기침하고 숨이 가쁠 때 쓴다. 달여서 하루 3번에 나누어 복용한다.
• 길경 12g, 감초 4g을 섞은 감길탕(甘桔湯)은 인후두염에 쓴다. 달여서 하루 3번에 나누어 복용한다.
• 인후두염, 편도염에 길경 12g, 금은화 10g, 연교 10g, 감초 4g을 쓴다. 달여서 하루 3번에 나누어 복용한다.
• 길경 8g, 마황 12g, 행인 12g, 형개수 8g, 감초 12g을 섞어 만든 오요탕(五拗湯)은 풍한감기로 기침이 나고 숨이 가쁠 때 쓴다. 달여서 하루 3번에 나누어 복용한다.
• 가래기침에 길경 한 가지를 달여 복용해도 효과가 있다 6~12g을 달여서 하루 3번에 나누어 복용한다.

**용량** 하루 6~12g.

**금기** 각혈할 때는 쓰지 않는다.

# 자원(紫菀)

국화과 개미취속 여러해살이풀
개미취의 뿌리를 말린 것
*Aster tataricus* L. fil.

**산지** 전국. 산과 들에서 키 1.5m~2m로 자란다.

**채취** 가을 또는 봄에 뿌리를 캐어 줄기를 잘라내고 물에 씻어 햇볕에 말린다.

**형태** 짧은 뿌리줄기에서 길이 약 10㎝, 지름 약 1~2㎜ 되는 뿌리가 많이 갈라져 있다. 겉은 연한 자갈색이고 세로주름이 있다. 질은 단단하고 잘 부서진다. 특이한 향기가 약간 나며 맛은 떫고 약간 자극성이 있다.

줄기와 잎자루가 달리지 않고 빛깔이 연한 자갈색인 것이 좋은 것이다.

**성분** 아스테르사포닌(astersaponin), 시오논(shionon, 사포게닌) 플라보노이드

인 케르세틴, 정유 등이 들어 있다. 개미취의 전초에도 사포닌, 플라보노이드, 정유가 들어 있다.

개미취

**약 성** 맛은 쓰고 매우며 성질은 따뜻하고 폐경에 작용한다.

**효 능** 가래를 삭이고 기침을 멎게 한다. 그리고 소변을 잘 나오게 한다. 동물 실험에서 개미취 탕약은 가래를 없애고 기침을 멎게 하며 대장균, 적리균, 병원성 피부사상균 등에 대하여 억균작용을 나타낸다.

개미취는 항암작용도 나타낸다. 사포닌 성분은 가래를 없애고 용혈작용을 나타내며 쿠에르세틴 성분은

이뇨작용을 나타낸다.

**적 용** 감기에 의한 기침, 가래가 있어 기침이 나고 숨이 가쁠 때, 폐결핵으로 기침할 때, 급성 기관지염, 각종 기침에 쓴다. 폐농양, 배뇨장애에도 쓴다.

**처방** 자원에 관동화를 섞어 기침약으로 쓴다.
• 자원 12g, 백부 10g, 매화나무 열매 8g, 생강 8g을 섞어 오랜 기침에 쓴다. 달여서 하루 3번에 나누어 복용한다.
• 자원 12g, 지모 10g, 패모 10g, 아교 · 인삼 · 길경 · 복령 · 오미자 각각 8g, 감초 4g을 섞어 폐결핵으로 기침과 혈담이 나올 때 쓴다. 달여서 하루 3번에 나누어 복용한다.
**용 량** 하루 6~12g.

채취한 개미취 뿌리

# 관동화(款冬花) 관동 꽃

국화과 관동속 여러해살이풀
관동의 꽃봉오리를 말린 것
*Tussilago farfara Linné*

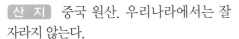

**산 지** 중국 원산. 우리나라에서는 잘 자라지 않는다.

**채 취** 이른 봄에 꽃봉오리를 잘라 그늘에서 말린다.

**형 태** 곤봉 모양이고 길이는 1.5~3cm, 지름은 4~6mm이다. 꽃줄기에는 비늘 모양의 잎이 붙어 있다. 꽃봉오리는 연보라색을 띤 비늘 모양의 포엽으로 덮여 있다. 속에 싸인 포엽은 흰색이다.

냄새는 약간 향기롭다. 꽃봉오리가 크고 적자색이며 부서지지 않은 것이 좋다.

**법 제** 그대로 또는 꿀물에 불려 볶아서 쓴다. 꿀물에 불려 볶아 쓰면 지해작용이 강해진다.

**성 분** 파라디올(faradiol), L - 피토스테린, 타닌, 탄수화물, 타락사틴(taraxatin)이 들어 있다.

**약 성** 맛은 맵고 달며 성질은 따뜻하고 폐경에 작용한다.

**효 능** 폐를 보하고 가래를 삭이며 기침을 멈춘다. 동물 실험에서 관동화 탕약이 지해작용과 가래삭임작용을 나타낸다는

것이 밝혀졌다. 숨이 가쁜 증세를 치료하는 작용도 약하게 나타낸다.

관동화의 에테르추출물은 적은 양에서는 기관지를 이완시키고 많은 양에서는 오히려 기관지를 수축시키는 작용을 한다.

**적 용** 폐가 허하여 기침이 나고 숨이 가쁠 때, 기관지염, 기관지천식, 기관지확장증, 폐농양, 후두염 등에 쓴다.

**처방** 관동화에 자원를 섞으면 기침을 멈추는 작용이 강해지므로 이 두 가지 약을 섞어 쓰는 경우가 많다.

• 관동화 4g, 지모 4g, 상백피 4g, 아교 15g, 마황 15g, 패모 15g, 행인 8g, 감초 8g, 반하 4g, 생강 6g을 섞어 만든 관동화산(款冬花散)은 폐가 한하여 기침이 나고 숨이 가쁠 때 쓴다. 달여서 하루 3번에 나누어 복용한다.

• 관동화 4, 백합 5를 섞어 둥근 알약을 만들어 폐결핵으로 기침하고 각혈할 때 쓴다. 한 번에 4~6g씩 하루 3번 복용한다.

• 관동화 10g에 행인 12g을 섞어 써도 좋다. 달여서 하루 3번에 나누어 복용한다.

**용 량** 하루 6~12g.

**참 고** 관동의 잎도 가래를 삭이고 기침을 멎게 하는 작용이 있으므로 관동화가 없을 때 관동 잎으로 대신할 수 있다.

# 백부(百部)

백부과 여러해살이덩굴풀
덩굴백부의 덩이뿌리를 말린 것
*Stemona japonica* (Bl.) Miq.

• 마주난잎백부, 선백부 등의 덩이뿌리를 대용으로 쓴다.

**산 지** 전국. 약초로 농가의 밭에서 재배한다.

**채 취** 가을 또는 봄에 덩이뿌리를 캐어 물에 씻고 수염뿌리를 다듬어서 끓는 물에 넣어 잠깐 끓여 유연해지면 꺼내어 햇볕에 말린다.

**형 태** 실북 모양이고 길이는 7~15cm, 지름은 1~1.5cm이다. 겉은 회백색이고 세로로 깊은 주름이 있다. 질은 가볍고 잘 부러지며 단면은 매끈하고 황백색이며 윤기가 나고 각질 모양이다. 냄새는 없으며 맛은 달고 약간 쓰다.

뿌리가 굵고 회백색인 것이 좋다.

**법 제** 그대로 또는 꿀물에 불려 볶아서 쓴다.

**성 분** 알칼로이드가 들어 있다. 즉 덩굴백부에는 스테모닌(stemonin), 스테모니딘(stemonidine), 이소스테모니딘(isostemonidine) 등이 들어 있다. 선백부에는 세실리스테모닌(sessilistemonine)이 있고, 마주난잎백부에는 투베르스테모닌(tuberstemonine), 파이푸닌이 들어 있다.

**약 성** 맛은 달고 성질은 약간 따뜻하며 폐경에 작용한다.

**효 능** 폐를 보하고 기침을 멎게 하며 살충작용이 있다. 실험을 통하여 다음과 같은 작용이 밝혀졌다. 스테모닌은 동물의 호흡중추의 흥분성을 낮추어 기침반사를 억제하여 지해작용을 한다. 백부는 시험관 안에서 결핵균을 완전히 억제하며 폐렴쌍구균, 폐렴막대균, 적리균 등을 비롯한 일련의 미생물에 대하여 억균작용을 나타낸다. 그리고 돼지 회충, 요충, 트리코모나스, 빈대, 지렁이, 거머리를 죽인다.

[적 용] 모든 기침에 다 쓸 수 있으며 특히 폐한 및

폐허로 인한 기침, 폐결핵 환자의 기침에 좋다. 회충, 촌백충, 요충을 없앨 때에도 쓴다. 그리고 두드러기, 피부염, 옴에도 외용한다.

[처방]
• 백부 6g, 맥문동 · 양유근 · 상백피 · 백합 · 복령 · 지골피 · 의이인 · 황기 각각 8g을 섞어 오랜 기침에 쓴다. 달여서 하루 3번에 나누어 복용한다.
• 백부 6g, 마황 10g, 행인 12g을 섞어 폐한으로 기침할 때 쓴다. 달여서 하루 3번에 나누어 복용한다.
• 요충증에 백부 달인 물로 관장한다. 백부 30g을 물에 달여서 1:1 추출물을 만들어 밤 10시경에 관장한다. 5일 동안 계속 관장한다.

[용 량] 하루 4~6g.

# 소자(蘇子) 자소자, 차조기 씨, 차즈기 씨

꿀풀과 들깨속 한해살이풀
차즈기의 익은 씨를 말린 것
*Perilla frutescens* var. acuta Kudo

[산 지] 전국. 농가에서 약초로 재배하며 키 30㎝ 정도 자란다.

[채 취] 가을에 씨가 여물 때 전초를 베

차즈기

어 햇볕에 말리고 두드려 씨를 턴 후 잡질을 없앤다.

[형 태] 달걀 모양 또는 둥그런 입자인데 지름은 1~1.5㎜이고 겉은 회갈색 또는 암갈색이며 그물 모양의 튀어나온 무늬가 있다. 껍질은 잘 깨지고 씨앗은 황갈색이며 기름기가 있다. 비벼 깨뜨려서 냄새를 맡으면 특이한 향기가 있다.

씨가 여물고 잡질이 없는 것이 좋은 것이다.

[법 제] 그대로 또는 살짝

볶아 깨뜨려서 쓴다.

**성 분** 지방은 약 40%, 정유가 0.4~0.5% 들어 있다. 지방은 올레인산, 리놀레산의 글리세리드가 들어 있다. 또한 비타민 $B_1$도 들어 있다.

**약 성** 맛은 맵고 성질은 따뜻하며, 폐경에 작용한다.

**효 능** 가래를 삭이고 기침을 멎게 하며 숨이 가쁜 증세를 낫게 한다.

**적 용** 가래가 있어 기침이 나고 숨이 가쁠 때 쓴다. 대변을 잘 나오게 하므로 변비에도 쓴다.

**처방** 소자를 거담약으로 쓸 때는 흔히 나복자를 섞는다.

• 소자 8g, 백개자 8g, 나복자 8g을 섞은 삼자양친탕(三子養親湯)은 기관지염, 가래가 있어 기침할 때 쓴다. 깨뜨려서 달여 하루 3번에 나누어 복용한다.

• 소자 15g, 반하 12g, 당귀 12g, 천남성 8g, 진피(陳皮) 8g, 전호 · 후박 · 지실 · 적복령 · 감초 · 생강 각각 6g, 대조 4g을 섞은 소자도담강기탕(蘇子導痰降氣湯)은 가래가 있고 숨이 찰 때 쓴다.

• 소자 8g, 반하곡 8g, 육계 6g, 진피(陳皮) 6g, 생강 6g, 당귀 · 전호 · 후박 · 구감초 · 소엽 · 각각 대조 4g을 섞은 소자강기탕(蘇子降氣湯)은 급성 및 만성 기관지염, 기관지천식, 폐결핵 등에 기침약으로 쓴다. 달여서 하루 3번에 나누어 복용한다.

• 개에게 물리거나 뱀에게 물렸을 때는 마르지 않은 차즈기 씨를 찧어 환부에 바른다. 차즈기 생잎을 쓰기도 한다.

**용 량** 하루 6~12.

**참 고** 들깨의 씨(임자)도 소자와 약효가 비슷하므로 소자가 없을 때에는 들깨 씨로 대용할 수 있다.



# 선복화(旋覆花) 금불초 꽃

국화과 금불초속 여러해살이풀
금불초의 꽃을 말린 것

*Inula britannica* var. *japonica* (Thunb.) Franch. & Sav.

• 가는금불초, 버들금불초의 꽃을 대용으로 쓸 수 있다.

**산 지** 전국. 산과 들의 풀밭이나 논둑 등 습지에서 키 30~60㎝로 자란다.

**채 취** 여름에 깨끗한 꽃을 따서 햇볕에 말린다.

**형 태** 두상화인데 반구형이고 지름은 약 1㎝이다. 밑에는 비늘 모양의 회색 총포가 붙어 있고 위에는 노란색 꽃잎과 흰색 털이 있다. 질은 가볍고 잘 부서진다. 냄새는 없고 맛은 달고 약간 쓰다.

꽃잎이 노란색이고 부서지지 않으며 잡질이 없는 것이 좋은 것이다.

**성 분** 플라보노이드, 타락사스테롤, 이눌린이 들어 있다. 또 시토스테롤, 케르세틴(quercetrin), 당 등이 함유되어 있다.

**약 성** 맛은 짜고 달며 성질은 약간 따뜻하고 폐경 · 대장경에 작용한다.

**효 능** 기를 내리게 하고 가래를 삭이며 소변을 잘 나오게 한다.

으름덩굴 줄기, 복령, 금불초 꽃 등의 이뇨작용을 실험한 결과에 의하면 으름덩굴

줄기, 복령은 이뇨작용을 뚜렷이 나타내지만 금불초 꽃의 이뇨작용은 그리 명확하지 않다.

**적용** 가래가 있어 기침이 나고 숨이 가쁠 때, 구토, 트림, 딸꾹질, 심하게 끈적끈적한 침이 나올 때 등에 쓴다. 그리고 배뇨장애, 만성 위염에 쓴다.

금불초

**처방** • 주치증에 선복화를 1회 2~4g씩 달이거나 가루를 만들어 복용한다.

• 선복화 12g, 형개수 15g, 전호 12g, 반하 6g, 마황 8g, 오매 6g, 세신 2g, 적복령 8g, 감초 2g, 생강 6g, 대조 4g으로 만든 **금불초산**(金沸草散)은 가래가 있어 기침이 나고 숨이 가쁠 때 쓴다. 달여서 하루 3번에 나누어 복용한다.

• 선복화 8g, 대자석 12g, 반하 8g, 인삼 8g, 감초 6g, 생강 6g, 대조 4g으로 만든 **선복대자석탕**(旋覆代赭石湯)은 비위가 허한하여 명치끝이 더부룩하고 트림이 나올 때와 위염에 쓴다.

**용량** 하루 4~12g.

**참고** 탕약으로 쓸 때는 약천 주머니에 넣어 달이는 것이 좋다.

# 상백피(桑白皮) 뽕나무 뿌리껍질

뽕나무과 뽕나무속 갈잎중키나무
뽕나무의 뿌리껍질을 말린 것
*Morus alba* L.

• 산뽕나무의 뿌리껍질을 대용으로 쓴다.

**산지** 전국. 산과 들의 평지에서 높이 5m 정도 자란다.

**채취** 봄부터 여름 사이에 뿌리를 캐어 겉껍질을 긁어내고 속껍질을 벗겨 햇볕에 말린다.

**형태** 띠 모양 또는 말려서 관 모양이고 두께는 2~5㎜이다. 겉은 황백색이고 황적갈색의 반점이 있다. 안쪽 면은 매끈하고 연한 황백색이며 세로무늬가 있다. 질은 섬유성이고 가벼우며 잘 찢어진다. 특이한 냄새가 약간 나고 맛은 달고 약간 쓰다.

껍질이 두껍고 겉껍질이 없으며 황백색인 것이 좋은 것이다.

**법제** 그대로 또는 꿀물에 불려 찌거나 볶아서 쓴다.

**성분** 트리테르페노이드인 $\alpha$ 및 $\beta$-아

혈압을 내리게 하고 가래 삭임 및 이뇨작용을 나타낸다. 뽕나무 뿌리껍질 탕약은 이소니지드의 혈액 속 유효 농도를 오랜 시간 유지하게 한다.

뽕나무 뿌리껍질은 또한 황색포도상구균, 폐렴막대균, 대장균, 고초균, 백색 칸디다에 대한 억균작용을 나타낸다.

뽕나무 열매

미린, 쿠마린 성분인 스코폴레틴, 엄벨리페론(umbelliferone)이 들어 있다. 펙틴, 팔미틴산, 시토스테롤, 트리고넬린(trigonellin), 정유, 수지, 타놀(tanol) 성분 등도 들어 있다.

약 성 맛은 달고 성질은 차며 폐경에 작용한다.

효 능 폐의 열을 내리게 하고 기침을 멈멎게 하며 숨이 가쁜 증세를 치료하고 소변을 잘 나오게 한다. 동물 실험에서 뽕나무의 뿌리껍질 및 가지껍질은

적 용 폐열로 기침이 나고 숨이 가쁠 때, 혈담이 나올 때, 기관지천식, 기관지염 등에 쓴다. 부종과 배뇨장애, 고혈압 등에도 쓴다.

 처방
• 상백피, 복령피, 생강피, 귤피, 대복피 각각 12g을 섞어 만든 **오피음**(五皮飮)은 부종에 쓴다. 한 번에 5~7g씩 하루 3번 복용한다.
• 상백피 15g, 지골피 15g, 식초 8g을 섞어 만든 **사백산**(瀉白散)은 폐열로 기침이 나고 숨이 가쁠 때 쓴다. 달여서 하루 3번에 나누어 복용한다.

용 량 하루 5~12g.

금 기 폐가 한하여 기침 나고 숨이 가쁠 때는 쓰지 않는다.

뽕나무 꽃

채취한 뽕나무 뿌리

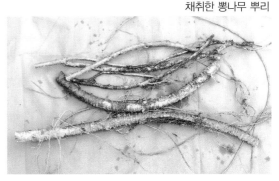

425

# 마두령(馬兜鈴) 방울풀 열매

쥐방울덩굴과 쥐방울덩굴속 여러해살이덩굴풀
쥐방울덩굴(방울풀)의 익은 열매를 말린 것
*Aristolochia contorta* Bunge

산 지 　전국. 산과 들의 숲가장자리에서 길이 1.5m 정도 자란다.

채 취 　가을에 열매가 노랗게 될 때 열매를 따서 햇볕에 말린다.

형 태 　둥근 달걀 모양이고 6개의 모가 나 있으며 길이는 3~4cm, 지름은 2~3cm이다. 겉은 회녹색 또는 회황색이다. 질은 가볍고 잘 부서지는데 대개 6개 조각으로 찢어지고 이 때 꼭지도 6개의 줄로 쪼개진다. 속에는 3개의 모가 나고 납작한 갈색 씨가 많이 들어 있다. 냄새는 특이하고 맛은 쓰다.

열매가 크고 회녹색이며 잡질이 없는 것이 좋은 것이다.

법 제 　그대로 또는 꿀물에 불려 볶아서 쓴다. 꿀물에 불려 볶아서 쓰면 폐를 눅여 주고 지해작용이 강해진다.

성 분 　사포닌, 정유, 아리스톨론(aristolone), 아리스톨로킨산(aristolochin酸), 알칼로이드인 마그노플로린(magnoflorine)이 있다. 이 밖에 알란토인, 타닌, 지방 등이 들어 있다.

약 성 　맛은 쓰고 성질은 차며 폐경(肺經)에 작용한다.

효 능 　폐의 열을 내리게 하고 가래를 삭이며 기침을 멈추게 하고 숨찬 증세를 낫게 한다.

마두령은 동물 실험에서 기관지를 넓히고 가래를 삭인다는 것이 증명되었다. 그리고 마두령은 혈압을 뚜렷하게 내리게 하고 해열작용, 억균작용도 한다.

임상 연구에서 고혈압을 치료할 때 일정한 효과가 있다는 것이 인정되었다.

마두령알칼로이드는 동물 실험에서 장과 자궁에 대한 강한 수축 작용을 나타내며 모세혈관도 강하게 수축시킨다. 그러나 마두령알칼로이드는 독성이 매우 강하고 많은 양을 쓰면 소화기와 비뇨기를 강하게 자극한다.

아리스톨로킨산은 항암 작용을 나타낸다.

적 용 　폐열로 기침이 나고 숨이 가쁠 때 쓴다. 그리

쥐방울덩굴 열매

**426** 동의 본초 한약 보감

고 고혈압에도 쓴다. 또한 치질에 외용한 치료에도 쓴다.
다. 즉, 이 약을 태워 훈증한다.

하루 3~6g을 탕약으로 쓴다.

● 청목향(靑木香)

쥐방울덩굴의 뿌리를 청목향이라고 하는데 아리스톨론, 아리스톨로크산(aristolochic酸), 알란토인(allantoin), 데빌릭산(debilic酸) 등이 들어 있다.

청목향은 진정작용, 혈압강하작용을 하므로 고혈압에 쓴다. 또 장염, 이질, 종기의

**처방** • 마두령 · 상백피 각각 10g, 감초 4g, 정력자 4g, 반하 4g, 생강 6g을 섞어 폐열로 기침이 나고 숨이 가쁠 때 쓴다. 달여서 하루 3번에 나누어 복용한다.
• 고혈압, 장염, 이질 등에 청목향을 1일 3~10g씩 물 300㎖로 1/2이 되도록 달여서 복용한다.

쥐방울덩굴 꽃

**용량** 하루 4~12g.

**주의** 허한증에는 쓰지 않는다. 쥐방울 덩굴뿌리(청목향)는 독성이 있으므로 많은 양을 쓰면 메스꺼움, 구토 등의 부작용이 나타나므로 쓰는 양(하루 3~6g 이하)에 주의해야 한다.

# 비파엽(枇杷葉) 비파나무 잎

장미과 비파나무속 늘푸른중키나무
비파나무의 잎을 말린 것
*Eriobotrya japonica* Lindl.

**산지** 남부 지방. 관상용으로 온실에서 재배하며 높이 10m 정도 자란다.

**채취** 필요할 때 수시로 잎을 따서 햇볕에 말린다.

**형태** 긴 타원형이고 길이는 15~20㎝이며 너비는 5~6㎝이다. 겉은 회녹색 또는 황갈색 혹은 적갈색이고 윗면은 윤기가 나며 아랫면에는 갈색 털이 많다. 잎의 밑부분에는 짧은 잎자루가 있고 끝은 뾰족하며 가장자리는 물결 모양이다. 가죽질이고 잘 부서진다. 냄새는 없고 맛은 약간 쓰다.

잎이 크고 회녹색이며 부서지지 않은 것

이 좋은 것이다.

**법제** 털을 쓸어내고 꿀물 또는 생강즙에 불려 볶아서 쓴다. 그대로 쓰면 열을 내리게 하는 작용이 강하고, 꿀물에 불려 볶아서 쓰면 기침을 멈추는 작용이 강해지며, 생강즙에 불려 볶아서 쓰면 지토작용이 강해진다.

**성분** 사포닌, 우르솔산, 올레아놀산(caryophyllin), 비타민 $B_1$ · C 등이 들어 있다.

**약성** 맛은 쓰고 성질은 평하며(차다고도 함), 폐경 · 위경에 작용한다.

**효능** 폐와 위의 열을 내리게 하고 구토를 멈추며 가래를 삭인다.

비파나무 잎은 유행성감기 바이러스에 대한 억제작용을 나타낸다는 것이 증명되었다. 사포닌 성분은 가래 삭임작용을 나타낸다.

**적용** 폐열로 기침이 나고 숨이 가쁠 때, 위열로 토하거나 딸꾹질할 때, 열병에 갈증이 날 때, 소갈병 등에 쓴다. 또한 기침약으로 만성 기관지염에도 쓴다.

**처방** • 비파엽 10g, 인삼·백모근·생강 각각 6g, 반하 4g, 복령 8g을 섞어 구토에 쓴다. 달여서 하루 3번에 나누어 복용한다.
• 비파엽·관동화·자원·행인 각각 10g, 인삼·백모근·생강 각각 6g, 반하 4g, 복령 8g을 섞어 기침할 때 쓴다. 달여서 하루 3번에 나누어 복용한다.
**용량** 하루 6~12g.

# 전호(前胡) 생치나물, 아삼

산형과 전호속 여러해살이풀
전호의 뿌리를 말린 것
*Anthriscus sylvestris* Hoffm.

**산지** 남부 지방. 깊은 산골짜기 습한 곳, 개울가 등에서 키 1m 정도 자란다.

**채취** 가을에 뿌리를 캐어 줄기와 잔뿌리를 다듬고 물에 씻어 햇볕에 말린다.

**형태** 긴 실북 모양이고 길이 7~10㎝, 지름 1~1.5㎝이다. 겉은 흑갈색이고 옆쪽으로 잔뿌리가 붙었던 자리가 있다. 질은 단단하고 잘 부러진다. 단면은 흰색이고 특이한 냄새가 나며 맛은 약간 떫다.

뿌리가 굵고 크며, 질이 단단하고 충실하며, 단면이 흰색이고 냄새가 강한 것이 좋은 것이다.

**성분** 정유, 쿠마린, 안트리신(anthricin), 이소안트리신(isoanthricin) 등이 들어 있다.

**약성** 맛은 맵고 쓰며 성질은 약간 차고 폐경·비경·위경·대장경에 작용한다.

**효능** 가래를 삭이고 기침을 멎게 하며 풍을 없애고 열을 내리게 한다.

실험을 통하여 가래삭임작용을 나타내며 그 작용 시간이 길다는 것이 밝혀졌다.

진통작용과 자궁수축작용도 나타낸다.

**적용** 담열로 기침이 나고 숨이 가쁠 때, 풍열기침, 기관지염, 감기의 의한 기침 등에 쓴다. 이 밖에 담으로 옆구리가 그득한 감이 있을 때도 쓴다.

**처방** • 전호·상백피·패모·맥문동 각각 8g, 행인 10g, 감초 4g, 생강 6g을 섞어 기침할 때 쓴다. 달여서 하루 3번에 나누어 복용한다.
• 전호·길경·행인 각각 10g, 상백피 8g, 형개 8g을 섞어 감기기침에 쓴다. 달여서 하루 3번에 나누어 복용한다.
**용량** 하루 6~12g.

# 제니 (薺苨) 게루기, 모싯대 뿌리

초롱꽃과 잔대속 여러해살이풀
모싯대의 뿌리
*Adenophora remotiflora* (S. et Z.) Miq.

• 잔대, 층층잔대의 뿌리를 대용 약재로 쓸 수 있다.

**산 지** 전국. 깊은 산 수림 밑이나 계곡 산기슭에서 키 40~100㎝로 자란다.

**채 취** 가을 또는 봄에 뿌리를 캐어 물에 씻고 햇볕에 말린다.

**형 태** • 모싯대 뿌리 – 긴 원기둥 모양인데 길이 10~20㎝, 지름 0.5~1㎝이다. 겉은 황갈색이고 세로주름이 있다. 질은 단단하고 가벼우며 잘 꺾어진다. 단면은 황백색이다. 냄새는 없고 맛은 밋밋하며 약간 아린 감이 난다.

• 층층잔대뿌리 – 긴 실북 모양 또는 원기둥 모양이며 길이는 10~25㎝, 지름 1~2㎝이다. 겉은 황백색 또는 연황색이고 비늘 모양의 겉껍질과 가로주름이 있다. 뿌리 윗부분에는 뿌리꼭지가 있다. 질은 가볍고 연하고 부드러워 잘 부러진다. 단면은 섬유성이고 흰색이며 방사 방향으로 잔틈이 많다. 냄새는 없고 맛은 약간 쓰다.

뿌리가 굵고 길며 질이 단단하고 속이 흰색인 것이 좋은 것이다.

**성 분** 트리테르페노이드, 사포닌, 전분이 들어 있다.

**약 성** 맛은 달고 성질은 차며 폐경에 작용한다.

**효 능** 거담 · 지해 · 지갈 · 해독 작용을 한다. 사포닌 성분은 가래 삭임작용을 나타낸다.

**적 용** 가래가 있고 기침할 때, 기관지염 또는 폐결핵으로 기침할 때, 열이 나고 갈증이 날 때, 약물중독, 뱀이나 벌레에 물렸을 때, 식중독, 헌데 등에 쓴다.

**처방** 가래기침에 제니 한 가지를 달여 복용해도 된다.
• 제니 12g, 감초 38g, 검은콩 38g으로 만든 가미감두탕(加味甘豆湯)은 예로부터 전해오는 중요한 해독약 처방인데 약물중독, 식중독 등에 쓴다. 달여서 하루 3번에 나누어 복용한다.
**용 량** 6~12g.

모싯대

# 백과(白果) 백과, 은행, 은행 씨

은행나무과 은행나무속 갈잎큰키나무
은행나무의 씨를 말린 것
*Ginkgo biloba* L.

진해화담약 鎭咳化痰藥

**산 지** 전국. 민가 부근에서 높이 5~10m로 자란다.

**채 취** 가을에 노랗게 익은 열매를 따서 열매살을 없애고 깨끗이 씻어 햇볕에 말린다. 열매살을 없앨 때 열매살에 들어 있는 긴토톡신이 피부에 묻으면 피부염을 일으킬 수 있으므로 주의해야 한다.

**형 태** 타원형이고 양끝은 약간 뾰족하며 길이는 약 2cm, 너비는 약 1.2cm 정도이다. 껍질은 흰색 또는 회백색이고 단단하며 2~3줄의 능선이 있다. 껍질을 깨뜨리면 속에 갈색의 막에 싸인 타원형의 배유가 있다. 배유는 연한 노란색 또는 연두색이고 속은 흰색이다. 냄새는 없고 맛은 달고 약간 쓰다.

씨껍질이 흰색이며 배유가 충실하고 노란색이며 속이 흰 것이 좋은 것이다.

**법 제** 씨를 볶아서 속껍질을 벗겨내고 쓴다.

**처방** 백과 12g, 마황 22g, 소자·관동화·반하·상백피·황금·감초 각각 8g, 행인 12g을 섞어 만든 정천탕(定喘湯)은 기침, 천식 등에 쓴다. 달여서 하루 3번에 나누어 복용한다.

**용 량** 하루 6~12g.

**주 의** 많이 복용하면 중독되므로 쓰는 양을 지켜야 한다. 중독 증상으로는 복통, 구토, 설사, 발열 등이 나타나며 심하면 호흡이 마비되어 사망할 수 있다.

**성 분** 탄수화물, 단백질, 지방, 칼슘, 인 등이 들어 있다.

**약 성** 맛은 달고 성질은 차며 폐경에 작용한다.

**효 능** 가래를 삭이고 기침을 멎게 하며 숨이 가쁜 증세를 낫게 한다.

약리 실험에서 억균작용이 밝혀졌다. 은행 씨를 많이 복용하면 중독되어 발열·구토·설사·경련이 일어나고 가슴이 답답한 불안증이 생긴다.

**적 용** 기침이 나고 숨이 가쁘며 가래가 많을 때, 요탁(백탁), 이슬 등에 쓴다.

은행나무 열매

# 만타라엽(曼陀羅葉) 독말풀 잎

가지과 독말풀속 한해살이풀
독말풀의 잎을 말린 것
*Datura stramonium var. chalybea* Koch.

독말풀

• 흰독말풀의 잎을 대용으로 쓴다.

**산 지** 전국. 들이나 길가에서 키 1~2m로 자란다.

**채 취** 꽃이 필 때 잎을 따서 그늘에서 말리거나 50~60℃에서 말린다.

**성 분** 잎에 트로판(tro-pane)계 알칼로이드가 0.35% 정도 들어 있으며 그 밖에 정유, 타닌질 등이 있다.

**효 능** 독말풀 잎의 약리작용은 주로 히오스치아민, 스코폴라민, 아트로핀에 의하여 나타난다. 즉, 이 성분들은 식물 신경 계통에 속하는 콜린 반응 계통을 억제함으로써 기관지, 위, 장의 활평근을 이완시키고 심장박동을 빠르게 하며 동공을 확장시켜 준다. 또한 땀샘, 침샘, 위와 장 및 췌장에 있는 분비샘의 분비 기능을 억제한다.

중추신경 계통에 대하여 아트로핀과 히오스치아민은 흥분작용을 나타내고 스코폴라민은 진정작용을 나타낸다. 그리고 진경작용도 나타낸다. 또한 구토 중추를 진정시키며 멀미증을 막는 작용도 있다.

**적 용** 기관지천식, 경련성 기침, 위장관의 경련성 통증, 심장병으로 인한 느린 맥에 쓰인다. 뱃멀미와 비행기 멀미의 예방 및 치료에 쓰인다. 또한 얼굴 성형술과 상기도 수술을 할때 침과 점액질의 분비를 적게 하기 위하여 쓰인다.

**처방** • 만타라엽을 가루내어(히오스치아민의 함량 0.25%) 한 번에 0.03g씩 하루 3번 복용한다. 고비량은 한 번에 0.2g, 하루 0.6g이다.

• 만타라엽에 50% 알코올을 넣고 우려 제제 속에 들어 있는 알칼로이드의 함량이 히오스치아민으로 0.025~0.027%이고 알코올 함량이 40~45% 되게 팅크를 만들어 진통약, 활평근진경약으로 쓴다. 한 번에 0.3~2g씩 하루 3번 복용한다. 고비량은 한 번에 2㎖, 하루 6㎖이다.

• 잘게 썬 만타라엽 600g, 탄산칼륨 1g, 염소산칼륨 4g, 질산나트륨 200g을 물 400㎖에 녹인 후 말려서 만든 천식담배를 천식에 쓴다. 한 번에 4g씩 담배를 말아 핀다. 이 천식담배에 제니와 회향를 섞어서 쓰기도 한다.

**주 의** 만타라엽은 독성이 매우 강하므로 의사의 지시에 의해서만 쓰도록 해야 한다.

진해화담약 鎭咳化痰藥

# 백굴채(白屈菜) 젖풀

양귀비과 애기똥풀속 두해살이풀
애기똥풀(젖풀)의 전초를 말린 것
*Chelidonium majus var. asiaticum* (Hara) Ohwi

진해화담약 鎭咳化痰藥

**산 지** 전국. 산기슭, 들판, 인가 부근에서 키 80㎝ 정도 자란다.

**채 취** 꽃이 필 때 전초를 베어 그늘에서 말린다.

**형 태** 줄기는 길이 30~63㎝, 지름 0.2~0.4㎝이고 세로로 깊은 홈들이 있다. 빛깔은 황갈색이고 연한 털이 있다. 잎은 1~2번 깃 모양으로 갈라지고 갈래조각은 달걀 모양이며 가장자리는 톱니 모양이다. 윗면은 희끄무레한 녹색이고 아랫면은 윗면보다 더 희끄무레하다. 꽃잎은 노란색이고 4개이다. 수술은 많다. 열매는 삭과인데 가늘고 길며 작은 씨가 많이 들어 있다.

**성 분** 켈리도우닌(chelidonine), 프로토핀(protopin), 스틸로핀(stylopine), 알로크립토핀(allocryptopine), 베르베린(berberine) 등 여러 가지 알칼로이드가 들어 있다. 그리고 켈리도우닌산(chelidonine酸), 사과산, 레몬산, 호박산, 콜린, 사포닌, 플라보놀, 켈리도우니올(chelidoniol) 등이 들어 있다.

**약 성** 맛은 쓰고 매우며 성질은 약간 따뜻하고 독이 있다.

**효 능** 통증과 기침을 멈추게 하고 소변을 잘 나오게 하며 해독작용을 한다. 켈리도우닌 성분은 활평근에 대한 진경작용, 진통작용, 최면작용, 항종양작용, 혈압 강하작용, 이담작용을 나타낸다.

**적 용** 위장 경련으로 오는 복통, 황달, 기침, 만성 기관지염, 백일해, 부종, 헌데, 옴, 버짐, 뱀에게 물렸을 때 등에 쓴다. 위암에도 쓴다.

애기똥풀

**처방** 백굴채, 지유, 같은 양을 섞어 마른 추출물을 만들어 위장 경련으로 오는 복통에 쓴다. 한 번에 1~2g씩 하루 3번 복용한다.
• 백굴채 6~10g을 달여 복통, 기침에 하루 3번에 나누어 복용한다.
• 헌데, 피부 결핵, 헤르페스에는 신선한 애기똥풀의 노란색 진을 내어 환부에 바른다.
**용 량** 하루 3~10g.

줄기에서 나오는 진

# 제2절 화담약(化痰藥)

## 곤포(昆布)

다시마과 다시마속 갈조식물
다시마의 엽상체
*Laminaria japonica*

• 미역은 약효와 주치증이 비슷하므로 대용으로 쓸 수 있다.

**산 지** 동해와 황해. 비교적 얕은 해안의 바위에 붙어 길이 1.5~3.5m 자란다. 바닷가에서 양식한다.

**채 취** 여름철에 엽상체를 채취하여 햇볕에 말린다.

**형 태** 고르지 않게 쭈그러지고 뭉쳐 있으며 빛깔은 녹색이다. 물에 불려 펴 보면 넓은 띠 모양이고 유연해진다. 냄새는 특이하고 맛은 짜다.

빛깔이 녹갈색이고 두꺼우며 잡질이 없는 것이 좋은 것이다.

**법 제** 약재를 물에 우려서 염분을 없애고 3~5mm의 너비로 썰어서 쓴다.

**성 분** 탄수화물이 약 60% 들어 있다. 그 가운데서 중요한 것은 알긴(algin), 만니트, 갈락탄(galactan), 라미나린(laminarin) 등이다. 이 밖에 비타민, 단백질, 아미노산, 스테로이드 화합물, 색소, 적은 양의 지방 등이 들어 있다.

알긴은 주로 알긴산(alginic酸)의 나트륨염이다. 비타민으로서는 프로비타민(provitamin) A와 비타민 $B_1 \cdot B_2 \cdot PP \cdot$ $C \cdot D \cdot F$가 있다. 총회분은 약 14%인데 그 가운데 아이오딘, 브로민, 칼륨, 철, 칼슘, 나트륨 등의 무기물이 들어 있다.

**약 성** 맛은 짜고 차며 신경·간경에 작용한다.

**효 능** 담을 삭이고 굳은 것을 유연하게 하며 뭉친 것을 헤치고 소변을 잘 나오게 한다. 동물 실험에서 다시마는 강장작용, 뼈의 성장과 발육에 대한 촉진작용, 혈청단백량을 늘려주며, 혈액 형성에 대한 긍정적인 작용, 부신피질 기능을 강하게 하는 작용을 나타낸다는 것이 밝혀졌다.

다시마는 또한 항암작용, 혈압을 강하작용, 갑상선 기능을 조절하는 작용, 약한 설사작용을 나타낸다. 다시마에 들어 있는 다당류 물질인 라미나린은 혈액 속의 콜레스테롤 함량을 낮추며 동맥경화를 막는 작용을 한다.

이 밖에 산성 식료품의 해로운 작용을 막는 작용, 방사선 물질의 배설을 빠르게 하는 작용, 식욕 촉진작용, 비만증을 막는 작용 등을 나타낸다.

**적 용** 몸이 허약할 때 특히 몸이 약한 어린이들에게 좋다. 그리고 동맥경화와 고

혈압, 간장병의 예방 치료, 방사선병의 예방, 영류(갑상선종), 연주창, 적취, 부스럼, 악창, 부종, 방광염, 변비, 신경통, 각종 류머티즘, 습진, 가려움증 등의 치료에 쓴다.

**처방** 다른 보약재를 섞어 알약, 가루약 등을 만들어 보약으로 쓴다. 또는 곤포 한 가지를 가루약 혹은 다른 먹기 좋은 제형의 약으로 만들어 한 번에 4~5g씩 하루 3번 복용한다.
• 곤포, 모자반, 밀 같은 양을 섞어 만든 **곤포환**(昆布丸)은 영류(갑상선종)에 쓴다. 한 번에 5~7g씩 하루 3번 복용한다.
• 곤포 · 모자반 각각 10g, 복령 · 천산갑 · 반묘 · 초룡담 · 당귀 · 도인 각각 5g를 섞어 만든 환약을 연주창에 쓴다. 한 번에 6~8g씩 하루 3번 복용한다.
**용 량** 하루 6~12g.

진해화담약 鎭咳化痰藥

# 모자반 <sub></sub> 듬북, 해조

모자반과 갈조류
모자반(참듬북)을 말린 것
*Sargassum fulvellum* Agardh.

**산 지** 얕은 바닷물 속의 바위 위에서 길이 1~2m로 자란다.
**채 취** 여름철에 전초를 베어 물에 씻어 햇볕에 말린다.
**형 태** 엽상체는 흑갈색 말꼬리 모양이다. 줄기와 가지는 모가 났으며 줄기는 외줄이고 가는 가지가 많다. 잎은 띠 모양인데 기부(基部) 쪽 것은 두꺼운 장피침상 또는 주걱 모양이며 상부의 것은 막질피침상이다. 잎의 밑동에 팥 모양으로 생긴 암적색 공기주머니가 있다. 잎면에는 모총이 산재하여 육안으로는 작은 점상으로 보인다. 비린 냄새가 나고 맛은 약간 짜다.
  잘 마르고 흑갈색이며 잡질이 없는 어린 가지가 좋은 것이다.
**법 제** 약재를 물에 담가 우려서 염분을 빼내고 10mm 이하의 길이로 썰어서 쓴다.
**성 분** 아이오딘, 만니트, 점액질 등이

들어 있다.
**약 성** 맛은 쓰고 짜며 성질은 차고 신경 · 간경에 작용한다.
**효 능** 담을 삭이고 굳은 것을 유연하게 하며 소변을 잘 나오게 한다. 약리실험에서, 모자반은 부어올라 커진 갑상선을 줄이며 유선을 위축시키고 젖 분비를 줄이며 혈압을 낮춘다는 것이 밝혀졌다.
**적 용** 주로 영류(갑상선종), 연주창, 부종, 방광염, 산증, 징가, 적취 등에 쓴다.

**처방** • 모자반 · 곤포 · 초룡담 · 합분 · 목통 · 패모 · 고백반 · 송라 각각 12, 약누룩 16, 반하 8로 만든 **해조산견환**(海藻散堅丸)은 영류(갑상선종), 연주창에 쓴다. 한 번에 10g씩 하루 3번 복용한다.
**용 량** 하루 6~12g.
**금 기** 감초와 배합금기이다.

# 과루인(瓜蔞仁) 하늘타리 씨

박과 하늘타리속 여러해살이덩굴풀
하늘타리의 익은 씨를 말린 것
*Trichosanthes kirilowii Max.*

**산 지** 중부 이남 지방. 산기슭과 들에서 길이 5m 정도 자란다.

**채 취** 가을에 황갈색으로 익은 열매를 따서 씨를 받아 물에 씻어 햇볕에 말린다.

**형 태** 납작한 타원형이고 한쪽 끝은 뾰족하며 길이는 1~1.5㎝, 너비는 6~9㎜이다. 겉은 연한 노란색 또는 회갈색이고 가장자리에 홈이 있다. 질은 단단하고 속에는 녹색의 껍질에 싸인 흰색의 떡잎이 있는데 안에는 기름이 많다. 냄새는 약하고 맛은 달고 약간 쓰다.

씨가 잘 익고 충실하며 겉은 회갈색이고 떡잎은 회백색인 것이 좋은 것이다.

**법 제** 그대로 또는 볶아서 껍질을 벗겨낸 다음 기름을 짜내고 쓴다. 꿀물에 불려 볶아서 쓰기도 한다. 기름을 짜내고 쓰면 대변을 무르게 하는 작용이 약해지고 꿀물에 불려 볶아서 쓰면 기침을 멈추는 작용이 강해진다.

**성 분** 사포닌, 지방, 유기산, 수지 등이 들어 있다.

**약 성** 맛은 달고 쓰며 성질은 차고 폐경·위경·대장경에 작용한다.

**효 능** 해열작용과 가래를 삭이며 폐를 눅여 주고 대변을 잘 나오게 한다. 하늘타리 씨는 사포닌 성분에 의한 가래삭임작용을 나타낸다.

하늘타리의 열매껍질과 씨는 체외 실험에서 항암작용을 나타내는데, 씨보다 열매껍질의 효과가 더 좋다는 것이 밝혀졌다. 하늘타리 열매의 60% 알코올추출물의 항암작용이 가장 강하다. 그러나 씨껍질과 기름은 항암작용을 나타내지 않는다.

한약재의 항암작용을 검토한 자료에 의하면(체외 실험) 항암작용이 가장 강한 것은 하늘타리 열매, 산수유, 석창포, 해아다로 나타났다.

하늘타리 열매는 또한 관성혈관의 혈액순환을 좋게 하고 혈액 속 지질의 양을 낮추어 주며 억균작용도 나타낸다.

**적 용** 담열(痰熱)이나 조담(燥痰)으로 기침할 때, 마른기침, 기관지염, 변비 등에 쓴다.

하늘타리

 진해화담약 鎭咳化痰藥

 435

● 과루실(瓜蔞實)

하늘타리 열매(과루실)는 해열작용과 가래를 삭이며 가슴을 시원하게 하고 폐를 보하며 대변을 잘 나오게 한다. 그러므로 담열로 기침할 때, 흉비, 변비 등에 쓴다.

하늘타리 열매

처방
• 주치증에 과루인을 9~12g씩 달여서 하루 3번에 나누어 복용한다.
• 천식으로 기침할 때에는 과루인 6g을 물 500㎖로 달여서 복용한다. 이 처방은 거담 효능이 있다.
• 과루인 38g, 패모 19g, 반하 8g으로 만든 억담환(抑痰丸)은 끈적한 가래가 있고 기침할 때와 마른기침을 할 때 쓴다. 한 번에 5g씩 하루 3번 복용한다.

용량 하루 9~12g. 과루실은 하루 12~30g.

# 패모(貝母)

백합과 패모속 여러해살이풀
패모의 비늘줄기를 말린 것
*Fritillaria ussuriensis* Maxim.

산지 북부 지방. 높은 산지 숲에서 키 25cm 정도 자란다.

채취 여름부터 가을 사이에 땅속의 비늘줄기를 캐내어 흙을 씻어내고 수염뿌리를 다듬어 버린 다음 햇볕에 또는 건조실에서 말린다.

형태 구형 또는 편구형이고 높이는 0.4~0.8cm, 지름은 0.6~1.0cm이며 한 개의 무게는 0.3~0.8g이다. 크기가 일정하지 않은 여러 개의 비늘조각이 모여 비늘줄기를 이루었는데 가장 밖에 있는 두 개의 조각은 비교적 두껍고 크기가 비슷하다. 그러나 그 속에 있는 조각은 작다. 꼭대기에는 구멍이 있고 밑부분에는 뿌리가 붙었던 자리가 있다. 겉은 흰색이다. 질은 약간 단단하고 깨지며 단면은 흰색이고 가루가 난다. 냄새는 없고 맛은 밋밋하다.

법제 그대로 또는 생강즙에 불려 볶아서 쓴다.

패모

**성 분** 알칼로이드가 들어 있다.

**약 성** 맛은 맵고 쓰며 성질은 약간 차고 심경·폐경에 작용한다.

**효 능** 해열작용과 가래를 삭이며 폐를 보한다. 심열을 내리게 한다. 패모의 알칼로이드 성분은 기관지 활평근을 이완시키고 기관지의 분비를 억제한다.

**적 용** 열담 또는 조담으로 인한 기침, 폐옹(폐농양), 급만성 기관지염, 폐결핵, 폐렴, 백일해, 감기기침, 가슴이 답답할 때, 영류, 연주창에 쓴다.

> **처방**
> • 패모, 지모 같은 양으로 만든 **이모환(二母丸)**은 담열로 기침할 때 쓴다. 한 번에 3~4g씩 하루 3번 복용한다.
> • 패모, 현삼, 모려 같은 양으로 만든 **소라환(消瘰丸)**은 연주창 초기에 쓴다. 한 번에 8~12g씩 하루 3번 복용한다.
> • 패모 10g, 연교 10g을 섞어 영류(갑상선종)에 쓴다. 달여서 하루 3번에 나누어 복용한다.
> **용 량** 하루 4~10g.
> **금 기** 오두와 배합금기이다.
> • 한담, 습담으로 기침하는 환자에게는 쓰지 않는다.

# 천축황(天竺黃) 왕대 속진, 죽황, 참대 속진, 천죽황

벼과 왕대속 늘푸른큰키나무
왕대(참대)의 진을 말린 것
*Phyllostachys bambusoides* S. et Z.

**산 지** 중부 이남 지방. 민가에서 재배하며 높이 20m 정도 자란다.

**채 취** 가을에 말라 죽은 왕대를 쪼개고 진을 떼낸다.

**형 태** 불규칙한 덩어리고 크기는 일정하지 않다. 빛깔은 우윳빛, 회백색, 회남색 등이 뒤섞여 있고 반투명하다. 질은 가볍고 잘 깨진다. 단면은 흰색이고 윤기가 난다. 물 흡수 성질이 강하고 혀에 대면 달라붙는다. 맛은 밋밋하고 시원한 감이 있다.

잘 마르고 덩어리가 크고 연한 황백색이고 부서지기 쉬우며 윤기가 나고 물을 빨아들이는 성질이 강한 것이 좋은 것이다.

왕대

**법제** 덩어리를 곱게 갈아서 그 가루를 쓴다.

**성분** 회분에서 규산, 칼륨, 나트륨 등이 알려졌다.

**약성** 맛은 달고 성질은 차며 심경에 작용한다.

**효능** 해열작용과 담을 삭이며 심열을 내리게 하고 정신을 진정시키며 경련을 멈춘다.

**적용** 열성병으로 정신이 흐리고 헛소리할 때, 소아급경풍, 중풍으로 말을 하지 못할 때, 전간, 신경통 등에 쓴다.

● 죽력(竹瀝)

왕대의 줄기를 불에 가열하면 진액이 흘러내리는데 이 진액(죽력)을 받아 약으로 쓴다. 왕대 진은 맛이 달고 성질은 차가워서 해열작용과 담을 삭이며 출혈을 멈추게 하는 효능이 있다. 그러므로 왕대 진은 열이 나고 가슴이 답답할 때, 기침, 중풍, 혈뇨에 쓴다.

> **처방** • 천축황·복신·산조인·구등 각각 6g, 우황 1g, 서각 2g, 주사(또는 영사) 1g, 호박 1g, 원지 4g을 섞어 가루내어 소아경풍, 전간 등에 달여서 쓴다. 하루 3∼4살의 어린이에게는 한 번에 0.5∼1g씩 하루 3번 복용하게 한다.
>
> **용량** 하루 4∼6g.

# 모려(牡蠣) 굴껍데기, 굴조가비

굴과에 속하는 조개
참굴의 껍질(조가비)
*Ostrea gigas* Thunb.

•굴조개류의 껍데기를 모두 대용 약재로 쓸 수 있다.

**산지** 우리나라 연해에 널리 분포되어 있다.

**채취** 필요할 때 굴을 뜯어 살을 따내고 껍질을 깨끗이 씻어 햇볕에 말린다.

**형태** 크기와 형태는 종에 따라 다르다. 대개 달걀 모양 또는 타원형이고 길이는 10∼20㎝, 너비는 5∼15㎝, 두께는 0.5∼2㎝이다. 바깥 면에는 비늘 모양의 조각이 많이 붙어 있고 연한 갈색 또는 회백색이며 가장자리는 물결 모양이다. 안쪽 면은 우윳빛 또는 흰색이고 윤기가 있다. 질은 단단하고 잘 부서지지 않는다. 단면은 흰색이고 층층으로 된 무늬가 있다.

크고 완전하며 안쪽 면이 우윳빛이고 윤기가 있으며 깨끗한 것이 좋은 것이다.

**법제** 그대로 또는 불에 벌겋게 달궈 가루내어 쓴다.

**성분** 탄산칼슘, 인산칼슘, 규산염 등이 들어 있다.

**약성** 맛은 짜고 성질은 평하며(약간 차다) 신경·간경에 작용한다.

**효능** 음을 보하고 담을 삭이며 굳은 것을 유연하게 하고 땀을 멎게 하며 유정을 치료하고 설사를 멈춰준다. 그리고 헌

**처방** • 모려, 황기, 마황근, 부소맥(밀쭉정이) 같은 양을 섞어 환약을 만들어 저절로 땀이 날 때와 식은땀이 날 때 쓴다. 한 번에 5~6g씩 하루 3번 복용한다.
• 모려 · 계지 · 백작약 · 용골 · 생강 각각 12, 감초 8, 대조 2로 만든 계지가룡골모려탕(桂枝加龍骨牡蠣湯)은 야뇨증, 유정, 신경증 등에 쓴다. 달여서 하루 3번에 나누어 복용한다.
• 모려 · 오미자 · 백작약 · 용골 · 건지황 · 지골피 · 맥문동 각각 12를 섞어 골증열에 쓴다. 달여서 하루 3번에 나누어 복용한다.
**용량** 하루 10~30g.

굴

데를 아물게 한다. 칼륨염이 있으므로 제산작용도 한다.

**적용** 음허로 가슴이 답답하고 불안하며 머리가 어지럽고 아프며 식은땀이 나고 가슴이 두근거릴 때 쓴다. 그리고 유정, 자궁출혈, 이슬, 오랜 설사, 연주창, 학질, 옆구리가 아플 때 쓴다. 창양이 터져 오랫동안 아물지 않을 때 외용한다. 위산과다증에도 쓴다.

# 합분(蛤粉) 조개껍질 가루, 해합분

대합과 조개
대합의 껍질(조가비)를 가루낸 것
*Meretrix lusoria* (Roding)

**산지** 남해안과 서해안에서 서식하며 양식을 하기도 한다.
**채취** 대합을 잡아 물에 씻은 후 껍질을 떼어내 말려서 가루를 낸다. 불에 달궈 가루를 내기도 한다.
**성분** 탄산칼슘, 인산칼슘 등이 들어 있다.
**약성** 맛은 쓰고 짜며 성질은 평하고 폐경 · 신경에 작용한다.

**효능** 해열작용과 담을 삭이며 굳은 것을 유연하게 한다. 칼륨염은 위산을 중화하므로 제산작용을 나타낸다.

**처방** • 합분, 과루인 같은 양으로 둥근 알약을 만들어 끈적한 가래가 있고 기침이 날 때 쓴다. 한 번에 3~4g씩 하루 3번 복용한다.
**용량** 하루 6~15g.
**참고** 합분은 달일 때 약천 주머니를 쓰는 것이 좋다.

대합

적 용 끈적한 가래가 있어 기침이 나고 숨이 가쁠 때, 만성 기관지염, 기관지확장증, 옆구리가 결리고 아플 때, 연주창, 과산성 위염, 위 및 십이지장궤양, 요탁, 이슬 등에 쓴다. 헌데에 외용한다.

# 청몽석 (青礞石) 몽석

규산염 광물
녹니석의 잡질을 제거한 것
*Chloite ascovite*

산 지 함경남도 함흥시, 허천군, 이원군에서 산출된다.

형 태 불규칙한 덩어리로서 빛깔은 청회색인데 흰색의 반점이 있다. 질은 무겁고(비중 2.8) 잘 깨지며 물에 녹지 않는다.

빛깔이 푸르고 깨뜨리면 반짝이는 흰 반점이 많은 것이 좋은 것이다. 흰 반점이 없는 것은 약으로 쓰지 않는다.

법 제 깨뜨려서 그대로 쓰거나 청몽석과 초석 같은 양을 내화성 도가니에 넣어 밀폐하여 벌겋게 달구었다가 가루내어 수비한다. 법제한 제품은 황금색이어야 한다.

성 분 주로 철, 마그네슘, 알루미늄의 규산염이다.

약 성 맛은 달고 짜며 성질은 차고 간경에 작용한다.

효 능 담을 삭이고 적을 없애며 간화를 내리게 하고 기를 내리게 한다. 화담약 중에서 청몽석의 담을 삭이는 작용이 가장 강하다.

적 용 완고한 담으로 생긴 병증에 쓴다. 즉 완고한 담이 있어 기침이 나고 숨이 가쁠 때, 전간, 소아급경풍, 경간 등에 쓰며 식적에도 쓴다.

처 방 •청몽석 38, 대황 300, 황금 300, 침향 19를 섞어 만든 곤담환(滾痰丸)은 심한 담으로 기침이 나고 숨이 가쁠 때 쓴다. 한 번에 4~5g씩 하루 1~2번 복용한다.
용 량 알약, 가루약으로 하루 2~3g.
금 기 허증 환자와 임산부에게는 쓰지 말아야 한다.

※청몽석의 약성 및 주치증은 금몽석(441페이지)과 기본적으로 같다.

# 금몽석(金礞石) 몽석

단사정계 광물
운모편암의 돌덩어리 혹은 잘게 부서진 조각
*Biotite-schist*

산 지  중국에서 산출된다.

채 취  필요할 때 캐내어 잡돌과 흙을 없앤다.

형 태  크기가 일정하지 않은 불규칙한 덩어리이고 빛깔은 토황색인데 금황색의 과립 모양 반점이 있다. 금속 광택이 있다. 질은 무겁고 잘 깨진다.

빛깔이 황금색이고 금속 광택이 나며 흙이 없는 것이 좋은 것이다.

법 제  그대로 깨뜨려서 쓰거나 또는 내화성 도가니에 넣어 벌겋게 달궈 깨뜨려서 쓴다. 법제한 제품은 황갈색이다.

성 분  주로 규산염이 들어 있다.

약 성  맛은 달고 짜며 성질은

차고 간경에 작용한다.

효 능  담을 삭이고 적을 없애며 간화를 내리게 하고 기를 내리게 한다. 화담약 중에서 청몽석의 담을 삭이는 작용이 가장 강하다.

적 용  완고한 담으로 생긴 병증에 쓴다. 즉 심한 담 때문에 기침이 나고 숨이 가쁠 때, 전간, 소아급경풍, 경간 등에 쓰며 식적에도 쓴다.

처방  • 금몽석 38, 대황 300, 황금 300, 침향 19를 섞어 만든 곤담환(滾痰丸)은 심한 담으로 기침이 나고 숨이 찰 때 쓴다. 한 번에 4~5g씩 하루 1~2번 복용한다.

용 량  알약, 가루약으로 하루 2~3g.

※ 금몽석의 약성 및 주치증은 청몽석(440페이지)과 기본적으로 같다.

# 천남성(天南星)

천남성과 천남성속 여러해살이풀
천남성의 덩이줄기를 말린 것
*Arisaema amurense* f. *serratum* (Nakai) Kitag.

• 천남성 속 다른 식물의 덩이줄기를 대용으로 쓸 수 있다.

산 지  전국. 산과 들의 그늘진 습지에

서 키 50cm 정도 자란다.

채 취  가을에 덩이줄기를 캐어 줄기와 뿌리를 다듬고 물에 씻어 껍질을 벗겨 가

천남성

로로 썰어서 햇볕에 말린다.

**형 태** 덩이줄기를 가로로 썰어 말린 것이므로 원판 모양이고 지름은 2~4㎝, 두께는 3~5㎜이다. 겉은 우윳빛 또는 연한 갈색이고 단면은 우윳빛이다. 질은 단단하다. 단면은 흰색이고 가루 모양이다. 맛을 보면 맵고 혀가 아리다.

개체가 크고 흰색이며 가루가 많은 것이 좋은 것이다.

**법 제** 천남성은 독이 있어 그대로 쓰면 인후두를 자극하여 토하게 되므로 반드시 법제하여 써야 한다.

천남성의 법제 방법에는 여러 가지가 있으나 기본적인 방법은 생강즙 및 백반과 함께 끓이는 것이다. 즉, 천남성 약재의 속까지 모두 익어 자극성이 없어질 때까지 보조 재료와 함께 넣고 끓인다. 끓인 다음 약재를 건져내어 햇볕 또는 건조실에서 말려서 쓴다.

천남성 1㎏에 보조 재료로서 생강 100g, 백반 100g을 쓴다. 백반을 넣지 않고 생강즙만 써도 된다.

**성 분** 사포닌과 녹말이 들어 있다.

**약 성** 맛은 쓰고 매우며 성질은 따뜻하고 폐경·비경·간경에 작용한다.

**효 능** 습을 없애고 담을 삭이며 경련을 멈추고 어혈을 없앤다. 그리고 풍담, 습담을 없앤다.

실험에 의하면 탕약은 가래 삭임작용, 진정작용, 진통작용, 진경작용을 나타낸다.

**적 용** 중풍으로 말을 못하고 입과 눈이 비뚤어지며 반신불수가 된 증세, 전간, 소아경풍, 파상풍, 풍담으로 인한 어지럼증, 관절통, 어깨와 팔다리의 통증, 가래가 있고 기침할 때, 급성 및 만성 기관지염 등에 쓴다.

● 우담남성(牛膽南星)
천남성 가루를 소의 쓸개즙에 섞어 쪄서

**처방** • 천남성(법제한 것) 30, 방풍 30으로 만든 **옥진산**(玉眞散)은 파상풍의 예방 및 치료에 쓴다. 한 번에 4g씩 하루 3번 복용한다.
• 천남성 4g, 반하 4g, 상백피 12g, 길경 10g을 섞어 가래가 있고 기침이 나며 숨이 찰 때 쓴다. 달여서 하루 3번에 나누어 복용한다.
• 천남성 4g, 창출 12g, 생강 12g을 섞어 습담으로 팔이 쑤실 때 쓴다. 달여서 하루 3번에 나누어 복용한다.
• 천남성 8, 반하 8, 지실 6, 복령 4, 진피(陳皮) 4, 인삼 2, 죽여 2, 석창포 2, 감초 1, 생강 5를 섞어 만든 **척담탕**(滌痰湯)은 중풍으로 말을 못할 때 쓴다. 2첩을 달여 하루 3번에 나누어 복용한다.
• 천남성 4g, 반하 4g, 적전근 12g을 섞어 풍담으로 어지럽고 구역질이 나며 가슴이 답답할 때 쓴다. 달여서 하루 3번에 나누어 복용한다.

**용 량** 하루 2~4g(법제한 것).

**금 기** 임산부에게는 쓰지 않는다.

소 쓸개주머니(우담)에 넣어 바람이 잘 통하는 그늘에 매달아 말린 것을 '우담남성'이라 한다. 이 약은 경련을 진정시키고 담을 삭이며 열을 내리게 하므로 경련, 소아경풍, 경간 등에 쓴다.

우담남성은 하루 2~4g 쓴다. 또 부스럼, 연주창 및 타박상으로 어혈이 생겼을 때에는 환부에 직접 외용한다. 외용할 때는 법제하지 않은 것을 쓴다.

우담

넓은잎천남성

큰천남성

두루미천남성

천남성 열매

# 백부자(白附子) 흰바꽃

미나리아재비과 초오속 여러해살이풀
노랑돌쩌귀의 덩이뿌리를 말린 것
*Aconitum koreanum* R. Raymond

진해화담약 鎭咳化痰藥

**산 지** 중부 이북 지방. 산지에서 키 1m 정도 자란다.

**채 취** 가을과 봄에 땅 속의 덩이뿌리를 캐어 줄기와 잔뿌리를 다듬고 씻어 햇볕에 말린다.

**형 태** 노랑돌쩌귀의 덩이뿌리에는 엄지뿌리(모근)와 새끼뿌리(자근)가 있는데 모두 백부자로 쓴다.

• 엄지뿌리 – 고깔 모양이고 약간 구부러졌으며 위에는 줄기를 잘라 버린 자리가 있다. 길이는 3~6㎝, 지름은 1~2㎝이다. 겉은 회갈색 또는 암갈색이고 세로주름과 홈이 있으며 잔뿌리를 다듬어 떼어낸 자리가 군데군데 돌출된다.

• 새끼뿌리 – 둥근 달걀 모양 또는 타원형이고 길이는 1.5~4㎝, 지름은 0.5~2㎝이다. 겉은 갈색이고 세로주름이 있으며 잔뿌리를 다듬은 자리가 반점으로 나타난다. 질은 단단하고 잘 부러지지 않는다. 단면은 모두 흰색이고 가루 모양이다. 엄지뿌리의 단면에는 틈이 있다. 냄새는 없고 맛은 자극성이며 맛을 보면 혀가 마비된다.

덩이뿌리가 크고 겉이 회갈색이며 단면이 흰색이고 자극성이 강한 것이 좋은 것이다.

**법 제** 독성이 매우 강한 약재이므로 반드시 법제를 잘 해서 써야 한다.

노랑돌쩌귀의 덩이뿌리를 물에 담그고 매일 2~3번 물을 갈아준다. 약재의 맛을 보아 혀끝을 마비시키는 감이 없어진 다음 건져내어 콩과 감초 달인 물에 넣고 속이 익을 때까지 3시간 정도 끓여 말린 다음 깨뜨려서 쓴다.

**성 분** 아코니틴(aconitin)계 알칼로이드인 아코니틴, 하이파코니틴(hypaconitin) 등이 들어 있으며 메사코니틴(mesaconitine)으로 인정되는 성분과 강심작용 물질이 분리되었다. 적은 양의 아티신(atisine)계 알칼로이드도 있다.

노랑돌쩌귀

**약 성** 맛은 맵고 달며 성질은 따뜻하고 위경에 작용한다. 독성이 강하다.

**효 능** 풍담과 습을 없애며 경련을 멎게 한다. 아코니틴은 강한 신경독으로서 처음에는 신경을 흥분시키지만 뒤이어 마비작용을 나타낸다.

아코니틴에 중독되면 처음에는 가려움, 열기를 느끼다가 온몸이 저리며 어지럼증, 두통, 침 분비 항진, 눈동자 산대, 숨이 가빠지고, 부정맥 등이 나타나다가 결국 호흡이 멎어 죽는다. 그러므로 반드시 법제하여 아코니틴을 독성이 적은 벤조일아코닌, 아코닌으로 분해시켜 써야 한다.

법제한 백부자는 강심작용을 나타낸다.

**적 용** 중풍으로 말을 못하고 입과 눈이 비뚤어지며 몸 절반을 쓰지 못할 때, 두통, 풍담으로 어지러울 때, 메스껍고 어지러우면서 머리가 아플 때(담궐두통), 관절통, 신경통에 쓴다.

헌데, 음부소양, 반흔 등에 외용한다. 외용할 때에는 법제하지 않은 생것을 쓴다.

> **처방**
> • 백부자(법제한 것)·백강잠·전갈 같은 양을 섞어 만든 **견정산**(牽正散)은 안면 신경마비, 반신불수 등에 쓴다. 한 번에 3~4g씩 하루 2~3번 복용한다.
> • 백부자(법제한 것), 반하(법제한 것), 천남성(법제한 것) 같은 양을 섞어 머리가 어지럽고 아프며 메스꺼울 때 쓴다. 한 번에 1~2g씩 하루 3번 복용한다.
> **용 량** 하루 1~3g(법제한 것).
> **금 기** 열증 환자, 허약한 환자에게는 쓰지 않는다.

진해화담약 鎭咳化痰藥

# 백개자(白芥子) 계자

십자화과 배추속 두해살이풀
겨자의 익은 씨를 말린 것
*Brassica juncea var. crispifolia* L. H. Bailey

**산 지** 전국. 농가에서 작물로 재배하며 키 1~2m로 자란다.

**채 취** 여름에 씨가 익은 다음 전초를 베어 햇볕에 말리고 두드려 씨를 털고 잡질을 없앤다.

**형 태** 작은 구형의 입자로서 지름은 1~1.5mm이다. 겉은 황백색 또는 황갈색이고 확대경으로 보면 작은 무늬가 있다. 떡잎은 황백색이고 기름을 가지고 있다. 냄새는 없고 맛은 맵다.

씨가 크고 고르며 겉이 황백색이고 맛이

매운 것이 좋은 것이다.

**법 제** 그대로 또는 향기로운 냄새가 날 때까지 볶아서 쓴다.

**성 분** 배당체인 시니그린(sinigrin)과 효소인 미로신(myrosin)이 들어 있다. 시니그린은 미로신의 작용에 의하여 쉽게 가수분해되어 강한 자극성이 있는 이소티오시안(isothiocyan)화 아릴(aryl)과 수소유산칼륨 및 포도당으로 분해된다. 이 밖에 지방이 약 30% 들어 있다.

**약 성** 맛은 맵고 성질은 따뜻하며 폐경

겨자

에 작용한다.

효능 폐를 덥혀 주고 가래를 삭이며 기침을 멈추게 한다. 또한 부기를 가라앉게 하고 통증을 멈추어 준다. 겨자는 매우 강한 자극작용을 나타낸다. 겨자를 짓찧어 약간 따뜻한 물에 적셔 피부에 붙이면 살갗이 충혈되고 심한 통증과 뜨거움을 느낀다.

또한 겨자를 적은 양을 복용하면 소화액의 분비 및 위장관의 운동을 강하게 하고 흡수도 빠르게 한다. 그러나 많은 양을 쓰면 구토, 위염을 일으킨다. 겨자는 피부사상균에 대한 억균작용도 나타낸다.

적용 한담으로 기침이 나고 숨이 차며 옆구리가 걸리고 아플 때, 관절통, 부스럼 등에 쓴다. 또한 폐렴, 요통, 신경통, 류머티즘성 관절염 등에 '겨자 죽'을 10~15분간 붙인다. 건위약으로도 쓴다.

처방 • 백개자 8g, 나복자 8g, 소자 8g을 섞어 만든 **삼자양친탕(三子養親湯)**은 가래가 있어 기침이 나고 숨이 차며 가슴이 답답할 때 쓴다. 달여서 하루 3번에 나누어 복용한다.
용량 하루 3~6g.
금기 열증에는 쓰지 않는다.

# 조협 (부莢) 주엽나무 열매, 조각

콩과 주엽나무속 갈잎큰키나무
주엽나무(가막과즐나무)의 열매를 말린 것
*Gleditsia japonica* Miq.

산지 전국. 산기슭의 습지에서 높이 20m 정도 자란다.
채취 가을에 익은 열매를 따서 햇볕에 말린다.
형태 꼬투리 열매인데 길이는 20~30㎝, 너비는 3~4㎝ 되는 납작한 띠 모양이며 약간 구부러졌고 꼬여 있다. 겉은 적갈색 또는 암갈색이고 매끈하다. 열매 속에는 납작한 타원형의 암갈색을 띤 씨가 10여 개 들어 있다.

열매가 크고 겉이 적갈색이며 좀을 먹지 않은 것이 좋은 것이다.

**성분** 사포닌과 알칼로이드인 트리아칸틴(triacanthine, 알코올에 녹고 물에 녹지 않는다)이 들어 있다. 그리고 플라보노이드도 있다.

**약성** 맛은 짜고 매우며 성질은 따뜻하고 폐경·대장경·심포락경에 작용한다.

주엽나무 열매

**효능** 가래를 삭이고 기침을 멎게 하며 풍을 없앤다. 실험에 의하면 주엽나무 열매 탕약은 피를 용해하는 작용과 가래삭임작용을 나타낸다. 억균작용도 있다.

주엽나무의 열매, 씨, 잎, 어린줄기에 들어 있는 알칼로이드 성분인 트리아칸틴은 동물 실험에서 활평근에 대한 진경작용, 혈관을 확장시키고 혈압강하 작용, 호흡중추를 흥분시키는 작용을 나타냈다. 혈압을 낮추는 작용은 혈벽에 대한 직접 작용에 의하여 나타나며, 파파베린과 비슷한 진경작용을 나타내는 것도 활평근에 직접 작용한 결과이다. 트리아칸틴은 심장 혈액 순환도 강하게 한다.

이 밖에 장내 그람음성병원균과 피부사상균에 대하여 억균작용을 나타낸다.

**적용** 습담이 있어 기침이 나고 숨이 가쁠 때, 기관지염, 기관지천식, 전간 등에 쓴다. 경련성 대장염, 위 및 십이지장궤양을 비롯한 위장병, 만성 담낭염 등에 진경약으로도 쓴다.

**처방** • 조협 8g, 반하(법제한 것) 8g, 감초 8g, 천남성(법제한 것) 8g, 생강 10g을 섞어 만든 천민탕(千緡湯)은 가래가 있고 기침이 나며 숨이 가쁠 때 쓴다. 달여서 하루 3번에 나누어 복용한다.

**용량** 하루 2∼5g.

**금기** 각혈 환자, 임산부에게는 쓰지 않는다.

주엽나무 가시

# 석창포(石菖蒲)

천남성과 창포속 여러해살이풀
석창포의 뿌리줄기
*Acorus gramineus* Soland.

[산 지] 남부 지방. 계곡 내의 물가 바위에 붙어서 키 10~30cm로 자란다.

[채 취] 가을에 뿌리줄기를 캐어 수염뿌리를 다듬고 물에 씻어 햇볕에 말린다.

[형 태] 약간 납작한 원기둥 모양이고 길이는 10~20cm, 지름은 0.5~1cm이며 가지친 것이 많다. 겉은 황갈색 또는 회갈색이며 마디가 많다. 마디 사이의 길이는 3~6mm이다. 한쪽 면에는 잎이 붙었던 자리가 있고 다른 면에는 뿌리를 다듬어 버린 자리가 있다. 질은 단단하고 잘 부러진다. 단면은 섬유성이고 흰색 또는 분홍색이다. 냄새는 향기롭고 맛은 약간 맵다.

길고 굵으며 질이 단단하고 단면이 흰 것이 좋은 것이다.

[법 제] 약재를 그대로 쓰거나 또는 살짝

> **처방**
> • 석창포 6g, 서각 4g, 지황 12g을 섞어 열이 나고 정신이 흐릴 때, 쓴다. 달여서 하루 3번에 나누어 복용한다.
> • 석창포 · 진피(陳皮) · 반하 · 복령 · 지실 · 죽여 · 백출 · 향부자 · 선황련 · 당귀 · 백작약 각각 8g, 맥문동 7g, 산궁궁 · 원지 · 인삼 각각 5g, 감초 3g, 생강 6g으로 만든 청심온담탕(淸心溫膽湯)은 전간에 쓴다. 달여서 하루 3번에 나누어 복용한다.
> [용 량] 하루 2~6g.

석창포

볶아서 쓴다.

**성 분** 정유가 들어 있다. 정유의 주성분은 아사론(asaron)이다.

**약 성** 맛은 맵고 성질은 따뜻하며 심경·심포락경에 작용한다.

**효 능** 정신을 맑게 하고 피를 잘 돌아가게 하며 풍, 습, 담을 없앤다. 입맛을 돋우고 해독작용을 하며 오장을 보하는 작용도 한다. 약리실험에 의하면 석창포는 위액 분비를 항진시키고 약한 진정작용과 진통작용을 나타낸다.

석창포 탕약(20:100)은 암세포를 완전히 죽이는 작용을 나타낸다.

**적 용** 의식불명, 건망증, 전간 등에 쓴다. 식욕부진과 소화불량, 위통, 청각장애, 목이 쉬었을 때, 풍한습비증 등에도 쓴다. 부스럼, 헌데, 습진에는 외용한다.

옛 한의서에서는 대극 및 파두의 해독작용이 있으므로 대극 중독과 파두 중독에도 쓴다고 하였다.

# 동과자(冬瓜子) 동과인, 동아 씨

박과 동아속 한해살이덩굴풀
동아의 익은 씨를 말린 것
*Benincasa hispida Cong.*

**산 지** 전국. 농가의 밭에서 약초로 재배한다.

**채 취** 8~9월경에 익은 열매를 따서 씨를 꺼내어 물에 씻고 햇볕에 말린다.

**형 태** 납작한 달걀 또는 긴 달걀 모양이며 길이는 10~14mm, 너비는 5~8mm, 두께는 약 2mm이다. 표면은 연한 황백색이고 약간 매끈하다. 한쪽 끝은 뾰족하고 돌기가 있으며 다른 쪽 끝은 둔하다. 가장자리는 매끈하거나 약 1mm 너비로 한쪽 또는 양쪽이 튀어나와 있다. 질은 가볍다. 씨껍질을 벗기면 두 쪽의 흰색 싹잎이 있으며 기름기가 많다. 냄새는 없고 맛은 약간 달고 고소하다.

표면이 연한 황백색이고 두텁고 잡질이 없는 것이 좋은 것이다.

**성 분** 사포닌, 지방, 요소, 단백질 등이 들어 있다.

**약 성** 맛은 달고 성질은 차며 폐경·간경에 작용한다.

**효 능** 해열작용과 담을 삭이며 고름을 빼내고 소변을 잘 나오게 한다. 사포닌 성분은 가래를 삭이고 기침을 멈추게 한다.

**적 용** 폐열기침, 폐옹, 장옹, 부종, 배뇨장애 등에 쓴다.

**처방**
• 동과자·노근·의이인·도인 각각 12g을 달여 폐옹에 쓴다. 하루 3번에 나누어 복용한다.
• 황금·상백피·지모·행인 각각 12g을 달여 폐열로 기침할 때 쓴다. 하루 3번에 나누어 복용한다.

**용 량** 하루 8~16g.

# 독각련(獨角蓮) 우백부자

천남성과 여러해살이풀
독각련의 덩이줄기를 말린 것
*Typhonium giganteum* Engl.

진해화담약 鎭咳化痰藥

[산 지] 중국 원산. 농가에서 약초로 재배한다.

[채 취] 가을에 덩이줄기를 캐어 잎과 수염뿌리를 다듬고 흙을 씻은 다음 겉껍질을 벗겨내고 햇볕에 말린다.

[형 태] 타원형 또는 달걀 모양이며 길이는 5~9cm, 지름은 3~6cm이다. 겉은 흰색 또는 황백색이며 약간 거칠고 고리 모양의 층무늬가 있으며 잔뿌리를 다듬은 자리가 작은 점 모양으로 나타난다. 꼭대기에는 줄기와 잎이 붙었던 자리가 있다. 질은 매우 단단하고 자르기 힘들다. 단면은 흰색이고 가루가 많다. 냄새는 없고 맛은 밋밋하지만 씹으면 혀를 자극한다.

크고 빛깔이 희며 단면에 가루가 많은 것이 좋은 것이다.

[법 제] 독각련은 독성이 있고 자극성이 강한 약이므로 반드시 법제하여 써야 한다. 즉, 약재에 누기를 주어 부드럽게 만들고 3~5mm의 두께로 썰어서 생강즙에 넣고 끓인다. 약재가 속까지 익고 아린 맛이 없어지고 우러난 액이 약재에 잦아들게 한 다음 꺼내서 말린다. 생강은 한약의 10% 양을 쓴다.

[성 분] 점액질, 사탕, 사포닌, 피토스테롤, 옥살산칼슘 등이 있다.

[약 성] 맛은 맵고 성질은 따뜻하며 독이 있고 위경에 작용한다.

[효 능] 가래를 삭이고 풍을 없애며 경련을 진정시킨다. 그리고 한습을 없애며 경락을 통하게 한다.

[적 용] 중풍 환자에게서 담이 성하고 정신이 혼미하며 경련이 일어날 때, 중풍후유증, 풍한습비, 한습으로 인한 두통, 파상풍, 연주창, 타박상 등에 쓴다. 독각련에는 몸을 덥히는 작용도 있으므로 손발이 차울 때, 배가 차갑고 아플 때에도 쓴다.

독각련은 위장병과 부인병에도 효과가 있다.

---

**처방** 중풍에 담이 성할 때는 천남성 · 천축황 · 백강잠 등을 섞어 쓰고, 파상풍에는 천남성을 섞어 쓰며, 풍습비증에는 풍습을 없애는 약을 섞어서 쓴다.

• 독각련을 하루 2~6g씩 달여 하루 3번에 나누어 복용한다.

• 수족냉증, 배가 차갑고 아플 때 닭곰국을 만들어 쓰기도 한다. 즉, 닭 한 마리에 보통 크기의 독각련 1개를 썰어 넣고 곰국을 끓여 약은 꺼내고 닭고기만을 1~2일 나누어 먹는다.

[용 량] 하루 2~6g.

[참 고] 민간에서 독각련을 부자라고도 부르는데, 진짜 부자는 아니다.

# 수창포(水菖蒲) 경포, 백창, 수창

천남성과 창포속 여러해살이물풀
창포의 뿌리줄기를 말린 것
*Acorus calamus* L.

**산 지** 전국. 호수나 연못가의 습지에서 키 60~90㎝로 자란다.

**채 취** 가을에 뿌리줄기를 캐어 물에 씻은 다음 비늘잎과 잔뿌리를 다듬고 햇볕에 말린다(필요할 때 수시로 뿌리를 채취할 수 있으나 8~10월에 채취한 것이 약효가 가장 좋다).

**형 태** 약간 납작한 기둥 모양이고 길이는 10~30㎝, 지름은 1~20㎝이다. 어떤 것은 가지가 갈라진다. 표면은 연한 회색 또는 황백색이다. 세로주름이 있으며 둥근 마디가 있고 마디 사이의 길이는 0.2~3㎝이며 윗면의 좌우에 삼각형의 잎이 붙었던 자국이 있다. 아랫면에는 둥근 점 모양의 뿌리 자국이 많다. 마디에는 비늘털 같은 것이 붙어 있다. 질은 단단하고 단면은 노란색 점이 있는 흰색 또는 연한 갈색이며 해면 모양이다. 냄새는 향기롭고 맛은 시원하면서 자극성이다.

뿌리줄기가 굵고 크며 빛깔이 황백색이고 비늘잎과 수염뿌리가 없는 것이 좋다.

**성 분** 정유, 타닌, 비타민 C, 아코린(acorin), 녹말, 팔미틴산 등이 있다.

정유에는 아사리닌(asarinin), 메틸이소구게놀(methyl-isogugenol), 리날롤, 쉬오부논, 에피쉬오부논 등이 있다.

**약 성** 맛은 쓰고 매우며 성질은 따뜻하다.

**효 능** 담을 삭이고 심규를 열며 비를 건전하게 하고 습을 없앤다.

창포

창포 꽃

있어 입맛이 없고 소화가 잘 안 되며 복부팽만, 설사할 때, 저산성 위염, 풍습통, 만성 기관지염, 적리, 장염, 각막염, 부스럼, 옴 등에 쓴다.

● 창포 물

창포의 잎에는 특이한 향기를 내는 성분이 들어 있어 예로부터 단옷날에 여인들이 창포물에 머리를 감아 모발을 관리하는 풍습이 있다.

창포의 이 성분을 활용하여 욕실용 향수나 입욕제, 화장품, 비누 등에 이용된다.

진해화담약 鎭咳化痰藥

약리실험에 의하면 창포는 진정작용, 진통작용, 항경련작용, 혈압 강하작용, 활평근에 대한 진경작용, 거담작용, 진해작용, 위산 분비를 강화하는 작용, 입맛을 돋우고 소화를 돕는 작용을 나타낸다.

[적 용] 전간, 가슴두근거림, 건망증, 정신이 혼미할 때, 비에 습이

[처방] • 수창포 · 원지 · 복령 · 용골 각각 30g, 구판 50g을 가루내어 건망증, 가슴 두근거림, 정신이 혼미할 때 쓴다. 한 번에 5g씩 하루 3번 복용한다. 탕제로 달여서 복용하기도 한다.

• 수창포 · 백자인 · 맥문동 · 구기자 · 당귀 · 복신 · 현삼 · 숙지황 각각 10g, 감초 4g을 섞어 심혈부족으로 잘 놀라고 가슴이 두근거릴 때, 불면증, 건망증, 또 정신이 몽롱할 때 쓴다. 달여서 하루 3번에 나누어 복용한다.

• 수창포 · 나복재(볶은 것) · 신곡 각각 10g, 향부자 12g을 달여서 소화가 안 되고 복부가 팽만할 때 하루 3번 나누어 복용한다.

• 만성 기관지염에 수창포 가루를 0.3g씩 교갑에 넣어 한 번에 2알씩 하루 2~3회 복용하면 효과가 좋다. 적리, 장염에는 한 번에 3알씩 하루 3회 복용한다.

• 수창포 10g을 잘게 썰어 물 2ℓ에 넣고 약불에서 천천히 끓여 우려낸 창포차(菖蒲茶)를 진정 · 진통 · 혈압강하제로 쓴다. 기호에 따라 꿀을 약간 타서 마시기도 한다.

[용 량] 하루 3~6g.

[참 고] 부작용으로 메스꺼움, 구토 등의 증세가 있으나 약의 복용을 끊으면 이 증세가 없어진다.

# 두견엽(杜鵑葉) 진달래 잎

진달래과 진달래속
진달래의 잎을 말린 것
*Rhododendron mucronulatum Turcz.*

**산 지** 전국. 산지의 양지바른 곳에서 높이 2~3m로 자란다.

**채 취** 여름철에 깨끗한 잎을 따서 그늘에서 말린다.

**형 태** 긴 타원형이고 양끝이 뾰족하다. 잎몸은 황록색 또는 녹갈색이다. 잎의 표면에 긴 털이 있다. 잎자루는 짧다. 특이한 냄새가 나고 맛은 떫고 쓰다.

**성 분** 사포닌, 타닌, 다당류, 플라보노이드, 스테롤, 정유, 지방, 수지 등이 들어 있다. 플라보노이드로서는 케르세틴, 고시페틴(gossypetin), 아잘레아틴(azaleatin), 5 - 메틸캠페롤(methyl kaempferol) 등이 있다.

이 밖에 쿠마린, 옥시산도 들어 있다.

**약 성** 맛은 달고 시며 성질은 평하고 폐경에 작용한다.

**효 능** 담을 삭이고 기침을 멎게 하며 천식을 치료한다. 약리실험에 의하면 진달래의 잎과 가지가 혈압을 낮춘다. 잎의 탕약과 정유는 가래를 삭이고 정유는

지해작용도 나타낸다는 것이 밝혀졌다.

탕약의 지해작용은 동물 실험에서 뚜렷하지 않다. 탕약은 황금색포도상구균에 대한 억균작용을 나타낸다.

**적 용** 가래가 있고 기침이 나며 숨이 가쁠 때, 급성 및 만성 기관지염에 쓴다. 그리고 고혈압, 감기에 쓴다. 해독작용이 있으므로 부스럼에 외용약으로도 쓴다.

**처방** 주치증에 다른 약을 섞어서 쓸 수 있으나 두견엽 한 가지만을 쓰기도 한다.
• 가래가 있고 기침이 나고 숨이 가쁠 때, 고혈압 등에 두견엽 9~15g을 쓴다. 달여서 하루 3번에 나누어 복용한다.
• 40% 술에 두견엽 6~12g을 우려서 가래가 있고 기침이 나고 숨이 가쁠 때, 고혈압 등에 쓴다. 하루 3번에 나누어 복용한다.
**용 량** 하루 9~15g.

진달래

# 백전(白前)

박주가리과 백미꽃속
백전의 뿌리를 말린 것
*Cynanchum stauntoni* (Decne) Schltr. ex Levl.

• 우리나라에서는 민백미꽃을 대용으로
쓴다.

**산 지** 중국 원산. 우리나라는 중부 지
방에서 약재로 재배한다.

**채 취** 가을에 뿌리를 캐어 줄기를 다듬
고 물에 씻어 햇볕에 말린다.

**형 태** 가로로 뻗은 뿌리줄기에 수많은
가는뿌리가 달려 있다. 뿌리줄기는 가는
원기둥 모양이고 길이는 10cm 이상, 지름
은 약 3mm이다. 표면은 연한 황갈
색~연황색이며 세로 주름무늬
가 있고 마디가 뚜렷하다. 위쪽
끝에 줄기 자국이 있다. 가는뿌리
는 지름이 0.3~1mm이고 약간 구
불구불하다. 질은 단단하지만 쉽
게 부러지며 단면은 연황색이다.
냄새는 거의 없고 맛은 심심하
다. 가루는 연노란색 또는 연한
황백색이다.

**법 제** 대개는 그대로 쓰는데,
꿀로 볶아서 쓰기도 한다.

**성 분** 트리테르페노이드사포
닌(triterpenoid-saponin), 지방
산 등이 들어 있다.

**약 성** 맛은 맵고 달며 성질은 약간 따
뜻하고 폐경 · 간경에 작용한다.

**효 능** 담을 삭이고 기를 내리게 하며
기침을 멈추게 한다. 백전은 위장을 튼튼
하게 한다.

**적 용** 가래가 있고 기침이 나며 숨이
가쁠 때 쓴다. 기관지염, 기관지천식에도
쓴다. 신허양위, 유즙부족, 비장종대, 위완
동통에도 쓴다.

**처방** 이 약에 열담으로 기침이 나고 숨이 가쁠 때는 상백
피, 지골피 등을 섞어서 쓰고, 한담으로 기침이 나고
숨이 가쁠 때는 자원, 반하 등을 섞어서 쓴다.
• 백전 한 가지를 1회 5~10g씩 달여 가래가 있고 기침할
때 쓰기도 한다.

**용 량** 하루 5~10g.

민백미꽃

# 부석(浮石) 해부석

화산에서 분출된 용암이 식은
다공질 암석 덩어리
Pumice

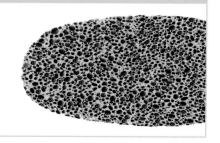

**산 지** 백두산과 한라산의 분화구 일대
에 있다.

**채 취** 부석을 모아 잡질을 없애고 깨끗
이 씻어 말린다.

**형 태** 불규칙한 덩어리이다. 표면은 거
칠고 회백색 또는 회황색이며 작은 구멍이
많다. 질은 단단하고 잘 부스러진다. 부스
러진 면도 거칠고 잔구멍이 있다. 물에 넣
으면 뜬다. 냄새는 약하고 맛은 밋밋하다.

가볍고 회백색이며 물에 뜨는 것이 좋은
것이다.

**법 제** 그대로 가루내어 쓰거나
벌겋게 달궈 깨뜨려서 쓴다.

**성 분** 일반적으로 알루미늄, 칼륨, 나
트륨의 규산염으로 이루어졌다.

**약 성** 맛은 짜고 성질은 차며 폐경 ·
신경에 작용한다.

**효 능** 폐열을 내리게 하고 담을 삭이며
굳은 것을 유연하게 하고 뭉친 것을 흩어
지게 한다.

**적 용** 담열로 기침이 나고 숨이 가쁠
때, 연주창, 영류에 쓴다. 이 밖에 헌데, 예
막, 산증, 임병에도 쓴다.

**처방** • 부석 12g, 과루실 10g, 치자 8g, 황금 10g을
달여 담열로 기침이 나고 숨이 가쁠 때 쓴다.
**용 량** 하루 10~15g.

화산 폭발로 이루어져 '부석'이 많은 한라산

# 제11장 진정진경약(鎭定鎭痙藥)

진정진경약 鎭定鎭痙藥

**정신**을 진정시키며 경련을 멈추는 약을 진정진경약(鎭定鎭痙藥)이라고 한다. 진정진경약은 다시 진정약(또는 안신약)과 진경약으로 나눈다.

진정약(鎭定藥)은 일반적으로 맛은 달거나 쓰고 성질은 평하며 심경에 작용하여 진정작용을 하므로 한의학 임상에서는 주로 가슴이 답답하고 잘 놀라며 가슴이 두근거릴 때, 불면증, 꿈을 많이 꿀 때, 건망증, 정신병 등에 쓴다.

진경약(鎭痙藥)은 간경에 작용하여 경련을 멈추므로 경련 증세에 쓴다. 일부 진경약은 간화로 머리가 어지럽고 아프며 눈이 충혈되고 아플 때 쓰는 것도 있다.

진정·진경약을 임상에 쓸 때에는 환자의 상태와 증세에 따라 다른 약을 섞어 쓴다. 가령 음혈이 부족한 경우에는 음혈을 보하는 약을, 열이 많은 경우에는 청열사화약(淸熱瀉化藥)을, 담이 있는 경우에는 화담약(化痰藥)을 섞어 쓴다.

---

# 제1절 진정약(鎭定藥)

---

## 산조인(酸棗仁) 멧대추 씨, 살맹이 씨

갈매나무과 대추나무속 갈잎떨기나무
멧대추나무의 익은 씨를 말린 것
*Zizyphus jujuba* Mill.

**산 지** 전국. 산기슭 석회암 지대의 양지 쪽 및 민가 부근에서 높이 2~3m로 자라며 특히 석회암 지대에 많다.

**채 취** 가을에 익은 열매를 따서 씨를 모아 씻어 햇볕에 말린 다음 굳은 껍질을 까고 잡질을 없앤다.

**형 태** 납작한 원형 또는 타원형이고 길이는 6~8㎜, 너비는 4~6㎜, 두께는 약 2㎜이다. 겉은 적갈색 또는 자갈색이고 매끈하며 윤기가 난다. 한쪽 면은 평탄하고 세로로 튀어나온 줄무늬가 있으며 다른 면은 약간 볼록 나왔다. 떡잎은 연한 노란색이고 기름기가 있다. 냄새는 거의 없고 맛은 약간 달다.

씨앗이 크고 충실하며 겉은 적갈색이고 반들거리며 속은 황백색이며 부서지지 않고 벌레먹지 않은 것이 좋은 것이다.

**법 제** 옛 한의서에는 잠을 많이 잘 때는 그대로 쓰고 불면증에는 살짝 볶아서 쓰라고 하였다.

실험에서 멧대추 씨를 그대로 써도 진정작용을 나타내고 흥분작용은 없으며 이 약을 약간 볶으면 진정작용이 보존되지만 기름이 마를 때까지 오래 볶으면 진정작용을 나타내지 않는다. 그러므로 멧대추 씨를 볶지 않고 진정약으로 쓰는 것이 좋다.

진정진경약 鎭定鎭痙藥

**성 분**　트리테르페노이드인 베툴린 (betulin)과 베툴린산이 들어 있다. 그리고 지방, 단백질, 사포닌인 주주보시드(juju-boside), 당, 비타민 C 등이 들어 있다.

**약 성**　맛은 달고 시며 성질은 평하고 심경·비경·간경·담경에 작용한다.

**효 능**　심과 간·담을 보하고 진정작용을 하며 비의 기능을 강하게 하고 땀을 멎게 하며 가슴이 답답한 것을 치료한다. 그리고 뼈와 근육을 튼튼하게 한다.

　동물 실험에서 물 또는 알코올 추출액은 진정작용과 최면작용을 나타내는데, 브롬나트륨과 협력작용을 한다. 진통작용, 진경작용도 한다. 진경작용은 베툴린산에 의해 나타나는 것으로 보고 있다. 그리고 혈관을 확장하고 혈압을 내리게 한다.

　독성은 매우 약해서 동물에 20g/kg 주어도 죽지 않는다. 심장의 활동을 억제하고 자궁에 대하여 흥분적으로 작용한다.

**적 용**　혈허(血虛)로 가슴이 답답하고 잠을 자지 못할 때 주로 쓴다. 잘 놀라고 가슴이 두근거릴 때, 땀이 잘 나올 때, 관절통 등에도 쓴다. 그리고 고혈압, 신경쇠약 등에도 쓴다.

**처방**
- 산조인 12g, 인삼 12g, 백복령 8g을 달여 불면증에 쓴다. 하루 3번에 나누어 복용한다.
- 가슴이 답답하고 잠이 오지 않을 때에는 산조인 한 가지를 가루내어 한 번에 3~4g씩 쓰거나 산조인 12g에 감초·산궁궁·지모·복령 각각 10g을 섞어 달여 하루 3번에 나누어 복용한다.
- 산조인·맥문동·지모·복령 각각 12g, 산궁궁 8g, 건강 8g, 감초 4g을 섞어 허번(虛煩)이 있어 잠을 자지 못할 때 쓴다. 달여서 하루 3번에 나누어 복용한다.
- 산조인·원지·당귀·용안육, 인삼·복신·황기·백출 각각 8g, 토목향 4g, 감초 2g, 대조 4g을 섞어 만든 귀비탕(歸脾湯)은 기혈이 모자라서 가슴이 두근거릴 때와 건망증과 불면증에 쓴다. 달여서 하루 3번에 나누어 복용한다.

**용 량**　6~12g.

# 백자인(栢子仁) 측백 씨

측백나무과 측백나무속 늘푸른바늘잎큰키나무
측백나무의 익은 씨를 말린 것
*Thuja orientalis* L.

**산 지**　중부 지방. 산지의 절벽 등에서 높이 10m 정도 자라며 민가에서 울타리용으로 많이 재배한다.

**채 취**　가을에 익은 열매를 따서 햇볕에 말린 다음 두드려 씨를 털고 굳은 껍질을 없앤다.

**형 태**　긴 달걀 모양 또는 긴타원형이고 길이는 4~6mm, 지름은 2~3mm이다. 겉은 황백색이지만 오래 보관하면 황갈색으로 변한다. 질은 유연하고 기름기가 있으며 단면은 황백색이고 기름이 많다. 냄새는 약하고 맛은 고소하다.

측백나무 열매

씨앗이 충실하고 황백색이며 기름기가 많고 찌든 냄새와 맛이 없는 것이 좋다.

측백나무 꽃

[법제] 살짝 볶아서 쓰거나 기름을 짜내고 쓴다. 기름을 짜낸 약재를 쓰면 설사를 일으키지 않는다.

[성분] 다량의 휘발성 정유 성분(튜젠(thujene), 피넨 등)과 소량의 사포닌이 들어 있다.

[약성] 맛은 달고 성질은 평하며 심경·간경·신경에 작용한다.

[효능] 자양강장의 효능이 있으며 심을 보하고 정신을 진정시키며 장 운동을 원활하게 하여 대변을 잘 나오게 한다. 풍습을 없애며 혈을 돋우어 땀을 멈추게 하는 작용도 있다.

[적용] 심혈이 부족하여 잘 놀라고 가슴이 두근거릴 때, 허손흡흡(虛損吸吸), 역절(歷節), 불면증, 식은땀, 변비, 요통, 관절통 등에 쓴다.

[처방] 백자인에 산조인을 섞어 쓰면 진정작용이 더 강해지므로 수면장애를 치료하는 효능이 더 좋아진다.

• 백자인·맥문동·구기자·당귀·수창포·복신·현삼·숙지황 각각 10g, 감초 4g을 섞어 심혈이 부족하여 잘 놀라고 가슴이 두근거릴 때, 불면증, 건망증, 또 정신이 몽롱할 때 쓴다. 달여서 하루 3번에 나누어 복용한다.

[용량] 하루 4~12g.

[주의] 설사하는 환자에게는 씨에서 기름을 빼내고 써야 한다.

측백나무 씨

# 원지(遠志)

원지과 원지속 여러해살이풀
원지의 뿌리를 말린 것
*Polygala tenuifolia* L.

**산 지** 중부 이북 지방. 낮은 산 양지 쪽에서 키 30cm 정도 자란다.

**채 취** 가을 또는 봄에 뿌리를 캐어 물에 씻어 줄기와 잔뿌리를 다듬고 목질부를 뽑아버린 다음 햇볕에 말린다.

**형 태** 관 모양인데 구부러졌고 길이는 3~15cm, 지름은 3~7mm이다. 겉은 회갈색이고 가로주름과 홈이 있으며, 또 세로주름과 잔뿌리를 다듬어 버린 자리가 도드라졌다. 단면은 희황백색이고 속은 비었다. 냄새는 향기로우며 맛은 쓰고 약간 맵고 아리다.

뿌리가 굵고 껍질이 두터우며 목질부가 없는 것이 좋은 것이다.

**성 분** 산성 사포닌이 0.65~1% 들어 있다. 이것이 분해되면 테누이게닌(tenuigenin) A, 테누이게닌 B가 생긴다. 이 밖에 폴리갈리트(polygalit), 지방, 수지, 온시친 등이 들어 있다. 사포닌의 함량은 목부보다 뿌리껍질에 10배 많다.

**약 성** 맛은 쓰고 매우며 성질은 따뜻하고 심경·신경에 작용한다.

**효 능** 정신을 진정시키며 가래를 없앤다. 원지는 진정작용과 최면작용을 나타낸다는 것이 밝혀졌다. 그리고 가래삭임작용과 용혈작용을 나타내며 심장 운동을 강하게 한다. 장의 꿈틀운동을 약간 억제하고 실험 동물의 자궁을 수축시킨다.

원지 뿌리의 알코올 우림액은 그람양성균, 적리균, 티푸스균 등에 대하여 억균작용을 나타낸다. 원지 사포닌은 진정작용과 가래삭임작용을 나타낸다.

**적 용** 잘 놀라고 가슴이 두근거릴 때(경계, 정충), 건망증, 가래가 있고 기침할 때, 기관지염으로 기침할 때, 부스럼 등에 쓴다.

**처방** • 원지 75, 인삼·백복령·복신 각 각 112, 석창포 75, 주사 19를 섞어 만든 정지환(定志丸)은 심기 부족으로 오는 건망증, 가슴두근거림, 수면장애에 쓴다. 한 번에 8~10g씩 하루 3번 끼니 사이에 복용한다.

• 원지 3, 용골 2, 주사 1을 섞어서 가루약을 만들어 건망증에 쓴다. 한 번에 2~3g씩 하루 3번 복용한다.

**용 량** 하루 4~8g.

# 합환피(合歡皮) 자귀나무 껍질

콩과 자귀나무속 갈잎큰키나무
자귀나무의 줄기껍질을 말린 것
*Albizia julibrissin Durazz.*

**산 지** 황해도 이남 지방. 산기슭 양지
쪽에서 높이 3~5m로 자란다.

**채 취** 여름부터 가을 사이에 껍질을 벗
겨 햇볕에 말린다.

**형 태** 관 모양 또는 반관 모양이고 두
께는 1~3mm이다. 바깥 면은 회갈색이고
적갈색의 작은 혹이 있으며 세로주름과 검
은 무늬가 있다. 안쪽 면은 황백색이고 매
끈하며 세로로 무늬가 있다. 질은 단단하
고 잘 부러진다. 단면은 황백색이고 섬유
모양이다. 냄새는 약간 향기로우며
맛은 떫고 약간 쓰다.

껍질이 두껍고 단면이 황백색이
며 부서지지 않는 것이 좋다.

**성 분** 배당체, 타닌, 사포닌 등
이 들어 있다.

**약 성** 맛은 달고 성질은 평하며 심경·
비경·폐경에 작용한다.

**효 능** 정신을 진정시키고 피를 잘 통하
게 하며 부은 것을 가라앉게 하고 통증을
멈추게 한다. 또한 근육과 뼈를 이어주는
작용이 있다. 자귀나무 껍질을 복용하면
강장작용, 흥분작용, 구충작용, 이뇨작용
을 나타낸다는 자료도 있다.

**적 용** 건망증, 수면장애, 폐옹, 부스럼,
골절 등에 쓴다.

> **처방** • 합환피 한 가지 또는 합환피 · 백작약(개삼) · 백
> 자인 · 용골 각각 12g, 호박 4g을 섞어 불면증 또
> 는 건망증에 쓴다. 달여서 하루 3번에 나누어 복용한다.
> **용량** 하루 5~10g.
> **참고** 자귀나무의 꽃도 진정약으로 쓴다. 하루 3~9g
> 을 쓴다.

자귀나무

자귀나무 줄기껍질

진정진경약 鎭定鎭痙藥

# 영사(靈砂) 구전령사, 금정령사, 은주, 이기사

수은과 유황을 원료로 하여 만든
유화수(황화수은 ; HgS)
Vermilion

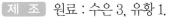

**제 조**　원료 : 수은 3, 유황 1.
　가마에 유황을 넣고 가열하여 녹인 다음 여기에 수은을 넣고 저어서 청사두(흑색유화수은)를 만든다. 이것을 영사 가마에 넣고 뚜껑을 씌워 밀폐한 다음 가열한다. 영사 가마 안의 온도가 525~600℃에 이른 다음 계속 8시간 동안 가열한 후 가마에서 불을 빼고 식힌다.
　가마를 완전히 식힌 다음 뚜껑을 열고 뚜껑 안벽에 붙은 결정을 긁어모은다. 이것을 다시 영사 가마에 넣어 승화시키는 조작을 2~3번 반복하여 영사를 얻는다.

**형 태**　보라색을 약간 띤 붉은색의 바늘 모양 결정으로서 주사와 비슷하지만 단면에서의 윤기가 보다 강한 것으로 구별할 수 있다. 막자사발에 넣고 갈면 잘 갈리고 가루는 진한 빨간색이다. 물, 알코올, 묽은 산 등에 녹지 않으며 왕수에는 녹는다. 햇빛에 의하여 점차 흑자색으로 변하며 높은 온도로 가열하면 승화된다.
　냄새와 맛은 없다.
　빛깔이 적자색이고 덩어리가 크며 무거운 것이 좋은 것이다.

**법 제**　덩어리를 잘게 갈아서 수비하여 쓴다. 영사를 200℃ 이상으로 가열하면 수은이 유리되어 독성이 커지므로 200℃ 이상의 온도에서 법제하지 않는다.

**성 분**　주성분은 유화수은(HgS)이다. 혼입물이 1% 정도 들어 있는데 여기에는 Si, Mg, Ca, Ti, Na, Al 등이 들어 있다.

**약 성**　맛은 달고 성질은 따뜻하며 심경·신경에 작용한다.

**효 능**　정신을 진정시키고 피를 잘 통하게 하며 담을 없앤다.
　영사는 동물 실험에서 진정작용, 진경작용, 실험 동물의 몸무게를 늘리는 작용, 이뇨작용 등을 나타낸다.

**적 용**　주로 가슴이 두근거릴 때와 심장신경증에 쓴다. 그리고 가슴이 답답하고 잠을 자지 못할 때, 정신이 혼미할 때, 정신병, 배가 차갑고 아플 때, 어지럽고 구토할 때, 곽란 등에 쓴다.

**처방**
- 영사를 다른 약과 섞어 쓰는 경우도 있으나 가슴이 두근거릴 때에는 흔히 영사 한 가지를 쓴다. 한 번에 0.3~1g씩 하루 3번 복용한다.
- 민간에서는 영사 가루 2~4g을 넣고 쪄서 가슴이 두근거릴 때에 쓴다. 하루에 2~3번에 나누어 복용한다.

**용 량**　하루 1~3g.

**주 의**　너무 많은 양을 쓰거나 오랜 기간 쓰면 신장을 자극하여 혈뇨 또는 전신 부종을 일으킬 수 있으므로 주의해야 한다.

# 주사(朱砂) 경면주사, 진사

육방정계에 딸린 덩어리로 된 광물
황화수은(HgS)을 주성분으로 하는 광석
Cinnabaris

**[산 지]** 황해도, 평안남도, 함경북도 등에서 산출된다.

**[채 취]** 광석을 캐내어 먼저 잡질을 골라낸 다음 물에 담가 채 같은 것으로 일어서 섞여 있는 흙, 모래, 잡돌 등을 제거한 후 햇볕에 물기를 말린다.

**[형 태]** 크기가 일정하지 않은 덩어리, 알갱이, 판 모양 또는 막대기 모양인데 빛깔은 붉은색 또는 적갈색이다. 질은 무겁고 단단하며 잘 깨진다. 냄새와 맛은 없다. 빛깔이 붉고 윤기가 있으며 무겁고 잘 깨지는 것이 좋은 것이다.

**[법 제]** 덩어리를 가루내어 수비하여 쓴다. 주사를 200℃ 이상 가열하면 수은이 유리되어 독성이 커진다.

**[성 분]** 주로 유화수은(HgS)이 들어 있다. 순품에는 수은 86.2%, 유황 13.8%가 들어 있으나 흔히 적은 양의 흙과 산화 마그네슘, 산화철 등이 들어 있다.

**[약 성]** 맛은 달고 성질은 약간 차가우며 심경에 작용한다.

**[효 능]** 정신을 진정시키고 경풍을 치료 하며 해열작용과 해독작용을 한다. 동물 실험에서 주사의 진정작용과 진경작용이 밝혀졌다.

**[적 용]** 잘 놀라고 가슴이 두근거릴 때, 수면장애, 건망증, 경풍, 경간, 정신병, 열이 몹시 나고 정신이 흐리고 헛소리할 때 쓴다. 헌데에도 쓴다. 영사와 주사는 모두 주성분이 황화수은(HgS)으로 진정작용을 하므로 가슴 두근거림에 주로 쓰이나 영사는 성질이 따뜻하므로 한증에 쓰고, 주사는 성질이 차므로 열증에 쓴다.

**[처방]** 주사에 원지 · 용골을 섞어 쓰면 진정작용이 강해지고, 당귀 · 단삼을 섞으면 심혈을 보하며, 선황련 · 지황을 섞어 쓰면 심열을 내리게 하는 작용이 강해진다.

• 주사 19, 선황련 25, 감초 13, 건지황 13, 당귀 19로 만든 주사안신환(朱砂安神丸)은 잘 놀라고 가슴이 두근거릴 때, 불면증과 건망증 등의 증세에 쓴다. 한 번에 4~6g씩 하루 3번 복용한다.

• 주사 한 가지를 돼지 심장에 넣고 쪄서 가슴 두근거림에 쓰기도 한다. 즉, 돼지 심장 1개에 주사 가루 2~4g을 넣고 쪄서 하루 2~3번 나누어 복용한다.

**[용 량]** 하루 1~3g.

**[주 의]** 너무 많은 양을 쓰거나 오랜 기간 계속 복용하면 수은 중독을 일으킬 수 있으므로 주의해야 한다.

주사(법제하지 않은 것)

# 진주(眞珠)

진주조개과 조개류
진주조개의 조개껍질 속에 병적으로 생긴 알갱이
*Pinctada fucata* Gould

• 대합의 조가비 속에 병적으로 생긴 알갱이를 대용으로 쓴다.

**산 지** 페르시아, 일본 원산. 우리나라에서는 남부 해안에서 양식한다.

**채 취** 필요할 때 조가비 속에 인공적으로 이물질을 넣거나 이물질이 저절로 들어가 병적으로 생긴 알갱이를 꺼내어 깨끗이 씻어서 말린다.

**형 태** 천연 진주는 둥근형, 타원형, 또는 불규칙한 형태이고 지름은 1~6mm이다. 겉은 우윳빛, 노란색, 연한 분홍색 또는 연한 남색이고 아름다운 윤기가 있다. 양식하여 얻은 진주는 천연 진주와 형태와 크기는 비슷하지만 겉에 윤기가 약하고 단면의 가운데에 조가비 조각이나 모래알이 들어 있다. 냄새와 맛은 없다.

알이 크고 아름다운 윤기가 있으며 단면에 층무늬가 뚜렷하지 않은 것이 좋다.

**법 제** 약재를 잘게 깨뜨리고 부드러운 가루를 내어 쓴다.

**성 분** 주로 탄산칼슘이 들어 있다. 진주층을 30% 유산(硫酸)으로 가수분해한 데서 류신, 메티오닌(me-thionine), 알라닌, 글라이신, 글루타민산, 아스파라긴산 등 아미노산이 분리된다.

**약 성** 맛은 달고 짜며 성질이 차고 심경·간경에 작용한다.

**효 능** 정신을 진정시키고 경련을 멈추며 담을 삭이고 간열을 내리게 하며 눈을 밝게 한다. 그리고 새살이 돋아나게 하고 헌데를 아물게 한다. 진주의 진주층을 산으로 가수분해하여 얻은 아미노산은 히스타민에 의한 동물 창자의 수축을 억제하고 모르모트의 쇼크와 죽음을 막으며 말혈청으로 일으킨 모르모트의 과민성을 막으며 일시적으로 소변량이 많아지게 한다.

**적 용** 소아경풍, 전간, 가슴 두근거림, 수면장애, 소갈병, 청각장애 등에 쓴다. 또 간열로 눈이 부시고 충혈될 때, 예막, 헌데가 오랫동안 아물지 않을 때에 외용한다.

● 진주모

진주조가비(진주모)는 진정작용을 하고 경련을 멈추게 하며 가래를 삭이고 평간작용을 하므로 전광, 경련, 가슴이 두근거릴 때, 수면장애, 어지럼증, 이명증, 예막 등에 쓴다.

• 하루 20~37g을 쓴다.

**처방** • 진주 8, 우황 8, 우담남성 38, 천축황 19, 호박 19, 주사(또는 영사) 19, 우황 8, 사향 2, 금박으로 만든 금박진심환(金箔鎭心丸)은 전간 및 잘 놀라고 가슴이 두근거릴 때 쓴다. 한 번에 한 알(1.3g)씩 하루 2~3번 복용한다.

**용 량** 하루 0.3~0.8g.

**금 기** 실열증이 아니면 복용약으로 쓰지 않는다.

# 용골(龍骨)

고생대에 살던 코끼리류에 속하는
마스토돈의 화석
Os Draconis

**채취** 용골을 캐내어 흙과 잡질을 털어
없앤다.

**형태** 뼈 모양 또는 크기가 일정하지
않은 덩어리이다. 겉은 흰색이 도는 회백
색 또는 황백색이지만 어떤 것은 갈색 무
늬도 있다. 질은 단단하고 단면은 미끈하
지 않으며 흰색이다. 관절 부위에는 벌집
모양으로 잔구멍이 많다. 냄새와 맛은 없
다. 흡수성이 강하다.

흰색이고 질이 단단하며 물 흡
수성이 강한 것이 좋은 것이다.

**법제** 그대로 쓰거나 또는 불
에 벌겋게 달궈 가루내어 쓴다.

**성분** 주로 인산칼슘, 탄산칼
슘 등이 들어 있고 작은 양의 2가
철 및 3가철, 알루미늄, 마그네슘
등이 들어 있다.

**약성** 맛은 달고 성질은 평하
며 심경·심포락경·간경·신경
에 작용한다.

**효능** 진정·수렴 작용을 한다.

**적용** 잘 놀라고 가슴이 두근거릴
때, 전간, 발광, 건망증, 수면장애, 꿈이 많
은 데, 자한, 유정, 설사, 이질, 탈홍, 자궁
출혈, 이슬, 유뇨증, 궤양 등에 쓴다.

● 용치(龍齒)

큰 포유동물의 이빨의 화석을 용치라고
하며 진정, 진경, 수렴약으로 가슴두근거
림, 전간, 발광, 건망증, 불면증, 꿈을 많이
꿀 때 등에 쓴다.

하루 9~15g씩 쓴다.

용골과 용치는 모두 진정 및 수렴작용을
하지만 진정작용은 용치가 더 강하고 수렴
작용은 용골이 더 강하다.

**처방** 용골에 모려를 섞어 쓰면 수렴작용이 강해지므로 유
정, 유뇨증, 이슬, 발한, 출혈, 설사 등을 치료할 때
이 두 가지 약을 섞어 쓰는 경우가 많다.
• 계지·용골·백작약·모려·생강 각각 11, 감초 8, 대조 2
를 섞어 만든 계지가룡골모려탕(桂枝加龍骨牡蠣湯)은 유정,
야뇨증 등에 쓴다. 달여서 하루 3번에 나누어 복용한다.
• 용골 12g, 상표초 10g을 섞어 유뇨증에 쓴다. 달여서 하
루 3번에 나누어 복용한다.
**용량** 하루 9~15g.

아메리카마스토돈

# 자석(磁石) 영자석, 지남석, 흡철석

자기를 띤
천연 자철광
Magnetitum

**산지** 자철광은 황해도, 평안북도, 함경남도의 일부 지역에서 산출된다.

**채취** 자철광을 캐내어 자력이 강한 것을 모아 혼합물질을 없앤다.

**형태** 불규칙한 덩어리 또는 능형으로 모가 많이 나 있으며 크기는 일정하지 않다. 표면은 흑갈색 또는 황갈색이고 금속성 윤기가 있다. 질은 단단하고 무겁다. 단면은 고르지 못하고 빛깔은 표면과 같다. 흙 냄새가 나고 맛은 없다.

쇳가루를 당기는 성질(자성)이 있다. 경도는 5.5~5.6, 비중은 5.17~5.18이다. 자석은 진한 염산에 녹는다.

**법제** 약재를 벌겋게 달궈 식초에 담그는 조작을 2~3번 거듭한 다음 말려서 가루로 만들어 쓴다.

**성분** 3산화2철($Fe_2O_3$) 약 69%, 산화철(FeO) 약 31%가 들어 있다.

**약성** 맛은 맵고 짜며 성질은 차고 간경·심경·신경에 작용한다.

**효능** 간양을 내리게 하고 정신을 안정시키며 신장을 보하고 숨이 가쁜 증세를 멈추어주며 귀와 눈을 밝게 한다.

**적용** 머리가 어지럽고 아플 때, 가슴이 답답할 때, 가슴이 두근거릴 때, 수면장애, 전간, 이명, 청각장애, 숨이 가쁠 때 등에 쓴다.

**처방** • 자석(법제한 것) 40g, 주사 20g, 신곡 80g을 각각 곱게 가루내어 섞고 졸인 꿀로 1알의 무게가 0.5g씩으로 알약을 만든 자주환(磁朱丸)은 가슴이 두근거릴 때, 수면장애, 이명증, 눈에서 불꽃 같은 것이 보일 때, 전간 등에 쓴다. 한 번에 6~8g씩 하루 3번 공복에 복용한다.

**용량** 하루 9~30g.

**주의** 자석은 오래 쓰지 않는다. 자석을 오래 쓰면 소화장애가 온다.

# 자석영 (紫石英) 자수정

육방정계의
천연 규산염 광물인 형석
Fluoritum

**산 지** 주로 북부 지방의 산지에서 산출된다.

**채 취** 형석을 캐어 잡돌과 흙을 없애고 보라색 또는 연한 녹색을 띠는 것을 골라낸다.

**형 태** 불규칙한 덩어리이며 많은 능선이 있다. 빛깔은 보라색, 녹색, 적록색이며 빛깔의 농도는 일정하지 않다. 보라색을 띠는 원인은 이산화철이 함유되어 있기 때문이며, 산화철의 함량이 많을수록 빛깔이 진해진다. 겉에는 보통 터진 무늬가 있으며 반투명하거나 투명하며 유리와 같은 광택이 있다. 가열하면 탈색하여 무색으로 변하거나 변색하여 황색으로 되기도 한다.

질은 단단하며 무겁다. 잘 깨지지 않고 단면은 반듯하지 않다. 냄새는 없고 맛은 밋밋하다. 칼에 긁히지 않고 불규칙하게 깨어진 단면이 패각상을 보이는 입자는 석영으로 판단된다.

**법 제** 약재를 불에 벌겋게 달궈 식초에 담그기를 여러 번 반복하고 곱게 가루내어 물에 담가서 잡질을 제거한 다음에 수비하여 쓴다.

**성 분** 불화칼슘($CaF_2$)이 들어 있다. 잡질로 적철석($Fe_2O_3$)이 섞인다.

**약 성** 맛은 달고 성질은 따뜻하며 심경 · 간경에 작용한다.

**효 능** 정신을 안정시키고 기를 내리게 하며 자궁을 덥혀 준다.

**적 용** 가슴두근거림, 기침이 나고 숨이 가쁠 때, 자궁이 허하여 월경이 없고 임신하지 못할 때 등에 쓴다.

**처방** • 주치증에 법제한 자석영을 1일 6~15g씩 탕제 · 환제 등으로 복용한다. 가루내어 복용하기도 한다.
• 자석영(법제한 것) 30g, 당귀 · 원지 · 산조인 · 패모 · 복령 · 백자인 각각 60g, 선황련 9g을 가루내고 꿀로 개어 환약을 만들어 가슴이 두근거릴 때 쓴다. 8g씩 하루 3번 복용한다.
• 자석영(법제한 것) 60g, 향부자(식초에 볶은 것) · 당귀(술에 볶은 것) · 산궁궁(술에 볶은 것) · 백출 각각 90g, 구기자(술로 씻고 볶은 것) · 숙지황 각각 60g을 가루내어 한 알의 무게가 0.3~0.4g 되게 꿀알약을 만들어 한 번에 8g씩 하루 3번 복용한다.
**용 량** 하루 6~15g.

# 천선자(天仙子) 낭탕자

가지과 미치광이풀속 여러해살이풀
미치광이풀의 익은 씨를 말린 것
*Scopolia japonica* Maxim.

• 중국에서는 사리풀의 씨를 천선자라고 한다. 우리나라에서는 사리풀이 약재 사용 금지 식물이므로 미치광이풀을 대용으로 쓴다.

**산 지**  전국. 깊은 산골짜기의 그늘에서 키 30~60㎝ 자란다.

**채 취**  여름에 열매가 다 익은 다음 지상부를 베어 햇볕에 말리고 털어서 씨만을 모은다.

**형 태**  신장 모양 또는 달걀 모양이며 양면은 평평하고 지름은 약 1㎜이다. 표면은 황갈색 또는 회갈색이며 그물 모양의 무늬가 있다. 한쪽 끝은 약간 뾰족하고 점 모양의 배꼽이 있다. 단면은 흰색이고 눈 젖과 구부러진 씨눈이 있다. 냄새는 없다. 씨앗이 크고 통통하여 잡질이 없는 것이 좋은 것이다.

**성 분**  히오시아민(hyoscyamine), 아트로핀(atropine), 스코폴라민(scopolamine) 등의 알칼로이드, 지방, 스테롤 등이 있다.

**약 성**  맛은 쓰고 매우며 성질은 따뜻하고 독성이 있다. 심경·위경·간경에 작용한다.

**효 능**  경련과 통증을 멎게 한다. 아트로핀 성분은 일반 치료량에서 선분비를 억제하고 활평근에 대한 진경작용을 나타낸다. 그리고 동공을 확대시킨다.

**적 용**  전광, 전간, 비증, 기침이 나고 숨이 가쁠 때, 위장관 경련 복통, 식은땀이 날 때, 침을 흘릴 때, 만성 설사, 만성 이질, 탈항, 치통, 부스럼, 악창 등에 쓴다.

미치광이풀

**처방**  • 천선자(볶은 것) 9g, 초오두(법제한 것) 15g, 감초 15g, 오령지 30g을 가루내고 풀로 개어서 한 알의 무게 0.3~0.4g 되는 환약을 만들어 행비로 아플 때 쓴다. 한 번에 10알씩 하루 3번 복용한다.
• 충아통에는 말린 씨를 태운 연기를 환부에 쐰다.
**용 량**  하루 0.06~0.6g.

# 제2절 진경약(鎭痙藥)

## 백강잠(白殭蠶) 백강누에, 흰가루병누에

누에나방과 곤충
누에나방이 백강균에 감염되어 죽은 것을 말린 것
*Bombyx mori*

**산 지** 전국. 농가에서 양잠으로 사육하며 성충은 날개길이가 수컷 18~21mm, 암컷 19~23mm이다.

**채 취** 백강균에 감염되어 흰가루병으로 죽은 누에를 건조실에서 말린다.

**형 태** 원기둥 모양이고 구부러졌으며 머리, 마디, 발 등이 명확히 나타나고 길이는 3cm 정도며 지름은 약 5mm이다. 겉은 회백색이고 흰 가루(세균아포)가 묻어 있다. 질은 단단하나 잘 부러진다. 단면은 매끈하고 가장자리는 하얗고 분말 모양이며 가운데는 갈색 또는 흑갈색이고 윤기가 난다. 배 쪽에 4개의 갈색 또는 흑갈색의 유리광택이 있는 작은 점이 반원주 모양으로 배열되었다. 불쾌한 냄새가 약간 나고 맛은 약간 쓰다.

굵고 질이 단단하며 흰색이고 단면에 광택이 있는 것이 좋은 것이다.

겉에 흰 가루가 없고 속이 빈 것은 약으로는 쓰지 못한다.

**법 제** 그대로 또는 약간 볶아서 쓴다. 또는 생강즙에 불려 볶아서 쓴다.

**성 분** 백강잠에는 지방 및 단백질이 들어 있다.

**약 성** 맛은 짜고 매우며 성질은 평하고 폐경·비경·간경에 작용한다.

**효 능** 경련을 멈추게 하고 가래를 삭인다. 동물 실험에서 진경작용이 증명되었고 억균작용, 항종양작용도 밝혀졌다. 그리고 단백질은 신상선피질을 자극하는 작용이 있다.

**적 용** 경풍, 후두염, 두통, 치통, 눈이 아플 때, 피부소양, 연주창 등에 쓴다. 자궁출혈에도 쓴다.

**처방** • 백강잠 · 강활 · 독활 · 시호 · 전호 · 백복령 · 인삼 · 지각 · 길경, 적전근 · 전갈 · 백부자(법제한 것) · 지골피 · 산궁궁 · 감초 · 생강 각각 3을 섞어 가루약으로 하여 소아급경풍에 쓴다. 2~4살은 한 번에 0.5~1g을 복용한다.

**용 량** 하루 6~12g.

# 전갈(全蝎)

전갈과 곤충
전갈(극동전갈)을 말린 것
*Buthus martensii* Karsch

[산 지] 열대, 아열대 지역. 우리나라에서는 1종(극동전갈)이 서식한다.

[채 취] 봄부터 가을 사이에 전갈을 잡아 물에 담가 흙을 토하게 한 다음 건져내어 절여 말리기도 한다.

[형 태] 납작한 긴 타원형이고 뒷배 부분은 가늘고 길며 구부러졌다. 길이 5~6cm이고 배에는 마디가 있다. 머리와 가슴은 흑갈색이고 두 쌍의 발이 붙어 있으며 배에는 네 쌍의 발이 붙어 있다. 앞배는 황갈색이고 등은 갈색이며 꼬리 모양의 아랫배는 황갈색이다. 맨 끝의 마디에는 독가시가 있다. 냄새는 약간 비리다.

부서지지 않았고 살이 노란색이며 뱃속에 잡질과 염분이 적은 것이 좋다.

[법 제] 볶아서 쓴다. 소금물에 절인 것은 물에 담가 소금을 빼내고 볶는다.

[성 분] 전갈 독소인 부토톡신(buthutoxin)이 들어 있다. 이것은 C, H, O, N, S 등 원소로 구성된 독성 단백이다.
이 밖에 트리메틸아민(tri-methylamine), 베타인, 타우린, 팔미틴산, 스테린산, 레시틴, 콜레스테린, 아민염류 등이 들어 있다.

[약 성] 맛은 달고 매우며 성질은 평하고 간경에 작용한다. 독성이 있다.

[효 능] 진정·진경·해독 작용을 나타낸다는 것이 밝혀졌다. 약리실험에 의하면 전갈 독소는 토끼, 개구리, 쥐 등 동물을 중독시킨다. 그러나 100℃에서 30분 가열하면 독 성분이 파괴된다.

전갈 독소는 토끼의 호흡중추를 억제하고 혈압을 잠시 높이며 개구리의 심장과 미주신경절 세포에 대한 흥분작용을 나타낸다. 또 동물의 혈관을 수축시키고 떼낸 소장, 자궁, 방광, 골격근의 긴장성을 높인다. 전갈 독소는 용혈작용도 나타낸다.

[적 용] 경풍, 경간, 수족경련, 파상풍, 중풍으로 인한 구안와사와 반신마비, 중풍 불어, 헌데, 연주창에도 쓴다.

[처방]
• 전갈, 백부자(법제한 것)·백강잠 각각 같은 양으로 만든 견정산(牽正散)은 안면 신경마비에 쓴다. 한 번에 3~4g씩 하루 2~3번 복용한다.
• 안면 신경마비에 전갈 한 가지를 가루내어 쓰기도 한다. 한 번에 0.5~1g씩 하루 3번 복용한다.
• 전갈 5, 오공 1, 백강잠 12, 주사 3, 구등 12, 사향 0.5를 가루내어 파상풍, 경련성 질병에 쓴다. 1회 3~4g씩 하루 3번 복용한다.
[용 량] 하루 2~5g.
[주 의] 맹독성이므로 몹시 허약한 환자에게는 주의하여 쓴다.
[참 고] 전갈의 꼬리 모양으로 된 뒷배(갈미)는 전갈과 약효가 같으나 작용이 더 강하므로 이것만 쓰는 경우에 하루 1~2g을 쓴다.

# 구등(鉤藤) 조구등

꼭두서니과 갈잎 덩굴나무
구등의 가시가 달린 가지를 말린 것
*Uncaria rhynchophylla*

진정진경약 鎭定鎭痙藥

**산 지** 중국 원산. 경상북도 영천 지방에서 많이 재배한다.

**형 태** 줄기는 원기둥 모양이고 길이는 1.3~2.5cm이며 지름은 2~3mm이다. 겉은 적갈색 또는 적자색이고 마디가 있다. 마디에는 낚시 모양으로 생긴 두 개의 갈고리가 마주 붙어 있다. 갈고리가 하나만 있는 것도 있다. 질은 단단하고 잘 부러지지 않는다. 꺾어 보면 수는 황백색이고 주변은 황갈색이다. 냄새는 없고 맛은 쓰다.

갈고리가 두 개이고 가지가 짧으며 빛깔이 적갈색이고 윤기나는 것이 좋다.

**성 분** 알칼로이드인 린코필린(rhyn-chophylline), 이소린코필린(isorhyn-chophylline)이 들어 있다.

**약 성** 맛은 쓰고 성질은 차며 심포락경·간경에 작용한다.

**효 능** 열과 간양을 내리게 하고 경련을 멎게 한다. 구등은 진정작용과 혈압 강하작용을 한다는 것이 약리실험에서 밝혀졌다.

린코필린 성분은 모세혈관을 확장시켜 혈압을 내리게 한다. 린코필린 성분은 또한 적은 양에서는 호흡중추를 흥분시키거나 치사량에 이르면 실험동물의 호흡마비를 일으킨다. 린코필린을 토끼에게 정맥주사할 때 제일

적은 치사량은 35~10㎖/kg이지만 피하에 주사할 때는 0.3g까지 써도 호흡이 빨라질 뿐 다른 중독 증상은 나타나지 않는다. 강심작용과 뚜렷한 이뇨작용도 나타낸다.

**적 용** 경련, 소아경풍, 간양이 위로 올라가 어지럽고 머리가 아플 때, 고혈압 등에 쓴다.

● **구등차(鉤藤茶)**

구등 한 가지를 달여 만든 구등차는 중추신경을 억제하며 혈압을 내리게 하고, 말초혈관을 확장시키는 작용을 하는데, 혈압 강하제로 효과가 매우 뛰어나다. 부작용이 거의 없어 어린아이에게도 약으로 쓸 수 있다. 소아의 경련과 경간(자다가 깜짝 깜짝 놀라거나 입에 거품을 물고 경련을 일으키는 경우)을 가라앉히는 처방에 많이 이용한다.

**처방** • 구등 4g, 서각 1g, 적전근 2g, 전갈 1g, 토목향 2g, 감초 2g, 생강 2g을 달여 소아경풍(3~4살)에 하루 3번에 나누어 복용한다.
**용 량** 하루 6~12g.
**참 고** 구등을 20분 이상 끓이면 혈압을 내리게 하는 작용이 약해진다. 그러므로 구등을 다른 약과 섞어 탕약으로 고혈압 치료에 쓰는 경우에는 다른 약을 먼저 달이다가 구등을 나중에 넣고 10~15분 더 달여 낸다.

# 오공(蜈蚣)

지네과 절지동물
왕지네를 말린 것
*Scolopendra subspinipes* subspinipes

• 지네과에 속한 지네류(그리마 제외)를 대용으로 쓸 수 있다.

**산 지** 전국. 삼림의 낙엽과 흙 속, 썩은 나무·돌 밑 등 축축한 곳에서 서식한다.

**채 취** 봄부터 여름 사이에 지네를 잡아 막대기에 동여매거나 끓는 물에 담가 죽인 다음 햇볕 또는 건조실에서 말린다.

**형 태** 납작하고 좁고 긴 띠 모양인데 길이는 7~13㎝, 너비는 0.5~0.9㎝이며 21개의 마디가 있다. 머리는 적갈색이고 한쌍의 촉각, 독구, 입 및 눈이 있다. 등은 암녹색 또는 흑녹색이고 각질이며 윤기가 있다. 배는 황갈색이고 매 마디에 다리가 한 쌍씩 붙어 있다. 다리는 노란색 또는 적갈색이고 끝은 갈고리 모양이다. 특이한 냄새가 나고 맛은 맵고 약간 짜다.

몸이 길고 크며 머리는 적갈색이고 등은 암녹색이며 머리, 다리 등이 다 붙어 있는 것이 좋은 것이다.

**법 제** 머리와 다리를 떼어 내고 그대로 또는 생강즙을 발라 구워서 가루내어 쓴다.

**성 분** 독 성분으로서 히스타민 비슷한 물질과 용혈성 단백질이 들어 있다. 그리고 단백질 분해효소, 히알루로니다제, 수크라아제 등의 효소 와 티로신, 류신 등의 아미노산이 있다. 이 밖에 지방, 콜레스테롤, 개미산, 헤모리진, 세로토닌 등이 있다.

**약 성** 맛은 맵고 성질은 따뜻하며 간경에 작용한다.

**효 능** 풍을 없애고 경련을 멎게 하며 해독작용을 한다. 약리실험에 의하면 지네는 진정작용, 진경작용, 소염작용, 약한 진통작용을 나타내며 결핵균을 비롯한 일련의 미생물에 대한 억균작용도 나타낸다.

임상 연구에 의하면 지네에 다른 약을 섞어 뼈 및 관절결핵을 치료하여 뚜렷한 효과를 보았고 독성은 인정할 수 없었다.

**적 용** 경풍, 파상풍, 경련 등에 쓴다. 그리고 뱀에 물렸을 때, 헌데, 연주창 등에 외용한다. 민간에서는 지네를 닭의 뱃속에 넣어 닭곰을 만들어 보약으로 쓴다. 지네는 신경통, 관절염, 류머티즘성 관절염, 안면신경마비에도 쓴다.

**처방**
• 오공 1, 백강잠 12, 전갈 5, 주사 3, 구등 12, 사향 0.5로 가루약을 만들어 경련성 질병에 진경약으로 쓴다. 한 번에 3~4g씩 하루 3번 복용한다.
• 오공 20g으로 오공주(蜈蚣酒) 1ℓ 를 만들어 신경통, 관절염, 관절 류머티즘 등에 쓴다. 한 번에 3~5㎖씩 하루 3번 복용한다.
• 오공 가루를 기름에 개어 뱀에 물린 상처에 붙인다.
**용 량** 하루 0.3~1g.
**금 기** 임산부에게는 쓰지 않는다.

# 구인(蚯蚓) 지렁이, 지룡

지렁이과 환형동물
지렁이를 말린 것
*Pheretima communisima* Goto et Hatai

진정진경약 鎮定鎮痙藥

**산 지** 전국. 산과 들의 습하고 질척한 땅속에 서식한다.

**채 취** 봄부터 가을 사이에 지렁이를 잡아 배를 세로로 가르고 흙을 씻어 버린 다음 햇볕에 또는 건조실에서 말린다. 배를 가르지 않고 그대로 또는 소금물에 담가 먹은 것을 토하게 한 다음 말리기도 한다.

**형 태** 좁은 띠 모양이며 길이 5~15㎝, 너비 0.3~0.7㎝이다. 겉은 회갈색이고 마디가 있다. 통째로 말린 것은 원기둥 모양이다. 성숙한 지렁이에는 3개의 마디가 합쳐서 생긴 생식환대가 있다(백경구인). 질은 가볍다. 냄새는 역하고 맛은 약간 짜다.
개체가 크고 살이 많은 것이 좋다.

**법 제** 그대로 쓰거나 또는 살짝 볶아서 쓴다.

**성 분** 룸부리틴, 룸브로페브린, 테레스트로룸브릴리신, 히포크산틴 등이 들어 있다. 이 밖에 지방산, 콜레스테린, 콜린, 아미노산 등이 들어 있다.

**약 성** 맛은 짜고 성질은 차며 간경·위경에 작용한다.

**효 능** 해열·진경·이뇨·구충·해독 작용을 한다. 실험에서 지렁이의 알코올 우림약과 룸브로페브린의 해열작용은 안티피린과 협력한다. 히포크산틴은 기관지활평근을 이완시키며 항히스타민작용도 나타낸다.
지렁이 알코올 팅크는 급성 동물 실험에서 완만하고 지속적으로 혈압을 내리게 한다. 이 팅크의 알코올을 없애고 매우 많은 양을 써도 독성을 나타내지 않았다. 그리고 시험관 안에서 결핵균에 대한 억균작용을 나타낸다.
룸브리틴 성분은 용혈작용을 나타낸다. 이 밖에 자궁 수축작용도 나타낸다.
혈압을 내리게 하는 성분은 물이나 농도 낮은 알코올에 잘 녹는다.

**적 용** 경풍, 전간, 고열 경련, 발광, 열성 질병, 황달, 후두염, 배뇨장애, 관절통, 반신불수 등에 쓴다. 또한 기관지천식, 고혈압, 회충증 치료약으로도 쓴다.

> **처방** • 구인·초오두(법제한 것)·오두(법제한 것)·천남성(법제한 것) 각각 37.5, 유향·몰약 각각 8.2를 섞어서 만든 활락단(活絡丹)은 한습으로 팔다리가 아프고 잘 움직이지 못할 때와 타박상에 쓴다. 한 번에 3~4g씩 하루 3번 복용한다.
> • 고혈압에 구인 한 가지를 가루내어 한 번에 1~2g씩 그대로 복용하거나 달여서 복용한다.
> • 구인 8g에 하고초 12g, 황금 12g을 섞어서 고혈압에 쓴다. 달여 하루 3번에 나누어 복용한다.
> • 반신불수에는 당귀·메함박꽃·황기 각각 12g, 산궁궁 6g, 홍화 4g을 섞어 달여 하루 3번에 나누어 복용한다.

# 적전근(赤箭根)

난초과 천마속 여러해살이풀
천마의 뿌리줄기를 말린 것
*Gastrodia elata Blume*

**산 지** 전국. 깊은 산에서 다른 식물의 뿌리에 기생하며 키 60~100cm로 자란다.

**채 취** 봄 또는 가을에 뿌리줄기를 캐어 물에 씻고 껍질을 벗겨버린 다음 증기에 쪄서 햇볕 또는 건조실에서 빨리 말린다. 흔히 쪼개거나 썰어서 말린다.

**형 태** 긴 타원형의 덩어리인데 약간 납작하고 길이는 5~10cm, 지름은 2~3cm이다. 겉은 연황색 또는 황갈색이고 깊은 주름이 많다. 단면은 각질 모양이고 약간 투명하며 연황색 또는 연한 갈색이다. 썰어서 말린 것은 쭈그러지고 불규칙한 덩어리이다. 냄새는 특이하다.

개체가 크고 살이 두꺼우며 황백색이고 질이 굳으며 단면이 각질 모양이고 속이 비지 않은 것이 좋은 것이다.

**성 분** 페놀성 물질인 배당체와 알칼로이드, 비타민 A, 점액질 등이 들어 있다.

**약 성** 맛은 맵고 성질은 평하며 간경에 작용한다.

**효 능** 근육을 튼튼하게 하여 체력을 보강한다. 경련을 멎게 하고 간양을 내리며 풍습을 없앤다. 임상에서는 식욕(食慾)이

천마

**처방**
• 적전근, 산궁궁을 같은 양으로 환약을 만들어 머리가 어지러운 두통에 쓴다. 한 번에 1~2g씩 하루 3번 복용한다.
• 적전근 9, 반하(법제한 것) 26, 백출 11, 복령 11, 감초 11로 만든 천마산(天麻散)은 급경풍, 만경풍에 쓴다. 4~8살 어린이에게 한 번에 2~4 씩 하루 3번 복용시킨다.
• 적전근 · 두충 · 우슬 · 강활 · 당귀 각각 10g을 섞어 팔다리가 마비되어 쓰지 못할 때 쓴다. 달여서 하루 3번에 나누어 복용한다.

**용 량** 하루 4~12g.

**참 고** 천마의 지상부(천마 싹, 적전, 정풍초)도 경련, 부스럼 등의 치료에 쓴다.

없고 아울러 소화력(消化力)도 부진할 때, 두통은 물론 잦은 빈혈로 인하여 머리가 어지럽고 빈 것 같으며 흔들리는 느낌을 느끼고, 앉았다가 일어나면 눈앞이 캄캄하고 별이 번쩍 생기는 현상이 생길 때 좋은 치료 효과를 나타낸다.

동물 실험에 의하면 천마의 뿌리줄기는 진경작용, 진정작용, 식풍작용, 진통작용을 나타낸다.

적 용 주로 머리가 어지럽고 아플 때 쓴다. 그리고 경풍, 전간, 경간, 어린이의 경간동풍, 중풍으로 말을 못할 때, 풍한습비, 류머티즘성 관절염, 팔다리가 오그라들 때 등에 쓴다. 또 신경쇠약에도 쓴다.

# 산양각(山羊角) 산양 뿔, 영양각

소과 포유동물
산양의 뿔
*Naemorhedus goral raddeanus* (Heude.)

진정진경약 鎭定鎭痙藥

산 지 중부 이북 지방. 높은 산지의 벼랑에서 서식하며 몸길이 1.3m 정도이다.

채 취 필요할 때 산양을 잡아 뿔을 자른다.

형 태 길고 구부러진 고깔 모양으로 길이 10~15㎝, 밑의 지름 2~3㎝이다. 끝은 매우 뾰족하다. 바깥 면은 흑갈색이며 밑부분에는 옆으로 깊은 주름이 7~15개 있다. 속은 비고 질은 몹시 단단하다. 세로로 잘 쪼개지며 단면은 쥐색이다.

질이 여리고 윤기가 나며 터지거나 깨지지 않은 것이 좋은 것이다.

성 분 뿔단백질, 인산칼슘 등이 들어 있다.

약 성 맛은 짜고 쓰며 성질은 차고 간경·심포락경에 작용한다.

효 능 간열을 내리게 하고 정신을 진정시키며, 경련을 멎게 하고 열을 내려주며 해독작용을 한다.

적 용 전간, 경풍 등으로 정신을 잃고 경련이 일

산양

어날 때, 열이 몹시 나고 정신이 흐리고 헛소리할 때, 광조증, 중풍, 잘 놀라고 가슴이 두근거릴 때, 간화로 머리가 아프고 어지러우며 눈이 충혈되고 아플 때, 이질 등에 쓴다.

**처방** •산양각 4g, 상백피·감국·패모·생지황·구등·복신·백작약·죽여 각각 12g, 감초 4g을 섞어 수족 경련에 쓴다. 달여서 하루 3번에 나누어 복용한다.
**용량** 하루 2~4g.
**참고** 영양의 뿔(영양각)도 해열작용, 진경작용을 나타내며 산양각과 같은 목적으로 쓴다. 영양각은 하루 2~4g을 쓴다.

# 석결명(石決明) 생복 껍질, 전복 조가비

전복과 복족류
말전복(생복)의 조개껍질을 말린 것
*Nardotis gigantea* (Gmelin)

**산지** 동해와 남해의 수심 10~50m 사이의 바위에서 서식한다.

**채취** 봄부터 가을 사이에 전복을 잡아서 내장과 살집 등의 잡질을 긁어내고 깨끗이 씻어서 말린다.

**형태** 둥근 달걀 모양이고 길이 5~12cm, 너비 3~7cm이다. 바깥 면은 회갈색이고 꼭대기로부터 한 줄로 선 혹 모양의 돌기가 있는데 아래의 4~5개는 구멍이 뚫려 있다. 안쪽 면은 채색 광택이 있고 매끈하다. 질은 단단하고 잘 깨지지 않는다. 냄새는 없다.

개체가 크고 두꺼우며 겉이 깨끗하고 안쪽 면이 진주처럼 윤기나는 것이 좋다.

**법제** 그대로 또는 소금물에 한 시간 정도 끓이거나 불에 벌겋게 달궈 곱게 가루내어 쓴다. 그러면 수렴작용이 강해진다.

**성분** 주로 탄산칼슘이 들어 있고, 이밖에 콜린도 있다. 불에 붉게 달군 다음에는 무기물만 남는다.

**약성** 맛은 짜고 성질은 평하며 간경에 작용한다.

**효능** 해열작용과 간화를 내리며 눈을 밝게 한다.

**적용** 간화로 오는 어지럼증, 두통, 목적종통, 청맹, 내장, 예막, 손발의 수축, 오후의 미열 등에 쓴다.

**처방** •석결명(전복) 38, 결명자 38, 치자·백작약·강활·청상자 각각 19, 대황 9, 형개 9로 만든 **석결명산**(石決明散)은 간열로 눈이 충혈되며 붓고 아플 때, 예막 등에 쓴다. 한 번에 8g씩 하루 3번 복용한다.
•석결명(전복)·숙지황·백작약·구기자·감국을 각각 12g씩 섞어 혈허로 어지러울 때 쓴다. 달여 하루 3번에 나누어 복용한다.
•석결명(전복) 20g, 감국 10g, 감초 4g을 섞어 수명(羞明: 눈부심)에 쓴다. 달여서 하루 3번에 나누어 복용한다.
**용량** 하루 10~30g.

# 노봉방(露蜂房) 말벌 집

말벌과 곤충
말벌의 벌집
*Vespa mandarinia* Smith.

진정진경약 鎭定鎭痙藥

산 지  전국. 산지에서 잡목 숲에서 무리 지어 서식한다.

채 취  늦가을부터 초겨울 사이에 연기를 피워서 말벌을 모두 쫓아낸 다음 벌집을 뜬다. 그대로 또는 증기에 쪄서 햇볕에 말려 죽은 벌과 번데기를 털어내고 다시 말린다.

형 태  공 모양이며 지름 5~10㎝인데 대개는 불규칙하고 부스러진 조각이다. 표면은 회갈색이며 한쪽 면에 6각형의 구멍이 있다. 구멍의 지름은 3~8㎜이다. 질은 가볍고 질기며 탄성이 있다. 때때로 윗부분에 검은색 꼭지가 있다. 냄새는 약하다.

성 분  정유, 단백질, 꿀밀, 칼슘, 철 등이 들어 있다. 정유에는 독성이 있다.

약 성  맛은 맵고 쓰고 짜며 성질은 평하고 간경·위경에 작용한다.

효 능  거풍·구충·해독작용을 한다. 체외실험에서 항암작용이 증명되었다. 말벌 집의 알코올, 에테르 및 아세톤 우림액은 혈액 응고를 빠르게 하고 심장의 운동도 강하게 하여 소변을 잘 나오게 하고 혈압을 일시적으로 내리게 한다. 정유는 조충을 구제하지만 독성이 매우 강하며 급성 신장염을 일으킬 수 있다.

적 용  전간, 경간, 풍습통, 치통, 부스럼, 유옹, 악창, 연주창, 버짐, 이질 등에 쓴다. 또 유선암, 식도암, 위암, 코암, 인두암, 피부암, 간암, 폐암, 신장암 등에도 쓴다.

처방  • 노봉방 18g, 선태 6g, 전갈 6g을 가루내어 환약을 만들어 버짐에 쓴다. 한 번에 3g씩 하루 3번 복용한다.
• 노봉방·포공영·자화지정·금은화 각각 10g을 달여 부스럼, 헌데에 쓴다. 하루 3번에 나누어 복용한다.
• 유옹에 노봉방을 노랗게 볶은 다음 곱게 가루내어 쓴다. 1회 3g씩 4시간 간격으로 3일간 복용한다.
• 치통에는 노봉방, 세신 같은 양을 달인 물로 양치질한다.

용 량  하루 3~10g.

금 기  부스럼이 이미 곪아서 터졌을 때는 쓰지 않는다.

말벌과 말벌 집

# 대모(玳瑁) 구갑, 얼룩바다거북

바다거북과 거북류
대모의 등딱지의 쪽판
*Eretmochelys imbricata* Linnaeus.

**산 지** 인도양·태평양의 열대 바다에서 서식한다. 우리나라에서는 제주도 연해에 나타났다는 기록이 있다.

**형 태** 긴 4각형 또는 부채 모양의 얇은 판이며 크기는 일정하지 않다. 보통 길이 10~35cm, 너비 5~25mm이며 가운데 부분이 두껍고 가장자리는 좀 얇다. 표면은 갈색과 누르스름한 빛깔이 뒤섞인 알록달록한 무늬를 이루며 매끈하고 윤기가 있으며 반투명하다. 안쪽 면에는 흰색의 알록달록한 무늬가 있고 매끈하다. 질은 단단하고 꺾기 어렵다. 냄새와 맛은 거의 없다.

두껍고 표면의 무늬가 뚜렷하며 반투명한 것이 좋은 것이다.

**성 분** 케라틴(keratin), 젤라틴(gelatin)질 등이 들어 있다.

**약 성** 맛은 달고 짜며 성질은 차고 심경·간경에 작용한다.

**효 능** 간양(肝陽)을 내리게 하고 경련을 멈추게 하며 해열작용과 해독작용을 한다. 혈압을 낮추는 작용도 나타낸다.

**적 용** 간양이 위로 올라와 어지럽고 머리가 아플 때, 부스럼, 손발이 오그라드는 증세, 소아경풍, 높은 열이 나고 정신이 혼미할 때, 옹종, 창양 등에 쓴다. 뇌출혈 예방에도 쓴다.

> **처방**
> • 대모 주치증에 대모를 하루 5~10g씩 탕제·환제·산제 형태로 복용한다.
> • 대모·석결명(전복)·모려·구등 각각 12g을 달여 간양이 위로 올라가 머리가 어지럽고 아플 때 쓴다.
> **용 량** 하루 5~10g.

대모

# 제12장 소화약(消化藥)

**소화** 약을 다른 말로 소식약(消息藥) 또는 소도약(消導藥)이라고도 한다.

한약 소화약은 맛이 달고 성질은 따뜻하며 비경·위경에 작용하여 비위를 보하고 입맛을 돋우며 소화를 돕는 작용을 나타낸다. 그러므로 소화약은 입맛이 없고 소화가 안 될 때, 식체로 배가 부르고 아프며 트림이 나고 설사하며 메스껍거나 토하는 등의 증세가 나타날 때 쓴다.

소화약을 임상에 쓸 때에는 환자의 상태와 구체적인 증세에 따라 다른 약을 섞는다. 예를 들어 비위가 허한하여 음식이 소화되지 않는 경우에는 비위를 덥혀 주고 보하는 약을 위주로 하고 여기에 소화약을 섞어야 한다. 식체로 인한 복부팽만에는 행기약(行氣藥)을 섞고, 식체로 열이 나는 경우에는 청열약(淸熱藥)을 섞어서 쓴다.

# 맥아(麥芽) 보리길금

벼과 보리속 두해살이풀
보리의 열매로 싹을 내어 말린 것
*Hordeum vulgare* var. *hexastichon* Aschers.

**산 지** 전국. 농가의 밭에서 재배하며 키 1m 정도 자란다.

**채 취** 보리를 물에 불려 실내 온도에서 물을 뿌려 누기를 보장하면서 싹을 낸다. 싹의 길이가 약 3~5mm에 이르면 햇볕 또는 건조실에서 50℃ 이하에서 말린다. 싹의 길이가 1mm~2cm 되는 것도 디아스타아제의 함량은 같다.

**형 태** 실북 모양이고 길이는 약 1cm, 지름은 약 3mm이다. 껍질은 황백색이고 세로 주름과 홈이 있다. 한쪽 끝에는 길이 3~5mm 되는 황갈색의 싹이 붙어 있고 다른 끝에는 수염뿌리가 붙어 있다. 껍질을 벗기면 황백색의 보리쌀이 보인다. 냄새는 없고 맛은 약간 달다.

잘 마르고 충실하며 싹이 완전히 붙어 있고 벌레 먹지 않은 것이 좋은 것이다.

**법 제** 그대로 또는 고소한 냄새가 날 때까지 볶아서 쓴다. 맥아를 고소한 냄새가 날 때까지 볶은 것은 녹말 효소의 활성이 볶지 않은 것과 비슷하나 갈색으로 볶으면 녹말 효소의

보리 열매

활성이 매우 낮아진다.

**성 분** 소화 효소인 $\alpha$ 및 베타 아밀라아제($\beta$-아밀라아제), 디아스타아제, 인베르타아제(invertase)가 들어 있다. 그리고 녹말, 단백질, 레시틴, 맥아당, 비타민 $B_1$·C 등이 들어 있다.

**약 성** 맛은 달고 짜며 성질은 따뜻하고 위경·비경에 작용한다.

**효 능** 음식을 소화시키고 비위를 덥혀 주며 입맛을 돋운다. 효소 성분은 녹말을 소화시킨다.

**적 용** 식체로 인한 복부팽만, 음식이 소화되지 않고 입맛을 잃었을 때 쓴다. 약간 볶은 것은 젖이 나오지 않게 하기 위해서도 쓴다.

**처방** • 맥아·신곡·사인·감초·대조 각각 4g, 인삼·백출·백복령·후박·굴 껍질·산사 각각 8g, 지실·백작약·생강 각각 6g을 섞은 삼출건비탕(蔘朮健脾湯)은 비와 위를 보하고 음식의 소화를 돕는 처방으로서 비위가 허하여 음식이 소화되지 않을 때 쓴다. 달여서 하루 3번에 나누어 복용한다.
**용 량** 하루 10~20g.
**금 기** 젖을 나오지 않게 하므로 아기에게 젖을 먹이는 부인들에게는 볶은 맥아를 쓰지 않는다.

# 신곡(神麯) 신국, 약누룩

벼과 밀속 두해살이풀
밀의 씨에 다른 약재를 섞어 가공한 것
*Triticum aestivum* Linné

**산 지** 전국. 농가의 밭에서 재배하며 키 60~120cm로 자란다.

**형 태** 원판 모양, 입방체 또는 불규칙한 덩어리이다. 겉은 황갈색 또는 회황색이고 깔깔하다. 특이한 누룩 냄새가 나고 맛은 달고 맵다.
빛깔이 황갈색이고 썩은 냄새가 없으며 벌레 먹지 않고 잡질이 없는 것이 좋다.

**법 제** 그대로 또는 약재가 노랗게 변하고 구수한 냄새가 풍길 때까지 볶아서 쓴다. 갈색으로 볶으면 녹말 효소가 거의 활성을 잃는다.

**성 분** 정유, 당류, 지방, 배당체, 비타민 $B_1$·$B_2$, 녹말 효소 등이 들어 있다.

**약 성** 맛은 달고 성질은 따뜻하며 비

밀 열매

경・위경에 작용한다.

효능 음식을 소화시키고 입맛을 돋우며 비를 건전하게 한다. 즉, 약누룩은 녹말 효소의 작용에 의하여 녹말를 소화시킨다.

적용 식체로 인한 복부팽만, 소화가 안 되며 입맛이 없고 설사할 때쓴다.

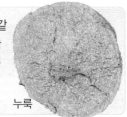

처방 • 신곡, 백출, 지실, 맥아를 같은 양으로 둥근 알약을 만들어 식체(급성위염)에 쓴다. 하루에 6~8g씩 하루 3번 복용한다.

용량 하루 8~16g.

누룩

# 산사(山楂) 산사육, 아가위, 찔광이

장미과 산사나무속 갈잎큰키나무
산사나무의 익은 열매를 말린 것
*Crataegus pinnatifida* Bunge

산지 중북 이북 지방. 산록 및 인가 부근에서 높이 6~7m로 자란다.

채취 9~10월경에 익은 열매를 따서 햇볕에 말린다.

형태 둥근 공 모양이고 지름은 1~2cm이며 한쪽 끝에는 숙존악이 있고 그 가운데 주두의 자리가 오목하게 들어갔다. 그 반대쪽에는 꼭지가 붙었던 자리가 있다.

산사나무 열매

소화약 消化藥

표면은 황갈색 또는 적갈색이고 주름이 있다. 쪼개 보면 5~6개의 황갈색을 띤 씨가 있고 열매살은 연한 갈색이다. 냄새는 약간 향기롭고 맛은 약간 달고 시다.

씨알이 굵고 고르며 살이 많고 빛깔이 적갈색이며 벌레 먹지 않은 것이 좋다.

성분 케르세틴, 플라보노이드, 스테로이드−사포닌, 레몬산, 포도주산, 우르솔산, 클로로겐산 등의 유기산, 콜린, 비타민 C, 카로틴, 당, 타닌, $\beta$−시트로스테롤 등이 들어 있다. 씨에는 아미그달린, 하이페로시드(hyperoside), 기름이 있다.

약성 맛은 달고 시며 성질은 평하고 비경・위경에 작용한다.

효능 음식을 소화시키고 기혈을 잘 통하게 한다. 그리고 비를 건전하게 하고 입맛을 돋우며 이질을 치료한다.

산사 알코올 추출액은 중추신경 계통에 대하여 진정작용을 나타낸다. 심장 혈관의 혈액순환을 좋게 하고 강심작용을 나타내며 가슴 두근거림과 부정맥을 없앤다.

산사 제제가 디기탈리스나 은방울꽃의 배당체 및 스토로판틴과 같은 강심 배당체의 강심작용을 강하게 한다는 것이 밝혀졌다. 산사의 강심작용은 플라보노이드에 의하여 나타난다.

산사는 뇌혈관의 혈액순환도 좋게 한다. 또한 모세혈관을 확장시키고 혈압을 내리게 한다. 콜레스테롤성 동맥경화를 일으킨 토끼에게 산사 알코올추출물을 먹이면 혈액 속 콜레스테롤 함량이 낮아지고 혈압도 낮아진다. 이 작용은 스테로이드사포닌에 의하여 나타난다.

산사에는 물, 메탄올, 에탄올, 아세톤, 초산에 풀리는 관상 혈관 확장 물질이 있고 벤졸, 에테르, 클로로포름에 풀리는 관상 혈관 수축 물질도 있다. 관상 혈관을 확장시키는 물질은 열매뿐 아니라 잎, 꽃, 껍질, 줄기, 뿌리에도 있다.

산사는 적리균에 대하여 비교적 강한 억균작용을 나타낸다.

적용 소화장애, 식체, 특히 고기를 먹고 체했을 때 주로 쓴다. 징가, 산후복통, 이질, 산증, 어린이가 젖을 먹고 체했을 때 쓴다. 또한 고혈압 초기, 고지혈증 및 동맥경화의 예방 치료에 쓰며 심장 쇠약, 심장의 기능장애, 가슴 두근거림, 부정맥, 혈관신경증 등에 쓴다. 혈관 경련에는 열매 팅크보다 꽃 팅크가 더 좋다. 산사를 간 부종, 비장 부종에 쓰면 일정한 효과를 볼 수 있다.

산사나무 열매

처방 소화약으로 산사 한 가지를 쓸 수 있으나 신곡, 맥아를 섞어 쓰는 경우가 많다.

• 산사 · 백출 · 진피(陳皮) · 반하(법제한 것) · 복령 · 신곡 각각 113, 연교 · 향부자 · 후박 · 나복자 각각 75, 지실 · 맥아 · 선황련 · 황금 각각 38을 섞어 만든 보화환(保和丸)은 식체(급성위염)에 쓴다. 한 번에 6~8g씩 하루 3번 복용한다.

• 70% 알코올로 10%의 산사 팅크를 만들어 관상 혈관 계통 질병에 쓴다. 한 번에 20~30방울씩 하루 3번 복용한다.

용량 하루 8~16g.

산사나무

소화약 消化藥

# 계내금(鷄內金) 계순피, 비치리황피

꿩과의 조류
닭의 모래주머니(근위) 내막을 말린 것
*Gallus domesticus* Brisson

**산 지** 전국. 주로 농가에서 가축으로 사육한다.

**채 취** 닭의 모래주머니(근위)를 칼로 베고 내용물을 털어버린 다음 물에 씻고 속껍질을 벗긴다. 이것을 다시 깨끗이 씻어 햇볕에 말린다.

**형 태** 둥근 모양, 타원형 또는 불규칙한 조각이다. 겉은 노란색 또는 황갈색이고 주름이 많다. 질은 가볍고 잘 부서지며 단면은 각질 모양이다. 윤기가 난다. 비린 냄새가 약간 나고 맛은 약간 쓰다.

크고 부서지지 않고 잡질이 섞이지 않은 것이 좋은 것이다.

**법 제** 그대로 또는 살짝 볶아서 쓴다. 오래 볶으면 벤트리쿨린 성분이 파괴된다.

**성 분** 벤트리쿨린(ventriculin), 단백질 등이 들어 있다.

**약 성** 맛은 달고 성질은 평하며 비경·위경·소장경·방광경에 작용한다.

**효 능** 음식을 소화시키고 유정을 치료하며, 소변을 줄이고 출혈을 멈추게 하며 설사를 멎게 한다.

벤트리쿨린은 위의 선분비를 항진시켜 음식물의 소화를 빠르게 한다. 계내금을 복용하면 위액 분비량이 많아지고 위산도가 높아지며 위의 운동 기능도 강화된다.

**적 용** 소화장애, 식체로 복부팽만, 토하거나 설사할 때, 만성 위염, 특히 저산성 위염에 좋다. 그리고 이질, 감적(疳積), 유정, 빈뇨, 유뇨증, 혈뇨, 자궁출혈, 이슬, 장출혈 등에도 쓴다.

**처방** • 계내금·백출 각각 10g, 대조 4g을 섞어 입맛이 없고 소화가 안 될 때 쓴다. 가루내어 한 번에 4~6g씩 하루 3번 복용한다. 소화장애에 계내금 가루 한 가지를 3g씩 먹어도 좋다.
**용 량** 하루 4~12g.

소화약 消化藥

# 나복자(蘿蔔子) 내복자, 무 씨

십자화과 무속 두해살이풀
무의 익은 씨를 말린 것
*Raphanus sativus* L.

**산 지** 전국. 농가의 밭에서 채소로 재배하며 키 1m 정도 자란다.

**채 취** 씨가 완전히 익은 다음 전초를 베어 햇볕에 말리고 두드려 씨를 털고 잡질을 없앤다.

**형 태** 타원형 또는 둥근 달걀 모양이고 길이는 약 3㎜, 지름은 2.5㎜ 정도이다. 바깥 면은 적갈색이고 확대경으로 보면 그물무늬가 있다. 질은 단단하다. 쪼개 보면 황백색의 자엽이 두 개 있다. 냄새는 없고 맛은 약간 달고 맵다.

　씨앗이 굵고 통통하고 충실하며 빛깔이 적갈색이고 잡질이 없는 것이 좋은 것이다.

**법 제** 가래가 있어 기침이 날 때에는 그대로 쓰고 소화약으로 쓸 때는 약간 볶아서 쓴다.

**성 분** 많은 양의 정유, 지방유, 알칼로이드, 플라보노이드 등이 들어 있다.

**약 성** 맛은 맵고 성질은 따뜻하며 비경·폐경·위경에 작용한다.

**효 능** 음식을 소화시키고 가래를 삭이며 기침을 멎게 한다.

**적 용** 소화장애, 식체로 복부팽만, 아프고 트림이 나며 신물이 올라오고 설사할 때, 가래가 있어 기침이 나고 숨이 가쁠 때에 쓴다.

**처방**
- 소화불량에 나복자 한 가지 또는 신곡, 산사, 진피(陳皮) 등을 섞어서 쓴다.
- 나복자·소자, 백개자 각각 8g을 섞은 삼자양친탕(三子養親湯)은 주로 가래가 있어 기침이 나고 숨이 찰 때 쓰며 입맛이 없을 때에도 쓸 수 있다. 달여서 하루 3번에 나누어 복용한다.
- 무씨·연교·향부자·후박 각각 75, 백출·귤피·반하(법제한 것)·복령·약누룩·산사 각각 113, 지실·보리길금·선황련·황금 각각 38로 만든 보화환(保和丸)은 식체(급성 위염)에 쓴다. 한번에 6~8g씩 하루 3번 복용한다.

**용 량** 하루 6~12g.

무

무 뿌리줄기

# 제13장 구충 · 살충약(驅蟲 · 殺蟲藥)

# 제1절 구충약(驅蟲藥)

장내 기생충에는 회충, 요충, 조충, 촌백충이 있다. 장내 기생충이 있을 때는 나타나는 증상과 실험 검사 소견을 결부하여 기생충의 종류를 밝히고 해당 기생충을 구제하는 구충약을 골라 써야 한다.

창자 안에 회충이 있으면 위완부가 쓰리고 때때로 배가 아프며 메스껍고 밥을 많이 먹어도 금방 허기지고 얼굴색이 노래지며 몸이 여원다.

요충이 있으면 항문이 가렵고(밤에 더욱 심하다) 잠을 잘 자지 못하며 자고 난 다음 항문 주위에서 요충을 볼 수 있다. 또한 대변에서도 요충을 발견할 수 있다.

촌백충이 있으면 복부팽만, 혹은 은근히 배가 아프며 설사하고 항문이 가렵다. 오래 되면 얼굴색이 노래지고 몸이 여위고 맥이 없으며 머리가 어지럽고 잠을 자지 못한다. 또한 대변에서 촌백충의 마디를 발견할 수 있다.

구충약은 아침의 공복에 먹는 것이 좋으며 약을 먹고 1~2시간 있다가 설사약을 먹어 벌레가 잘 나오게 해야 한다. 기름에 녹는 독 성분이 들어 있는 구충약을 먹었을 때는 기름이 들어 있는 설사약을 쓰지 않도록 주의해야 한다.

일부 구충약은 독성이 있으므로 허약한 환자와 임산부에게는 주의하여 써야 한다.

## 오매(烏梅) 매화 열매

장미과 벚나무속 갈잎큰키나무
매화나무의 선열매를 가공한 것
*Prunus mume* Siebold & Zucc.

**산 지** 중부 이남 지방. 농가에서 과수로 재배하며 높이 5m 정도 자란다.

**채 취** 이른 여름 선열매를 따서 그을음에 그슬려 건조실에서 40℃ 정도의 온도에서 말린다.

**형 태** 구형이고 지름은 1.5~2㎝, 겉은 검은색 또는 흑갈색이고 주름이 많다. 타원형의 씨는 단단하고 황갈색이다. 씨앗의 형태와 냄새는 살구 씨와 비슷하다. 열매 살은 매우 시고 그을음 냄새가 난다.

열매가 크고 겉이 검고 살이 두터우며 씨는 작고 맛이 매우 신 것이 좋은 것이다.

**법 제** 그대로 깨뜨려서 쓰거나 물을 뿌려 누기를 준 다음 씨를 뽑아내고 쓴다.

**성 분** 레몬산, 사과산, 호박산, 탄수화물, 시토스테롤 등이 들어 있다. 씨에는 아

매화나무

을 비롯한 일련의 미생물에 대한 억균작용을 나타낸다.

매화 열매 한 가지만 쓸 때에는 회충을 없애지 못하지만 매화 열매가 주약으로 된 '오매환'은 회충을 없애는 효능을 나타낸다는 것이 증명되었다. 매화 열매 우림약은 항알레르기작용도 나타낸다.

**적 용** 창자 안에 회충이 있고 손발이 차며 토하고 배가 아플 때(희궐), 입안이 마르고 갈증이 나며 열이 나고 가슴이 답답할 때, 오래 된 설사·이질·기침 등에 쓴다. 사마귀 및 티눈을 없애기 위하여 외용한다.

미그달린이 들어 있다.

**약 성** 맛은 시고 성질은 따뜻하며 간경·비경·폐경·대장경에 작용한다.

**효 능** 회충을 없애고 구토와 갈증, 기침을 멈추며 설사를 멎게 한다. 약리실험에 의하면 매화 열매는 담낭성을 수축시켜 담즙 분비를 빠르게 하고 떼낸 장의 운동을 억제하며 황색포도상구균, 폐렴막대균, 고초균, 백색칸디다, 대장막대균, 적리균

**처방** • 오매 38, 선황련 28, 당귀·산초·세신·부자·계심, 인삼·황백 각각 11을 섞어 만든 **오매환**(烏梅丸)은 회충증, 희궐로 손발이 차고 토하며 배가 아플 때, 오래 된 이질 등에 쓴다. 한 번에 3～6g씩 하루 3번 복용한다.

**용 량** 하루 4～8g.

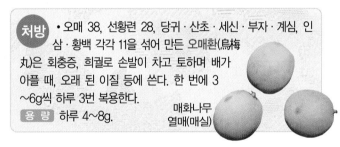

매화나무 열매(매실)

# 산토닌쑥(산도년호;山道年蒿) 마리티마쑥

국화과 쑥속 여러해살이풀
산토닌쑥의 전초를 말린 것
*Artemisia maritima* L.

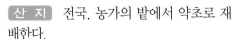

**산 지** 전국. 농가의 밭에서 약초로 재배한다.

**채 취** 꽃이 피기 직전에 꽃봉오리와 잎이 붙은 윗부분의 가지만을 베어 바람이 잘 통하는 그늘에서 말린다.

**형 태** 가지는 원기둥 모양이고 지름은 2～4mm이며 세로로 튀어나온 줄이 있다. 겉은 연한 갈색 또는 연한 회녹색이고 흰

털이 있다. 잎은 어긋나게 붙어 있는데 잎몸은 1~2번 깃털 모양으로 깊이 갈라졌고 갈래조각은 줄 모양이며 흰색 털이 있다. 가지의 윗부분에는 두상화가 산형화서를 이루고 여러 개 있다.

꽃이삭은 달걀 모양인데 길이 3.7㎜ 정도, 너비 2.5㎜ 정도이고 아래로 처지며, 5~12개의 관상화와 여러 개의 총포엽으로 되어 있다. 총포엽에도 흰 털이 있다. 냄새는 향기롭고 맛은 자극성이다.

꽃봉오리가 많고 색이 푸른 것이 좋은 것이다.

[성 분]  산토닌(santonin)을 비롯하여 모노기닌(monogynin), 미부락톤(mibu-lactone), 아르테미신(artemisin) 등의 락톤(lacton) 화합물이 들어 있다.

[효 능]  회충에 대한 구충작용을 나타낸다. 산토닌쑥 탕약은 시험관 안에서 회충을 죽인다는 것이 밝혀졌다. 그리고 임상 연구에서도 회충증에 효과가 있다는 것이 밝혀졌다. 그 작용은 주로 산토닌 성분에 의하여 나타난다.

[적 용]  회충증에 주로 쓴다. 요충증에도 어느 정도 효과가 있다.

> **처방**  다른 구충약을 섞어 쓸 수도 있겠으나 일반적으로 산토닌쑥 한 가지를 15g 달여 한 번에 먹고 한 시간 뒤에 염류설사약을 복용한다.
>
> [용 량]  하루 10~15g.

# 사군자(使君子)

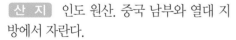

사군자과 늘푸른큰키나무
사군자나무의 익은 열매를 말린 것
*Quisqualis indica* Linne

[산 지]  인도 원산. 중국 남부와 열대 지방에서 자란다.

[채 취]  열매가 익어 녹색에서 갈색으로 변했을 때 채취하여 햇볕에 말린다.

[형 태]  타원형이고 양끝은 뾰족하다. 5개의 세로간 모가 있는데, 어떤 것은 4~9개 있는 것도 있다. 길이는 2.5~4㎝, 지름은 1.5~2㎝이다. 열매 껍질은 각질이고 흑갈색이다. 질은 단단하고 잘 부서지지 않는다. 가로 단면은 오각형 별 모양이다. 속에는 씨가 한 개 들어 있다. 씨는 타원형이고 길이는 1~2㎝인데 겉은 회녹색이고 주름이 많으며 속은 황백색이고 기름기가 있다. 냄새는 없고 맛은 약간 달다.

열매가 크고 그 안에 황백색의 씨가 들어차고 빈 깍지가 없는 것이 좋은 것이다.

[법 제]  껍질째로 깨뜨려서 쓴다. 또는 껍질을 벗겨내고 그대로 또는 볶아서 쓴다. 껍질도 구충작용이 있으므로 껍질째로 쓰는 것이 경제적이다.

[성 분]  유효 성분은 사군자산 칼륨(kalium)인데 이것은 사군자 열매의 껍질과 씨에 들어 있다. 또한 약 25%의 기름(주로 팔미틴산과 올레인산의 글리세리드

임), 사군자산 등이 들어 있다.

**약 성** 맛은 달고 성질은 따뜻하며 비경·위경에 작용한다.

**효 능** 회충을 없애고 비를 튼튼하게 하며 감적을 치료한다. 회충과 요충을 없애는 작용이 실험적으로 밝혀졌다. 사군자산 칼륨 성분이 회충을 마비시키는 작용을 나타낸다.

딸꾹질을 일으키고 위를 자극하는 부작용이 있다.

**적 용** 회충증에 쓰는데 독성이 없으므로 소아 회충증에 좋다. 설사, 이질, 소변이 탁할 때 등과 요충증에도 쓴다.

**처방** 사군자 3.8g, 빈랑 3.8g, 대황 1.9g으로 만든 하충산(下蟲散)은 회충증에 쓴다. 가루내어 한 번에 복용한다. 회충구 제약으로 사군자 한 가지를 쓸 수도 있다.

**용 량** 하루 6~12g.

**주 의** 너무 많은 양을 쓰지 말아야 한다. 너무 많은 양을 쓰면 딸꾹질, 구역, 구토, 어지럼증 등의 부작용이 나타날 수 있다.

구충·살충약 驅蟲殺蟲藥

# 고련피 (苦練皮) 멀구슬나무 껍질, 천련피

멀구슬나무과 멀구슬나무속 갈잎큰키나무
멀구슬나무의 뿌리껍질 또는 줄기의 껍질을 말린 것
*Melia azedarach* L.

천련자

**산 지** 남부 지방. 인가 부근에서 재배하며 높이 15m 정도 자란다.

**채 취** 봄부터 여름 사이에 뿌리, 줄기 또는 가지의 껍질을 벗겨 햇볕에 말린다.

멀구슬나무

뿌리는 물로 씻고 껍질을 벗겨야 한다.

**형 태** 원통형, 반원통형 또는 불규칙한 조각이고 두께는 3~6㎜이다. 겉은 회갈색이고 거칠며 안쪽 면은 흰색 또는 연한 노란색이다 질은 가볍고 질기며 단면은 섬유성이다. 냄새는 없고 맛은 쓰다.

껍질이 두껍고 안쪽 면이 흰색 또는 연한 노란색이며 잡질이 없는 것이 좋다.

**법 제** 회갈색 겉껍질을 깎아버린다.

**성 분** 멀구슬나무 껍질에서 알칼로이드 성분인 마르고신(margosin), 중성수지, 타닌 등이 분리되었다.

493

구충 성분은 중성 수지이다.

약 성 맛은 쓰고 성질은 차며 대장경에 작용한다.

효 능 회충을 죽이고 설사를 일으킨다. 회충을 없애는 작용은 사군자보다 강하다. 실험에 의하면 멀구슬나무 껍질은 돼지 회충에 대하여 마비작용을 나타내며 위장을 자극하여 설사를 일으킨다. 구충작용은 줄기껍질보다 뿌리껍질이 더 강하다. 요충과 십이지장충도 없앤다. 병원성 사상균에 대하여 약간 억균작용을 나타낸다.

멀구슬나무 껍질은 축적작용이 있다.

적 용 회충증에 쓴다. 또한 십이지장충증에도 쓴다. 이 약은 설사를 일으키므로 쓸 때 설사약을 따로 쓰지 않아도 된다.

● 천련자(川練子)

멀구슬나무의 열매(천련자, 고련자, 금령자, 고련실)는 맛이 쓰고 성질이 차며 간경에 작용하는 행기약으로서 간기를 잘 통하게 하고 습열을 없애며 통증을 멎게 한다. 주로 산증, 복통에 쓴다. 산증에는 오수유나무 열매를, 복통에는 현호색을 섞어 쓴다. 하루 용량은 4~12g이다.

처방 고련피 한 가지를 가루약, 환약, 탕약 등으로 하여 회충증에 쓸 수 있다.

• 고련피 15g, 굴 껍질 8g, 반하(법제한 것) 8g, 적복령 8g, 감초 4g, 생강 6g을 섞어 만든 연진탕(練陳湯)은 회충증에 쓴다. 달여서 하루 3번에 나누어 복용한다.

용 량 하루 6~12g.

주 의 고련피는 독도 약간 있고 축적작용과 위장을 자극하는 작용이 있으므로 몹시 허약한 사람과 위장염 환자, 간 및 신장 기능에 장애가 있는 환자에게는 쓰지 말아야 한다.

그리고 용량을 늘리지 말고 오랫동안 쓰지 말아야 한다. 너무 많은 양을 쓰면 구토, 심한 설사, 복통, 어지럼증, 두통, 발열, 배가 붓는 등의 부작용이 나타난다.

• 고련피 중독에는 감초를 달여 복용한다.

# 석류피(石榴皮) 석류근피, 석류나무 껍질

석류나무과 석류나무속 갈잎중키나무
석류나무의 뿌리 또는 가지의 껍질을 말린 것
*Punica granatum* L.

산 지 남부 지방. 민간에서 과수로 재배하며 높이 5~7m로 자란다.

채 취 필요할 때 껍질을 벗겨 물에 씻어 햇볕에 말린다.

형 태 뿌리껍질은 고르지 않게 구부러진 판 모양 혹은 조각이고 바깥 면은 토황색이며 길이로 잔주름이 있다. 안쪽 면은 연한 노란색 또는 황갈색이며 가는 무늬가 있다. 단면은 매끈하다. 줄기 및 가지 껍질은 관 모양이고 표면이 녹갈색이다. 맛은 떫고 약간 시다.

성 분 알칼로이드인 펠레티에린(pel-

letierine, 그라나테닌), 이
소펠레티에린(isopelleti-
erine), 메틸펠레테린
(methylpelleterin), 메틸이
소펠레티에린(methyliso-
pelletierine), 프세우도펠
레티에린(pseudopelleti-
erine) 등이 들어 있다. 이
밖에 많은 양의 엘라그산
(ellagic) 타닌, 우르솔산, 베
툴린산이 들어 있다.

석류나무

약 성 석류피는 맛은 시
고 성질은 따뜻하며 대장경에 작용한다.

효 능 장내 기생충을 죽이고 장을 수렴
하여 설사를 멎게 한다. 실험에 의하면 펠
레티에린, 이소펠레티에린, 프세우도펠레
티에린 등 알칼로이드는 조충을 없앤다.
이 알칼로이드 가운데서 프세우도펠레티
에린의 구충작용은 좀 약하다. 이 알칼로
이드의 구충작용 기전은 기생충의 근육을
마비시키는 데 있다. 한약을 오래 보관하
여 구충 성분인 휘발성 알칼로이드가 날아
나거나 수지화되면 구충작용이 약해진다.

석류나무 껍질의 탕약도 조충을 없앤다.

석류나무 껍질은 시험관 안
에서 대장균, 적리균을 비롯한
일련의 미생물에 대하여 억균
작용을 나타낸다.

펠레티에린은 독성이 있어
많은 양을 쓰면 처음에는 척수
의 흥분성을 높이고 점차 호흡
및 운동 마비를 일으킨다.

석류나무 껍질의 부작용으
로는 어지럼증, 시력장애, 이
명(耳鳴), 온몸 쇠약, 경련 등

증세가 나타날 수 있다.

적 용 촌백충증 및 회충증에 쓴다. 설
사, 세균성 이질에도 쓴다.

● 석류과피(石榴果皮)

석류나무 열매껍질(석류과피)은 장을 수
렴하여 설사를 멈추고 지혈작용을 하므로
설사, 이질, 자궁출혈, 장
출혈, 이슬, 유정, 탈항
등에 쓴다. 하루 3~
5g씩 쓴다.

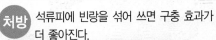

석류

처방 석류피에 빈랑을 섞어 쓰면 구충 효과가
더 좋아진다.

• 석류피 한 가지를 조충 및 회충 구제약으로 쓸 수 있다. 이 약
을 복용한 다음 망초, 황산마그네슘과 같은 염류 설사약을 꼭
복용해야 한다. 석류피에는 타닌이 있어 수렴작용을 나타낸다.

용 량 하루 3~5g.

주 의 석류피를 쓸 때 기름이 있는 음식을 먹지 말아야 한다.
알칼로이드가 기름에 녹아 흡수되면 중독을 일으킬 수 있다.

참 고 석류피는 위 점막을 자극하므로 위염 환자에게는 쓰지
않는다.

# 비자(榧子)

주목과 비자나무속 늘푸른바늘잎큰키나무
비자나무의 익은 씨를 말린 것
*Torreya nucifera Sieb. et Zucc.*

• 개비자나무의 씨는 약효가 비슷하므로 대용으로 쓸 수 있다.

**산 지** 남부 지방. 산지에서 높이 25m 정도 자란다.

**채 취** 가을에 익은 열매를 따서 껍질을 벗겨내고 햇볕에 말린다.

**형 태** 넓은 타원형이고 길이는 약 2~3cm, 지름은 1.5~2cm이다. 겉은 회청색 또는 황갈색이고 길이로 무늬가 있다. 딱딱한 껍질을 없애면 속에 달걀 모양의 배유가 있는데 껍질은 흑갈색이고 단면은 황백색이며 기름기가 있다. 냄새는 약하고 맛은 약간 달고 고소하다.

씨앗이 크고 배유가 황백색이며 찌든 냄새가 없고 깨지지 않은 것이 좋다.

**법 제** 껍질을 벗겨내고 그대로 또는 살짝 볶아서 쓴다.

**성 분** 유효 성분으로 디테르펜 알코올(diterpene alcohol)인 4-에피아가다디올이 들어 있다. 그리고 정유, 기름, 타닌 등이 들어 있다. 기름에는 팔미틴산, 스테린산, 리놀렌산, 올레인산 등이 들어 있다.

**약 성** 맛은 달고 성질은 평하며 폐경 · 대장경에 작용한다.

**효 능** 대변을 잘 나오게 하고 기침을 멈추게 한다. 동물 실험에서 조충을 없애는 작용이 밝혀졌다. 회충, 십이지장충, 요충도 없앤다. 구충 성분은 물, 알코올, 에테르에 녹지 않고 벤졸에 녹는다. 임상 연구에서 십이지장충도 없앤다는 것이 밝혀졌다.

**적 용** 주로 촌백충증에 쓰며 십이지장충증, 회충증, 요충증에도 쓴다. 변비, 폐에 진액이 부족하여 기침할 때도 쓴다.

개비자나무의 씨는 주로 회충의 구제에 쓴다.

**처방** • 비자 한 가지를 조충 구제약으로 쓰며 빈랑, 느릅나무 열매 등을 섞어 쓰기도 한다.
**용량** 한 번에 10~15g, 하루 2~3번 복용한다.

비자나무

# 뇌환(雷丸) 죽령

구멍장이버섯과 균체
뇌환의 균핵을 말린 것
*Omphalia lapidesens* Schroeter

**산 지**  중부 이남 지방. 왕대(참대)의 뿌리에 기생한다.

**채 취**  가을에 뇌환을 캐어 물에 씻고 햇볕에 말린다.

**형 태**  둥근 덩어리이고 지름 1~3.5cm이다. 겉은 흑갈색이며 잔주름이 있다. 질은 단단하고 무거우며 잘 깨지지 않는다. 단면은 연한 회황색이고 과립 또는 분말 모양이다. 냄새는 없고 맛은 밋밋하다.

크고 단단하며 속이 흰 것이 좋다.

**성 분**  뇌환의 단백질 분해 효소는 물에 녹고 알코올, 클로로포름, 에테르등 유기 용매에는 녹지 않는다. 100℃에서 한 시간 가열하면 효력이 완전히 없어진다.

**약 성**  맛은 쓰고 짜며 성질은 차고 위경·대장경에 작용한다.

**효 능**  구충작용을 나타낸다. 뇌환의 단백 분해 효소는 조충의 각피를 녹여 버린다. 실험에 의하면 돼지 회충, 지렁이, 거머리를 죽인다. 임상 연구에 의하면 조충과 십이지장충을 없애는 효과도 있다. 그러나 회충증에는 효과가 좋지 못하다.

**적 용**  촌백충증, 요충증, 회충증, 십이지장충증에도 다 쓸 수 있으나 특히 촌백충증 구제에 좋다.

**처방**  • 뇌환 한 가지를 가루약으로 만들어 촌백충증에 쓰며 빈랑, 견우자, 토목향 등을 섞어 쓰기도 한다.
**용 량**  한 번에 15~20g. 하루 2~3번 복용한다.
**주 의**  뇌환은 탕약으로 쓰면 효력이 없어진다.

# 빈랑(檳榔)

종려과 늘푸른열대식물
빈랑나무의 익은 씨를 말린 것
*Areca catechu* L.

**산 지**  말레이시아 원산. 열대 및 아열대 지역에서 자란다.

**형 태**  달걀 모양 또는 고깔 모양이며

밑은 매끈하고 그 가운데는 오목하게 들어갔다. 높이 2~3cm이고 지름은 6~8mm이다. 겉은 황갈색이고 그물 무늬가 있다. 질은 단단하고 잘 깨지지 않는다. 단면은 회백색인데 적갈색 무늬가 있어 대리석과 같은 무늬를 나타낸다. 냄새는 없으며 맛은 떫고 약간 쓰다.

개체가 크고 질이 단단하고 무거운 것이 좋은 것이다.

[성분] 알칼로이드인 아레콜린(arecolin), 아레카이딘(arecaidin, arecain), 구바콜린(guvacolin), 구바신(guvacine), 아레콜리딘(arecolidin) 등이 들어 있다. 아레콜린은 물, 알코올, 에테르, 클로로포름 등에 잘 녹는다. 아레콜린이 가수분해되면 아레카이딘과 메틸알코올이 생긴다.

[약성] 맛은 맵고 성질은 따뜻하며 위경 · 대장경에 작용한다.

[효능] 살충작용과 뒤가 무지근한 증세를 치료하며 대소변을 잘 통하게 한다.

실험에 의하면 조충을 마비시키고 시험관 안에서 돼지회충, 지렁이, 거머리 등을 죽이며 요충과 십이지장충을 없애는 작용을 한다.

구충작용은 주로 아데콜린에 의하여 나타난다. 아데콜린은 또한 필로카르핀, 에제린처럼 부교감신경에 대하여 흥분적으로 작용하여 동공을 축소시키고 선분비를 높여 땀, 침, 소화액을 잘 나오게 하며 장의 꿈틀운동을 강하게 하여 약한 설사를 일으킨다.

빈랑은 억균작용과 감기 바이러스에 대한 억제작용도 한다. 빈랑의 독성은 매우 약하다.

[적용] 촌백충증, 회충증, 십이지장충증에 다 쓸 수 있으나 주로 촌백충증에 쓴다. 그리고 식체로 복부팽만, 이질로 뒤가 무지근한 증세에 쓴다. 학질, 부종, 각기병, 대소변을 누지 못할 때도 쓴다.

[처방]
• 빈랑 40g에 석류피 5g(또는 남과자 90g)을 섞어 조충 구제약으로 쓴다. 달여서 하루 3번에 나누어 복용한다.
• 빈랑 한 가지를 조충 구제약으로 쓰기도 한다. 이 때는 40~100g을 달여서 한 번에 복용한다.
• 이질로 뒤가 무지근할 때는 빈랑에 토목향을 섞어 쓴다.
• 외용약으로 쓸 때는 달인 물로 환부를 씻거나 가루 내서 참기름에 개어 환부에 바른다.
[용량] 하루 6~12.
[금기] 설사 및 탈항 환자에게는 쓰지 않는다.

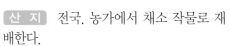

# 남과자(南瓜子) 남과인, 호박 씨

박과 호박속 한해살이덩굴풀
호박의 익은 씨를 말린 것
*Cucurbita moschata* Duchesne ex Poir

[산지] 전국. 농가에서 채소 작물로 재배한다.

[채취] 잘 익은 호박의 씨를 받아 물에 씻어 햇볕 또는 건조실에서 말린다.

[형태] 납작한 타원형이고 길이 약 1.5cm, 너비 약 1cm, 두께 약 3mm이며 안쪽 끝

호박

**약성** 맛은 달고 성질은 따뜻하며 촌백충을 없애는 효능이 있다.

**효능** 실험에 의하면 호박 씨는 조충을 마비시킨다. 호박 씨 유제는 조충을 24시간 만에 죽인다. 임상 연구에서도 호박 씨 한 가지로 조충이 없어졌고 호박 씨를 빈랑과 함께 쓰면 효과가 더욱 좋다는 것이 밝혀졌다.

**적용** 촌백충증에 쓴다. 호박 씨는 독성이 없으므로 어린이, 임산부, 허약자의 조충 구제약으로 좋다. 젖이 나오지 않을 때에도 쓴다.

은 뾰족하다. 겉은 흰색 또는 황백색이고 속에는 회녹색의 배유가 자엽에 붙어 있다. 자엽은 두 쪽이고 황백색이며 기름기가 있다. 냄새는 약하고 맛은 고소하다.

**성분** 지방이 약 34% 들어 있다. 아미노산인 쿠쿠르비틴(cucurbitine)이 들어 있는데 이것이 구충 성분이다. 쿠쿠르비틴은 씨의 속껍질에만 있고 씨의 겉껍질, 씨앗에는 없으며 호박껍질과 호박살에도 없다. 쿠쿠르비틴은 에테르, 아세톤에 녹고 95% 알코올에도 조금 녹는다. 호박 씨에는 이 밖에 비타민 A·B₁·C·단백질, 우레아제 등이 있다.

**처방** •남과자에 빈랑을 섞어 촌백충증에 쓰면 더욱 좋은 효과를 볼 수 있다.
•남과자 한 가지를 속껍질은 남기고 겉껍질만 벗겨내고 부드럽게 갈아 물을 넣고 유제를 만들어 복용하거나 겉껍질째로 갈아서 먹어도 된다.

**용량** 한 번에 35~70g씩 1시간 간격으로 3번 먹고 1~2시간 후에 설사약을 복용한다. 또는 300g을 한 번에 복용하고 2시간 후에 설사약을 복용한다.

호박 열매

# 관중(貫衆) 면마, 범고비

관중과 관중속 여러해살이풀
관중(범고비)의 뿌리줄기를 잎자루의
밑부분과 함께 말린 것
*Dryopteris crassirhizoma Nakai.*

산 지   전국. 산지의 나무 밑이나 그늘
지고 습한 곳에서 키 50~100㎝로 자란다.

채 취   가을 또는 봄에 관중의 지하부를
캐어 잎자루는 신선한 연두색의 조직이 나
타날 때까지 칼로 다듬고(대개 잎자루가 2
~3㎝ 정도 남음) 뿌리도 잘라 버린 다음
물에 씻어 햇볕에 빨리 말린다.

형 태   뿌리줄기는 길이 약 10㎝, 지름
약 1~3㎝이고 그 둘레에 구부러진 잎자루
의 밑부분이 촘촘히 붙어 있다. 전체의 형
태는 덩어리 모양이며 약간 구부러졌다.
겉의 빛깔은 암갈색이다. 잎자루는 반원주
형이고 길이는 2~3㎝, 지름은 약 1㎝이며
갈색 비늘 모양의 털이 군데군데 붙어 있
고 가로단면에는 6~10개의 유관속이 점

으로 나타난다. 뿌리줄기의 가로단면은 다
각형이고 수심 주위에 8~12개의 유관속
이 있다. 잎자루의 단면은 녹색이고 갈색
으로 된 것도 있다.

맛은 처음에는 약간 달고 쓰며 후에는 떫
고 맵다.

개체가 크고 완전하며 수염뿌리가 없고
잎자루의 밑부분 단면이 녹색을 띤 것이
좋은 것이다.

법 제   잎자루와 뿌리줄기를 떼내어 비
늘 모양의 털을 긁어내고 쓴다.

성 분   성분은 플로로글루신 유도체이
다. 이 플로로글루신 유도체는 필리신산
(filicinic acid) 및 필리신산부타논을 기본
골격으로 하고 그 2~3분자가 −CH−를

관중(어린 싹)

관중(어린 싹)

다리로 하며 결합된 것이다. 예를 들면 아스피딘(aspidin), 알바스피딘(albaspidin), 데스아스피딘(desaspidin), 필마론(filmarone) 등이다. 이 밖에 플라보노이드, 타닌, 정유, 지방, 수지 등이 있다.

**약성** 맛은 쓰고 성질은 약간 차며 간경에 작용한다.

**효능** 살충작용과 열을 내리게 하며 해독을 하고 출혈을 멎게 한다. 관중추출물과 플로로글루신 유도체는 주로 조충에 작용하며 조충(촌백충)의 근육과 신경을 마비시켜 장벽에 붙어 있지 못하게 함으로써 구충작용을 나타낸다.

플로로글루신 유도체의 분해 산물인 필리신산, 플로로글루신, 버티산은 구충효과가 없고 필리친산부타논은 구충작용을 한다.

관중 탕약은 시험관 안에서 돼지 회충을 죽이며 떼낸 자궁을 수축시킨다. 플로로글루신 유도체는 원형질 독으로서 중추신경 계통, 근육, 심장에 대하여 독 작용을 나타낸다. 그러므로 많은 양을 쓰면 메스꺼움, 구토, 설사, 어지럼증, 두통, 복통 증세가 나타나며 심장 활동과 호흡이 약해지고 시신경 위축으로 시력 장애가 올 수 있다.

**적용** 주로 촌백충증, 요충증에 쓴다. 자궁출혈, 혈리, 이슬, 징가, 반진, 옻이 올랐을 때(칠창), 악창, 상처 출혈에 쓴다. 유행성감기, 온역, 홍역의 예방에도 쓴다. 십이지장충증에 쓰기도 한다.

**처방** 옛 한의서에, 온역이 유행할 때 물독 속에 관중을 넣어 두고 그 물을 마시면 온역을 예방할 수 있다고 씌어 있다.

• 관중 20g, 토형개 10g, 고련피 10g, 소엽 10g을 섞어 촌백충증, 회충증에 쓴다. 달여서 한 번에 복용하거나 하루 3번에 나누어 복용한다.

• 관중 한 가지를 가루내어 기름에 개어서 칠창의 환부에 바른다.

**용량** 하루 6~12g.

**금기** 간염 환자, 급성위염 환자, 임산부에게는 이 약을 쓰지 않는다. 이 약에 독성과 자극성 및 자궁 수축작용이 있기 때문이다.

**참고** 관중에 들어 있는 성분은 변하기 쉬우므로 1년 이상 보관할 수 없다. 그러므로 대개 말린 약재보다 에테르 용액에 침출시킨 관중 엑기스를 사용한다.

관중

# 낭아(狼牙) 짚신나물 뿌리

장미과 짚신나물속 여러해살이풀
짚신나물의 싹이 달린 어린 뿌리줄기를 말린 것
*Agrimonia pilosa* Ledeb.

**산 지** 전국. 들이나 길가에서 키 30~100cm로 자란다.

**채 취** 가을 또는 이른 봄에 뿌리줄기와 뿌리를 캐어 싹이 달린 어린 뿌리줄기를 뜯어 물에 씻어 햇볕에 말린다.

**형 태** 실북 모양이고 약간 구부러졌다. 한쪽 끝에는 인편으로 싸인 싹이 있고 다른 쪽 끝에는 뿌리줄기에서 떼낸 자리가 있다. 길이는 2~3cm, 지름은 약 1cm이다. 겉은 황갈색인데 인편이 붙어 있다. 질은 단단하고 잘 꺾어지지 않으며 단면은 연황색이다.

약재가 잘 마르고 곰팡이가 끼어 있지 않은 것이 좋은 것이다.

**성 분** 카테콜(catechol) 타닌 약 8%, 아그리모놀(agrimonol) 및 아그리모놀리드(agrimonolide)가 들어 있다.

**약 성** 맛은 쓰고 시며 성질은 차고 간경 · 대장경에 작용한다.

**효 능** 살충작용과 간열을 없앤다. 수렴작용, 지사작용도 한다.

**적 용** 촌백충증, 요충증, 십이지장충증에 쓴다. 트리코모나스성 질염과 세균성 하리에도 일정한 효과가 있다. 옴, 악창, 종독, 치질, 간에 울혈이 있을 때도 쓴다.

짚신나물

**처방** 다른 구충약을 섞어서 쓸 수도 있으나 대개는 낭아 한 가지를 구충약으로 쓴다.

• 가래가 많이 나올 때는 낭아를 1회 8~10g씩 달여서 5~6회 복용한다. 전초를 대용으로 쓰기도 한다.

**용 량** 가루약으로 만들어 한 번에 30g 복용한다.

**참 고** 낭아는 지혈작용을 하므로 출혈에 쓴다. 그리고 항암작용도 나타낸다. 최근 연구에 의하면 낭아는 생체의 항산화 효소계인 스페르옥시드디스무타제(SOD), 카탈라제의 활성을 높여 혈청 및 간 조직의 말론디알데히드(MDA)의 양을 낮춘다. 즉, 낭아는 과산화지질 생성 억제작용을 한다.

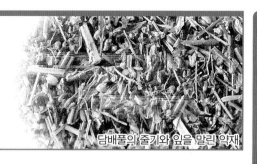

# 학슬(鶴虱) 담배풀 열매

국화과 담배풀속 여러해살이풀
담배풀의 익은 열매를 말린 것
*Carpesium abrotanoides* L.

담배풀의 줄기와 잎을 말린 약재

**산 지** 중부 이남 지방. 산기슭이나 들에서 키 50~100㎝로 자란다.

**채 취** 가을에 익은 열매를 따서 햇볕에 말린 다음 잡질을 없앤다.

**형 태** 가늘고 긴 원기둥 모양이고 약간 납작하며 길이는 2~4㎜, 지름은 1~1.5㎜이다. 겉은 회갈색이고 길이로 능선과 홈이 있으며 한쪽 끝은 뾰족하고 다른 끝은 둔하다. 씨앗은 황백색이고 기름기가 있다. 냄새는 약하고 맛은 약간 쓰며 점액성이다.

개체가 고르고 충실하며 점액성이고 혼입물이 없는 것이 좋은 것이다.

**성 분** 정유가 약 1% 들어 있다. 정유의 주성분은 카르페시아락톤(carpecia-lacton) 및 카라본(carabone)이다.

이 밖에 지방, 메틸알코올, 스티그마스테린(stigmasterin)이 있다. 지방은 카프로산(caproic酸), 팔미틴산, 스테린산, 올레인산, 리놀레산 등의 글리세리드다.

**약 성** 맛은 쓰고 성질은 평하며 폐경에 작용한다.

**효 능** 살충작용과 풍습을 없앤다.

실험에 의하면 담배풀 열매는 조충, 요충, 거머리에 대한 살충작용을 나타낸다. 이 작용은 정유의 성분인 카르페시아락톤에 의하여 나타난다고 보고 있다. 카르페

시아락톤은 동물 실험에서 연수와 뇌간부에 대한 마비작용이 있다.

**적 용** 회충증, 요충증, 촌백충증에 쓴다. 그리고 악창에도 쓴다.

**처방** 학슬 18g, 백부 10g, 대황 10g을 섞어 회충, 요충을 제거할 때 쓴다. 가루내어 한 번에 6~8g씩 하루 3번 복용한다. 학슬 한 가지만도 쓴다.

**용 량** 하루 4~8g(가루약 또는 알약으로 만들어 쓴다).

**참 고** 옛 한의학 문헌에 의하면 담배풀의 줄기와 잎도 구충약으로 쓸 수 있다.

담배풀

# 제2절 살충약(殺蟲藥)

# 제충국(除蟲菊)

국화과 여러해살이풀
제충국의 꽃을 말린 것
*Tanacetum cinerariifolium* (Trev.) Sch. Bip.

**산 지**　남부 지방. 약초로 재배하며 키 60㎝ 정도 자란다.

**채 취**　5~6월경 꽃이 활짝 피었을 때 (이 때 유효 성분의 함량이 제일 높음) 꽃을 따서 햇볕에 말리거나 건조실에 넣어 50℃ 정도에서 말린다.

**형 태**　두상화서로서 지름은 1~1.5㎝ 이고 둘레는 15~20개의 설상화가 한 줄로 놓여 있으며 그 안에는 많은 관상화가 있다. 설상화는 쭈그러졌고 흰색 또는 연황색이며 관상화는 연황색이다. 총포는 연두색이고 40여 개의 포엽으로 되어 있다. 특이한 냄새가 나고 맛은 쓰다.

**성 분**　유효 성분은 피레트린(pyre-thrin) I, 피레드린 II, 시네린(cinerine) I, 시네린 II 등 액체 물질인데 그 함량은 0.3~1.6%이다. 이 성분들은 하나의 신경 근육 독이다. 이 밖에 피레트롤(pyrethrole)이 들어 있다.

**효 능**　꽃 부분에 피레트린이라는 담적황색 물질이 있다. 이것은 냉혈동물, 특히 곤충에 대하여 독성이 강하여 운동신경을 마비시키지만, 온혈동물에는 독성이 없으므로 가정용 구충제로 적당하다.

제충국은 모기, 파리, 벼룩, 빈대 등을 죽인다. 실험에 의하면 36㎤의 방에서 제충국 꽃 5개를 태우면 파리는 4~5분에 대부분 죽고 7분 후에는 전부 죽으며 같은 방에서 뿌렸을 때 1%액은 4분 후에, 5%액은 2분 후에 파리를 죽인다.

제충국 석유 침출액은 벼룩, 빈대에 대해서도 강한 살충작용을 나타낸다. 제충국 석유 유제는 식물의 해충도 죽인다.

**적 용**　모기향, 가루, 휘발유 추출액, 석유 유제 등을 만들어 모기, 파리, 빈대, 벼룩, 바퀴벌레 등의 살충약으로도 쓴다.

※**참고**　제충국의 살충 성분은 매우 불안정하다. 60℃ 이상에서는 분해되며 점차 효력을 잃는다. 알칼리성 물질과 접촉하거나 공기 중에 놓아두어도 변질된다. 그러므로 이 약재는 밀폐하여 서늘한 곳에 보관해야 한다. 그리고 피레트린이 가수분해되면 효력이 없어지므로 약재를 말릴 때 충분히 말려야 한다. 잘 보관한 약재도 1년이 지나면 효력이 25~50% 약해진다. 그러나 휘발유 또는 석유 침출액으로서 피레트린 함량이 6% 이하인 경우에는 오랫동안 보관해도 거의 변화가 없다.

# 여로(黎蘆) 박새 뿌리

백합과 여로속 여러해살이풀
박새의 뿌리를 말린 것
*Veratrum oxysepalum Turcz.*

**산지** 전국. 깊은 산골짜기 습한 곳에서 키 1.5m 정도 자란다.

**채취** 봄 또는 가을에 뿌리를 캐어 줄기를 잘라내고 물에 씻어 햇볕에 말린다.

**형태** 뿌리줄기는 고깔 모양이고 길이는 3~4cm, 지름은 1~2cm이며 윗부분에는 섬유 모양으로 된 잎의 나머지가 있고 아랫부분에는 가는뿌리가 많이 붙어 있다. 겉은 회갈색 또는 흑갈색이다. 뿌리는 가늘고 긴데 길이는 5~15cm, 지름은 1~3mm이고 겉은 회갈색 또는 황백색이며 세로주름이 있다. 특이한 자극성 냄새가 나고 맛은 쓰다.

뿌리줄기가 굵고 잔뿌리가 부서지지 않은 것이 좋은 것이다.

**법제** 옛 한의서에는 박새 뿌리를 복용약으로 쓸 때 쌀뜨물에 넣어 4시간 정도 끓여 말리거나 또는 이것을 다시 약간 볶아야 한다고 하였다. 그러나 지금은 박새 뿌리를 복용약으로 잘 쓰지 않는다. 외용약, 살충약으로 쓸 때는 법제하지 않는다.

**성분** 알칼로이드인 에르빈(eruvin)과 기타 알칼로이드가 들어 있다.

**약성** 맛은 맵고 쓰며 성질은 차갑고 독성이 강하다. 폐경 · 위경 · 간경에 작용한다.

**효능** 복용하면 토하게 하고 외용하면 살충 성분이 있다. 박새 뿌리는 점막에 대하여 심한 자극작용을 나타내므로 이것을 복용하면 토하게 한다. 그리고 혈압을 내리게 한다. 혈압을 낮추는 유효 성분의 함량은 5월에 채취하는 것에 제일 많다.

박새의 뿌리 또는 전초는 파리, 구더기를 죽인다. 2% 뿌리 탕약에 사탕을 녹여 놓으

박새

박새 꽃

면 파리가 먹고 죽는다. 또는 5% 뿌리 탕약을 구더기가 있는 곳에 뿌리면 5시간 내에 구더기가 다 죽는다.

**적용** 파리, 구더기, 장구벌레 등을 죽이는 살충제로 쓴다. 박새의 전초도 구더기 · 장구벌레를 죽이므로 박새 전초를 잘게 썰어 구더기 · 장구벌레 있는 곳에 뿌리기도 한다.

박새 뿌리를 짓찧어 옴, 악창, 머리가 헌데에 외용하기도 한다.

옛 한의서에서는 박새 뿌리를 법제하여 간질 · 중풍에 담이 성할 때 · 가래가 있어 기침이 나고 숨이 찰 때, 후두염 등에 먹는 약으로 쓴다고 하였으

나 지금은 이 약의 독성이 너무 강한 것을 고려하여 복용약으로는 잘 쓰지 않는다.

**처방**
- 주치증에 여로를 0.1~0.2g씩 곱게 가루로 만들어 복용한다.
- 피부 질환에는 여로를 가루로 만들어 기름으로 개어서 환부에 바른다.
- 박새의 뿌리 및 뿌리줄기를 잘게 썰어 50℃의 물에 30분 정도 담가 우려내거나 찬물에 5일간 우려낸 액(1~5%)을 파리 먹이와 섞어 놓아두면 파리는 이것을 먹고 죽는다.
- 박새 생풀을 잘게 썰어 구더기가 생긴 화장실에 뿌리면 며칠 내로 구더기가 없어진다. 또 생풀을 우려낸 물을 찬밥과 비벼서 파리잡이 약을 만든다.

**용량** 하루 0.3~0.6g(법제한 것).

**주의** 독성이 강하므로 복용약으로 쓰지 않는 것이 좋다. 만일 복용할 경우에는 법제를 잘 하고 용량에 주의해야 하며 몸이 허약한 사람과 임산부에게는 복용약으로 쓰지 말아야 한다.

**금기** 인삼, 양유근, 현삼, 단삼, 세신, 백작약과 배합금기이다.

# 고삼(苦蔘) 너삼, 능암 뿌리

콩과 도둑놈의지팡이속 여러해살이풀
고삼(너삼)의 뿌리를 말린 것
*Sophora flavescens* Solander ex Aiton

**산지** 전국. 들과 산림의 낮은 지역에서 키 1m 정도 자란다.

**채취** 봄 또는 가을에 뿌리를 캐어 줄기와 잔뿌리를 다듬고 물에 씻고 겉껍질을 벗겨낸 다음 햇볕에 말린다. 굵은 것을 일정한 크기로 잘라 말리기도 한다.

**형태** 긴 원기둥 모양이고 길이는 10~30㎝, 지름은 2~5㎝이다. 겉은 황갈색이고 세로주름이 있다. 질은 단단하고 단면은 섬유성이며 황백색이다.

뿌리가 굵직하고 크며 겉껍질을 벗긴 것이 좋은 것이다.

**법제** 살충약, 외용약으로는 그대로 쓰고 복용약으로는 쌀뜨물에 불려 3시간 정도 쩌서 쓴다. 장출혈에 쓸 때는 불로 검게 볶는다.

**성분** 알칼로이드인 옥시마트린(oxymatrine), 마트린(matrine), 메틸시티신(methylsitisine), 소포카르핀(sophocarpine), 소포라놀(sophoranol),

고삼

중에는 호흡 운동이 멎어 죽는다. 그러나 마트린을 토끼에게 적당량을 주사하면 로벨린과 비슷하게 호흡중추를 흥분시킨다. 마트린을 집토끼의 피하에 주사할 때 치사량은 0.4/kg이다. 마트린은 항암작용을 나타낸다.

고삼 뿌리는 이 밖에 자궁수축작용, 항궤양작용도 나타낸다.

아나기린(anagyrin) 등이 들어 있다. 플라보노이드, 당 등도 들어 있다.

• 고삼 씨에는 마트린, 옥시마트린 등의 알칼로이드와 지방 및 적은 양의 시티신이 들어 있다.

**약성** 맛은 쓰고 성질은 차가우며 심경·신경·위경·소장경·대장경·간경에 작용한다.

**효능** 해열작용과 습을 없애며 살충작용이 있고 소변을 잘 나오게 한다. 동물 실험에서 고삼 뿌리 탕약은 강심작용과 뚜렷한 이뇨작용을 나타내고 소변 속의 염화나트륨량을 많아지게 한다.

고미(苦味;쓴맛) 건위작용을 하며 혈압에는 큰 영향을 주지 않는다. 구더기, 장구벌레를 죽이고 억균작용도 한다. 마트린을 토끼에게 많은 양을 주사하면 중추신경 계통이 마비되고 나

**적용** 이질, 황달, 장출혈, 트리코모나스성 질염, 음부소양, 피부의 화농성 질병, 폐결핵, 배뇨장애, 한센병, 치질, 옴 등에 쓴다. 쓴맛 건위약으로도 쓴다. 구더기, 장구벌레를 죽이는 약으로도 쓴다.

**처방**
• 주치증에 고삼을 1회 2~4g씩 달여서 하루 3번 정도 복용한다.
• 식욕부진이나 속이 더부룩하고 안 좋을 때 고삼 생뿌리를 먹거나 말린 것을 달여서 복용한다.
• 고삼 8, 토목향 8, 감초 6을 섞어 환약을 만들어 열리, 세균성 적리에 쓴다. 한 번에 4~5g씩 하루 3번 복용한다.
• 고삼 9g, 사상자 9g, 초룡담 8g을 섞어 옴, 악창에 쓴다. 이 약을 달인 물로 환부를 씻는다.
• 타박상에는 고삼 생뿌리를 찧어 환부에 붙이고 습진과 옴은 고삼 달인 물로 환부를 씻어낸다.
• 고삼 전초를 달여 악취가 나거나 구더기, 장구벌레가 있는 곳에 뿌리면 벌레가 죽고 악취가 없어진다.

채취한 고삼 뿌리

**용량** 복용약으로는 하루 5~10g(법제한 것).
**주의** 고삼은 독성이 있으므로 용량에 주의해야 한다.
**금기** 여로와 배합금기이다.

# 백두옹 (白頭翁)

미나리아재비과 할미꽃속 여러해살이풀
할미꽃의 뿌리를 말린 것
*Pulsatilla koreana* (Yabe ex Nakai) Nakai ex Mori

**산 지** 전국. 산이나 들의 양지 쪽 건조한 초원에서 키 40㎝ 정도 자란다.

**채 취** 봄부터 가을 사이에 뿌리를 캐어 지상부와 잔뿌리를 다듬고 물에 씻어 햇볕에 말린다.

**형 태** 원기둥 모양 또는 실북 모양인데 길이는 10~20㎝, 지름은 1~2㎝이다. 겉은 황갈색 또는 회갈색이고 세로로 틈이 있다. 질은 단단하고 잘 부러진다. 단면은 연한 황갈색이다. 냄새는 약하고 맛은 쓰고 떫다.

뿌리가 굵고 질이 단단하고 충실하며 겉이 황갈색이고 위쪽 끝에 흰 털이 있는 것이 좋은 것이다.

**성 분** 아네모닌(anemonin), 타닌이 들어 있다.

**약 성** 맛은 쓰고 성질은 차며 위경 · 대장경에 작용한다.

**효 능** 해열작용과 해독작용을 하며 양혈하고 어혈을 없앤다. 독성이 있다. 이 약의 탕약 및 프로토아네모닌은 황색포도상구균, 대장균, 폐렴막대균, 고초균, 백색 칸디다를 비롯한 일련의 미생물 및 아메바 원충, 질트리코모나스에 대하여 살균, 살충작용을 나타낸다.

**적 용** 이질(세균성 적리, 아메바 적리), 징가, 적취, 영류, 연주창, 학질, 비출혈, 무좀에 쓴다.

할미꽃

할미꽃 열매

할미꽃의 뿌리와 전초를 구더기를 죽이기 위해 쓸 수 있다. 즉, 할미꽃의 뿌리 또는 전초를 잘게 썰거나 달여서 구더기가 있는 곳에 뿌린다.

**처방**
- 백두옹 8g, 황백 11g, 선황련 11g, 진피(秦皮) 11g을 섞어 만든 **백두옹탕(白頭翁湯)**은 아메바 적리 및 세균성 적리에 쓴다. 하루 1~2첩을 달여 3번에 나누어 복용한다.
- 백두옹·곤포·모자반·목통·연교·현삼·계심·백렴 각각 4g을 섞어 환약을 만들어 영류(갑상선종도 포함)에 쓴다. 한 번에 5~6g씩 하루 3번 복용한다.

**용량** 하루 5~10g.

**주의** 독성이 있으므로 용량에 주의해야 한다.

# 승독초(蠅毒草)

파리풀과 파리풀속 여러해살이풀
파리풀의 지상부

*Phryma leptostachya var. asiatica H. Hara*

**산지** 전국. 산과 들의 나무 그늘 아래에서 키 50~70cm로 자란다.

**채취** 여름철 꽃이 필 때 지상부를 채취하여 말린다. 신선한 것을 그대로 쓰는 것이 좋다.

**성분** 사포닌, 쿠마린, 프리마롤린(phrymarolin) I 등이 들어 있다.

**약성** 맛은 쓰고 성질은 서늘하다.

**효능** 해독작용을 하며 파리를 죽이는 살균·살충작용을 나타낸다.

**적용** 파리잡이에 쓴다. 벌레에 물린 상처와 버짐, 옴, 종기, 창독 감염에 쓴다.

**처방**
- 종기의 독기를 제거할 때는 승독초를 1회 1~2g씩 뭉근하게 달여서 복용한다.
- 옴이나 벌레에 물려 생긴 부스럼에는 파리풀 생물을 찧어 환부에 붙이거나 승독초를 가루내어 기름으로 개어서 환부에 바른다.
- 파리풀 지상부를 짓찧어 즙을 내어 종이에 바르거나 밥에 버무려 놓으면 파리가 달려들어 이것을 먹고 죽는다. 주로 파리를 잡을 때 쓰이므로 파리풀이라고 한다.

파리풀

# 제14장 외용약(外用藥)

# 외용

외용약은 일반적으로 부은 것을 가라앉게 하고 고름을 빼내며 새살이 돋아나게 하고 상처를 아물게 하므로 주로 부스럼, 헌데, 궤양, 연주창, 옴 등에 쓴다.

외용약(外用藥)의 대다수는 독성이 있으므로 쓸 때 주의해야 한다. 일부 외용약은 복용약으로도 쓴다. 외용약을 복용약으로 쓸 때에는 적정 용량을 초과하지 말고 오랫동안 계속 먹지 말아야 한다. 독성이 강한 외용약을 먹을 때에는 환약, 특히 풀알약·밀알약을 만드는 것이 좋다. 풀알약, 밀알약 등 둥근 알약을 만들어 복용하면 약이 위장관에 들어가 천천히 녹으므로 급격한 자극작용과 중독을 막을 수 있다.

수은, 반묘와 같이 피부 점막을 통하여 흡수되는 독성약을 외용약으로 쓰는 경우, 너무 넓은 면적에 쓰면 약이 피부 점막을 거쳐 흡수되어 중독을 일으킬 수 있기 때문에 주의해야 한다.

## 유황(硫黃) 석류황

유화철광 또는 천연유황광을 제련 승화하여 얻은 비금속원소의 결정체
원소기호 : S

【산 지】 전국. 유화철광을 유황을 만드는 원료로 쓰고 있다.

【채 취】 유화철광을 캐내어 이것을 태울 때 생기는 아류산가스($SO_2$)를 환원하여 유황을 만든다.

【형 태】 크기가 불규칙한 덩어리 또는 가루이고 빛깔은 노란색 또는 연두색이며 윤기가 난다. 겉은 매끈하지 않고 작은 구멍들이 있다. 질은 가볍고 비중은 2.05~2.08이며 잘 부서진다. 특이한 냄새가 나고 맛은 밋밋하다. 가열하면 녹고 불을 붙이면 남색 불꽃을 내면서 탄다. 이때 아류산가스 냄새가 난다.

【법 제】 유황을 정제하여 쓴다.

【성 분】 기본은 유황(S)이지만 다른 원소들이 섞일 수 있다.

【약 성】 맛은 시고 매우며 성질은 뜨겁고 심경·신경에 작용한다.

【효 능】 유황은 외용하면 살충약이 되고 복용하면 양기를 돕고 몸을 뜨겁게 해 주며 대변을 무르게 한다. 유황의 살충, 살균작용과 설사작용 기전은 과학적으로 밝혀졌다. 유황을 연고 형태로 만들어 피부에 바르면 유기물과 작용하여 그 산화물인 펜타티온산이 형성되며 이것이 살충 및 살균작용을 나타낸다.

$$
HO - \overset{\overset{O}{\|}}{\underset{\underset{O}{\|}}{S}} - S - S - \overset{\overset{O}{\|}}{\underset{\underset{O}{\|}}{S}} - OH
$$

유황을 복용하면 장에서 천천히 환원되어 유화수소가 되며, 이것이 장을 자극하여 장의 꿈틀운동을 강하게 하여 약한 설사를 일으킨다. 그리고 일부 흡수된 유화수소는 폐를 통해서도 나가면서 기도 점막을 가볍게 자극하여 가래삭임작용도 나타낸다.

유황은 연, 수은 등 중금속과 물에 녹지 않는 유화물을 만들기 때문에 해독제로도 작용한다.

유황을 태울 때 생기는 아류산가스도 강한 살충 및 살균작용을 나타낸다.

적용 주로 옴, 악창 등에 외용한다. 정제한 유황은 노인의 변비, 허리와 무릎이 시리고 맥이 없을 때, 다리가 쑤실 때(한증인 경우), 오래 된 비증, 빈뇨, 중금속 중독 등에 복용하는 약으로 쓴다. 유황을 태워 생기는 아류산가스로 한약 창고의 살충약으로 이용하거나 방 안 소독을 할 수 있다.

처방 •유황 6, 고백반 4, 오배자 2, 초피 열매 2, 신석 3을 가루내어 참기름에 개어 옴에 바른다.
용량 하루 1.5~3g.
금기 박초, 망초, 현명분과 배합금기이다.

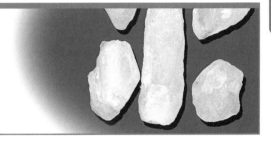

# 붕사(硼砂)

천연 붕사광을 정제하거나
붕소광(흘동석)으로부터 만들어 정제한 것
화학식 : $Na_2B_4O_7 \cdot 10H_2O$

산지 우리나라에는 아직 천연 붕사광이 산출되는 지역이 알려지지 않았다.

채취

•붕사광으로부터 만드는 법 – 천연 붕사광을 잘게 깨뜨려서 물을 넣고 끓인다. 끓인 용액을 거르고 거른 액을 졸여 결정을 석출시킨다.

•붕소광으로부터 만드는 법 – 붕소광을 산으로 처리하여 붕산을 얻고 붕산에 탄산나트륨을 넣어 녹이고 거른다. 거른 액을 졸여 놓아두면 붕사의 결정이 생긴다.

$$Mg_3B_2O_6 + 3H_2SO_4$$
$$\rightarrow 2H_3BO_3 + 3MgSO_4$$

$$4H_3BO_3 + Na_2CO_3$$
$$\rightarrow Na_2B_4O_7 + CO_2\uparrow + 6H_2O$$

형태 불규칙한 알갱이 모양의 결정으로 된 덩어리이다. 빛깔이 없고 투명하거나 흰색이고 반투명하며 유리 모양의 윤기가 있다. 오래 되면 풍화되어 흰 가루가 되고 투명하지 않다.

겉은 취약하여 잘 깨지며 맛은 짜고 쓰다.

붕사

물에 녹고 가열하면 결정수가 없어지며 흰색의 성근 덩어리가 되고 더 가열하면 녹아서 투명한 유리 같은 덩어리가 된다. 냄새는 없고 맛은 짜고 쓰다.

색이 없고 투명하며 깨끗한 것이 좋다.

**법 제** 그대로 또는 불에 달구어 결정수를 날려 보내고 가루내어 쓴다.

**성 분** 붕사($Na_2B_4O_7 \cdot 10H_2O$)이다.

**약 성** 맛은 쓰고 매우며 성질은 차갑고 폐경에 작용한다.

**효 능** 해열작용과 담을 없애며 해독작용을 하고 예막을 없앤다. 방부 · 소염 · 억균작용도 있다.

**적 용** 주로 인후두의 염증에 쓴다. 그리고 눈이 충혈되고 붓고 아플 때, 예막, 입안이 헐 때, 잇몸이 붓고 아플 때, 잇몸이 헐 때, 궤양, 악창 등에 외용한다.

이 밖에 음식을 넘기지 못하거나 복용하면 곧 토할 때(열격), 음식을 복용하면 일정한 시간이 지난 후 토할 때(반위), 전간 등에도 쓴다.

**처방**
- 붕사, 고백반, 백강잠(볶은 것), 조협을 같은 양으로 섞어 만든 탈명산(奪命散)은 인두염, 후두염에 외용한다. 목 안에 조금씩 불어 넣는다.
- 붕사 19, 빙편 19, 주사 23, 현명분 19로 만든 빙붕산(氷硼散)은 인후두의 염증, 입안 또는 혀가 헐 때에 외용한다.

**용 량** 하루 0.5~1.5g.

**주 의** 붕사는 주로 외용한다. 복용하는 약으로 쓸 때는 용량에 주의해야 한다.

외용약 外用藥

# 송지(松脂) 송진, 송향

소나무과 소나무속 늘푸른바늘잎큰키나무
소나무의 진(수지)을 말린 것
*Pinus densiflora* Sieb, et Zucc

**산 지** 전국. 산지에서 높이 35m 정도 자란다.

**채 취** 소나무 껍질에 상처를 내어 흘러내린 송진을 긁어모아 잡질을 없앤다.

**형 태** 갈색 또는 황갈색의 불규칙한 덩어리이고 약간 투명하다. 표면에 노란색 분말이 붙어 있는 것도 있다. 평상시 온도에서는 질이 단단하고 잘 깨지나 가열하면 질이 유연해지고 다음에는 녹는다. 맛은 약간 쓰고 특이한 냄새가 난다. 물에는 녹지 않으나 수산화나트륨용액이나 알코올에는 녹는다.

빛깔이 황갈색이고 투명하며 혼입물이 없고 깨끗한 것이 좋다.

**법 제** 송진에 물을 두고 끓여 약천 두 겹으로 걸러 찬물에 넣는다. 찬물에 들어가 엉킨 덩어리를 그늘에서 말려 깨뜨려서 가루내어 쓴다.

**성 분** 많은 양의 수지산과 정유 및 쓴맛 성분인 피니피크린(pinipicrine), 타닌,

소나무

비타민 등이 들어 있다. 정유에는 $\alpha$-피빈 (phibine), $\beta$-피넨, 캄펜 등이 들어 있다. 소나무의 상처에서 갓 흘러내린 액체 상태의 생송진(terebinthinae)에는 정유가 많이 들어 있으나(약 70%) 굳어진 송진에는 적은 양이 들어 있다.

약성  맛은 쓰고 달며 성질은 따뜻하다. 폐경·위경에 작용한다.

효능  새살이 돋아나게 하고 통증을 멈추어 주며, 살충, 고름을 빼낸다. 송진을 수증기 증류하여 얻은 정유인 테레빈 기름 (oleum terebinthinae)을 피부에 바르면 피부를 자극하여 후끈거리고 피가 몰려 충혈된다. 점막에는 더 예민하다. 많은 양을 복용하면 급성 위장염을 일으킨다.

테레빈 기름은 피부, 기도, 위장관에서 쉽게 흡수되어 기도, 신장으로 나간다. 기도로 나갈 때는 기관지의 분비를 높여 주고 가래를 빨리 나오게 한다. 그러므로 과거에는 기관지염 환자에게 가래 삭임 및 방부의 목적으로 테레빈 기름을 흡입시키기도 하였다.

그리고 신장으로 나가면서 요도방부작용도 하지만 자극작용이 있으므로 요도방부제로 쓰지는 않는다. 이 밖에 억균작용, 소염작용도 있다.

적용  부스럼, 헌데, 화상, 습진, 악창, 옴, 머리가 헐고 탈모증에 외용한다. 과거에는 장의 염증이나 궤양, 폐농양, 폐괴저, 기관지염 등에 복용하거나 흡입약으로 썼으나 근래에는 주로 외용약으로 쓴다.

소나무 가지를 잘라낸 자리에서 나오는 송진

처방  •송진 40g, 금은화 50g, 참기름 1kg, 황단으로 만든 금은화고(金銀花膏)는 피부의 화농성 염증에 쓴다.
용량  하루 5~6g.
참고  송진으로 고약을 만들 때 송진을 기름에 넣고 1시간 넘게 오래 끓이면 송진의 대부분이 고체 모양의 수지로 변형되어 치료 효과를 잃게 된다.

# 백반(白礬) 명반

황산염광물 명반석군
명반석을 정제하여 만든 것
화학식 : $K_2SO_4 \cdot Al_2(SO_4)_3 \cdot 24H_2O$

• 화학적으로 인공합성한 백반도 대용으로 쓸 수 있다.

**채취** 천연 명반석을 캐내어 잡질을 없애고 물에 녹여 거른 다음, 거른 액을 졸여서 식히면 결정이 생긴다. 이 결정을 모아 말린다. 화학적으로는 백도토에서 유산알루미늄을 만들고 이것을 유산칼륨과 작용시켜 만든다.

**형태** 크기가 일정하지 않은 8면체의 결정이다. 빛깔이 없고 반투명하며 윤기가 있다. 겉에는 흔히 흰색의 가루가 묻어 있다. 질은 단단하고 잘 깨진다. 물에는 잘 녹으나 알코올에는 녹지 않는다.

백반을 가열하면 92℃에서 자체의 결정수에 녹고 100~160℃에서는 결정수를 완전히 잃고 불어나서 가볍고 퍼석퍼석한 덩어리 혹은 가루가 된다. 이것을 '고백반'이라고 한다.

백반은 빛깔이 없이 투명하고 윤기가 나는 것이 좋은 것이다.

**법제** 그대로 가루내거나 100~160℃에서 가열하여 결정수를 날려보내고 가루내어 쓴다(고백반). 백반을 담을 삭이는 목적으로 쓸 때는 그대로 쓰고 백반을 헌 곳 등에 외용약으로 쓰려면 고백반을 만들어 쓴다.

**성분** 백반〔$K_2SO_4 \cdot Al_2(SO_4)_3 \cdot 24H_2O$〕이다.

**약성** 맛은 시고 떫으며 성질은 차고 폐경·비경에 작용한다.

**효능** 습을 없애고 담을 삭이며 살충작용과 해독작용을 하며 수렴한다. 또한 죽은 살을 제거하고 새살이 돋게 한다. 백반은 단백질과 결합하여 그것을 응고시킨다. 그러므로 수렴작용, 지혈작용, 억균작용, 방부작용을 나타낸다. 백반은 장에서 거의 흡수되지 않는다.

**적용** 인후두가 붓고 아플 때, 입안이 헐 때, 구내염, 인두염, 후두염 등 점막의 염증, 습진, 부스럼, 옴, 중이염, 연주창 등에 외용한다. 위출혈, 설사, 이질, 간질, 황달, 이슬 등에는 복용약으로 쓴다. 다른 약을 섞어 위·십이지장궤양에 쓰기도 한다.

식수의 정수에도 쓴다. 즉, 물 1ℓ 에 백반 0.2~0.5g을 녹이면 8~20분 만에 물이 깨끗해진다.

 **처방** • 백반 8, 유황 6, 사상자 4를 함께 섞어 가루내어 옴의 환부에 외용한다.

**용량** 하루 0.3~1g.

**주의** 백반을 한꺼번에 많은 양을 복용하면 위장에 염증을 일으키고 부식작용을 나타내므로 주의해야 한다.

# 녹반(綠礬) 조반

황산제1철을 주성분으로 하는 광석
Melanteritum

**산 지** 북부 지방. 함경남도, 황해도 등지에 분포되어 있다.

**채 취** 원광석을 깨뜨려서 작은 덩어리로 만들고 이것을 물이 들어 있는 쇠가마에 넣어 저으면서 가열하여 우러난 물을 다른 가마에 옮겨서 졸이면 결정이 생긴다. 이 결정을 모아 말린다.

**형 태** 회녹색 또는 녹백색의 기둥 모양 결정 또는 불규칙한 덩어리다. 공기 중에 놓아두면 풍화되어 겉에 노란색의 녹이 생긴다. 질은 단단하나 두드리면 잘 부서진다. 물에 잘 녹고 용액의 빛깔은 연한 녹색이다. 녹반을 가열하면 결정수를 점차 잃고 300℃에서는 완전히 물이 빠져 빛깔이 없는 가루로 되며 계속 강하게 가열하면 갈색으로 변한다. 냄새는 없고 맛은 떫다.

빛깔이 녹색이고 잡질이 없는 것이 좋은 것이다.

**법 제** 그대로 깨뜨려서 쓰거나 또는 불에 달궈(300℃) 식초에 담그는 조작을 여러 번 반복하여 쓴다. 불에 달군 것을 홍반 또는 반홍이라고 한다.

**성 분** 유산제1철($FeSO_4 \cdot 7H_2O$)이 들어 있다. 또 마그네슘, 망간, 칼슘 등이 섞여 있을 수 있다.

**약 성** 맛은 시고 성질은 서늘하며 간경·비경에 작용한다.

**효 능** 습을 없애고 담을 삭이며 해독을 하고 살충 성분이 있다. 녹반에 들어 있는 2가철은 단백질을 침전시키지 않으며 이것을 복용하면 장에서 비교적 쉽게 흡수된다. 흡수된 철은 조혈기를 자극하여 적혈구 생성을 빠르게 하며 헤모글로빈의 구성 성분으로 변한다.

**적 용** 후두염, 입안이 헐 때, 잇몸이 헐 때, 습진, 약창, 옴 등에 외용한다. 그리고 빈혈, 특히 실혈성 빈혈·복부팽만 등에도 쓴다.

**처방** • 녹반(결정수를 없앤 것), 고백반, 석웅황, 원지, 유황을 같은 양을 섞어 가루내어 꿀 또는 기름에 개어 헌 곳의 굳은살 위에 붙이면 굳은살을 녹여 낸다.
**용 량** 한 번에 0.1~0.25g씩 하루 3번 복용한다.

# 석웅황(石雄黃) 웅황

삼류화비소를 주성분으로 하는 천연광석
화학식 : $As_2S_3$

**산 지** 전국의 산지에서 천연적으로 산출된다.

**채 취** 석웅황을 캐내어 흙과 잡질을 없앤다. 산지의 양지 쪽에서 캔 것을 웅황(雄黃)이라 하고, 음지 쪽에서 캔 것을 자황(雌黃)이라고도 부른다.

**형 태** 크기가 일정하지 않은 불규칙한 덩어리다. 빛깔은 황감색이고 때로는 적자색을 띤다. 겉에는 흔히 황감색의 가루가 묻어 있다. 질은 무겁고 잘 깨지며 단면은 빨간색이고 윤기가 있다. 가열하면 310℃에서 녹아 적자색의 액체가 되고 불에 태우면 마늘 냄새가 난다. 물과 염산에는 용해되지 않으나 질산에는 용해되어 노란색 용액으로 된다.

빛깔이 붉고 선명하며 윤기가 있고 반투명한 것이 좋은 것이다.

**법 제** 깨뜨려서 부드럽게 갈아 수비하여 그늘에서 말려 쓴다. 석웅황은 높은 온도로 가열하여 법제하지 않는다.

**성 분** 삼유화비소($As_2S_3$)가 들어 있다.

**약 성** 맛은 달고 쓰며 성질은 평하고(차다고도 함) 독성이 있으며, 간경에 작용한다.

**효 능** 습을 없애고 담을 삭이며 살충작용과 해독작용을 한다. 석웅황의 물우림액 및 알코올추출물은 살균작용을 나타낸다.

**적 용** 주로 악창, 옴, 부스럼, 독뱀에 물렸을 때, 연주창, 치질, 코 안에 군살이 생겼을 때 외용한다. 학질에 복용약으로도 썼으나 지금은 복용약으로 잘 쓰지 않는다.

**처방** 석웅황 가루와 바셀린(1:5)을 섞어 만든 웅황연고(雄黃軟膏)는 독뱀에 물린 데 이틀에 한 번씩 바른다.
**용량** 가루약을 만들어 하루 0.03~0.09g, 탕약으로 하루 0.3~1g 쓴다.
**금기** 임산부 및 몸이 허약한 환자에게는 쓰지 말아야 한다. 석웅황은 독이 있으므로 주로 외용한다.

석웅황

# 황단(黃丹)

연(납)을 가공하여 만든 4산화3연
화학식 : Pb₃O₄

【산 지】 순수한 납을 도가니에 넣고 290 ~320℃에서 가열하여 녹이고 식혀서 굳어지게 한 다음, 덩어리를 깨뜨려서 가루내고 수비한다. 수비하여 얻은 가루를 다시 도가니에 넣고 390~420℃로 가열하였다가 식혀서 가루낸다.

• 이것을 계속 530~550℃에서 가열하면 '밀타승(PbO)'이 된다.

【형 태】 황감색 또는 적감색의 가루다. 윤기가 없고 투명하지 않으며 비중은 8~9.2이다. 물과 알코올에는 녹지 않고 질산에는 녹는다. 냄새는 없다.

황갈색 또는 적갈색의 부드러운 가루이고 깔깔한 알갱이가 없는 것이 좋은 것이다.

【성 분】 4산화3연(Pb₃O₄)이다.

【약 성】 맛은 맵고 성질은 약간 차며 심경·비경·간경에 작용한다.

【효 능】 외용하면 연독(납독)을 없애고 새살이 돋아나게 하며 통증을 멎게 한다.

【적 용】 피부 화농성 질병과 화상에 쓴다.

> 【처방】 참기름 또는 기타 식물성 기름으로 약재를 추출하고 여기에 황단을 넣어 반응시켜 황단고(黃丹膏)를 만들어 피부의 화농성 질병이나 화상에 외용한다.
> 【주 의】 황단은 독성이 있으므로 외용약으로만 쓴다.

# 경분(輕粉)

염화제1수은을 주성분으로 하는 수은 화합물
kalomel, Hg₂Cl₂

【채 취】 수은과 소금을 기본 원료로 하고 녹반·백반·담반 등을 섞어 밀폐된 승화 가마 안에 넣고 가열 승화하여 만든다.

【형 태】 비늘 모양의 은빛 결정이고 윤기가 있다. 질은 가볍고 잘 부서진다.

결정이 함박눈 같고 은빛이며, 윤기가 있고 질이 가벼운 것이 좋은 것이다.

【성 분】 염화제1수은(감홍;Hg₂Cl₂)이 들어 있다.

【약 성】 맛은 맵고 성질은 차가우며 독성

이 있다.

효능 구충작용·거담작용·소적작용·이뇨작용을 한다.

염화제1수은을 복용하면 장에서 소금, 탄산염, 인산염 등에 의하여 천천히 가용성 염을 만들어 장점막을 자극하며, 반사적으로 장의 운동 및 분비 기능이 높아져서 완만한 설사를 일으킨다. 또한 이담작용과 장내 살균·소독작용도 나타낸다. 염화제1수은이 흡수되면 신장을 자극하여 이뇨작용을 나타내지만 너무 많은 양을 쓰면 급성 신장염을 일으킬 수 있으므로 주의해야 한다.

적용 악창, 연주창, 옴 등에 외용한다. 변비, 장내 이상발효, 부종, 고창 등에 복용약으로도 쓴다.

처방 • 경분 6, 섬소 1, 비상 1, 용뇌 2, 황단 38, 파두 1, 유황 3, 참기름 100으로 고약을 만들어 악성 창양에 바른다.
용량 1회 고비량은 0.006g, 1일 고비량은 0.012g이다.
주의 임산부에게는 쓰지 말아야 한다. 독성이 강하므로 외용으로만 쓰는 것이 좋다.

# 사상자(蛇床子) 벌사상자 열매

산형과 사상자속 두해살이풀
벌사상자의 익은 열매를 말린 것
*Cnidium monnieri* (L.) Cusson

• 사상자(뱀도랏)의 익은 열매를 대용으로 쓴다.

산지 북부 지방. 산과 들의 풀밭에서 키 1m 정도 자란다.

채취 늦은 여름부터 가을 사이에 노랗게 익은 열매를 따서 햇볕에 말린다.

형태 벌사상자 열매는 타원형이고 길이 2~3mm, 너비 1~2mm이며 두 개의 조각으로 갈라지기 쉽다. 갈래 열매의 잔 등에는 날개처럼 튀어나온 5개의 연한 갈색 또는 적갈색 갈비줄이 있다. 가장자리의 갈비줄은 가운데 것보다 넓다. 갈비줄 사이는 흑갈색 또는 연한 녹색이고 오목하다. 갈래 열매의 안쪽 면은 평탄하고 연한 녹색 또

사상자

는 황록색이며 두 개의 튀어나온 흑회색 줄이 활등처럼 구부러져 있다.

열매가 통통하고 겉이 회황갈색이며 냄새가 강한 것이 좋은 것이다.

법제 살짝 볶아서 쓴다. 외용약으로는 그대로 쓴다.

성분 벌사상자 열매는 정유, 기름, 쿠마린 등이 들어 있다.

쿠마린 성분으로는 에둘린(edulrin), 이소핌피넬린(isopimpinellin), 임페라토린(imperatorin), 크산토톡솔(xanthotoxol), 오스톨(osthol) 등이 있다.

약성 맛은 맵고 쓰고 달며

성질은 따뜻하고 신경에 작용한다.

효능 신장을 보하고 풍한과 습을 없애며 살충 성분이 있다.

약리 실험에 의하면 벌사상자 열매는 질트리코모나스를 죽이고 억균작용·항바이러스작용을 나타내며, 벌사상자 열매의 에타놀추출물은 남성 호르몬 비슷한 작용을 나타낸다.

적용 트리코모나스성 질염, 음부소양, 이슬 등에 쓴다.

처방 •사상자 10g, 백반 6g, 또는 사상자 10g, 금은화 10g을 섞어 음부소양에 쓴다. 달인 물로 환부를 씻는다.

용량 하루 3~10g.

외용약 外用藥

# 섬소(蟾酥) 두꺼비 진, 섬수

두꺼비과 양서류
두꺼비의 피부에서 분비되는 흰 즙을 말린 것
*Bufo bufo gargarizans Cantor*

• 작은두꺼비의 피부에서 분비되는 흰 즙을 대용으로 쓴다.

산지 전국. 습기가 많거나 그늘진 곳에 서식한다.

채취 여름철 밤에 두꺼비가 많은 곳에 불을 켜 놓으면 밝은 곳으로 두꺼비가 모여 든다. 이것을 잡아 물에 씻어 둔 다음 물기가 마르면 두꺼비 진을 채취한다. 채취 방법은 여러 가지다.
① 두꺼비의 이하선 또는 피부선을 핀셋으로 꼬집어 분비되는 즙을 모은다.
② 두꺼비를 컵에 넣고 작은 구멍이 있는

뚜껑을 덮고 꼬챙이로 찔러 즙을 분비하게 한다.
③ 두꺼비를 사방이 거울로 된 작은 통에 넣고 즙을 분비하게 한다.
④ 두꺼비의 입에 마늘, 고추 등 매운 물질을 넣어 즙을 분비하게 한다.
채취한 두꺼비 진을 유리판에 펴서 햇볕에 말린다. 또는 밀가루에 섞어 반죽하여 원판 모양의 덩어리로 빚어 말린다.

두꺼비 진을 채취할 때는 보호 안경을 끼고 마스크를 해야 하며 작업이 끝난 다음에 손을 깨끗이 씻어야 한다.

**형태**　형태는 가공 방법에 따라 다르다. 두꺼비 진을 채취하여 그대로 말린 것은 판 모양 또는 불규칙한 덩어리이고 빛깔은 우유색, 연황색 또는 적자색이며 아교 모양이고 윤기가 있으며 반투명하다. 밀가루에 섞어 반죽하여 말린 것은 원판 모양이고 가운데에 구멍이 있으며 빛깔은 흑자색이고 투명하지 않다. 두꺼비 진의 맛과 냄새는 뚜렷하지 않으나 냄새를 맡으면 재채기가 나고, 맛을 보면 혀끝이 마비된다. 물에 넣어 오래 두면 흰 우유 모양의 액이 된다.

**법제**　두꺼비 진에 우유를 넣고 조금씩 저으면서 완전히 녹인 다음 바람이 잘 통하는 그늘에서 말려 가루내어 쓴다.

**성분**　부팔린(bufalin), 부팔론 (bufalone), 부포탈린(bufotalin), 부포탈리닌(bufotalinin) 등 여러 가지 강심 스테로이드와 부포테닌(bufotenin), 부포테니딘(bufotenidin), 세로토닌(serotonin) 등의 인동 유도체, 카테콜 라민(lamine)이 있다. 이 밖에 강심작용이 없는 sterol 화합물인 콜레스테롤, 에르고스테롤, $\alpha$-시토스테롤 등과 용혈작용 혹은 혈액을 응고시키는 작용이 있는 점액질이 있다.

**약성**　맛은 맵고 성질은 차며 위경에 작용한다. 독성이 강하다.

**효능**　약리 실험에 의하면 두꺼비 진은 디기탈리스와 비슷한 강심작용을 나타낸다. 두꺼비 진의 강심 스테로이드 성분인 부팔린, 가마부파톨린은 디기톡시게닌과 작용이 비슷하고 페시부포게닌, 치노부파긴은

디기톡신과 작용이 비슷하다.

국소 지각을 마비시키는 작용도 있다. 두꺼비 진의 성분 가운데서 부팔린의 국소마비작용이 제일 세다. 부팔린의 국소마비작용은 토끼 각막에 대한 마비 실험에서 코카인보다는 수십 배, 프로카인보다는 수백 배 강하다. 작용 지속 시간도 더 길다. 부팔린은 주로 지각신경 말초에 선택적으로 작용한다.

두꺼비 진은 항염증작용을 나타낸다. 그리고 두꺼비 진에 아드레날린과 노르아드레날린이 들어 있으므로 혈관을 수축시키고 혈압을 높인다.

두꺼비 진의 강심 스테로이드는 이 밖에 호흡을 흥분시키는 작용, 글리코겐 생성을 빠르게 하고 젖산 생성을 억제하는 작용, 한선의 분비를 억제하는 작용, 침 분비를 억제하는 작용을 한다. 두꺼비 진은 항암작용도 나타낸다.

화상이나 다른 상처에 감염되는 것을 막는 약과 두꺼비 진을 외용하면 두꺼비 진의 혈관수축작용과 관련하여 치료 효과가 좋아진다.

**적용**　부스럼, 정창, 연주창, 악창, 인후두의 염증, 치통, 감적(疳積) 등에 쓴다. 심장병에 강심약으로도 쓴다.

**처방**　• 섬소 1.0, 사향 1.0, 우황 1.5, 석웅황 1.0, 진주 1.5, 빙편 1.0으로 만든 육신환(六神丸)은 인후두의 염증에 해독, 소염, 지통약으로 쓴다. 겨자씨만한 크기의 환으로 만들어 한 번에 10알씩 하루 3번 복용한다. 육신환을 강심약으로도 쓴다.

**용량**　하루에 0.016g을 알약으로 쓴다.

**주의**　독성이 강하므로 용량에 주의하며, 고혈압 환자·임산부에게는 쓰지 말아야 한다. 눈에 들어가면 눈이 멀 수도 있으므로 눈에 들어가거나 닿지 않도록 주의해야 한다.

# 노감석(爐甘石)

탄산아연을 주성분으로 하는 능아연광
Calamlna 화학식: $Zn_5(CO_3)_2(OH)_6$

**산 지** 황해도, 평안남북도, 함경남도에서 난다.

**채 취** 필요할 때 노감석을 캐내어 잡질을 없앤다.

**형 태** 불규칙한 덩어리이다. 겉은 흰색 또는 분홍색이고 구멍이 많으며 가루가 묻어 있다. 질은 가볍고 잘 부서진다. 단면은 흰색 또는 분홍색이고 과립 모양이며 작은 구멍들이 있다. 습기를 빨아들이는 성질이 있다. 냄새는 거의 없고 맛은 약간 떫다.
　덩어리가 크고 빛깔이 흰색이거나 분홍색이며 질이 가벼운 것이 좋다.

**법 제** 불에 빨갛게 달구어 물에 담그는 조작을 여러 번 반복하여 수비하여 쓴다.

**성 분** 주성분은 탄산아연($ZnCO_2$)이다. 노감석을 불에 달구면 산화아연($ZnO$)으로 변한다. 이 밖에 적은 양의 철, 알루미늄, 칼슘, 마그네슘 등이 들어 있다.

**약 성** 맛은 달고 성질은 따뜻하며 위경에 작용한다,

**효 능** 예막을 없애고 눈을 밝게 하며 습을 없애고 부은 것을 가라앉게 하며 새살이 살아나게 한다. 그리고 출혈을 멎게 한다. 법제한 노감석이 들어 있는 산화아연은 흡착작용이 있으므로 상처에 바르면 겉에 얇은 막을 만들어 외부 자극을 막고 조직액을 흡수하여 환부를 빠르게 마르게 하며 가피를 만든다. 일부는 조직액에 용해되어 수렴작용과 소염작용을 나타낸다.

**적 용** 눈병에 주로 쓴다. 즉, 결막염 · 예막 등에 외용한다. 궤양, 상처, 화상, 습진 등에도 외용한다.

**처방**
• 노감석 10, 빙편 4, 붕사 1, 현명분 1을 섞어 부드럽게 가루내어 결막염에 외용한다.
• 노감석 1, 용골 가루 1을 섞어 가루로 만들어 궤양에 외용한다.
**주 의** 이 약은 외용약으로만 써야 한다.

# 용뇌 (龍腦) 용노향, 빙편

용뇌향과 늘푸른큰키나무
용뇌향의 진 또는 줄기나 가지를 가공처리한 생성물
*Dryobalanops aromatica* Gaertner

**산 지** 열대 원산. 남양군도와 인도 지역에 분포한다.

**채 취** 용뇌향의 진을 모으거나 줄기나 가지를 잘라서 수증기로 증류하여 얻은 액체를 냉각시킬 때 생기는 결정을 모아 그늘에서 말린다.

**형 태** 반투명한 결정으로서 판 모양 또는 과립 모양이다. 빛깔은 흰색 또는 회백색이다. 냄새는 특이한 향기가 있고 맛을 보면 시원한 감이 있다.

크고 빛깔이 흰색이며 반투명하고 냄새가 강하며 시원한 느낌이 강한 것이 좋다.

**성 분** 주성분으로 보르네올(borneol)이 들어 있다.

**약 성** 맛은 맵고 성질은 약간 차고 심경·폐경·비경에 작용한다.

**효 능** 정신을 맑게 하고 열을 내리게 하며 부은 것을 가라앉게 하고 통증을 멈추며 예막을 없앤다.

**적 용** 열이 몹시 나고 정신이 흐릴 때, 경풍, 경간, 중풍 등으로 정신이 흐릴 때 쓴다. 그리고 결막염, 예막, 후두염, 청각장애, 구내염, 치질, 창양 등에도 쓴다.

**처방** 일반적으로 환약 또는 가루약으로 쓰며 탕약으로는 쓰지 않는다.
**용 량** 하루 0.1~1.2g.
**주 의** 허증 및 임산부에게는 복용약으로 쓰지 않는다.


# 반묘 (斑猫) 가뢰

가뢰과 곤충
참가뢰를 말린 것
*Mylabris speciosa*

• 알락가뢰를 말린 것을 대용으로 쓴다.

**산 지** 전국. 산지와 들의 풀밭에서 서식하며 몸길이 10~30㎜이다.

**형 태** 참가뢰는 긴타원형이고 길이는 1.5~2.5㎝이다. 머리는 둥근 삼각형이고 흑갈색이며 눈 및 촉각이 1쌍씩 있다. 등에는 가죽질인 검은색 불투명 날개가 2개 있는데 가로로 황갈색 줄무늬가 3개씩 있다.

먹가뢰(몸에 칸타리딘 성분을 가지고 있어 이뇨작용을 하고 성병이나 피부염의 치료제로 이용한다.)

차며 독이 있고 폐경·위경에 작용한다.

효 능  어혈을 없애고 독을 해독하며 죽은 살을 없앤다. 그리고 이뇨작용을 한다. 칸타리딘 성분은 심한 자극작용을 나타낸다. 건강한 피부에 대하여 자극작용이 느리게 나타나지만 피부가 상한 상처나 점막에서는 매우 심한 염증을 일으키며 조직을 괴사시키고 곪게 할 수 있다. 적은 양을 복용하면 건위작용과 이뇨작용을 나타내지만 자극이 강한 약이므로 근래에는 복용약으로는 잘 쓰지 않는다. 많은 양을 복용하면 소화관의 심한 염증, 구토, 심한 통증, 경련이 일어날 수 있다.

가뢰의 물추출액, 알코올추출액, 아세톤 추출액 및 칸타리딘 성분은 항암작용을 나타낸다.

적 용  미친개에 물렸을 때, 연주창, 악창 등에 쓴다. 간암, 식도암, 분문암, 위암, 폐암, 유선암 등 악성종양에 항암약으로도 쓴다.

날개를 젖혀 보면 속에 또 엷은 막으로 된 회갈색 투명한 날개가 있다. 가슴에는 발이 3쌍 있고 배에는 마디가 있으며 검은 털이 있다. 가슴과 배는 흑갈색이다. 특이한 냄새가 나고 맛은 처음에는 맵고 후에는 쓰다.

알락가뢰는 참가뢰와 비슷한 크기인데 몸이 검은색이고 털이 있으며 날개는 황갈색을 띠고 횡으로 검은색 무늬가 있다. 기타 형태는 참가뢰와 같다.

개체가 크고 완전한 형태이며 빛깔이 선명하고 신선하며 암모니아 냄새가 나지 않는 것이 좋은 것이다.

법 제  날개와 발(또는 머리까지)을 떼내고 찹쌀과 함께 볶아서 찹쌀을 버리고 가루내어 쓴다.

성 분  주성분은 칸타리딘(cantharidin)이다. 이 밖에 기름, 개미산 등이 들어 있다.

약 성  맛은 맵고 성질은

처방  약재를 고약으로 만들어 늑막염 또는 내장 장기에 염증이 생겼을 때 피부 자극약으로 쓴다. 피부에 2~3시간 붙여둔다. 또는 팅크를 만들어 탈모증에 털이 나는 촉진약으로 쓴다.
• 반묘(법제한 것) 7마리, 활석 3.8g, 석웅황 3.8g, 사향 0.9g을 섞어 만든 부위산(扶危散)은 미친개에 물렸을 때에 쓴다. 한 번에 2~3g씩 하루 3번 복용한다.
용 량  하루 0.03~0.06g.
주 의  반묘는 외용약으로 쓰는 것이 좋다. 꼭 복용해야 할 필요가 있으면 법제를 하고 용량에 주의해야 한다.
• 칸타리딘은 피부로도 천천히 흡수되며 배설될 때 비뇨기를 자극하여 신장염, 방광염을 일으킬 수 있고 혈뇨를 나오게 할 수 있다. 그러므로 반묘를 외용하는 경우에도 피부의 넓은 면적에 쓰지 말아야 하고 신장염 환자에게는 절대로 쓰면 안 된다.

# 황랍(黃蠟) 꿀밀, 꿀랍, 밀랍

꿀벌

꿀벌과 곤충
꿀벌이 분비한 꿀(밀)을 정제한 것
*Apis melifera* Linné

외용약 外用藥

• 황랍을 표백한 것을 백랍이라고 한다.

[산 지] 꿀벌은 산과 들의 꽃이 많은 곳에서 무리지어 서식하며, 민가에서 양봉으로 꿀을 생산한다.

[채 취] 꿀을 채취하고 남은 꿀벌 집에 물을 넣고 가열하여 밀을 녹이고 따뜻할 때 거른다. 거른액을 식히면 밀이 엉켜 물 위에 뜨게 된다. 이것을 건져내어 말린다.

[형 태] 불규칙한 덩어리로서 빛깔은 노란색 또는 황갈색이고 약간 투명하며 겉은 매끈하다. 비중은 0.95~0.97이므로 물에 잘 뜬다. 낮은 온도에서는 잘 부서지고 단면은 과립 모양이다. 36.5℃에서는 유연해지고 62~67℃에서는 녹기 시작하여 맑은 액체가 된다. 물에는 용해되지 않고 알코올에 용해되기 어려우며 에테르, 클로로포름(chloroform), 액체 기름, 정유, 벤졸, 이

황화탄소에 용해된다. 입에 넣고 씹으면 부드러운 덩어리가 되고 부서지지 않는다. 백랍은 흰색이거나 황백색이다.

[법 제] 가열하여 녹이고 걸러서 잡질을 없애고 쓴다. 또는 엷게 깎아 햇볕에 쬐는 조작을 반복하여 백랍으로 만들어 쓴다.

[성 분] 주성분은 미리신(myricin)이다. 이 밖에 고급 알코올, 지방산, 색소 등이 들어 있다.

[약 성] 황랍의 맛은 달고 성질은 약간 따뜻하다.

[효 능] 이질을 치료하고 새살이 돋아나게 하며 통증을 멈추게 한다. 그리고 기를 보하는 작용도 한다. 피부 또는 점막의 겉에 바르면 피부·점막을 덮어서 기계적 자극으로부터 보호하는 역할을 한다.

[적 용] 궤양, 상처, 화상, 티눈 등에 쓴다. 또 이질, 임산부에게서 배가 아프며 자궁출혈이 있을 때 쓴다. 꿀은 피부 보호약으로 또는 연고의 바탕약으로도 쓴다.

[처방] • 황랍, 송진, 참기름을 같은 양으로 섞은 황랍고(黃蠟膏)는 부스럼에 바른다.
[용 량] 한 번에 1~2g.

토종 꿀벌

# 피마자(萆麻子) 아주까리 씨

대극과 예덕나무속 한해살이풀
아주까리의 익은 씨를 말린 것
*Ricinus communis* L.

**산 지** 전국. 민가에서 재배하며 키 2m 정도 자란다.

**채 취** 가을에 씨가 익은 다음 열매를 따서 껍질을 벗겨내고 햇볕에 말린다.

**형 태** 타원형이고 한 면은 약간 평평하며 길이는 8~17mm, 폭은 6~10mm, 두께는 약 7mm이다. 겉은 회백색 바탕에 흑갈색 또는 암갈색 무늬가 있고 윤기가 난다. 한쪽 끝에는 황백색 돌기가 있다. 껍질을 벗기면 흰색 씨앗이 있고 그 겉에는 흰 막이 씌워져 있다. 냄새는 없고 맛은 약간 쓰며 자극성이다.

씨알이 크고 잘 여물었으며 기름기가 많고 절지 않은 것이 좋은 것이다.

**법 제** 소금물에 넣고 끓여 껍질을 벗겨내고 쓴다.

**성 분** 30~50%의 지방, 독성 단백질인 리신(ricin), 알칼로이드인 리시닌(ricinine), 리파아제 등이 들어 있다. 리신과 리시닌은 독성 물질인데 이것들은 가열에 의해 파괴된다.

**약 성** 맛은 달고 매우며 성질은 평하고 유독하며 간경·비경에 작용한다.

**적 용** 부은 것을 가라앉게 하고 고름을 빼내며 독을 뽑아낸다. 약용 아주까리 기름(피마자유)을 복용하면 소장에서 리시놀산과 글리세린으로 분해된다. 리시놀산은 소장점막을 자극하여 소장의 꿈틀운동을 강하게 하며 대장에서는 꿈틀운동을 억제하여 설사를 일으킨다. 아주까리 기름을 복용하면 5~6시간 지나 설사가 일어난다.

**처방**
• 약용 아주까리 기름을 설사약으로 쓴다. 한 번에 15~30g을 복용한다.
• 피마자 한 가지를 부드럽게 갈아 꿀에 개어 부스럼에 쓴다. 또는 마자인, 행인 등을 섞어 쓰기도 한다.
• 치통에 아주까리 씨를 꼬챙이에 끼워서 기름에 달구거나 구워서 물고 있으면 효과를 볼 수 있다.
**용 량** 피마자는 외용으로만 쓴다. 약용 아주까리 기름은 한 번에 15~30g.

아주까리

아주까리 씨의 독성 성분은 혈액을 응고시킨다. 어른이 리신 7㎎, 리시닌 0.16g을 먹으면 죽게 된다. 또한 어린이가 아주까리 씨 5~6알을 먹으면 죽을 수도 있다. 그러므로 가열처리하지 않은 아주까리 씨나 아주까리 기름은 먹지 말아야 한다.

아주까리 씨는 억균작용을 나타낸다.

적용 부스럼, 연주창에 외용한다. 또한 약용 아주까리 기름을 만들어 설사약으로 쓴다.

아주까리 열매

외용약 外用藥

# 대산(大蒜)

백합과 파속 여러해살이풀
마늘의 비늘줄기

*Allium scorodoprasum* var. *viviparum* Regel

산지 전국. 농가에서 채소로 재배하며 키 60㎝ 정도 자란다.

채취 여름에 지상부가 마를 때 땅속의의 비늘줄기를 캐서 뿌리와 지상부를 다듬

마늘

어 제거하고 말린다.

법제 껍질을 벗기고 짓찧어 쓰거나 썰어서 쓴다.

성분 신선한 마늘에는 알리인(alliin)이 있다. 알리인은 물에 잘 용해되고 알코올(alcohol)에 용해되기 어려우며 마늘에 들어 있는 효소인 알리이나아제(alliinase)에 의하여 알리신(allicin)과 초성포도산 및 암모니아(ammonia)로 분해된다.

유황이 들어 있는 아미노산인 알리인은 냄새도 없고 억균작용도 없는 성분이다. 그러나 그 분해 생성물인 알리신은 특유의 마늘 냄새가 나고 억균작

마늘 비늘줄기

용이 있다.

마늘에는 유황 배당체인 스코로디닌 (scorodinine) A, 정유, 기름, 피토스테린, 피톤치드(phytoncide), 비타민 C 등이 들어 있다.

**약성** 맛은 맵고 성질은 따뜻하며 비경·위경에 작용한다.

**효능** 부스럼을 치료하고 풍한습을 없애며 비를 건전하게 하고 위를 따뜻하게 해 준다. 또한 온역을 막고 살충작용과 해독작용을 한다. 마늘은 시험관 속에서 적리막대균, 대장균, 황색포도상구균, 연쇄상구균, 결핵균, 폐렴쌍구균, 콜레라균 등에 대하여 억균작용을 나타내며 질트리코모나스를 죽이고 유행성감기 바이러스에 대한 억제작용도 한다. 위와 장의 분비 및 운동기능을 높이고 이뇨작용도 나타낸다.

마늘은 적은 양에서 혈압을 내리게 하고 많은 양에서는 혈압을 높인다. 콜레스테롤에 의한 동맥경화를 막는 작용도 한다.

스코르디닌 성분은 세포의 부활을 촉진시키고 항암작용을 나타낸다.

마늘 제제는 직접적인 항암작용과 함께 유기적인 면역 기능을 높인다. 즉, 탐식 세포의 탐식 기능을 뚜렷이 강화한다.

마늘은 이뇨작용과 자궁수축작용도 나타낸다.

**적용** 급만성세균성 적리, 급만성 대장염, 식욕부진, 저산성 위염, 고혈압, 동맥경화, 백일해, 피부의 화농성 염증, 각종 염증, 트리코모나스성 질염, 옴, 뱀이나 벌레에 물린 상처 등에 쓴다. 유행성감기의 예방 치료에 쓴다.

• 마늘을 조금씩 오래 쓰면 낮은 온도에 대한 저항력이 높아진다.

**처방** • 세균성 적리에 마늘 즙을 복용하거나 5% 마늘추출액을 만들어 관장한다. 또한 대산 20g, 황백 12g을 섞어 쓴다. 달여서 하루 3번에 나누어 복용한다.

• 심한 이질과 설사에 껍질 벗긴 마늘 두 쪽을 쪄서 2등분한 뒤 헝겊으로 잘 싸서 두 발바닥 가운데 붙인다. 발바닥 가운데에는 두꺼운 천으로 미리 감아야 마늘 즙이 스며들어 상처 내는 것을 방지할 수 있다.

• 부인들의 음부가 붓고 가려우며 아플 때 마늘 삶은 물을 따뜻하게 데워서 환부를 자주 씻으면 효과를 볼 수 있다.

**용량** 하루 10~30g.

# 낭독(狼毒) 백낭독, 오독도기

대극과 대극속 여러해살이풀
낭독의 뿌리를 말린 것
*Euphorbia pallasii* Trucz. for. *pilosa* (Regel) Kitag.

외용약 外用藥

**산 지** 중부 이북 지방. 산지에서 키 60㎝ 정도 자란다.

**채 취** 봄 또는 가을에 뿌리를 캐내어 물에 씻고 겉껍질을 벗겨 버리고 큰 것은 잘게 잘라 햇볕에 말린다.

**형 태** 실북 모양 또는 원기둥 모양이고 길이는 15~20㎝, 지름 5~8㎝이다. 겉은 황갈색 또는 흑갈색이고 주름이 많다. 질은 가볍고 잘 부스러진다. 단면은 노란색과 흰색이 섞여 무늬를 이루고 있다.

**법 제** 약으로 쓸 때는 식초에 불린 다음 볶아서 쓴다.

**성 분** 사포닌, 정유, 사탕, 미리신 알코올, 피토스테롤(phytosterol), 적은 양의 알칼로이드, 수지 등이 들어 있다.

**약 성** 맛은 맵고 성질은 평하며 독성이 강하다.

**효 능** 살충작용과 담을 없앤다. 시험관 안 실험에서 시가형, 존네형 및 변형적리균과 대장균, 장티푸스균, 파라티푸스균, 녹농균 등 7가지 그람 음성 장내병원균에 대하여 살균작용을 나타내며 결핵균과 여러 가지 병원성 사상균에 대한 억균작용을 나타낸다.

**적 용** 옴, 악창 등에 외용한다. 징가, 적취에도 쓴다.

**처방** **용 량** 하루 0.4~1.5g(법제한 것).
**금 기** 임산부에게는 복용약으로 쓰지 않는다. 이 약은 독성이 강하므로 외용으로만 쓰는 것이 좋다.

낭독

# 송라(松蘿)

송라과에 속하는 지의류
송라의 균체
*Usnea diffracta* Wain

• 가는송라를 대용 약재로 쓸 수 있다.

**산 지**　북부 지방. 해발 1,000~1,500m
의 고산지 침엽수(분비나무, 가문비나무)
의 가지나 줄기에 붙어서 기생하며 길이
15~50cm 자란다.

**채 취**　필요할 때 수시로 채취하여 잡질
을 다듬어 버리고 바람이 잘 통하는 곳에
서 햇볕에 말린다.

**형 태**　• 송라 – 엉킨 실뭉치 모양이고
표면은 연녹색이다. 길이 15~30cm이고 굵
은 부분의 지름은 0.5~1.5mm이다. 표면에
규칙적으로 갈라진 틈이 반지 모양으로 나
있다. 줄기에 가지가 불규칙하게 붙어 있
고 끝이 점차 가늘어진다. 접시 모양의 암
그릇은 드물게 볼 수 있으며 지름 1~3mm이
다.

• 가는송라 – 긴 실 모양이고 길이 20~60
cm이다. 줄기에 가늘고 짧은(길이 약 1cm)
곁가지가 빽빽하게 붙어 있다. 접시 모양
의 암그릇은 지름 약 5mm인데 가지 끝에 드
물게 붙어 있다.

두 종류 다 질이 가볍고 약간 탄성이 있
으며 특이한 냄새가 나고 맛은 밋밋하다.

**성 분**　송라와 가는송라에 우스닌산
(usnin酸), 바르바틴산(barbatin酸), 티프
락타인산이 들어 있다. 가는송라에는 또한
라미나산(lamina酸), 리케닌산(lichenin
酸)이 들어 있다.

**약 성**　맛은 쓰고 달며 성질은 평하다.

**효 능**　간열을 내리게 하고 담을 삭이며
출혈을 멈추고 해독작용을 한다. 우스닌산
성분은 강한 억균작용을 나타낸다. 즉 우
스닌산은 결핵균, 폐렴쌍구균, 용혈성 연
쇄상구균, 디프테리아막대균에 대하여 매
우 강한 억균작용을 나타내는데 1~5mg/mℓ
~50mg/mℓ의 농도에서 세균의 성장을 완
전히 억제한다. 황금색포도상구균에 대한
억균작용은 조금 약하다. 그람음성균에 대
한 억제작용보다는 강하다. 우스닌산은 원
충과 질트리코모나스에 대한 억제작용도
나타낸다. 또한 이뇨작용과 지해작용을 나
타낸다.

d-우스닌산을 흰쥐의 피하에 주사할 때
의 치사량은 700mg/kg이고 우스닌산 나트
륨을 흰쥐의 피하에 주사할 때의 치사량은
35mg/kg이다.

**적 용**　연주창, 외상출혈, 부스럼, 헌데,
독뱀에 물렸을 때 등에 쓴다. 우스닌산을
만드는 원료로도 쓴다.

> **처방**　• 송라 9g, 자노아 5g, 세신 6g을 가루
> 내어 물 또는 술에 개어 부스럼, 헌데에
> 붙인다.
>
> **주 의**　우스닌산은 심장, 혈관, 호흡기 계통에
> 대하여 강한 독작용을 나타내므로 외용약으로
> 만 써야 한다.

# 과체(瓜蒂) 참외 꼭지

박과 참외속 한해살이덩굴풀
참외의 열매꼭지를 말린 것
*Cucumis melo* Linné var. *makuwa* Makino

외용약 外用藥

**산 지** 전국. 농가의 밭에서 작물로 재배한다.

**채 취** 익은 열매꼭지를 그것과 잇닿은 열매껍질의 일부와 함께 도려내어 햇볕에 말린다.

**형 태** 열매꼭지에 열매껍질이 약간 붙어 있다. 열매꼭지는 원기둥 모양이고 길이 1~2cm, 지름 2~4mm이며 흔히 꼬여 있다. 한쪽 끝에 너비가 약 1cm 되는 열매껍질이 붙어 있다. 표면은 황갈색 또는 황록색이고 주름이 있다. 열매껍질은 황갈색이고 쭈그러졌으며 안쪽으로 말려 있다. 질은 단단하고 질기며 꺾기 어렵다. 냄새는 거의 없고 맛은 쓰다.

**성 분** 엘라테린(elaterin), 멜로톡신(melotoxin)이 들어 있다.

**약 성** 맛은 쓰고 성질은 차가우며 독이 있다. 비경·위경에 작용한다.

**효 능** 구토를 일으키고 설사를 유발한다. 실험동물에게 멜로톡신을 먹이면 구토와 설사가 일어난다. 개에게 멜로톡신을 0.02g/kg 이상 먹이면 심한 구토를 하며 나중에는 호흡중추가 마비되어 죽는다. 토끼에게 2.5mg/kg을 정맥주사 하면 토끼가 죽을 수 있다.

**적 용** 식체, 전간, 황달 등에 쓴다. 상복부 폐색, 풍담, 사지부종, 비새, 후비, 인후통 등에도 쓴다.

**처방** •과체 가루와 팥 가루 같은 양을 섞어 만든 과체산(瓜蒂散)을 식체, 전간 등에 구토약으로 쓴다. 한 번에 0.6~1.8g을 복용한다.
•황달에 과체 가루를 코에 불어넣는다. 즉, 과체를 노랗게 볶아 가루내어 하루 0.1g을 3번에 나누어 아침 식사 후 양쪽 콧구멍을 깨끗이 볶고 40분 간격으로 3번 흡입한다. 그러면 코 안에서 노란 액체가 나온다. 7~10일 후에 다시 0.1g을 흡입한다. 한 치료기간은 과체 0.4g을 쓰는 기간으로 한다.
•대변불통에 과체 7개를 가루로 빻아 탈지면으로 잘 싸서 참기름에 찍어 항문에 집어 넣으면 효과를 볼 수 있다.

**용 량** 한 번에 가루약으로 0.3~0.9g.

참외

# 목별자(木鼈子)

박과 여러해살이덩굴풀
목별자의 익은 씨를 말린 것
*Momordica cochinchinensis* Sprenger

**산지** 중부 이남 지방. 농가에서 약초로 재배한다.

**채취** 가을에 익은 열매를 따서 반으로 쪼개고 50%쯤 말린 후 씨를 꺼내어 햇볕에 말린다.

**형태** 납작한 원판 모양이고 가운데는 약간 튀어나왔다. 지름은 2~3cm, 두께는 약 5mm이다. 표면은 회갈색 또는 회흑색이고 푹 들어간 그물 무늬가 있으며 가장자리는 톱니 모양의 돌기가 있다. 씨껍질은 단단하다. 씨 속껍질은 얇은 막 모양이고 표면은 회녹색이다. 그 속에 황백색 자엽이 2개 있다. 자엽에는 기름기가 많다. 특이한 기름 냄새가 나고 맛은 쓰다.

통통하고 무거우며 터지지 않고 자엽이 황백색인 것이 좋은 것이다.

**법제** 약으로 쓸 때는 씨의 껍질을 벗겨 제거한다.

**성분** 올레아놀산, 목별자산, 사포닌(아글리콘은 깁소게닌), $\alpha$-엘레오스테린산, 스테롤, 지방, 단백질, 무코즈 등이 들어 있다.

**약성** 맛은 쓰고 약간 달며 성질은 따뜻하고 독이 있다. 간경 · 비경 · 위경에 작용한다.

**효능** 해열작용과 해독작용을 하며 부은 것을 가라앉게 하고 뭉친 것을 흩어지게 한다.

목별자의 물우림액, 물알코올 우림액 및 알코올 우림액은 동물 실험에서 혈당량을 낮춘다. 그러나 독성이 비교적 강하다.

목별자 사포닌은 실험 동물의 혈압을 잠시 내려가게 하고 소염작용, 용혈작용을 나타낸다. 목별자 사포닌을 흰생쥐 정맥에 주사할 때 $LD_{50}$은 32.35mg/kg이었고 흰생쥐 배 안에 주사할 때 $LD_{50}$은 37.34mg/kg이었다.

**적용** 부스럼, 뾰루지, 유옹, 연주창, 치질, 버짐, 풍한습비증에 쓴다.

**처방** • 버짐을 치료할 때 목별자(껍질을 벗긴 것) 3g을 가루 내어 식초 10㎖를 넣고 갈아서 환부에 바른다. 매일 자기 전에 한 번 또는 격일로 한 번씩 바른다. 버짐이 온몸에 퍼졌을 때는 면적을 나누어 치료한다. 즉, 한 번에 3×2cm 정도 되게 5~7곳에 이 약을 바른다.

**용량** 주로 외용약으로 쓴다. 탕약으로는 하루 0.6~1.2g.

**금기** 임산부와 몸이 약한 사람에게는 쓰지 않는다.

# 부록(附錄)

# 한약 총론(韓藥總論)

## 제1장 한약의 약성 및 성분

## 제1절 한약의 약성

한약의 약성(또는 성능)이란 한약의 성질과 약리작용을 가리켜 말하는 것이다. 옛 한의서에는 대개 한약의 약성이 씌어 있으므로 이것을 참작하여 한약을 쓰게 되어 있다.

그러나 한약의 약성은 과학적인 실험을 통하여 검증된 것이 아니라 순수 경험에 기초하고 있기 때문에 제한성을 지닌다.

한의학 분야에서는 무엇보다 먼저 한약의 성분과 약리작용을 밝히기 위한 과학 연구사업을 강화하여 한약을 과학적으로 쓸 수 있도록 해야 한다.

여기에서는 한약의 약성 중에서 한약을 과학화하는 곳과 한약을 임상에 쓰는 곳에서 꼭 알아야 할 점들만 추려서 중점적으로 취급하기로 한다.

한약의 약성에는 성질과 맛, 작용 방향, 선택 작용 등이 있다.

### 1. 한약의 성질과 맛

1) 한약의 성질

한약의 성질은 한약의 물리화학적 성질을 말하는 것이 아니라, 한약이 생체에 대하여 어떤 반응을 나타내는가 하는 것을 가리키는 한의학적 개념이다.

우리 조상들은 여러 가지 한약을 쓰는 과정에서 어떤 한약은 열증에 효과가 있고, 어떤 한약은 한증에 효과가 있다는 것을 알게 되었다. 이런 경험으로부터 그들은 열증을 치료하는 한약은 차거나 서늘한 성질을 가지며, 한증을 치료하는 한약은 뜨겁거나 따뜻한 성질을 가진다고 하였다.

예를 들면 부자, 육계는 한증을 치료하는 작용이 강하므로 뜨거운 성질을 가지고 있다고 보았고, 회향·애엽은 한증을 치료하기는 하지만 부자·육계에 비하여 그 작용이 좀 약하므로 따뜻한 성질을 가진다고 보았다. 그리고 석고·웅담은 열증을 치료하는 작용이 강하므로 찬 성질을 가지며, 갈근·박하는 열증을 치료하는 작용이 좀 약하므로 그 성질은 서늘하다고 보았다.

한약의 가지 수는 많으나 그 성질은 차가운 성질(寒性), 서늘한 성질(凉性), 따뜻한 성질(溫性), 뜨거운 성질(熱性) 등 네 가지에 지나지 않는다고 보고, 이 네 가지 성질을 4기 또는 4성이라고 하였다. 물론 이 네 가지 성질 외에 평성(平性;평한 성질)이 하나 더 있다고 보았다. 그러나 평성을 가진 한약도 그 성질이 따뜻하거나 서늘한 어느 한쪽에 치우치게 되므로 한약의 성질을 다섯 가지로 보지 않고 네 가지로 보았다.

옛 한의서에는 대개 한약의 성질이 다 밝혀져 있다. 옛 책에 씌어 있는 성질 중에는 매우 차가운 성질(大寒), 약간 차가운 성질(微寒), 매우 뜨거운 성질(大熱), 약간 따뜻한 성질(微溫) 등도 있다. 그러나 이것은 별개의 성질이 아니고 4가지 기본 성질과 비교하면 약간의 정도상 차이가 있다는 것을 밝힌 것이다.

예를 들면 매우 차가운 성질을 가진 한약은 차가운 성질을 가진 한약보다 열증을 치료하는 작용이 좀더 강하다는 것을 의미하는 것이다. 차거나 서늘한 성질은 덥거나 따뜻한 성질과 반대되는 성질이고, 차가운 성질과 서늘한 성질, 뜨거운 성질과 따뜻한 성질은 다만 정도상 차이가 있다.

일반적으로 차가운 성질과 서늘한 성질은 음에 속하는 성질로서 해열작용과 음을 보하는 약효를 나타내며, 뜨거운 성질과 따뜻한 성질은 양에 속하는 성질로서 한(寒)을 없애고 몸을 따뜻하게 해 주며 양기를 보하는 약효를 나타낸다.

한의학 임상에서는 한약을 쓸 때 한증인가 열증인가를 정확히 판단하고, 열증에는 차가운 성질과 서늘한 성질을 가진 약을 쓰며, 한증에는 뜨거운 성질이나 따뜻한 성질을 가진 약을 써서 치료하는데, 이것은 한약을 쓰는 기본 원칙의 하나다. 이 원칙의 한의학적 원리는 병적으로 치우친 몸의 음양을 한약의 성질을 이용하여 정상이 되도록 조절하는 것이다.

예를 들면 환자의 병증세가 열이 몹시 나고 입이 마르며, 눈이 붉고 가슴이 답답하며 맥상이 빠른 경우에는 열증이므로 석고ㆍ지모ㆍ깽깽이풀과 같은 차가운 성질을 가진 한약을 써서 치료해야 하며, 환자가 몹시 추워하고 손발이 차며 얼굴이 창백한 증세가 나타날 경우에는 한증이므로 부자ㆍ건강ㆍ육계와 같은 뜨거운 성질을 가진 한약을 써서 치료한다.

한약이 차가운 성질, 서늘한 성질, 뜨거운 성질, 따뜻한 성질 등을 가진다고 보는 이러한 한약의 성질에 대한 견해는 어떤 한약이 어떤 병증을 치료할 때 효과가 있다는 실천적인 경험이 뒷받침되어 있는 것으로, 일정하게 참고할 가치가 있다. 즉, 임상에서 한약을 쓸 때 한약의 성질을 보아 해당 약재의 경험적인 효과를 알 수 있으면 한약의 약리작용과 임상치료 효능을 과학적으로 밝히는 데에도 이것은 적지 않

깽깽이풀

게 참고된다.

그러나 한약의 성질에 대한 이 고전적 견해는 제한성을 가지고 있다. 그것은 한약에 어떤 성분이 들어 있어 어떤 작용 기전에 의하여 어떤 병을 치료한다는 것을 밝히지 못하고 다만 추상적인 개념(차가운 성질, 서늘한 성질, 뜨거운 성질, 따뜻한 성질)을 제기하는 데 그침으로써 한약을 효과적으로 쓰기 위한 과학적으로 확증된 근거로는 되지 않는 것과 관련된다.

그러므로 우리는 한약의 성질에 관한 개념이 가지는 제한성을 똑똑히 알고 그 밑에 놓여 있는 경험, 즉 어떤 약이 어떤 병을 치료할 때 효과가 있는가를 고려하면서 한약의 유효 성분과 약리작용 기전을 밝혀내야 한다.

2) 한약의 맛

한약에는 여러 가지 복잡한 성분이 들어 있으며 이 성분들의 종합적인 작용에 의하여 한약의 치료 효과가 나타나는 것이다. 그러나 과거 우리 조상들은 한약의 성분을 밝힐 수 있을 정도로 과학이 발전하지 못한 당시의 조건에서 미각 기관을 통하여 한약의 맛을 보고 맛과 약효와의 관계를

밝히기 위하여 노력하였다.

그들은 한약의 맛에는 다섯 가지, 즉 매운맛〔辛味(신미)〕·단맛〔甘味(감미)〕·신맛〔酸味(산미)〕·쓴맛〔苦味(고미)〕·짠맛〔鹹味(함미)〕이 있다고 하고 이것을 한약의 다섯 가지 맛〔五味(오미)〕이라고 하였다. 이 밖에 다섯 가지 맛 중 어느 맛에도 속하지 않는 것이 있는데 그것은 담백한 맛〔淡味(담미)〕이라고 하였다.

한약은 그것이 가지고 있는 맛에 의하여 일반적으로 다음과 같은 약효를 나타낸다고 하였다.

• 매운맛 – 땀을 나게 하고 병사를 흩어지게 하며 기와 혈액의 순환을 좋게 한다. 예를 들면 자소·형개는 땀을 나게 하고 병사를 흩어지게 하며, 토목향은 기를 잘 돌아가게 하고, 산궁궁은 혈액을 잘 돌아가게 한다.

• 단맛 – 보하는 작용과 완화작용을 한다. 예를 들면 인삼·황기는 기를 보하고, 숙지황은 혈액과 음을 보하며, 감초는 완화작용을 한다.

• 담백한 맛 – 습을 없애고 소변을 잘 나오게 한다. 예를 들면 복령은 습을 없애고 소변을 잘 나오게 한다.

• 신맛 – 수렴작용과 고삽작용을 한다. 예를 들면 오배자는 수렴작용을 하여 설사를 멈추게 하고, 오미자·산수유는 고삽작용을 하여 땀나는 것과 유정을 치료한다.

• 쓴맛 – 습을 없애고 열을 내리게 하며 기를 내리게 하고 설사를 일으킨다. 예를 들면 황백은 습을 없애고 열을 내리게 하며, 행인은 폐기를 내리게 하여 기침이 나고 숨

산수유나무

이 차는 증세를 치료하며, 대황은 설사를 일으키고 열을 내리게 한다.

• 짠맛 – 굳은 것을 유연하게 하고 설사를 일으킨다. 예를 들면 망초는 굳은 것을 유연하게 하고 설사를 일으키며, 굴껍데기(모려)도 굳은 것을 유연하게 한다.

한 가지 한약이 여러 가지 맛을 가지는 경우에는 그 맛들에 해당되는 여러 가지 약리작용을 나타낸다고 보았다.

선조들은 한약의 약성을 설명할 때에는 맛과 성질을 기본으로 보았으며, 맛과 성질을 밀접히 연관시켜 보아야 그 한약의 약성을 정확히 이해할 수 있다고 하였다.

예를 들면 자소는 맵고 성질이 따뜻한데, 매운맛은 땀을 내어 병사를 흩어지게 하고, 따뜻한 성질은 한사를 제거한다. 맛과 성질의 작용을 연관시켜, 자소는 땀을 내어 한사를 제거할 수 있다는 것이다.

같은 맛을 가진 한약이라도 성질이 다르면 약효가 달라진다. 예를 들면 단맛을 가진 약이라도 따뜻한 성질을 가진 인삼은 기를 보하며, 차가운 성질을 가진 노근은 열을 내리게 하며 진액을 생겨나게 한다.

또한 성질은 같아도 맛이 다르면 그 한약들의 약효가 각각 다르게 나타난다. 예를 들면 차가운 성질을 가진 약이라도 맛이 쓴 깽깽이풀은 해열작용과 습을 없애며, 맛이 매운 부평초는 땀을 내어 풍열을 제거한다.

모든 한약은 고유한 맛과 성질을 가진다. 그러나 한약재를 법제하면 맛과 성질이 변화될 수 있다.

한약의 맛에 대한 고전적 견해는 수천 년 동안의 경험에 기초한 것이므로 한약의 유효 성분과 약리작용을 밝히며 한약을 감정할 때 참고가 된다. 그러나 한약의 맛에 대한 견해도 일정한 제한성을 가지고 있다. 그것은 다양하고 복잡한 한약의 성분을 맛한 가지로 정확히 알아낼 수 없으며, 더우기 복잡한 성분이 나타내는 다양한 약리작용을 몇 가지 맛에다가 기계적으로 결부시킬 수는 없기 때문이다.

예를 들어 쓴맛을 가진 한약들을 놓고 보아도 이 약재들 속에는 알칼로이드, 배당체, 고미질, 기타 여러 가지 각각 다른 성분들이 들어 있으므로 이 약재들은 맛은 비록 같을지라도 약리작용은 여러 가지로 다르게 나타나는 것이다.

그러므로 우리는 한약의 맛에 대한 고전적 견해를 고려하면서 한약의 성분을 밝혀내고 그것의 약리작용을 과학적으로 증명해야 한다.

## 2. 한약의 작용 방향

선조들은 한약을 쓸 때 한약이 나타내는 작용 방향을 크게 네 가지로 보고 그것을 승강부침(昇降浮沈)이라고 하였다. 즉, 몸의 위로 향하는 작용을 승(昇), 아래로 향하는 작용을 강(降), 위와 밖으로 향하는 작용을 부(浮), 속과 아래로 향하는 작용을 침(沈)이라고 하였다.

예를 들어 토하게 하는 작용 · 발한(發汗;땀이 나게 하는) 작용 · 병사를 흩어지게 하는 작용 · 지사(止瀉;설사를 멈추는) 작용 등은 승부(昇浮)하는 작용으로, 기를 내리게 하는 작용 · 수렴작용 · 해열(解熱;

열을 내리게 하는) 작용·이뇨(利尿;소변을 잘 나오게 하는) 작용·지토(止吐;구토를 멈추는) 작용·설사를 일으키는 작용 등은 침강(沈降)하는 작용으로 보았다.

그리고 한약의 작용 방향은 한약의 맛 및 성질과 관계된다고 보았다. 맛이 맵고 달고 밋밋하고 성질이 뜨겁거나 따뜻한 한약, 즉 양에 속하는 성질과 맛을 가진 한약은 승부(昇浮)하고, 맛이 시고 쓰고 짜며 성질이 차갑거나 서늘한 한약, 즉 음에 속하는 성질과 맛을 가진 한약은 침강(沈降)한다고 보았다.

한의학에서 한약을 임상에 쓸 때에는 병의 발생 부위와 병 증세의 방향을 보아 일정한 방향으로 작용하는 한약을 골라서 쓰게 된다. 즉 병이 몸의 위나 표에 있을 때에는 승부하는 약을 써서 치료하고, 병이 몸의 아래나 속에 있을 때는 침강하는 약을 써서 치료한다.

예를 들어 표한증에는 자소·형개·마황·계지 등 해표약을 써서 치료하고, 이실증(裏實證)에는 대황·망초 등, 설사약을 써서 치료한다.

그리고 거슬러 올라가는 병의 증세에는 내리게 하는[降] 약을 써서 치료하고, 아래로 처지는 병의 증세에는 끌어올리는[昇] 약을 써서 치료한다.

예를 들어 간기가 위로 올라가 머리가 아플 때는 결명자·석결명(전복) 등의 간기를 내리게 하는 약을 써서 치료하고, 위·자궁 등 내장이 아래로 처졌을 때[中氣下陷]에는 인삼·황기·승마·시호 등 기를 보하고 끌어올리는 한약을 써서 치료한다.

한약의 작용 방향도 법제에 의하여 달라질 수 있다.

한약의 작용 방향에 대한 고전적 견해도 임상 경험에 기초하고 있는 것이므로 일정하게 참고가 되지만 제한성도 있다. 한약의 약리작용을 과학적으로 밝혀야 그 제한성을 극복할 수 있다.

## 3. 보사 작용

한의학에서는 몸에 병이 생기면 정기와 병사 사이로 투쟁이 진행되며 이 투쟁 과정에서 정기가 쇠약해지면 허증으로, 병사가 우세하면 실증으로 그 증세가 나타난다고 본다.

허증이란 인체의 정기가 부족하여 나타나는 쇠약해진 병증을 말하며, 실증이란 병사가 왕성하여 인체의 일정한 기능이 이상항진[偏勝]된 병증을 말하는 것이다.

병증에 허증과 실증이 있으므로 그것을 예방 치료하는 한약도 보하는 작용을 하는 약(보약)과 사하는 작용을 하는 약(사약)으로 나눌 수 있다.

보하는 작용이란 정기를 돕고 저항성을 높여 약해진 기능을 회복시키며 몸의 전반적 기능을 잘 조절하고 도와주어 몸을 건강하게 하는 작용을 말한다. 사하는 작용이란 왕성한 병사를 없애 이상 항진된 기능을 정상으로 회복시키는 작용을 말한다.

한의학에서는 허증은 보하고 실증은 사하는 원칙에서 치료를 하므로 보약은 허증에 쓰고 사약은 실증에 쓰는데 이것은 한약을 쓰는 기본 원칙의 하나가 된다. 만일 보약을 실증에 쓰면 병사가 더 왕성해지고 사약을 허증에 쓰면 정기가 더 약해져 병은 보다 악화된다.

그런데 허증과 실증에도 오장·육부·혈 등의 구별이 있으므로 보약 또는 사약을 쓸 때에는 환자의 구체적인 증세와 체질에 근거하여 그에 알맞은 보약 또는 사약을 써야 한다.

다시 말하여 폐가 허약하면 폐를 보하는 보약을 쓰고, 심장이 허약하면 심장을 보하는 보약을 쓰며, 피가 부족한 허증에는 혈액을 보하는 보약을 쓰고, 어혈이 생긴 실증에는 사약으로 행혈약을 써야 한다. 실례로 기침 증세를 치료함에 있어서도 폐허증인 경우에는 인삼·오미자·양유근 등 보약을 쓰고, 폐실증인 경우에는 정력자·상백피·행인 등의 사약을 써야 한다.

아래의 표에서 오장·육부에 대한 보약과 사약을 살펴보자.

### 오장 육부에 대한 보·사약

| 장부 | 보·사 | 약 이 름 |
|------|------|---------|
| 심장 | 보약 | 원지, 복신, 천문동, 맥문동, 토사자, 인삼 |
| | 사약 | 선황련, 고삼, 패모, 전호, 울금 |
| 간장 | 보약 | 목과, 아교, 산궁궁, 황기, 산수유, 산조인, 오가피 |
| | 사약 | 청피, 백작약, 시호, 전호, 서각, 물푸레나무 껍질, 초룡담 |
| 비장 | 보약 | 인삼, 황기, 백출, 복령, 귤 껍질, 반하, 건강, 보리길금, 산약 |
| | 사약 | 파두, 삼릉, 지실, 메함박꽃, 대황, 청피, 신곡, 산사 |
| 폐장 | 보약 | 인삼, 황기, 아교, 오미자, 천문동, 양유근, 산약, 녹각교 |
| | 사약 | 꽃다지 씨, 상백피, 방풍, 행인, 마황, 지각, 소엽 |
| 신장 | 보약 | 숙지황, 구기자, 녹용, 남생이 배딱지, 오미자, 육종용, 우슬, 두충 |
| | 사약 | 택사, 복령, 저령, 호박, 목통 |
| 소장 | 보약 | 굴 껍데기, 석곡, 감초 |
| | 사약 | 파흰밑, 소자, 속수자, 대황 |
| 담 | 보약 | 당귀, 산수유, 산조인, 오미자 |
| | 사약 | 청피, 시호, 선황련, 목통, 백작약 |
| 위 | 보약 | 인삼, 황기, 백출, 산약, 연자, 감인, 백편두, 사인 |
| | 사약 | 파두, 대황, 지실, 망초, 후박, 견우자 |
| 대장 | 보약 | 앵속각, 굴 껍데기, 육두구, 토목향, 가자, 오배자 |
| | 사약 | 망초, 대황, 속수자, 도인, 마자인, 지각, 빈랑, 총백, 견우자 |
| 방광 | 보약 | 익지인, 창포, 조소 |
| | 사약 | 차전자, 구맥, 활석, 망초, 택사, 저령, 목통 |
| 삼초 | 보약 | 인삼, 황기, 건강, 감초, 백출, 육계, 익지인 |
| | 사약 | 황백, 치자, 저령, 택사, 적복령, 대황, 빈랑 |
| 명문 | 보약 | 육종용, 침향, 황기, 육계, 토사자, 보골지 |
| | 사약 | 오약, 지각, 대황, 망초, 황백, 치자 |

# 4. 한약의 선택 작용

한의학에서는 한약을 쓰면 그것이 온몸에 고루 작용하는 것이 아니라 선택적으로 작용하는 부위(장, 부, 경맥)가 있다고 보고 그것을 귀경(歸經)이라고 하였으며, 임상에서 선택작용을 고려하여 한약을 썼다.

한약의 선택작용은 약리 실험을 통하여 확증된 것은 아니고 어디까지나 한의학 임상 활동에서 얻은 경험에 기초하여 어느 약은 어느 장부, 경맥의 병증에 대하여 선택적으로 치료 효능을 나타내는가 하는 것을 보아 규정한 것이다.

한의학에서는 가령 폐경에 병이 생기면 기침이 나고 숨이 차며, 간경에 병이 생기면 옆구리가 아프고 경련이 일어나며, 심경에 병이 생기면 가슴이 두근거리고 잠이 잘 오지 않으면서 정신이 흐려지는 등을 주증세로 하는 병증이 나타난다고 보므로, 길경·행인 등과 같이 기침과 숨찬 증세를 치료하는 약은 폐경에, 영사·산조인과 같은 가슴두근거림·수면장애 등의 증세를 치료하는 약은 심경에, 오공·구인과 같은 경련을 치료하는 약은 간경에 작용한다고 보는 것이다.

선조들은 한약의 선택작용이 맛과 일정한 관계를 가진다고 보았다. 즉, 신맛을 가진 한약은 간경·담경·심포락경·삼초경에 작용하고, 쓴맛을 가진 한약은 심경·소장경·심포락경·삼초경에 작용하며, 단맛을 가진 한약은 비경·위경에 작용하고, 매운맛을 가진 한약은 폐·대장경에 작용하며, 짠맛을 가진 한약은 신·방광경에 작용한다고 보았다.

한의학에서는 일정한 장부, 경맥의 병증을 치료하기 위하여 일반적으로 그 장부, 경맥에 작용하는 한약을 주약으로 쓴다. 예를 들어 폐에 열이 있어 기침이 날 때에는 폐경에 작용하는 청열약인 석고·황금·상백피·지골피·마두령 등을 쓰며, 폐한증으로 기침이 날 때는 마황·자원·행인 등 폐경에 작용하는 따뜻한 성질을 가진 약을 쓴다. 그리고 배가 차고 불어나고 아픈 경우에, 윗배가 아프면 비경병이므로 비경에 작용하는 약인 건강·진피(陳皮)·후박 등을 쓰고, 아랫배가 아프면 간경병이므로 간경에 작용하는 약인 향부자·오수유·회향·청피 등을 쓴다.

한편 병이 생긴 장부·경맥과 밀접하게 연관된 장부는 경맥에 작용하는 한약을 배합하여 쓰기도 한다.

옛 한의서에는 인경약(引經藥)이라는 것이 씌어 있고, 처방의 조성에 인경약이 들어가게 되어 있다. 옛 책에서 말한 인경약이란 그 약 자체가 일정한 장부·경맥에 선택적으로 작용할 뿐만 아니라 그와 배합한 다른 약까지도 일정한 장부·경맥에 대하여 치료 효과를 나타내도록 약성을 인도하는 약들을 말한다.

몇 가지 인경약을 들면 다음과 같다.

- 폐경 – 길경, 백지, 승마, 파흰밑
- 대장경 – 갈근, 승마, 백지, 석고
- 심경 – 독활, 세신, 선황련
- 소장경 – 고본, 강활, 황백
- 비경 – 승마, 백작약, 갈근, 창출
- 위경 – 갈근, 승마, 백지, 석고
- 간경 – 시호, 산궁궁, 청피
- 신경 – 독활, 육계, 지모, 세신
- 방광경 – 고본, 강활, 황백
- 심포락경 – 시호, 산궁궁, 지골피, 청피,

부록
附錄

부자
• 삼초경-시호, 산궁궁, 청피
　한의서에는 대개 한약의 선택작용이 씌어 있다. 현대 의학적으로 볼 때, 생체의 모든 조직이 일정한 약에 대하여 똑같은 감수성을 가지는 것은 아니고 감수성이 특별히 높은 조직이 있으므로 해당 약물은 감수성이 높은 조직에서 선택작용을 나타내게 된다. 한약의 작용도 예외로 될 수 있다. 그러므로 한약의 경험적인 선택작용을 고려하면서 한약의 약리작용 기전을 과학적으로 밝혀야 한다.

## 5. 한약을 섞을 때 약성의 변화

　임상에서 한약을 쓸 때 한 가지 약을 쓰는 경우(單方)도 있으나 많은 경우에 두 가지 이상의 약을 섞어서 쓴다. 두 가지 이상의 약을 섞어 쓰면 약 상호간에 영향을 주게 되므로 약리작용의 변화가 일어난다. 한의학에서는 두 가지 이상의 약을 섞어 쓸 때 그 약성과 독성이 강해지는 경우와 약해지는 경우가 있다고 보고 이 점을 고려하여 한약을 섞는다. 선조들은 한약을 섞을 때 약성이 변하는 일곱 가지 경우가 있다고 보고 이것을 칠정(七情) 또는 칠정합화(七情合和)라고 하였다.

### 1) 약성이 강해지는 경우
　약효가 비슷한 두 가지 이상의 한약을 섞을 때 서로 협력하여 약효가 세지는 경우〔상수(相須)〕와 한 개의 주약에 주약과 약효가 다른 보조약을 섞을 때 주약의 약효가 강해지는 경우〔상사(相使)〕가 있다. 임상에서 치료 효과를 높이기 위하여 이렇게 섞는 법을 많이 쓴다.
　예를 들어 청열약인 지모와 황백을 섞어서 쓰면 협력작용에 의하여 음을 보하고 해열작용이 강해지며, 청열약인 황금에 설사약인 대황을 섞어 쓰면 황금의 청열작용이 강해진다.

### 2) 약성이 약해지는 경우
　두 가지 이상의 약을 섞을 때 한약 상호간의 길항작용에 의하여 약효가 약해지는 경우〔상오(相惡)〕가 있다. 예를 들면 생강에 황금을 섞으면 생강의 따뜻한 성질이 약해진다. 약효를 약하게 하는 이런 섞음은 배합금기로 된다.

### 3) 독성이 약해지는 경우
　독성이 있는 한약에 해독작용을 하는 한약을 섞으면 독성 약의 독작용이 약해지거나〔상외(相畏)〕 없어지는 경우〔상살(相殺)〕가 있다. 독성이 있는 한약을 쓸 때 의료

황금

반하(왼쪽)와 오두(지리바꽃, 오른쪽)를 배합하면 독성이 강해지므로 배합금기 한약이다.

사고를 막기 위하여 흔히 이런 섞음을 하게 된다. 해독약으로 흔히 섞는 한약은 감초, 생강, 녹두 등이다. 예를 들면 반하에 생강을 섞으면 반하의 독성이 약해진다.

4) 독성이 강해지는 경우

두 가지 한약을 섞을 때 독성이 강해지거나 심한 부작용을 나타내는 경우〔상반(相反)〕가 있다. 예를 들면 대극에 감초를 섞을 때 대극의 독성이 강해진다. 이런 섞음은 배합금기(配合禁忌)로 된다.

두 가지 이상의 한약을 섞을 때 약성이 변한다는 한의학적 견해도 임상 활동 과정에서 경험적으로 얻어진 것이므로 이것도 과학적으로 검토해야 한다.

실험에 의하면 감초를 이것과 상반 약인 대극, 감수, 원화, 모자반 등과 같은 양을 섞거나 더 많은 양을 섞을 때 해당한 약들의 독성이 보다 강하게 나타나며, 소장 이송기능, 장 꿈틀운동, 이뇨작용이 억제되는 것을 알 수 있다.

《의방류취》, 《동의보감》, 《방약합편》, 《의종손익》 등 옛책에는 배합금기약이 구체적으로 씌어 있는데 대표적인 것을 들면 다음과 같다.

※ 독성이 강해지는 배합금기 약

• 반하, 과루실, 패모, 백급―오두
• 모자반, 대극, 원화, 감수―감초
• 백작약, 단삼, 인삼, 고삼, 현삼, 양유근, 세신―여로(의방류취)
• 오두―백렴, 서각
• 석결명―운모
• 유황, 삼릉―망초
• 인삼―오령지
• 수은―비상
• 파두―견우자
• 정향―울금
• 육계―적석지
• 여로―술
• 총백, 부추―봉밀

※ 약성이 약해지는 배합금기 약

• 오독도기―밀타승
• 복령―식초
• 고슴도치 껍질―길경, 맥문동
• 생강―황금

# 제2절 한약의 성분과 그 작용

한약재에 들어 있는 복잡하고 다양한 성분들은 예방 치료적 작용에 따라 유효 성분과 보조 성분으로 나눌 수 있다.

유효 성분이란 생체에 대하여 예방 치료적 작용을 나타내는 성분을 말한다. 예를 들면 알칼로이드, 배당체, 비타민 등이다.

보조 성분이란 유효 성분의 작용을 돕는 성분이다. 이 밖에 무효 성분이 있는데 이것은 생체에 대하여 예방 치료작용을 특별히 나타내지 않는 물질을 말한다. 예를 들면 섬유소, 이눌린 등이다.

때로는 같은 성분이라도 유효 성분으로 되는 경우도 있고 무효 성분으로 되는 경우도 있다. 실례로 오이풀·쥐손이풀·붉나무벌레집 등을 수렴약으로 쓸 때에 타닌이 유효 성분으로 되지만 대황을 설사약으로 쓸 때, 석류나무 껍질을 구충약으로 쓸 때에는 이 약재들에 들어 있는 타닌이 무효 성분으로 된다. 성분 연구가 심화됨에 따라 종전의 무효 성분이 유효 성분으로 전환되기도 한다.

한약재의 대표적인 성분 군을 들어 보면 알칼로이드, 배당체, 사포닌, 타닌, 탄수화물, 기름, 인지질, 수지, 밀, 비타민, 유기산, 색소, 스테로이드, 효소, 아미노산 및 단백질, 식물 항생물질, 미량 원소 등이다.

## 1. 알칼로이드(alkaloid)

알칼로이드는 질소를 함유하고 있는 강한 약리 활성을 가진 식물성 유기 염기이다. 알칼로이드는 식물체 안에서 보통 산과 결합하여 열매, 잎, 꽃, 뿌리, 껍질 등의 세포액 속에 염(鹽) 형태로 들어 있다. 그러나 세포가 죽어 마른 다음에는 세포막에 흡수된다.

알칼로이드는 대개 쓴맛을 가진 빛깔이 없는 결정성 물질이다.

알칼로이드 염기는 물에 거의 용해되지 않고 에테르, 클로로포름, 알코올, 석유에테르 등 유기 용매에는 용해된다. 알칼로이드의 물 용액은 염기성이다. 그것은 알칼로이드 분자를 구성하고 있는 한 개 또는 몇 개의 질소 원자에 기인된다.

알칼로이드는 알칼로이드 시약(앙금 시약 및 정색 시약)과 반응하여 앙금 또는 정색 반응을 나타낸다.

알칼로이드는 가지과, 양귀비과, 콩과, 미나리아재비과, 꼭두서니과 식물들에 많이 들어 있고 소나무과 식물에는 거의 들어 있지 않다. 알칼로이드는 여러 가지 계통의 유기 물질이며 그 성질도 각각 다르다. 알칼로이드는 대개 강한 약리작용을 나타내므로 질병 치료에 널리 쓰인다. 예를 들면 아편의 주알칼로이드인 모르핀은 강한 진통작용을 가지고 있으므로 여러 가지 통증에, 황백에 들어 있는 베르베린은 억균 작용이 있으므로 대장염에, 코데인은 기침 중추를 진정시키므로 기침에, 마황에 들어 있는 에페드린은 기관지 활평근을 이완시키므로 기관지천식에, 다릅나무에 들어 있는 치티진은 호흡을 강하게 하므로 호흡이 약하거나 멎었을 때 쓴다.

# 2. 배당체(配糖體 ; glycoside)

배당체는 식물 안에 들어 있는 유기 화합물로서 락톤(lacton) 수산기를 가진 당과 수산기를 가진 비당 물질이 에테르 상태로 결합된 물질이다.

배당체를 이루고 있는 당의 대부분이 포도당, 람노오스, 갈락토오스(galactose) 등과 같은 단당류이며 때로는 당산 또는 몇 개의 단당류로 되어 있다.

배당체를 이루고 있는 비당 부분을 아글리콘 또는 게닌(genin)이라고 부르며 대개 배당체의 아글리콘은 그 배당체의 이름에서 어미 'n'을 떼고 'genin'을 붙여 이름 짓는다. 예를 들어 디기톡신(digitoxin)의 아글리콘은 디기톡시게닌(digitoxigenin) 이라고 부른다.

배당체는 대개 중성이고 쓴맛이 있으며 천연물은 대개 좌선성(左旋性)이다. 배당체는 또한 빛깔이 없는 결정성 물질이고 물, 알코올, 특히 메틸알코올에 잘 용해되며 벤졸, 석유에테르, 에테르 등에는 잘 용해되지 않는다. 배당체는 묽은 산, 알칼리, 배당체 분해 효소 등에 의하여 당과 비당 물질로 분해된다. 배당체 용액에 염기성 초산연, 수산화바륨 용액을 넣으면 배당체는 앙금이 앉는다.

배당체는 식물계에 널리 퍼져 있으며 세포액에 용해되어 식물의 모든 기관에 들어 있다. 배당체가 들어 있는 식물은 그 배당체를 분해하는 효소도 세포액 속에 가지고 있다. 이 효소는 세포가 살아 있을 때는 배당체를 분해하지 않으나 세포가 죽으면 물기가 있는 조건에서 배당체를 분해한다.

배당체의 치료작용은 주로 아글리콘에 의한 것이지만 당 부분도 아글리콘의 용해 도와 흡수에 영향을 준다.

배당체에는 페놀 배당체, 청산 배당체, 안트라퀴논 배당체, 강심 배당체, 사포닌 배당체, 쓴맛(고미질;苦味質) 배당체, 쿠마린 배당체, 유황 배당체, 플라보노이드 배당체, 지방족 배당체, 기타 등이 있다.

## 1) 페놀(phenol) 배당체

페놀 배당체는 배당체의 비당 부분이 페놀류로 이루어진 것이다. 페놀 배당체는 몸 안에서 분해되어 페놀류를 만드는데 이것은 호흡기, 신장, 요도 등으로 배설되면서 소독작용을 나타낸다.

## 2) 청산 배당체

청산 배당체는 aldehyde 또는 ketone의 cyanohydrin이 당과 결합된 배당체로서 니트릴 배당체라고도 한다. 청산 배당체는 주로 벚나무과 식물에 들어 있으며 물기가 있는 조건에서 효소의 작용에 의하여 시안화수소($HCN$)를 분리한다. 시안화수소는 기침 중추를 진정시켜 기침을 멎게 한다. 청산은 매우 유독하므로 청산 배당체가 들어 있는 한약을 쓸 때에는 주의해야 한다.

## 3) 안트라퀴논(anthraquinone) 배당체

안트라퀴논 배당체는 안트라퀴논 유도체를 아글리콘(aglycon)으로 하는 배당체로서 주로 여뀌과·갈매나무과 식물에 들어 있고 일부 콩과 식물에도 있다. 안트라퀴논 배당체는 노란색이고 물에 잘 용해되며 알칼리에는 더 잘 용해된다. 그러나 유기 용매에는 잘 용해되지 않는다. 안트라퀴논 배당체는 몸 안에서 가수분해된 다음

대장 점막을 자극하여 대장의 꿈틀운동을 강하게 하여 설사를 일으키는 것으로 알려졌다. 그러나 최근에 안트라퀴논 배당체보다도 디안드론 배당체가 설사를 일으킨다는 것이 보고되었다.

### 4) 강심(強心) 배당체

강심 배당체는 스테로이드계의 화합물로서 강심작용을 나타내는 한약 성분이다. 강심 배당체에는 $C^{17}$ 위치에 불포화 5~6 락톤환이 붙는다. 강심 배당체는 식물계에 널리 퍼져 있다. 강심 배당체는 매우 불안정하므로 물기가 있으면 효소의 작용에 의해 쉽게 가수분해되어 그것의 치료 효과가 변하게 된다. 그러므로 강심 배당체가 들어 있는 한약을 생산·가공·보관할 때 이런 점에 주의해야 한다.

### 5) 사포닌(saponin) 배당체

사포닌은 물과 함께 흔들 때 오랫동안 꺼지지 않는 거품을 일으키는 하나의 배당체다. 사포닌의 비당 부분(아글리콘)을 사포게닌(sapogenin)이라고 하며 사포게닌의 종류에 따라 트리테르페노이드계 사포닌과 스테로이드계 사포닌으로 나눈다. 결합당으로는 포도당, 아라비노스, 갈락토스, 글루크론산 등이 있다.

사포닌은 일반적으로 물, 에틸알코올, 메틸알코올에 용해되고 에테르, 벤졸, 기름에는 잘 용해되지 않는다. 사포닌은 중성 또는 산성을 나타내는데, 산성 사포닌은 식물 안에 대개 알칼리염 또는 칼슘염의 형태로 들어 있다.

사포닌은 일반 세포 독이다. 묽은 농도에서 자극작용을 나타내고 피하 주사하면 조직 세포의 괴사를 일으키며 이것을 핏속에 넣으면 적혈구를 녹이므로(용혈작용) 주사의 방법으로 쓸 수 있다.

사포닌은 소화기에서 거의 흡수되지 않고 가수 분해를 받으므로 먹는 방법으로만 쓸 수 있다. 사포닌을 먹으면 위벽을 자극하여 반사적으로 구토를 일으킨다. 그러나 적은 양을 먹으면 기관지 선분비를 항진시키고 가래를 삭이므로 기관지염에 쓸 수 있다.

사포닌이 들어 있는 한약은 또한 이뇨약, 강장약, 자극약, 긴장약으로도 쓴다. 그리고 사포닌은 콜레스테롤 배설을 빠르게 하고 동맥 경화를 막는다. 또한 사포닌은 악성 종양 치료에 좋은 영향을 준다는 것이 밝혀졌다.

### 6) 쓴맛(고미질;苦味質) 배당체

식물에 들어 있는 성분 중에서 매우 쓴맛을 가지고 질소가 없는 화합물을 총칭하여 고미질이라고 한다. 고미질은 대개 배당체의 형태로 식물에 들어 있다. 고미질은 그

으름나무의 줄기를 말린 목통에는 사포닌 성분이 들어 있다.

것을 먹을 때 반사적으로 위의 분해 기능을 높여 주고 입맛을 돋우며 음식물의 소화 흡수를 빠르게 한다.

### 7) 쿠마린(coumarin) 배당체

쿠마린 화합물을 아글리콘으로 하는 배당체를 쿠마린 배당체라고 한다. 최근 식물에서 얻어낸 쿠마린들이 의약품으로 널리 쓰이고 있다. 쿠마린 배당체는 진경작용, 관상혈관 확장작용, 광감작용, 항암작용, 모세혈관의 투과성을 낮추는 작용, 혈액응고 방지작용, 자외선 흡수작용, 여성호르몬 유사작용, 억균작용 등을 나타내므로 장 경련, 기관지 활평근 경련, 협심증, 관상혈관 부전, 백반병, 혈전증, 혈전성 정맥염 등에 쓴다.

### 8) 유황(thioglycoside) 배당체

유황 배당체는 S, N을 함유하고 있는 배당체로서 효소에 의하여 가수 분해되면 특징적인 자극성 냄새를 가진 allylisothio-cyanate, P‑oxybenyl isothiocyanate 등과 당을 만든다.

유황 배당체는 겨자를 비롯한 십자화과 식물에 들어 있다. 유황 배당체는 그 분해 산물의 자극작용이 강하므로 발적약(發赤藥)으로 쓴다.

### 9) 플라보노이드(flavonoid) 배당체

플라보노이드를 아글리콘으로 하는 배당체를 플라보노이드 배당체라고 한다. 플라보노이드란 플라본(flavone), 이소플라본(isoflavone), 플라보놀(flavonol), 플라바논(flavanone), 플라바놀(flavanol) 등과 같이 크로몬(chromone) 핵을 가진 식물 성분을 말한다.

플라보노이드는 식물계에 배당체 또는 유리 상태로 널리 퍼져 있는데 특히 여뀌과, 콩과, 꿀풀과, 갈매나무과, 산형과, 국화과 등의 식물에서 많이 발견되고 있다.

플라보노이드는 대개 연황색의 결정이며 물에 잘 용해되지 않고 알코올에 잘 용해된다. 플라보노이드는 모세혈관 투과성을 낮추는 작용, 이뇨작용, 방사선 보호작용, 혈압강하작용, 혈압상승작용, 자궁수축작용, 설사작용, 살균작용, 구충작용, 항바이러스작용, 동상 예방 효과 등을 나타내므로 약으로 널리 쓰고 있다.

쿠마린 성분이 들어 있는 참당귀

플라보노이드 성분이 들어 있는 황기

# 3. 타닌(tannin)

타닌이란 떫은맛을 가지고 단백질과 결합하여 녹지 않는 앙금을 만드는 다가페놀 화합물을 말한다.

타닌은 거의 모든 식물에 들어 있고 특히 나무의 뿌리와 줄기에 많다. 타닌은 유리 상태로 또는 다른 화합물과 결합된 상태로 식물 세포액에 용해되어 있으며 식물 조직이 죽은 다음에는 세포막에 침투되거나 혹은 덩어리로 된다.

타닌은 물, 알코올에 잘 용해된다. 타닌 용액에 철염(鐵鹽) 용액을 넣으면 남색 또는 어두운 풀색을 나타내고, 젤라틴(gelatin), 알칼로이드, 중금속염 등의 용액을 넣으면 흐려지거나 앙금을 만든다. 타닌은 대개 무정형이고 공기와 접촉하면 산화 또는 중합(重合)되어 암갈색의 화합물을 만든다. 타닌을 180~200℃로 가열하면 분해되어 피로갈롤(pyrogallol) 또는 카테콜을 만든다. 타닌이 분해되어 피로갈롤을 만드는 것을 피로갈롤 타닌, 카테콜을 만드는 것을 카테콜 타닌이라고 한다.

타닌은 수렴작용, 소염작용, 지혈작용, 지사작용을 나타낸다. 그러므로 급성 및 만성 장염, 설사, 장출혈, 너리증(치조농루), 점막의 염증, 화상, 궤양 등에 쓴다. 타닌은 또한 중금속염 또는 알칼로이드를 먹고 중독되었을 때 해독약으로 쓴다.

※공업적으로는 가죽을 부드럽게 할 때, 물감, 잉크 등을 만들 때 쓴다.

# 4. 탄수화물(炭水化物)

탄수화물이란 당 또는 당으로 구성된 복합물의 총칭이다.

탄수화물은 탄소와 물 분자가 결합된 형태를 이루고 있는 물질로서 사람과 동물의 영양에서 없어서는 안될 영양소이다. 특히 다당류는 항암작용을 나타내고 위장의 궤양과 염증을 치료하는 작용을 한다.

## 1) 당류

당은 단당류, 소당류, 다당류로 나눈다.

단당류는 가수분해되지 않으며 물에 잘 용해되고 선광성을 나타내며 단맛을 가진다. 단당류는 polyoxyaldehyde로 되어 있는 알도스(aldose)와 폴리옥시케톤(polyoxyketone)으로 되어 있는 케스토오스(kestose)로 나눌 수 있다. 한약에 들어 있는 알도스로는 포도당, 아라비노스(arabinose), 자일로스, 람노오스, 마노스, galactose 등을 들 수 있다. 케스토오스로는 과당, sorbose, chimarose, digitoxose 등이 있다.

소당류는 가수분해에 의하여 둘 또는 몇 개 분자의 단당류가 생기며 물에 용해되고 대체로 단맛을 가진다. 예를 들면 한약에 들어 있는 2당류는 젖당 · gentiobiose · 사탕 등이고, 3당류는 gentianose · mannotriose · melezitose 등, 4당류는 스타키오스, 5당류는 berbascose 등을 들 수 있다.

다당류는 가수분해에 의하여 10분자 이상의 단당류가 생기며 찬물에 용해되지 않고 단맛이 없다. 예를 들면 녹말, 펙틴, 이

549

눌린, 섬유소, 글리코겐 등이다.

녹말은 식물에서 탄산의 최종 동화 산물로서 식물의 뿌리, 뿌리줄기, 덩이뿌리, 껍질 등에 특히 많다. 녹말은 차가운 물에 용해되지 않고 뜨거운 물에서 끈적한 용액을 만들며 이것을 식히면 묵 같은 상태로 된다. 녹말은 소아과에서 살포약으로 쓴다. 때로 묽은 녹말 용액을 위장병에 씌움약으로도 쓴다.

펙틴은 식물계에 널리 퍼져 있는 다당류인데, 특히 물에 용해되는 펙틴이 중요하다. 펙틴은 Sr, Co의 배설을 빠르게 한다. 그리고 Hg, Pb 중독 때 해독작용을 한다.

또한 펙틴은 소화를 돕고 장에서 부패 과정을 억제하여 과잉량의 콜레스테린을 몸 밖으로 내보낸다. 펙틴은 설사 치료에도 쓴다. 사과의 펙틴은 유행성감기 바이러스 A의 번식을 억제한다.

섬유소는 식물 세포막의 기본 조성 성분이다. 섬유소는 소화기를 자극하여 그 운동을 강하게 하며 소화액의 분비를 높여 준다. 그리고 과잉량의 콜레스테롤과 그 분해 산물의 배설을 빠르게 한다.

## 2) 점액질

식물성 점액질은 물에 녹아서 끈적한 용액으로 되는 일련의 교질성 다당류다.

점액질에 물을 넣으면 불어나 점액성 교질 용액을 만드나 여기에 알코올을 넣으면 다시 앙금이 생긴다.

점액질은 화학적으로 단일한 물질이 아니며 조성이 각각 다르다. 그러므로 점액질을 묽은 산으로 가수분해하면 아라비노스, 젖당, 푸르푸롤 등이 생긴다. 단당류와 같이 점액질은 미생물의 좋은 영양제가 된다. 그러므로 점액질이 많이 들어 있는 약재는 곰팡이가 끼지 않도록 마른 장소에 보관해야 한다.

점액질은 씌움약으로 살갗 또는 점막을 보호할 때와 약한 설사약으로 쓴다.

## 3) 고무질

식물 줄기의 상처에서 흘러내린 끈적한 액체가 공기 중에서 점차 말라 투명 혹은 반투명한 덩어리로 된 것으로서 물에 녹아 끈적한 교질 용액을 만드는 다당류 물질이다. 고무질은 물에 녹아서 끈적한 교질 용액으로 되며 유기 용매에는 용해되지 않고 또한 알코올에도 용해되지 않는데 이것은 수지와 다른 점이다(수지는 알코올에 용해된다). 고무질의 용액에 알코올, 염기성 초산연을 넣으면 고무질이 앙금으로 가라앉는다.

고무질은 씌움약으로 쓰며 유화제로 알약 및 환약의 결합약으로도 쓴다.

※공업적으로는 수채화구, 연필, 잉크, 성냥, 화장품 제조의 원료 등으로 쓰며 인쇄할 때도 쓴다.

점액질 성분이 들어 있는 마

# 5. 정유(精油)

식물을 수증기 증류할 때 증류되어 나오는 방향성 식물 성분을 정유라고 한다. 정유는 식물에 널리 퍼져 있는데 특히 산형과·꿀풀과·생강과·목련과·녹나무과 식물에 많으며, 잎·껍질·줄기·뿌리·꽃·열매·씨 등 여러 기관에 들어 있다.

정유는 대개 색이 없거나 연노란색의 투명한 액체이고 중성 혹은 산성을 나타내며 그 화학적 조성은 복잡하다. 한 가지 식물의 정유 속에는 수 종 내지 수십 종의 물질이 들어 있으며, 그 중 한 가지 성분으로서는 테르펜(Terpene, C10H16), 세스퀴테르펜(C15H24) 및 그 유도체다. 테르펜 및 세스퀴테르펜에 산소가 들어 있는 유도체들은 대개 좋은 향기를 낸다.

정유는 에테르, chloroform, 석유에테르, 이황화탄소 등 여러 가지 유기 용매에 잘 용해되며 빙초산 및 포수클로랄의 물 용액에도 용해된다. 그리고 농도가 높은 알코올에는 잘 용해되나 농도가 낮은 알코올에는 일정한 양만 용해된다. 정유의 물에 대한 용해도는 매우 작으나 물에 매우 적은 양이 용해되어 있어도 물에서 그 정유의 향기로운 냄새가 풍긴다. 정유에 빛을 오래 쬐거나 정유가 공기와 오래 접촉하면 각종 산화물이 생겨 정유의 비중이 커지고 빛깔이 진해지며 점차 수지 모양의 물질로 변한다.

정유는 피부 살균 소독약·피부 자극약·건위약·구풍약으로 쓰며, 어떤 정유는 강심약·진통약·구충약으로도 쓴다.

※ 정유는 향료 공업 및 식료 공업에서 향료·화장품·비누·치약·알사탕·과자 등을 만들 때 널리 쓴다.

# 6. 수지(樹脂 ; 나무진)

소나무과 식물을 비롯한 일련의 식물은 줄기에 상처를 입었을 때 빛깔이 없거나 또는 갈색인 투명한 분비물이 흘러나온다. 이 분비물이 공기 속에서 점차 투명 또는 반투명의 덩어리로 되는데 이것은 탄수화물도 아니고 고무질과도 다르다. 이것을 수지라고 한다.

수지는 여러 가지 복잡한 성분의 혼합물이다. 수지의 성분은 대개 무정형 물질이고 고분자 화합물이며 그 조성 중 탄소·수소 원소가 많고 산소는 적다. 수지의 화학적 조성은 아직 완전히 해명되지 않았으나 주로 수지알코올, 수지산, 수지에스테르, lesen 등으로 되어 있다.

고체 수지는 표면에 윤기가 있고 잘 부스러진다. 가열하면 처음에는 유연해지고 점차 녹으며 점성이 강해진다. 불을 붙이면 검은 연기를 내면서 탄다. 정유가 많이 들어 있는 기름 수지는 끈적한 반유동성 액체인데 공기 속에 오래 두면 정유가 달아나고 굳어진다. 수지는 오랫동안 보관해도 변질되지 않으나 햇빛과 공기에 오래 접촉하면 일부 수지, 특히 산성 수지는 변화되어 그 용해도가 작아진다.

수지의 비중은 물보다 크고 물에 잘 용해되지 않으며 알카리 용액에는 일부 또는 완전히 용해된다. 그러나 산을 넣으면 다시 앙금이 앉는다. 수지의 대다수는 알코올,

에테르, 클로로포름, 이황화탄소, 아세톤, 석유에테르, 벤졸, 정유 등에 용해된다.

수지는 고약을 만드는 원료로 쓰며 곪은 상처, 염증, 궤양, 습진, 화상 등에 쓴다.

## 7. 기름(지방유 ; 脂肪油)

기름은 동물 및 식물계에 널리 퍼져 있는 성분으로서 지방산의 글리세린-에스테르(글리세리드)이다.

기름은 그 모양에 따라 액체 기름과 고체 기름으로 나눌 수 있는데 불포화 기름은 실내에서 대개 액체이고 포화 기름은 고체다. 식물성 기름은 흔히 일정한 빛깔을 띠고 있는데 그것은 기름에 색소가 풀려 있기 때문이다. 식물성 기름 속에는 비타민 E가 들어 있는 경우가 있다.

기름을 250~300℃로 가열하면 증기와 기체 상태의 휘발성 물질이 생기는데, 그 속에는 글리세린의 분해 산물인 자극성 냄새를 발산하는 아크롤레인(acrolein)이 들어 있다.

식물성 기름의 대다수는 핏속의 콜레스테롤의 양을 낮춘다. 그것은 식물성 기름에 들어 있는 리놀레산, 리놀렌산, 올레인산 등의 불포화 지방산들이 콜레스테롤과 결합하여 유기체로부터 잘 나가는 가용성 화합물을 만드는 것과 관련된다.

기름은 고약, 끼움약의 바탕약, 용제, 젖제로 쓰며 어떤 기름은 설사약으로 쓴다. 바르는 기름은 도료, 기름종이, 기름천, 기름막 등의 원료로 쓴다.

※ 기름은 특히 식료 기름, 비누 제조 원료로 중요하게 쓰인다.

## 8. 밀(蜜 ; 납)

밀은 고급 1가 알코올과 고급 지방산이 결합된 에스테르다. 자연 밀에는 흔히 유리알코올, 유리지방산, 파라핀(paraffin), 기타 물질들이 약간 들어 있다.

밀은 일반적으로 뜨거운 알코올에 잘 용해되고 가열해도 아크롤레인의 냄새가 나지 않으며 비누화가 잘 되지 않고 산패(酸敗)도 잘 되지 않는다. 밀에서 비누화되지 않는 물질의 양은 약 50%다.

밀은 크게 동물 밀과 식물 밀로 나눌 수 있다. 동물 밀로는 꿀벌 집에서 얻는 경랍이 있고 식물 밀로는 목랍이 있다.

## 9. 인지질(燐脂質)

인지질은 기름에서 한 분자의 지방산이 인산과 바뀐 곳에 염기가 결합된 것이다.

인지질은 동식물계에 널리 퍼져 있다. 예를 들면 달걀 노른자, 콩, 큰조롱, 하수오 등에 들어 있는 레시틴을 들 수 있다. 레시틴은 강심작용을 나타낸다.

부록
附錄

# 10. 비타민(vitamin)

비타민은 식물체의 생명 유지를 위하여 없어서는 안 될 필수적 요소의 하나다. 사람에게 단백질, 지방, 탄수화물, 무기염 등을 충분히 공급해도 비타민이 모자라면 물질 대사, 신경 계통, 기타 등의 기능 장애가 생기고 괴혈병, 구루병, 야맹증, 다발성 신경염 등, 비타민 결핍증이 생긴다. 비타민은 호르몬과는 달리 사람의 몸 안에서 합성되지 못하고 밖으로부터 받아들이며, 혹은 장 내의 세균에 의하여 합성되기도 한다. 비타민은 일반 식품 중에 많이 들어 있고 한약재 속에서도 많이 들어 있다. 개별 한약재에 들어 있는 비타민에 대해서는 각론에서 설명하기로 한다.

# 11. 스테로이드(steroid)

스테로이드 화합물에는 스테롤, 담즙산, 신상선피질 스테로이드와 스테로이드계 사포닌, 강심 배당체 등이 있다. 스테롤은 동식물계에 지방과 함께 들어 있는 결정성 물질로서 식물에 있는 것을 피토스테롤, 동물의 담즙 속에 들어 있는 것을 콜레스테롤이라고 한다. 담즙산에는 리토콜산, 데스옥시콜릭산, 우르소데스옥시콜린산 등이 있는데, 소화 효소를 되살리고 활평근에 대한 진경작용을 하며 이담작용도 나타낸다.

# 12. 색소(色素)

한약재에는 여러 가지 색소가 들어 있다. 한약재에 들어 있는 색소로는 카로티노이드(carotinoid), 안토크산틴 (anthoxanthin), 안토시아닌(anthocyanin), 퀴논(quinone), 포르피린, 엽록소, 담즙 색소 등이 있다. 예로부터 색소가 들어 있는 식물성 약재를 소독약 또는 상처 치료약으로 써 왔다. 최근 식물의 풀색 부분에 있는 색소인 엽록소의 작용이 알려졌다. 엽록소는 기초 대사를 강화하고 자궁, 창자, 심장 혈관 계통 및 호흡 중추의 긴장성을 높이고 다친 조직에서 새살 및 겉껍질이 빨리 생기게 하며 백혈구와 혈색소 양을 늘리는 작용을 한다.

# 13. 단백질 및 아미노산(amino酸)

단백질은 다수의 아미노산으로 구성되어 있는 고분자 화합물로서 유기체를 이루는 기본 물질이다.

단백질은 한약재 속에 많이 들어 있다.

단백질 용액을 60℃ 이상 끓이면 앙금이 생기며 각종 산류, 염류, 전해질, 중금속염 등을 넣어도 빨리 앙금이 생긴다. 단백질은 일반적으로 무수알코올, 유기용매에 용해되지 않고 어떤 단백질은 다만 묽은 알코올에 용해된다. 단백질은 물에 풀리지 않으나 콩, 밀, 아주까리 씨 등에 들어 있는 알부민은 물에 용해된다.

단백질을 가수분해하면 아미노산이 생긴다. 아미노산은 한약재 속에 유리 상태로도 들어 있으나 대부분 단백질의 가수분해 산물로 얻어진다. 한약재 중에는 의이인과 같이 필수아미노산이 특히 많이 들어 있는 것도 있다.

아미노산은 결정성 물질로서 대개 잘 용해되고 그 물용액은 분자 내 중화에 의하여 중성을 나타낸다. 아미노산은 좋은 영양제로 된다. 글루타민산이나 아스파라긴산은 강한 해독작용을 나타내므로 간성혼수 치료약으로 쓰이고 있다.

## 14. 효소(酵素)

동식물성 한약재 속에는 해당 동식물이 살아 있을 때 생화학적 반응에 촉매적 역할을 하던 효소가 많이 들어 있다. 효소는 단백성 물질이며 매개 효소는 일정한 물질에만 작용하여 그 물질의 분해 또는 합성에 참가한다. 효소는 세포가 죽은 다음에도 계속 활성을 나타낸다. 그러나 60℃ 이

상 끓이면 활성을 잃는다. 효소는 특히 맥아, 신곡 등 소화약들에 많이 들어 있으며 이들 약재에서 효소는 유효 성분으로 된다. 배당체가 들어 있는 약재에는 해당 배당체를 분해하는 효소가 들어 있으므로 일정한 습도, 온도 조건에서 효소의 작용에 의하여 배당체가 분해된다.

## 15. 유기산(有機酸)

식물성 약재 중에 유기산이 들어 있는 것이 많다. 특히 선열매 약재에 많이 들어 있다. 일반적으로 식물의 열매가 점점 익어갈수록 유기산의 함량은 적어지고 당의 함량이 높아지는 것을 볼 수 있다. 식물성 약재에 흔히 들어 있는 유기산으로 개미산, 식초산, 옥살산, 젖산, 호박산, 사과산, 포도주산, 레몬산, 살리실산, 아스코르빈산 등이다.

유기산은 침, 담즙, 취장액의 분비를 빠르게 하고 입맛을 돋우며 소화를 빠르게 한다. 또, 억균작용을 나타내고 부패 를 막는다. 리놀레산, 올레인산, 리놀렌산, 팔미틴산 등 불포화 지방산은 혈액 속의 콜레스테린 함량을 낮추며 분류성 동맥경화증의 예방에 일정한 의의가 있다. 발레리안(valerian)산, 이소발레리안(isovalerian)산 등은 진정작용을 나타낸다.

## 16. 식물 항생물질(phytoncide)

고등 식물체에서 세균 또는 원충을 억제하거나 죽이는 작용을 나타내는 물질을 식물 항생물질이라고 한다. 식물의 항생작용에 대한 연구가 많이 진행되었으며 마늘, 파, 붉나무벌레집, 오미자, 오매, 황금, 지

골피, 대황, 우슬 등을 비롯한 많은 한약재들의 억균작용이 밝혀졌다.

식물의 일정한 조직·기관을 떼어내어 말려도 피톤치드(phytoncide)는 활성을 나타내며, 가열에 의해서도 피톤치드의 살균

작용은 없어지지 않는다. 식물 항생물질은 매우 다종다양하며 그 본체와 작용 기전에 대해서는 아직 해명되지 못한 것이 많다.

지금까지 알려진 식물 항생물질로서는 알칼로이드, 배당체 혹은 정유 등의 물질이다.

## 17. 미량 원소(微量元素)

모든 한약에는 미량 원소들이 들어 있는데 이것은 질병을 예방 치료할 때에 중요한 의의를 가진다.

탄소, 수소, 산소, 칼슘, 인, 철, 마그네슘 등은 사람의 몸 안에, 그리고 식물과 동물에 많은 양이 들어 있어 다량 원소라고 부른다. 나머지 화학 원소들은 대개 1~2%를 차지한다. 코발트, 요오드, 망간, 아연, 동, 불소, 몰리브덴, 비소 등과 같이 몸 안에 1/1,000~1/10만 들어 있는 원소들을 미량 원소라고 부르고 라듐, 우라늄, 토륨, 란탄, 사바륨 등과 같이 1/100만~1/1억 들어 있는 것을 초미량 원소라고 부른다.

미량 원소는 적은 양으로 들어 있지만 몸에 필수적인 성분이다. 유기체가 정상적으로 활동하려면 모든 미량 원소들이 알맞게 있어야 한다. 이미 알려진 바와 같이 음료수에 불소가 모자라면 이가 잘 삭고, 지나치게 많으면 반상치(斑狀齒)가 생기거나 법랑질이 파괴된다. 그리고 음식물에 코발트가 모자라면 빈혈을 일으키고, 반대로 코발트 섭취량이 너무 많으면 중독을 일으킨다.

미량 원소들은 비타민, 호르몬, 효소 등의 조성 성분으로 들어가는데 특히 Zn, Cu, Mr, Co 등이 중요하다. 초미량 원소도 사람의 몸에 좋은 영향을 주며 모자라면 물질 대사가 장애되고 세포 조직들의 활동이 약해진다.

한약에는 미량 원소가 풍부하므로 한약을 써서 유기체에 부족한 미량 원소를 보충할 수 있다. 연구 자료에 의하면 약초에 들어 있는 미량 원소나 미량 원소의 복합체는 그것을 많이 먹어도 중독작용을 나타내지 않는다. 그러므로 한약은 미량 원소를 보충할 때도 안전하게 쓸 수 있다.

## 18. 기타 성분

한약재에는 위의 성분 외에도 아미노 화합물, 페놀류, 알코올류, 알데히드(aldehyde)류, 케톤(ketone)류, 무기 물질 등이 있다.

무기 물질은 식물성 약재, 동물성 약재에도 들어 있으나 특히 광물성 약재의 주성분으로 들어 있다. 동물성 약재에서는 동물의 뼈, 조가비 등에 많이 들어 있다.

미량 원소인 구리(Cu)가 들어 있는 오미자 열매

# 제2장 한약재의 채취 및 산지 가공

## 제1절 한약재의 채취 및 보호 육성

### 1. 한약재의 채취

우리나라에 풍부한 한약 자원을 채취하여 질이 좋은 의약품을 만들기 위해서는 한약재의 채취 시기와 방법을 잘 알아야 한다.

약용 식물에 들어 있는 유효 성분의 함량은 식물이 자라나는 단계에 따라 달라진다. 예를 들어 오이풀이 자라는 단계에 따르는 오이풀 뿌리의 타닌 함량의 변화를 보면 꽃이 다 피었을 때 15%로 제일 높으며, 대나무 뿌리에 들어 있는 사포닌 함량은 꽃이 피는 시기에 14~15%(용혈지수 1:7,500)로 제일 높고 다른 시기에는 이 성분들의 함량이 낮은 것을 볼 수 있다.

그러므로 한약재는 유효 성분의 함량이 제일 높은 시기에 유효 성분의 함량이 제일 많은 부분을 채취하도록 해야 한다. 만일 그렇게 하지 못하면 채취한 약재 속의 유효 성분의 함량이 낮아서 충분한 치료 효과를 나타낼 수 없게 된다.

천마(덩이줄기)

1) 식물성 약재의 채취

식물성 약재의 채취는 특별한 경우를 제외하고는 다음과 같이 진행된다.

① 뿌리류 약재(뿌리, 뿌리줄기, 덩이줄기, 덩이뿌리, 비늘줄기)

일반적으로 봄 또는 가을에 채취한다. 이때에 식물의 영양 물질과 유효 성분이 식물의 지하부에 저장되기 때문에 이때 채취한 약재는 품질이 좋다. 봄 채취는 가능하면 일찍 하는 것이 좋고 가을 채취는 가능하면 늦게 하는 것이 좋다. 우리나라에서는 예로부터 봄 채취는 3~5월 사이, 가을 채취는 9~11월 사이에 해왔다. 예를 들어 삽주 뿌리, 독활 뿌리, 백작약, 구릿대 뿌리, 강활 뿌리 등은 가을 또는 봄에 채취한다. 그러나 일부 약재는 늦은 봄 또는 이른 여름에 채취하는 것도 있다. 예를 들면 현호색 뿌리, 족도리풀 뿌리, 반하 등은 이른 여름 열매가 익은 다음에 캔다.

뿌리류 약재를 캘 때에는 약으로 쓰이는 부위를 상하지 않도록 주의해야 하며, 캐낸 다음에는 지상부를 자르고 흙을 털어낸 후, 물로 깨끗이 씻고 불필요한 부분을 다듬은 다음 말린다.

② 전초 약재

전초 약재는 식물의 뿌리, 줄기, 잎, 꽃, 열매 등 모든 기관을 포함하고 있는 식물 전체를 약으로 쓰는 것을 의미하나, 뿌리는 제외하고 지상부만 쓰는 경우가 많다.

전초 약재는 일반적으로 꽃이 피기 시작할 때 채취하는데, 이때 유효 성분의 함량이 제일 높기 때문이다. 예를 들면 갯완두 싹은 어린 식물을, 익모초는 꽃이 피기 전에, 음양곽은 꽃이 진 뒤에 채취한다. 전초 약재는 지상부만 베거나 뿌리째 뽑는다. 민들레, 쇠비름은 뿌리째 뽑아 물에 깨끗이 씻는다. 익모초, 형개, 더위지기와 같이 줄기의 윗부분 이상의 전초만을 베는 것도 있다.

### ③ 잎 약재

일반적으로 꽃이 피는 시기에 채취한다. 이 때 식물의 광합성이 가장 왕성하고 잎이 충분히 자라서 유효 성분도 제일 많이 들어 있기 때문이다. 꽃이 먼저 피고 잎이 늦게 생기는 식물에서는 물론 예외이다. 그리고 뽕나무 잎과 같이 가을에 서리가 내리고 잎이 질 때 채취하는 것도 있다.

잎의 채취는 식물을 그대로 두고 잎을 계단식으로 따는 방법, 지상부를 벤 다음, 곧 잎을 뜯어내거나 식물을 말린 다음 잎을 뜯어내는 방법 등으로 진행한다. 나무 또는 귀중한 약초에서 잎을 뜯을 때에는 식물이 자라는 데 지장을 주지 않도록 잎을 계단식으로 뜯어야 한다.

### ④ 꽃 약재

일반적으로 꽃이 피기 시작할 때 딴다. 이 시기에 유효 성분이 많이 들어 있기 때문이다. 꽃 약재를 제대로 따지 않으면 빛깔이 변하고 품질에 영향을 준다. 어떤 꽃 약재는 꽃봉오리를 따는 것도 있다.

꽃 약재는 맑은 날씨에 따서 빨리 말려야 한다.

### ⑤ 열매 약재

일반적으로 잘 익은 다음에 채취한다. 그러나 완전히 익으면 떨어지기 쉬운 열매는 익기 시작할 때부터 완전히 익기 전까지의 기간에 딴다. 오매, 청피, 지실과 같은 약재는 선열매를 딴다.

열매를 딸 때에는 깨끗한 것을 골라 따야 하며 딴 열매는 빨리 말려야 한다.

### ⑥ 씨 약재

씨 약재는 잘 익은 것을 채취한다. 씨를 채취하기 위해서는 씨가 익은 다음 전초를 베어 말리고, 두드려 씨를 털어 잡질을 없앤다. 씨가 완전히 익으면 떨어지기 쉬운 약재는 씨가 익기 시작할 때 전초를 베어 말린다.

### ⑦ 껍질 약재(줄기껍질, 뿌리껍질)

껍질은 일반적으로 봄부터 여름 사이에 벗긴다. 이 때 나무줄기에 물기가 많고 형성층 세포의 분열작용이 왕성하기 때문에 껍질이 잘 벗겨진다. 목단피(모란 뿌리껍질), 지골피(구기 뿌리껍질)와 같은 일부 뿌리의 껍질은 가을에 벗긴다.

줄기껍질을 벗길 때에는 겉껍질과 이끼를 미리 긁어내고 껍질을 벗긴다. 줄기의 껍질을 완전히 돌려 벗기면 통도조직이 파괴되어 영양물질이 운반되지 못하므로 그 식물은 죽게 된다. 그러므로 나무를 죽이지 않고 계속 벗기기 위해서는 줄기 둘레의 2/3에 해당하는 껍질은 남겨놓고 나머지 부분만 벗긴다.

뿌리껍질을 벗길 때에는 캐어 흙을 털고 물로 씻은 다음 잔뿌리를 다듬고 껍질을 벗긴다. 벗긴 껍질은 빨리 말려야 한다.

⑧ 수지(나무 진) 약재

수지는 건조한 시기와 맑은 날에 채취하는 것이 좋다. 일반적으로 줄기껍질에 상처를 내고 흘러내린 수지를 긁어모은다.

2) 동물성 약재와 광물성 약재의 채취

동물성 약재는 적당한 채취 시기와 방법에 제한이 있다. 예를 들면 녹용은 늦은 봄부터 여름 사이에 사슴의 뿔이 굳어지기 전에 잘라서 말린다. 사슴 뿔의 채취 시기가 늦어지면 뿔이 굳어져 녹용보다 약효가 낮은 녹각이 된다. 지네는 활동을 시작하는 때인 봄에 잡으며, 상표초는 이른 봄 사마귀의 알이 깨기 전에 채취하여 증기에 쪄서 말린다.

광물성 약재는 아무 때나 채취할 수 있다. 채취한 광물성 약재는 불순물을 없애기 위한 가공을 거친다.

## 2. 한약 자원의 보호 육성

약초 자원의 조성 기간은 약초의 종류에 따라 다르나 1년생 약초를 제외하고는 대다수가 2~5년 또는 그 이상 걸려야 하며 약나무는 수십 년 걸려야 그 자원이 조성되는 것도 있다.

예를 들면 당귀는 씨가 떨어져 2~3년 만에야 자원으로 될 수 있으며, 도라지는 4~5년, 독말풀은 7~8년, 백작약은 15년 걸려야 자원으로 될 수 있고, 오미자·등칡·황벽나무와 같은 약나무는 수십 년 걸려야 자원으로 조성된다. 이처럼 오랜 기간에 걸쳐 조성되는 약초를 보호 육성하는 대책을 세우지 않고 채취만 한다면 그것은 점차 줄어들 것이며 심지어 어떤 약초는 없어질 수 있다.

한약재를 채취할 때 특히 다음과 같은 점들에 주의해야 한다.

약초를 캘 때 필요 없이 다른 식물들을 상하게 하지 말며, 약초를 캔 자리는 반드시 메워 놓아 그 부근에 있는 다른 식물이 자라는 데 지장을 주지 않게 해야 한다. 그리고 약초를 캘 때 어린 것은 캐지 말고 계속 자라게 해야 한다. 씨로 번식하는 약초를 캘 때에는 씨가 익은 다음에 캐면서 씨를 부근에 심어 놓아야 하며, 뿌리줄기로 번식하는 약초를 캘 때에는 뿌리줄기의 일부를 심어놓아야 한다.

식물의 껍질·가지·잎·꽃·열매 등을 채취할 때에는 식물이 자라는 데 큰 지장을 주지 않도록 할 것이며, 특히 껍질을 벗길 때에는 줄기 둘레의 1/3 이상을 벗기지 말아야 한다.

다음으로 약초를 순환식으로 채취하는 것이 필요하다. 해마다 한 자리 또는 한 개 지역에서 같은 약초를 계속 채취하면 아무리 자원이 풍부한 야생 약초라도 그 자원이 없어지게 된다. 그러므로 한 장소에 같은 약초를 계속 채취하지 말고 약초의 증식 및 자라는 정도에 맞게 순환식으로 채취해야 한다.

동물성 약재를 채취함에 있어서도 약용 동물의 보호 육성에 관심을 가져야 한다. 그러자면 우선 번식기에 약용 동물을 잡지 말아야 한다. 그리고 귀중한 약용 동물을 죽이지 않고 약재를 채취하는 방법을 연구하는 것이 중요하다.

# 제2절 한약재의 산지 가공

채취한 한약재는 산지 가공을 하고 포장하게 된다.

한약 생산에서 질을 높이기 위해서는 한약재의 산지 가공을 잘 해야 한다. 한약재의 산지 가공을 잘못하여 한약재 속의 유효 성분 함량이 낮아질 수 있다. 그러므로 한약재의 산지 가공을 잘 하는 것은 유효 성분 함량을 그대로 보존하여 한약재의 질을 높이는 데 매우 중요하다.

한약재의 산지 가공(1차 가공) 방법에는 고르기, 다듬기, 씻기, 말리기 등이 있다.

## 1) 고르기 및 다듬기

채취한 약재에 다른 식물, 다른 기관, 기계적 혼입물, 벌레먹은 것, 변질된 것 등이 섞일 수 있는데 약재에 혼입물이 많으면 약재의 순도가 낮아진다. 그러므로 혼입물을 골라 버려야 한다.

또한 채취한 약재에 약으로 쓰이지 않는 기관 또는 조직 등이 붙어 있는 경우가 있다. 예를 들면 줄기 또는 껍질을 쓰는 약재에 겉껍질이, 꽃을 쓰는 약재에 잎이, 뿌리줄기를 쓰는 약재에 줄기 또는 뿌리 등이 붙어 있는 경우가 있다. 이러한 경우에도 약재의 순도가 낮아지며 때로는 약재에 붙어 있는 다른 기관 또는 조직이 약재와 다른 약리작용을 나타내는 경우도 있다. 그러므로 이러한 필요 없는 부분을 다듬어 버려야 한다.

일반적으로 뿌리줄기와 뿌리 약재에서는 줄기와 잔뿌리를, 껍질 약재에서는 겉껍질을, 꽃 약재에서는 꽃줄기와 잎 등을 다듬어 버리며 열매살 약재에서는 씨를 뽑아 버린다. 그리고 곤충 약재에서 머리, 날개, 다리 등을 떼어 버리기도 한다.

## 2) 씻기

모든 뿌리 약재는 캔 다음 물로 깨끗이 씻는다. 약재를 씻는 것은 약재에 묻은 흙, 모래, 먼지 등을 없애고 약재의 품질을 높여 주므로 중요한 의의를 가진다.

약재를 씻으면 광물성 협잡물이 없어지기 때문에 약재의 회분 특히 산에 녹지 않는 회분이 훨씬 낮아지는 것을 볼 수 있다. 예를 들어 오이풀 뿌리의 회분량을 보면 총 회분이 씻지 않는 것에서 8.9%, 씻은 것에서 7.2%이며, 산에 녹지 않는 회분은 씻지 않은 것에서 2.2%, 씻은 것에서 0.4%다.

약재를 물로 씻을 때 될수록 빨리 씻는 것이 좋다. 그것은 약재를 물에 오래 담가 두면 유효 성분이 물에 우러나 약재의 질

채취한 창포 뿌리

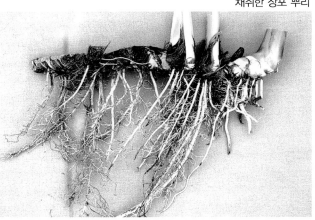

약재말리기

데 있다.

약재를 빨리 말리려면 온도를 높이거나 바람을 잘 통하게 해야 한다. 그러나 매개 약재에 들어 있는 성분이 다르므로 약재를 일률적으로 높은 온도로 말릴 수는 없다. 일반적으로 정유가 들어 있는 약재는 30~40℃, 배당체나 알칼로이드가 들어 있는 약재는 50~60℃, 비타민이 들어 있는 즙 열매는 70~80℃에서 말린다.

이보다 더 높은 온도에서 약재를 말리면 약재는 빨리 마르지만 유효 성분의 함량이 낮아질 수 있다.

한약재를 말리는 방법에는 햇볕에 말리는 방법, 그늘에서 말리는 방법, 인공적인 가열로 말리는 법 등이 있다.

한약재를 말릴 때에는 약재의 특성과 유효 성분의 성질을 고려하여 그에 알맞은 말리는 방법을 선택해야 한다.

예를 들면 타닌이 들어 있는 오이풀 뿌리는 햇볕에 말린 것이 그늘에서 말린 것보다 타닌 함량이 더 높고 마르는 속도도 빠르다. 대황 뿌리도 햇볕에 말린 것이 그늘에서 말린 것보다 타닌 함량이 2~4% 더 높은 것을 볼 수 있다. 그러므로 한약재를 합리적인 방법으로 말리는 것은 한약재의 질을 높이는 데 있어서 중요한 의의를 가진다.

한약재를 말릴 때 식물의 굵은 뿌리나 뿌리줄기 등은 일정한 크기로 자르거나 쪼개어 말리면 빨리 말릴 수 있다. 점액질 및 녹말 등이 많이 들어 있는 일부 약재들은

이 낮아질 수 있기 때문이다. 예를 들어 오이풀 뿌리를 씻을 때 물에 담가두는 시간이 30분을 넘지 않을 경우에는 약재 속의 타닌 함량이 그리 적어지지 않으나 60분을 넘으면 타닌이 약 20% 적어진다.

약재를 빨리 씻기 위해서는 약재의 겉에 붙은 흙이 마르기 전에 씻는 것이 좋다. 물에 잘 녹는 사포닌, 알칼로이드염, 고미질 등이 들어 있는 약재는 빨리 씻어야 한다. 점액질, 녹말 등이 많이 들어 있는 일부 약재들은 변질과 유효 성분의 분해를 막기 위하여 씻은 다음 증기로 찌는 것도 있다. 약재를 찌면 효소가 활성을 잃게 되므로 효소에 의한 유효 성분의 분해를 막을 수 있다.

3) 말리기

채취한 한약재는 가능하면 빨리 말려야 하며 늦어도 10~12시간 안에 말리기 시작해야 한다. 물기가 많은 한약재를 제때에 말리지 않으면 효소의 작용에 의하여 유효 성분이 분해되며 썩고 변질될 수 있다.

한약재를 말리는 목적은 약재가 썩거나 변질되는 것을 막고 유효 성분을 그대로 보존하며 운반 및 보관을 편리하게 하는

증기로 쪄서 말린다. 이것은 효소를 파괴하여 유효 성분의 분해와 약재의 변질을 막는 데 있다.

### ① 햇볕에 말리기

이 방법은 특별한 설비를 필요로 하지 않는 가장 경제적인 방법이다. 더욱이 약재를 많이 채취하는 계절인 봄과 가을에 맑은 날씨가 계속되는 우리나라에서는 이 방법을 쓰는 것이 좋다.

일반적으로 타닌, 알칼로이드가 들어 있는 약재, 식물의 뿌리, 줄기, 껍질, 씨 열매 약재들은 이 방법으로 말린다. 그러나 이 방법을 모든 약재에 다 적용할 수는 없다. 정유가 들어 있는 약재를 이 방법으로 말리면 햇볕에 의한 가열로 정유가 날아갈 수 있고, 색소가 들어 있는 꽃, 잎, 전초 약재를 이 방법으로 말리면 색소가 파괴되고 약재의 고유한 빛깔이 변하여 황갈색으로 변해 버린다. 그러므로 이런 약재는 햇볕에 말리지 말아야 한다.

즙이 많이 들어 있는 열매는 처음에는 햇볕에 말리고 다음에는 건조실에서 말리는 것이 좋다.

약재를 햇볕에 말리는 경우에 밤에는 약재를 걷어들이거나 이슬을 맞지 않게 덮어 놓아야 한다. 이렇게 하지 않으면 유효 성분의 함량이 낮아지고 말리는 시간이 길어진다. 실험에 의하면 오이풀 뿌리를 햇볕에 말릴 때, 밤에 약재를 걷어들인 것은 걷어들이지 않은 것에 비하여 타닌 함량은 약 1% 더 높고, 말리는 날짜는 3일 정도 짧아졌다.

햇볕에 말린 약재는 완전히 식은 다음에 포장하여 보관한다. 따뜻한 것을 포장하면 약재가 발효될 수 있다.

### ② 그늘에서 말리기

정유나 색소가 들어 있어 햇볕에 말릴 수 없는 약재들은 통풍이 좋은 그늘에서 말려야 한다.

약재를 그늘에서 말릴 때 빨리 말리지 못하면 빛깔이 검게 변하고 전초 약재에서 잎이 다 떨어져 버리며 변질되기 쉬우므로 바람이 잘 통하게 하도록 특별한 주의를 기울여야 한다.

### ③ 인공적인 가열로 말리기

이 방법은 건조실, 건조기 등을 이용하여 약재를 말리는 방법인데, 온도를 마음대로 조절할 수 있고 약재를 빨리 말릴 수 있으며, 대기 중의 습도가 높거나 비가 올 때에도 약재를 말릴 수 있다. 말리는 온도는 40~60℃ 범위 안에서 개별 약재의 특성을 고려하여 조절한다. 이 방법은 온도를 조절할 수 있기 때문에 모든 약재를 말릴 때 다 쓸 수 있다.

다 말린 약재 속의 물기의 함량은 껍질 약재에서 11~12%, 뿌리 약재에서 11~15%, 꽃 약재에서 13~14%, 잎 약재에서 12~13%, 전초 약재에서 13~14%, 열매 약재에서 10~25%다.

한약재의 건조 감모율(減耗率)은 약재의 채취 시기 및 약재의 종류에 따라 다르나, 일반적으로 약재 100g을 말리면 껍질 약재는 40~50g, 꽃 약재는 15~25g, 잎 또는 전초 약재는 20~35g, 뿌리 약재는 20~25g으로 된다.

산지 가공을 끝낸 한약재는 잘 포장하여 건조하고 서늘한 곳에 보관해야 한다.

# 제3장 한약재의 법제
# 제1절 법제의 개념 및 목적

## 1. 법제의 개념

한약재의 질을 높이고 그것을 예방 치료에 보다 효과적으로 이용하도록 하며, 한약을 보관하고 조제·제제하는 데 편리하게 하기 위하여 산지 가공을 걸친 한약재를 제정된 방법으로 다시 가공 처리하는 것을 법제(法製)라고 한다. 옛 한의서에서는 법제를 포제, 수제, 포자라고 하였다.

한약재의 법제를 잘 하는 것은 한약의 질을 높여 주므로 중요한 의의를 가진다.

한약재를 채취한 다음에는 산지에서 곧 산지 가공을 하게 된다. 한약재는 주로 천연물이므로 이것을 예방 치료적 목적에 쓰기 위하여 조제·제제하려면 이에 앞서 법제를 해야 한다.

산지 가공을 걸친 약재는 대개 천연물 원형에 가까운 약재로서 불순물이 아직 많고 그 부피, 무게, 그리고 광물 약재에서는 굳기 등이 조제·제제하기에 적당하지 않다. 그리고 한약재에는 여러 가지 성분이 들어 있는데, 때로는 해당한 약재의 약효와는 관계없는 독 성분 또는 부작용을 나타내는 성분이 들어 있는 것도 있으므로 이런 성분들은 한약에 의한 중독 또는 부작용을 나타낼 수 있다. 그러므로 한약의 치료 효능을 높이고 독성과 부작용을 없애며 조제·제제하는 데 편리하게 하기 위한 가공이 필요하다. 일부 한약재들은 법제한 다음 보관하는 것이 편리하다.

## 2. 법제의 목적

한약재의 품종이 많고 그 성질과 약리작용도 다양하므로 한약재를 법제하는 목적도 약재에 따라 다르다.

1) 독성 또는 자극성이 세거나 부작용을 일으키는 약재를 법제하여 독성이나 자극성, 부작용 등을 없애거나 약하게 한다.

이러한 목적을 위해서는 가열 처리하는 법제 방법을 적용한다. 예를 들어 부자·이삭바꽃·노랑돌쩌귀 등에는 독성이 매우 강한 알칼로이드인 아코니틴(aconitin)이 들어 있어 그대로는 복용약으로 쓸 수 없으나 이 약재들을 가열 처리하면 아코니틴이 분해되어 독성이 약해지므로 복용약으로 쓸 수 있다. 일부 약재는 유효 성분은 용해되지 않고 독 성분 또는 부작용을 나타내는 성분만 용해되는 용매를 써서 독 성분 또는 부작용을 나타내는 성분을 뽑아 버리기도 한다. 백자인을 진정약으로 쓸 때 설사를 일으키는 지방을 빼버리는 것도 결국 부작용을 없애기 위한 법제이다.

2) 한약의 약효를 강하게 하기 위하여 법제를 한다.

한약을 법제하여 유효 성분의 용해도를 높여 약효를 강하게 하는 것과 법제할 때 쓰는 보조 재료와의 협력 작용에 의하여 한약의 효능을 높이는 것 등이 있다. 예를 들어 현호색을 식초와 함께 끓이면 알칼로이드의 용해도가 높아져 진통작용이 강해진다.

3) 한약의 약성을 변화시키는 데 있다.

동의보감에서는 한약재를 꿀로 법제하면 폐에 작용하고, 생강 즙으로 법제하면 간에 작용하고, 소금물로 법제하면 신에 작용하고, 식초로 법제하면 간에 작용한다고 하였다. 그리고 다른 옛 한의서에서는 한약재를 술에 불려서 볶으면 위로 올라가 약효를 나타내고, 생강 즙에 불려서 볶으면 발산하는 약효를 나타내며, 식초에 불려서 볶으면 수렴 작용을 나타내고, 소금물에 불려서 볶으면 아래로 내려가 약효를 나타낸다고 하였다. 이것은 한약재를 법제하면 그것의 약성이 달라진다는 것을 말하는 것이다.

예를 들면 생지황은 맛이 쓰고 성질이 차므로 해열 작용이 강하고 혈액을 보하는 작용은 약하지만 이것을 법제하여 숙지황을 만들어 쓰면, 맛이 달고 성질이 따뜻하며 혈액을 보하는 작용이 세지고 해열 작용이 없어진다. 감초는 성질이 약간 서늘하지만 노랗게 볶으면 약간 따뜻해진다.

실험에서 한약재를 법제할 때 그 성분과 약리작용에 일정한 변화를 가져오는 것을 볼 수 있다. 그러므로 한약재의 성분과 약성을 합리적으로 변화시키기 위하여 법제를 하게 된다.

4) 약재를 가루내기 쉽게 하고 유효 성분이 잘 추출되게 하는 데 있다.

광물성 약재, 조가비 약재 등은 질이 단단하여 가루로 만들기 힘들며 성분이 잘 추출되지 않는다. 그러므로 이런 약재들은 가열처리하는 법제를 하게 된다. 일부 동식물 약재도 가루로 만들기 쉽게 하기 위하여 가열 처리한다.

5) 약재를 보관하는 과정에 변질을 막기 위하여 법제하는 것도 있다.

약재를 가열 처리하면 물기의 함량이 적어지므로 변질을 막을 때 유리하게 되며 특히 배당체가 들어 있는 약재를 가열 처리하면 효소가 파괴되어 약재 보관 과정에 효소에 의한 배당체 성분의 분해를 막을 수 있다.

6) 일부 약재는 나쁜 냄새를 없애고 먹기 좋게 하기 위하여 법제하는 것도 있다.

7) 약재에 들어 있는 불순물, 혼입물 등을 없애며 약재를 깨끗하게 하여 치료 효능을 높이는 데 있다.

조선 시대 한의원

# 제 2 절 법제 방법

## 1. 불순물 없애기

한약재를 산지 가공할 때 불순물을 없애기는 하였으나 한약을 조제 또는 제제하기 전에 다시 한 번 불순물을 없애야 한다.

불순물을 없애기 위하여 선풍기, 자석 등을 쓴다. 자석은 광물성 약재에서 철분을 없애기 위하여 쓴다. 약재에 붙어 있는 불순물을 없애기 위해서는 물로 깨끗이 씻어 말린다. 약재에 붙어 있는 동식물의 다른 기관 또는 조직을 없애는 경우도 있다. 예를 들면 뿌리꼭지를 잘라내는 것, 씨를 빼내는 것, 곤충의 머리·날개·다리를 떼어내는 것 등이다. 녹용·지모·향부자·비파엽·석위 등에서는 털을 없앤다.

껍질을 없애는 법제는 껍질 약재·씨 약재에서 한다. 산지 가공을 할 때 껍질에 붙어 있는 겉껍질을 벗겨내지만 그 일부가 아직 남아 있는 경우가 있다. 이런 때에는 약재에서 겉껍질을 깨끗이 긁어낸다. 겉껍질이 굳어 잘 긁어지지 않으면 누기를 주어 겉껍질을 벗겨내고 약재를 말린다. 씨 약재에서 껍질을 벗겨내기 위해서 탈피기를 쓰기도 한다.

열매 약재에서 씨를 뽑으려면 약재를 물에 불려서 씨를 뽑아내고 다시 말린다.

## 2. 자르기와 짓찧기

산지 가공을 걸친 한약재를 다시 법제·조제 및 제제하기 위해서는 일정한 규격으로 자르거나 짓찧어야 한다. 한약재를 일정한 규격으로 자르거나 짓찧어야 법제한

약재를 짓찧을 때 쓰는 돌절구

한약재의 질이 고르게 되고 약재를 제제할 수 있게 된다. 즉, 약재를 자르거나 짓찧으면 약재의 표면적이 커지므로 약재를 용매로 추출할 때 약재와 용매와의 접촉 면이 커져 유효 성분이 잘 우러나게 된다.

그리고 가루약이나 환약 같은 것을 만들 때 약재를 가루로 만들기 위해서도 우선 약재를 자르거나 짓찧어야 한다. 약재를 자르거나 짓찧어 일정한 크기의 조각으로 만드는 것은 한약을 조제하기 위해서도 필요하다.

### 1) 자르기
한약재를 자르는 규격은 한약재의 구조 및 유효 성분의 물리 화학적 성질에 따라 다르다. 일반적으로 한약재를 얇게 자를수록 유효 성분이 잘 추

출되고 좋다.

그러나 유효 성분이 잘 추출되는 약재와 얇게 자르면 부스러지기 쉬운 약재, 점액질이 많은 약재는 좀 두껍게 자른다.

약재의 질이 단단한 뿌리, 뿌리줄기, 열매 약재는 1~2cm 정도의 얇은 조각으로 자르고, 유효 성분이 잘 추출되거나 얇게 자르면 부스러지기 쉬운 약재는 3~5mm의 두께로 자른다. 껍질 약재·잎 약재는 2~4mm의 너비로 자르고, 전초·가는 가지·가는 뿌리 약재는 5~10mm의 길이로 자른다. 인삼·감초·길경·만삼·황기·양유근 등 일부 뿌리 약재는 습관상 길이 방향에서 45도 정도 빗겨 자른다.

한약재를 자르기 위해서는 누기를 주어야 한다. 약재에 누기를 주기 위해 우선 약재를 물에 30분~1시간, 질이 특별히 굳은 약재는 1~3시간 담근다. 약재를 물에 담그는 시간은 가능하면 짧게 하여 유효 성분을 잃지 않게 해야 한다. 다음으로 물에 담갔다 꺼낸 약재를 그릇에 넣고 젖은 천이나 마대로 덮어 누기를 준다.

이 때 약재의 겉층에 흡수된 물기는 속으로 스며들어가 전체 약재에 고루 누기가 간다. 누기를 줄 때는 자주 물을 뿌려 주어 약재가 마르지 않게 해야 한다. 이 때 뿌려 주는 물로는 약재를 담갔던 물이 좋다. 누기를 주는 시간은 개별 약재에 따라 다른데, 약재를 잘라 보았을 때 속까지 젖고 질이 유연해지는 정도까지 되면 좋다.

약재를 물에 담그거나 누기를 줄 때 약재에 곰팡이가 끼지 않게 하기 위해 서늘한 곳에서 한다.

누기를 준 다음에는 곧 자르고, 자른 약재는 빨리 말려야 한다. 이 때 말리는 방법은 산지 가공 때에 말리는 방법으로 한다.

한약재를 자를 때에는 자동 절단기를 비롯한 여러 가지 절단기를 쓴다.

2) 짓찧기

광물성 약재, 동물의 뼈, 조가비 등은 질이 굳으므로 자르지 않고 짓찧는다. 이런 약재들을 짓찧어 얻는 알갱이의 크기는 지름 2~3mm로 한다.

약재를 자르는 데 노력이 많이 든다. 그러므로 질이 단단하고 잘 깨지는 뿌리줄기, 덩이줄기, 덩이뿌리, 열매, 씨 약재를 짓찧어 쓰기도 한다. 짓찧은 약재는 일정한 규격의 체로 쳐서 고르고 큰 조각은 다시 짓찧어 체로 치는 식으로 하여 일정한 크기의 알갱이를 얻어야 한다. 씨 약재는 그 알갱이가 작은 것이라도 짓찧어야 한다. 씨 약재에는 껍질이 있어 그대로는 유효 성분이 잘 추출되지 않기 때문이다.

일부 약재는 조제 또는 제제하기 위해 가루로 만들어야 하는 것이 있다. 한약재를 가루로 만들기 위해서는 우선 약재를 자르거나 찧어서 작은 조각으로 만들고 분쇄기, 전동식 연자, 전동식 막자 사발, 약 절구 등을 이용하여 가루로 만들고, 일정한 규격의 체로 친다.

물에 녹지 않는 광물 약재를 매우 부드러운 가루로 만들 때는 수비법을 쓰기도 한다. 이 방법은 약재를 막자 사발에 넣어 약 공이로 부드럽게 갈고 여기에 적은 양의 물을 넣고서 계속 갈아 풀 같은 상태로 되게 한 다음 물을 넣고 저어서 현탁액을 만들며, 이 현탁액을 다른 그릇에 따라 일정한 시간 놓아두었다가 밑에 가라앉은 매우 부드러운 가루를 얻는 방법이다. 안과, 외과에서 쓰는 외용약은 이 방법으로 가루로 만드는 경우가 많고 영사·주사와 같은 복용약도 수비하는 경우가 있다. 약재에 물을 넣고 갈면 지름 0.1$\mu$까지의 작은 알갱이를 얻을 수 있으나 마른 상태에서는 지름 5$\mu$ 이하의 알갱이를 얻기 힘들다.

# 3. 물에 담그기

한약재를 물에 담그는 것은 그 목적에 따라 보통 온도의 물에 담그는 경우와 끓는 물에 담그는 경우가 있다.

약재를 보통 온도의 물에 담그는 것은 유독한 성분 또는 필요 없는 성분을 뽑아 버리기 위한 것이다. 약재를 물에 담글 때 물을 자주 갈아주는 것이 좋은데, 보통 하루 3번 물을 갈아 준다. 약재를 바구니에 담아 흐르는 물 속에 잠겨 놓으면 더 좋다.

약재를 끓는 물에 담그는 방법은 행인, 도인 등과 같은 씨 약재에서 껍질을 벗길 때 흔히 쓴다. 즉, 행인·도인을 끓는 물에 5분 정도 담갔다가 꺼내어 껍질 벗기는 기계(탈피기)로 껍질을 벗긴다.

때로는 약재를 술·식초·쌀뜨물·약즙 등에 담그는 경우도 있다. 그 이유에 대해서는 아직 알려지지 않았으나 창출 같은 약을 쌀뜨물에 담그면 정유의 일부가 없어지는 것을 볼 수 있다.

# 4. 한약재의 가열 처리

한약재를 가열 처리하는 방법은 가열하는 온도, 시간 및 처리 방법에 따라 볶기, 달구기, 굽기, 튀기기, 승화, 찌기, 삶기 등으로 나눈다.

## 1) 볶기(炒製 ; 초제)

약재의 조각을 법제 가마에 넣고 가열하면서 계속 저으며 볶는 방법이다. 이 방법은 보조 재료를 넣지 않고 볶는 법, 고체 보조 재료를 넣고 볶는 법, 액체 보조 재료를 넣고 볶는 법 등으로 나눈다.

약재를 볶을 때 주의할 점은 한 가마에 들어가는 약재 조각의 크기를 고르게 하는 것이다. 만일 약재 조각의 크기가 고르지 못하면 법제한 제품의 질이 낮아진다. 즉, 작은 조각은 타고 큰 조각은 제대로 볶아지지 않는다. 그러므로 약재를 볶기 위해서는 우선 약재를 각각 다른 규격의 체로 쳐서 약재 조각을 그 크기에 따라 몇 개의 등급으로 나누고 한 가마에 들어가는 약재 조각의 크기가 고르게 해야 한다.

### (1) 보조 재료를 넣지 않고 볶는 법(청초 ; 淸炒)

보조 재료를 전혀 넣지 않고 한약재만을 법제 가마에 넣고 볶는 방법인데 약재를 볶는 온도, 시간, 정도에 따라 노랗게 볶기, 갈색으로 볶기, 검게 볶기로 나눈다.

### ① 노랗게 볶기(초황 ; 炒黃)

약재의 겉이 약간 노랗게 되고 향기로운 냄새가 날 때까지 볶는 방법으로서 가장 널리 쓰이는 방법이다.

일반적으로 건위소화약, 배당체가 들어있는 약재 등을 이 방법으로 볶는다. 이 약재들을 노랗게 볶으면 건위소화약은 건위

소화 작용이 강해지고, 배당체가 들어 있는 한약재에서는 배당체를 분해하는 효소가 파괴되어 배당체의 분해를 막게 된다.

### ② 갈색으로 볶기(초초 ; 炒焦)

약재의 겉이 황갈색으로 되고 속은 약간 노랗게 될 때까지 볶는 방법이다. 약재를 갈색으로 볶을 때에는 노랗게 볶을 때보다 온도를 약간 높이고 시간도 조금 길게 하면 된다.

### ③ 검게 볶기(초흑 ; 炒黑, 초탄 ; 炒炭)

약재의 겉은 검게 타고 속은 황갈색으로 될 때까지 볶는 방법이다. 약재를 검게 볶을 때는 온도를 갈색으로 볶을 때보다 더 높인다. 검게 볶는 과정에서 약재에 불꽃이 생기면 물을 뿌려 불을 끈다. 약재의 겉이 검게 타면 곧 약재를 꺼내어 불타지 않는 그릇에 넣고 물을 뿌려 불꽃을 없애고 말려서 포장한다.

검게 볶을 때 특히 주의할 것은 약재가 재로 되지 않게 하는 것이다. 약재가 재로 되면 약효가 없어진다. 일반적으로 지혈약을 검게 볶아 쓰는 경우가 많은데 그것은 지혈약을 검게 볶으면 지혈 작용이 강해진다는 경험에 의한 것이다.

### (2) 고체 보조 재료와 함께 볶기

한약재를 고체 보조 재료와 함께 볶아내고 보조 재료를 쳐서 버리는 방법이다. 볶는 정도는 약재에 따라 다르나 대개 약재의 겉이 노란색이나 황갈색으로 되게 한다. 이 때 쓰는 보조 재료의 양도 약재에 따라 다르나 일반적으로 밀기울은 약재의 약 10%양을 쓴다. 옛 한의학 책에는 이 방법이 많이 씌어 있으나 지금은 이 방법을 많이 쓰지 않고 있다.

### (3) 액체 보조 재료에 불려서 볶는 법

약재를 액체 보조 재료에 불려서 볶아내는 방법이다. 이 때 보조 재료로서 꿀물, 술(alcohol 함량은 약 20%), 식초, 소금물, 생강 즙, 쌀뜨물, 지방, 우유 등을 쓴다.

보조 재료의 양은 가공하는 약재에 따라 약간 차이가 있으나 대개 술은 약재의 약 20%의 양, 봉밀은 약재의 20~30%의 양, 식초는 약재의 약 20%의 양, 소금은 약재의 2~5%의 양, 지방은 약재의 약 20%의 양, 우유는 약 10~30%의 양을 쓴다.

봉밀, 소금을 보조 재료로 쓰는 경우에는 약재를 충분히 불릴 수 있는 양의 물에 풀어서 꿀물·소금물을 만들며, 약즙을 보조 재료로 쓰는 경우에는 생즙을 내거나 약재를 달여내어 약즙을 만들어야 한다.

이 방법으로 약재를 법제하려면 우선 약재 조각을 액체 보조 재료에 넣고 고루 섞

옛 한의원의 약재 창고

어서 일정한 시간 놓아두어 약재를 충분히 불린 다음 볶는다. 약재의 겉이 마르고 노랗게 된 다음 약재를 꺼내어 다시 충분히 말려 포장한다. 이 방법으로 한약재를 가공하는 것은 유효 성분의 용해도를 높이거나 보조 재료와의 협력작용으로 약효를 높이는 데 일정한 의의가 있다.

예를 들어 황백의 알칼로이드를 추출 정량한 실험에 의하면 법제하지 않는 것에 비하여 술에 불려서 볶는 것에서 알칼로이드가 더욱 빨리 추출되었다.

### 2) 달구기

한약재를 비교적 높은 온도(200~700℃)로 가열 처리하는 방법인데, 이 방법에는 약재를 달구는 법과 결정수를 없애는 법이 있다.

#### ① 빨갛게 달구기

광물성 약재, 조가비 약재를 600~700℃의 온도에서 빨갛게 될 때까지 가열하는 방법이다.

빨갛게 달군 약재를 식초나 기타 액체 보조 재료에 담그는 경우가 많다. 이 방법은 주로 약재를 가루로 만들기 쉽게 하고 유효 성분이 잘 추출되게 하기 위한 것이다. 예를 들면 석고, 자연동, 자석 등 광물성 약재들은 이 방법으로 법제한다.

#### ② 결정수 없애기

분자내 결정수를 가지고 있는 무기화합물로 된 광물성 한약을 가열하여 결정수를 없애 버리는 방법이다. 백반, 붕사, 녹반 등의 약재에서 결정수를 없애는 법제 방법을 쓴다.

### 3) 굽기

약재를 가열하여 구워내는 방법이다. 약재를 그대로 굽는 경우와 습한 종이에 싸서 굽는 경우가 있다.

#### ①그대로 굽기(포 ; 炮)

약재를 물에 불려서 비교적 높은 온도에

지황을 그대로 말린 건지황(왼쪽)과 쪄서 말린 숙지황(오른쪽)

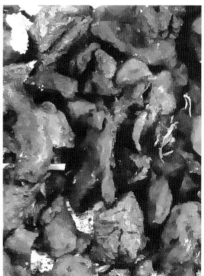

서 굽는다. 이 방법은 독성이 강한 약재를 비교적 높은 온도로 가열하여 독 성분을 분해함으로써 한약의 독성을 약하게 하기 위한 것이다. 노랑돌쩌귀, 천남성 등 독성 약재를 이 방법으로 법제할 수 있다. 지금은 이 방법을 잘 쓰지 않는다.

② 싸서 굽기(외 ; 煨)

약재를 습한 종이에 싸서 비교적 높은 온도로 가열하는 방법이다.

한약재를 이 방법으로 법제하면 약재를 가열할 때 약재에 들어 있는 정유의 일부가 종이에 스며들어 없어짐으로써 정유에 의한 지나친 자극작용과 부작용을 없앨 수 있다. 육두구를 지사약으로 쓸 때 이 방법으로 법제한다.

4) 튀기기(탕 ; 燙)

아교 또는 각질 약재를 법제하는 방법이다. 즉, 법제 가마에 조가비 가루를 넣고 가열하여 조가비 가루가 뜨거워진 다음 약재의 조각을 넣어 저으면서 튀긴다. 약재가 노랗게 되고 불어나며 잘 부스러지는 정도에 이르면 약재를 꺼내어 체로 쳐서 조가비 가루를 없앤다. 여기에서 조가비 가루를 쓰는 것은 가열된 조가비 가루에 약재가 묻게 함으로써 약재의 전체 표면이 열을 고르게 받게 하기 위해서이다.

이 튀기기 방법으로 가공한 약재는 가루로 만들기 쉽다.

5) 찌기(증 ; 蒸)

약재를 액체 보조 재료에 불려서 이중 가마 또는 찜통에 넣고 찌는 방법이다.

액체 보조 재료로서는 술, 꿀, 식초, 콩물, 약즙, 물 등을 쓴다. 찌는 시간은 약재에 따라 다르나 일반적으로 100℃에서 2~

4시간, 때로는 8~12시간 찌며 이런 조작을 3~4번 반복하는 경우도 있다. 약재를 불리는 액체 보조 재료의 양은 20% 정도로 한다.

한약재를 찌면 일부 성분은 분해되고 효소는 활성을 잃으며 녹말은 풀로 변한다. 그리고 보조 재료와의 상호 작용에 의하여 일부 성분의 용해도가 높아진다. 또한 약재에 흡수된 보조 재료와의 협력 작용으로 약효가 높아지는 것도 있다.

이렇게 찌는 방법은 여러 가지 약재에 쓰이지만 특히 보약을 지을 때 약재를 쪄서 쓰는 경우가 많다.

쪄낸 약재는 햇볕 또는 통풍이 좋은 건조실에서 충분히 말려야 한다.

6) 삶기(자 ; 煮)

약재를 생강 즙, 식초, 소금물, 물 등 액체 보조 재료에 넣고 삶는 방법이다.

삶는 가공에 의하여 한약의 독성이 약해지는 경우와 약효가 강해지는 경우를 많이 볼 수 있다. 예를 들어 반하 · 천남성 · 이삭바꽃 · 부자 · 노랑돌쩌귀 등을 이 방법으로 가공하면 독성이 약해지고, 현호색을 이 방법으로 법제하면 이 약의 진통 작용이 강해진다.

삶아낸 약재는 곧 말려야 한다.

7) 승화법(昇華法)

수은 화합물로 된 한약을 만들 때 흔히 이 방법을 쓴다. 즉, 승화 가마에 원료를 넣고 밀폐한 다음 일정한 시간 가열하여 승화시킨다. 가열이 끝나면 승화 가마를 식힌다. 승화 작업을 하는 방에 들어갈 때에는 방독면을 써야 하며 승화실의 문을 열어 공기를 갈아 주어야 한다.

# 5. 기타 방법

## 1) 발효(醱酵)

일정한 온도, 습도 조건에서 미생물의 작용에 의하여 한약재를 발효시키는 방법이다. 여기에서 중요한 것은 온도 · 습도 조건이다. 일반적으로 온도는 30~40℃, 상대습도는 70~80%가 가장 적당하다. 발효하여 가공하는 약재로서는 신곡, 두시(약전국) 등이 있다.

## 2) 상 만들기(제상 ; 製霜)

법제품의 모양이 마치 서리 같은 경우에 그 법제품을 상(霜)이라고 한다. 상에는 씨 약재에서 기름을 짜 버리고 만든 상과 부산물로 얻는 상이 있다.

기름을 짜 버리고 만든 상은 다음과 같이 만든다. 즉, 씨 약재의 껍질을 벗겨내고 짓찧은 다음 일정한 온도로 뜨겁게 해 준 후 착유기를 이용하여 기름을 짜 버린다.

약재의 양이 적을 때에는 짓찧은 약재를 흡수 종이로 여러 겹 싸서 압착하고 기름 밴 종이를 다시 새 종이로 바꾸면서 종이에 기름이 묻지 않을 때까지 반복 압착한다. 기름을 짜 버리고 남은 찌끼가 바로 상이다.

약재에 들어 있는 기름에 독 성분 또는 부작용을 나타내는 성분이 들어 있는 경우에 이 방법으로 법제한다. 속수 씨, 측백 씨, 파두, 하늘타리 씨 같은 약재는 기름을 짜 버리고 쓰는 경우가 많다. 행인 같은 약재는 기름에 독 성분은 없으나 기름을 짜서 다른 데 쓰고 그 찌꺼기를 약으로 쓰는 것이 경제적이다.

부산물로 얻는 상으로는 녹각상(鹿角霜) · 시상 등이 있는데, 녹각상은 녹각교를 만들 때 부산물로 얻어지며, 시상은 꽃감을 보관할 때 감의 겉에 생긴다.

## 3) 아교(갖풀) 만들기

동물의 껍질, 뼈, 갑, 뿔 등에 물을 붓고 끓여 얻은 액을 졸여서 만든 고체 물질을 아교(阿膠)라고 한다.

아교를 만드는 방법은 원료에 따라 약간 다른 점이 있으나 기본 조작은 다음과 같다. 즉 원료를 적당한 크기로 자르고 물을 넣어 끓인다. 일정한 시간 끓이고 거른 다음 찌끼에 다시 물을 넣어 끓인다. 이런 조작을 5~6번 반복하여 얻은 액을 끓여 졸인다. 물기가 거의 날아난 다음 액을 틀에 부어 넣고 식히면 아교가 묵처럼 엉긴다. 이것을 잘게 썰어 완전히 말린다.

신곡

# 제3절 법제 방법의 개선

## 1. 법제에 따르는 한약 성분의 변화

### 1) 알칼로이드(alkaloid)의 변화

알칼로이드가 들어 있는 약재를 가열 처리하면 일부 알칼로이드는 분해된다. 예를 들어 아코니틴(aconitin)이 들어 있는 약재를 가열 처리하면 아코니틴이 분해되어 독성이 적은 아코닌(aconine)으로 되는 것을 볼 수 있다.

일부 알칼로이드는 물로 처리할 때 용해되어 추출 제거된다. 예를 들어 아코니틴이 들어 있는 한약재를 물에 7~10일간 담가 두는 법제 방법도 있는데 이 때 아코니틴이 물에 많이 추출 제거되어 약재의 독성이 약해진다. 아코니틴의 물에 대한 용해도는 1:3,300이다.

알칼로이드가 유효 성분으로 들어 있는 약재를 식초로 처리하면 알칼로이드가 염을 형성하여 물에 대한 용해도가 커지며 따라서 약리작용이 강해진다. 현호색을 식초로 처리하는 경우에 진통작용을 나타내는 알칼로이드의 용해도가 커져서 진통작용이 강해지는 것을 볼 수 있다.

때로는 한약재를 가공할 때 유효 성분이 분해되는 경우도 있다.

### 2) 배당체의 변화

배당체는 대개 물에 잘 녹으므로 약재를 오랜 기간 물로 처리할 때 배당체가 추출 제거되거나 효소의 작용에 의하여 배당체가 분해될 수 있다. 그러나 약재를 가열 처리하면 효소가 파괴되므로 배당체의 분해를 막을 수도 있다.

예를 들어 회화나무 꽃을 가열 처리하면 효소가 파괴되어 루틴의 분해를 막을 수 있고, 살구 씨를 가열 처리하면 효소 에물신이 파괴되어 배당체인 아미그달린의 분해를 막을 수 있다.

### 3) 소화 효소의 변화

일부 한약에는 녹말, 단백질, 지방 등을 분해하는 효소가 들어 있다. 이런 약재를 가열 처리하면 효소가 파괴되어 소화작용을 잃는다. 예를 들어 맥아를 노랗게 볶는 정도에서는 괜찮으나 갈색으로 볶거나 검게 볶으면 디아스타제가 파괴되어 녹말을 분해하는 작용이 거의 없어진다. 그러므로 소화 효소가 유효 성분으로 들어 있는 한약재를 갈색으로 볶거나 검게 볶으면 그 약재의 질이 낮아진다.

### 4) 정유의 변화

정유는 보통 온도에서도 날아가지만 가열하면 더 잘 날아간다. 그러므로 정유가 들어 있는 약재를 가열 처리하면 약재 속의 정유 함량이 낮아진다. 정유가 들어 있는 약재를 가열 처리할 때 그 함량이 적어질 뿐 아니라 그것의 물리 화학적 성질도 변한다. 일반적으로 가열 처리를 받으면 정유의 빛깔이 진해지고 굴절률이 커지는 것을 볼 수 있다. 그리고 정유가 들어 있는 약재를 가열 처리하면 그것의 약리작용도 달라지는 경우가 있다.

예를 들어 육두구를 구워서 쓰면 떼낸 토끼 창자의 운동운동을 뚜렷이 억제하는 작용을 나타낸다. 때로는 정유가 들어 있는 약재를 쌀뜨물에 담그는데 이 방법으로 가공하면 약재 속의 일부 정유가 추출 제거된다. 또, 창출을 쌀뜨물에 담그면 정유 함량이 약간 적어진다.

### 5) 타닌의 변화

타닌이 들어 있는 약재를 $180\sim200℃$로 가열하면 타닌이 분해되어 피로갈롤 또는 카테콜을 만든다. 그러나 한약재를 그보다 낮은 온도로 가열 처리할 때 타닌 함량은 약간 적어지기는 하지만, 그리 큰 변화를 일으키지 않는다. 예를 들어 대황을 술에 불려서 볶거나 찐 다음 약재 속의 안트라퀴논 배당체의 함량은 훨씬 적어지나 타닌의 함량에는 그리 큰 변화가 없다.

타닌은 물에 잘 녹으므로 타닌이 들어 있는 약재를 물에 오래 담가두면 그 함량이 적어진다. 타닌은 철과 화학 반응을 일으켜 타닌철을 형성한다. 그러므로 타닌이 들어 있는 약재를 가공할 때는 철로 만든 그릇을 쓰지 않는다.

### 6) 유기산의 변화

유기산이 들어 있는 한약재를 가열 처리할 때 휘발성 유기산은 많이 날아가게 되고 또 일부 유기산은 파괴된다. 저분자의 유기산은 물에 잘 녹으므로 약재를 물에 오래 담가둘 때 추출 제거되어 그 함량이 적어진다.

### 7) 무기염류

분자 내 결정수를 가지고 있는 무기염류 약재는 가열 처리에 의하여 결정수를 잃는다. 예를 들면 석고, 백반, 붕사, 망초와 같은 약재를 가열 처리할 때 결정수가 날아간다.

어떤 무기염류 약재는 가열 처리할 때 산화된다. 예를 들어 노감석($ZnCO_3$)을 가열 처리하면 산화되어 산화아연($ZnO$)으로 변한다.

일부 금속 산화물은 빨갛게 달구어 식초에 담글 때 식초산염을 만들기도 한다.

천연 유산나트륨 광석인 망초를 정제한 것

부록 附錄

# 제4장  한약의 제형

한약을 먹기 좋고 편리하게 쓸 수 있도록 여러 가지 형태로 만드는 것을 제형(製形)이라고 한다.

한약의 제형은 예방 치료적 효능을 최대한으로 나타낼 수 있어야 하고 부작용·독작용 등이 없어야 하며, 먹기 좋고 쓰기 편리해야 한다. 그리고 보기도 좋고 보관할 때 변질되지 말아야 하며 손쉽게 운반할 수 있어야 한다.

한약의 제형에는 탕약·가루약·환약·약술·고제·고약·정제·약차·노제·끼움약·찜질약 등이 있고, 또한 최근에는 한약의 제형이 발전되어 과립산제·알약·주사약·팅크제·단물약·우림약·약묵 등이 나오고 있다.

## 제1절  탕약(湯藥 ; 달임약)

탕약을 만들기 위해서는 우선 한약을 첩약으로 지어야 한다.

첩약은 한약의 조각 또는 가루를 처방량대로 달아서 섞은 것이다.

첩약은 보통 한 번 먹는 양을 한 첩(봉지)으로 한다.

탕약(湯藥)이란 첩약을 물과 함께 일정한 시간 끓인 다음 찌꺼기는 버리고 약물[藥汁]을 쓰는 액체 제제이다.

탕약은 먹은 다음에 흡수가 빠르고 효과가 빨리 나타나며 환자의 병증의 변화에 따라 처방 내용을 수시로 바꿀 수 있는 이점이 있다.

탕약의 단점은 약을 가지고 다니기 불편하고 매번 달여 먹어야 하므로 많은 시간과 노력이 들며, 약즙의 양이 많고 먹을 때 쓴맛을 직접 느끼므로 먹기 불편한 것이다. 특히 약을 잘 달이지 못하면 유효 성분의 손실을 가져오므로 충분한 약효를 나타내지 못할 뿐만 아니라, 매번 달여낸 약즙 속에 들어 있는 성분의 함량이 불규칙한 경우가 많다. 탕약이 가지고 있는 이런 부족한 점 때문에 탕약은 점차 다른 제형으로 바뀌고 있다.

### 약 달이는 방법

우선 약재의 조각을 약탕관에 넣고 400 ~500㎖의 물을 넣은 다음 30분 정도 놓아두어 약재를 불린다. 약재를 물에 불리는 시간을 너무 길게 하면 약재가 발효될 수 있는 효소의 작용에 의하여 유효 성분이 분해될 수 있으므로 주의해야 한다.

약재가 알맞게 불면 끓이기 시작한다. 약재가 끓기 시작하여 보약은 1~2시간, 방향 성약은 20~25분, 기타 한약은 30~40분 끓이고 뜨거울 때 거른다.

한 번 끓여낸 약 찌꺼기에는 아직 유효 성분이 많이 남아 있으므로 다시 한 번 달여내는데 이 조작을 재탕이라고 한다. 휘발성 성분을 이용하는 약재는 재탕하지 않으나 보약을 비롯한 기타 약재들은 재탕한다. 보통 2첩분의 찌꺼기를 모아 재탕하여 한 번에 복용한다. 즉, 임상에서는 하루에 한약 2첩을 처방하여 아침과 낮에 각각 한 첩씩 달여 쓰고 이 2첩분의 찌꺼기를 모아 저녁에 다시 한 번 달여 쓰는 방법으로 한약을 써 왔다.

이 방법으로 한약을 쓰면, 처음에 달여낸 약즙과 두 번째 달여낸 약즙에 들어 있는 유효 성분의 함량에 일정한 차이가 생기게 된다. 그러므로 하루분의 한약을 모두 한 번에 달여내고 그 찌꺼기를 곧 다시 한 번 달여 처음에 달여낸 약즙과 두 번째 달여낸 약즙을 합하여 3번에 나누어 복용하면 매번 먹는 약즙에 들어 있는 유효 성분의 양이 비슷하게 된다.

지금 거의 모든 병원들에서는 이 방법으로 탕약을 달여 쓰고 있다. 달여낸 약즙은 보온병에 넣어 보관하거나 10℃ 이하의 서늘한 곳에 보관하는 것이 좋다.

탕약을 달일 때에는 일반적으로 처방된 한약재들을 처음부터 끝까지 함께 넣고 달이지만 어떤 약재들은 먼저 달이거나 다른 약을 달이다가 나중에 넣어 달여야 할 경우도 있다.

예를 들어 대자석, 석고, 석결명(전복),

약을 달일 때 쓰는 약탕기

모려와 같은 공물성 약재 및 조개껍질 약재들은 약재의 질이 굳어서 성분이 잘 추출되지 않으므로 잘게 깨뜨려서 다른 약보다 30분~1시간 먼저 달이다가 나중에 다른 약을 넣어 달인다.

그리고 박하, 형개 등 방향성 약재가 들어 있는 처방을 탕약으로 달일 경우에는 다른 약재를 20분 정도 먼저 달이다가 후에 방향성 약들을 넣어 달인다.

또한 탕약을 달일 때 어떤 약재들은 약천주머니에 넣어 달여야 할 것, 달여낸 약즙에 녹여야 할 것, 따로 달여서 약즙에 섞어야 할 것 등이 있다.

예를 들어 수지·점액질이 많이 들어 있는 약과 가루 등을 달일 경우에는 그것들이 그릇 밑에 붙어 탈 수 있으므로 약천주머니에 넣어 달이는 것이 좋다. 그리고 잔털이 있는 약을 그냥 달이면 약즙에 잔털이 들어갈 수 있으므로 이런 약들도 약천주머니에 넣어 달이는 것이 좋다.

봉밀, 아교, 녹각교, 사당 등과 같은 약을 다른 약과 함께 달이면 용매의 점도가 높아져 다른 한약의 성분 추출을 방해하게 된다. 그러므로 이런 한약들은 다른 약을 달여낸 약즙에 섞는 것이 좋다. 그리고 인삼, 녹용과 같은 귀중한 약은 따로 충분히 달여서 다른 약을 달인 약즙에 섞어 먹는 것이 좋다.

탕약을 달일 때 개별 약재의 특성을 고려하여 특별한 조작을 해야 할 경우에는 의사가 그 내용을 처방전에 밝혀야 한다.

# 제2절 가루약 및 환약

## 1. 가루약

　가루약은 널리 쓰이는 한약 제형의 하나이다. 가루약은 먹은 다음 물약보다는 흡수가 더디지만 환약보다는 흡수가 빠르고 약효가 빨리 나타난다. 그리고 가지고 다니기 편리하고 필요에 따라 용량을 바꿀 수 있으며 만들기도 쉬운 제형이다. 주로 복용약을 가루약으로 만들지만 외용약도 가루약으로 만드는 경우가 있다.

　한 가지 약으로 된 가루약은 약재를 가루내어 체로 치면 된다. 여러 가지 약으로 된 가루약을 만들려면 우선 개별 약재들을 가루내어 처방량대로 달아 고루 섞는다. 가루약을 고루 섞은 다음 다시 한 번 체로 쳐서 포장한다.

　가루약은 약 가루를 고루 섞을 때 특별한 주의를 해야 한다. 특히 독성 약이 들어 있는 가루약을 고루 섞지 못하면 독성 약이 한곳에 몰려 의료 사고를 낼 수 있으므로 주의해야 한다. 가루약을 만들 때 처방된 한약을 합쳐서 가루내기도 한다.

　한약 추출물을 말려 가루내면 양이 적어 먹기도 좋고 효과도 빨리 나타난다.

## 2. 환약(丸藥)

　환약은 약 가루에 결합약을 넣고 반죽하여 둥글게 만든 약물 형태이다. 환약을 먹으면 위에 들어가 천천히 녹으므로 약효가 천천히 나타나기 시작하여 오랫동안 지속된다. 그러므로 독성이 강한 약도 환약으로 만들면 위에 들어가 천천히 녹으므로 위 점막에 대한 심한 자극과 중독을 막을 수 있다. 환약은 먹기 좋고 가지고 다니기 좋으며 보관할 때도 좋다.

　특히 물기, 공기 중의 산소, 광선의 영향을 받아 변질되는 약도 환약으로 만들어 옷을 입히면 안전하게 보관할 수 있다.

　환약은 그것을 만들 때 쓰는 결합약의 종류에 따라 꿀환약, 물환약, 풀환약, 밀환약(납환), 약즙환약 등으로 나눈다.

• 꿀환약
　꿀환약은 꿀을 결합약으로 하여 만든 환약이다. 꿀은 결합력이 강하고 보약도 되므로 결합약으로 흔히 쓴다. 특히 보약은 꿀환약을 만드는 것이 좋다.

　꿀을 결합약으로 쓸 때에는 잘 정제해야 하며 약 117℃까지 끓여(연밀) 대부분의 물기를 없애야 한다.

　꿀환약을 만들 때 쓰는 꿀의 양은 약재에 따라 다른데 일반적으로 약가루와 같은 양의 꿀을 쓴다.

　꿀환약을 만들기 위해서는 가루약 만드는 방법대로 약재를 가루내어 고루 섞는다. 다음 가루약에 꿀을 넣고 잘 반죽하여 약덩어리를 만든 후 이것을 약가락으로 만들어 재환기로 환약을 만든다. 만든 꿀환약을 검사하고 잘 말려 포장한다.

• 물환약
　물환약은 물을 결합약으로 하여 만든 환

약이다. 약가루에 점액질이 많이 들어 있는 경우에 결합약을 따로 넣지 않고 물로 반죽하여 환약을 만들 수 있다.

물환약은 위 안에 들어가서 풀환약, 밀환약보다 잘 풀어지고 흡수가 빠르다.

물환약을 만드는 방법은 꿀환약 만드는 방법과 기본적으로 같다.

• 풀환약

풀환약은 풀을 결합약으로 하여 만든 환약이다. 풀 가루로는 녹말, 쌀 가루, 찹쌀 가루 및 녹말이 많이 들어 있는 약 가루 등을 쓴다.

풀환약은 위 안에 들어가 천천히 녹으므로 약 작용이 천천히 오랫동안 나타난다. 그리고 자극성이 있고 독성이 비교적 강한 약을 풀환약으로 만들면 위 점막에 대한 자극을 약하게 할 수 있고 중독을 막을 수 있다.

풀환약 만드는 방법은 꿀환약 만드는 방법과 같다. 다만 결합약으로 풀을 쓰는 만큼 풀가루에 물을 넣고 끓여 풀을 만드는 것이 다를 뿐이다.

풀이 너무 되면 환약이 위 안에서 잘 풀리지 않으므로 주의해야 한다.

• 밀환약(납환 ; 蠟丸)

밀환약은 꿀밀을 결합약으로 하여 만든 환약이다.

밀환약은 위장관 안에서 잘 녹지 않는다. 그러므로 독성 또는 자극성이 매우 강한 약도 밀환약으로 만들면 중독과 심한 자극을 막을 수 있다. 또한 한약을 밀환약으로 만들면 그것이 위에서 녹지 않고 창자에 가서 약효를 나타내게 할 수 있다.

밀환약을 만들기 위해서는 우선 꿀밀을

가열하여 녹여야 한다. 이것을 약 60℃로 식힌 다음 약 가루에 넣어 반죽하여 밀환약을 만든다. 밀환약을 만들 때 약 반죽의 온도가 낮아지면 꿀밀이 굳어져 환약을 만들 수 없게 된다. 그러므로 약 반죽을 40℃ 정도의 온도에서 보관하면서 환약을 만들어야 한다.

• 약즙 환약

약즙 환약은 환약 처방에 들어 있는 일부 약재에서 약즙을 내고 이것을 결합약으로 하여 만든 환약이다.

약즙으로는 신선한 한약재를 짓찧어서 짠 생즙 또는 한약재를 달여낸 추출물을 쓴다. 때로는 열매살을 물에 불려서 짓찧은 것을 결합약으로 쓰기도 한다.

한약을 약즙 환약으로 만들면 결합약을 더 첨가하지 않게 되고 일부 약재는 추출물만 쓰게 되므로 환자에게 약 용량을 줄일 수 있다.

환약의 표면에 다시 한 층의 옷을 입히는 경우가 있다. 환약에 옷을 입히는 재료로는 사탕, 주사, 금박, 은박 등을 쓴다. 환약에 옷을 입히면 먹기 좋고 보기 좋으며 보관이 편리하다. 그리고 처방에 들어 있는 일부 약재를 환약의 표면에 씌우면 약을 먹은 다음 겉의 약이 먼저 흡수되어 약효가 빨리 나타난다.

특히 어린이들이 복용하는 약에 사탕옷을 입히면 어린이들이 약을 잘 먹게 할 수 있다.

# 제3절 약술, 약엿, 고약

## 1. 약술(주제 ; 酒製)

약술은 술을 용매로 하여 한약재의 성분을 추출하여 만든 먹는 액체 제제이다.

관절염, 류머티즘성 관절염, 신경통 등을 치료하는 한약과 보약을 약술로 만드는 경우가 많다. 약술을 만드는 방법에는 냉침법과 발효법이 있다.

• 냉침법 : 약재 조각을 술에 담그고 밀폐하여 1~4주 또는 1~3개월 동안 서늘한 곳에 놓아두었다가 찌꺼기를 걸러내어 버린다. 이 때 쓰는 술의 알코올 농도는 30~50%로 한다.

• 발효법 : 단지에 약재의 조각과 쌀 및 누룩을 넣고 밀폐하여 일정한 기간 발효시킨 다음 걸러서 찌꺼기를 버린다.

옛날에는 약술을 만들 때 주로 발효법을 많이 썼으나 지금은 이 방법을 잘 쓰지 않고 냉침법을 많이 쓴다.

## 2. 약엿(고제 ; 膏製)

약엿이란 약재 조각을 물과 함께 여러 번 달여내어 얻은 추출액을 가열 농축하고 여기에 꿀(또는 사탕)을 섞어 만든 된물엿 모양의 복용하는 약제이다.

보약을 약엿으로 쓰는 경우가 많은데 예를 들면 경옥고, 황기고, 만삼고, 십전대보고, 육미고 등이다.

약엿을 만드는 방법은 우선 한약 조각을 이중가마에 넣고 물을 부어 끓인다. 약 3~4시간 끓인 다음 거르고 찌꺼기에 물을 부어 다시 끓여 거른다. 이런 조작을 3~4번 반복하여 얻은 추출물을 모아 졸인다. 약즙 한 방울을 흡수지에 떨어뜨려 보아서 물기가 옆으로 스며 나오지 않는 정도에 이르면 졸여진 추출물의 양과 같은 양의 꿀(또는 한약 추출물의 60%양의 사탕)을 넣고 저으면서 잠시 끓인 다음 퍼내어 식혀서 포장한다.

## 3. 고약(膏藥)

고약은 피부 및 점막의 염증, 궤양, 상처 등을 치료하기 위하여 피부·점막에 바르거나 붙이는 약물 형태다. 어떤 고약은 피부의 일정한 곳에 붙여서 내과병을 치료하기도 한다.

한약으로 만든 고약의 종류는 매우 다양하지만 고약은 만들 때 쓰는 원료에 따라 크게 황랍고와 황단고로 나눌 수 있다.

• 황랍고

황랍고는 꿀밀에 지방(돼지 기름, 옥쌀 기름, 참기름, 해바라기 기름 등)과 송진을 비롯한 한약재를 섞어 만든 것이다.

황랍고를 만드는 방법은 우선 가열하여

577

녹인 꿀밀에 기름, 송진, 기타 약 가루를 넣고 잘 저어 고루 섞는다.

• 황단고

황단고는 참기름을 비롯한 식물성 기름에 황단을 넣어 만든 점착성이 강한 검은색 고약이다. 빛깔이 검으므로 검정 고약이라고도 한다.

황단고를 만드는 방법은 우선 고약 가마에 참기름을 비롯한 식물성 기름과 처방된 한약재를 넣고 끓인다. 한약이 갈색으로 되었을 때 약재를 걸러 버리고 황단과 송진을 넣고 계속 끓인다. 이 때 기름은 갈색으로 변했다가 검은색으로 변하면서 점도가 커진다. 기름 한 방울을 찬물에 떨굴 때 기름이 물 위에 퍼지지 않고 엉기는 정도에 이르면 가열을 그치고 식힌다.

기름을 계속 끓이다가 나중에 황단을 넣는 방법도 있다. 고약을 만들 때 쓰는 황단은 미리 가열하여 볶아서 부드럽게 갈아야 한다.

황단고는 천(헝겊) 또는 종이에 발라 상처에 붙인다. 고약은 보관하는 과정에서 굳어지므로 이것을 붙일 때에는 데워서 녹여야 한다.

조선시대 명의 허준이 편찬한 《동의보감》

# 제4절 기타 제형

한약의 제형에는 앞에서 설명한 제형 외에도 정제, 약차, 노제, 끼움약, 찜질약 등이 있다.

• 정제 : 한약 가루에 결합약을 섞어 반죽하여 일정한 틀에 넣고 압착하여 만든 것이다. 알약과는 다르다.
• 약차 : 한약 약재를 성긴 가루로 만들거나 성긴 가루에 결합약을 섞어 일정한 덩어리로 만들었다가 쓸 때 뜨거운 물에 담가 국물을 우려내어 먹는 제제이다.
• 노제 : 약재를 수증기 증류하여 만든 먹는 약제이다. 약재에 들어 있는 휘발성 성분을 이용하는 경우에만 노제를 만들 수 있다.
• 끼움약 : 체온에 녹는 바탕약에 한약의 추출물을 섞어 둥글게 만든 제형이다.

한약의 제형 중에 특히 탕약은 결함이 많은 제형이다. 그러므로 탕약을 과립산제, 환약 등으로 바꾸는 것이 좋다.

특히 과립산제는 한약 엑스(추출물)에 한약 가루를 섞어 과립과 같은 알갱이를 만든 것이다. 즉 처방에 들어 있는 한약 중에서 녹말이 많이 들어 있는 한약은 가루내고, 나머지 한약은 물을 부어 달여내어 한약 엑스를 만들고, 한약 엑스와 한약 가루를 섞어 반죽하여 과립을 만들어 말린다. 과립산제는 복용하기에 좋고 약효도 빨리 나타난다.

환약도 한약 엑스와 한약 가루를 섞어 과립을 만들어 알약을 찍어내는 것이 좋다. 한약 알약도 복용하기에 편리하다.

한약재 속에는 흔히 서로 다른 물리화학적 성질과 약리작용을 나타내는 여러 가지 성분들이 들어 있으므로 그 제형과 제제 조건이 달라지면 약효가 달라지는 경우가 있다.

예를 들면 과체산은 가루약으로 쓸 때에는 구토 작용이 있으나 탕약으로 쓸 때에는 구토 작용이 없어진다. 그러므로 한약 처방의 제형을 다른 제형으로 바꾸려면 그 처방에 들어 있는 한약들의 특성, 한약 성분의 물리화학적 성질, 그 성분들의 약리작용 등을 고려하면서 합리적인 제형과 제제 조건을 규정해야 하며, 새로 만든 제제품은 독성·유효 성분의 약효 등을 판정하고 임상에 도입해야 한다.

오미자차

# 제5장  한약의 이용

한약의 예방 치료적 효능을 최대한으로 나타내도록 하기 위해서는 한약의 질을 높이고 환자의 체질과 질병의 성질에 맞게 처방 조성을 합리적으로 하는 것은 물론이고, 쓰는 방법과 용량을 적합하게 하고 금기 내용도 잘 지켜야 한다.

## 1. 한약을 쓰는 방법

한약을 쓰는 방법에는 복용하는 방법, 피부에 쓰는 방법, 점막에 쓰는 방법 등이 있다. 한약을 쓰는 방법은 한약(또는 유효 성분)의 물리화학적 및 약리작용상의 특성, 한약의 제형, 한약을 쓰는 목적, 환자의 상태, 질병의 경과와 그 특성 등에 의하여 규정된다.

### 1) 복용법

한약 중에서 가루약, 환약, 탕약, 고제 등은 흔히 복용하는 방법으로 쓴다.

복용약은 위, 장에서 흡수되어 작용을 나타내게 된다. 복용약은 위·장에서 산·알칼리·효소 등에 의하여 많은 변화를 받게 되며, 흡수된 뒤에는 문맥을 통해 간장에 들어가 심한 변화를 받게 된다. 그리하여

소화제로 쓰이는 영신환

복용한 약의 적지 않은 부분은 효과를 나타내지 못하게 된다. 일부 약은 위·장에서 흡수되지 않고 위장 점막에 작용하는 것도 있다.

복용한 약의 체내 흡수는 위장 내용물의 종류와 차 있는 정도, 위장의 기능 상태 등의 영향을 받게 된다. 일반적으로 위장 속이 비었을 때(공복 ; 空腹)에 약을 먹는 것이 좋다. 그러나 독성이 있거나 자극성이 강한 약은 식사를 한 뒤에 복용하는 것이 좋다.

대개 보약은 식사를 하기 전에 먹고 구충약·설사약은 아침 빈속에 먹으며, 학질약은 발작하기 2시간 전에 복용한다. 기타 한약은 식사를 한 뒤에 복용한다.

병이 위급할 때는 시간에 구애됨이 없이 아무 때나 복용할 수 있다.

약을 복용하는 횟수는 하루 1~2번 복용하는 것도 있으나 혈액 속에서 약의 유효 농도를 계속 보장하기 위하여 보통 3번 복용한다. 약은 따뜻한 물로 복용하는 것이 좋으며 탕약인 경우에도 따뜻하게 데워서 복용하는 것이 좋다.

토하는 환자에게 약을 먹이려면 먼저 생강즙을 먹여 구토 증세를 없애고 복용하게 하거나 또는 약에 생강즙을 타서 먹인다.

2) 피부에 쓰는 법

고약, 찜질약은 피부에 쓰며 가루약과 탕약도 피부에 쓰는 경우가 있다.

한약을 피부에 바르거나 붙일 때 그 대부분은 흡수되지 않고 주로 국소작용 또는 반사작용을 나타낸다. 그러나 기름에 녹는 성분들은 피부를 통하여 흡수된다. 그러므로 한약을 피부에 써서 내과 질병을 치료하는 경우도 있다.

3) 점막에 쓰는 법

한약을 입 안, 코 안, 눈, 인두, 울대, 장 등의 점막에 쓰는 방법이다. 가루약, 눈약, 양치약, 끼움약, 씻는약 등을 점막에 쓴다.

한약을 점막에 쓰는 것은 해당 점막에 대한 한약의 직접 작용 또는 반사작용을 나타내게 하기 위한 것이다.

그 밖에도 한약 주사약은 힘살과 정맥에 주사할 때 쓰이고 있다.

## 2. 한약의 용량

한약의 치료 효과를 높이기 위해서는 한약의 용량을 정확히 규정하는 것도 매우 중요하다.

1) 임상에서 한약의 용량

약은 유효량을 쓸 때에만 기대하는 약효를 나타낼 수 있다. 약의 용량이 너무 적으면 약효를 나타내지 못하게 되고 용량이 너무 많으면 의료 사고를 낼 수 있다.

그리고 어떤 한약은 용량의 차이에 따라 약효가 다르게 나타난다.

예를 들면 홍화(잇꽃)는 0.75g 아래에서는 혈액을 보호하고 그보다 많은 양에서는 혈액 순환을 좋게 한다. 대황은 0.3~0.5g에서는 설사를 일으키지만 0.05~0.1g에서는 건위작용을 한다.

그러므로 임상에서 한약의 용량을 정확히 규정하는 것은 의료 사고를 막으며 기대하는 치료 효과를 충분히 거두게 하므로 중요한 의의를 가진다.

2) 임상에서 한약의 용량을 규정할 때 고려할 점

한약의 용량을 정확히 규정하기 위해서는 한약(또는 유효 성분)의 물리화학적 및 약리 작용상 특성, 법제 정형, 제형, 배합 관계, 환자의 성별·나이·체질 및 질병 경과 등을 전면적으로 고려해야 한다.

일반적으로 한약의 작용이 너무 강하거나 독성이 강한 약은 적은 양을 쓰며, 독성이 강한 약이라도 법제하여 독성이 약해진 경우에는 용량을 늘릴 수 있다. 그리고 독성이 강하거나 작용이 너무 강한 약은 처음에 적은 양을 쓰기 시작하여 점차 그 양을 늘린다.

한약을 가루약, 환약, 알약으로 처방하는 경우에는 탕약으로 처방하는 경우보다 용량을 줄인다.

여러 가지 한약을 쓰는 경우에 주약으로 쓰는 약은 그 약이 다른 처방에서 보조약으로 쓰는 경우보다 많은 양을 쓴다.

일반적으로 여자에게는 남자보다 용량을 적게 하며, 월경기·임신기·해산 후의 여자들에게는 평상시보다 적은 양을 쓴다. 노인과 어린이들은 청장년보다 쓰는 양을 적게 한다. 몸이 허약한 사람에게는 건강한 사람보다 용량을 적게 한다.

그리고 식물의 꽃·잎과 같이 질이 가벼

운 한약은 쓰는 양을 적게 하고, 광물성 한약과 같이 질이 무거운 한약은 용량을 좀 많게 한다.

한의서들에 씌어 있는 개별 한약들의 용량은 성인의 하루 용량인데 실제 임상에서 한약의 용량을 규정할 때에는 위에서 지적한 점들을 고려하여 매 환자의 구체적인 실정에 알맞게 용량을 정해야 한다.

한약의 용량의 단위는 그램(g)이다. 과거에는 돈(전) 단위를 썼다.

1근=600g  1냥=37.5g
1돈=3.75g  1리=0.0375g
1푼=0.375g  1푼=10리
1돈=10푼  1냥=10돈
1근=16냥

## ※ 나이에 따른 한약 용량 환산표

| 나이 | 용량 |
|---|---|
| 13 ~ 60세 | 1 |
| 1세 이하 | 1/30 ~ 1/12 |
| 1 ~ 2세 | 1/8 |
| 2 ~ 4세 | 1/6 |
| 4 ~ 6세 | 1/4 |
| 6 ~ 8세 | 1/3 |
| 8 ~ 12세 | 1/2 |
| 12 ~ 15세 | 3/5 |
| 15 ~ 8세 | 3/4 |
| 60세 이상 | 3/4 |

# 3. 금기(꺼림)

한의학에서 취급하는 금기에는 배합 금기, 음식 금기, 임산부 금기 등이 있다.

배합 금기에 대해서는 이미 제1장에서 설명하였으므로 여기에서는 음식 금기와 임산부 금기에 대해서만 설명하기로 한다.

### 1) 음식 금기〔복약식기(服藥食忌)〕

음식 금기란 한약을 복용하는 기간에 어떤 음식은 먹지 말아야 한다는 것을 말하는 것이다.

음식 금기에는 우선 한약의 종류에 관계없이 모든 한약을 복용하는 기간에 일반적으로 먹지 말아야 할 음식이 있다.

그것은 소화 장애를 일으키는 음식, 설사를 일으키는 음식, 자극성이 강한 음식 등이다. 이런 음식들은 약의 흡수를 방해하기 때문에 한약을 복용하는 기간에는 너무 많이 먹지 말아야 한다.

다음으로 옛 한의서에는 개별 한약의 종류에 따라 먹지 말아야 할 음식을 제기하고 있다.

예를 들면 창출·백출을 쓸 때 복숭아·참새고기·고수·마늘 등을 먹지 말며, 선황련·길경을 쓸 때 돼지고기를 먹지 말며, 반하·창포를 쓸 때 엿·양고기를 먹지 말라고 제기한 것 등이다.

개별적인 한약에 따라 어떤 음식을 왜 먹지 말아야 하는가 하는 이유에 대해서는 아직 밝혀지지 않고 있다. 하지만 임상 경험을 통하여 어떤 약을 쓸 때 어떤 음식을 먹으면 나쁘다고 한 만큼 의사의 처방이나 환자의 복용 시 중요하게 참고해야 하는 한편, 앞으로 이에 대한 과학적인 검토를 진행해야 한다.

2) 임산부 금기

임산부에게 한약을 쓸 때 어떤 한약은 포함하고 있는 강한 독성이나 일부 성분이 태아에게 해를 주며 유산의 원인이 되기도 한다. 이런 약은 임산부에게 절대 쓰지 말아야 하는데 이런 약을 임산부 금기약이라고 한다.

임산부 금기약 중에서 대표적인 것을 들면 다음과 같다.

• 식물성 한약 : 오두, 부자, 천남성, 반하, 대산, 파두, 대극, 원화, 여로, 우슬, 조협, 견우자, 후박, 도인, 목단피, 홍화, 용뇌, 동규자, 삼릉, 목별자, 관중 등

• 광물성 한약 : 신석, 석웅황, 자황, 수은, 망초, 유황 등

• 동물성 한약 : 반묘, 오공, 우황, 사향 등

임산부 금기약들을 분석하여 보면 주로 독성이 강한 약, 강한 설사약, 자궁 수축약 등이다. 그러므로 옛 한의서에 임산부 금기약으로 제기되지 않은 한약이라도 유산을 일으킬 수 있는 약이나 태아에게 해로울 수 있는 약들은 임산부에게 쓰지 말아야 한다.

다만 독성이 들어 있는 임산부 금기약이라도 임산부의 병을 치료하기 위해 필요한 경우에는 법제하여 독성을 약화시켜 쓸 수 있다.

덩이줄기

천남성(강한 독성을 가지고 있는 대표적인 임산부 금기 한약이다.)

# 기타 한약·적용증 대조표
## (韓藥·適用證 對照表)

| 약 명 | 적 용 증 | 금 기 | 1일 용량(g) |
|---|---|---|---|
| 갈화<br>(칡꽃) | 술독, 갈증이 날 때, 입맛이 없고<br>소화가 잘 안 될 때 | | 3~6 |
| 계심<br>(육계나무 줄기껍질) | 비위가 허한하여 입맛이 없고<br>소화가 잘 안 될 때, 배가 차고 아플 때 | | 1~3 |
| 계피<br>(육계나무 줄기겉껍질) | 비위가 허한하여 입맛이 없고 소화가<br>잘 안 될 때, 배가 차고 아플 때, 구토 설사,<br>관절이 아프고 운동장애가 있을 때 | | 5~10 |
| 계혈등<br>(밀화두 덩굴) | 혈허나 허혈로 인한 무월경증, 월경통, 혈허로<br>어지러울 때, 수족마비, 풍한습비증, 요슬산통 | | 9~30 |
| 고라복<br>(마른 무, 지고라) | 가래가 많으며 기침할 때, 부종, 식체 | | 10~15 |
| 고련자<br>(멀구슬나무 열매) | 협통, 복통, 흉통, 산증, 회충증 | | 5~6 |
| 곡정초<br>(별수염풀, 고위까람) | 풍열로 눈이 충혈되고 붓고 아플 때, 예막,<br>풍열로 머리가 아프고 이가 쑤시며<br>인후가 붓고 아플 때. | | 6~12 |
| 골담초근<br>(골담초 뿌리) | 관절염, 신경통 | | 6~12 |
| 골쇄보(곡궐 뿌리줄기) | 이명증, 오랜 설사, 치통, 절상, 골통 | | 6~12 |
| 과루실<br>(하늘타리 열매) | 끈적한 가래가 있고 기침할 때, 흉통, 변비 | 오두와<br>배합 금기<br>(상반) | 12~30 |
| 구자(부추 씨, 구채자) | 유정, 유뇨, 이슬, 무릎이 시릴 때 | | 8~15 |
| 구채근(부추 뿌리) | 저절로 땀이 날 때, 식은땀, 타박상 | | 6~12 |

| 약 명 | 적 용 증 | 금 기 | 1일 용량(g) |
|---|---|---|---|
| 구척<br>(구척 뿌리줄기) | 간신허 또는 풍습으로 인한 요통, 슬통,<br>다리에 맥이 없을 때 | | 6~12 |
| 구판교<br>(남생이 배딱지 갖풀) | 음허증, 혈허증, 자궁출혈, 토혈, 비출혈,<br>간종대, 비장종대 | | 3~10 |
| 금앵자<br>(금앵자 열매) | 신허로 오는 유정, 유노, 오줌소태, 이슬,<br>비허로 인한 설사 | 실증 | 9~18 |
| 금전초<br>(긴병꽃풀 지상부) | 임증, 특히 석림, 신석증, 방광결석, 간담결석,<br>부스럼, 악창 | | 8~9 |
| 나도근<br>(찰벼 뿌리) | 저절로 땀이 날 때, 식은땀, 폐결핵 환자에게서<br>오후에 미열이 나고 잘 때 식은땀이 날 때,<br>만성간염 | | 30~60 |
| 낙석등<br>(마삭나무 줄기) | 풍습비증, 팔다리가 오그라들 때, 요통,<br>관절통, 편도염, 부스럼 | | 5~10 |
| 노사(염화암모늄) | 악창, 부스럼, 상처, 적취, 담음병 | | 0.1~0.3 |
| 녹각상(녹각찌꺼기) | 유정, 요슬허약, 자궁출혈, 유옹, 헌데 | | 5~10 |
| 누고<br>(도루래, 땅강아지) | 부종, 배뇨장애, 석림 | | 3~6마리(가루약) |
| 대풍자(씨) | 문둥병(마풍), 매독성 악창, 옴, 신경성 피부염 | | 1~3 |
| 마황근(마황 뿌리) | 자한, 식은땀 | | 3~9 |
| 만년청 뿌리 | 인두염, 후두염, 디프테리아, 심장성 부종 | | 3~6 |
| 맹충<br>(등에) | 어혈로 월경이 없을 때, 징가, 축혈증 | 임산부 | |
| 멍석딸기<br>(멍석딸기의 뿌리<br>또는 줄기와 잎) | 토혈, 각혈, 혈변, 자궁출혈 등의 출혈, 타박상,<br>관절통, 월경불순, 설사, 황달, 만성간염, 습진 | | 뿌리 30~60,<br>줄기와 잎 15~30 |
| 메추리알 | 고혈압, 동맥경화, 빈혈, 몸이 허약할 때,<br>폐결핵, 천식, 심장병, 신경쇠약,<br>산전 산후의 조리 | | 10~20알 |
| 면화근<br>(목화 뿌리) | 비기허증, 자궁하수, 탈홍,<br>기침이 나고 숨이 가쁠 때 | | 15~30 |

| 약 명 | 적 용 증 | 금 기 | 1일 용량(g) |
|---|---|---|---|
| 목근피<br>(무궁화 뿌리껍질) | 무좀, 옴, 장출혈, 이질을 앓고 난 다음<br>갈증이 날 때 | | 4~10 |
| 무이<br>(느릅나무 열매) | 회충증, 촌백충증, 요충증,<br>장출혈, 치질, 악창, 옴 | | 2~8 |
| 미후도근<br>(다래나무 뿌리) | 위암, 식도암, 풍한습비증,<br>습열로 인한 배뇨장애, 황달 | | 15~30 |
| 밀봉화(부들레야) | 간열로 눈이 충혈되고 붓고 아플 때 | | 6~10 |
| 바위취 | 중이염, 부스럼, 폐농양, 월경과다 | | 10~16<br>(신선한 것은 30) |
| 발계(청미래덩굴 뿌리) | 풍한습비증, 부스럼, 헌데, 자궁경부미란, 화상 | | 12~30 |
| 백단향(단향) | 기체로 배가 아플 때, 식욕부진, 구토 | | 1~4 |
| 백화사(뱀)<br>(건비사, 화사) | 중풍으로 입과 눈이 비뚤어지고 몸 절반을 쓰지<br>못할 때, 풍습비증, 경풍, 파상풍, 다리가 약해<br>오래 서 있지 못할 때, 한센병, 옴, 두드러기 | | 4~9 |
| 별갑교<br>(자라 등딱지 갖풀) | 음이 허하여 오후에 미열이 나고<br>잠잘 때의 식은땀, 징가, 적취, 간종대,<br>비장종대, 혈허증, 각종 출혈 | | 3~10 |
| 복령피(복령 껍질) | 몸이 부을 때 | | 10~30 |
| 부소맥<br>(밀쭉정이) | 저절로 땀이 날 때, 잠잘 때의 식은땀,<br>골증열 | | 10~20 |
| 사과락<br>(수세미 옹이속) | 협통, 팔다리의 통증, 유옹,<br>젖이 나지 않을 때, 장출혈, 자궁출혈, 무월경,<br>배뇨장애, 부종, 장염, 부스럼, 습진 | | 5~10 |
| 사퇴<br>(뱀 허물, 사탈피) | 경간, 전광, 예막, 인후가 붓고 아플 때,<br>악창, 치질 | 임산부 | 3~6 |
| 삼로(인삼 뿌리꼭지) | 허약한 사람의 식체 | | 6~12 |
| 삼삼칠<br>(인삼삼칠) | 토혈, 비출혈, 장출혈, 자궁출혈 등, 각종 출혈,<br>타박상, 상처 | | 3~10 |
| 상기생<br>(뽕나무겨우살이) | 풍한습비증, 간신이 허하여 허리와 무릎이<br>시고 아플 때, 태동불안, 자궁출혈, 고혈압 | | 9~18 |

| 약 명 | 적 용 증 | 금 기 | 1일 용량(g) |
|---|---|---|---|
| 상산<br>(계골상산, 촉칠근) | 학질, 담적 | 허약자 | 5~12 |
| 상피(코끼리 가죽) | 헌데가 오랫동안 아물지 않을 때 | | 외용약 |
| 석련자(연꽃 열매) | 이질을 오래 앓고 입맛이 없을 때, 오랜 설사 | | 2~10 |
| 석류과피(열매껍질) | 설사, 이질, 탈홍, 회충증, 조충증, 요충증 | | 4~10 |
| 선모<br>(뿌리줄기) | 요슬산통, 음위증 | 상화가<br>성할 때 | 4~12 |
| 소합향(소합향 수지) | 의식불명 | | 0.3~3 |
| 수국(뿌리, 꽃, 잎) | 학질, 폐열로 후두가 아플 때, 옴, 버짐 | | 9~12 |
| 시상<br>(감에 생기는 흰 가루) | 인후가 아플 때, 입 안이 헌데, 기침 | | 1.5~3(달임약으로<br>10~15까지) |
| 시엽(감나무 잎) | 각종 출혈, 동맥경화, 고혈압 | | 5~10 |
| 신근초(석송) | 풍한습비증, 배장근 경련, 타박상 | | 6~15 |
| 신석(비석, 인언) | 옹저, 악창, 연주창, 치질, 옴 | | 외용약 |
| 신이<br>(자목련 꽃봉오리) | 비연(상악동염), 만성비염, 비후성 비염,<br>알레르기성 비염 | | 3~10 |
| 아다(해아다, 지상부) | 헌데가 오랫동안 아물지 않을 때, 습진, 외상출혈 | | 1~4 |
| 아위<br>(뿌리줄기의 수액) | 고기에 체했을 때, 징가, 적취 | 비위허약자,<br>임산부 | 2~4 |
| 안식향(줄기 수액) | 의식불명, 명치의 통증과 복통, 산후혈훈 | | 1~3 |
| 야교등(하수오 줄기,<br>적하수오등) | 음혈이 부족하여 가슴이 답답한 불면증,<br>정신병, 풍한습비증 | | 9~30(정신병에는<br>60까지) |
| 양제근(소리쟁이 · 소<br>루쟁이 · 솔구지 뿌리) | 옴, 탈모증 , 부스럼, 백전풍, 결막염,<br>변비, 백반 | | 4~12 |
| 연심(연꽃씨 배아,<br>연자심, 연의) | 심열로 정신이 흐리고 헛소리할 때,<br>심열로 가슴이 답답할 때 | | 2~6 |
| 연화(연꽃 꽃잎, 하화) | 타박상, 토혈 | | 2~4 |

| 약 명 | 적 용 증 | 금 기 | 1일 용량(g) |
|---|---|---|---|
| 연화예(연꽃 꽃술) | 신허유정, 유뇨증, 빈뇨, 자궁출혈, 토혈 | | 2~6 |
| 오령지<br>(날쥐 분변) | 무월경, 월경통, 복통,<br>어혈로 인한 여러 가지 통증 | 인삼과<br>혼합불가 | 3~8 |
| 와릉자<br>(피조개 껍데기) | 영류, 담핵, 징가, 간 및 비장 부종, 소화기 종양,<br>위산과다증, 위 및 십이지장궤양 | | 가루약 3~9,<br>달임약 6~30 |
| 용치<br>(대형동물 이빨화석) | 신경쇠약, 가슴두근거림, 불면증, 전간, 정신병 | | 15~30 |
| 우담남성<br>(담남성) | 경풍, 열이 나고 담이 많으며<br>경련이 일어날 때 | | 3~10 |
| 위성류<br>(적성류, 서하류) | 발진이 안으로 들어갈 때, 반진, 유행성감기 | | 3~10 |
| 위피(고슴도치 껍질,<br>자위피) | 치질, 장출혈, 반위, 복통, 음부가 붓고 아플 때 | | 6~10 |
| 의이근(율무 뿌리) | 폐옹(폐농양), 임증, 회충증, 전간, 간염 | | 30~60 |
| 자위<br>(능소화) | 무월경, 징가, 유옹, 부스럼 | 허약자,<br>임산부 | 4~10 |
| 잠사(누에나방 분변) | 풍한습비증, 피부소양 | | 3~10 |
| 장뇌<br>(산삼, 캄파) | 갑자기 의식을 잃었을 때, 부스럼, 옴, 버짐,<br>타박상 | 임산부, 신<br>장염, 불면<br>증, 유정 | 알약, 가루약으로<br>0.03~0.06 |
| 저마근<br>(모시풀 뿌리) | 기관지염, 요도염, 혈뇨, 이슬, 자궁출혈,<br>태동불안, 부스럼, 탈홍, 단독 | | 5~15 |
| 저실자<br>(닥나무 열매) | 간신이 허하여 허리와 무릎이 시고<br>연약할 때, 양위증, 어지럼증, 부종, 배뇨장애 | | 9~15 |
| 조심토<br>(복룡간) | 비위가 허한하여 토하거나 설사할 때,<br>임신오조, 위장출혈 | | 15~30 |
| 죽력(왕대진) | 담열로 기침할 때, 중풍에 담이 성할 때 | | 30~60 |
| 종려피 | 비출혈, 각혈, 자궁출혈, 혈변 | | 5~15<br>(가루약 1회 1~2) |

| 약 명 | 적 용 증 | 금 기 | 1일 용량(g) |
|---|---|---|---|
| 즙채<br>(어성초) | 피부의 화농성 염증, 폐옹, 치질, 악창, 유옹,<br>축농증, 요도염, 매독 | | 10~20 |
| 진주모<br>(진주조개 껍데기) | 간양이 위로 올라가 두통, 어지럼증, 이명증,<br>번조증, 불면증 등 증세가 나타날 때,<br>간열로 눈이 충혈되고 시릴 때, 부스럼 | | 15~60 |
| 창이초(도꼬마리) | 피부소양, 습진, 한센병, 기능성 자궁출혈, 이질 | | 10~15 |
| 천명정<br>(담배풀 뿌리 및 전초) | 인후가 붓고 아플 때, 부스럼, 헌데,<br>피부가 가려울 때, 뱀에 물렸을 때 | | 뿌리 9~15,<br>전초 15~30 |
| 천산룡<br>(부채마) | 풍한습비증, 관절의 굴신장애, 타박상, 가래가<br>있고 기침할 때, 동맥경화증의 예방 · 치료 | | 9~15 |
| 천초등<br>(꼭두서니 줄기) | 타박상, 부스럼, 헌데 | | 10~15 |
| 철현(깨풀) | 이질, 토혈, 혈뇨, 혈변 | | 15~30 |
| 초목(조피 씨) | 부종, 복수, 천식 | | 1.5~6 |
| 춘근백피<br>(참중나무 뿌리껍질,<br>춘근피) | 설사, 이질, 장출혈, 자궁출혈, 유정 | | 5~7 |
| 태자삼<br>(들별꽃 뿌리) | 기허증, 앓고 난 뒤, 저절로 땀이 날 때,<br>갈증이 날 때, 기침 | | 9~30 |
| 택칠<br>(등대풀) | 부종, 복수, 가래가 있고 기침할 때, 연주창,<br>임파육종 | | 5~9 |
| 토별충<br>(자충) | 어혈로 월경이 없을 때, 징가, 간 부위의 통증,<br>만성간염 환자에게서 간이 부었을 때,<br>간경변 초기, 골절 | 임산부 | 6~10<br>(가루약으로 한 번에<br>1~1.5) |
| 판람근(대청 뿌리) | 온병, 반진, 단독, 이하선염, 부스럼, 인두염 | | 15~30 |
| 한수석(광물) | 고열과 갈증으로 가슴이 답답할 때, 화상 | 허열증 | 10~30 |
| 합개<br>(도마뱀부치 몸체) | 폐가 허하여 기침할 때, 폐결핵, 음위증,<br>식욕부진 | | 3~6 |
| 합환화<br>(자귀나무 꽃) | 가슴이 답답하고 잠을 자지 못할 때, 건망증 | | 3~9 |

| 약 명 | 적 용 증 | 금 기 | 1일 용량(g) |
|---|---|---|---|
| 해마<br>(바다말) | 신양이 허하여 허리와 무릎이 시고 약할 때,<br>양위증, 빈뇨, 징가, 타박상 | | 가루약으로 한 번에<br>1~1.5 |
| 해백<br>(산부추, 염교) | 흉비증, 숨이 가쁠 때, 오랜 이질, 한증설사,<br>태동불안, 화상(외용) | | 5~10 |
| 호로(조롱박) | 부종, 배뇨장애 | 허한증 | 10~20 |
| 호초(후추) | 비위가 허한하여 배가 차고 아프며<br>토하거나 설사할 때 | | 탕약 2~4,<br>가루약 1.5~3 |
| 호퇴엽(보리수 잎) | 기침이 나고 숨이 가쁠 때, 각종 출혈 | | 가루약 6~15 |
| 호퇴자<br>(보리수 열매) | 비위가 허약하여 소화가 잘 안 되고<br>설사할 때 | | 8~15 |
| 호황련(뿌리줄기) | 골증열, 소아감질, 습열로 설사할 때 | | 3~10 |
| 화생피<br>(땅콩 속껍질,<br>낙화생피) | 비출혈, 각혈, 토혈, 혈뇨, 자궁출혈, 외상출혈 | | 6~10 |
| 황독<br>(황독 뿌리) | 갑상선종, 식도암, 위암, 간암, 직장암,<br>부스럼, 헌데, 독뱀에 물렸을 때, 인후가 붓고<br>아플 때, 혈열출혈, 폐열기침, 백일해 | 비위허약,<br>간병자 | 9~15 |
| 황염목<br>(매자나무) | 습열로 설사할 때, 대장염, 세균성 적리, 습진, 부<br>스럼, 인두염, 후두염, 잇몸이 부었을 때 | | 10~15 |

# 찾아보기(索引)

찾아보기

# 주요 참고 문헌

- 《大韓植物圖鑑》 李昌福著 鄉文社刊
- 《몸에좋은山野草》 尹國炳·張俊根著 石悟出版社刊
- 《빛깔있는책들 약이되는야생초》 김태정著 대원사刊
- 《식물도감》 이창복감수 (주)은하수미디어刊
- 《약이되는한국의산야초》 김태정著 국일미디어刊
- 《약이되는야생초》 김태정著 대원사刊
- 《원색도감한국의야생화》 김태정著 教學社 刊
- 《原色資源樹木圖鑑》 金昌浩·尹相旭編著 아카데미서적刊
- 《原色韓國植物圖鑑》 李永魯著 教學社刊
- 《韓國樹木圖鑑》 山林廳林業研究院刊
- 《韓國野生花圖鑑》 김태정著 教學社刊
- 《마시면 약이 되는 오행건강약차》 정경대著 이너북刊
- 《종합 약용식물학》 한국약용식물학 연구회著 학창사刊
- 《임상 한방본초학》 서부일·최호영 共編著 영림사刊
- 《방제학》 한의과대학 방제학교수 共編著 영림사刊
- 《한약생산학 각론》 최성규著 신광출판사刊
- 《약용식물》 농촌진흥청 농촌인적자원개발센터刊
- 《약용작물 표준영농교본-7(개정)》 농촌진흥청 약용작물과刊
- 《실용 동의약학》 차진헌著 과학·백과사전출판사(북한)刊
- 《原色韓國本草圖鑑》 安德均著 教學社刊

# 저자 소개

한약학박사
**최수찬**

–성균관대학교 학 · 석사 · 박사 졸업
–국립순천대학교 한약자원학과 졸업
–원광대학교 한약학 박사

저자는 성균관대학교에서 문학전공으로 문학사 · 문학석
사 · 문학박사를 졸업하였으며, 공무원으로 25년간 근무한
후 2003년 공직을 사직하고 국립순천대학교 한약자원학
과에 학부생으로 편입학하여 졸업하였으며, 중의학을 공
부하여 국제중의사자격을 취득하였고, 원광대학교 일반대
학원 한약학과를 졸업하고 한약학박사 학위를 받았음.

● **경력**
–2008년 경남생약농업협동조합 "한약관리사"
–2009년 농촌진흥청 우수약초개량재배를 위한 "약초연구원"
–2011년 농촌진흥청 농산물 가격 및 판매를 위한 "유통기술자문위원"
–2012년부터 농촌진흥청 농업경영체 소득증대를 위한 진단 · 분석 · 처방을 위한
  "경영전문가"
–2013년부터 서울시산업통산진흥원 글로벌자문단 "자문위원" 및 "경영지원단"
  "코칭교수"
– 국립한국농수산대학 특용작물학과 출강(2016년)

● **강의 경력**
–경남과학기술대학교 '한약과 건강' (2009년)
–충주대학교 '한방건강약술' '주요 약초재배' (2010년)
–충북대학교–충북 진천군 공동개설 자연치유 프로그램 '(2010년)
–안동대학교 생약자원학과 '한약재 유통학' '약사법규' (2010년)
–서울교육대학교 '한방약초재배' (2012년)
–충남 부여군농업농업센터 약초재배 적지 선택 및 재배법(2013)

● **출판 저서**
–동의보감 한방 약채(2011년) 지식서관
–경혈 지압도감(2012년) 지식서관
–처방이 있는 동의 한방 약초 도감(2013년) 지식서관
–산과 들에 있는 약초(2014년)
–주변에 있는 약초(2014년)
–361 지압 경혈 백과(2015년) 지식서관
–내 몸을 살려 주는 100가지 약초(2016년) 지식서관
–361 지압 · 경혈 수첩(2017년) 지식서관
–동의 본초 한약 보감(2018년) 지식서관

**한약 보감**

# 동의 본초 한약 보감

펴낸이/이홍식
편저/최수찬
사진/김완규
자료협조/한성당한의원 · 조유성 · 허필욱 · 백태순
발행처/도서출판 지식서관

등록/1990.11.21 제96호
경기도 고양시 덕양구 고양동 31-38
전화/031)969-9311(대)
팩시밀리/031)969-9313
e-mail/jisiksa@hanmail.net

초판 1쇄 발행일 / 2018년 1월 20일
초판 2쇄 발행일 / 2021년 1월 20일